U0358371

《幸福之道——幸福经济学实践版》

2018 年荣获全国性书展"十佳"阅读推广奖

2021 年入选"第 30 届全国图书博览会"主题推广活动

2022 年荣获省部级教学成果特等奖

天津市教学成果奖
（2022）

证书

成 果 名 称：《幸福经济学》课程
与教材建设

成果完成人：倪志良 李冬妍 赵春玲
成 前郭 玲 刘俸奇

成果完成单位：南开大学

获奖等级：特等奖

证书编号：TJ-Y-1-2022007

幸福之道

——幸福经济学实践版

内求篇

倪志良　赵春玲　著

南开大学出版社

NANKAI UNIVERSITY PRESS

天津

图书在版编目(CIP)数据

幸福之道：幸福经济学实践版.1，内求篇／倪志良，赵春玲著.—天津：南开大学出版社，2025.1.
ISBN 978-7-310-06664-3

Ⅰ.B82

中国国家版本馆 CIP 数据核字第 2025NW5482 号

版权所有　侵权必究

幸福之道：幸福经济学实践版
XINGFU ZHIDAO：XINGFU JINGJIXUE SHIJIANBAN

南开大学出版社出版发行

出版人：刘文华

地址：天津市南开区卫津路 94 号　　邮政编码：300071
营销部电话：(022)23508339　营销部传真：(022)23508542
https://nkup.nankai.edu.cn

天津创先河普业印刷有限公司印刷　全国各地新华书店经销
2025 年 1 月第 1 版　　2025 年 1 月第 1 次印刷
230×170 毫米　16 开本　45 印张　9 插页　600 千字

全三册定价：168.90 元

如遇图书印装质量问题，请与本社营销部联系调换，电话：(022)23508339

前　言

　　幸福，事关个人一切内在努力的至善目标；民生幸福，事关国家治理的至善选择。

　　让人民生活幸福是"国之大者"。人类历史进程表明，物质财富的增加并不会必然提升民众的幸福感。在物质财富较为丰富的今天，如何让人民不仅在经济上，而且在政治、文化、社会、生态文明等多领域、多层面拥有更多的成就感、意义感和幸福感，已经成为全面建成社会主义现代化强国进程中的重大课题。①

一、情绪问题普遍而严重，已然成为一个世界性难题②

　　2023 年，我国人均 GDP 已经达到 12681 美元，物质短缺问题已经在很大程度上、很广范围内得到了缓解。但是，"信息污染"的加剧、比较范围的扩大、过度竞争的泛化、疫情等诸多"无常"事件的发生……也确实增加了人们的压力感、焦躁感、忧虑感等消极情绪感受。人际冲突、诚信缺失、路怒事件、医患纠纷等时有发生，

---

　　① 引自光明网，《幸福之道——两位教育工作者的驻心探寻》。详见二维码。
　　② 泰勒在"哈佛幸福课"中提到，2006 年美国的抑郁症病例比 1960 年多出 10 倍。他还引述了这样一些统计数据：在一年的研究期内，47%的哈佛本科生经历过消极情绪的困扰；《新英格兰医学杂志》曾刊发文章，通过对来自美国不同类别学校的 13500 名大学生进行调查，发现其中 45%的学生在过去一年经历过消极情绪困扰。无论是 47%，还是 45%，这一比例都应该引起政府、学校、家长乃至全社会的高度关注。在我国，学生中好之乐之的学习者占比偏低，学业压力普遍偏重；"上班族"中好之乐之的工作者占比偏低，过度竞争现象普遍而严重……这些问题也值得我们高度重视。

亚健康率、离婚率居高不下……①

信息爆炸年代，视角的偏差、说法的泛滥、观念的互斥极易被数字技术予以放大，致使更多个体头脑中神经电活动的激活更为琐碎、浅显与无序，致使更多个体头脑中的画面播放更为偏执、低俗与无效，致使更多个体的主认知回路更容易背离清晰、简约与判然，致使更多个体的行为与职业选择更容易背离天赋、本心与专注，致使更多个体的情绪体验更容易背离平和、喜悦与心安。简而言之：头脑中的散乱激活越多，至"真"思考、至"善"担当与至"美"情绪感受越难以生成，优质生命体验越会远离！②

头脑中的散乱激活越多

个体的主认知回路 越容易 背离 清晰、简约与判然　背离　"认 知 自 洽"

个体的行为与职业选择 越容易 背离 天赋、本心与专注　背离　"行为自我实现"

个 体 的 情 绪 体 验 越容易 背离 平和、喜悦与心安　背离　"情 绪 自 如"

信息过杂过乱、比较过多、选项过多、竞争过度、欲求心放逐、敬畏心缺失、成功标准日益功利化、就业谋职过于屈从外部功利性指标的裹挟而不能遵从本心与天赋……**这些通常都不是什么好事**

---

① 美国经济学家伊斯特林（Easterlin）最早提出了著名的"伊斯特林悖论"：财富的积累并不一定会使居民幸福感上升，这引发了经济学对人类幸福这一终极目标的思考。多国经济发展实践也同样表明，人均 GDP、人均可支配收入、人均公共支出等经济指标的改善并不必然提升民众的幸福感：1958—1991 年，日本的人均国内生产总值（GDP）增长了 6 倍，而平均的生活满意度却没有明显改善；1946—1991 年，美国的人均收入从 1.1 万美元增加到 2.7 万美元，民众幸福水平（积极情绪体验占比）反而小幅度地下降了 8%。相关机构多次对中国居民幸福感的调查数据显示，民生幸福与经济发展不同步的问题在我国也同样存在。

② 参见 b 站（哔哩哔哩）视频——"管控好心，就是管控好头脑中的画面播放"。详见二维码。

儿，它可能使得"认知自洽""行为自我实现""情绪自如"等优质生命体验越来越难以实现；它可能使得"好之乐之地工作，心安喜悦地生活"这一简单且直接的生命诉求，这一本该作为生命"初心"、本该成为生命常态的本真诉求变得越来越难以实现。

　　现实明确地摆在了那里，以至于第 66 届联合国大会也曾明确告诫：21 世纪人类面临的最大生存挑战，将不是污染、战争，也不是瘟疫，而是我们的幸福感偏低。多而杂乱的信息不但不能提升心力与智慧，反而有可能污染头脑、干扰认知、损伤判断、损伤情绪、损伤担当，破坏个体的幸福感和意义感。**劣质信息过多、节奏过快、降伏不住"自心"——做不到"静能安、动能专"，个人的生命体验必会遭到严重破坏！**①

　　积极情绪占比偏低、情绪问题普遍而严重、优质生命体验严重不足，已然成为一个世界性难题。

二、什么是幸福——快乐派与实现派的辩论

　　有这样一个故事：

　　两条小鱼遇到一条大鱼，大鱼打招呼道："早上好，孩子们，这水怎么样？"两条小鱼继续游了一会儿，终于其中一条忍不住问另一条："什么是水？"

　　故事中的小鱼，每天生活在水中，却不知道水是什么……

　　人也一样，经常忘却生命中最为重要的东西。当媒体问"你幸福吗？"被问者经常会茫然乱语。回答"幸福"还是"不幸福"，作答者心里似乎都不是十分确定。其实，不仅被问者很难肯定作答，问者本人也很有可能根本就不清楚自己在问什么！据不完全统计，世界上关于"幸福"的定义多达二百多种。生活中越是常用的名词

---

　　① "夫目妄视则淫，耳妄听则惑，口妄言则乱，夫三关者，不可不慎守也"（《淮南子·主术训》）。今人多惑易乱，主因耳目失"关"，敞口无别地接收信息所致。

概念，人心有时反倒越难以给出清晰、准确的界定。①

从古至今，关于幸福的思辨似乎从未停止过。但归结起来，幸福哲学大致可以被划分为两大派别——快乐派与实现派。快乐派强调的是感官愉悦最大化（"快乐论"），实现派强调的则是社会价值最大化（"实现论"）。

快乐派强调感官愉悦最大化，将追逐"快乐"视为一切行为的原动力。西方幸福主义哲学代表性人物伊壁鸠鲁甚至将快乐当作道德的前提和标准，认为"快乐是天生的最高的善"。中国历史上新道家中的"主情派"提倡"弃彼任我，风流不羁"，主张生命应该自由自在，追求快乐体验。"竹林七贤"中的嵇康、刘伶等人便是"快乐论"的典型实践者。

实现派则强调人生价值最大化，认为幸福不仅仅是感官愉悦，幸福之真谛在于天赋（天命）的充分实现，强调"意义感、社会价值感、自我实现感"这类优质生命体验。中国哲学的主理派认为："以道制欲，则乐而不乱；以欲忘道，则惑而不乐"，没有"意义感"支撑的感官之乐转瞬即逝，"过乐"之后是疲惫、是空虚。意义感的实现通常需要适当克制对感官愉悦的过度追逐，需要"以道制欲"。"天命之谓性，率性之谓道"，只有多做些有"社会价值"的事情（详见案例 5.3.2），只有天赋（天命）得以充分实现，一个人才有可能感受到更多的"意义感""社会价值感""自我实现感""心安喜悦感"这类优质生命体验。

在现代心理学等给出的最新证据中，有的支持"快乐论"，有的支持"实现论"。一方面，詹姆斯·奥尔兹和彼得·米尔纳的"小白鼠"实验及此后的类似实验证明：人和小白鼠一样，有超强的"逐乐"驱动（详见书中案例 3.6.1）。另一方面，基于遗传基因学检测的研究证明，人又不同于小白鼠，人类有追逐"价值感""意义感"

---

① 世界上关于"幸福"的定义多达两百多种，关于"什么是幸福"的更多讨论，详见"幸福经济学"视频号。

的内在驱动（详见书中案例 5.3.1）。相比于其他动物，人类之所以能够创造文明，得益于这一独有的"双轮"驱动。

"双轮"驱动论也基本契合了文人的浪漫概括：这一边，荷尔蒙、物欲、名欲，宛如烈火，至死燃烧；那一边，自律、正义、节制、修行，永无止境。人类应该真心地、经常性地感恩这一独有的"双轮"驱动。

物理学越发展，物质的物质性越弱；心理学越发展，精神的精神性越弱。现代心理学证实：认知、情绪等以往被认为纯属主观的、精神层面的事情，背后是有其物质基础的，（其物质基础）就是头脑中的神经电活动和神经化学活动。管控情绪，掌控生命体验，重在管控好头脑中的神经电活动和神经化学活动。快乐感与意义感在头脑中对应的"神经电活动得以加强的部位"明显不同，伴随分泌的主要神经递质组合也明显不同。感官快乐与"多巴胺"等神经递质的关系更为密切，"意义感""价值感"与内啡肽等神经递质的关系更为密切，与内啡肽密切相关的情绪体验虽不那么高涨，但稳定性、持续性更优。

越来越多的证据表明：在单纯借助物理手段或药物手段就能达成"感官愉悦"的今天，若一个人幸福感匮乏，其匮乏的很有可能是"意义感""价值感"之类的优质生命体验。（关于"意义感"匮乏的深入分析，详见第九章"文化与幸福"）

要想增加优质生命体验，让头脑多分泌积极神经递质是关键。研究证实：适度运动、充足睡眠、守静练习、亲情体验、认知在较高价值框架下经常性地达成"认知自治"、多做有社会价值之事、对内心保持真实与不自欺……都能增加头脑中积极神经递质的分泌。

在哈佛大学，曾有一门年选课人数超过 800 人的课程——"积极心理学"（泰勒主讲，即学生口中的"哈佛幸福课"）。该课程的核心结论与研究的主线索是：幸福 = 快乐 + 意义感。泰勒通过对这一主线索的坚守，使得该课程超越了 90% 以上"对幸福的泛泛研究与混乱思辨"，但其核心结论似乎也无法超越"快乐论"与"实现论"。

泰勒也曾提出，"积极心理学"的一些核心结论来源于东方哲学智慧的提示。

值得再次强调的是：**把握准"快乐论"与"实现论"这一核心视角，或许能够让你超越 90%以上"对幸福的泛泛研究与混乱思辨"。**

三、幸福：重在内求，还是外求？

从追求的过程来看，个人对幸福的追求可以划分为"外求"与"内求"。外求，关乎个体对外在竞争性指标的追逐，尤其关乎对收入、地位、成功等可标识的"物质化"指标的追逐；**内求，则关乎"内在优质生命体验的经常性达成"，尤其关乎个体内在认知体系、价值体系的构建和认知回路、情绪回路的养成，关乎个体对"可知（可信）"世界的认知拓宽、认知深化与"认知自洽"的经常性达成，关乎个体对"可感"世界的感受认同、感受优化与"情绪自如"的经常性达成。** 名、利的外求，若与内求——"认知自洽""行为自我实现""情绪自如"等优质生命体验的经常性达成——不能形成良性互动，就容易变成单足跛行，难以致远。①

在竞争过度、诱惑多多的年代，稍不谨慎，个人很容易将自身置于被动的繁重与忙碌之中，被卷入一场又一场的竞争之中，被卷入没完没了的"外求"之中。越来越多的个人被卷得已经无暇顾及"内在优质生命体验能否经常性地达成"，越来越多的外求已经背离了对内心的"真实"。心不自欺，缺少了对自己的心灵保持"真实"的最大风险是：若干年后，回首往事，诸多繁华皆是虚。基于内求与外求的划分，本书将前两篇设置为"内求篇"与"外求篇"。

"内求篇"研究了认知与幸福、行为与幸福、情绪与幸福的关系，探讨如何优化个体的认知惯性、行为惯性和情绪惯性，进而优化个人的内在精神秩序和生命体验，**实现"认知自洽""行为自我实**

---

① 参见《德国大讨论——生命中最为重要的东西是什么》。详见二维码。

现""情绪自如"等优质生命体验的经常性达成，实现"认知自洽""行为自我实现""情绪自如"的相融互济与合——"知、行、感"合一。

"外求篇"探究的是生命资源之最优配置。经济学的核心议题关乎资源最优配置，究其根本，人类生命中最为宝贵的资源无疑是"时间""精力"等生命资源。为了避免生命资源的错配，个体的"时间""精力"等生命资源需要均衡配置于以下四个方面：收入、名望（社会贡献、社会价值）、健康与人际。

四、好教育，理当铸就更多的幸福人生

"内求篇""外求篇"是基于个人可控层面的思考。而幸福体验，有时会超出个人的可控层面，这集中体现在个人所在国家的公共环境，包括教育、文化、国际政治经济地位、和平状况、社会治安、社保、环保等。在本书的第三篇，作者重点研究了教育与幸福、文化与幸福两大主题。在"教育与幸福"一章中，明确倡导：**好教育，理当铸就更多的幸福人生。**

"一切教育活动都是为了学生的成长和发展，为了学生一生的幸福。"这是联合国教科文组织明确倡导的教育理念。著名教育家苏霍姆林斯基也特别强调：理想的教育是培养真正的人，让每一个从自己手里培养出来的人都能幸福地度过一生。这就是教育应该追求的恒久性、终极性价值。

君子不"器"。对于教育，万世师表孔子最为担心的是把人教育成了一种工具，让人在刻板教育中丧失了生命中最为重要的东西——生命的活力与灵性、生命的热情与光辉，以及生命的至"真"思考、至"善"担当与至"美"生命体验！

课业负担太重，概念堆砌和逻辑推演占据了学生太多的时间，他们已没有时间到专业之外在更广视角下寻求至简之道，没有时间从各类专业或非专业的经典之作中寻求至上信息和至上价值理念，没有时间在实践领域寻求更真实的信息，没有时间通过静思形成自

己的主认知框架。教室内的逻辑自洽一旦脱离社会现实，概念和逻辑都会成为思辨心灵的额外负担，概念堆砌得越多，人心越难以生成有效判断与至善担当。学生一旦发现下了苦功夫学习的概念和逻辑在现实中作用不大，好之乐之地学习就难以实现，情绪问题就会接踵而至。①

　　具体到经济学专业的教学，最根本的莫过于切实提升学生对于我国经济发展实践中现实难题的观察分析能力，对于国际、国内经济走势的判断把握能力，对于解决现实经济难题的行动担当能力。书本知识固然重要，但若过于重视概念的堆砌、逻辑的推演，忽视了对现实经济难题的关注与思考，巨大的资源浪费就无法避免。

　　"一切教育活动都是为了学生的成长和发展，为了学生一生的幸福。"**好的教育可以铸就心力与灵魂，拓展心灵的广度与深度，提升人的认知层次——使人在更高价值框架下达成"心正、意诚"，达成"主信息一致"，达成更多的"认知自洽"；好的教育可以铸就民族脊梁和时代先锋，提升人的行动担当能力——使人更富有个人担当、家庭担当与民族担当，达成更多的"行为自我实现"；好的教育可以铸就内心和谐，提升人的情绪管理力——使人日益中正平和，达成更多的"情绪自如"。**

　　实现"认知自洽""行为自我实现""情绪自如"的相融互济与合一，受教育者的幸福人生基本铸就。

　　在信息爆炸年代，与其在过多信息与过度竞争中忙碌被动地工作（学习）、焦躁不安地生活，远远不如：**或取"静"——物我两忘养养心、至简至上存存念；或取"动"——惟精惟一②练练术、诚敬合一悦悦情。动静等观，生命可享！**

---

　　① 详见"幸福经济学课程"公众号推送——自主性"静"思匮乏，学将"累"而无用。

　　②《现代汉语词典》（第7版）推荐使用"唯一"，而非"惟一"。但为了保持与《尚书·大禹谟》"惟精惟一，允执厥中"的一致性，本书中多处使用"惟一"两字。

总目录

内求篇　幸福——"知、行、感"合一

案例目录

八、情绪决定的物质基础

九、"静思"有利于情绪改善

十、一致性与阿基里斯悖论

内求篇

幸福——『知、行、感』合一

篇首语

　　"内求篇"研究了认知与幸福、行为与幸福、情绪与幸福的关系，探讨如何优化个体的认知惯性、行为惯性和情绪惯性，进而优化个体的内在精神秩序和生命体验，**实现"认知自洽""行为自我实现""情绪自如"等优质生命体验的经常性达成。**

　　从"内求"视角理解幸福，需要把握准抽象概念与具体指标的关系，把握好"认知自洽""行为自我实现""情绪自如"的相融互济与合一，把握好认知至"真"、行为至"善"、体验至"美"的相融互济与合一。

　　"名可名，非常名"，对包含要素较多的事物更是难以命名。以"天气"为例，如果有人问"今天天气怎么样"，作答者往往不确定应从哪个方面做出回答。如果改问"今天的温度高不高""今天的湿度大不大""今天的风力如何""今天的 PM2.5 是多少"，作答者一般能够给出较为肯定的回答。而天气这一抽象概念恰恰是由温度、湿度、风力、气压等具体指标构成的，多一些对具体指标的确认，也就多了些对抽象概念的理解与把握。

　　幸福，是包含要素更多且比天气这一名词更为抽象的概念，因此更加需要对具体指标进行确认。

　　综合古圣先贤的智慧思考与现代科学的实验证据，从"内求"视角理解幸福这一抽象概念，需要把握好以下三个具体指标：

一、至简、至上、至真的认知能力——"认知自洽"度

　　认知派强调，生命是认知的总和，生命之根本在于扩大认知的

边界和提升灵魂的深广度。没有了认知能力，生命也就失去了根本。①

"知者行之始"，一个人的行为水平永远不会超越他的认知水平。认知层次和认知效率没得到根本的优化与提升，很多无效行为和消极情绪体验只能无限次重复。"苟日新，日日新，又日新。"人只有不断地更新、提升自己的认知层次，才能看到一个更为开阔、更为壮观的物质世界，才能体验到一个更为丰盈、更为和谐的内心世界。一个人在多大范围内对事物有了正确的觉悟与认知，这个人的心灵也就在多大范围内获得了自由。

一个人永远不能用制造了问题的认知水平去解决这些问题。眼前的琐碎和私欲很容易将"心"蒙蔽，过多的术语、逻辑、规则很容易将"心"的潜能禁锢，令心从"名"而背"实"②，不能对外部事实保持最大限度的开放，从而将认知的效率拉低。**一个人的认知层次与认知效率，一方面取决于进入头脑的信息有多少属于上乘信息，另一方面取决于解读这些信息的逻辑链条、价值链条是否至简、至上、至真！**

至简——乾以易知，坤以简能；易则易知，简则易从。历史上的思想之大成者，多有化繁至简之表现。夫子之道，简至"忠恕"二字而已矣。老子坚信"为道日损"，人文日用的道理越多，人心越容易无所适从。听闻成千上万的道理，不如将一条至简之道"静存动磨"为自己的主认知回路。一个人听闻百种驾车理论，若没有驾校七天的持续集中训练，可能永远不会开车。开车如是，上乘认知回路和行为习惯的养成亦如是。

至上——取乎其上，得乎其中；取乎其中，得乎其下；取乎其

---

① 一位患有阿尔茨海默病的老人，对世界的认知能力大幅度下降，甚至不认识自己的亲人，这位老人的生命质量已经大打折扣。

② 教室内的"概念制造""逻辑自洽"对某些基础学科也许是必要的，但对大部分应用性学科来说，背"实"从"名"的"逻辑自嗨"几乎毫无用处。善于"逻辑自嗨"者，在实践领域的成功者面前通常会表现得不自信，甚至心虚。

下，则无所得矣。信息爆炸年代，书本信息太多，网络信息更是铺天盖地，但人文日用领域的至上信息、至上原则往往蕴藏在经典——尤其是那些"生命力"超过 500 年甚至超过 2000 年的经典之中。常得经典滋养的主认知回路一般会更有效率。信息太多、太杂、太乱的年代，汲取至上信息、养成至上认知框架尤为重要。没有至上认知框架的统领，多而杂乱的信息就会成为思辨心灵的额外负担，人心就会无所适从。没有至上认知框架的统领，人就不能有效应对复杂的现实世界。

至真——千教万教，教人求真；千学万学，学做真人。笔者在教学过程中发现，一些学生甚至包括部分硕士、博士生，对自己所思所写不能做到"真"信。自己不"真"信，就不要奢望他人"真"信，更不要奢望这些所思所写能对政府、对企业、对社会发展产生理论指导作用！自己不"真"信的所思所写，难以生成有效判断，难以生成至善担当，难以生成至"美"的生命体验。这正所谓"心不自欺"！

关于如何至简、至上、至真，可参见第一章第二、三、四节，也可参见附录二。

检验一个人认知能力高低有多种指标，其中有两个指标值得我们特别关注：

第一，是否具有超强的判断能力。判断力是认知能力的集中表现。现代心理学通过研究许多成功人士的人格特质后发现，成功者通常具有 16 条重要特质，最为重要的一条是他们的判断力超乎常人，头脑多时能够清晰、简约、判然。

第二，认知是否能够在较高价值框架下经常性地达成"内在一致"，即"认知自洽"度。宇宙浩瀚、历史悠久、生命深奥、人心丰富……人穷其一生，其所知相对于其所不知犹如茫茫大海中的几座小岛。宇宙万象、心映万"相"，宇宙万象（含地球）已经和谐运行了几十亿年，进入心中那点儿"有限"之"相"（或信息）实在没有必要被解读得矛盾重重。任何内在"自洽、一致"的达成都是就已知那点儿"相"（或信息）的达成，任何内在精神消耗——认知对抗和情绪冲突——都是就已知那点儿"相"（或信息）的对抗和冲突。内心只要不过于被私欲和琐碎蒙蔽，其"映相"能力便会足够强大。如果个体逐渐"大其心"，拓宽自我的心灵边界，清除心灵的自我限制和枷锁，在更高价值框架下达成"心正、意诚"，达成"主信息一致"，其认知惯性和生命体验将会优化。谁得"信息内在一致"之法，谁得真实幸福之道。

关于如何能够经常性地达成认知自洽，详见第一章第八节（"无"——如何止息消极念虑）和第九节（"有"——"至上"理念得固，自我认知框架得立）。

二、至利、至义、至善的担当能力——"行为自我实现"度

"天下事，在局外呐喊议论，总是无益，必须躬身入局，挺膺负责，方有成事之可冀。"行为派强调：一步行动胜过一打纲领，理念不转化为行动，（理念）就会归零。人生可以被描述为认知的总和，也可以被描述为行为的总和，人一定要多做些具有社会价值和"天地价值"的事情。

市场经济承认个人"效用最大化""利润最大化"之合理性。但"物质利益最大化""精致利己"绝非人生的全部，若每个人都片面地追逐个人"效用最大化"，最终这个世界将让每个人都没了效用可言。

"人心惟危，道心惟微，惟精惟一，允执厥中。"舜帝在向大禹传位时，给出了四句16个字的叮咛告诫，前两句告诫人心不要被私欲蒙蔽，后两句告诫行动要惟精惟一，要全身心地投入，要不偏不倚、中正行事。一个人只有遵从天赋、遵从本心投身于个人价值与社会价值兼容的"至善"事业中，才有可能既享得结果达成时的喜悦，又享得行动过程中的价值感、意义感、专注感、效率感。

心，不会自欺！具有社会价值、天地价值的事情做多了，头脑中主管"价值感、意义感"的那些部位（如腹侧被盖区等）的神经电活动就会得到足够强度的激活，内啡肽等积极神经递质就会得到

足够剂量的分泌，一个人就能体验到"价值感""意义感""自我实现感"这类优质生命体验。反之，行为一旦陷入被动、懈怠与盲从，意义感匮乏必然会发生，优质生命体验必然被错失。错失了"自我实现"等优质生命体验，才是人生最大的遗憾。

三、至乐、至安、至美的情绪管理力——"情绪自如"度

认知派将生命描述为认知的总和，行为派将生命描述为行为的总和，体验派强调的则是情绪管控和优质生命体验，将生命描述为体验的总和，认为内在生命体验比外部竞争性指标更为重要。[①]背离了内在优质生命体验的外求，结果通常是舍本逐末。

"情绪自如"度，是指中和、安顿、愉悦等积极情绪体验（含专注等中性情绪）在日常情绪体验中所占的比例。在日常生活中，如果一个人的情绪在绝大部分时间里能够处于中和、安顿、愉悦、专注等积极状态，他的幸福就有了基本的保证。反之，如果一个人经常处于焦躁、担忧、抱怨、愤怒、伤心、难以专注等消极情绪体验状态，那么当下的他肯定游离于"幸福人群"之外了。这时，他有必要停下脚步，认真审视一下自己的内心，掌握一些"降伏自心"、优化认知惯性和情绪惯性的基本方法。待"降伏住自心"后、待"此心光明"了，待"静能安顿、动能专注"重现后，他就能回归"幸福人群"中。幸福体验是动态可变的（心理学研究证实人脑是可以重新"布线"的，神经系统具有可塑性），积极情绪占比永远是判断幸福的首要指标。

"除了人情事变，则无事矣。喜怒哀乐，非人情乎？自视、听、言、动以至富贵、贫贱、患难、死生，皆事变也。事变亦只在人情

---

① 葛培理曾做过 11 位总统的心理顾问，他在《幸福的秘密》一书中谈到了一位红极一时、后来精神崩溃了的影星。影星曾感慨道："我拥有金钱、美貌、魅力和知名度，本应该是世界上最幸福的人，可是我却痛苦不堪。这究竟是为什么？"在物质匮乏显著缓解的今天，物质本身的局限性也日益凸显，仅靠物质无论如何也堆砌不出美好的生活，美好生活对"内在精神世界建设"的需求更为迫切。当下，对于一些人来说，精神层面的"内求"比物质层面的"外求"更为迫切、更为急需。

里。"人类 90% 以上的情绪问题来自人文日常。日常外部事件，经过不同"心"的折射——不同的感官折射、不同的语言折射、不同的过往经验折射、不同的价值信条折射，会在头脑中生成不同的"相"，激活不同的神经回路，形成喜怒哀乐等不同的情绪体验，汇聚成不同的生命感受。现代心理学将其概括为"ABC"理论：对于同一引发事件（A），不同人的理念、解释与评价（B1 和 B2）不同，在头脑中激活的认知回路与情绪回路不同，生成的"镜相"不同，最终情绪体验（C1 和 C2）也不同。越来越多的证据表明，"认知自洽"与"情绪自如"总是相伴相随的，认知在内心达成的"自洽度"（接受、满足、感恩三个层次）越高，情绪达成"自如"的饱和度也越高，这说明了情绪体验的确具有主观性。①

物理学越发展，物质的物质性越弱；心理学越发展，精神的精神性越弱。现代心理学证实：认知、情绪等以往被认为纯属主观的、精神层面的事情，背后是有其物质基础的，即头脑中的神经电活动和神经化学活动。适度的运动、充足的睡眠、守静练习、亲情体验、多做有社会价值之事、对内心保持真实与不自欺……都能增加头脑中积极神经递质的分泌，都能改善情绪形成的物质基础，都能优化生命体验，这说明了情绪体验的确具有客观性。

真正明晰了情绪体验的主观性和客观性，90% 以上的人就能够找到适合自己的化解情绪问题的解药。不同人的解药会有所不同，但都不能偏离"认知自洽""行为自我实现""情绪自如"的相融互济与合一。

认知多些至"真"、行为多些至"善"、感受多些至"美"，"知、行、感"就越能在"真、善、美"的驱动下实现合一。

"幸福经济学"课程筹备于 2011 年，于 2013 年在南开大学正式开课。在讲授"幸福经济学"课程之初，我们和热心于此课程的同事、同学基于"时间、精力等生命资源最优配置"的框架探讨关于

---

① 详见"幸福经济学"视频号——"管控好心，就是管控好头脑中的画面播放"。

幸福的问题。后来逐渐发现，仅局限于"资源最优配置"这种经济学框架进行讨论是不够的，研究幸福离不开情绪、认知和行为等问题在哲学、心理学乃至脑科学层面的相关思考和研究成果。正是基于这样的感悟和实践摸索，本书的第一篇从研究"认知、行为、情绪"与幸福的关系开始。

第一章
认知：至简？至上？至真！

意诚、心正、身修、家齐、国治、天下平这些善果，皆源自一个东西：至上的"认知"。

——《大学》的提示

知者行之始，行者知之成：圣学只一个功夫，知行不可分作两事。①

——王阳明

一个人永远不能用制造了问题的认知水平去解决这些问题。

——爱因斯坦

认知惯性相当于电脑程序，旧程序不可能运行出新结果。

——认知心理学的提示

苟日新，日日新，又日新。

——汤之《盘铭》

人心惟危，道心惟微；惟精惟一，允执厥中。

——《尚书·大禹谟》

在联合国教科文组织总部大楼前的石碑上，用多种文字镌刻着《联合国教科文组织组织法》的开篇之言："战争起源于人之思想，

---

① 此言摘自明隆庆六年初刻版的《传习录》，其他版本的《传习录》对此有不同表述。

故务需于人之思想中筑起保卫和平之屏障。"（见图 1-1）一个世界性的有关教育、科学、文化、信息的组织机构，其门前石碑上镌刻的警示性语言，当初一定是经过千挑万选的。该语句关乎"知"与"行"，关乎"行为"源头的寻找——战争属于行为，行为源自思想、源自认知、源自"念"、源自"心"。现代心理学证实，就可改变的部分而言，行为和情绪的改变往往源自认知的改变，思想的改变，"心"的改变。

《大学》开篇提示，意诚、心正、身修、家齐、国治、天下平这些善果，皆源自至上的"认知"。王阳明先生龙场顿悟之后反复强调"知是行之始"，强调"致良知"。现代思维科学研究也证实："我们赋予外界事物的意义，一小部分是基于我们从外部世界看到的，大部分则基于我们头脑的心智模式。"①不同个体基于各自有限的生命体验与过往经验，依循内心千差万别的价值框架、认知回路和思维惯性，对外部的人、事、物进行差异化解读，使得对同一事物的判断总是因人而异，甚至千差万别。

优化个体内心的价值框架、思维习惯、心智模式，提升个体的认知能力，应该被尊崇为家庭教育、学校教育、社会教育的首要目的。良好的认知能力表现为能更客观、更清晰、更真实地认识自我、认识他人、认识世界，接受自我、接受他人、接受世界，具有更优的分析、推理、鉴赏、判断和决策能力，能够有效地打通"信息-知识-理念-判断-行动"这一多环节链条（详见书中案例 1.1.1、案例1.5.3）。

---

① ［美］杰里·温德，科林·克鲁克，罗伯特·冈瑟. 非凡的思维——用超常的心智模式改变一切[M]. 周晓林，译. 北京：电子工业出版社，2015.

图 1-1　联合国教科文组织总部大楼前的石碑

资料来源：联合国教科文组织中文百科专业版。

一、认知之重要——"思"之重要，"心"之重要①

任何外在行为的突破，事先一定要有内在认知的突破。

《人类简史》指出：智人之所以能够战胜尼安德特人，是因为他们有心智上的优势，是因为他们有更为强大的思考能力，是因为他们有更为强大的"心"力。现实中，很多政治、经济、科技强人，往往不是胜于身躯方面，而是胜于心力和思想方面。

知者行之始，一个人的行为水平永远不会超越他的认知水平。面对同一外部信息或外部事件，不同个体会生发出差别明显的情绪反应或行为反应，为何？因为不同头脑中的认知系统——对外部信息的解读与反应习惯，有着巨大的差别。

---

① 认知的过程在于"思"，认知的载体源于"脑"、源于"心"。鉴于此，认知之重要、"思"之重要、"心"之重要可合并为一个主题。

　　人脑对外部信息的解读与反应习惯类似于电脑的运行系统。一个硬件没有问题的电脑，若运行效率或运行结果总出问题，那一定是软件系统出了问题。卸载旧系统，安装新系统，优化运行程序是有效解决问题的不二良方。同样，个人头脑中的认知系统如果得不到优化与升级，很多情绪问题和行为问题就会重复出现。

　　宋代"二程"（程颢和程颐）曾强调，读书人若先领会了《大学》之要，懂得"致知"之重要，学习效果会更好。《大学》开篇强调："古之欲明明德于天下者，必先治其国；欲治其国者，先齐其家；欲齐其家者，先修其身；欲修其身者，先正其心；欲正其心者，先诚其意；欲诚其意者，先致其知。"这等于明确告诫，意诚、心正、身修、家齐、国治、天下平这些善果，皆源自一个东西——"认知"，即要有好的行动、好的结果，一定要有至上的"认知"。爱因斯坦也曾感慨："一个人永远不能用制造了问题的认知水平去解决这些问题。"

　　现代心理学研究证实：人通过眼、耳、鼻、舌及身体接收各种信息，这些信息在头脑中通过"突触"在神经细胞间得以链接，伴随链接（突触）数量的增多与链接强度的加大，生成各种记忆、名称、逻辑、观念，生成各种认知。1000多亿个神经细胞，100多万亿个神经突触，每个个体的头脑都有着无限的潜能，每个个体的心性都有着无限的潜能，每个个体的认知能力和行动能力都有着无限的潜能。无限的潜能，若被私欲蒙蔽，被眼前的琐碎蒙蔽，被错误的链接蒙蔽，大"道"、正念就会微不可见——正所谓"人心惟危，道心惟微"。

　　大道废，个体的心就容易被眼前的琐碎蒙蔽，个体的认知潜能与行动潜力就容易被眼前的琐碎蒙蔽，心无以致"远"，念无以至"上"，认知无以至"真"，行动无以至"善"，感受无以至"美"。世间最大的浪费莫过于认知潜能、行动潜能和感受潜能的浪费。

案例 1.1.1　孔子重"思"，"一以贯之"至简之道

认知很重要，心很重要，应如何提升认知？如何"大其心"？这关乎"学"与"思"，关乎"动"与"静"。孔子的答案是"学而不思则罔，思而不学则殆"。朱熹在《论语集注》中对其注释道："不求诸心，故昏而无得。不习其事，故危而不安。"学很重要，"书破万卷、路行万里"很重要，没有足够的经验积累，头脑难以生成智慧。

但是，"书读得很多而效果不佳者"每个时代都大有人在。其关键可能是缺少了"静思"的过程，缺少了主动"整理"信息和"归并"信息的过程，缺少了透过杂乱现象"悟得"简约本质的过程，缺少了"一以贯之"地巩固关键信息的过程，缺少了"静以存之，动以磨之"的过程。

"水静极则形象明，心静极则智慧生""非宁静无以致远"，这些古智慧均在揭示一件事情：没有自主"静思"，没有对至上理念的"一以贯之"的静存动磨，没有内心认知系统的优化与升级，个人很难致"远"，多学亦是枉然。只在杂乱现象层面堆积信息，所学所见就会阻塞在学习五环节——（信息-知识-理念-判断-行动）中的前两个环节。而若后三个环节不能被打通，缺乏自主思考的机械堆积越多，心灵的负担就会越重——机械堆积容易禁锢人的精神灵性与生命活力，容易弱化至真思考与至善担当。[①]

《论语》中有两处提到"一以贯之"（参见案例 1.2.1），如果将这两处放在一起综合思考，其提示意义就会凸显出来。孔子一以贯之的不是五字之道——"仁义礼智信"，而是两字之道——"忠恕"而已矣。[②]用两字之道保证内心与现实之间的彼此真实，保证思维与

---

① 逄锦聚. 幸福之道——两位教育工作者的驻心探寻[EB/OL]. 光明网，2021-08-20. https://meiwen.gmw.cn/2021-08/20/content_35094768.htm.

② 在中国传统哲学中，道家重视"法地、法天、法自然"之道，儒家重视人文日用之道。孔子曰："朝闻道，夕死可矣。"（《论语·里仁第四》）孔子一以贯之的正是"忠恕"这一至简之道。

行动之间的相互检验与良性互动，两字之道成就了千古之圣贤。学习，不但需要静思，还要真诚无邪地思，需要"忠"于现实地思，需要"忠"于内心的"行动磨炼"。

"人心惟危，道心惟微。"头脑若经常被眼前的琐碎占据，个人就很少有时间去感悟天地之大道——"天覆万物而不恃，地载万物而不居，水利万物而不争"。内心若总是被世间的杂乱裹挟，个人就很少有时间去感悟人间之大德——人性"善根"对"恶根"的整体性胜利……

人心若被私欲与琐碎占满，大道就会微弱难现。唯"一以贯之"，唯"静思动磨"，至简大道才能在个体头脑中养成"大河"，内心认知系统才会得以优化与升级，苦学才不至于成为枉然。

案例 1.1.2 笛卡尔重"思"，数学、哲学"双成"

发现自己陷入疑惑和谬误的重重包围，觉得努力求学并没有得到别的好处，只不过越来越发现自己无知。

——笛卡尔《谈谈方法》

笛卡尔（图 1-2）是法国著名哲学家、物理学家与数学家。笛卡尔八岁时，父母就将其送入欧洲最有名的贵族学校——位于拉弗莱什的耶稣会的皇家大亨利学院。虽然笛卡尔从小体弱多病，但是家境的富裕与学校的特许使得他早晨可以在床上读书，他也因此养成了喜欢安静、善于思考的习惯。

他在该校学习八年，接受了传统的文化教育，学习了古典文学、历史、神学、哲学、法学、医学、数学及其他自然科学[①]。他尤其喜爱数学和物理学，却对其他所学的东西倍感失望。在他看来，教科书中那些机械化的重复论证，其实不过是模棱两可甚至前后矛盾的理论，只能使他顿生怀疑而无从得到确凿的知识。

---

① Porter, Roy. The New Science//The Greatest Benefit to Mankind: A Medical History of Humanity from Antiquity to the Present Paperback Edition, 135798642. Great Britain: Harper Collins. 1999.

因此，从学校毕业后，他就决心抛开书本，远离朋友们的喧嚣，到欧洲各国游历，与不同地方的人交往，去研究世界这本大书。他专门考察各国的风俗习惯，随时随地从经验中学习和思考，起初他是在荷兰的布雷达参军，而后加入了巴伐利亚军（1619 年）。在去荷兰的两年，他只带了很少的几本书（包括阿奎那的哲学著作）。他读书重精不重多，总是选择几本好书反复地读，用"心"地读。他用于静"思"整理信息的时间远多于用于扩充和堆积信息的时间。而在巴伐利亚的冬天，他有时竟会整天守在火炉旁沉"思"①。

当战争结束后，1628 年笛卡尔正式移居荷兰，往后 20 年摒弃了喧嚣与混乱，深埋于哲学、数学与物理学。正是有了这般沉思，他将知识转化成了智慧，其主要著作（如《指导哲理之原则》1628 年、《几何学》1637 年、《谈谈方法》1637 年、《第一哲学沉思集》1641 年）几乎都是在荷兰完成的。在数学方面，相传是他对蜘蛛织网的观察与思考，贡献了笛卡尔坐标系并将几何学与代数学相结合创立了解析几何学，同时发扬至物理学领域；在哲学方面，他成为近代西方哲学的始祖，被黑格尔称为"事实上是近代哲学的真正创始人"②，他的《第一哲学沉思集》仍然是许多大学哲学系的必读书目之一。正是因为受到笛卡尔重"思"的影响，后来西方很多哲学学派都特别重视认识论。一个人沉"思"得越久，其头脑中的"认知回路"就会愈加简约清晰，"情绪回路"会愈加安顿愉悦，对自我、他人、世界的感知也会愈加真切。孔子用"学而不思则罔"强调了"思"在个体认知系统升级中的重要性，笛卡尔则用"我思故我在"将"沉思"的作用推崇到了极致。

----

① 罗素. 西方哲学史[M].何兆武，李约瑟，译. 北京：商务印书馆，1976.

②［德］黑格尔. 哲学史讲演录（第四卷）[M]. 北京：商务印书馆，1978：63. 黑格尔认为："通常都把他（笛卡尔）看成近代哲学的始祖……他是第一个具有高超哲学能力、在见解方面受新物理学和新天文学深刻影响的人。固然，他也保留了经院哲学中许多东西，但是他并不接受前人奠定的基础，却另起炉灶，努力缔造一个完整的哲学体系。这是从亚里士多德以来未曾有的事，是科学的进展带来的新自信心的标志。"

图 1-2　笛卡尔（1596—1650）

 案例 1.1.3　王阳明及其"心学"

　　谈到重"思"，谈到"心"，除了《大学》，国人首先想到的还有"心学"及其代表人物王阳明。有评价说，若没有王阳明的心学，500年来儒学可能已经变成一潭死水。人文日用领域没有太多大道理需要辩来辩去，内心感受通常比外界的大道理更为重要，在内心把至简之道养成思维的大河是正事，用"正念"之大河降伏琐碎之乱象是关键。《大学》强调"致知"之重要，王阳明龙场顿悟后，将《大学》的三纲领、八条目精简为三个字——"致良知"。王阳明及其心学的重要性，通过以下事例和评价可见一斑。

　　1917 年，24 岁的毛泽东，读罢王阳明的心学后，慨然而生经略四方之志，一挥而就《心之力》。湖南一师杨昌济老师惊叹其"心"之广、"意"之阔、"思"之深、"志"之鸿，料定此青年将来必有大为，给了这篇作文满分并外加 5 分，后来还将爱女杨开慧许配给这位有志青年。①

近代教育家陶行知先生，因敬仰王阳明的"知行合一"思想，先后将名字改为陶知行和陶行知。重视"心"而不陷入唯心主义的泥潭，知行合一，是令心卓而有力、行卓而有效的关键。

2015 年，习近平总书记在参加全国两会讨论时曾指出：王阳明的心学正是中国传统文化中的精华，也是增强中国人文化自信的切入点之一。②王阳明心学强调"圣人之道，吾性自足"。不假外求，内求于"心"。王阳明临终有言："此心光明，亦复何言！"在经济快速发展、人心略显浮躁的当下，学习好、领悟好"心学"尤为必要。虚名和物质财富的堆积都无法必然保证心安，最好的救赎之道是把外求之心转为"内求"。

唯物主义者承认物质、名望、人际等外在追求的重要性和合理性，但这些外在追求必须和内在的"心"融合，才可以生成认知层面的"内在一致"，生成"至简""至上""至真"；才可以生成行为层面"义利合一"，生成"顺势合赋"的"至善"担当；才可以生成情绪层面"至乐、至安""快乐和意义感"的合一，生成稳定、持久的积极感知习惯。

 案例 1.1.4　孝庄如是教育康熙

电视剧《康熙王朝》有这样一段情节：康熙十二年（1673 年）春，时年 18 岁的康熙帝亲政不久，力排众议，下令撤藩，导致以平西亲王吴三桂为首的三个藩镇王发起"三藩之乱"。全国多省大员纷纷反叛，清兵因准备不足，节节败退，以致半壁江山沦丧，一时间清帝国危在旦夕。年轻的康熙帝产生迁都盛京和退位的想法，在列

---

① 杨昌济先生对毛泽东的器重是一贯的。1918 年 6 月，杨昌济先生应蔡元培校长之邀，到北京大学任伦理学教授，他推荐毛泽东到北京大学图书馆工作。杨昌济临终前曾致信好友章士钊（时任广州军政府秘书长、南北议和代表），向其推荐毛泽东和蔡和森，信中说："吾郑重语君，二子海内人才，前程远大，君不言救国则已，救国必先重二子。"

② 张韬. 阳明心学的时代价值[N]. 浙江日报，2016-12-26（011）.

祖列宗灵前请罪，称自己不配为帝。这时杨起隆乱党已闯入紫禁城，与早已安排好的内宫太监策应，矛头直指最高统治者。殿外十万火急，孝庄太皇太后岿然不动，厉责康熙："什么叫不配为帝？你明明是六神无主，遇难而逃，弃天下于不顾……人家已经打到了家门口了，你就是再退位，又能逃到哪去？逃到边关？边关就那么安稳吗？如果他吴三桂真的成了霸业，我们还能偏安一隅吗？……大清国最大的危机不是外面的叛军与太监，最大的危难，在你自己的'心里'"。①

当然，电视剧本难免有演绎的成分，但孝庄"心力"之强大是史学界公认的。《止学》有言："苦乐无形，成于心焉。荣辱存异，贤者同焉。事之未济，志之非达，心无怨而忧患弗加矣。"没有读过很多书的孝庄竟有如此强大的心力，按照积极心理学的观点，她一定是将"至上""至简""至真"原则在头脑中养成了思维的"大河"。

当下，读书多年，却丢失了"心力"担当，丢失了生命灵性，丢失了生命活力的学生大有人在，有过激批评者甚至抨击这些学生为"巨婴""空心病"……

只在现象层面散乱地堆积信息，很容易让人丧失生命中最为珍贵的一些东西：生命的灵性与活力，清晰的认知力，强大的行动担当力，与他人和谐相处的愿望与努力，对生命中诸多"无价""无常"的觉知与敬畏，对天道、地道、人道的敬畏……这些也许应该成为当下家庭教育、学校教育、社会教育中最值得关注的事情。

以上几个案例都关乎认知，关乎"学与思"，关乎心力与担当，关乎个体的心智模式。"生也有涯，知也无涯"，面对浩瀚的宇宙、悠久的人类史、丰富的人心……每个个体穷极一生，所知相对于其所不知，十分有限。犹如我们声称自己知道太阳，其实我们对太阳知之甚少（天文学家知道得相对多些）。信息无限，认知有限，但我

---

① 擒鳌拜，平三藩。一位不到20岁的青年能有如此作为，说明其认知力（心力）、行动力（担当力）已经足够强大，但孝庄仍然认为孙儿的心力不够强大、认知不够清晰，认为大清国最大的危难就在她孙儿的心里。

们必须依靠这些有限认知生存下去。

　　面对外部信息的无限和个体认知的有限，"心"的作用就凸显出来了，面对同样的"实况"，不同解读惯性的"心"会生成不同的结果：可生成浩然正气，也可生成猥琐苟且；可生成仁爱正义，也可生成私欲邪恶；可生成当下的局促狭隘，也可生成长期的开阔广大；可生成申申夭夭，也可生成纷扰忧怨。古今智者强调"心"之重要，就在于他们洞察到：相同的信息，在不同的心智模式、不同的解读惯性、不同的价值观下会生成不同的结果。"三观"——世界观、人生观、价值观——至关重要。"心"的问题至关重要，"认知"问题至关重要。

二、至简

　　乾以易知，坤以简能；易则易知，简则易从。

——《周易·系辞》

　　很多有效判断，既不遵从逻辑，也不遵从概率规律，而是遵从简易规则。

——卡尼曼

　　如果你不能简单地解释一样东西，说明你没真正理解它。

——爱因斯坦

　　专注和简单一直是我的秘诀之一。简单可能比复杂更难做到：你必须努力理清思路，从而使其变得简单。但最终这是值得的，因为一旦你做到了，便可以创造奇迹。

——乔布斯

　　历史上的思想之大成者，多有化繁至简之表现。夫子之道，简至"忠恕"二字而已矣。老子坚信"为道日损"。人文日用的道理无须太多，应静养"不出户知天下，不窥牖见天道"之功力。白居易出任杭州太守时曾求教鸟窠禅师："佛经九千，焉得其要？"答案简至八个字"诸恶莫作，众善奉行"。司马光因秉持"删削冗长，举撮机要，专取国家盛衰，系生民休戚，善可为法，恶可为戒"，才写就了《资治通鉴》之鸿篇。王阳明苦思冥想，将《大学》的三纲领"明明德、亲民、止于至善"简化为一纲领"明明德"，将《大学》八条目简并为一条目"致良知"，强调"至上"认知的重要性，方有"心学"的问世。①

 案例 1.2.1　孔子的至简之道：两字而已

《论语·卫灵公》记载，子曰："赐也，女以予为多学而识之者与？"对曰："然，非与？"曰："非也，予一以贯之。"《论语·里仁》另有记载，子曰："参乎，吾道一以贯之。"曾子曰："唯。"子出，门人问曰："何谓也？"曾子曰："夫子之道，忠恕而已矣。"

孔子问学生："你们是不是以为我学了很多，背诵记忆了很多？"子贡等认为是这样的。孔子否定道："不是。"他只是"一以贯之"地将"忠恕"之道"静以存之，动以磨之"②。忠者，真也，诚也，真于自己，诚于他人；恕者，善待，包容也，善待自己，包容他人。"忠恕"两字之道"一以贯之"，成就了孔子"申申如也，夭夭如也"之日常生活，成就了圣贤之不朽。师如是，门人亦如是。"子路有闻，未之能行，唯恐有闻。"泰勒在"哈佛幸福课"中反复强调思维的可塑性和正念"大河"的存养，也是同样的道理。

当下，一些网络视频，在谈到交友、恋爱、侍亲、同事关系时，往往把问题讲得过于复杂，孔子对这种人为制造的复杂很是不屑。在孔子等先贤看来，世间根本不存在单独的交友之道，也没有单独

---

① 冯友兰. 中国哲学简史[M]. 涂又光，译. 北京：北京大学出版社，2013.

② 出自康熙《庭训格言》："一念之微，静以存之，动则察之，必使俯仰无愧，方是实在工夫。是故古人治心，防于念之初生、情之未起，所以用力甚微而收功甚巨也。"

的恋爱之道、侍亲之道、同事之道①……一个人不可能只会恋爱而不懂得侍亲，不可能只会交友而不懂得与同事和谐相处。先贤明示的做法是：个体只要将"真""恕"两字原则静存动磨为自己的认知习惯和行为习惯，他就会在交友、恋爱、侍亲、与同事和谐相处等诸多方面同时步入正轨。两字之道，至简朴素，不求华丽，不求感人，但易于遵从，易于践行，愈是"静存动磨"，愈是效果卓越——这正是《周易》"易则易知，简则易从"的主旨。相比之下，一些网络"喧嚣性"讲解，字字珠玑，句句感人，不易遵从，不易践行。这些"喧嚣性"讲解只不过是将经典肢解零碎后，用华丽辞藻重组、灌水而已，浮文巧语不得经典之"要"，句句感人却"无用"。"感动"过后，听者会很快回归到原点而无实际提升。"喧嚣性"讲解听多了，甚至还会使听者的认知更为杂乱，行动更为无所适从。

　　与其没完没了地视听各种"喧嚣性"讲解，不如每天挤出 10～30 分钟的时间静静心，将至简理念在心中多存养几遍，将与至简理念相关的支撑性画面在头脑中多呈现几遍，用现代脑科学的语言表达，就是将与至简理念相关的神经回路多强化几遍。脑科学研究证实，后一做法的效果一般要远远好于前者。因为后一做法能够保证与某一理念相关的神经细胞链接数量稳定增多，细胞间的链接程度稳定增强，如此，这一理念就不容易被眼前的琐碎淹没，该理念在内心能够得以更多地呈现。②

　　至简理念的存养可强化内心的"一致性"（参见案例 3.10.3）。多些一致，少些对抗与被动，后续之"行"会更有成效和乐趣。

---

　　① 若有，最多只能称得上单独的交友之术、恋爱之术、侍亲之术……

　　② 有研究曾经打过这样的比方：日常琐碎、各种私念好比心中的惊涛骇浪，至简道理好比小船，单独的小船很容易被巨浪打翻淹没——正所谓"人心惟危，道心惟微"。多条船牢牢地链接在一起，是对抗被淹没的良方。链接的船的数量越多，链接的强度越大，被打翻淹没的可能性越小。"静存动磨"，就相当于将更多的船链接牢固的功夫。

案例 1.2.2　英国威斯敏斯特大教堂无名墓碑的启示

威斯敏斯特大教堂是英国的标志性建筑，历史悠久，庄严神圣。在其地下室的墓碑林中，王侯贵族及先贤伟人的墓碑为数不少，几乎每一块都华美精致、质地优良，唯独有一块墓碑用料普通、造型平庸。这块微不足道的墓碑上没有姓名，也没有生卒年月，甚至没有墓主的介绍文字。然而，这块"无名氏"的墓碑却吸引着来自世界各地的人们，这些络绎不绝的造访者不远万里来到英国，只为一睹它的碑文。年轻的曼德拉看到这篇碑文时，顿然有醍醐灌顶之感，声称自己从中找到了改变南非甚至整个世界的金钥匙。回到南非后，这位志向远大、原本赞同以暴制暴填平种族歧视鸿沟的黑人青年，一下子改变了自己的思想和处世风格，他从改变自己、改变自己的家庭和亲朋好友着手，经历了几十年，终于改变了他的国家。

碑文写道：

When I was young and free and my imagination had no limits, I dreamed of changing the world.（年轻的我思想无疆界，梦想改变世界。）

As I grew older and wiser, i discovered the world would not change, so I shortened my sights somewhat and decided to change only my country. But it, too, seemed immovable.（长大的我发现世界不会变，我退而去改变国家，却同样无功。）

As I grew into my twilight years, in one last desperate attempt, I settled for changing only my family, those closest to me, but alas, they would have none of it.（迟暮的我绝望地想改变家庭，亲近如斯却依旧徒劳。）

And now, as I lie on my deathbed, I suddenly realize: if I had only changed myself first, then by example I would have changed my family.（此刻我行将作古，却突然意识到：我若首先改变自己，榜样的力量或许就改变了家庭。）

　　From their inspiration and encouragement, I would then have been able to better my country, and who knows, I may have even changed the world.（而家庭的激励可能会让我有能力改变国家，甚至改变世界。）

　　如此碑文，初读为之震撼，再读似曾相识。《大学》开篇有云："古之欲明明德于天下者，先治其国；欲治其国者，先齐其家；欲齐其家者，先修其身；欲修其身者，先正其心；欲正其心者，先诚其意；欲诚其意者，先致其知；致知在格物。物格而后知至，知至而后意诚，意诚而后心正，心正而后身修，身修而后家齐，家齐而后国治，国治而后天下平。"

　　碑文中真正有价值的提示，儒家在两千年前就已经给出，两者均洞察到"修己"与齐家、治国、平天下的先后关系。儒家还进一步洞察到"修己"之路径：物格、知至、意诚、心正。在信息爆炸的今天，很多信息具有相似性、重复性。当人们迷失于驳杂的信息数据时，人的心也就失去了"至简""至真"的能力。大道至简，很多西方哲学家的思想多可用一段话或一句话概括；苏子所言"自其变者而观之，则天地曾不能以一瞬；自其不变者而观之，则物与我皆无尽也"，一句话甚至涵盖了两个哲学学派（参见案例9.6.3）。我们不能整天被信息裹挟，整天被信息感动。我们现在不是缺少信息，而是缺少静思的时间，缺少简化信息的时间，缺少让关键信息在头脑中重复链接直至养成正念的时间。

　　认知好似观树，从叶（末节）层面观之，杂乱无序，像散乱的信息点，无章可循；从细枝层面观之，线条已经清晰不少，很多信息点遵从着同一逻辑线条；从主干层面观之，简约清晰，现象的众多细枝末节都生于单一主干。观现象，定要培养拨枝叶见主干之功——变复杂为简单，变混乱为清晰。众多散乱的信息点只有纳入适当的逻辑线条，或简并为几个有限的文件夹，方能生成清晰的理念，"念念相合者久"则生成有效判断和决策。察因缘，倒要多了解隐藏在主干脚下的根系，正所谓"追根溯源""归根结底"。观现象，至简；察因缘，追根。

正如猴子不解的东西，人可以一目了然；小孩不解的事情，大人却认为简单至极。为什么？认知能力的不同使然。提升认知力，一定要拨琐碎，见主干。见得主信息，存养住正念。

 案例 1.2.3 跨越文化差异的六大美德

在《真实的幸福》一书中，作者讲述了一项"跨文化研究项目"：美国密歇根大学的彼德森等人为了寻找出不同哲学传统都赞同的美德，阅读了亚里士多德、柏拉图、阿奎那、奥古斯丁、富兰克林的著作，以及《旧约》《犹太法典》《论语》《佛教经典》《道德经》《日本武士道》《古兰经》和《奥义书》等名篇。在研究了整个世界横跨三千年历史的各种不同文化后，他们归纳出跨越文化差异的所谓放之四海而皆准的六大美德——智慧与知识、勇气、仁爱、正义、节制、精神卓越[①]。该研究得到的结论和儒家所倡导的仁、智、勇、尚义、节俭是如此一致，令人对中华传统文化精华肃然起敬。看来指导人伦日用的规则并非庞杂无限，浮躁无效多是由于受到庞杂理论的干扰而忘却了至简规则。

 案例 1.2.4 原则下沉为具体层面的琐碎，更不易遵从[②]

有这样一个有趣的故事。一位研究婚姻问题的教授告诉学生们："婚姻的成功取决于两点，一是找个好人，二是自己做一个好人，就这么简单。"

有学生问："如果这两点没有做到呢？"

教授说："那就需要做到以下 4 点。①容忍、帮助，帮助解决不了问题，仍然容忍；②使容忍变成一种习惯；③在习惯中养成傻瓜的品性；④做傻瓜，并永远做下去。"

又有人问："如果这 4 点没有做到呢？"

---

① ［美］马丁·塞利格曼.真实的幸福[M]. 洪兰，译. 沈阳：万卷出版公司，2010.
② 《家庭生活指南》2009 年第 6 期 "婚姻的数学公式" 一文。

教授说："那就需要做到以下 16 点：①不同时发脾气；②除非有紧急事件，否则不要大声吼叫；③争执时，让对方赢；④当天的争执当天化解；⑤争吵后回娘家或外出的时间不要超过 8 小时；⑥批评时，话要出于爱；⑦随时准备认错道歉；⑧谣言传来时，把它当成玩笑；⑨每月给他（她）一晚自由的时间；⑩不要带着气上床；⑪他（爱人）回家时，你一定要在家；⑫对方不让你打扰时，坚决不去打扰；⑬电话铃响时，让对方去接；⑭口袋里有多少钱要随时报账；⑮坚决消灭没有钱的日子；⑯给你父母的钱一定要比给对方父母的钱少。"

有人叫道："这太多了，如果这 16 点没有做到呢？"

结果教授说："那样的话，你需要做到以下 256 点……"

如果不能按照至简的原则来行动，那么原则必然要下沉到众多更为具体的层面。但这样一来，原则必然因具体层面的复杂而变得千头万绪，要想条条遵守实在太难。

14 世纪，英格兰的逻辑学家将至简思想概括为奥卡姆剃刀原则①，即"如无必要，勿增实体"，这把"剃刀"斩断了人们对于概念性问题无休止的争论，这一原则在哲学、语言学、管理学等诸多领域都给人以很强的正面启示。②

原则过于烦琐，则不易在头脑中"存养"，更不易付诸行动，再次强调《周易》的论断："易则易知，简则易从。"③

---

① 奥卡姆剃刀原则：如果有两套理论都可以解释一件事情，用那个简单的理论。空洞无物的普遍性要领都是无用的累赘，应当被无情地"剃除"。但现在大家提到"奥卡姆剃刀定律"，更多是取它的延伸含义：把复杂的事情简单化。用两步可以做成，不要三步，也就是"简单有效原理"：抓住本质。

②"名可名，非常名。"在"实"的层面上原本相生相成、相对共存的"大小、多少、高下、有无"等实况，在内心——在"名"的层面却经常陷入非此即彼的"非共存"冲突。"名"之纠结害死人，内常"一致"是功夫。

③ 案例 3.10.3 强调内在"一致性"的特殊重要性。内在"一致性"，主要是指至简、至上原则在内心达成一致，而不是指繁杂、琐碎外部现象在内心"映相"的一致。

案例 1.2.5　在复杂世界中寻找至简原则

"挤得像沙丁鱼一样"说的可不仅仅是罐头里的沙丁鱼，一些拟沙丁鱼属的鱼类在海中也经常"扎堆"出现。为了与饥肠辘辘的捕食者抗衡，这些沙丁鱼会聚集成一个个直径数十米的"鱼球"，每个"鱼球"都包含着上万条沙丁鱼。它们动作整齐划一，使得"鱼球"保持着近乎完美的球形，令捕食者无从"下口"，从而达到集体御敌的目的（图 1-3）。[①]

图 1-3　沙丁鱼群形成的"鱼球"

沙丁鱼的集体活动当然远不止形成"鱼球"，但支撑这些复杂活动的原则却很简单。研究表明，海底沙丁鱼群的集体活动仅遵从三个原则就能帮助它们应对各种突发状况：第一，紧跟前方的沙丁鱼；第二，与两边的沙丁鱼保持等距离；第三，带上后方的沙丁鱼。

于是，在简单的规则约束下，复杂的集体行为便产生了。

如果我们对细胞、大脑、免疫系统、昆虫社会等高度复杂的系统进行比较，会发现这些系统都具有一定的共性，即它们都是由功能简单的单元和简洁而明确的规则组成的，而这些简单的组件，使它们能够完成相当复杂的行为与功能。

---

① 郗旺. 大海里的"扎堆族" [J]. 知识就是力量，2014（6）.

　　米歇尔将其概括为复杂系统，[①]而老子则在更早的时候就对这些复杂系统进行了概括，即"万物之始，大道至简，衍化至繁"。"简单规则的多次重复"便是复杂系统能够实现其功能的重要原因。虽然我们很难预测混沌体系，但它存在着固有的秩序。数学家发现的秩序是费根鲍姆常数（约等于 4.6692016），该常数多次出现在复杂体系中，被学术界认定与"混沌现象"有关。而对于我们来说，混沌生活中的简单规则还需要反复地从生活中凝练与精简。

　　群体对简单规则的坚守达成了复杂系统宏观上的秩序井然。而个人对简单规则的执着则能够构建起和谐统一的自我世界。孔子将生活中的广泛经验总结为"一以贯之"之道，并在生活中反复强化、反复实践。

　　类似的，在大脑中，单个神经元功能有限，但当亿万个神经元相互链接时，就形成了感知、思维、情感、意识等重要的宏观大脑活动。

 案例 1.2.6　至简多成于至繁之后

　　人类社会是由一个个异质的人所组成的高度复杂的生态系统。人文日用的至简原则不应困囿于某个单一学科、某种单一视角，否则也只能如同盲人摸象，不得全貌且不得要领。杨敬年先生认为："经济、社会、政治和文化现象本身是相互交织在一起的，过度细化的科目既会妨碍学生学习相邻学科的知识，也很难以全面的眼光来看待复杂的社会和经济问题。"对待现实生活中的复杂问题，一定要广泛地涉猎并理解其全貌之后，再抓住主干进行处理。

　　至简诞生于至繁之中，犹如伟大的真理诞生于广泛的涉猎、尝试与修正之中。冯友兰先生认为："在达到哲学的单纯性之前，他必须通过哲学的复杂性。人必须先说很多话，然后保持静默。"我们强调的至简并非不学无术的简单，而是指书破万卷、路行万里之后的

① ［英］梅拉妮·米歇尔. 复杂［M］. 唐璐，译. 长沙：湖南科学技术出版社，2018.

简约，是指经过"静思、体悟、实践"之后，对"万卷所阅，万里所闻"之信息进行过滤、萃取后的简约，简约后而见"大道"。至简可谓"复杂之后的简约"，这与达·芬奇的"简单是终极的复杂"属同一观点，也与奥利弗·霍姆的感悟"对于无知的简单，我不屑一顾；而对于超越复杂后的简单，我全力以赴"属同一观点。

至简原则，先贤早已明示。但个体必须经过"至繁"之经历，必须经过内心的领悟，才能将至简原则融入自己的认知框架。

 案例 1.2.7　践行至简：要对事实保持开放

原则相当于骨架，骨架正，再注入富有弹性的肌肉与血脉，肌体方可挺拔而富有活力。原则要坚守，但更要对丰富的现实保持开放，用经验和见识为至简原则注入灵活性。原则性与灵活性兼备，个人才能够有效应对现实的复杂性。

机械地坚守某一原则，人的心念就会受到抑制，各种内心冲突和对抗会随之而起，无效行为和消极体验必会出现。死板地遵循原则容易走进死胡同。科学家对蚁群进行过一次不尽人道的实验：将蚂蚁所分泌的信息素摆成圆环状，结果这些蚂蚁就只能在圆环里不停前进，无法根据信息素搜寻到食物，直至力竭而亡。在为这些蚂蚁的悲惨命运惋惜的同时，我们不禁思考：践行至简原则并无错误，但若不加分辨地用机械原则裁剪丰富、易变的现实，人是否也容易陷入思维的死结而不得救赎呢？[1]

与蚁群所面对的实验一样，现实世界也经常充满着不确定性和新的挑战。面对新现实、新挑战，适当打破原有规则，有时会带来意外收获。2014 年，伦敦地铁工人大罢工，全市 270 个地铁站关闭了 171 个，上班族只好用别的办法、寻找新的路线去上班。但罢工结束后，大概仍有 5% 的乘客继续留在新发现的路线上，因为他们发现新路线确实比原来的更好。

---

① ［英］梅拉妮·米歇尔. 复杂[M]. 唐璐，译. 长沙：湖南科技出版社，2018.

罗素曾如此评价哲学家洛克："一贯宁肯牺牲逻辑，也不愿意发表奇辟的悖论，每当怪结论要露头时，他却总用婉和的态度回避开，这对一个逻辑学家来说实在恼火；在务实的人看来，这是判断力健全的证据。"这是务实哲学家对于逻辑一致性与现实复杂性的理智折中，人们不能忽视现实条件变化而墨守成规，因为现实绝不是过去数据的简单重复。

有效行动需要至简原则，但为了更有效地行动，有时需要打破原有规则，升华原有规则。经过新事实、新挑战、新思维灵性升华后，原则重新归于至简。升华后的至简原则，在语言表述方面与原表述可能没有太多差别，但其在内心的丰盈度和深刻度方面已经完全不同，与此原则相关的认知框架和解读系统已经提升，与其相关的后续行动会更为有效。

"乾以易知，坤以简能；易则易知，简则易从。"

三、至上

取乎其上，得乎其中；取乎其中，得乎其下；取乎其下，则无所得矣。

——《论语》

求其上，得其中；求其中，得其下；求其下，必败。

——《孙子兵法》

取法于上，仅得为中；取法于中，故为其下。

——唐太宗《帝范》卷四

孔子在强调"学而不思则罔"的同时，也强调"思而不学则殆"。任何分析、推理、判断与决策都需要一定的基础信息。书破万卷、路行万里属于"为学"，可以拓宽视野，增长见识，增加基础信息量，使得个体在更广的范围内获取关键信息与主信息。缺少了关键信息和主信息的"思"是没有意义的。《论语·卫灵公》有云："吾尝终日不食，终夜不寝，以思，无益，不如学也。"《孙子兵法》中的"知己知彼"，现代经济学科、决策论所强调的信息充分，均意指有效决策需要在宽广的视野下获取主信息和关键信息。"为学日益"，学习是十分必要的，否则现代人没有必要接受那么多的学校教育。

"书破万卷"是必要的，而在信息爆炸的今天，最大的问题是"书出版了不止万卷、十万卷、百万卷"，书本信息太多，网络信息更是铺天盖地。"吾生也有涯，而知也无涯。"（《庄子·内篇·养生主》）在庄子的时代，"以有涯随无涯，殆已"，而在当今时代，"以有涯随无涯，倍殆已"。

 ## 案例 1.3.1　以古圣先贤为师，"取乎上"是关键

贞观七年，太宗谓侍中魏徵曰："自古侯王能自保全者甚少，皆由生长富贵，好尚骄逸，多不解亲君子远小人故尔。朕所有子弟，欲使见前言往行，冀其以为规范。"于是命令魏徵辑录自古以来帝王子弟的成败事迹，取名为《自古诸侯王善恶录》，分别赐给诸王。《自古诸侯王善恶录》一书作为皇家家庭教育的教材，选自历史上帝王及诸侯王积善积恶所造成的成败得失故事，按历史顺序和善恶两类编辑成册，用以教育皇家子孙以古为鉴，注重道德修养。书中序言所著："欲使见善思齐，足以扬名不朽；闻恶能改，庶得免乎大过。从善则有誉，改过则无咎。兴亡是系，可不勉欤？"贞观二十二年（648 年）正月，唐太宗将他撰写的《帝范》十二篇颁赐给太子李治，并对其谆谆告诫："当择圣主为师。毋以吾为前鉴。取法于上，仅得为中；取法于中，故为其下。自非上德，不可效焉。吾在位以来，所制多矣。奇丽服，锦绣珠玉，不绝于前，此非防欲也；雕楹刻桷，高台深池，每兴其役，此非俭志也；犬马鹰鹘，无远必致，此非节心也；数有行幸，以亟劳人，此非屈己也。斯事者，吾之深过，勿

以兹为是而后法焉。"

唐太宗李世民开启了初唐贞观之治，在位期间政治清明、经济复苏、文化繁荣。但他依旧深知自己"所犯过失是很多的"，因此教导皇子们切不可把自己作为榜样去效仿，多以古圣先贤为师。"以古为镜，可以知兴替；以人为镜，可以明得失。"

儒家强调："取乎其上，得乎其中；取乎其中，得乎其下；取乎其下，则无所得矣。"唐太宗在《帝范》中也强调："取法于上，仅得为中；取法于中，故为其下。"信息取乎上，志宜立乎上。

 案例 1.3.2 勿要"务外遗内，博而寡要"

就信息的传播与接受而言，套用狄更斯《双城记》里的一句话比较恰当："这是最好的时代，这是最坏的时代。"随着科技的发展、社会的进步，信息社会已经到来。信息社会的一个重要特征就是信息量大幅增加。"据不完全统计，当前全世界每年出版近 70 万种期刊、60 余万种新书，登记 40 多万项专利，新增期刊近万种，发表科技文献 500 多万篇，编写 25 万份学术报告、学位论文等。全球有 900 多万个电视台、几十万个微波通信塔、几万个雷达站、30 多万个民用电台。"[1]"我国报纸从 1978 年的 186 种发展到当前的 2000 多种，日销量高达 1.07 亿份。全球的信息量正以平均每 12～18 个月翻一番的速度增长。"[2]同时，互联网等新媒体的兴起，使得信息量更加巨大。现在人们每天接触到的信息量比我们祖先 10 年接触到的总和还要多。

如今，不止新闻、大数据、分析、广告铺天盖地，预言、传言、流言与谣言更是招摇过市，世界范围内所有资源都匮乏，唯有信息过剩。没有对"主信息"的坚守，没有"至上"价值观对信息的筛选与过滤，没有正念的"静以存之，动以磨之"，一切繁华皆是虚。

---

① 朱颖科. 信息爆炸时代：未被满足的知情权遭遇被侵犯的不知情权[J]. 东南传播，2012（9）：39-40.

② 赵玉桥，何琳. 从"不知情权"看信息时代信息的有效传达[J]. 今传媒，2012（11）：27-28.

信息过剩给很多个体带来的可能不是认知提升、判断提升，而是认知伤害、判断伤害、情绪伤害、生活伤害。

美国人大卫·申克在《信息烟尘：如何在信息爆炸中求生存》中提出了"信噪比"这一概念：你日常接触的信息中有多少是有用的？有多少是无用的？你的信噪比是多少？稀缺的、曾经被当作鱼子酱一样来珍惜的信息，如今却跟土豆一样充足，并被视为理所当然。当信息积累得越来越多，就不只是信息膨胀了，而是成为一种污染。书中提到，"这些信息烟尘太讨厌了，它挤占了空闲时间，阻塞了必需的思考。我们的谈话、写作，甚至娱乐都被它糟蹋了。它杜绝任何怀疑，把我们变成天真的消费者和小市民。它把我们压榨干了。"

面对信息爆炸、垃圾信息满天飞的现状，"取乎上"尤为必要。

"务外遗内，博而寡要。"（《传习录》答顾东桥书）。信息太多、太杂、太乱，很容易将心搞乱，让心失去效率。我们定要学会拒绝垃圾信息、拒绝劣质信息，捍卫"不知情权"，对重复、劣质、有害信息，目勿视，耳勿听。"夫目妄视则淫，耳妄听则惑，口妄言则乱，夫三关者，不可不慎守也。"（《淮南子·主术训》）今人多惑易乱，主因耳目失关，敞口无别地接收信息所致。清代学者章学诚谈学习体会时告诫："宇宙名物有切己者，虽锱铢不遗；不切己者，虽泰山不顾。"人类大脑约有千亿个神经元，如果每天无限制地被劣质信息污染，必然会导致认知低下、行为低效、情绪混乱！把好耳目关，学会拒绝、学会清理、学会重复巩固，大脑才有可能清晰、明澈、判然。

案例 1.3.3　王强——人生最大的捷径是阅读一流的书①

"北大出了许多企业家，这让我非常自豪。我经常回忆，北大为什么会产生企业家？经历了这么多年人生后，我明白了北大为什么

---

① 根据《中国科学报》2013 年 8 月 12 日第 7 版文章整理。

会产生企业家。

以北大的 32 楼为例，当年我和俞敏洪作为北大青年教师住在该楼的第二层。后来俞敏洪创办了新东方，成了知名的企业家。

第三层楼，当年住着一个来自山西的叫李彦宏的青年，天天在水房里光着上身用冷水冲澡，唱着'夜里寻他千百度，你在哪呢'。天天念'百度'两个字，后来就诞生了百度公司。而从知识储备来讲，李彦宏无论如何都不可能做企业，他是图书馆系古典文学编目专业的。

第四层楼住着北大中文系的愤怒诗人黄怒波。这些年来，黄怒波作为中坤集团创始人，其作为令人刮目相看。

英文系、图书馆系、中文系都是与金融、管理完全无关的专业，但是学这些专业的人怎么会创建出成功的企业？这是因为北大给予了我们一样东西，就是如何塑造生命的东西，使得我们对知识的渴望超过一切。"

王强由此给出建议："读书只读一流的书"，多读经典，读那些能够改变我们生命轨迹的书籍。因为那些书不只是文字，更是生命，而这些生命对读者来说，是一种引领。因为一流的书不是作者为名利而写，而是倾其心血乃至生命和经历而写。如果你读的不是真文字，遇到的不是真语言，那么最后见到的也一定是虚幻的世界，不是真实的世界。真正有力量的文字，一定能够对我们的审美进行奇异的再造，真的、善的、美的事物会融入我们的血液，刻入我们的骨髓。

人生最大的捷径，就是阅读和拥抱世上一流的书。

 ## 案例 1.3.4　至上信息，多在"茧房"之外

近些年，多位商业大佬在公开场合不约而同地谈到了认知层次的重要性（详见视频链接①）。他们明确表达：一个人永远挣不到认

---

① https://m.163.com/v/video/VNNEMQSKA.html.

知层次之外的钱，人与人之间最大的差别是认知层次的差别。他们用成功的实践经验为先贤的智慧表达添加了注脚。《大学》开篇就谈，意诚、心正、身修、家齐、国治这些善果皆源自至上的认知——"致知"；王阳明先生龙场顿悟之后反复强调"知是行之始"，强调"致良知"，强调至上的认知"自洽"与不违背良心的感受"自如"之同时达成；爱因斯坦强调，一个人永远不能用制造了问题的认知水平去解决这些问题。只有提高自己的认知层次，才能避免某些无效认知表达和无效行为表现的不断重复上演。

认知层次很重要，但想提升认知层级绝非易事。在制约认知提升的诸多因素中，特别值得关注的是"回声室效应"与"信息茧房"问题。"回声室效应"指的是某些信息和想法在一个封闭的圈子里得到不断地重复、回放、反馈与加强，圈子里的人经常接触到相对同质化的人群和信息，听到相似的评论。这样，他们逐渐倾向于将偏见当作真相，将教条视为真理，不知不觉中窄化了眼界和理解，走向了顽固不化甚至偏执极化。近年来，算法导向与信息定向推送使人们更便利地接触到自己感兴趣的信息，在给人们带来"快餐式"愉悦与满足感的同时，却也让人不知不觉深陷"信息茧房"的桎梏，大量的同质化的信息反馈让更多个体坚信自己的见解是正确的，他们意识不到自己已经逐渐失去了多元解读和深度理解问题的能力。

深陷信息"茧房"当中，一个人就听不进异己的声音。A茧房里的人经常骂B茧房里的人是"傻子共振"，B茧房里的人经常骂A茧房里的人是"盲人摸象、坐井观天"，致使网络暴力频现，网络互骂现象频发。其实经常参与网络互骂的，有几个不是"傻子共振"？又有几个不是"坐井观天"？

宇宙浩瀚、历史悠久、生命深奥、人心丰富，任何个体穷其一生"能知道"的信息与其"不知道"的信息相比，只不过是"茫茫大海中的几座小岛"。从这个意义上讲，每个人都有自己的"信息茧房"，每个人都有自己的认知洞穴（详见案例1.6.5）。请不要忘记：500多年前，全人类对太阳和地球——与人类关系最密切的两颗星球之间的关系，都没有弄清楚，存在着整体性误判。

"信息茧房"的存在，使你听到的永远都是你想听的声音，你看到的永远都是你想看的内容，你所学的只是你认同的观点，这会带来非常严重的认知"灾难"——长期沉浸在同质化的信息满足中，会失去理解"至上"信息的能力，会减少接触"至上"信息的机会，最终会极大地限制个体认知层次的提升。

在网络空间，不要急于站队、急于参战，更不要急于证明对方有多傻。你越是急于证明某个茧房中的人群有多傻，对方的人群也就会越加确信你的确是个傻子。

与其执着于对他人茧房的指责，不如将精力集中于对自身茧房的识别与打破上。"至上至真"信息，多在"茧房"之外。不断打破自身的认知茧房，对事实保持最大限度的开放，不断在实践中汲取更上更真的信息，不断向实践领域中的大成者学习解读外部世界的逻辑链条与价值链条，你的认知层次就会逐渐提高。认知层次提高了，行动效率会随之提高，生命体验会随之优化。

四、至真

千教万教，教人求真；千学万学，学做真人。

——陶行知

科学告诉我们的是我们所能够知道的事物，但我们所能够知道的是很少的；而我们如果竟忘记了我们所不能知道的是何等之多，那么我们就会对许多极重要的事物变得麻木不仁。

——罗素

认知是人脑对客观实体在现象层面的感知过程和在本质层面的体悟过程。个体在现实中感知到各种现象，在头脑中积累着越来越多的经验和感性认知。人脑具有"闻一而知二（或知十）"的天赋——思维延展能力。人脑具有追求"内在一致性"的本能①——人脑总是尽量将关于自然现象的各种感知与某些已存之公理、定理或逻辑达成一致，总是尽量将关于人文社会现象的各种感知与某些人文价值达成一致。人脑对这种"一致性"的追求、打破、再次达成的循环往复，人心与现实之间的循环检验，就是认知的"至真"过程，也是认知由散乱的现象层面向简约的本质层面靠近的过程。

 案例 1.4.1　何为"思无邪"？"至真"也！

《传习录》中记载了王阳明和学生的一段对话。

问："'思无邪'一言，如何便盖得三百篇之义？"

先生曰："岂特三百篇？《六经》只此一言便可该贯，以至穷古今天下圣贤的话，'思无邪'一言也可该贯。此外更有何说？此是一了百当的功夫。"②

诗三百，一言以蔽之，"思无邪"。三百诗篇，之所以能传世，能够入心，是因为它保证了内心与现实实践之间的彼此"真实"，彼此忠诚无邪。六经能够传世，能够入心，也可以一言该贯：对外部真实，对内心无欺。

内心与现实实践之间彼此"真实"，彼此忠诚无邪，这就是"至真"。（参见案例 9.7.4）

中国诗词，有如三山五岳，亘古恒然，源于"思无邪"。

中国经典，有如五谷丰熟，滋养万方，源于"至真"。

---

① 关于人脑对内在"一致性"的追求，可参见案例 3.10.3。

② ［明］王阳明. 传习录[M]. 叶圣陶，点校. 北京：北京时代华文书局，2014.

案例 1.4.2 知不知，尚矣——两个"千亿级"[①]

科学家发现，浩瀚宇宙可能有千亿乃至万亿个类似银河系的星系[②]，每一个星系中又包含千亿多颗恒星[③]。但是，这千亿多个星系所组成的所谓"可见"的宇宙只占整个宇宙的 5% 左右，其他不可见、不可知的 95% 由暗物质（Dark matter）及暗能量（Dark energy）组成[④]。暗物质的引力聚合千亿星系，各居其位。暗能量之张力控制宇宙之扩张速度。简单地说，科学家对那蒙在我们头上的"隐暗"还知之甚少。"千亿"这个数量级，几乎超出了人脑对数字的直观对应能力。

巧合的是，人类大脑也拥有"千亿"左右个神经元[⑤]，彼此连通，形成 100 多万亿个突触，数量之繁密，好似整个银河系的星辰。人的认知、行为、情绪的核心部件是大脑，但在大脑面前，人类就像仰望星空的孩子。科学界对大脑工作机制的认知几乎是空白的，各种信息进入大脑后，大脑如何进行存储、调出、比对、分析、判断和决策，人类对其仍知之甚少。美国加州理工学院脑成像中心负责人、神经科学教授拉尔夫·阿道夫无奈地说："我们不了解任何一个独立机体的大脑工作机制，就连只有 302 个神经元的小虫，我们目前也没法了解它的神经体系。"[⑥]

人，穷其一生，其所知相对于其所不知，甚为微少。正如罗素

---

① 根据《中国青年报》2014 年 02 月 12 日第 11 版等相关资料整理。

② 2016 年，由英国诺丁汉大学天体物理学教授克里斯托弗·孔塞利切领导的一个国际研究团队称，星系数量的实际数字远大于此，至少接近 2 万亿个，这是之前所认为的 20 倍之多。相关研究成果发表于《天体物理学杂志》季刊上。

③ 另有数据说，浩瀚宇宙有 2000 多亿个类似银河系的星系，每一个星系有 2000 多亿颗恒星。

④ 该项研究由麻省理工科技评论报道，https://www.mittrchina.com/news/detail/5237。

⑤ 来源于《自然》增刊，The brain. Nature outlook24 July 2019. 网址：https://www.nature.com/articles/d41586-019-02206-2。

⑥ 人民网．"脑计划"：我知道你下一秒想什么[EB/OL]. http://www.people.com.cn/24hour/n/2014/0212/c25408-24330290.html。

在《西方哲学史》中所说："科学告诉我们的是我们所能够知道的事物，但我们所能够知道的是很少的；而我们如果竟忘记了我们所不能知道的是何等之多，那么我们就会对许多极重要的事物变得麻木不仁了。"

苏格拉底曾明示：认识到自己的无知就是最大的智慧。《道德经》也有同样的警示："知不知，尚矣；不知知，病也。"人类首先要承认的是一个人，穷其一生，所知甚少；全人类，迄今为止，对宇宙、对自身仍知之甚少。所谓至真，就内在性而言，是指个人只能就其所知内容在内心达成最大限度的一致与自洽。这种一致，有时只需要逻辑自洽即可，有时却需要逻辑和感受的共同支持。就外在性而言，所谓至真，是主观认知向客观道理、客观事实最大限度地靠近与吻合。

 案例 1.4.3　自然科学的至真——致知在格物？

宇宙浩瀚，人脑深奥，个体如何优化认知系统？儒家强调"致知在格物，物格而后知至"。格物，就是在实践中亲自观察事物的来龙去脉，了解其横竖表里，这相当于现代认知科学中强调的直接经验，格物强调"实践出真知"。宋朝之后，儒学分化成程朱理学与陆王心学。理学代表朱熹特别强调：为了了解永恒的理，原则上必须从格物开始。[①]王阳明最初也信奉格物的基本重要性，"格"了七天竹子累倒而毫无所获，由此产生了对理学的怀疑，强化了对心学的坚信。

一草一木皆有理，仅凭一己之力去"格"天下之物是不现实的。17世纪后，科技思想日益深入人心，人们逐渐认清，想"一举就创造关于全宇宙的一整套理论"是不可能的，关于世界本原、宇宙发

---

　　① 冯友兰先生评价：朱熹自己就没有严格执行这个原则。在朱熹的语录中，我们看到他的确对自然现象和社会现象进行了某些观察，但是绝大部分时间他还是致力于经典的研究和注释。他不仅相信有永恒的理，而且相信古代圣贤的言论就是永恒的理。所以他的系统中有权威主义和保守主义成分，这些成分随着程朱学派的传统继续发展而日益显著。程朱学派成为国家的官方学说以后，更是大大助长了这种倾向。

生、生命起源等认知，只能交由自然科学一次一个问题地、逐步地解决。以往任何大一统的理论多属于主观臆想或猜测。

　　而现今，自然科学已经分化为若干学科，借助精密仪器的分子级、原子级，甚至更细微级别的研究，早已替代用肉眼"格物"——观察事物的横竖表里与内在机制。对于自然科学的认知，只能交由专家借助现代仪器设备去"格"，倾其毕生精力去"格"，以求得一些真理性认知。

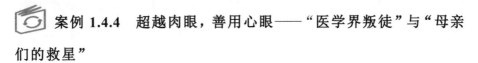

案例 1.4.4　超越肉眼，善用心眼——"医学界叛徒"与"母亲们的救星"

　　格物，不能过于相信肉眼，通常需要"心眼"，才能"看见"更多的真。

　　医务工作者的双手清洁关乎健康，这是妇孺皆知之事。可在 100 多年前，医生白天解剖尸体，晚上为病人动手术，却从没有洗手的习惯。直到伊格纳兹·塞麦尔维斯的出现。塞麦尔维斯是匈牙利医学史上最重要的人物之一，曾被称作"医学界的叛徒"，后又被誉为"母亲们的救世主"，皆因他发现了 19 世纪肆虐维也纳的产褥热的病因。

　　患有产褥热的孕妇产后出现高热，甚至死亡，20%～30%的死亡率使其成为笼罩欧洲的阴影。塞麦尔维斯观察到医院产科分为两科，第一科培训医学院学生，第二科培训助产士，而第一科孕妇的死亡率是后者的 2～3 倍，甚至 10 倍。塞麦尔维斯为此困惑不解，从为孕妇接生时的通风设备、宗教仪式到接生流程，甚至是站姿和方位的不同，他无一不试，却始终未能揭开死亡率差异的谜团，直至好友勒什克医生意外死亡。他注意到，勒什克医生死前对产褥热死者进行过尸检，不慎划破自己的手指，其症状几乎和产褥热死亡症状一样。塞麦尔维斯发现了一个被人们忽略的事实：第一科的医生常在解剖完尸体后就来到产科查房，也常用触摸过尸体的手为产妇体检，而第二科的助产士则从未参与过尸体解剖。塞麦尔维斯认为是某种"尸体颗粒"害死了产妇，是未经洗刷与消毒的双手将"毒物"和"灾难"带给了产妇。为此，他要求第一科医生解剖后用漂白水洗手，病死率果然从 18.27% 降到 0.19%。1850 年，塞麦尔维斯在医生公会的会议上报告了这一发现，这也使他成为众矢之的。顽固守旧的医生们不接受他的发现，顶头上司对他处处刁难，医院拒绝与他续约，几乎所有医学期刊都决定不再发表他的文章。1865 年，塞麦尔维斯被认为患有精神疾病并进入精神病院，最终在绝望中死去。但是塞麦尔维斯在其著作中留下这样一句话："即使我无法活着亲眼看到征服产褥热的那一天，我也坚信那一幸运时刻即将到来，为此我死而无憾。"

两年后，医学界发展了微生物学基础理论。"尸体颗粒"（也就是细菌）终于能在显微镜下被观察到，"医学界叛徒"得以正名，术前消毒也在全世界推广开来。可在此之前，塞麦尔维斯只是凭借着现象推断有"尸体颗粒"的存在，并未真正观察到"尸体颗粒"。

所谓眼见为实，人们对于亲眼所见的事物更容易信以为真。但现代科学表明，人类视觉具有诸多局限性和欺骗性，眼见不一定真实，很多真理超越视觉所见，超越肉体的感知能力，为了求真，需要借助"心眼"和现代科技手段。

正如《蔽月山房》所意指：山近月远觉月小，便道此山大于月。若有心眼大如天，当见山小月更阔。

认识本质，通常需要超越肉眼，善用"心眼"。

 案例 1.4.5　有限经验与无穷集合——真子集一定小于原集吗？

按照洛克的观点，人们的一切知识都在经验中扎根，知识归根结底是由经验而来。①

---

①　17 世纪的哲学家洛克在他的代表作《人类理解论》中提出了著名的"白板论"，说的是，人一出生就像一张白板，是后天的经验在这张白板上描绘了缤纷的色彩。洛克的经验主义是非常大胆而彻底的，从欧洲大陆的哲学家笛卡尔到莱布尼茨，当时大家都认为人类的知识有很多不是从经验来的，是先天存在的，但洛克坚持认为"我们的一切知识都在经验里扎着根基，知识归根结底由经验而来"。

但当人们将时间、空间、独立、联系、因果等这些经验过的范畴运用到对未经验过的事情的思考时，就会产生诸多悖论，康德由此提出了二律背反①。经验无法让我们完全相信宇宙是有限的。同样，经验也不能让我们完全相信宇宙是无限的。而经验又告诉我们，"有限的"和"无限的"应该是完全闭合的选项设计，必须在两者之间择一。但就是这样一个有关人类生活空间性的基本问题，人类却不能做出明确回答。

人类最相信的是自己的经验，并借助归纳、演绎等逻辑能力，即借助他人的经验或严谨的逻辑推演，来拓展自己相信的范围。某要素一旦超越了个体的相信边界，这一要素在该个体的理性思考中也就几乎失去了作用。

人们在有穷数方面具有丰富经验，但对于无穷数，人们只是借助思维力创造出这个概念，而并没有实际经验。因此，基于有穷数的一些确切性结论，运用到无穷数中就不一定成立。

罗素在《西方哲学史》中也谈及一个类似的例子。

当被问及"正整数和正偶数个数哪个更多"时，人们甚至可以不假思索地回答，前者的数量是后者的两倍。这符合我们的感觉、知觉、常识，与我们的经验吻合。

比较下列两行数：

1，2，3，4，5，6，7，8，9，10 和

2，4，6，8，10。

很容易得出：前者的数量是后者的两倍。

比较下列两行数：

1，2，3，4，5……100 000 000 和

2，4，6，8，10……200 000 000。

也不难看出，偶数的数量似乎永远是正整数数量的一半。

当这两个集合继续放大到无穷呢？

---

① 在康德的哲学概念中，二律背反是指对同一个对象或问题所形成的两种理论或学说虽然各自成立，但是却相互矛盾的现象。

1，2，3，4，5……100 000 000……和

2，4，6，8，10……200 000 000……

在无穷集合里，在上排中每有一项，在下排中就有与其相对应的一项，因此偶数的个数实际上和全体整数的个数一般多。

对于有穷数（不管多大或多小，只要给出具体的数），人脑都能对其给出"感受一致度"或"知觉一致度"的支撑，而对于无穷数，人类缺少直接经验，人脑缺少"感受一致度"或"知觉一致度"的支撑。当将有穷集合遵从的"多与少"的判断和"有穷"数下天经地义的结论运用到无穷数时，悖论就出现了。同样，相对于1、2、3、4这些数的真实"可经验"性，"0"的存在显得更抽象一些。"0"和"1"的可经验度是不一样的。同样，0.0001秒的"可经验度"是高于"0"秒的可经验度的，将可经验的超短"时间段"下的某些结论运用到"0"时间段（俗称"时刻"）时，也会悖论[①]常现——"薛定谔的猫""测不准定理"等都与这一问题有关。

当人们将可感层面和可知层面信以为真的理念应用到不可感（甚至是目前尚不可知）的领域时，悖论也会经常出现。人对"有限"的东西，对有起始点之事物是有"感受一致度"或"知觉一致度"支撑的，但对于"无限"的东西，对于没有起始点之事物是缺少"感受一致度"或"知觉一致度"支撑的。因此，用"有限""有起始点"这些"可感"思维惯性去思考"无限""无起始点"的问题时，也会悖论频现。人类凭借现有智慧似乎永远辩论不清楚以下问题：

宇宙到底是有限的还是无限的？

时间到底有没有起始点？

庄子云："夏虫不可以语于冰者，笃于时也。"其警示意义在于，

---

① 在牛顿力学里，我们可以测量一个物体在某一时刻的位置和速度，根据这两个物理量，我们还可以确切知道该物体下一时刻的位置。所以说，物质世界具有很强的确定性，这就是量子力学诞生之前人们对物质世界的科学认知与逻辑信念。

量子力学诞生后，单从粒子的视角看，物质世界具有了不确定性。因为在每个时刻，粒子的位置和速度至少有一个是不确定的，这就意味着我们永远也无法预测每个粒子下一时刻的位置。人类在创造"时刻"这一概念时，或许本身就包含着逻辑悖论。

人们更愿意相信自己经验过的事情，人的行为也确实容易受到个体经验的制约。这也间接提示我们，多经历事情、多长见识，"书破万卷、路行万里"很重要；但"闻一而知十""不窥牖见天道"的思维延展力有时更为重要。

经验与见识、思维归并能力与思维延展能力——就内在而言，这些决定了个体就其头脑所知、所感内容能够达成多大限度的一致与自洽；就外在而言，这些决定了主观认知与客观道理、客观事实能够达成多大限度的吻合。

所谓至真，就个人而言，一方面，就其所知部分达成最大限度的一致；另一方面，在将未知转化为已知方面多尽些一己之力。关于这方面的进一步思考，请参考案例 3.10.1、案例 6.4.2 和案例 6.4.3。

案例 1.4.6　古圣先贤的智慧，多数体现在人文日用领域

罗素认为："哲学在其全部历史中一直是由两个不可调和的混杂在一起的部分构成的：一方面是关于世界本性的理论，另一方面是关于最佳生活方式的伦理学说或政治学说。这两部分未能充分划分清楚，自来是大量混乱想法的一个根源。"他还认为，"格"宇宙发生等自然科学之理与"格"人文社会科学之理的胶着，导致了诸多混乱、无效与虚假。

在西方哲学中，从柏拉图到威廉·詹姆士，哲学家们"让自己关于宇宙构成的见解受到了希求道德教化的心思的影响。他们自以为知道哪些信念会使人有道德"。在西方哲学史中，对人文日用和自然科学同时给予关注的哲学家也不罕见。譬如亚里士多德是古希腊著述最多的哲学家之一，被誉为"百科全书式的学者"。亚里士多德在自然哲学方面的成就不言而喻，然而他的《尼各马科伦理学》《政治学》《修辞学》等实践知识与创制知识著作在人文日用领域的影响也十分广泛而深远。晚期希腊哲学以伦理学为核心，关注人生幸福与灵魂安宁。笛卡尔既撰写了《方法论》《沉思录》，也撰写了《胚胎的形成》，并在《哲学文集》（*Essaisphilosophiques*，1637）中讨论

了几何学和光学。在宇宙演化论方面，笛卡尔提出漩涡形成说："在太阳周围的时空里有巨大的漩涡，带动着行星回转"。斯宾诺莎因《伦理学》与《政治学》而著名，但他对科学也不乏兴趣，甚至还写过一部关于"虹"的论著。

罗素的这一结论同样适用于中国哲学。从先秦百家到近代中国哲学，宇宙发生论与人文日用思想时有交叉，这在《道德经》等经典中尤为明显。康熙皇帝的两部主要著作《庭训格言》和《几暇格物编》，前者关乎人文日用，后者关乎宇宙自然。

随着历史的演进，先贤们关于宇宙发生论的主观猜想多数成为破烂废品，因为500多年前，全人类对地球和太阳之间的关系都存在着整体性误判，那时的宇宙发生论不可能有太多的价值。先贤的智慧光辉多数体现在人文日用领域，多数体现在对人心的深入洞察中，多数体现在对日常生活各种至简、至上原则的倡导中。

对自然的认知，少有绝对真理。在人文日用领域更少有绝对"真"理，"道可道，非常道"在人文日用领域更为适用。早前，关于人文日用的思考归于文史哲，人文主要研究"人"，研究人的认知、情绪、行为。当今，研究认知、情绪、行为的很多学科已经充分借用自然科学的研究手段，具有交叉学科的性质，脑科学就是典型的例证。在关于人脑的研究取得突破性进展之前，人类不得不借助观察各种现象的规律性而继续生活。既然是靠观察得出的规律，就少有绝对真理，盖然性的规律居多。人为什么一定要讲究"仁义礼智信"？"诚敬，忠恕"为什么一定优于"睚眦必报"？谁都不能给出绝对的理由或者严谨的证明，只能通过观察来发现如何行动会更好些。康熙曾教育皇子：凡是战时嗜杀无度、缺少悲悯心的战将，其后代都不怎么兴旺。他教育皇子们一定要"仁爱"，务必要"诚敬"，正如其言"吾人凡事惟当以诚，而无务虚名。朕自幼登极，凡祀坛庙神佛，必以诚敬存心，即理事务，对诸大臣，总以诚心相待，不务虚名，故朕所行事，一出于真诚，无纤毫虚饰"①。

 案例 1.4.7　人文日用，主张各异

　　人文日用领域少有确切，少有绝对真理，不同派别争论了千百年，也难以一较高低。②以至于不同哲学关于个人行为何以至善的微观建议无法统一，关于政府治理何以至善的宏观政策主张差别巨大。

　　不同的先贤对"人性"的基础假设截然不同，所以他们给出的政策建议差别巨大。孔子、孟子假设"人性本善"，儒家就认为"道之以政，齐之以刑，民免而无耻。道之以德，齐之以礼，有耻且格"（《论语·为政》）。荀子（韩非子的老师）和韩非子更强调"人心自利的一面"，其基础假设是"人性有恶"，法家批评儒家迂腐、空谈，过于理想主义。法家少谈德、礼，只关心"奖惩"制度的完善。但实践证明，"废德兴法"加剧了秦国的内部矛盾，导致其"二世而亡"。法家体制的崩塌也使得汉朝"罢黜百家，独尊儒术"，但实际上汉朝尤其汉武一朝仍沐浴着法家的余晖。司马光评论汉武帝有"亡秦之失，而免亡秦之祸"，只不过儒家思想对法家开始产生制约，可谓之"外儒内法"，这种调和造就了汉朝的百年基业。在当今社会，成功的政府治理、企业治理、个人治理的背后一定遵从着某种"博观约取而内化，博采众长而一化"的至上理念。各派思想可用之"度"是因时因地发生变化的。若是真有绝对的"真理"，当今各国的政府治理、企业治理、个人治理就不会那么艰难。所以正确的表述应该是综合运用古今中外的一切人类智慧。而如何综合，又恰恰是对当事者智慧的一种考验。在任何时代，成功的社会治理和个人治理都需要当事人的"智慧"行动。智慧源自"心正，意诚"，以及求"真"务实的意识和态度。

---

① 唐汉. 康熙教子庭训格言[M]. 北京：中国社会科学出版社，2004.

② 人文日用领域中的很多事情，有时的确很难辩论出"是非""对错"，很难用"是非""对错"简单概括。"是"若果"是"，天下早已绝"非"；"非"若果"非"，人间早已无"是"。

案例 1.4.8　认知，"急"容易离"真"，"躁"容易背"真"

"格"自然之理崇尚一个"真"字。"正"世间万事归于一个"真"字。

与有待认知的部分相比，人类对自然、对大脑、对自身已经认知的部分如同大海中的几座小岛。虽然人类彻底、绝对、清晰地认知自然、认知自我的路途还很漫长，但也千万不要因此陷入悲观绝望，人类依靠对宇宙、对自身的诸多规律性观察也基本可以满足正常生活的需要。"日心说"确立之前，人类普遍相信"地心说"。尽管存在整体性误判，但人们还是观察到四季循环、寒暑更替等诸多规律，这些规律也基本保证了农耕生活的继续。欧洲的科技革命之后，人类在自然科学领域的进展加快，医学的进步使人类的平均寿命大大提高，通信技术的进步使人类的交流变得十分方便，交通的便捷使人类的活动范围大大拓展。人们应该时刻以感恩之心珍惜这些进步。

认知虽在飞速发展，但已知部分相比未知部分仍然太少。千亿多个类银河系的星系，确实太大了；千亿左右个神经元，确实太复杂了。我们认识宇宙、认识自然、认知人脑不能操之过急。急，一方面无济于事；另一方面，某些认知进步、科技进步似乎与人的心灵是否安顿关系不大。自然科学发展可以提升技术，转化为科技产品，方便日常生活，扩充信息，增加消费选择，但这些都不一定能安顿我们的心灵。①弄不好，物质的过剩可能使人们更难以在物质方面找到意义感；通信便捷可能会破坏期盼所产生的情趣；信息过多反倒影响情绪、干扰判断。缺乏实质性差异的过多选择也只能增加选择成本，减少积极的情绪体验。

"格"自然之理，"急"容易背"真"。"正"人间万事，"躁"容

---

① 一些落后地区的居民至今也不知道"日心说"这一重大科学进步，但这似乎不影响他们安逸地过着自己的生活。

易离"真"。

　　宇宙发生论等自然之理容易除旧推新，但在人文日用领域，"新说"不一定优于"老理儿"。对于传统哲学中涉及人文日用的精华部分，后人一定要倍加珍惜和敬畏。那是先哲长期守静、惟精惟一、躬身实践后在头脑中产生的深层次的链接，简约、明了、有效，需要静心去领悟，需要在实践中加深理解。数千年后仍闪烁着光辉的智慧，着实不多。在略显浮躁的年代，千万不要被垃圾信息裹挟而忽略了先哲大智慧的提示。能经受千年验证而不衰的思想一定是深邃的，但后来的读者能体验到何种程度与其个人的心境、阅历有关，无法强求。若能借助现代认知科学、脑科学的语言，将传统智慧解释得更容易接受，更容易践行，使更多个体产生更深邃的共鸣，这无疑是一件有意义的事情——在日省吾身中敬畏先贤之思想，在格物实践中体悟经典之深邃。值得强调的是，人文思想的提升，才是解决心灵安顿问题的关键所在。①

　　至真，提升对自然和自身的认知；尊贤，安顿好急躁的心灵。

 案例 1.4.9　尚"真"，还是"真""美"兼顾？

　　自然科学领域多涉理少涉情，所以崇尚至真，崇尚逻辑与理性，少涉感性。人文日用领域往往既涉理又涉情，当认知求真和感受求美一致时当然好办，但两者不一致时，则必须做出取舍以达成平衡。人们赞美月亮的诗篇多源自眼睛直观感受之美，而非来自认知的较"真"儿。若要较起"真"儿来，月亮还真的不美：表面凸凹不平，没有绿地，没有森林，月光也是反射的太阳之光；若要较起"真"儿来，诗词中的很多语句都经受不住逻辑的推敲。古人是智慧的，

――――――――――
　　① 古时候，当人们尽了全力仍然难以保命时，他们更倾向于相信神明的力量，以减少内心的恐惧。科技的发展使人类的自我能量感大大增加，大部分人只要付出正常努力就可以基本免于物质的匮乏、饥荒、洪水、瘟疫等，饿殍遍野日趋少发，人类对自然灾害和疾病的应对能力日渐增强。这时，科技的力量又普遍地被高估了，科技的快速发展并没有很好地解决人类心灵的安顿问题，情绪焦躁、精神内耗等问题在很多国家普遍而严重地出现了。

既崇尚真，也崇尚美，创造了很多大美的诗篇。这些美妙诗篇抒发了很多人的情感，慰藉了很多人的心灵，塑造了很多人的精神内核，也为后人留存了很多无形财富！在自然科学领域，要无条件尚真。但在人文日用领域，认知求真很重要，感受求美同样重要。

大道不离"日用常行"，个体日常生活更多关乎人文日用。"大其心"下的"认知与情感"合一，"真、美"兼得，是上智。"小其心"下的纠结缠绕，"真、美"俱损，是下智。

格自然之理，需要借助逻辑推理、重复实验，需要专业人士倾其毕生精力地驻心用力。格自然之理，崇尚专一性、确定性、可计量性。格人文日用之理，因其涉及人心的丰富性和可变性、涉及诸多无价因素（健康、亲情、尊重、名望），需要在广视野、高平台上"至简""至上"地求真，需要"真美"兼顾地求真。若将"格"自然之理的方法强硬嫁接于"格"人文日用领域，用"自然科学"之真淹没"人文日用"之真，用"自然科学"之专一性、确定性覆盖了"人文日用"之丰富性、不确定性、无价性，其对人类生命丰富性的伤害不可低估，对人类生命深刻性的伤害不可低估，对人类生命意义感的伤害不可低估，对人类幸福感的伤害不可低估。无论如何，不能混淆了"自然科学"之真与"人文日用"之真，否则，其危害将不堪承受。

案例 1.4.10　天中山——基于"地心说"这一逻辑起点找到的宇宙"中心"

天中山坐落于河南省驻马店市汝南县，是世界上最小最矮的山峰之一。这座山位于汝南县城北两公里处，占地约 540 平方米，高13.6 米，周围草木茂盛。这座山虽小，来历却很是不凡。

周朝初定天下之时，周公为求基业长青，顺应天人，对《易经》进行了认真研究。为了确保数据科学、准确，他亲自带随员对天地进行了测量。当他测量到豫州州府汝南时，恰逢夏至日正午，测量的竖杆没有了光影，于是确定此地为天地的中心，"禹分天下为九州，豫为九州之中，汝为豫州之中，遂聚土垒石，以标天中，命天中山"。后又刻碑为记，立于山上，天中山因此得名①。当时人们普遍信以为"真"的是大地是宇宙的中心，华夏是大地的中心，中原是华夏的中心，以此进行逻辑推理，那宇宙的中心一定在中原的某个地点。在逻辑一致和感受一致的支持下，周公与随员终于"找到了"天地之中——天中山。这从当时已有的信息来看，确实是合乎逻辑的"真"结论。智者周公信以为"真"，其他人也信以为"真"，并且相信了很长时间②。

西方"求真"的历史进程亦是如此。西方智者亚里士多德认为，越重的物体下落速度越快，当时所有人都认为这一结论是"真"的，相关逻辑是合理的。然而伽利略证明，如果没有空气阻力，所有物体的下落速度是一样的。由于忽略了空气阻力这一因素，使得原来所有人都信以为"真"、觉得合理的事情背离了真实。忽略一个因素，可以导致看似合"真"的结论完全错误。

"地球是圆的不是方的""地球绕着太阳转"……这些"实"已经"恒"存了几十亿年，"地圆说""地球公转"……这些"名"被"人脑"（或者说"人心"）确认和接受却是近几百年的事情。无名乃天地之始，有名乃万物之母。"恒"存了几十亿年的"实"，只是近几百年被正"名"之后，人们基于正"名"的思考才与"实"有了更切实的吻合。更贴近"实"的新"名"进入人脑后，人脑有了新的逻辑运行，新逻辑的运行结果让"心"豁然明朗：天中山不是地球的中心，也不是太阳系的中心，更不是宇宙之中心……当年人类普遍信以为"真"的东西其实与"真"相去甚远。

在人文日用、经济管理领域，政治、经济、人文多种因素互相交叉，选择部分要素、推导出的结论，看似合理，但对现实通常缺

---

① "天中山"的名字自唐以后正式载于史籍，因颜真卿亲书"天中山"而得名。

② 唐德宗年间，大书法家颜真卿亲书"天中山"碑文，天中山因此名享天下，成为历代官吏和士大夫拜谒和游览的场所。唐代大诗人刘禹锡也正是登天中山后有感而发，才写下了"山不在高，有仙则名。水不在深，有龙则灵"的不朽名句。

少有效指导。忽略一个因素可以导致"真"结论的完全错误，人文日用和经济管理领域的许多逻辑推导通常忽略的远不止一个因素，这或许是一些人文日用、经济管理专业的毕业生在校期间推导能力很强，而毕业后实际判断力、担当力不够强大的主要原因。

诸多前辈、伟人之所以能够为中华民族的解放与建设事业做出不朽的贡献，很大程度上归因于他们不拘泥于本本，他们有广泛的人文关注，对政治、经济、历史、人文等有着深入的了解和综合思考。历史上的大成者多是基于现实去求"真"，而不是基于本本、基于"名"、基于机械逻辑推导去求"真"！

为了有效地工作、生活，人心需要"存养"住几条至简、至上的原则。但这些原则（尤其是人文日用原则）应该具有灵活性，对事实保持最大的开放。人脑有追求"一致性"的本能，但在"名"的层面上无节制地追求逻辑一致，容易背离"实"，容易背离"至真"。

致知在格物，求真不能脱离"实践"。

五、判断力很重要

在信息-知识-理念-判断-行动这一链条中，判断力居于核心地位（参见第八章第三节），也是认知能力的集中展现。[①]

美国心理学大师马斯洛研究过许多伟人共同的人格特质后发现，成功者通常具有 16 个重要特质。其中第一条特质就是他们的判断力超乎常人，头脑多时能够清晰、简约、判然，对事情观察得很

---

① 现如今，学生们接受高等教育的年限，短则 4 年，长则 10 年，甚至更久。当学生们毕业后回首大学时的宝贵时光，所忆及的或许不是学术概念和数理模型的堆积、重复，不是对考试分数的锱铢必较，而是在学习中自主凝练而成的"真信念""真判断"！概念逻辑的机械堆积，通常无助于学生的"至真思考与至善担当"，反而有时会弱化一个学生的判断力与行动力。

透彻，往往只根据现在发生的一些事，就能够正确地预测将来事情的演变。个体接受家庭教育、学校教育和社会教育，丰富自己的人文知识和专业知识，其成效主要体现在其能否从杂乱的信息堆中捕捉到主信息和关键信息，生成有效判断。一个决策论的研究者，如果一生中都没有做出一项卓越判断与决策，人们就很难相信其理论的有效性。

 案例 1.5.1　依情，要尊重多数；依理，则不尽然

1897 年，意大利经济学者帕累托在分析 19 世纪英国人的财富和收益模式时偶然发现，大部分的财富流向了少数人手里，且这一现象在其他国家也一再出现，在数学上呈现出一种稳定的关系——二八法则。

李嘉诚先生说过，当他在选择一件衣服时，如果 80%的人说"好看"，他会毅然买下，好看"涉情"，应该注重多数人的情绪感受；而选择一项投资时，如果 80%的人说"看好"，他会毅然放弃，看好"涉理"。"我相信世界的二八法则。为什么世界上 80%的财富集中在20%的富人手里？因为 20% 的人会做别人不理解的事情，80%的人不会坚持正确的选择。""众见其利者，非利也。"相关统计显示，在天使基金、孵化基金所选择的各种投资中，近 90%的投资选择是失败的。成功往往要经受住 90%以上大众化认知的不解，去赢得那小概率的超越。大成需要超常的"依理"判断，"超常"则意味着少数。

 案例 1.5.2　罗杰斯的投资哲学——做大胆、理性的独行侠[①]

投资大师罗杰斯有一个响亮的外号——"独行侠"，而这个外号则是源于罗杰斯大胆的投资策略，他经常会做出一些出人意料的逆大众式的投资。罗杰斯认为，投资者就要做大胆、理性的独行侠，

---

① 参见人民网同名文章。

不要被他人的想法左右，在仔细、理性地分析后应该果断地去执行。

在罗杰斯给女儿的十二封信中，他就曾明确表示："假如周遭的人都劝你不要做某件事，甚至嘲笑你根本不该去想这件事，就可以把这件事当作可能成功的指标。"王阳明"良工心独苦"的慨叹也有同样的意思。

早在 20 世纪 80 年代，罗杰斯就发现中国大有潜力，于是他便开始搜集关于中国的资料，准备在中国投资。当时，很多人认为他疯了，因为在一些人眼里，中国还是一个思想守旧、不知变通的国家，绝对不会接受外国人的投资，更没有什么投资价值。但是，罗杰斯却坚持相信他的直觉。他的逻辑很简单：中国有超过 10 亿的人口，而且储蓄率高得惊人，这些钱是可以用来做投资的。

 案例 1.5.3 马云——成功与否取决于对 10 年后的判断

2014 年 11 月，马云在首届世界互联网大会上发言："当下社会商人要寻找一个机会，一个今天就能做、明天就能成功的机会，基本是找不到的。因为这个世界聪明人太多了，不要说我们公司以外，我有时候坐在公司里面，看看我们公司那帮年轻人，我也目瞪口呆，这帮人怎么这么聪明！比聪明你已经没有机会了，比勤奋估计更没机会，你只能比未来。我认为 10 年以后中国社会会出现这样的事情，我必须去做。"马云当初也正是基于对 10 年后中国电子商务前景的准确判断和笃定前行，才有了今天的辉煌。

当下，任何人都难以摆脱信息的裹挟与轰炸。学生们辛苦地接受着诸多的专业信息与非专业信息，但如果认知力，尤其是判断力、决策力没有得到切实提升，家长和社会自然会质疑这种"辛苦式教育"的效果。所学被大量滞留在"信息-知识-理念-判断-行动"链条的前两个环节，不能生成清晰信念，不能生成有效判断，不能生成至善担当，这是当下"辛苦式教育"需要认真思考和改革的问题。就我国的学校教育而言，加强后三个环节训练的任务更为艰巨，更为迫切（参见第八章第三节）。

 案例 1.5.4　真判断——需要"至简""至上""至真"

2017 年，两个经济学专业的毕业生半开玩笑半认真地讨论着这样一个话题："2000 年，我们都在北京名校攻读经济学专业的硕士学位，当年北京的房价不到 6000 元，根据所学专业知识，如果我们当时能大致判断出 15 年后房价能涨到 60 000 元，我们定会付诸行动。当初之所以没有行动，是因为我们很难将概念转化成为清晰的判断。"此话诚然，专业术语距离有效判断中间隔着两个实质性环节（参见第八章第三节），若想将书本概念、推理转化为清晰、准确的判断，我们需要用"心"思考！"至简"思考！"至上"思考！"至真"思考！

道家有言："筌者所以在鱼，得鱼而忘筌；蹄者所以在兔，得兔而忘蹄；言者所以在意，得意而忘言。"儒家有言："辞达而已矣。"释家强调："不立文字，直指人心。"中国传统智慧均强调：任何观察思考，若想得其"主旨""要义"，务必要跳出文字概念的纠缠，"悟实得实""心领神会"。在现代经济学中，有很多精巧的概念、定理，比如"弹性""激励相容""科斯定律"等，这些概念当然有助于理解和观察经济现象，但我们不能对其作用过于高估。"弹性"是现代经济学创造出的概念。但早在千百年前，人们已经懂得对食盐、粮食等物品（现代表述为需求价格弹性小的商品）实行政府管控。早在封建社会，符合"激励相容"理念的"分成制"就已经出现。"科斯定律"提示，产权清晰、边界明确大有裨益。但是在我国传统家庭生活中，父母的舐犊情深、子女的乌鸦反哺，都无法把责权界定得一清二楚。若硬要界定清楚，情致无疑会大打折扣，生命将会变得单调乏味、了无生趣①。

---

① 曾有新闻报道，某国有男生，只找 AA 制的女友，所有费用必须两人均摊。这种所谓的责权清晰，不知道到底是人性的进步，还是人性的退步。

人文日用，不应过于追求确定性。

2021 年，我国居民人均预期寿命为 78.2 岁①。仅从数据来看，虽然活过 80 岁的概率不太高，但多数人对活到 80 岁以上还是心怀希望的。我们千万不要低估这一希望，正是由于存在希望，才大大激发了个体的内在努力、幻想、期盼与潜能。如果明确告诉一个人，他在 80 岁那天将会死去，一天都不能多活，这对其生活的丰富性和内在努力性可能会产生致命影响。

判断、选择都是在诸多不确定因素的背景下做出的，成功就在于谁能在杂乱的信息中抓住主信息和关键信息。诺贝尔经济学奖得主西蒙谈到他担任独立董事的体会时说道，"信息充分的假设纯属空谈，信息充分的成本是无限大的。"②公司的任何决策都是在信息不充分且仍然面临诸多不确定性的情况下做出的，多数情况下是在有限的几个备选方案中择一而已（参见案例 6.4.2）。

20 世纪 50 年代，索罗斯在伦敦政治经济学院学习，他用三年的时间修完经济学课程，在余下的一年里，他选择了哲学家卡尔·波普尔对其学业进行指导。波普尔特别强调，知识永远是不完备的。但在经济学理论中却有完全竞争理论，并假设知识是完备的，信息是充分的。索罗斯被两者的矛盾难住了，这使他开始怀疑经济理论的假设。也正是基于这一根本性怀疑，他开始构建自己的"认知-行为"框架。后来，这一框架助其在金融领域取得了非凡的成功（参见案例 6.4.3）。

"不完备性""不确定性""无常性"是所有人文日用决策都不能绕过的一道坎儿。

---

① 国家卫生健康委员会《2021 年我国卫生健康事业发展统计公报》。
② 世界太大，事情太多，空间无尽无穷，时间无始无终，人物形形色色，人心变化万千。任何个体仅凭短短几十年的生命体验，所知终归有限，所感终归有限，但个体又必须凭这些有限去思考、去感悟、去行动。杨朱曰："太古之事灭矣，孰之哉？三皇之事若存若亡，五帝之事若觉若梦，三王之事或隐或显，亿不识一。当身之事或闻或见，万不识一。目前之事或存或废，千不识一。"在杨朱看来，信息充分是不可能之事。

罗素曾说："在鲜明的希望与恐惧之前而不能确定，是会使人痛苦的；可是如果在没有令人慰藉的神话故事的支持下，我们仍希望活下去的话，那么我们就必须忍受这种不确定。无论是想把哲学所提出的这些问题忘却，还是自称我们已经找到了这些问题的确凿无疑的答案，都是无益的事。教导人们在不能确定时怎样生活下去而又不会为犹疑所困扰，也许这就是哲学在我们的时代仍然能为学哲学的人所做出的主要事情了。"

人文日用领域的决策会涉及更多的不确定性，涉及人心的丰富性和可变性，涉及诸多无法估价的因素，没有"至简""至上"，难以"至真"，也就难以生成有效判断。正如一些决策论研究者一生做不出一项卓越决策，他们可能过分拘泥于某些逻辑，而忽略了各种不确定性。伟大的政治家、成功的投资者总是很少纠结于单一逻辑，他们不会陷入"概念或逻辑陷阱"，他们对基本的规则、简易的哲理总是有着深刻的理解，总是能够从"纷繁"的信息中捕捉到关键信息，总是能够将诸多"矛盾"达成"一致"，总是能够在诸多不确定性中把握住大势，进而生成有效判断。在任何一个具体决策过程中，纵然头脑中信息万千，但是起关键作用的往往只是其中有限的几条，有时甚至是压倒性的一条。

 案例 1.5.5　杨敬年先生的感悟①

2016 年 9 月 4 日，杨敬年先生在天津逝世，享年 108 岁，习近

---

① 南开大学教授杨敬年是我国著名的经济学家、教育家和翻译家，也是我国财政学、发展经济学科的奠基人之一。1948 年，应时任南开大学校长何廉的召唤，刚刚获得牛津大学博士学位的杨敬年放弃赴美计划，毅然归国，任南开大学教授。1949 年，杨敬年、陶继侃等先生目睹财税人才匮乏之窘境，创建了南开大学财政系，使南开大学成为 1949 年以前我国最早设立财政学系的四所高校之一。在特殊年代，杨敬年先生以惊人的毅力翻译了总计 230 万字的外文著作及 200 多万字的联合国大会、联合国安理会正式记录。1979 年，恢复教授职称的杨先生已逾古稀，仍重登讲坛、教书育人。退休后，杨先生笔耕不辍：88 岁撰写跨学科著作《人性谈》；90 岁翻译完成 74 万字的经济学名著《国富论》；百岁高龄时，撰写自传《期颐述怀》；105 岁时，《人性谈》再版，他"在头脑里头修正"，对一万多字进行口述修改……2016 年 9 月 4 日，杨先生在天津逝世，享年 108 岁，习近平总书记等多位党和国家领导人以不同方式对杨先生表示哀悼。

平总书记等多位党和国家领导人致电或送来花圈表示沉痛哀悼。一位高校教师何以赢得如此尊重？因其一生对他人、对工作、对社会的诚敬、诚思、诚行。在杨敬年先生 108 周年诞辰之际，南开大学举办追思会，杨先生的忘年交、南开大学经济研究所关永强副研究员在追思发言中讲道："关于治学，杨先生对我提到最多的，也是他在很多其他场合都反复强调的是，要有宽广的学问基础。先生曾经很多次在不同场合对我说，现代科学之所以要分科，是因为知识太多了，必须得进行分工和专业化的研究，但专业的过度细分对于学生，特别是社会科学专业的学生而言，却不全是好事，因为经济、社会、政治和文化现象本身是相互交织在一起的，而过度细化的科目则会妨碍学生学习相邻学科的知识，也很难以全面的眼光来看待复杂的社会和经济问题。他回忆起自己的求学和治学历程，早年在中国政法大学学习行政学，到南开经济研究所读研究生时的专业也是地方行政，在牛津读的是哲学、政治和经济（简称 PPE）博士，回国后创办财政系，使南开大学成为国内最早设立财政系的四所大学之一。后来先生在全国最先开设发展经济学课程，晚年还在哲学与社会科学交叉领域撰写了《人性谈》，他的成就正是得益于综合的学术背景。先生曾跟我详细提及牛津 PPE 学位的特色，认为这充分体现了牛津与剑桥等其他大学不同的历史风格，很值得我们参考借鉴。他也经常怀念求学时期的南开经济研究所，说到何廉先生创办经研所时所仿照的就是英国的伦敦政治经济学院，目的在于建立一个社会科学交叉互动的综合性研究机构。当时何廉先生研究的是财政学，方显廷先生是经济史，陈序经先生是社会文化学，而张纯明先生是政治学理论，张金鉴先生则是行政管理，这种多元化的学术气氛给当时在南开读书的杨先生留下了极其深刻的印象。"

在社会科学领域，专业过度细分不是好事，这会导致学生很难以全面的眼光来看待复杂的社会和经济问题。眼光不全面，学生就难以选对主信息与关键信息，就难以生成有效判断。

信息、知识、智慧，三个名词之间的界限何在？能否准确界定三个名词？答案是否定的。名可名，非常名，名与实的对应并非总是"一对一"那样清晰准确的。信息泛指人类社会能够传播的一切内容，知识指系统化的、专业化的信息，而智慧则关乎将知识转化为有效判断和有效行动的能力。

在现实生活中，个体面对诸多不可控因素和不确定性，必须借助对自我、他人和社会的思维惯性、情感惯性、行为惯性的观察，而有所思考、有所判断、有所行动。相对有效的判断首先需要的智慧是，分清哪些是确定的、不可改变的、惯性强大的，哪些是基本确定的、不易改变的、惯性较大的，哪些是不确定的、容易改变的、无规律可循的。应用好确定的，应对好不确定的。所谓智者，能做的概不过如此。

毛泽东同志在战争年代的诸多判断、邓小平同志选择农村家庭联产承包责任制作为改革的突破口，这都是真知、真思的结果。这些思考中没有抽象的概念，没有故弄玄虚的辞藻，没有高深的数学推导，有的是对国家命运的负责。毛泽东的"农村包围城市"之路曾饱受争议，邓小平的改革开放之路也曾阻力重重。相关史料记载[1]，在邓小平同志边走边思的三年多的时间里，从江西南昌新建县拖拉机修配厂到小平同志的住处被踩出了一条"小道"。"小道"上多年的"真思考"悟得了中国改革开放的"大道"[2]，选准了突破口，奠定了中国经济几十年的辉煌。

"格"宇宙发生等自然科学之理与"格"人文日用之理的混同，将自然科学研究方法生硬嫁接到"丰富、易变"的人文日用领域，容易导致虚假、混乱与无效。一个学科、一个流派到底为人类贡献了多少正向和积极的东西，也许要过几十年甚至更长时间才能看得清楚。几千年来，在人文日用领域真正为人类持续贡献正向作用的

---

[1] Rong Deng, Deng Xiaoping and the Cultural Revolution:A Daughter Recalls the Critical Years. Beijing: *Foreign Languages Press*, 2002, p.103.

[2] 邓榕女士曾回忆，父亲散步时经常思考中国的未来，以及回京之后自己可能为国家做些什么。

书寥寥数本，它们的共同特征是作者几十年如一日的真思、真信。一旦手段超越了目的，炫技达到了自身都不相信的地步，学术研究就难以赢得持久信任和真实的尊重。

重复卡尼曼的灼见："很多有效判断，既不遵从逻辑，也不遵从概率规律，而是遵从简易规则。"

六、要"逻辑完美"，还是要"现实判断力"

逻辑，涉及辨"名"析"理"。"有名，万物之母。"认知，首先要对万事万物命名——任何文化首先要有口头或书面词汇，事物之间的真实联系可通过词汇组合成的语句予以表达，并借语句探究世间之"道"和"理"。作为 20 世纪最具影响力的哲学家和数理逻辑学家、语言哲学的奠基人，维特根斯坦特别强调哲学的功效就是搞清概念，形而上之"道"就是概念的诗。"名"不清晰，基于名而推出的"道""理"是无效的。

"逻辑是西方哲学中引起中国人注意的第一个方面。"[①]相比之下，中国哲学则不太注重逻辑。初步接触中国哲学的西方人容易产生困惑：《论语》记载的都是孔子和学生之间的一些日常对话或生活片段，各章之间毫无逻辑可言。《道德经》的 81 章之间也找不到明确的逻辑线索。没有逻辑怎能称得上哲学？一些西方人为此困惑不已。感受到西方哲学的逻辑美之后，中国人也曾因自己的哲学缺少逻辑而感到自卑。先秦哲学中相对注重辨名析理，注重逻辑感的"名家"也因此一度成为"显学"。西方哲学传入中国后，梁启超、胡适都加入过研究"名家"的队伍，胡适还于 1922 年出版了《先秦名学

---

① 冯友兰. 中国哲学简史[M]. 涂又光，译. 北京：北京大学出版社，2013.

史》一书。但随着这股追捧"名家"的思潮逐渐退去，人们终于看清，"明晰不足，暗示有余"恰恰是中国哲学的大智慧所在。逻辑越唯美，现实反差越大。明晰不足，不把一种道理说得过于绝对，将不同逻辑、不同智慧，甚至相互间存在矛盾的智慧实现融合，对现实才更具有指导力。

案例 1.6.1　名可名，非常名——以"税收"概念为例

比较了目前流行的多部《财政学》教科书后，我们选择了南开大学出版社出版的《现代财政学原理》（第五版）一书中对税收的定义："政府出于提供特定公共产品和公共劳务的需要，通过法律形式对其社会成员规定的强制性的、不付等价物的货币支付。"49 个字基本涵盖了税收的本质特征。但任何一个概念，无论如何命名，都能找出其"非常"性。把镜头稍微拉长到 200 多年前，税收之名的"非常性"就显现出来了：在清朝，税收的目的不单纯是提供公共产品和公共劳务，很大一部分用于皇家消费；税负随意性很大，缺少法律支持；很多税负以实物形式上缴，而非以货币支付。

名尚且无常，道——基于名的推理更不可能绝对、恒久。道可道，更非常道。

现实世界的复杂性，决定了任何逻辑都只能给出部分解释。对于逻辑的构想者，片面追求单一逻辑的完整性，往往暗含着风险。妄想构造一种逻辑来解释整个世界的风险更是致命的，当这种完美逻辑的构造者发现某个关键环节的脆弱或断裂时，这对构造者的打击往往是崩溃性的，构造者本人极有可能被其试图构造的单一逻辑所反噬。西方哲学家中有不少人在这方面栽了跟头，吃了大亏。西方哲学家中也有很多人注意到过于追逐逻辑的弊端："至今还没有人成功创造出一种既可信赖又自圆其说的哲学。洛克追求可信，以牺牲首尾一贯而达到了可信。大部分的伟大哲学家一贯的做法与洛克正相反。不能自圆其说的哲学绝不会完全正确，但是自圆其说的哲学满可以全盘错误。最富有成果的各派哲学向来包含着显眼的自相

矛盾，但是正是由于这个缘故才部分正确。"①成大事者不纠结，能将诸多矛盾达成内在的简约一致是大智慧。《论语》在两千多年的时间里深得国人尊崇，并非因为它的逻辑美，而是因为它的"好用"，并因为"好用"而可信。

丰富、多彩、易变、无常的现实生活若仅仅受制于单一逻辑——无论哪种逻辑——无疑都会使生活变得单调、枯燥、乏味、悲哀。

西方哲学家中最后出现认知崩溃和行为自绝者相对较多，而中国哲学家中长寿者相对较多。孔子享年 73 岁（"人活七十古来稀"，在当时已属高龄）；孟子 84 岁而终；老子西出函谷关，不知其所终，其年龄是个谜。司马迁说："盖老子百有六十余岁，或言二百余岁，以其修道而养寿也。"②东西方哲人寿命的巨大反差，或许与西方哲学过于追求某一逻辑的完美而中国哲学深谙"道可道，非常道"之大道有关系。如此复杂美妙的世界岂是单一逻辑能够解释清楚的？研究西方哲学史和中国哲学史的两位权威在深层次上有着某种程度的一致：罗素在评价洛克时已经将"逻辑与可信"的关系讲得清晰明白；冯友兰讲"从逻辑上说不可感者超越经验；既不可感又不可思者（例如，空间是有限还是无限、时间有无起始点与终结点）超越理智。关于超越经验和理智者，人不可能说得很多"③。面对浩瀚的宇宙和复杂的现实，任何基于"有限可感""有限可知"而生的单一逻辑都具有局限性和相对性，必须保持足够的谦卑去接纳、融合不同的逻辑或智慧。

 案例 1.6.2　"政经"与"西经"的辩论

近年来，对于是否应给"政治经济学"课程增加课时这一问题引发了一场广泛的争论。

通过争论，我们能感受到中国知识分子的责任感，一种对学生、

---

① ［英］罗素. 西方哲学史[M].何兆武，李约瑟，译. 北京：商务印书馆，1976.
② ［汉］司马迁. 史记·老子韩非列传[M]. 北京：中华书局，2011.
③ 冯友兰. 中国哲学简史[M]. 涂又光，译. 北京：北京大学出版社，2013：320.

对社会、对民族的责任感。高校任课教师都知道，增加一门课程的课时，在教师人数短期内不能增加的情况下，无疑要增加该门课程任课教师的教学工作量，在目前职称晋升主要看科研的情况下，老师要求增加自己所教授课程的课时，单从个人角度讲是费力不讨好的事情。所以，首先应该跳出私利——"个人利益最大化"视角，基于"社会与历史责任感"来考量这场争论。

中国知识分子富有社会责任感是有历史渊源的。

不妨把镜头稍拉远些，谈一谈心学代表人物王阳明。王阳明的好友湛若水在其墓志铭中指出王阳明年轻时险陷"五溺"①——任侠、骑射、词章、神仙、佛氏。单说佛氏之溺，他曾静坐禅修，体验过远离尘世的静空之乐，并有成瘾之势。那时，是本土儒家文化的家庭责任感、社会责任感拯救了他。他想到了家人——"此孝悌一念，生于孩提，若此念可去，断灭种性矣"②。他想到了"唯为圣贤，方是第一"的宏愿。佛学源于"西天"，王阳明的心学中确有佛学思想的成分，以至于批评者言"朱子道，陆子禅"。也就是说，程朱理学、陆王心学都已不是原本的儒学：理学借用了道家的思想，心学借用了佛学的思想。王阳明正是因为将"西天"思想的合理成分与本土儒家思想有机融合，并积极投身社会实践，使人生意义感的个体性与社会性同时实现，才成就了"不朽"。

再将镜头拉近些，谈一谈民国大儒梁漱溟。梁漱溟在《究元决疑论》中有言："东土学术，凡百晦塞，卓绝光明，唯在佛法。"有人说他能进北京大学教书还和蔡元培校长读过这篇文章有些关系。梁漱溟到北京大学教授东方哲学后，思想逐渐发生了变化，认识到中华民族文化的复兴还有赖于儒家文化的复兴。纵使现实相对稳定，

---

①　"初溺于任侠之习"，阳明偶倜豪爽，有任侠之气。"再溺于骑射之习"，喜欢骑马射箭。他十几岁的时候，曾到关外，"逐胡儿骑射，胡人不敢犯"。"三溺于文章之习"，也就是沉溺于文学之好。王阳明是诗文俱佳，文章写得漂亮，仅被收入《古文观止》的就有三篇。"四溺于神仙之习"。据《阳明年谱》说，他修习道术的时候曾有前知之异，后来阳明忽然觉醒，认识到这是在玩弄光阴，耗费自己的精神。"五溺于佛氏之习"，即沉迷于禅宗。

②　［明］王守仁. 王阳明全集（下）[M]. 上海：上海古籍出版社，2011.

人的思想总是活跃而可变。

王阳明、梁漱溟都曾过于迷信"西天"思想，但成就他们的恰恰是将外来思想的合理成分有机融入本土文化的意识与实践。

"马克思主义政治经济学"和"西方经济学"最初都是源自比"西天"还"西"的欧美。中华人民共和国成立后，"政治经济学"首先进入中国，与中国经济实践相融合，"政治经济学"（社会主义部分）的内容随着国家经济发展在不断更新完善。改革开放后，"西方经济学"进入中国并为中国的市场化改革提供了部分理论指导。理论界和决策层在将源自"西方"的经济学理论有机融入中国的经济实践方面做出了大量卓有成效的工作，中国经济改革实践取得的成就与理论上的不偷懒、不照搬、主动融合有直接关系。就分配理论而言，改革开放以来，理论界和决策层关于中国分配体制改革的思考一直在继续，寻找更优分配制度的努力一直在进行，其间既坚持了劳动价值论，又尊重了要素稀缺和有偿使用原则。

关于分配体制改革的思考一直在继续，寻找更优分配制度的努力一直在进行，但我国收入分配实践中的问题仍然凸显。不只在我国，在很多欧美国家中这一问题也仍然凸显。现实难题时时变化，不偷懒的理论尚且不能彻底解决问题，偷懒、照搬非但不能解决问题，只能愈发添乱。

照搬绝对不属于智慧，不敢面对现实难题的八股陈科也与智慧毫不搭界。真正的智慧总是关乎"真"与"适合"，总是关乎"判断"与"选择"。能中和运用不同甚至互相间存在矛盾的智慧或思想，因时、因地做出合适的抉择，这才关乎智慧！

 案例 1.6.3　事莫明于有效，论莫定于有证

现在回到经济学教学。中国人的勤奋是刻在骨子里的，经济学专业的师生也不例外。绝大部分老师在勤奋地教，绝大部分学生在刻苦地学。经济学的教学成就不可低估，但问题也不容小觑。

"事莫明于有效，论莫定于有证。"具体到经济学专业的学习，最根本的检验标准莫过于切实提升学生对于我国经济发展实践中现实难题的观察分析能力，对于国际、国内经济走势的判断把握能力，对于解决现实经济难题的行动担当能力。中国改革开放后，高校培养了一批又一批的经管人才，他们中的大部分有信念、有智慧、有担当，工作效率高。但我们也注意到了部分经管专业毕业生在校期间考试分数很高，但毕业后在"分析力、判断力、担当力"方面表现不佳。其中很重要的一个原因就是在校学习期间过于重视概念的堆积、逻辑的推演，忽视了对现实经济难题的关注与思考。

2015 年 12 月至 2018 年 12 月，是美联储的加息期。每次 0.25% 的加息决策的制定都显得相当艰难。教科书中有关利率的理论足够丰富，有关利率的模型足够多样，但似乎没有哪个理论或模型能让美联储的决策变得轻松、明确。正如美联储一位委员所言，决策者们需要密切观察消费者支出、投资率、通货膨胀及就业市场数据；需要关注欧洲和日本的宽松货币政策、中国经济放缓……理论模型需要智慧，现实选择总是需要更高的智慧[①]。人文、经济领域的决策，若过于强调某一逻辑，逻辑就会成为羁绊智慧选择的绳索；若过于强调某一理论框架，框架只会变成心灵的监狱。人文、经济领域的研究与自然科学研究方法有着本质的差异，自然科学研究特别强调一次一个问题、"局部"地专注用力，人文、经济领域则特别强调广阔视野下关注与选对关键信息。在人文、经济领域，当事人思想、情绪、行为的可变性和诸多不确定性决定了"万法皆非定法"，任何决策都需要与当下时情吻合的即期智慧。没有人会否认逻辑力的作用，借助逻辑力，人可以将纷繁复杂的信息归并为文件夹或演绎为信息链，从而有助于推理或决策。对于确定性较强的信息，借助逻

---

① 2020 年 3 月，面对新冠肺炎疫情对经济的巨大冲击，美联储在不到半个月的时间里连续两次紧急降息，累计幅度达 150 个基点。决策显得相当干脆利落，一个"无常"事件胜过了所有委员的惯常逻辑分析。看来，在任何一个具体决策过程中，纵然头脑中信息万千，但是起主要作用的往往只是其中几条，有时甚至是一条压倒性的关键信息。决策艰难，多半是因为没有压倒性信息的呈现。

辑推理可以得出确定性较强的结论。但在人文、经济领域，很多信息具有不确定性，没有哪个重大决策是靠单一逻辑推理得出的，因此也没有哪个决策敢保证是 100% 正确的，很多决策都是权衡利弊后的艰难择一，决策后的执行结果如何也多具有盖然性。经管专业的学生练就模型推演力、逻辑力固然重要，但更为重要的是如何将逻辑推演力提升为对复杂实践的判断力与行动力。过于追逐逻辑可能伤害现实判断力，有时甚至令思维背离常识。"洛克一贯通情达理，一贯宁肯牺牲逻辑也不愿意发奇辟的悖论①。他发表了一些一般原理，读者总不会看不出，那都是可能推出来的怪结论；但是每当怪结论好像就要露头的时候，洛克却用婉和的态度回避开。对于一个逻辑家来说，这是惹人恼火的，但在务实的人看来，这是判断力健全的证据。可见从牢靠的原理出发，进行妥当的推论，不会推导出错误来；但是一条原理竟可以近乎正确，在理论方面值得尊重，然而仍可能产生让我们感觉荒谬的实际结论。于是在哲学中运用常识这件事便有了理由。"再次重复卡尼曼的灼见："很多有效判断，既不遵从逻辑，也不遵从概率规律，而是遵从简易规则。"②

经管不分家，现代管理学之父彼得·德鲁克曾特别提示：管理是一门实践，其本质不在于"知"，而在于"行"；其验证不在于逻辑，而在于成效。

经济专业长期热门，各省市中的很大一部分高考优胜者被吸纳到各大名校的经管专业中。在实践中，虽然经管专业毕业生中成功者大有人在，但非经管专业毕业的大成者也屡见不鲜，如马云、任正非、马化腾、张一鸣、俞敏洪、李彦宏、黄怒波……与"科班"出身的那些成功者相比，他们对经济的判断力和掌控力毫不逊色，

---

① 约翰·洛克是英国思想家、哲学家、著述家。洛克的思想对于后代政治哲学发展产生了巨大影响，被视为启蒙时代最具影响力的思想家和自由主义者，其理论被反映在美国的《独立宣言》中。他的代表作品有《政府论》《论教育》《论宽容》《人类理解论》等。《人类理解论》是洛克关于经验论的哲学著作，它的任务是探究知识的性质和论述人类探究真理的能力。

② ［英］罗素. 西方哲学史[M]. 北京：商务印书馆，2011.

甚至更胜一筹。

求真务实是大道，学习经管，逻辑推演能力很重要，但不要过头。现在，一些经管专业的研究生在撰写学术论文或毕业论文时，存在着为了计量而计量，为了方法而方法的问题，绕了很大一个圈子得出一个很简单的结论，费了很多力气说了一个常识性问题，甚至还努力为一些明显背离了事实的怪癖结论寻找"合理"解释。经济管理研究，不该允许"虚假逻辑演绎"超越对现实难题的关注，不该允许"自己不信，别人不懂"的文章大行其道，产生错误的价值导向。如果规则、良知不能阻止这些"不该"，巨大的资源浪费就无法避免——学生毕业后学无所用的现象必会多发，理论研究者与实践者不能有效沟通的异象必会多发，虚假逻辑演绎者面对成功实践者时胆怯心虚必会多发。

以往，社会责任感、外来文化与中国本土文化的有机融合成就了很多人，成就了很多事。中华文明也正是凭借海纳百川的胸怀，凭借不断吸纳其他文明的精华而经久不衰。当今时代，我们更需要这种责任意识，更需要这种融合意识。激烈辩论往往源于对自有信息的高估或对对方信息的低估，如果有了"为中华之崛起而读书""为中华之崛起而工作"的责任担当，激辩就会变为主动融合。中国人是有智慧的，激辩明理后定能从"真正有利于学生、有利于社会、有利于国家"的角度去冷静思考、互相借鉴，以切实提升学生的认知力、判断力、担当力。心中无担当，专业难作为。

逻辑推演很重要，现实判断力、现实担当力更为重要。

案例 1.6.4　逻辑"对立"与现实"统一"

"有无相生，难易相成，长短相形，高下相倾，音声相和，前后相随，恒也。"在外部世界，大小、高低、有无、难易，这些相互矛盾的事情本来是和谐共存的，宇宙万象是恒久共生的。

宇宙万象，心映万"相"，外部万象经过感知、解读进入头脑。经过感知、解读后的万象在头脑中的"映相"有时能够达成一致，有时会产生冲突与对抗。

"外不假曰真，内不乱曰如"，头脑有追求逻辑性、一致性、如意性的内在驱动。

著名社会心理学家马斯洛认为，在其所研究的那些自我实现者身上，一个共同而显著的特点就是"非此即彼"这一简单思维的消解。他提出："正像最伟大的艺术家所做的，他们能够把相互冲突的色调、形状及一切的不协调，一起置于一个统一体之中。这也是最伟大的理论家所做的，他从令人迷惑、不连贯的事实碎片中拼凑出整体。伟大的政治家、哲学家、发明家，伟大的父母、恋人也无不如此。他们都是综合者，能够把游离甚至相互矛盾的事物整合为统一体。"

成大事者不纠结，心中有了太多的纠结，一定是个体感知和解读外界的方式出了问题！人类对宇宙、对自身知之甚少，实在没有必要将少得可怜的"已知"解读得矛盾重重。

良好的内心与天地之道是相容的，与大千世界的真实、无妄、宽广、宁静、自在是相通的！

外部世界万象共存是恒久的，内心世界在多大范围内理顺和理解了世界之本真，它就在多大范围内获得了和谐与自在。

 案例 1.6.5　洞穴寓言与现代启示①

苏：……让我们想象一个洞穴式的地下室，有一些人从小就住在这洞穴里，头颈和腿脚都绑着，不能走动也不能转头，只能向前看着洞穴后壁。让我们再想象在他们背后远处高些的地方有东西燃烧着发出火光。在火光和这些被囚禁者之间，筑有一带矮墙。矮墙的作用像傀儡戏演员在自己和观众之间设的一道屏障，他们把木偶

---

① 洞穴寓言记录了苏格拉底与学生之间的一段对话。苏格拉底是古希腊"三圣"之首，其与学生的对话饱含智慧。在诸多对话中，此段对话进入了柏拉图的法眼，用大篇幅加以记录。事关"三圣"中的两位。此寓言对现代教育的启发意义值得探讨。出自柏拉图、理想国[M]. 郭斌和，张竹明，译. 北京：商务印书馆，1986.

举到屏障上头去表演。

图 1-4　洞穴寓言

格：我想象出来了。

苏：接下来让我们想象有一些过路人拿着各种器物举过墙头，从墙后面走过，有的还举着用木料、石料或其他材料制作的假人和假兽，这些被举过墙头的东西在洞穴后壁投射出了各种影像。而这些过路人，你可以料到有的在说话，有的默不作声。

格：你说的是一个奇特的比喻和一些奇特的囚徒。

苏：不，他们是和我们一样的人。你且说说看，你认为这些囚徒除了洞壁上的影像外，他们还能看到自己的或同伴们的什么呢？

格：如果他们一辈子头颈被限制了不能转动，他们又怎样能看到别的什么呢？

苏：囚徒们为了方便交流，给各种影像取了不同的"名称"。你认为他们是否确信，他们在讲自己所看到的影像时，就是在讲"真实存在"本身吗？

格：必定如此。

苏：如果一个过路人发出声音，引起洞壁的回声，你认为囚徒们是否会断定，这是他洞壁上移动的影像发出的声音呢？

格：他们一定会这样断定的。

苏：囚徒们认为，除了影像没有别的"实在"，"可见"世界就是全部。

格：无疑是这样。

苏：请设想一下，其中有一人被解除了桎梏，可以转头，可以走动，他看见了火光，你认为这时他会怎样呢……

苏：再说，如果有人硬拉他走上一条陡峭崎岖的坡道，直到把他拉出洞穴见到了外面的阳光，见到了太阳，见到了更多的"实在"，他又会怎样呢……

苏：接着他大概对此已经可以得出结论了：造成四季交替和年岁周期，主宰可见世界一切事物的正是这个太阳，它也就是他们过去通过某种曲折看见的所有那些事物的原因。

格：显然，他大概会接着得出这样的结论。

……

苏：如果囚徒们之间曾有过某种选举，也有人在其中赢得过尊荣，而那些敏于辨别而且最能记住过往影像的惯常次序，因而最能预言后面还有什么影像会跟上来的人还得到过奖励，你认为这个既已解放了的人他会再热衷于这种奖赏吗？

……

苏：亲爱的格劳孔，现在我们必须把这个比喻整个儿地应用到前面讲过的事情上去，把地穴囚室比喻可见世界，把火光比喻太阳的能力。如果你把从地穴到上面世界并在上面看见东西的上升过程和灵魂上升到可知世界的上升过程联想起来，你就领会对了我的这一解释了。我觉得，在可知世界中最后看见的，而且是要花很大的努力才能最后看见的东西乃是善的理念。我们一旦看见了它，就必定能得出下述结论：它的确就是一切事物中一切正确者和美者的原因，就是可见世界中创造光和光源者，在可知世界中它本身就是真理和理性的决定性源泉；任何人凡能在私人生活或公共生活中行事合乎理性的，必定是看见了善的理念的。

格：就我所能了解的而言，我都同意。

苏：但是我们现在的论证说明，知识是每个人灵魂里都有的一种能力，而每个人用以学习的器官就像眼睛——整个身体不改变方向，眼睛是无法离开黑暗转向光明的。同样，作为整体的灵魂必须转离变化世界，直至它的"眼睛"得以正面观看实在，观看所有实在中最明亮者，即我们所说的善者。是这样吧？

格：是的。

苏：于是这方面或许有一种灵魂转向的技巧，即一种使灵魂尽可能容易尽可能有效地转向的技巧。它不是要在灵魂中创造视力，而是肯定灵魂本身有视力，但认为它不能正确地把握方向，或不是在看该看的方向，因而想方设法努力促使它转向。

格：很可能有这种技巧。

苏：因此，灵魂的其他所谓美德似乎近于身体的优点，身体的优点确实不是身体里本来就有的，是后天的教育和实践培养起来的。但是心灵的优点似乎确实有比较神圣的性质，是一种永远不会丧失能力的东西……

现代启示：

第一，在这个寓言中，"洞穴"象征着"可见世界"，"洞穴"之外是人通过理性才能把握到的"可知世界"，"太阳"则象征着构成宇宙基本秩序和价值体系的"至善"。如果一个人只是被动地接收生活中的各种现象、信息、观点，那么他所知道的仅仅是一些"幻影"的杂乱堆砌，而不是真正的知识。在柏拉图看来，人应当超越可见世界的桎梏，从可知世界中理解万物的简约、精妙、秩序井然——这才是真正的知识，或者说"真理"。

第二，每个人都有可能深陷自己的"认知洞穴"中，在"认知洞穴"中，基于"幻影""名称""术语"所达成的任何认知自洽、逻辑自洽、情绪自如都是不可靠的。只有转动视角，迈开脚步，走出"认知洞穴"，才有可能见到更多的"实在"，才有可能见到真正的光，才有可能由"可见"世界走向"可知"世界。

第三，不要太忙于各种"洞穴"辩论，不要太忙于各种"洞穴"奖励。"忙"，字之结构已经明示：心死，谓之"忙"。太忙于各种琐碎，内心的灵性与活力就会受到抑制。世间最大的浪费莫过于生命灵性的浪费。经常倾听一下心灵的真实呼唤，经常让灵魂之"眼"朝向"真实"，才有可能觉知到更多的自然之真理，才有可能觉知到更多的人间之"善"念。超越可见世界的桎梏，从可知世界中理解万物的简约、精妙、秩序井然。只有这样，才能感受到一种个体认知与世界运行相合时的美妙。

第四，遍地都是经管课程，到处都是破产企业。若大量的幻影堆砌、概念堆积、逻辑推演，没有提升你的判断力与行动力，那说明你已经自觉不自觉地陷入了某种"洞穴"之中，基于名称（现象、幻影）的"逻辑推演"可能与事物的实际运行规律毫不搭界。转动脖颈，迈开脚步，走出"洞穴"，对事实保持最大限度的开放，在实践中寻求真理，让灵魂之眼看对方向，在外求与内求的彼此真实与相互检验中（参见案例9.7.4），激活智慧，理解善念，成长自我。

七、认知的物质基础——脑科学的相关研究

　　脑，最后最伟大的研究前沿……是宇宙中已知的最复杂的物质。

　　　　　　　　　　　　　　　　　　——詹姆斯·华生

告诉我，你上次想到自己有一个大脑，是什么时候？……我们对太阳系的了解，远比对自己大脑的了解要多得多。

　　　　　　　　　　——路易斯·科佐利诺（Louis Cozolino）

揭示大脑的奥秘已成为现代科学面临的重大挑战，通常被认为是人类认识的最后疆域。可以说，人类只有认识了大脑，才真正认

识了自己。

——中科院院士、脑科学专家杨雄里

过去人们更多地关注认知的主观性，将认知视为外部世界在大脑中的主观反映。随着科学技术的不断进步，人们开始关注认知的客观物质基础，即神经电活动和神经化学活动。

 案例 1.7.1　人类认识的最后疆域——脑

高尔顿·M.谢弗德提出，在当今的科学里，没有一个领域，比对神经系统的研究进展更为迅速、能够吸引更多的关注，并预示着对我们自身更为深刻的洞察。

2013 年，美国白宫公布了"推进创新神经技术脑研究计划"（简称"脑计划"）。美国时任总统奥巴马在 2013 年初的国情咨文中表示，这项计划将让科学达到一个自从太空竞赛以来从未达到的高度。无独有偶，欧盟委员会也在 2013 年初宣布，人脑工程入选"未来新兴旗舰技术项目"，并为此设立专项研发计划。2021 年酝酿多年的"中国脑计划"正式启动。从"十三五"规划到"十四五"规划，脑科学都被列为重点前沿科技项目。[①]

随着脑科学的发展，人类对解决认知问题和情绪问题多了一些信心。但由于脑的特殊复杂性，这条探索之路依然艰难而漫长。中国科学院院士杨雄里直言："揭示大脑的奥秘已经成为现代科学面临的重大挑战，通常被认为是人类认知的最后疆域。可以说，人类只有认识了脑，才真正认识了自己。"

美国加州理工学院脑成像中心负责人、神经科学教授拉尔夫·阿道夫曾提到："现在科学家仍不了解任何单个机体的大脑工作机制，就连只有 302 个神经元的小虫，我们目前也没法了解它的神

---

① 选自 CCTV-2《对话》节目，中科院脑科学与智能技术卓越创新中心学术主任蒲慕明院士谈话内容。

经体系。尽管目前人类对单个神经元有了不少了解，但对于小神经元网络工作机制知之甚少。而在细胞解析层面，人类对于大脑结构的工作机制基本一无所知。"

加州大学洛杉矶分校加州纳米系统研究院负责人保罗·韦斯在接受记者采访时说道，齐心协力的努力将在未来几十年加速大脑科学的研究，目前我们已经可以通过功能磁共振成像（FMRI）等方法在低分辨度情况下记录大脑。依据需要测量的内容，我们通常可以同时记录十几个神经元，最多的时候可以记录 1200 个。

脑科学使人类面对自己的内心时少了些被动，少了些无助，但在这方面的研究取得根本性突破之前，安顿心灵还需要科学与人文并重[①]。

 案例 1.7.2　认知神经科学的相关思考[②]

认知神经科学（Cognitive Neuroscience）作为认知心理学和神经科学的交叉学科，对神经活动和认知活动的关联做出了较为前沿的研究。[③]按照认知神经科学的观点，任何心理层面的事件同时也是神经层面上的，物质层面和精神层面是相互关联、相互影响的。从物质层面观察可以发现，大脑整体的构造、神经元网络、皮层主要区域的定位，以及与感觉、运动、视觉等功能有关的脑区，是恒定的，很少产生变化。而大脑从来不会完全静息，永远充满着化学活动和电活动。[④]从精神层面观察可以发现，脑中所发生的——脑的处理过程，则更易发生变化。我们可以迅速改变主意而无须脑的结构

---

① 罗素认为，人类思辨的心灵最感兴趣的很多东西，都很难在实验室用科学的方法加以证实。例如，为什么仁爱要优于凶恶？为什么包容优于睚眦必报……

② ［美］罗伯特·L.索尔所，M·金伯利·麦克林，奥托·H.麦克林.认知心理学[M]. 邵志芳，李林，徐媛，等译. 上海：上海人民出版社，2014.

③ 认知神经科学（Cognitive neuroscience），是一个跨学科的研究领域，产生于认知心理学与神经科学。认知神经科学从 20 世纪 70 年代的美国兴起，旨在探讨认知的生物学基础，代表人物有迈克尔·加扎尼加（Michael Gazzaniga）、乔治·米勒（George Miller）等。认知神经科学家主要研究认知功能的脑机制、训练与脑的可塑性等。

④ 泰勒在"哈佛幸福课"中也不相信某些人所谓的人脑有完全放"空"的说法。清华大学的赵昱鲲在为《心流》一书作序时，也认为完全放"空"（达到"无"之境界）是不可能的。

（构造）发生明显的变化，即使此时电化学传递的模式可能已产生了剧变。我们意识中的观念可以迅速从荒诞不经转向庄严崇高，由外层空间转向内心世界，从凡间琐事转向圣贤之事。神经活动的物质变化与精神层面的心理变化息息相关。

随着交叉研究的深入，认知神经科学愈发肯定以下结论：人类所有认知活动都是神经活动的结果。所有的认知形式如模式识别、阅读、注意、想象、意识等都反映了神经元的活动，其中多数集中于大脑皮层。同时，人类的诸多行为如语言、问题解决、机械操作等都基于认知活动。因而，人类所有行为也都建立在神经活动的基础之上。总之，人类认知、行为之基础皆源于神经网络及其活动。

神经元（Neuron），或神经元细胞，是神经系统最基本的结构和功能单位。人脑中的神经元数量达到 1000 亿的数量级，西班牙解剖学家圣地亚哥·拉蒙·卡拉尔（Santiago Ramóny Cajal）借助显微镜描绘了人脑中神经元构成的复杂网络（见图 1-5）。从结构来看，神经元在形态上的主要分区包括树突、细胞体、轴突、突触前端。从种类来看，大脑神经元的种类可能高达上千种，每一种都在多个位点执行特定功能。每时每刻，都有大量的皮层神经元处于活动状态，通常认为知觉、思维、意识和记忆等认知功能，都是由遍布于这一复杂神经网络中的神经元同时活动产生的。

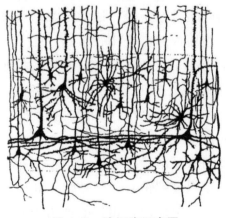

图 1-5　脑细胞示意图

索尔所等人在《认知心理学》中解释了神经传递活动。认知的物质基础在于神经网络及其活动，在分析神经系统对认知与情绪的影响机制时，不能忽略两个概念，即"神经传递"（Neurotransmission）和"神经递质"（Neurotransmitter）。神经传递是指神经冲动在神经元内部，以及从一个神经元向另一个神经元的传导过程。神经递质是指作用于接收神经元的树突膜上的化学物质，其中具有抑制作用的神经递质可使下游的神经元不易被激发，具有易化作用的神经递质可使下游的神经元更易被激发。人类的知识并不定位于任何单一的神经元之中，人类认知被认为以大尺度的神经活动模式发生，这些活动遍布整个脑内以并行方式运行，并通过易化性和抑制性联结（或"开关"）的方式来发挥作用。

 案例 1.7.3　神经细胞内信号传导的机制

手感觉到的刺激传到脑及脑内各种各样的活动，都是由神经细胞内的电信号传递完成的。虽然这一过程被称为电信号传递，但它和电线中的电流传导是完全不同的。电线中的电流是带有负电荷的电子的流动。神经细胞中的电信号传递则是由细胞内外的电位差引起的转运过程。

神经细胞外面包裹着细胞膜。通常，细胞膜外部带有正电荷的钠离子比较多，细胞膜内钾离子比较多。

信号传递时，接收信号部分的细胞膜中的钠离子通道可以在0.001秒内开放，使细胞外的钠离子瞬间流到细胞内，这就会造成细胞内的电位高于细胞外。我们将这种细胞内的高电位称为动作电位。而在钠离子内流的同时，细胞的钾通道被激活而开启，钾离子外流，使得细胞膜电位逐渐恢复至静息电位（详见后文）。此前流出的钾离子和流入的钠离子会通过钾钠泵分别被转入和转出，为下一次动作电位的产生做好准备。类似地，相邻的钠离子通道一个接一个地开放，动作电位就像接力赛跑一样进行传递（见图1-6）。

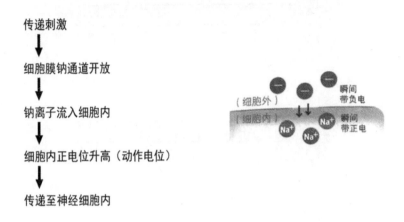

传递刺激

↓

细胞膜钠通道开放

↓

钠离子流入细胞内

↓

细胞内正电位升高（动作电位）

↓

传递至神经细胞内

图 1-6　神经细胞内的信号传递机制

电线中的电流由于受电阻的影响，距离越远，电流越弱；而神经细胞中传递的电信号却不会减弱，会一直传递下去。传递速度最快可以达到约 100 米/秒。

信号在神经元内部的传递机制如下：神经冲动以电信号的形式沿着神经纤维（由轴突、长的树突及外部包裹的髓鞘构成）传导。未受到刺激时，神经纤维处于静息状态，此时细胞膜两侧的电位表现为内负外正，称为"静息电位"（见图1-7A）。当神经纤维某一部位受到刺激后，受到刺激部位的膜两侧出现暂时性的电位变化，由内负外正变为内正外负，而邻近的未兴奋部位仍然是内负外正。在兴奋部位和未兴奋部位之间，由于电位差的存在发生电荷移动，形成局部电流（见图1-7B）。这种局部电流又刺激相邻的未兴奋部位发生同样的电位变化，如此进行下去，将兴奋向前传导，后方又恢复静息电位（见图1-7C）。

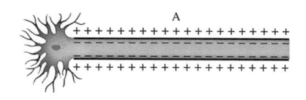

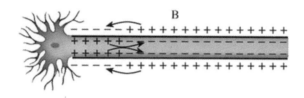

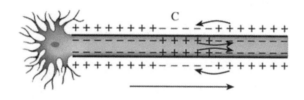

图 1-7　神经冲动在神经纤维上传导的模式图

 案例 1.7.4　神经细胞间的信号传递机制

　　我们的神经系统是由众多纵横交错、纷繁复杂的神经细胞组成的庞大网络系统，控制我们思想决策与行为的信号无时无刻不在巨量的神经细胞之间瞬时传递。神经细胞内的信号传递是以电信号的形式完成的，那么信号又是怎么实现在不同神经细胞间的传递的呢？现代研究证实，神经细胞间的信号传递是通过电信号与化学信号的转换实现的。

　　神经细胞连接处的周边部分称为突触，它是两个神经元之间相互接触并借以传递信息的部位，具体包括突触前膜、突触后膜与突触间隙三部分。信号先是由突触前膜内的电信号转化为化学信号，继而通过突触间隙，进一步传递转化为突触后膜内的电信号，实现细胞间的"电信号-化学信号-电信号"传递机制。

具体而言，当突触前细胞的树突接收的信号通过电信号的形式在轴突中传递至轴突末端时，轴突末端细胞膜上面的钙离子通道受到刺激打开，让钙离子流入突触前细胞，钙离子会刺激轴突末端内像小口袋一样的突触囊泡释放出化学物质，这种化学物质就是神经递质。

神经递质作为承担细胞间信号传递任务的化学信号，与突触后细胞的受体结合时，便会打开受体的钠通道。于是钠离子流入突触后细胞内，在突触后细胞内产生新的动作电位并继续向下传递。总之，通过突触前细胞释放神经递质，突触后细胞接受神经递质这种方式，到达突触前细胞轴突末端的电信号转换为化学信号，完成向突触后细胞的树突的信号传递（见图1-8）。

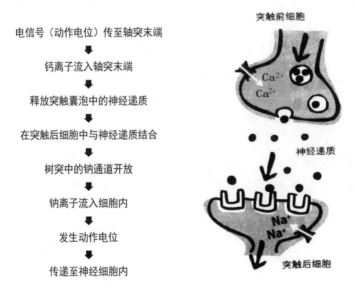

图 1-8　神经细胞间的信号传递机制

 案例 1.7.5　认知科学的现代观点

脑科学研究中得到的许多确切进展，有助于我们从科学角度更深入地理解人类的认知、情绪和行为。考虑到脑科学研究的特殊严肃性，对于其结论本书仅罗列如下：

在当今流行的观点中，人们认为大脑通过突触的可塑性存入信息，这一观点恰巧与语义网络的关联结构相符合。获得新的关联性（节点之间新的链接）可以对应于新突触的形成或旧突触的加强。

——《大脑在捣鬼》

突触并不是一个凭空而来的概念，早在 19 世纪末期，圣地亚哥·拉蒙·卡拉尔（Santiago Ramóny Cajal）就提出，记忆可能与神经元之间联系的增强有关。但切实证明突触的可塑性，却已经是近百年之后的事了。20 世纪 70 年代前叶，神经学家蒂姆·布里斯（Tim Bliss）和泰耶·洛默（Terje Lømo）研究了海马大脑（与新的记忆生成有关的脑区）中的突触，发现通过不断激活突触前后的神经元，突触的连接强度在很长一段时间内得到了加强。上述现象被称为"长时程增强"（Long-Term Potentiation，LTP），是突触"记忆"的一种方式：突触们"记住"了它们曾被强烈地激活。这个发现加上数十年间不断继续的研究，都证明了突触的增强是大脑储存信息的方式，就像 DVD 表面存在的微小凹陷一样。

——《大脑在捣鬼》

我们理解世界的方式更多地取决于我们的内心世界，而相对较少地依赖于外部世界。由神经元、神经化学活动和神经电活动构成的内部世界，有着令人难以置信的复杂结构，且以一种我们难以明示的方式活动，我们称之为"心智模式"。

——《非凡的思维》

大脑从感官接受世界的信息，然后又抛掉它们中的大部分，用其中的一小部分来建立一个内心的世界，每一个人的大脑都会创造他自己的内心世界。知觉并不是一个信息接收、加工、存储及回忆的线性过程；相反，是一个很复杂的、相互作用的、主观的、唤起性的过程。

——《非凡的思维》

我们的大脑随时间的变化而进化。神经元不断死亡和再生，突触不断地衰败和再造。大脑通过选择、加强或削弱某些突触来形成复杂的神经结构，以此决定我们的思维。我们基于经验、教育和训练重构这些神经"模式"。

——《非凡的思维》

脑科学研究证实，人通过眼、耳、鼻、舌、身接收各种信息，这些信息在头脑中通过突触在神经细胞间得以链接与传递，伴随链接数量的增多与链接强度的加大，生成着各种记忆、概念、观念，生成着各种认知。1000 多亿个神经细胞，100 多万亿个神经突触，每个个体的头脑都有着无限的潜能，每个个体的内心都有着无限的潜能，每个个体的"认知""行为""感受"都有着无限的潜能。无限的潜能，若被私欲蒙蔽，被眼前的杂乱蒙蔽，被错误的链接蒙蔽，心无以致"远"，念无以至"上"，认知无以至"真"，行动无以至"善"，感受无以至"美"。世间最大的浪费莫过于认知潜能、行动潜能和感受潜能的浪费。①

八、"无"——如何止息消极念虑

无，名天地之始；有，名万物之母。故常无，欲以观其妙；常有，欲以观其徼。

——《道德经》

无用之用，方为大用。

——庄子

除非一个人知道如何整顿自己的思想，否则注意力一定会被当时最棘手的事件所吸引：它会集中于某种真实或想象的痛苦，最近

---

① 这段文字在本章第一节出现过，为了强调，在此重述。

的不快或长期的挫折中。精神熵是意识的常态——一种既没有任何作用，也不能带来乐趣的状态。

——《心流》

　　《道德经》开篇探讨了"无"与"有"。《论语•子罕》中记载了孔子绝四：毋意，毋必，毋固，毋我。在这里，四"毋"近乎四"无"。中国化后的禅宗也强调：无相为宗，无住为体，妙有为用。王阳明《传习录》"四主题句"中的前两句为"无善无恶心之体，有善有恶意之动"。管控内心，重在管控"无"与"有"①。

　　天地之始，万物"无"名，自在运行。人之初，头脑中也"无"任何名称、道理、逻辑、信念。随着年龄的增加，家庭教育和学校教育让个体头脑中"有"了越来越多的名称、道理、逻辑、信念。这些名称、道理，对个体应对现"实"生活时大多是必要的，它们与"实"往往有很好的对应。但随着名称、道理在头脑中的增多与固化，"以名匡实"就会时有发生。"大小、多少、善恶、高低"等价值判断有时能够使"心"清晰一些，但过于琐碎（短期）的价值判断、过于琐碎（短期）的是是非非有时也限制了"心"的格局与潜能，使人心过于纠结于琐碎之"有"价而忽视了诸多"无"价，使人心过多呈现私念、琐碎之相而不能呈现开阔、远大之相，使人心难以体验万物合一无逆之妙。正如《道德经》所言，"'无'，名天地之始；'有'，名万物之母。故常'无'，欲以观其妙，常'有'欲，以观其徼。"常"无"，头脑中的消极念虑和狭隘链接得以止息，至上理念更有效的链接才会得以"有"。本节要探讨"无"，重点探讨如何止息消极念虑，如何忘却过于琐碎（短期）的是是非非。

　　现代脑科学研究也证实，千亿多个神经元、百万亿个神经突触

---

　　① 东汉末年至两晋是中华文明史上的乱世。伴随着东汉大一统王朝的崩塌，原本占统治地位的儒学也显现颓势。烦琐冗杂的两汉经学、神秘怪诞的谶纬神学令士大夫们感到厌倦，他们转而寻找新的"安身立命"之地。魏晋时期，出现了一种崇尚《老子》《庄子》的思潮——历史上称为新道家，主要代表人物有何晏、王弼、阮籍、嵇康、向秀、郭象等。新道家分为贵"无"与崇"有"两派。

间的神经电活动杂乱得很，神经电活动做无用功是常态，即精神熵现象是常态，很多神经电活动在永不止息地耗费着个体的精神能量，想止息这些杂乱的神经电活动，降伏"自心"，绝非易事。

 案例 1.8.1 传统智慧关于"无"——《庄子》中"坐忘大通"

《庄子·大宗师》记录了颜回的"坐忘大通"。

颜回曰："回益矣。"仲尼曰："何谓也？"曰："回忘仁义矣。"曰："可矣，犹未也。"

他日复见，曰："回益矣。"曰："何谓也？"曰："回忘礼乐矣。"曰："可矣，犹未也。"

他日复见，曰："回益矣。"曰："何谓也？"曰："回坐忘矣。"仲尼蹴然曰："何谓坐忘？"颜回曰："堕肢体，黜聪明，离形去智，同于大通，此谓坐忘。"仲尼曰："同则无好也，化则无常也。而果其贤乎！丘也请从而后也。"

忘仁义、忘礼乐依旧不够，坐忘而无好恶之心、无定执无定念，才是真正的圣贤。

魏晋哲学家郭象进一步注解了物我两忘的空无境界："夫坐忘者，奚所不忘哉？即忘其迹，又忘其所以迹者，内不觉其一身，外不识有天地，然后旷然与变化为体而无不通也。"达此境界，既忘身，亦忘知，若不系之舟，无是是非非，无物我界线，随物化迁，不执着为我，不执着于境。现实中的各种琐碎繁杂，一切皆不入于心。

忘却自己的形体，淡化自己的视听，摆脱形体和智能的束缚，与大道融通为一，即"坐忘"。"坐忘"，是取静坐之姿势与"忘"之状态，是一种以身心求得正道的实有的生命姿态。此处借颜回之口说出了庄子的心声：只有去掉过于琐碎、狭隘，甚至有时略显虚伪的价值评判，不为外界所束缚，才能达到"内圣"，以至大通的境界。

道家批评儒家的"仁义礼智信"，认为"天覆万物而不恃，地载万物而不居，水利万物而不争"，这种天地大道是一种更高层次的精神示范，人应该从自然大"道"中汲取更多的精神能量。道家认为顺乎天地自然之"道"是一种更高的顺从。《道德经》有云："失道而后德，失德而后仁，失仁而后义，失义而后礼，夫礼者忠信之薄而乱之首。"道家认为，遵从"道"高于遵从"仁义礼智信"，忘却过于琐碎不实的价值判断后可以使内心得到更高层面"道"的引领。在此基础上，堕肢体，黜聪明，离形去智，同于大通，合于天地，可达"坐忘"。

忘我，忘仁义，堕肢体，黜聪明，离形去智……放空过程中关乎诸多"忘"，用脑科学语言表述就是止息诸多头脑中杂乱的神经电信号。科学研究已经证实，静坐、冥想等活动的确能够优化头脑中的神经电活动，改善内心的神经化学活动，甚至可以改善健康状况和缓解多种疾病。卡耐基梅隆大学的相关最新研究发表在《生物精神病学》（*Biological Psychiatry*）杂志上。研究表明，冥想训练减少了人体内的炎症标志物——白细胞介素6（IL-6）。大脑扫描发现，在冥想状态时人脑的注意力和执行控制相关区域的功能可以相连接，没有进行冥想训练时则不会出现这种现象。[1]

有些守静功力较强的人甚至声称他们能完全放空自我，做到完全的"空无"状态，科学研究已经否认了这一说法。[2]正如《心流》序言中所言："人的大脑里的念头就跟分子一样，时刻万马奔腾。一个人从外表看是在静坐，但内心却如同瀑布一般，无数念头蜂拥而来。如果没有节制、训练，你的心就会经常处在这样的混乱状态，虽然你意识到的可能只有少数几个念头，但在潜意识里，却有多得多的念头在相互冲突，在争夺你的注意力，在抢夺你大脑的控制权。"

"有无相生，难易相成。"人类大脑中的生物电活动和神经化学活动不可能完全止息，人也就不可能完全放"空"，只能达到相对的静

---

① J David Creswell, Adrienne A Taren et al. Alterations in resting-state functional connectivity link mindfulness meditation with reduced interleukin-6: a randomized controlled trial. *Biologica Psychiatry*, 2016.

② 一些极端人士甚至奢望，如果完全顺从自然，完全放空自我而不让精神能量有丝毫浪费，人可以长生不老。现代生命科学证实，少些精神能量的无谓消耗，的确可以延长生命，但长生不老纯属不可实现的奢望，至少从现有的科学来看不可实现。

"无"。相关研究进一步证实，生命体的积极情绪感受和行动活力需要头脑某些部位生物电活动的增强，但大脑中其他部位，如外侧缰核部位过度放电又会抑制个体的活力和积极情绪体验。减少无效放电（或者称为降低精神熵）、体验相对"无"的状态，有时可以借助现代科学手段。

 ### 案例 1.8.2　阻断大脑中的无效放电——现代科学的尝试

　　浙江大学脑科学研究团队在《自然》（*Nature*）上发表的相关文章证实：氯胺酮或其他替代品可以有效阻断外侧缰核神经元的簇状放电，帮助实验鼠减少抑郁等消极情绪损耗。这一发现解释了为什么氯胺酮能够在短短 30 分钟内达到减轻抑郁症状的效果，而其他药物可能需要数周或数月。氯胺酮不是引起大脑化学物质水平的变化，而是简单地阻止神经放电，防止大脑沮丧（见图 1-9）。[①]

　　根据相关报道，研究团队至少从以下三个方面得出一些确切性结论。

　　第一，定向激活实验鼠内侧前额叶脑区的突触（内侧前额叶脑区恰好是主管愉悦情绪的区域），能提高小鼠的战斗力。"神经激活剂量"越大，小鼠战胜等级地位高于它的对手的能力越强。而定向抑制实验鼠内侧前额叶脑区的神经活动，原本十分威猛的老鼠立刻就萎靡了。这证实了行动力和情绪力与头脑中的神经电活动密切相关。

　　第二，在长期压力刺激下，实验鼠脑中外侧缰核[②]表现过度兴奋——外侧缰核呈现高频的簇状放电，从而增强了外侧缰核对下游脑区腹侧被盖区（VTA）与中缝背核（DR）的抑制，VTA 与 DR 主

---

　　① Yang Yan, Cui Yihui, Sang Kangning, et al. Ketamine blocks bursting in the lateral habenula to rapidly relieve depression[J]. *Nature*, 2018, 554(7692): 317-322.

　　② 外侧缰核是大脑中海马体下方一个小小的核团，它是大脑的"反奖励中枢"，被认为介导了人的大部分负面情绪，如恐惧、紧张、焦虑。它与中脑"奖励中心"的单胺核团相互"拮抗"，左右着人们的情绪。

管积极情绪的功能受阻，进而导致了快感缺失与行为绝望（见图 1-10）。正常情况下，外侧缰核神经元会通过单个放电，向下游传递信息。但是如果放电模式变成高频的簇状放电，就会产生抑郁症状。这证实，脑部某些区域的过度放电会消耗精力，抑制积极情绪体验。

第三，大脑神经电活动过频会耗尽个体的精神能量，而氯胺酮或其他替代品可以有效阻断外侧缰核神经元的簇状放电，进而止息对下游主管积极情绪的"奖赏脑区"的过度抑制，最终产生快速抗抑郁的疗效。

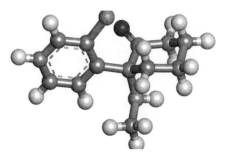

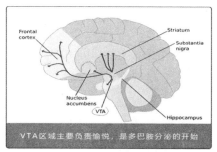

图 1-9　氯胺酮的三维模型　　　图 1-10　大脑 VTA 区域及周边结构

资料来源：维基百科。

美国《神经生理学》杂志主编、畅销书《进化的大脑》的作者大卫·林登，在其著作《愉悦回路》中也深入研究了各种情绪的神经回路问题。脑科学研究取得的比较具有确切性的成果认为，正向行为和积极情绪体验有其头脑中内在的神经电活动机制，消极情绪和行为表现也有其内在的神经电活动机制。

神经电活动很难止息，尤其是与担忧、怨恨相关的神经电活动更难止息。正如米哈里在《心流》中所述："除非一个人知道如何整顿自己的思想，否则注意力一定会被当时最棘手的事件所吸引：它会集中于某种真实或想象的痛苦、最近的不快或长期的挫折中。精神熵是意识的常态——一种既没有任何作用，也不能带来乐趣的状态。""正如诗人与剧作家往往是一群严重沮丧或情绪失调的人，或许他们投身于写作一行，就是因为他们的意识受精神熵干扰的程度远超一般人；而写作是在情绪紊乱中塑造秩序的一种治疗法。作家体验心流的唯一方法，很可能就是创造一个可以全心投入的文字世界，把现实的烦恼从心灵中抹去。"

管控好内心，就是管控好头脑中的无效放电，就是管控好内心消极念虑的呈现，就是管控好内心"不一致"画面的呈现（参见案例 3.3.5）。管控好念虑和画面呈现，也就管控好了"无"与"有"。

东方传统智慧中试图借助瑜伽、静坐等方式止息消极念虑，止息无效"电活动"对精神能量的消耗，体验"空无"之美妙。现代脑科学研究试图借助化学药品，阻止头脑中的无效高频放电对精力的消耗。传统方法和现代方法的有效融合，或许能够让更多的生命体验到"无"之妙——身心得以最彻底的放松与休养，以及"有"之"徽"——内心日益清晰、简约、判然。

 案例 1.8.3　守得安静，才有精进①

2015 年 4 月 23 日"世界读书日"当晚，"2014 中国好书颁奖盛典"在央视一套播出，叶嘉莹的《人间词话七讲》与杨绛的《洗澡之后》同时获评"中国好书"。当时 90 多岁的叶嘉莹先生曾表示，她喜欢多些安静的时间，多读些好书，多些静思，多些与先哲的神交。百岁高龄的杨绛先生守静功力更是了得，她和钱钟书在过春节时一样专注学问，面对前来拜年的客人只透过门缝寒暄几句，没有让客人进屋，虽然显得有些不近人情，但正是因为有了这种超常守

---

① 在学习与提升认知力方面，累而无效的现象时有发生。造成这种现象的原因很多，其中一个重要的原因是"厚动薄静"。"无"之妙，"有"之"徽"，都依赖于一定的守静机制。因此，"守得安静，才有精进"选入本节。该文于 2015 年 5 月 19 日发表于《人民日报》评论版，文章发表后，新华网、人民网、光明网、求是网、中国网、国学网、凤凰网、《广州日报》、《兰州日报》、《思维与智慧》和几十家地方报纸对该文进行转载，多个省份将该文选作高考、中考语文模拟试卷中"现代文阅读理解"试题。"厚动薄静"，累而无效。杨绛、叶嘉莹两位大师因守静而有了大为，获得人生之大享。"重为轻根，静为躁君"，环境略显喧嚣时，多些静，或许更好。该文在此有删改。

静的功力，才铸成大美之作。

动静等观。人的生命与"动"密不可分，生活中要有动态美，但不能过，更不能变味。追求动态美更不能演变成公共场所的喧嚣、极尽显露能事的夸张动作、声嘶力竭的吼叫、酒桌上的推杯换盏、资讯的有量无质。这些都属于厚动薄静，不具有持久的生命力。

守静能安。韩国的一项长期跟踪实验显示，长期身处快节奏、喧嚣的环境中，少年易患注意力不集中、多动症等疾病，成年人的逻辑推理能力会弱化，主管短期愉悦的细胞会更活跃。美国的脑科学研究也证实，长期守静有利于与积极信念相关的神经细胞链接数量的增多及链接强度的加大，有利于树突棘的增加，有利于正向链接的巩固和负向链接的解开，有利于信息在脑细胞中的存储、分辨、比较与联系，有利于提升记忆力、分析力、判断力与决策力。这些恰恰印证了"水静极则形象明，心静极则智慧生""非淡泊无以明志，非宁静无以致远"等诸多中华古训。

守静以削冗举要。在信息爆炸的今天，削冗力、举要力至关重要。此力不举，个人就无法从杂乱的海量信息中甄别出主信息与有效信息。此力足，主信息得以甄别，有效信息得以链接，创新性认知易得，大美之作可成。而削冗力、举要力、甄别力、链接力的提升无一不需要守静。万万不可因对占有信息的过于求多而挤没了"思"的时间。车多而不管理就会堵路，信息多而不整理就会堵心，学而不思则罔。过多的信息若缺乏整理，带来的只能是负效用。只有在"不窥牖，见天道"的守静中方能带来创新与突破。

守静以求"信息一致"。神经生物学进一步证实，注重整理信息使头脑中信息得以一致，不但有益于认知创新，而且有益于提升积极情绪的比例。杨绛百岁时曾感言："我们曾如此期盼外界的认可，到最后才知道世界是自己的。人生最曼妙的风景，竟是内心的淡定与从容。"谁得"内在信息一致"之法，谁就得"真实幸福"之道（参见案例 3.10.3）。

守静而"无不为"。"大音希声，大象无形。"叶嘉莹和杨绛两位大师因守静而有了大为，获得人生之大享。"重为轻根，静为躁君"，环境略显喧嚣时，多些静，或许更好。

致虚极，守静笃。常"无"，使消极念虑得以止息；常"无"，让头脑中保留更大的闲置空间，让内心更为开阔，让积极有效的观念得以更多地链接，得以更多地"有"。

 案例 1.8.4 傅斯年的"三小时"和泰勒的"一小时"

台湾大学有一口著名的"傅钟"，每到下课时，钟会响二十一声。二十一声钟声并非偶然，而是因为"傅钟"上刻着傅斯年校长的名言——"一天只有二十一小时，剩下三小时是用来沉思的"。

傅斯年先生是深察信息泛滥、灌输式教育之大弊的教育家。信息泛滥容易占据学生沉思和整理信息的时间，容易占据学生与自己灵魂对话的时间，容易占据学生"刻深"认知回路的时间，学生难以构建自己的认知框架，难以提升自己的心力、判断力、行动力。

"哈佛幸福课"的主讲泰勒认为，现代人消极情绪偏多的关键因素之一，就是"守静、沉思"的时间不足，整理信息令头脑清晰、简约、判然的时间不足。他给出的幸福"四药方"之一就是"每天守静时间不应该少于一小时"（或四个一刻钟）。

可惜的是，芸芸众生，知叮嘱者几何？一天肯拿出一定时间沉思者几何？无论是傅斯年的"三小时"，还是泰勒的"四个一刻钟"的守静建议，在一些"效率至上"的忙碌者眼中都显得有些愚痴，这正是：都云"嘱者"痴，谁解其中味？

作为中国古智慧化身的诸葛亮强调"静以修身""非宁静无以致远"；《道德经》强调"致虚极，守静笃"；乔布斯的很多创新性认知都是在静思时获得的……所有这些事例给出的综合性启示如下："厚动薄静""务外遗内，博而寡要"是大弊，"无限外求信息而缺乏了静存动磨"易导致认知混乱、情绪焦躁、行动无效。人须"动静等观"，切不可"过动少静"。现代科学也日益证实："博闻善感"而不在静思中厘清"要念"，"无用"；一味"外求"而不让"要念"在

内心"静以存之"（或谓"结圣胎"），"无用"；"要念"不重复、不
笃实、不真切到"行"，"无用"；处于"非舒适区"的一两次勉强之
"行"，若不能一以贯之磨炼成为"天人合一"之"习惯"，也几乎
"无用"。

　　知道了这些"无用"，也就有几分明确了如何"实践"才能"有
用"。在"厚动薄静"的当下，多些"动静等观"或许更好。正如人
们无休止地往房间里堆积东西而不加以整理，房间注定会杂乱、拥
挤、不好使用，甚至增加了发生灾难的风险。同样，一个人无休止
地往头脑里堆积信息而不通过静思加以整理，头脑注定会混乱、堵
塞、认知无效，甚至增加了消极生命体验的风险！"百忙"之中，每
天不妨静上一小段时间，对头脑中的各种信息加以甄别，断然丢弃
一些，"至简""至上""至真"一些。坚持数月，清晰判然感、简约
一致感、"无之妙"感、愉悦中和感、行动效率感都将稳步提升。

九、"有"——"至上"理念得固，
自我认知框架得立

　　大成者，三分才智，七分见识。

——曾国藩

　　先生曰："吾与诸公讲'致知''格物'，日日是此。讲一二十年
俱是如此。"

——《传习录》（黄以方录）

　　故吾师终日言是而不惮其烦，学者终日听是而不厌其数。盖指
示专一，则体悟日精，几迎于言前，神发于言外，感遇之诚也。

——《传习录》（钱德洪跋）

常"无"是为了常"有"。"无"，止息消极念虑，忘却各种是是非非和无谓的价值评判，身心得到最彻底的放松，内心会更为空旷开阔，至真至上信号更容易被记起、调出和链接，更好理念"有"现，至上理念得固，自我认知框架得立，"善恶、难易、高下"之间的边界、本质、限度得以清晰，头脑日益清晰、简约、判然，个体能更有效地应对现实社会的复杂性。闲暇时多些贵"无"之妙，工作时多些崇"有"之效（或徼）。

 案例 1.9.1　洛克的经验论与曾国藩的"见识说"

约翰·洛克是英国伟大的思想家、哲学家，同时也是"温和且成功"的英国"光荣革命"的倡导者。罗素评价其倡导的革命"目的虽然有限，可是都完全达到了"。

作为不列颠经验主义的开创者，洛克指出，所谓经验主义，是这样一种学说：我们的全部知识（逻辑和数学或许除外）都是由经验得来的。

洛克曾说："那么我们且设想心灵比如说是白纸，没有一切文字，不带任何观念；它何以装备上了这些东西呢？人的忙碌而广大无际的想象力几乎以无穷的样式在那张白纸上描绘了的庞大蓄积是从何处得来的？它从哪里获有全部的推理材料和知识？对此我们用一言以蔽之，从经验——我们的一切知识都在经验里扎着根基，知识归根结底由经验而来。"[1]

曾国藩也认为，凡办大事，以见识为主，以才为辅。在他看来，"操千曲而后晓声，观千剑而后识器。"（《文心雕龙·知音》）一个人的见识有时比才华还重要。见识少，容易限制一个人的认知力和想象力，知是行之始，认知有局限，行动也很难有大的突破。

若用现代语言重新表述曾国藩的"见识说"，就是一个人舞台的大小，是由他的认知格局——信息的宽广度来决定的……你接触过

---

[1] ［英］罗素. 西方哲学史（下卷）[M]. 北京：商务印书馆，2011.

的人、你读过的书、你走过的路、你的格局、你的过往……构成了现在的你。多接触高人，多阅读经典，多以欢迎之心、英勇之态迎接挑战，直面压力、珍视挫折……这些都会对你产生恒久深远的影响。

洛克的经验论与曾国藩的"见识说"都强调了"有经验""有见识"的重要性，强调了自我认知格局的重要性。

 ### 案例 1.9.2　经验相似者，自我认知框架因何相差巨大

现实中不难发现，阅历和经验相似的两个人，认知力、理念生成力、判断力、担当力却相去甚远，何以故？康德曾对此有过思考与解释：虽然我们的知识中没有丝毫能够超越经验，然而有一部分仍旧是先天的，不是从经验按归纳方式推断出来的。我们的知识中先天的那一部分，依他讲不仅包含逻辑，而且包含许多不能归入逻辑或由逻辑推演出来的东西。①现代科学研究证实，人和动物确实都具有一些"天赋"，具有一些超越经验的先天性的智慧和能力，并且人和人之间的天赋差别巨大。冯友兰认为不同的人们可能做同样的事情，但他们对这些事情的认识和自我意识不同，因此，这些事情对他们来说，意义也不同。孔子也承认人与人之间这种先天差距。孔子曰："生而知之者，上也；学而知之者，次也；困而学之，又其次也；困而不学，民斯为下矣。"

孔子的观点按照现代语言可以表述如下：极少数人得益于天赋，对先贤指示出的"至上"理念似乎先天具备特有的感悟力、认同力，极易将"至简""至上"理念融入自己的认知框架并能勤而行之，具备这种智慧的人自然能在现实社会中表现上乘。

一些人通过对"至上"理念的重复学习，通过向榜样学习，将"至上"理念融入自己的认知框架，融入自己的实践经验，这些人在现实社会中一般也会有很好的表现。

---

① ［英］罗素. 西方哲学史（下卷）［M］. 北京：商务印书馆，2011.

一些人在遇到困难与挫折后，才能对经典中的"至上"理念有所领悟，才能对原有的认知框架的狭隘有所觉醒，这时如果他有了主动提升自我认知框架的意识，其行动效率和社会表现也会有所提升。

其余的那部分就归属于"困而不学"的人了，自我的认知框架十分狭隘，行动效率十分低下，生活和工作状态混沌不堪，但他们缺少自知，不知道如何将好的理念融入自己的认知框架。"一个人永远不可能用制造了问题的认知水平去解决这些问题"，认知不提升，问题和困惑只能无限次地重复。

 案例 1.9.3 关联的广泛性及可引导性[①]

心理学家用数字（0～100%）来表示一对词语之间的联系程度，线条越粗，表示联系越紧密。例如，当提到"大脑"时，4%的人会联想到"心智"，而28%的人会联想到"头部"。在图1-11中，"大脑"和"虫子/漏洞"之间没有直接的链接，就是说看到"大脑"时，没有人会联想到"虫子/漏洞"这个词，但是这两个词之间被两条迂回的线路所连通。

对于同一信息，不同个体关联到的信息较为广泛且不尽相同，但是这种关联却具有可引导性。研究人员做过实验，让被试者回答如下三个问题：

①肯尼亚属于哪个大洲？

②国际象棋中对比鲜明的两种颜色分别是什么？

③请说出一种动物。

回答完前两个问题后，再回答第三道题，约20%的人答案是"斑马"，约50%的人回答了生活在非洲的动物。但是，当直接让人们说出一种动物时，却只有不到1%的人说出斑马。这就是说，如果先将

---

① 博南诺. 大脑在捣鬼：大脑"漏洞"怎样影响我们的生活[M]. 吴越，译. 北京：中国轻工业出版社，2013.

一个人的注意力直接吸引到"非洲"和"黑白色"上时，便有可能预测他的答案。

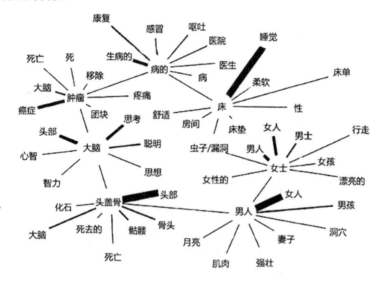

图 1-11　关联性示意图

　　这个例子指出了记忆和认知的两个重点：第一，知识是以组织的形式储存在大脑中的，有关概念（如斑马、非洲；公里、英里）彼此相互联系；第二，当想到其中一个概念时，思维会发散至另一个概念，使得另一个概念更容易被想起。这两点加在一起，就可以解释为什么人们想到非洲和黑白色之后，最容易进入脑海的动物是斑马。

　　美学大师朱光潜在《谈美》一书中，以院子里的古松为例说：不论谁看它，这都是一棵古松，但是你观赏的角度不同，心境不同，这些情境和性格的差异都能影响到所看到的古松的面目。古松虽只是一件事物，你所看到的和我所看到的古松却是两件事。假如你是一位木商，我是一位植物学家，另外一位朋友是画家，三人同时来看这棵古松。可以说我们三人同时都"知觉"到这一棵树，可是三人所"知觉"到的却是三种不同的东西。你脱离不了木商的心习，所"知觉"到的只是一棵做某物用值几多钱的木料。我也脱离不了我作为植物学家的心习，所"知觉"到的只是一棵叶为针状、果为球状、四季常青的显花植物。我们的朋友——画家——什么事都不管，只管审美，他所"知觉"到的只是一棵苍翠挺拔的古树。我们三人的反应态度也不一致。你心里盘算它是宜于架屋或是制器，思量如何买它、砍它、运它。我把它归到某类某科里去，注意它和其他松树的差异，思量它何以活得这样久。我们的朋友却不这样东想西想，他只在聚精会神地观赏它苍翠的颜色、它盘曲如龙蛇的线纹，以及它昂然高举、不受屈挠的气概。由此可知，这棵古松并不是一件固定的东西，它的形象随观者的性格和情趣而变化。个人所见到的古松的形象都是个人自己性格和情趣的映照。

关联是广泛存在的，大脑中与斑马、古松等构成的关联多种多样，对于同一客观对象，不同个体所关联的事物必然不尽相同；关联又是可引导的，或是像案例中的实验一样经过巧妙设计，或是经过反复训练，使得大脑形成一条较为明确的神经通路。那么，如何让我们想构建的神经通路更加清晰稳定呢？答案是重复、重复、再重复！

案例 1.9.4　重复刺激的必要性

加拿大心理学家唐纳德·赫布（Donald Hebb）提出，学习和记忆之所以能够在大脑中表征，是通过发生在突触上的生理变化来实现的。"一段特定的经历导致神经冲动沿着神经元 A 的轴突向下传导，当冲动达到突触时，神经递质被释放给神经元 B。Hebb 的观点是，这种活动会导致突触的结构发生变化，从而强化突触，神经递质释放得越多，神经元的放电频率也越强。"

"追随 Hebb 的研究者们确定了突触的活动会引起一系列的化学反应，导致新蛋白质的合成，从而造成突触的结构变化。""突触变化的结果之一是产生一种'长时程增强'（LTP）的现象——在重复刺激之后，神经元放电增强。'长时程增强'可以通过图 1-12 中的放电记录来说明。当神经元 A 第一次被激活时，神经元 B 的放电频率很缓慢。但是重复激活以后，神经元 B 对同一刺激的放电频率变快。长时程增强很重要，因为它说明重复刺激不仅导致突触的结构变化，还会增强反应。"①

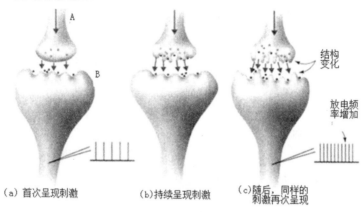

图1-12　重复刺激固化关联图示

美国哈佛大学泰勒在其"哈佛幸福课"讲义中多次提及神经通道的"可塑性"：每个人的大脑里都有数以百万计的神经通道，有的神经通道如江河般宽阔，有的似溪流般狭窄。人的思维模式有特定的路径运作，特定的"河道"。每次神经元之间发生联系，经过的神经通道得以扩展；神经元不工作时，神经通道则会有所萎缩。就像每次有水流过，河道都会变得宽一些，没有水流过的时候，河道就会萎缩。对于要记住的东西、好的理念、好的情绪习惯、好的行为习惯，必须通过重复、重复、再重复，将头脑中的相关神经通道塑造成大河。小溪很容易干涸，灵光一现是没有用的，听到某个好理念一时激动也是没有用的。好的理念、好的情绪习惯、好的行为习惯，必须在头脑中养成对应的神经通道"大河"。

两条"前置信息"——"非洲"和"黑白两色"，使得被试者将"动物"这种一般性信息刺激（或称为输入信息）关联到"斑马"的概率提高了20倍。在儒学中，也有两条重要的前置信息，夫子之道

①［美］E.布鲁斯·戈尔茨坦. 认知心理学：心智、研究与你的生活[M]. 张明，等译. 北京：中国轻工业出版社，2015.

可以简化为"忠""恕"两个信念，正因时时存养"忠于自己，忠于他人，忠于社会""包容自己，包容他人，善待社会"之正念，"忠""恕"两念便由此固化为"前置信息"，使其面对纷繁复杂的日常刺激时，正念能够得以"有"现，保证了自己持久的中正平和。"子之燕居，申申如也，夭夭如也。"任何个体，若将正念"躬自厚而薄责于人"存养为"前置信息"，他定会少怨；若将"仁爱"存养为"前置信息"，他定会少忧；若将"正义、勇气"存养为"前置信息"，他定会少"惧"。如何存养正念？唯有"静以存之，学以聚之，动以磨之"。唯有通过"重复、重复、再重复"，将消极关联（突触）弱化，将积极关联固化为"正念"。越多正念固化为"前置信息"，个体的认知定会越发中正，情绪定会越发中和，行动定会越发卓尔有效。

在我国，曾经有过关于"我注六经"与"六经注我"的辩论。"我注六经"，是逐字逐句阅读经典原文并给出自己的理解与注释；"六经注我"，是将经典中最合心、合时、合道的核心语句注于心、注于脑，重复、重复、再重复，使其成为自己认知、情绪、行为的一部分。"六经注我"，在头脑建立起与六经中的至简理念相对应的认知回路后，所闻所见很容易归入该认知回路。孔子头脑中重复、固化了"忠恕"之认知回路，此后更多的信息便会归并到其中；康熙重复了"诚敬"之认知回路，头脑中固化了"诚敬"的认知回路，此后对于"诚敬"，他会有更多的认知配合、情感配合和行动配合。[①]

信息万千，存养住几个简约、至上的理念是关键！正念不固，行动不果。

存养正念，唯有重复、重复、再重复！

---

　　①《传习录》中谈到朱熹的晚年之悔。朱熹一生忙于"我注六经"，到晚年却发现自己的问题所在："博而寡要，务外遗内"，内心并没有存养住简约的正念。因而，其在行动力方面，远远逊色于孔子，更逊色于其后的王阳明、康熙。若不通过守静、重复将正念存养住，若不通过"静以存之，动以磨之"将正念转为认知习惯、情绪习惯和行为习惯，即使书破万卷、六经注遍，也是枉然。

案例 1.9.5　一二十年，静存动磨，让正念"结圣胎"

先生曰："吾与诸公讲'致知''格物'，日日是此。讲一二十年俱是如此。诸君听吾言，实去用功。见吾讲一番，自觉长进一番。否则只作一场话说，虽听之亦何用？"

——《传习录》（黄以方录）

师门致知格物之旨，开示来学，学者躬修默悟，不敢以知解承，而惟以实体得。故吾师终日言是而不惮其烦，学者终日听是而不厌其数。盖指示专一，则体悟日精，几迎于言前，神发于言外，感遇之诚也。

——《传习录》（钱德洪跋）

先生曰："吾教人'致良知'在'格物'上用功，却是有根本的学问。日长进一日，愈久愈觉精明。世儒教人事事物物上去寻讨，却是无根本的学问。方其壮时，虽暂能外面饰，不见有过，老则精神衰迈，终须放倒。譬如无根之树，移栽水边，虽暂时鲜好，终久要憔悴。"

——《传习录》（黄修易录）

先生曰："只念念要存天理，即是立志。能不忘乎此，久则自然心中凝聚，犹道家所谓'结圣胎'也。此天理之念常存，驯至于美大圣神，亦只从此一念存养扩充去耳。"

——《传习录》（陆澄录）

先生曰："人若知这良知诀窍，随他多少邪思妄念，这里一觉，都自消融。真个是灵丹一粒，点铁成金。"又曰："此'致知'二字，真是个千古圣传之秘，见到这里，'百世以俟圣人而不惑'。"

——《传习录》（陈九川录）

先生曰："良知是造化的精灵，这些精灵，生天生地，成鬼成帝，皆从此出，真是与物无对。人若复得他完完全全，无少亏欠，自不觉手舞足蹈，不知天地间更有何乐可代！"

——《传习录》（钱德洪录）

一代圣人王阳明的《传习录》成就了多少先贤志士，造就了多少理义担当。其生前曾终日言"知行合一""致良知""不动心"而不惮其烦，学者终日听是而不厌其数。其一以贯之地强调认知至上："主正、存善、集义"。强调静以存之，学以聚之，动以磨之，只有这样反复存养、凝聚、磨炼，"久久成熟后，则不须着力，不待防检，而真性自不息矣"。《传习录》告诫人们："务外遗内，博而寡要"是大害。王阳明居夷三年，处困养静，颇见得此意思，乃知天下之物本无可格者，一草一木皆有理，天下之物如何格尽？一味外求无济于事，心中存养正念是关键，本心一旦化解通悟，自一了百当。存养正念，需要重复、重复、再重复。

人都有信息渴求症，总是对新信息、新说法更感兴趣。学过驾驶的人都知道，博闻百种驾驶理论，不如选对一种理论重复"磨炼"，练到熟为止。学车如是，人生亦如是。在信息泛滥的今天，不能将至简上道重复磨炼成自己的认知框架和行动习惯者，一定累而无效。

 案例 1.9.6　将正念融入自我认知框架

康熙《庭训格言》有言，"训曰：人惟一心，起为念虑。念虑之正与不正，只在顷刻之间。若一念不正顷刻而知之，即从而正之，自不至离道之远。《书》曰：'惟圣罔念作狂，惟狂克念作圣。'一念之微，静以存之，动则察之，必使俯仰无愧，方是实在功夫。是故古人治心，防于念之初生、情之未起，所以用力甚微而收功甚巨也。"

现代心理学证实，人有念时，常主现一念。一正念现，百负念消；一负念现，百正念隐。正念相合者久，易现正语正行正感；负念相合者久，易现负语负行负感。

用心去读经典吧！读之愈复，敬畏愈浓，受益愈多。

有关史料记载，康熙学《论语》，每段要读 120 遍，背 120 遍。也许正是因为"有"了如此重复，才使得圣贤之主张在他的头脑中关联的神经细胞数量足够多，才使得神经细胞间的突触链接强度足够强大——思维"大河"得以养成，自我认知框架得以优化。也许正是因为"有"了对至上理念的如此重复，才"有"了那般的心力、判断力、行动力。①

————————

① 经典"有用"，需要用心去读，需要重复、重复、再重复，需要将经典之核心融入自己的认知框架和行动框架。康熙通过重复阅读，已经将经典之核心融入了自我的认知框架和行动框架，不到 20 岁，他便有了"擒鳌拜、平三藩"等诸多判断与担当。反观当下，在一部分 20 多岁的青年人群中，判断力不足、担当力不足的问题很是严重。对孩子的事情，一些家长也百般包办，万般辛苦地剥夺着青少年练就"自主判断、自主担当"的实践机会。

本章小结

意诚、心正、身修、家齐、国治、天下平这些善果，皆源自"认知"，要有好的行动、好的结果，首先要有至上的"认知"。认知力，即"心"之力。现代脑科学证实，"脑"的潜能——"心"的潜能是无限的，对"心"的潜能的浪费是世间最严重的浪费。

知是行之始，认知影响情绪。想管控行为与情绪，首先需要管控认知；想管控和优化生活，首先需要管控和优化"自心"。

"人心惟危，道心惟微。"眼前的琐碎和私欲很容易将大脑占据，将至简之道蒙蔽，将"心"的潜能禁锢，将认知的效率拉低。认知效率，一方面取决于进入头脑的信息有多少属于上乘信息，另一方面取决于组织这些信息的逻辑链条、价值链条是否至简、至上、至真！

判断力是认知能力的集中表现。在信息-知识-理念-判断-行动这一链条中，判断力居于核心地位。现实判断多比逻辑推演更复杂，更艰难。就我国的学校教育而言，加强后三个环节训练的任务更为艰巨，更为迫切。当下应力求避免学生之所学大部分被滞留在前两个环节，不能生成清晰信念，不能生成有效判断，不能生成至善担当。

虽然听了那么多人生道理，但仍然不能保证过好当下的生活。学了那么多专业术语、专业逻辑，在该专业领域也未必就能构建起更为有效的认知框架和行动框架，在人文社科、经济管理领域尤其如此。弄不好，过多的专业术语反倒会成为精神灵性的额外负担，过多的专业逻辑反倒会成为生命活力的额外羁绊。

认知惯性相当于电脑程序，认知得不到根本优化与提升，很多无效行为和消极情绪体验只能无限次重复。"苟日新，日日新，又日新。"人只有不断地更新、提升自己的认知层次，才能看到一个更为开阔、更为壮观的物质世界，才能建设一个更为和合、更为神圣的内心世界。

人心具有追逐"内在一致性"的本能驱动。人，永远不要奢望弄懂所有的事情，永远不要奢望就所有信息达成绝对的"一致"。穷其一生，人只能就进入头脑中的那些信息达成最大化的一致——达成某种数理逻辑的一致或某种人文价值的一致。数理逻辑的一致主要强调理性一致，而人文价值的一致则需要达到理性一致与感性一致的统一！若想使理性一致与感性一致能够相互滋养，则需要很慢很慢的真功夫！王阳明的"致良知"，既有对理性一致的强调，也包含对感性一致的强调。

宇宙万象，心映万"相"。映时为"有"，不映为"无"。"无"，物我两忘为要，身心得以最彻底地休养；"有"，遵从至简、至上、至真为要，建立自主认知框架为要。没有自主的认知框架，听东东有理，听西西有理，一个人就会活得很忙、很累、很无效。

"有""无"相滋，内心就会多些清晰、简约、判然，行动就会多些卓尔有效，情绪就会多些"心安与喜悦"。

第二章

行为：至利？至义？至善！

行动，只有行动，才能决定价值。

——约翰·菲希特

一步实际行动比一打纲领更重要。

——马克思

道虽迩，不行不至；事虽小，不为不成。

——荀况

知之真切笃实处即是行，行之明觉精察处即是知。

——王阳明

行动大于智慧，智慧将会永恒。

——佚名

只是阅读本书（或其他任何书籍），本身是无法令你的生活发生任何实质性改变的……你必须把它看作一本练习册，不断地反思和行动才行。

——泰勒

认知派强调，生命是认知的总和，一个人的行为水平永远不会超越自己的认知水平，生命之根本在于扩大认知的边界和提升灵魂的深广度。哲学家将此表述如下：一个人在多大范围内对事物有了正确的觉悟与认知，这个人的心灵也就在多大范围内获得了自由。

行为派则强调，一步行动胜过一打纲领，理念不转化为行动，理念就会归零。人生可以被描述为认知的总和，也可以被描述为行为的总和。心不自欺，人只有多做一些个人价值、社会价值和"天地价值"兼容的事情，头脑中主管"价值感、意义感"的那些部位（如 VTA 等部位）的神经电活动才会得到足够强度的激活，内啡肽等积极神经递质才会得到足够剂量的分泌，一个人才能体验到"价值感""意义感"这类优质生命体验。[1]反之，行为一旦陷入被动、懈怠与盲从，意义感匮乏必然会发生，优质生命体验必然被错失。错失了优质生命体验，才是人生最大的遗憾。

从古至今，关于幸福的思辨似乎从未停止过。但归结起来，幸福哲学大致可以被划分为两大派别——快乐派与实现派[2]。快乐派强调的是感官愉悦最大化，实现派强调的则是社会价值最大化。越来越多的证据表明，在单纯借助物理手段或药物手段就能达成"感官愉悦"的今天，若一个人幸福感匮乏，他真正匮乏的很有可能是"价值感""意义感"之类的优质生命体验。"价值感""意义感"的实现需要"善"行，需要行为的"自我实现"。

一、凡谓之行者，只是着实去做

舜帝叮嘱大禹："人心惟危，道心惟微；惟精惟一，允执厥中。"四句箴言的意思是在认知方面，要"大其心"。"心"，本来具有很强大的画面呈现与画面播放能力，但其也有"易被琐碎和私欲蒙蔽"这一根本性危险，大"道"经常被蒙蔽得微不可现，大"道"不得播放。管控好"心"，就是管控好头脑之画面呈现，做个好导演，让

---

[1] 古圣先贤的智慧思考与诸多现实观察都在提示我们：精致利己与极端个人主义永远解决不了"安心立命"问题，难以优化生命体验。

[2] 有关快乐论和实现论的更多论述请参见本书第三章第六节。

头脑多播放点好画面。四句箴言也在提示，在行动方面，要顺乎大道（大势）而行，要合乎天赋而行，要惟精惟一而行，要中正不偏而行。

"要想学到本事，只有一种方式。"在《炼金术士》①一书中，炼金术士对牧羊少年说道："那就是行动。""知者行之始，行者知之成"，知行合一，提升认知的目的，就是为了更有效地行动，"凡谓之行者，只是着实去做"。

 案例 2.1.1　何谓"习"

实现派强调行动，主张通过行动来确立意义感、价值感。在中国，儒家重入世，重实践，重行动。《论语》开篇即强调"学而时习之，不亦说（悦）乎？"何谓"习"？习，即实习、实践也，亦"重行"也。学之所用，惟行；学之笃实，惟行；学之真切，惟行。《说文解字》有云："习，数飞也。"朱熹在《四书章句集注》如此解释："习，鸟数飞也。学之不已，如鸟一次又一次地练习飞翔。说（悦），喜意也。"既学而又时时习之，习中有所解，行中有所悟，则所学者熟，学外化为行，知行相融，知行互促，知行合一，进而心喜，其进自不能已矣。②他进一步引用了"二程"（程颢和程颐）、谢良佐等先贤的深悟。"程子曰：'习，重习也。时复思绎，浃洽于中，则说（悦）也。'又曰：'学者，将以行之也。时习之，则所学者在我，故说（悦）。'谢氏曰：'时习者，无时而不习。坐如尸，坐时习也；立如齐，立时习也。'"《大学》开篇也讲："大学之道，在明明德，

---

　　① 中国大陆将该书翻译为《牧羊少年奇幻之旅》。

　　② 考过驾照的人可能有过这样的经历：教倒车入库时，教练讲得很是费劲，但学生可能仍然不得要领。学生在随后的反复练习中有时会豁然顿悟，终于明白了教练的指导，得其要，合于心，喜悦感油然而生。反复"习"，反复练，既深化了对"知"的理解，又得了"行"的配合（肌肉配合），还可得喜悦"感"，"知、行、感"不可分，"知、行、感"是合一的。

　　另外，现在社会上很多讲者，把《论语》开篇中的"习"讲解为"温习""复习"，这是不对的。朱熹在《四书章句集注》中早已明确，"习"就是"实习""实践"，如鸟一次又一次地练习飞翔一样。取乎上，得乎中，想得经典之要，还是少听点喧嚣性讲解，多读些经典原著（或经典解读）为上。

在亲民，在止于至善。"学习的根本在于明德识礼，有仁爱之行，生命方能至真至善。

 案例 2.1.2　无行，则知之不实——两种"记忆"的区别

美国心理学家迪恩·布诺曼诺（Dean Buonomano）在《大脑在捣鬼——大脑"漏洞"怎样影响我们的生活》一书中提到这样一个问题："电脑键盘上 E 键的左键字母是什么？"在不低头查看键盘的前提下，即便是熟练掌握打字技能的人也极有可能瞬间卡壳，难以给出答案。但倘若要求大家打出"文化"一词，大多数人的手指都能够很快地做出反应，精准地点击到 E 键的左键字母——W 键。这个简单的例子表明，通过长期的操作、使用与练习，我们的身体能够养成"不由自主""无意识"的肌肉记忆和行为反应习惯。而这种不必通过高级神经中枢的"程序性记忆"的效果，有时甚至比经过大脑处理再给出控制指令的"陈述性记忆"效果更佳。①

"电脑键盘上 E 键的左键字母是什么"这个案例说明，认知唯有落实于行为，方为真得。种种迹象表明，低级中枢"简单重复"带来的"程序性记忆"反射极有可能促进高级中枢"全新链接"的形成，正可谓"实践出真知"。

"知之真切笃实处即是行，行之明觉精察处即是知。""知是行之始，行是知之成。"王阳明深悟"知行合一"之道。无行，则知之不真，知之不实。

---

① 心理学领域中，根据不同标准对记忆有不同的分类。有研究者将记忆分为陈述性记忆（Declarative memory）和程序性记忆（Procedural memory）。程序性记忆是指如何做事情的记忆，包括对知觉技能、认知技能和运动技能的记忆，这类记忆往往需要多次尝试才能逐渐获得，在利用这类记忆时往往不需要意识的参与。陈述性记忆是指对有关事实和事件的记忆，它可以通过语言传授而一次性获得，它的提取往往需要意识的参与，如我们在课堂上学习的各种课本知识和日常的生活常识都属于这类记忆。例如，在学习游泳之前，我们可能读过有关的一些书籍，记住了某些动作要领，这种记忆就是陈述性记忆；以后我们经过不断练习，把知识变成了运动技能，真正学会了在水中游泳，这时的记忆就是程序性记忆。

二、至利？至义？

知者行之始，行为总是受到认知的驱使和价值观的左右，价值观总是关乎"利"与"义"。

至利，可以解释古今中外人类的大部分行为。司马迁的"天下熙熙，皆为利来"，斯宾诺莎的"自我保全"优先说，现代经济学的"效用最大化""利润最大化"，都是基于对人性的同一考量。至利，能解释大部分的人类行为，但不能解释全部。人有利他性，有追求正义、利社会、利宇宙的内在驱动。孔子的"君子喻于义"、亚里士多德的"至善说"……都是基于对人性的另一考量。子曰："君子之于天下也，无适也，无莫也，义之与比""君子义以为质，礼以行之，逊以出之，信以成之。君子哉！"

在当下市场经济的大背景下，个人利益最大化、企业利润最大化等"至利"思想已被宣扬得足够广泛，也已被实践得足够充分，甚至有局部"过之"的现象。①虽然市场经济承认"效用最大化""利润最大化"之合理性，但"物质利益最大化""精致利己"绝非人生的全部，若每个人都片面追逐自己的"个人效用最大化"，最终，这个世界将让每个人都没了效用可言。

关于"至利"在此不作赘述，本部分内容多涉及"至义"。

"正义"一词，在我国最早见于《荀子》的"不学问，无正义，以富利为隆，是俗人者也"。"正义"多用于现代，古代通常单用一个"义"字。"义者，宜也，尊贤为大。"（《中庸》）"君臣父子人间

---

① "人心惟危"，人心都有被私欲蒙蔽的危险，以至于苏轼也感慨"长恨此身非我有，何时忘却营营"。

之事谓之义……义者，谓各处其宜也。"（《管子》）"义者，天理之所宜。"（《论语集注》①）"义者，万物自然之则，人情天理之公。"（《舜水文集·杂说》）

在西方，柏拉图认为："各尽其职就是正义。"亚里士多德认为："所谓公正②，是指民众共同认可的这样一种品质，基于该品质可以做出公正的事情来。"

 案例 2.2.1　古之圣贤多重"义"

"义"字在《论语》中共出现 24 次，其中 18 次由孔子亲口说出，其余 6 次出自其弟子之口。"君子之于天下也，无适也，无莫也，义之与比""君子义以为上"。"义"是儒家思想的核心内容之一，是君子立身、为人、治事最为重要的准则之一。

孟子将"义"提升到与"仁"相并列的高度。"仁，人之安宅也；义，人之正路也。""仁"是一种内心情感和内在道德，为安心立命之根本。而"义"则是将"仁"付诸实践之途径，是指导行为之准则，是"仁"之内在要求的外在表现。

《传习录》借用孟子之言："必有事焉，则君子之学终身只是'集义'一事。义者，心得其宜之谓义。能致良知则心得其宜矣，故'集义'只是致良知，君子之酬酢万变，当行则行，当止则止，当生则生，当死则死，斟酌调停，无非是致其良知，以求自慊而已。故'君子素其位而行''思不出其位'。"《中庸》也强调："素富贵，行乎富贵；素贫贱，行乎贫贱；素夷狄，行乎夷狄；素患难，行乎患难。"王阳明认为"义"就是"宜"，心做到了它应当做的就是"义"。能致良知，心就做到了它应当做的事，所以"集义"也就是致良知。君子待人接物、应对种种变化，该做就做，该停就停，该生就生，该死就死，斟酌考虑都是实现自己的良知，来求得心安理得罢了。③

---

① ［南宋］朱熹. 论语集注[M]. 北京：中国社会出版社，2013.

② 在亚里士多德的著作中，正义与公正为同一概念。

③ ［明］王阳明. 传习录[M]. 叶圣陶，点校. 北京：北京时代华文书局，2014.

案例 2.2.2　婴儿是否具有正义感？①

"人之初"是"性本善"还是"性本恶"？这个问题在中西方均有争论。很多哲学家和心理学家一直认为，婴儿出生时是"一张白纸"，只有借助家长和社会的作用，他们才开始学会辨析正确与错误、好与坏、刻薄与友好。然而，近年来越来越多的研究者通过实验证实，婴儿具有本能的正义感和道德判断能力，这可能也是人类与生俱来的天性。

被称为"婴儿实验室"的美国耶鲁大学婴儿认知中心，让一群不到 24 个月大的婴儿观看了一场兔子木偶秀表演。在这场表演中，一只灰猫多次试图打开塑料盒却始终未能成功，一只穿绿色 T 恤的兔子走过来帮忙打开塑料盒。在另一个实验场景下，上述场景被重复，只是这次一只穿橙色 T 恤的兔子将塑料盒狠狠关上并迅速逃开。在这个实验中，绿兔子代表友好和有效帮助，而橙色兔子则意味着刻薄和毫无帮助。接着，两种代表不同寓意的兔子会被一名并不知道兔子所代指含义的工作人员同时提供给婴儿进行选择。尽管婴儿的母亲全程参与了活动，但此时被要求闭上眼睛以免影响婴儿的选择。无论是通过用手触摸，或是用眼睛凝视，多于 80% 的婴儿选择了那只表现友好的兔子，而且在 3 个月大小的孩子中，表现出这种偏好的比例更高——87% 的婴儿选择了那只表现友好的兔子。

《仅仅是婴儿：善恶起源》一书的作者——耶鲁大学心理学家保罗·布鲁姆解释道，正义感是婴儿与生俱来的基本意识，因此实验中的婴儿在学会走路、说话之前就可以辨别是非。虽然父母和社会可以开发并逐渐培养宝贝们的信仰体系，但婴儿的道德感是天生的，外部力量发挥的作用只是开发而不是创造。

日本京都大学等机构也进行了类似的实验。研究人员让 20 名 6

---

① 参见新华网文章《半岁婴儿已有"正义感"》，日本这一研究成果已发表在英国《自然·人类行为》杂志上。

个月大的婴儿观看了两段动画片。在一段动画片中，一个蓝色的卡通形象在攻击挤压一个黄色的卡通形象，一个绿色的卡通形象站出来挡在两者之间，阻止了蓝色卡通形象攻击。另外一段动画片中，一个蓝色的卡通形象在攻击挤压一个黄色的卡通形象，而一个橙色的卡通形象却"袖手旁观"。研究人员让 20 名婴儿交替观看这两段动画片各 4 次，之后让他们选择"路见不平"的绿色卡通形象玩偶或"袖手旁观"的橙色卡通形象玩偶，结果 17 名婴儿选择了绿色的卡通形象玩偶，只有 3 名婴儿选择了"袖手旁观"的橙色卡通形象玩偶。

研究人员还通过其他实验证实，婴儿选择绿色卡通形象玩偶，并非出于对玩偶颜色的喜好，而是出于对"正义"行为的理解和支持。这在一定程度上表明，"正义感"是人类与生俱来的品格。

一种社会价值被关注得越广泛，被理解的角度自然就越发多重。当布鲁姆信誓旦旦地称婴儿们具有与生俱来的正义感时，他也认为婴儿的正义感具有有限性的悲剧："尽管道德感伴随着婴儿的出生而产生，但是与之俱来的还有婴儿天生的缺陷。"布鲁姆在自己的书中写道："我们天生冷漠，对陌生人的境遇无动于衷，甚至充满敌视。我们很容易走向狭隘和偏执。我们的一些本能情绪反应，譬如厌恶、烦躁都会导致我们做出可怕的事情。"

孔孟倡导"义"，墨子倡导"万事莫贵于义"，王阳明几十年如一日地教导弟子"集义"，柏拉图倡导"各尽其职就是正义"，亚里士多德倡导公正，科学巨擘爱因斯坦也坦言"我要做的只是以绵薄之力来为真理和正义服务"，罗尔斯的《正义论》与桑德尔的《公正：该如何是好？》也备受关注。正因为"正义"广受关注，所以把握好"正义"的要旨绝非易事。

 ### 案例 2.2.3　苏格拉底辩正义

某日，苏格拉底和一个名叫攸德谟斯的青年讨论正义与非正义问题。他在一根柱子上写上"正义"，在另一根柱子写上"非正义"，然后问道："说谎应当归入哪一类？"

攸："归入非正义，这是显而易见的。"

苏："欺诈呢？"

攸："当然也属非正义。"

苏："偷盗呢？"

攸："和欺诈一样。"

苏："卖人为奴呢？"

攸："也是如此。"

苏："看来这些行为没有一样能归入'正义'一类了，是不是，攸昔德谟斯？"

攸："是的，谁也不会荒唐到那个地步。"

苏："那么，如果一个被选为将军的人，带领部队去奴役一个同我们敌对的城市，我们也说他的行为不公正吗？"

攸："绝对不能这么说。"

苏："我们将会说他的行为是公正的，对不对？"

攸："一点不错!"

苏："假如他在作战时欺骗了敌人呢？"

攸："那也是正义行为。"

苏："如果他盗取或抢劫敌人的财物，他的行为不也是正义的吗？"

攸："一点也不错。可是我原先以为你问的那些只是对朋友而言的。"

苏："那么，刚才我们归入非正义的那些行为，同样也可以算作正义，对不对？"

攸："对的。"

苏："那么，我想改动一下刚才的分类。就是说，欺骗敌人是正义行为，但这样对待朋友就不是正义的了，可以这样说吗？"

攸："当然可以。"

苏："那么，在失利的时候，一位将军发觉士气低落，谎称援军就要来到。如果士气竟被他鼓动起来，我们应当把这种欺骗士兵的行为归入哪一类呢？"

攸："应当归入正义一类。"

苏："一个孩子生病不肯吃药。父亲骗他说，这是好吃的东西，不是药，骗孩子吃了下去，病也好了。这种欺骗孩子的行为应当归入哪一类呢？"

攸："我想这也是正义行为。"

苏："某人因为绝望而想自杀，他的朋友出于友谊而偷走了他的剑。这种行为应该归入哪一类呢？"

攸："当然也应当归入正义一类。"

苏："可是你刚才不是还说应该永远对朋友坦率无欺吗？"

攸："实在是我错了。如您允许的话，我愿意把原先说过的话收回。"

即使到了现代，关于正义的争论也没有停止。20 世纪 70 年代，罗尔斯发表《正义论》前后，关于正义的争论仍难以达成一致："德沃金认为正义是平等，诺克奇认为正义是权利，拉兹认为正义是善，麦金太尔认为正义是应得，沃尔策认为正义是社会意义，哈贝马斯认为正义是程序。"①

正义关乎价值判断、道德选择，缺少统一、绝对的评判标准，视角变了，事件、行为的正义性也随之发生变化。把握"正义"在理论层面有一定难度，在实践层面也经常遇到困难。

 案例 2.2.4　阿富汗的牧羊人②

2005 年 6 月，一个由美国海军士官马库斯·勒特雷尔（Marcus Luttrell）和其他 3 名海豹突击队队员所组成的特殊军事小组，在阿富汗境内靠近巴基斯坦边界的地方，进行一项秘密的前期侦察任务：

---

① 姚大志. 何谓正义：当代西方政治哲学研究[M]. 北京：人民出版社，2007.

② ［美］迈克尔·桑德尔. 公正：该如何做是好？[M]. 朱慧玲，译. 北京：中信出版社，2012.

寻找一名塔利班领导人，他是奥萨姆·本·拉登的亲信之一。情报显示，当时这名领导人率领 140～150 名全副武装的战士正藏匿在崇山峻岭中的一个小村庄内。

　　这一特殊军事小组在山脊上占据了一个位置并俯瞰那个村庄。突然，两名阿富汗牧羊人赶着上百只"咩咩"叫着的羊，和他们撞了个对面。牧羊人还带着一个 14 岁左右的小男孩。这些阿富汗人没有武器，美国士兵用步枪对准他们，命令他们坐在地上，接着便开始讨论如何处理这 3 个人。一方面，这些牧羊人是手无寸铁的平民，另一方面，如果放他们走，就会承担这样的风险——他们可能会告诉塔利班分子，有一帮美国士兵在这里。

　　当 4 名士兵仔细考虑他们的可选择余地时，他们意识到自己没有带绳索，因此，捆住这几个阿富汗人以争取时机找到另一个藏身之处的办法并不可行。他们仅有的选择就是，要么杀了他们，要么放他们走。勒特雷尔的一名战友认为应该杀掉这些牧羊人："我们是在敌后执行任务的现役军人，受高级长官的委派来到这里。我们有权做任何事情来挽救我们自己的生命。一个军人将如何做出选择，这一点显而易见，放走他们是不对的。"

　　而最年轻的勒特雷尔迟迟没有表态，他的信仰中饱含"仁爱"的教养。与此同时，那几名"无辜"的牧羊人用苦苦哀求的眼光盯着勒特雷尔，使他难以抉择。在回忆录中勒特雷尔也承认，从他的内心深处他知道战友说得对，不能放走这些牧羊人，可是问题在于他的价值信仰之灵魂一直在向他施压……他的良心不允许他杀害这些牧羊人。他投了决定性的一票（他的 3 个战友中有一个弃权了），放走了他们。但正是这一票，让他后来无比悔恨。在他们释放那几个牧羊人一个半小时以后，这 4 名士兵发现自己被 80～100 名手持 AK-47 和火箭筒的塔利班分子包围。在接下来的那场惨烈的战斗中，勒特雷尔的 3 名战友都遇难了，塔利班分子还击落了一架试图解救他们的直升机，机上 16 名士兵全部遇难。勒特雷尔身受重伤，他跳下山坡并爬行了 5 公里，来到一个普什图人的村庄。那里的居民保护着他，不让他落入塔利班分子之手，直到他获救。

在回忆录中，勒特雷尔谴责自己所投的反对杀那些牧羊人的一票。他在一本有关此次经历的书中写道："这是我一生当中所做出的最愚蠢、最糊涂、最笨的决定。我当时一定是脑子出问题了。我投了这样一票，而我实际上知道这是签下我们的死亡执行令……至少，当我回顾这些的时候我是这样认为的……决定性的那一票是我投的，它会一直困扰着我，直到我栖息在东得克萨斯的一座坟墓里。"

义者，宜也。但在很多具体情况下，何种行为最为适宜并非总是清晰明确的。正义，在面对某些特殊时刻、特殊事件时，的确不容易把握，即使对训练有素的特种兵来说也是如此。

正义（抑或公正）关乎个人行为是否适宜；关乎社会道德、法律等领域的善恶、是非判断；关乎国家的整体利益和人类的共同福祉。"老吾老以及人之老，幼吾幼以及人之幼""在一切美德中，正义是最有助于人类的共同福祉的""君子之于天下也，无适也，无莫也，义之与比"等哲言多从道德层面对个体行为的正确性、适宜性给出建议。现代社会则多从法律层面对个体行为的正确性、适宜性给出建议。无论是从道德层面还是法律层面，想准确把握"正义""公正""适宜"都绝非易事。

 案例 2.2.5　海难食人案①

1884 年夏，4 名英国海员被困在南大西洋的一只小救生艇上，远离陆地 1600 多公里。他们的船——"木樨草"号在一场暴风雨中沉没了，他们几个人逃到救生艇上，只带了两罐腌制的芜菁甘蓝，而且没有淡水。托马斯·达德利（Thomas Dudley）是船长，埃德温·斯蒂芬斯（Edwin Stephens）是大副，埃德蒙·布鲁克斯（Edmund Brooks）是船员。据报纸报道，"这些人全都具有高尚的品德"。

① ［美］迈克尔·桑德尔. 公正：该如何做是好？ [M]. 朱慧玲，译. 北京：中信出版社，2012.

　　这组船员中还有一位是船舱男仆理查德·帕克（Richard Parker），他年仅 17 岁，是个孤儿，这是他第一次海上长途航行。他没有听取朋友们的建议，而是"怀揣年轻人的梦想"，认为这次旅途会使他成为一个真正的男人。可悲的是，结果并不是这样。

　　4 名被困的船员在救生艇上凝望着地平线，希望能有一艘船经过并解救他们。在最初的 3 天里，他们按定量分食了部分甘蓝。第 4 天，他们抓住一只海龟，并以这只海龟和剩下来的甘蓝维持了一些日子。然后，连续 8 天，他们什么都没吃。

　　当时，男仆帕克蜷缩在救生艇的小角落里。他不顾别人的劝告喝了海水，并因此生了病，看起来快要死了。在他们经受严峻考验的第 19 天，船长达德利建议用抓阄来决定让谁死，这样其他人也许能够活下去。但是布鲁克斯拒绝了，因此他们没有抓阄。

　　接下来的一天，仍然不见其他船只。达德利让布鲁克斯把目光移开，并向斯蒂芬斯示意，他们不得不杀掉帕克。达德利做了祷告，告诉男孩他的大限到了，然后杀死了他。布鲁克斯摆脱了来自良心的谴责，分享了这可怕的施舍。3 个人以男仆的尸体和血为食，又支撑了 4 天。

　　后来救援终于来了！达德利用犹豫而委婉的口吻在日记里描述了他们的获救过程：第 24 天，正当我们吃"早饭"的时候，一艘船只终于出现了，这 3 个人被救了上来。回到英格兰之后，他们被捕并接受了审判。布鲁克斯成为污点证人，达德利和斯蒂芬斯则被送上了法庭。他们毫不隐瞒地承认，他们杀害并吃掉了帕克，他们声称自己这么做完全是出于必要。

　　1884 年 12 月，经过法律技术方面的讨论后，合议庭发现，无论是基于法律先例，还是基于伦理与道德，在普通法中，根本没有任何针对谋杀指控所涉及的危急状态下紧急避险的辩护法条。法庭依法判处达德利和斯蒂芬斯死刑，但建议予以宽赦。最终，女王将刑罚减至 6 个月监禁。后来，达德利移居澳大利亚，但他始终认为对他的有罪判决是不正当的。

法律条文是刻板的，现实却是丰富的。为了避免将死条文套用于鲜活现实，致使执法结果偏离了正义，偏离了人心，现代法律体系已经进行了很多自我完善，如陪审团制度的完善[①]。当今社会，套用法律条文的初审，经过"人心、直觉、正义"的审视与呼吁，再审时调整幅度较大的案件也时有发生。

 案例 2.2.6　山东辱母杀人案[②]

法律在维护社会秩序、保障群众人身安全与利益等方面发挥着不可替代的作用，常常被人们视为"正义"的代名词。但当今社会舆论和媒体关于法律的另一种呼声也越来越大，即在法条的判断限度内考虑伦理道德因素。越来越多的司法案件判决表明，民意与法意往往并不完全重合，法意也不能够完全代替民意。当法理与人情发生冲突时，正义的天平将怎样摇摆？

2016 年发生在山东的辱母杀人案引起了全国人民的关注，同时也引发了民众对正义的思考。2016 年 4 月 14 日，因为欠债未能及时偿还，苏银霞与儿子于欢被 11 名催债人员带到公司接待室强行控制。其间催债人员用各种不堪的方式侮辱苏银霞，于欢在无法忍受的情形下拿起水果刀刺伤了其中 4 名催债人员，其中一人自行驾车就医却因失血过多休克死亡，其余 3 人中两人重伤、一人轻伤。

2017 年 2 月 17 日，聊城市中级人民法院作出一审判决，以故意伤害罪判处于欢无期徒刑，剥夺政治权利终身，并承担相应民事赔偿责任。宣判后，原告被告双方分别提出上诉。2017 年 3 月 24 日，山东省高级人民法院受理此案，二审审理认为：上诉人于欢持刀捅刺杜志浩等 4 人，属于制止正在进行的不法侵害，其行为具有

---

① 在美国，陪审员一般在受理案件法院的辖区内选任，近年来通常结合选民名单、电话号码簿名单、汽车登记名单及其他程序进行挑选。其目的是使陪审团能够超越种族、经济方面的偏见，保证审判公正，同时也使更多的人有机会参与到司法民主中。陪审团进行事实审，法官进行法律审，法官和陪审团相互影响、交流，很可能比法官单独工作取得更公正的结果。

② 参见 2017 年 3 月 26 日人民网文章《人民日报评"辱母杀人案"：法律如何回应伦理局》. http://opinion.people.com.cn/n1/2017/0326/c1003-29169272.html.

防卫性质；其防卫行为造成 1 人死亡、2 人重伤、1 人轻伤的严重后果，明显超过必要限度造成重大损害，构成故意伤害罪，依法应当负刑事责任。山东省高级人民法院以故意伤害罪改判于欢有期徒刑 5 年，维持原判附带民事部分。①

在该案中，于欢到底该判无期还是有期徒刑，是法律范畴的事宜，需要依据事实和法律进行判断。但法治语境下的判决，也应基于一般人最朴素的价值观，而不是事后的理性判断。正义从来都不是机械地拼装法条再加以施行，法律也应当蕴含人文价值。正如德国著名法哲学家拉德布鲁赫所说："为保持法律准绳的垂直，必须加入人的重量。"

对于此案，《人民日报》评论道："对于判决是否合理的检视，也正显示出在法律调节之下的行为和在伦理要求之下的行为或许会存在的冲突，显示出法的道理与人心常情之间可能会出现的罅隙。也正是从这个角度上看，回应好人心的诉求，审视案件中的伦理情境，正视法治中的伦理命题，才能让人民群众在每一个司法案件中都感受到公平正义。"

 案例 2.2.7 "义""利"兼容

"天下熙熙，皆为利来；天下攘攘，皆为利往。"司马迁认为人一切行为的动机都源于一个"利"字。斯宾诺莎认为，"自利"，特别是"自我保全"，主宰着人的一切行为。"我们不能设想任何先于自我保存的努力的德性。"② 然而纵观古今中外，舍"利"取"义"者大有人在。苏武留居匈奴十九年持节不屈，"苏武牧羊"的故事被后世传为千古佳话；关羽不慕曹操赏赐，挂印封金，千里归旧主，义薄云天；普法战争期间，法国著名微生物学家、爱国化学家巴斯德毅然决然地将名誉学位证书退还给波恩大学，留下名言"科学虽

---

① 2020 年 11 月 18 日，于欢依法获得减刑，提前出狱。
② ［英］罗素. 西方哲学史（下卷）[M]. 北京：商务印书馆，1976.

没有国界，但是学者却有自己的祖国"。

子曰："富与贵，是人之所欲也；不以其道得之，不处也。""不义而富且贵，于我如浮云。"孔子强调"见利思义"，合道谋利。

子问公叔文子于公明贾曰："信乎，夫子不言，不笑，不取乎？"公明贾对曰："以告者过也。夫子时然后言，人不厌其言；乐然后笑，人不厌其笑；义然后取，人不厌其取。"子曰："其然，岂其然乎？"

义然后取，人不厌其取。义与利并非截然对立，两者也具有相容的一面。

 案例2.2.8　《阿博都·巴哈文选》中的一段文字

"凡有缺陷之灵魂，莫不以自我为中心，只顾一己之私利。但是，当他考虑的范围扩大一点，他就会开始关心家人的幸福安康。如果他的思想更为宽广，他就会关心同胞的幸福；如果他的思想更为开阔，他就会时时想到自己国家和民族的荣耀。而当他的思想和视域扩展到最大限度，从而达到完美境界时，他关心的将是人类的兴盛。此时，他就会衷心祝福全人类，致力于所有国家的共同繁荣昌盛。这就是完美的象征。"

正如"仁"有"愚夫愚妇小仁"与"圣贤大仁"之分，"勇"有"匹夫之勇"和"君子之勇"之分，"义"也有"酒肉朋友之义与国家民族大义，甚至是人类宇宙宏义"之别。伍子胥兴兵灭楚，报了父兄之仇后，其挚友申包胥为了国家民族的"大义"，抛弃与伍子胥的"私义"，"哭秦庭七日，救昭王返楚"，实现了楚国的复国。显然，申包胥在"大义"和"小义"发生矛盾的时候，让朋友之间的"私义"服从了国家的"公义"。

个人的短期利益与长期利益经常不一致，个人利益与集体利益、国家利益乃至全人类的利益经常不一致，如何协调？唯有"义之与比"。"小利"遵从"大利"，"小义"遵从"大义"。县域协调发展需要乡镇放弃一些局部利益，市域协调发展需要县域放弃一些局部利益，省域协调发展需要市域放弃一些局部利益，国家协调发展需要省域放弃一些局部利益，"人类命运共同体"和"一带一路"倡议之理念需要国家放弃一些局部利益，需要超越短期和局部利益，坚守对国家乃至全人类发展的"大义"。

唯有"义之与比"，方有"利""义"合一，方有真正的"大善"。

义、利兼容乃"至善"，不为"善"，无以幸福。正如鸟窠禅师答复给白居易的八字箴言："诸恶莫作，众善奉行"。

三、行之根本——仁爱①

在所有的"善"行中，仁爱是普遍得到推崇的。

"博爱之谓仁，行而宜之谓义。"对生命施以最广泛的尊重，行以最深厚的爱护，是人类最容易达成一致的共同价值倡导。"不仁者不可以久处约，不可以长处乐。仁者安仁，知者利仁。"中国传统文化重"仁"，近代西方也高举"博爱"之旗帜。教育学家认为"博爱者，人生最贵之道德也"（蔡元培）；文学家认为"只有对人类最强烈的爱，才能激发出一种必要的力量来追寻和领会生活的意义"（高尔基）；思想家认为"我们必须博爱众生，这样一来不可能的事就变为可能"（爱默生）；政治家认为"本互助博爱之精神，谋团体永久之巩固"（孙中山）。就人类价值的一致性而言，唯"仁爱"居于首位，无超"仁"者。"仁者不忧，智者不惑，勇者不惧"，抱持"博爱"之念，付诸"仁爱"之行，是个体获得心安无忧、踏实不惧的一剂良方，宜长期坚守，不可须臾离也。"苟志于仁矣，无恶也。"

---

① "仁"作为被人类"一致认可程度最高"的人文价值，古今中外的先贤对其思之已深，悟之已厚，观之已博，辩之已久，行之已笃。后人尤为必要本着足够的敬畏之心去领悟，去践行。基于这一考虑，本部分内容多述少作，少妄评。

案例 2.3.1　儒家重"仁"

儒家重"仁"，《论语》有 109 处涉及"仁"。但究竟如何行为，方达"仁"之标准，并非易于判断。

子张问曰："令尹子文三仕为令尹，无喜色；三已之，无愠色。旧令尹之政，必以告新令尹。何如？"子曰："忠矣。"曰："仁矣乎？"曰："未知。焉得仁？""崔子弑齐君，陈文子有马十乘，弃而违之。至于他邦，则曰：'犹吾大夫崔子也。'违之。之一邦，则又曰：'犹吾大夫崔子也。'违之。何如？"子曰："清矣。"曰："仁矣乎？"曰："未知。焉得仁？"孔子对于忠于职守的令尹子文、舍利逐义的陈文子都做出了正面的评价，但却不敢断定他们是否已经达"仁"。

孟武伯问："子路仁乎？"子曰："不知也。"又问。子曰："由也，千乘之国，可使治其赋也，不知其仁也。""求也何如？"子曰："求也，千室之邑，百乘之家，可使为之宰也，不知其仁也。""赤也何如？"子曰："赤也，束带立于朝，可使与宾客言也，不知其仁也。"同样，孔子对弟子子路、冉求、公西赤的能力给予肯定，认为他们可以独当一面，为官从政，但却不能肯定他们是否达"仁"。[①]

达到孔子之"仁"的标准很难，可即便如此，"仁念"之抱持依然十分必要，更为必要的是行之付诸、行之不失、行之持久。

 案例 2.3.2　空抱"仁"念，却行"不仁"的罗伯斯庇尔

现实生活中，高呼"博爱"之念，大行"悖仁"之事的案例更是俯拾即是。法国大革命时期，雅各宾派领袖罗伯斯庇尔深受卢梭影响，向往自由、平等、民主、法治，在大学毕业后成为律师，帮

[①] 本章第二节的案例说明，在现实生活中对于正义并没有准确的尺度令人把握。本节的案例说明孔子也很难断定他人是否达"仁"。"仁义礼智信"通常被认为是儒家最为推崇的几项价值标准，但仁爱、正义的标准又很难明确界定。也许正因如此，孔子在《论语》中反复强调自己一以贯之的是"忠恕"两字之道，而非"仁义礼智信"五字之道。

助无助的、受到不公待遇的普通民众进行辩护。而就是这样一位梦想建立充满美德的民主国家的领袖，却不惜通过暴力和恐怖手段达成目的。雅各宾派执政的1793—1794年被斩首的"反革命分子"达几万人之多，而仅在"热月政变"前的短短一个月之内，巴黎就有1300余人被送上断头台。而这一切的杀戮虽被冠以"革命"与"人民"的名义，实则是对人权的无情践踏。罗伯斯庇尔本人随后也被砍头，这场高举民主与博爱大旗的革命最终以悲剧收场。

 案例 2.3.3　管仲仁乎？

抱"博爱"之念而不行"仁义"之实，结果只会背道而驰；心怀"博爱"之心亦要广施"仁爱"之举，仁者爱人，亦包含家国天下的大道大仁。"仁人之事者，必务求兴天下之利，除天下之害"，孔子对管仲的评说即如此。

《论语》中孔子对管仲在"俭""礼"方面的评价是负面的，对其"仁"的评价却优于子路和子贡之评价。

"管仲之器小哉！"或曰："管仲俭乎？"曰："管氏有三归，官事不摄，焉得俭？""然则管仲知礼乎？"曰："邦君树塞门，管氏亦树塞门。邦君为两君之好，有反坫，管氏亦有反坫。管氏而知礼，孰不知礼？"

子路曰："桓公杀公子纠，召忽死之，管仲不死。"曰："未仁乎？"子曰："桓公九合诸侯，不以兵车，管仲之力也。如其仁，如其仁。"

子贡曰："管仲非仁者与？桓公杀公子纠，不能死，又相之。"子曰："管仲相桓公，霸诸侯，一匡天下，民到于今受其赐。微管仲，吾其被发左衽矣。岂若匹夫匹妇之为谅也，自经于沟渎而莫之知也？"

子贡曰："如有博施于民而能济众，何如？可谓仁乎？"子曰："何事于仁？必也圣乎！尧舜其犹病诸。夫仁者，己欲立而立人，己欲达而达人。能近取譬，可谓仁之方也已。"①

在孔子看来，虽然管仲在俭、礼方面有欠缺，但他帮助齐桓公召集诸侯会盟而不依靠武力，是仁德的表现。常人非天子诸侯，乍议施民济众、兼济天下实为遥远，何况这并非易事，尧舜其犹病诸。即使以管仲的才学与修为，他的"为仁"也难以兼济天下人，只是尽其所能，让更多百姓免于兵戈，得以安稳、体面地生活。对于普通人而言，相比于追求"博爱"天下人，更重要的是对真实的人施行"仁爱"之举，推己及人、仁者爱人或许是"为仁"的现实选择。现代科学亦证实，"为仁不亏"——"为仁"的付出常有超乎想象的美好回报。

 案例 2.3.4　现代医学对"仁"的研究

美国著名的生命伦理学教授史蒂芬·波斯特（Stephen Post）和记者吉尔·奈马克（Jill Neimark）从现代科学和医学的角度出发，对人的"付出"与"回报"之间的关系进行挖掘，研究出版了《好人会有好报吗？》一书。作者创立了专门研究"付出"的机构，在综合 40 多所美国大学的 100 多项研究成果的基础上，大胆地抛出了一个令人惊讶的观点："付出产生的巨大能量会以一种你未曾注意的形式回报给你""付出与回报之间存在着神奇的能量转换秘密，即一个人在付出的同时，回报的能量正通过各种形式向此人返还，只

---

① 孔子认为管仲"器小"，有两点依据：一是管仲"有三归，官事不摄"，即有三处豪华公馆且手下的人从不兼职，这有悖节俭；二是君主"树塞门""有反坫"，管仲在自家门口立影壁，在宴客堂上设放置空酒杯的土台，这不遵守礼制。

子路认为管仲没有仁德，因为他没有像召忽一样自杀以殉公子纠。孔子却认为，管仲多次帮助齐桓公召集诸侯会盟，"不以兵车"而解纷争，为维护和平做出了贡献，这是"仁德"。

子贡认为，"桓公杀公子纠"，管仲反而去辅佐齐桓公，不能算仁者或忠臣。孔子却看重他助齐桓公建立霸业，使社会战乱稍安，对国家、人民贡献巨大，所以不必要求管仲"若匹夫匹妇"那样守着小节小信。

对于"博施于民而能济众"，能否称之为仁德，孔子认为，这是尧和舜大概都难以做到的圣德。一个有仁德的人，自己想树立的同时也帮助别人树立；自己事事通达顺畅的同时也使别人事事通达顺畅。凡事能够推己及人，可以说是实行仁的方法了。

不过在大多数情况下，自己浑然不知"。这种"付出"包括赞美、传承、宽恕、勇气、幽默、尊重、同情、忠诚、倾听、创造。书中指出，"'宅心仁厚、乐善好施'的人格的确能对自身心理和身体健康产生巨大而深远的影响""付出能提高一个人各方面的能力，如社会能力、判断力、正面的情绪和心态"。①

此外，英国《每日邮报》报道，经科学研究证实，志愿服务不仅可以净化心灵，还能改善健康状况。美国纽约的伊坎医学院（the Icahn School of Medicine）研究员汉娜·施雷尔（Hannah Schreier）博士在加拿大温哥华的英属哥伦比亚大学（the University of British Columbia）工作期间研究了志愿服务对青少年身体健康的影响。试验中，施雷尔博士将 106 名青年学生按是否参与志愿服务分为两组，并对其生理状态（包括体重指数、炎症、胆固醇状况）和心理状态（包括自尊心、精神健康、情绪、同情心）进行跟踪。10 个星期后，经常做义工的一组学生，他们的炎症、胆固醇水平和体重指数都比对照组的学生低。研究还提到，英国慈善组织皇家女子志愿服务队（Women's Royal Voluntary Service，现为 Royal Voluntary Service）发现，做志愿者同样对老年人的健康有益，老年志愿者不易发生抑郁，生活质量更高，对生活也更加满意。研究结果表明，从事志愿服务能够让人生发更多的共情、体验到更多的感同身受，拓宽个体的生命体验，体验到更多"人人合一"之生命美感。生命体验感的拓宽能有效提升生命的韧性，对身心健康大有裨益，在精神上的投入越多，对健康的好处也越大。

仁者爱人，怀仁爱之心，行仁爱之举，实为利己、利他的双赢结果。"仁爱"之美德，可外现于行，营造和谐与至美；亦可内安其心，铸就平和与超脱。北宋大儒程颢强调：仁，可体验到"人人合一"，还可体验到"天人合一"之大美。"仁"之主要特征乃是与万

---

① ［美］史蒂芬·波斯特，吉尔·奈马克. 好人会有好报吗？[M]. 高子男，译. 海口：南方出版社，2011.

物合一，其在《识仁篇》中有言："学者须先识仁。仁者浑然与物同体，义礼智信皆仁也。识得此理，以诚敬存之而已，不须防检，不须穷索……此道与物无对，大不足以名之，天地之用，皆我之用。孟子言'万物皆备于我'，须'反身而诚'，乃为大乐。若反身未诚，则犹是二物有对，以己合彼，终未有之，又安得乐？"

诚存仁爱之心，不耗纤毫之力于"非一"，浑然与万物同体，天人合一，此乃人生之"上乐"。

四、"干中学"

《大学》曰："心诚求之，虽不中，不远矣。未有学养子，而后嫁者也。"王阳明强调心之重要、知之重要，但更强调行之重要："知是行的主意，行是知的功夫；知是行之始，行是知之成。"[①]

马克思主义哲学认为："实践是认识的基础，是认识的目的和归宿，是检验认识的真理性的唯一标准。"大教育家陶文濬，因敬仰王阳明"心学"里的"知行合一"思想，先将名字改为陶知行，后体悟到"行"更为重要，又将名字改为陶行知。

1962 年美国经济学家阿罗（Arrow）在其论文《干中学的经济含义》中提出了著名的"干中学"理论，认为人们在生产产品与提供服务的同时也在积累经验、获得知识，从而能提高生产效率，增加知识总量，[②]这一理论无疑是对王阳明"知行合一"理念的很好诠释。无论是自然科学领域，还是人文日用领域，皆应重视行动、重视实践，唯有行动能够巩固认知、深化认知、提升认知。

---

① ［明］王阳明. 传习录[M]. 叶圣陶，点校. 北京：北京时代华文书局，2014.

② Arrow K. The Economic Implication of Learning by Doing[J]. *Review of Economics & Statistics*, 1962, 29(3).

案例 2.4.1 "事上磨"方能"立得住"①

问："静时亦觉意思好。才遇事便不同。如何？"先生曰："是徒知静养，而不用克己工夫也。如此，临事便要倾倒。人须在事上磨，方立得住，方能静亦定，动亦定。"（《传习录·陆澄录》）

陆澄问：在静时能将一些理念存养（一般指存养心性）得很好，一到做事时就坚持不住，怎么办呢？王阳明答：只知道静存（宁静地思虑，省察）而不能克制和磨炼自己是不行的。这样的话，遇到事时，先前存养的理念还是会动摇。人需要通过具体的事情磨炼自己，才能让这些理念在心头"立得住"，无论动时还是静时，都能做到心志坚定。诚然，人于事中磨炼，于心上省察，不受物欲牵弊之诱，不担己心躁动之忧，方能立足沉稳，心念通达。

"事上磨"不应只在现实中磨炼自己，也要在历史事件中"模拟入局"检验自身。曾国藩在给弟弟的书信中写道："读史之法，莫妙于设身处地，每看一处，如我便与当时之人酬酢笑语于其间。"他认为料理当世之事，最为重要的是要"躬身入局"，而不是旁坐论道。早年的曾国藩看待事物较为理想化，做事过于耿直，在实际政务上处处碰壁。在痛定思痛后，他利用实践对自己所学到的书本知识进行反思，通过一番去粗存精、去伪存真，将自己代入历史中思考处置事情的方法，实现了从一介书生到一个干练之能臣的转变。

国画大师齐白石 50 岁时显露锋芒，60 岁才觅知音，古稀之年方成大家。有人曾问其成功的原因。他答道："作画是守静之道，涵养静气，事业可成。"他在闭门谢客的十年间，于画之道上苦心钻研，不断磨炼。他曾迎接世人的赞美，也品味繁华后的平淡，甘受日复一日作画的繁琐与单调，方能达至"一花一叶扫凡胎，墨海灵光五色开"的境地。

作画如此，做事莫不如此。涵养静气，心有定力，勤于磨炼，

---

① ［明］王阳明. 传习录[M]. 叶圣陶，点校. 北京：北京时代华文书局，2014.

事业可成。

案例 2.4.2 "干中学"效应

著名经济学家、诺贝尔经济学奖得主肯尼斯·阿罗（Kenneth Arrow）通过观察美国飞机制造业的劳动过程发现，特定型号飞机的制造时间随产量的增加不断减少，并由此提出了"干中学"效应。人们在生产产品与提供服务的同时也在积累经验，从经验中获得知识，这种在生产中产生并尝试解决问题的实践将会极大促进生产的发展。

"学所以益才也，砺所以致刃也"，学习能够涵养学识、增长才干，然而依靠学习增长才干不是轻轻松松就能实现的，要像刀刃那样经受千磨万砺、千锤百炼才能利刃出鞘。毛泽东对"干中学"则有着更为深远的理解，他认为，"读书是学习，使用也是学习，而且是更重要的学习。从战争学习战争——这是我们的主要方法。没有机会进学校的人，仍然可以学习战争，就是从战争中学习。革命战争是民众的事，常常不是先学好了再干，而是干起来再学习，干就是学习。从'老百姓'到军人之间有一个距离，但不是万里长城，而是可以迅速地消灭的，干革命，干战争，就是消灭这个距离的方法"（摘自《中国革命战争的战略问题》）。

我们于实践中学到知识，亦将其灵活应用于下一轮实践中。可以说，相较于书本知识，实践往往更加重要。

案例 2.4.3 寻乌调查

1930 年 5 月，红四军攻克寻乌县城，毛泽东利用红军在安远、寻乌、平远分兵发动群众的机会，在中共寻乌县委书记古柏的协助下，在寻乌开展了 20 多天的社会调查，对寻乌的政治区划、地理交通、商业活动、土地关系、土地斗争的状况，进行了全面而详尽的考察分析，此次调查堪称调查研究的经典范例，后将其整理成《寻乌调查》。

毛泽东从学生时代起就重视实地考察，并从实际体验中获得了大量可靠信息。在进行寻乌调查时，毛泽东已经具备了相当成熟的调查技巧和丰富的调查经验。此次调查有着明确的问题意识，力求通过调查厘清当时的富农和商业现状，及时解决党在土地革命中的路线问题，制定对中间阶级和中小工商业者的具体政策。因此，毛泽东不仅调查了农村，还调查了城镇，尤其调查了城镇的商业和手工业状况及其历史发展过程和特点。

通过寻乌调查，毛泽东掌握了城市商业情况，掌握了分配土地的各种情况，为制定正确对待城市贫民和商业资产阶级的政策、确立土地分配中限制富农的"抽肥补瘦"原则，提供了实际依据。1941年9月，毛泽东在《关于农村调查》一文中写道："到井冈山之后，我作了寻乌调查，才弄清了富农与地主的问题，提出解决富农问题的办法，不仅要抽多补少，而且要抽肥补瘦，这样才能使富农、中农、贫农、雇农都过活下去。"

根据寻乌调查及多年调查研究的感受和经验，毛泽东写下了《调查工作》（即《反对本本主义》）这篇文章，首次提出了"没有调查，没有发言权""调查就是解决问题"的著名论断。毛泽东通过亲身的实地考察得出了真知，这些真知指导了后来的革命实践，这正是马克思主义实践观"实践-认识-再实践-再认识"的典型范例。

案例 2.4.4　哥伦布的航"行"与人类对陆地的新"知"

15世纪中叶，奥斯曼帝国在兴起后控制了东西方之间的传统商路，使得运抵欧洲的商品数量少且价格高。西欧各国不满足于通过传统商路获利，加之权力扩张、冒险精神传统、传播宗教信仰、对东方文化的浓厚兴趣等因素的驱使，西欧各国贵族、商人和资产阶级急切地想开辟一条通往印度和中国的新航路。

从当时已经盛传的地圆学说中，意大利航海家哥伦布产生了一个想法：向西走也能到达东方。哥伦布相信，他的航海计划很快就能将欧洲人带到东方。哥伦布为实现自己的计划，四处游说了十几年。直到 1492 年，西班牙女王伊莎贝拉说服了国王斐迪南二世，才使哥伦布的计划得以实施。

1492 年 8 月 3 日，带着女王授予的海军大元帅的任命状，哥伦布登上甲板，对女王资助给他的三艘帆船下达了出航命令，帆船一路向西驶入了大西洋的深处。为了减少船员们因离开陆地太远而产生的恐惧，哥伦布偷偷调整计程工具，每天都少报一些航行里数。即便如此，两个月后，一无所获的船队依然到了崩溃的边缘。10 月10 日，不安和激愤的船员们声称若继续西行就将发动叛乱。经激烈争论后，哥伦布提议再走三天，三天后如果还看不见陆地，船队就返航。10 月 12 日，曾经反对哥伦布的船员在桅杆上看见了陆地——位于今天北美洲的巴哈马群岛。从这一天起，割裂的世界开始连接在一起，人类对地球的认知水平有了进一步提升。

实际上在 1491 年，就已经很少有人相信地球是个平面了，很多航海家已经意识到，向西航行便有可能到达位于欧洲东方的印度，但没人就此做出尝试，没有将"知"付诸行动。在哥伦布启航的同年，世界上第一个地球仪诞生了，而其对应的美洲大陆位置是一片海洋。尽管哥伦布不是第一个到达美洲的欧洲探险家（第一个到达美洲的欧洲探险家是莱夫·埃里克松），但哥伦布的航海开辟了后来延续几个世纪的欧洲探险和海外殖民地的大时代，对现代西方世界的历史发展有着无法估量的影响。马克思、恩格斯在《共产党宣言》中写道："美洲的发现，绕过非洲的航行，为新兴的资产阶级开辟了新天地，使正在崩溃的封建社会内部的革命因素迅速发展。"

哥伦布以其勇于实践的品质开启了人类认知的新天地，也在无意间成为历史的推动者，这正是对"干中学"的生动诠释。

案例 2.4.5 认知与实践相生相成

人类认知的每次重大进步，都是由若干奉献者、无畏者脚踏实地、不辞劳苦地"干"出来的。从哥伦布到哥白尼，从爱迪生到莱特兄弟，真知的获得需要付出无数的汗水和努力，唯有在"干"中才能逐渐提升认知的正确性和科学性。

前述案例表明，只有重视实践，重视"干"，才能使认知得到践行、巩固和提升。自然科学发展到今天，浅显的、容易发现的规律大多已被揭示，尚未被揭示的深层次规律多需要专业人员持续驻心用力去关注、去钻研，以实现人类认知的进一步突破。持续驻心用力就是"干"，就是"行"。在人文日用领域，无论是密歇根大学提出的跨文化的六个美德，或是儒家提倡的"仁义礼智信"，还是康熙皇帝强调的"诚敬"，任何至上理念皆需个体亲自去实践，去感悟。以"孝"为例，"孝经"常念，不如"孝行"常现。光念"孝经"，没有"孝行"，对孝的感悟、理解不可能很深、很透；唯有在实践中、在行动中、在"干"中，才能对其加深理解，加深体悟。

"干中学"是知与行的辩证法与"协奏曲"。一方面，"实践出真知"，只有通过行动、实践，认知才能得以提升，这就是为何洛克等智者皆强调直接经验的重要性①。另一方面，时间和精力的有限性决定了人的认知不可能全靠直接经验获得，好在人类可以借助思维力和逻辑力将书本信息、间接经验（即他人的直接经验）转化为自己

---

① 洛克是认识论中经验主义的奠基者，他提出"盖然性的根据有二，即与我们自己的经验一致，或旁人的经验的证据"，"我们的全部知识（逻辑和数学或许除外）都是由经验来的"。（参见案例 1.9.1）。洛克的经验论，用现代脑科学术语表达如下：直接经历某事物后在头脑中都要建立神经元之间的链接（突触），某些观念的形成源自深刻刺激或重复刺激而致突触的强化（链接系紧程度）和扩大（链接数目）。事实上，观念不是全部来自经验，尤其不是全部来自直接经验。只要稍加回忆，个体可能都有过这样的经历：自己信奉的权威的一次报告或一句话可以彻底改变自己此前的某些信念。相关史料记载，张学良青年时期曾听过南开大学张伯苓校长的一次演讲，就彻底改变了他原有的抗日救国的一些理念。

认知的一部分。子贡"闻一以知二"，颜回"闻一以知十"，[①]认知力的提升，是直接经验、间接经验、思维力和逻辑力综合作用的结果。认知与实践相生相成，交织在人类认识世界、改造世界的征程中，共同创造、丰富着人类的生活。

五、惟精惟一

　　据《尚书·大禹谟》记载，舜帝禅让大禹时叮嘱："人心惟危，道心惟微，惟精惟一，允执厥中！"意思就是人心是危殆难测的，道心是幽微难明的，只有自己一心一意，精诚恳切地秉行中正之道，才能不负天命。朱熹在《中庸章句》有言："夫尧、舜、禹，天下之大圣也。以天下相传，天下之大事也。以天下之大圣，行天下之大事，而其授受之际，叮咛告诫，不过如此。则天下之理，岂有以加于此哉？"

　　虽为无加无上之大道恒理，然深悟此理并恒久抱持者，罕也。孔子以"一以贯之"得其要，王阳明以"一念抱持"践其实。王阳

---

　　① 强调在"行"中获得直接经验的同时，人类不要忽视了头脑本有的"闻一以知二"或"闻一以知十"的这种思维延展力和先天禀赋。子谓子贡曰："女与回也孰愈？"对曰："赐也，何敢望回！回也闻一以知十，赐也闻一以知二。"子曰："弗如也。吾与女弗如也。"罗素在《西方哲学史》中讲到康德的"经验"命题与"先天"命题时，也强调了这种思维延展能力："小孩学算术时，'经验'到两块小石子和另外两块小石子，观察到他总共在'经验'着四块小石子，可以这样帮助他去学。但是等他理解了'二加二等于四'这个一般命题，他就不再需要由实例来对证了。"理解了"二加二等于四"，他以后不再需要由实例来对证，不再需要亲身"经验"，仅仅借助思维力就会逐渐理解并相信关于"数"的十、百、千、万、亿，甚至更大规模的加、减、乘、除。人类发展到今天，各学科的自然之理需要交付给专家倾毕生精力去"格"、去"干"、去"经验"、去突破，其他人只能借助思维力间接理解和接受。好在人文日用之理不是无穷无尽的，密歇根大学的"六条"通用原则也好，孔子的"仁义礼智信"也好，只需要个体在"干"中、在实践中去体悟、去理解、去提升。

明的《传习录》有言："问：'惟精惟一是如何用功?' 先生曰：'惟一是惟精主意，惟精是惟一工夫。'"（王阳明《传习录》卷上）

事实上，"一"的倡导在不同哲人思想中都有所体现，是很多哲学所推崇的一种境界。黄帝曰守一，管子曰专一，老子曰执一，儒家曰精一，道教曰贞一。月牙山人曰："一者，谓精专也，用心一也，专于一境也，不偏、不散、不杂、独不变也，道之用也。故君子执一而不失，人能一则心纯正，其气专精也。人贵取一也，此自然界不二法则。"现代语言则用"专注""专一""心流"等词汇教导忙乱众生要"顺势合赋"，要"惟精惟一"。

 ### 案例 2.5.1 钟表匠对金字塔的判断因何高过历史学家

金字塔是古埃及文明的象征，在慨叹其宏伟的外形和厚重的文化底蕴的同时，人们时常会提出一个疑问："在遥远的古埃及，是怎样的一群人创造出了这一人类建筑史上的伟大奇迹?"被称作"历史之父"的古希腊作家、历史学家希罗多德在其巨著《历史》中曾对这一问题做出了回答，他认为金字塔是由 10 万多名奴隶以每 3 个月轮转作业的方式修建而成的。

1560 年，瑞士钟表匠塔·布克在游览金字塔时做出了一个石破天惊的推断："金字塔的建造者，绝不会是奴隶，而只能是一批欢快的自由人。"显而易见，布克给出了与希罗多德截然不同的答案，但鉴于后者在史学界的崇高地位，在很长的时间里，布克的这个推论都被当作一个笑料。然而，时隔 400 多年之后，即在 2003 年，埃及最高文物委员会宣布，通过对吉萨附近 600 处墓葬的发掘考证，金字塔是由当地具有自由身份的农民和手工业者建造的，而非希罗多德在《历史》中所记载——由奴隶所建造。

历史在这里被打上了一个问号，穿过漫漫的历史烟尘，400 年前，那个叫布克的小小钟表匠，究竟凭什么否定了伟大的希罗多德? 何以一眼就能洞穿金字塔是由自由人建造的? 埃及国家博物馆馆长多玛斯对布克产生了强烈兴趣，他下决心要破解这个谜团。

　　真相一步步被揭开：布克原是法国的一名天主教信徒，1536 年因反对罗马教廷的刻板教规，身陷囹圄。由于他是一位钟表制作大师，在被囚禁期间，被狱警安排制作钟表。在那个失去自由的地方，布克发现无论狱方采取何种高压手段，自己都不能制作出日误差低于 1/10 秒的钟表；而在入狱之前，在自家的作坊里，布克却能轻松制造出误差低于 1/100 秒的钟表。为什么会出现这种情况呢？布克苦苦思索。

　　起先，布克以为是制造钟表的环境太差，后来布克越狱逃跑，又过上了自由的生活。在更糟糕的环境里，布克制造钟表的水准竟然奇迹般恢复了。此时，布克才发现真正影响钟表准确度的不是环境，而是制作钟表时的心情。

　　在布克的相关资料中，多玛斯发现了这样一段话："一个钟表匠在不满和愤懑中，要想圆满地完成制作钟表的 1200 道工序，是不可能的；在对抗和憎恨中，要精确地磨锉出一块钟表所需要的 254 个零件，更是比登天还难。"

　　正因如此，布克才敢于大胆推断："金字塔这么浩大的工程，被建造得那么精细，各个环节被衔接得那么天衣无缝，建造者必定是一批怀有虔诚之心的自由人。难以想象，一群有懈怠行为和对抗思想的奴隶，能让金字塔的巨石之间连一片小小的刀片都插不进去。"

　　布克后来成为瑞士钟表业的奠基人。瑞士的钟表业到现在仍然秉持着布克的制表理念：不与那些强迫工人工作或克扣工人工资的外国企业合作。他们认为那样的企业永远也造不出瑞士表。

　　有控制、有不满就会有对抗，心力分散而不能专一。唯有安静的心力专一，自愿的精力归一，恒久的禀赋合一，才可以出产上品。

　　心不专一，上品不出；心浮气躁，下品泛滥。

　　内心"一致"后再干活。心中有了不满、对抗、被动，心中有了不安、不真、不专，易导致低效、散乱、虚假，易导致负面的情绪体验和意义感的缺失。（关于内在"一致性"，参见案例 3.10.3）

案例 2.5.2　任正非的"惟精惟一"

2016 年 5 月 30 日，全国科技创新大会在北京隆重召开，习近平总书记发表重要讲话，时任国务院总理李克强主持会议，两院院士齐聚一堂……华为公司创始人、总裁任正非在大会上做了发言，不打官腔，不夸成绩。

整篇发言稿短短 2010 余字，却字字珠玑，充满力量。任正非表示："一个人一辈子能做成一件事已经很不简单了，为什么？中国 13 亿人民，我们这几个把豆腐磨好，磨成好豆腐，你们那几个企业好好去发豆芽，把豆芽做好，我们 13 亿人每个人做好一件事，拼起来我们就是伟大祖国。"不搞金融、不炒房地产的华为能够以实业发展至今，很大程度上得益于其一条路走到底的坚持，30 多年来"对准一个城墙口持续冲锋"，在"枪林弹雨中成长"。

而其在研发创新上的大手笔投入同样令人印象深刻：华为很早以前就将销售收入的 10% 以上用于研发，每年研发经费中，有 20%～30% 用于研究和创新，70% 用于产品开发。2022 年，华为员工总数约 20.7 万，研发人员约占 55.4%；研发费用总额为 1615 亿元人民币，研发费用占销售收入 25.1%。

正是由于华为 30 多年来坚定不移地对准通信领域这个"城墙口"冲锋，2022 年，华为的全球销售收入达到 6423 亿元人民币。作为全球最多的专利持有企业之一，截至 2022 年年底，华为在全球共持有有效授权专利超过 12 万件。

磨豆腐的最高境界就是"心如止水"，如若达到这一境界，这便不再只是磨豆腐，而是静修，是南怀瑾先生强调的心念，是我们谈论的"惟精惟一"。

 案例 2.5.3　砍柴、担水、做饭

一个行者问一位得道高僧："您得道前，做什么？"高僧答："砍柴、担水、做饭。"行者问："那得道后呢？"高僧答："砍柴、担水、做饭。"行者又问："那何谓得道？"高僧答："得道前，砍柴时惦记着担水，担水时惦记着做饭；得道后，砍柴即砍柴，担水即担水，做饭即做饭。"

《昆虫记》的作者法布尔也曾提出过类似的观点，他说："把你的精力集中到一个焦点上试试，就像透镜一样。"为何古今中外的智者都如此强调专注？究其原因，现代脑科学研究表明，人的头脑不能同时呈现多个主信息，短时间内，多关注等于无关注，多信息定会忽略主信息。行为专注可以使个体头脑中信息一致，排除其他干扰，从而能集中精力，更容易达成既定目标，甚至能激发出超乎想象的潜能。

面对纷纷扰扰的世界，如何才能做到"惟精惟一"呢？中国历史上"三不朽"的圣人王阳明给出的答案是"一念抱持，成圣之要"。王阳明有言："只念念要存天理，即是立志。能不忘乎此，久则自然心中凝聚，犹道家所谓'结圣胎'也。此天理之念常存，驯至于美大圣神，亦只从此一念存养扩充去耳。染缘易就，道业难成。"许多人虽然心中有想法，却容易被外界环境影响，被情绪拖累。抛却了最初的信念，忘记了初心，鲜有人能够坚定信念，最终实现目标。正所谓"靡不有初，鲜克有终"，王阳明告诉我们，只要时刻保持这种"想要"的念头，久而久之就能凝聚积累成一股强大的力量，逐渐冲破一切阻碍，使"我想"转变成"我能"，使目标一步一个脚印地实现。

 案例 2.5.4　斯特鲁普效应

1935 年，斯特鲁普（Stroop）设计了一个实验。实验人员事先用带有颜色的颜料写出代表其他颜色的字，如用蓝色颜料写出"红"字，用红色颜料写出"绿"字。实验要求被试者说出字的颜色，而不能说出字本身，即正确答案是"蓝、红"而不是"红、绿"。结果发现被试者的反应速度比字色一致时的反应速度明显要慢一些。这个事实说明在"字"与"色"不一致时，人的认知过程受到干扰，即被试者在报告字的颜色时受到了字的意义的干扰。心理学上把这种干扰因素对反应时间的影响称为斯特鲁普效应。

想不受此影响的最佳方法无疑是忽略掉文字，只当文字是图片，那样大脑就不会处理文字信息了，速度也可以迅速提升。

此后的研究表明，在斯特鲁普的实验中，呈现的刺激包含着两种信息（字义和书写它的颜色），而大脑对这两种信息的加工是不同的。当这两个信息同时输入时，想只对其中一个信息加工而不对另一个加工是难以做到的。因为对字义的加工更容易，所以人总是倾向于报告字义，然而这个实验又不允许做这种反应。因此，两种加工过程容易发生冲突，从而导致字义对书写它的颜色的干扰。心不可分，"惟一"，方有效率。

当今社会，那些可以进行"多媒体任务处理"的人——具体来说就是一边听着歌曲，一边在网上搜索所需要的信息，一边还偶尔回朋友几条微信的人，相当受到推崇和青睐。很多大学生都有这样的习惯，他们认为这是合理的习惯，这样的自己才是高效的。针对这种情况，斯坦福的脑科学专家们进行了实验，对这些人的多任务处理能力进行了定量的分析。结果表明，那些被认为是高效"多媒体任务处理"之人的效率其实非常糟糕，他们在实验中的表现很差，成功的概率很低。所以，专注于一件事，心无旁骛地做一件事，才能达到最高的效率。

"蚓无爪牙之利，筋骨之强，上食埃土，下饮黄泉，用心一也。蟹六跪而二螯，非蛇鳝之穴无可寄托者，用心躁也。"《荀子·劝学》中的名句揭示了一个很简单的道理：做事要专注，更要专一。

再次强调朱熹之感慨："夫尧、舜、禹，天下之大圣也。以天下相传，天下之大事也。以天下之大圣，行天下之大事，而其授受之际，叮咛告诫，不过如此。则天下之理，岂有以加于此哉？"

"惟精惟一，允执厥中。"至矣，尽矣！

六、顺势

悠久的农耕历史孕育了中华民族的灿烂文明，也启发着炎黄子孙向天地、向自然学习立身之道。不管是"君子藏器于身，待时而动"（《周易·系辞下》），还是"天时、地利、人和，三者不得，虽胜有殃"（《孙膑兵法·月战》），抑或"审度时宜，虑定而动，天下无不可为之事"（张居正《答宣大巡抚吴环洲策黄酋》），均点明了顺势的重要性。明晰"势"为何物，在生活中察势而虑，顺势而为，方得大道。

（一）"势"为何物

老子曰："道生之，德畜之，物形之，势成之。""势"为何物？势，古字作"埶"，字形从"坴"、从"丸"，"坴"为高土墩，"丸"为圆球，字面意象是圆球处于土墩的斜面即将滚落的情形。《孙子兵法》有云："转圆石于千仞之山者，势也。"

泥丸临长坂，其势为倾滚；流水临低洼，其势为充盈；气团相摩擦，其势为闪电；暖云遇冷气，其势为降雨……自然科学将"天势"和"地势"纳入了考察范围，并明确"势能"这一概念，将其纳入了科学的研究。

纷繁复杂的人类社会背后，也隐藏着各种各样的"势"，隐藏着各种规律性趋向："多行不义必自毙""忧劳可以兴国，逸豫可以亡身"……不同的是，人类社会的"势"总是以一个个鲜活的人为基本单位，但就是每个人不约而同的行为，形成了巨大的合力，创造出能够影响社会乃至人类发展进步的力量。不察势无以立大志，不顺势无以有大为。

（二）识大势者，罕也

识大势者为俊杰。如能穿透虚实相生的表象，把握事物发展的内在趋势，自修身至于平天下，则内心有定而无惑矣。

 案例 2.6.1　毛泽东眼中的"势"

在文献纪录片《毛泽东》中，湖南第一师范学校教师杨昌济先生在课堂上强调："要明三千年未有之大势，立三千年未有之大志。师者言切，学生入心。"

作为一名杰出的无产阶级革命家、军事家，毛泽东在长期革命斗争中展现出的战略眼光令世人惊叹。

1930 年元旦，林彪在给毛泽东的新年贺信中表示"对中国革命感到悲观"。对此，毛泽东在回信中对革命与反革命力量的形势对比做了深刻分析，在此基础上得出了"中国革命高潮快要到来"的结论，这封回信就是后来著名的《星星之火，可以燎原》。

"我所说的中国革命高潮快要到来，绝不是如有些人所谓'有到来之可能'那样完全没有行动意义的、可望而不可即的一种空的东西。它是站在海岸遥望海中已经看得见桅杆尖头了的一只航船，它是立于高山之巅远看东方已见光芒四射喷薄欲出的一轮朝日，它是躁动于母腹中的快要成熟了的一个婴儿。"（摘自《星星之火，可以燎原》）

1937 年 7 月，抗日战争全面爆发。不久，国内便出现了对于战争形势的不同判断：一部分人对抗战前景充满悲观，提出所谓的"亡国论"；一部分人对中日两国实力缺乏认识，盲目主张"速胜论"。不同于上述两种论调，毛泽东在 1938 年 5 月的《论持久战》一文中指出，抗日战争是一场持久战，最后的胜利必然属于中国，并给出了科学的依据。

"日本的军力、经济力和政治组织力是强的，但其战争是退步的、野蛮的，人力、物力又不充足，国际形势又处于不利。中国反是，军力、经济力和政治组织力是比较弱的，然而正处于进步的时代，其战争是进步的和正义的，又有大国这个条件足以支持持久战，世界的多数国家是会要援助中国的——这些，就是中日战争互相矛盾着的基本特点。这些特点，规定了和规定着双方一切政治上的政策和军事上的战略战术，规定了和规定着战争的持久性和最终胜利属于中国而不属于日本。"（摘自《论持久战》）

随着抗战形势的变化，毛泽东做出的诸多判断一一应验。

 案例 2.6.2　吴建民：时代变了[①]

2014 年，吴建民先生登上央视节目《开讲啦》的舞台，为观众做了"世界的变化与中国"主题演讲：

当今世界最大的变化是什么？这个变化影响一切，那就是时代变了。

时代变化不是一个空洞的概念，时代变化是具体的，每一个时代都有自己的主题。20 世纪很长的时间里时代的主题是战争与革命，现在的主题是什么？和平与发展。时代主题从"战争与革命"转变为"和平与发展"，这是最大的变化。

那么是哪些因素推动时代主题发生变化的呢？五大因素。第一个因素：两次世界大战的惨痛教训。战争教育了人类，所以在第二次世界大战结束之后成立联合国，这就是人类的良知。第二个因素：核武器的出现。第三个因素：全球化。全球化形成了你中有我、我中有你的局面，谁也离不开谁。第四个因素：西方世界进行了深度的改良。它有两重含义：第一重含义，两次世界大战前后，民主解放运动的潮流如此汹涌澎湃，有些国家通过武装斗争取得了独立，在这种压力下，西方国家放弃了其殖民体系；第二个方面的调整在内部，即有了一个庞大的、丰厚的社会保障体系。第五个因素：全球化使南北鸿沟在加深，这个发展的问题突出了。

---

① 根据中央电视台综合频道《开讲啦》节目第 77 期吴建民演讲视频"世界的变化与中国"整理，部分内容有删减。

这五大因素推动时代的主题从战争与革命转变为和平与发展，这个是最大的变化。这个变化对中国有什么影响呢？太大了。改革开放之前，中国领导人毛主席挥之不去的忧虑是准备打仗。1978 年，十一届三中全会决定把中心工作转移到经济建设上来。中国的大发展是什么时候？大概就是你们成长起来这一段时间……邓小平早在 1984 年就讲了这个话，说"解决国际争端我们要根据新情况、新问题、新办法"。邓小平一连讲三个"新"，绝对不是为了赶时髦。三个"新"，每个"新"都有具体的含义。第一个"新"：新情况，什么新情况？时代变了。第二个"新"：新问题，什么新问题？1984 年距离 1997 年、1999 年临近了，香港、澳门回归的问题提上了议事日程。第三个"新"：新办法，什么新办法？"一国两制"。

今天中国的大发展离不开天时、地利、人和。第一是天时，世界变了。第二是地利，什么意思？我们在亚洲。大家知道过去几百年全世界的重心在什么地方，在欧美；现在这种情况开始发生变化，重心在向亚太地区转移。亚洲国家在崛起的过程当中是相互帮助的，不是相互排斥的。这种状况下，地利对中国的发展非常重要。第三是人和，就是改革开放的政策。没有改革开放的政策，天时地利都没有用。就是邓小平所开创的中国特色的社会主义道路，这条道路我们 30 多年来是走得很好的。所以我讲了这两个方面：第一个方面就是世界，今天的中国人必须看到世界的变化。世界在变化，对中国的发展是有利的；如果世界不变，中国不可能发展到今天这样。第二个方面，看到我们中国，我们中国采取了比较明智的行动，实行改革开放，赶上了这个浪潮，所以中国起来了。

上述案例提醒着我们：准确地认清"势"，实际上是对个人信息处理能力的考验。瞬息万变的世界为我们创造了庞大的信息集，我们必须从中剥离无效信息，提取有效信息；必须分清楚信息间的新旧和主次，抓住新信息和主流信息进行决策；必须理解事物的本质，从质的规定性看到它的"归宿"。对"势"的认识一旦形成，我们就能够在这个信息集面前赢得主动权，用对"势"的认识排除无效信息的干扰，依据新信息不断修正对"势"的认识。唯有如此，我们才能保持内心恒常的节奏，动而不乱，动则有时。

（三）顺"势"而为

"天下大势，浩浩荡荡，顺之者昌，逆之者亡。"（孙中山）当大海上掀起滔天巨浪时，总会产生这样的现象：那些与巨浪运动方向一致的浪花在巨浪的作用下腾空而起，而那些与巨浪运动方向不一致的浪花则被冲得七零八落。从蒸汽时代到互联网时代，从"交子"到电子货币，从资产阶级革命到无产阶级革命……回顾人类社会掀起的每次"巨浪"，其背后都是群体选择乃至博弈的结果，而不以个体的主观意志为转移。

"察势者智，驭势者赢。"[①]对个人来讲，势在必行时，逆势而动无异于螳臂当车；大势已去时，一意孤行常落得人仰马翻。而正如《大趋势》的作者、美国著名未来学家约翰·奈斯比特所说的那样，只有顺势而动，方为明智之举。

 案例 2.6.3　霍英东与广州白天鹅宾馆

霍英东（1923—2006），香港实业家，著名的爱国人士。在香港长大的他，从日据时期日本宪兵的奴役与英殖时期港英政府的欺压中明白了"覆巢之下，岂有完卵"的道理，决心以实际行动报效祖国。20 世纪 70 年代末，邓小平主持中央工作，结束了"文化大革命"时期中国内地的封闭状态，实行了改革开放的决策。看到了时机的霍英东决定在广州沙面岛建设中外合资的五星级宾馆——白天鹅宾馆。在当时改革开放风气未开的背景下，白天鹅宾馆的建设多次遭受非议和争论，但霍英东坚信，中华民族是世界上最勤劳的民族，内地的腾飞是必然的趋势。怀揣这一信念，霍英东顶住压力，全情投入到宾馆的建设中。1983 年，白天鹅宾馆建成开业。成立以

---

① 苏格. 中国特色大国外交的理论创新与辉煌实践[N]. 光明日报，2017-09-09（6）.

来，这座宾馆先后招待了包括美国前总统尼克松、英国女王伊丽莎白二世等在内的尊贵客人，为内地传播了先进的酒店管理经验，成为联系中国与世界的窗口。同时，它也为广州引进大量外商投资，为中国的改革开放事业做出了巨大贡献。如今，"白天鹅"依然在珠江之畔屹立。作为广州的城市名片，它见证了一个时代的成功变革，正如霍震寰（霍英东的次子）所说，霍英东留下的不只是一家五星级饭店，更是改革开放的成功标志。

 案例 2.6.4　　"巨星陨落"——柯达公司

2012 年，相机行业的"元老"——柯达公司申请破产保护，从此风光不再。长期以来，柯达公司将经营重点放在其赖以成名的胶卷业务上。早在 1975 年，柯达应用电子研究中心工程师史蒂芬·沙森就开发出了世界上第一台数码相机，这台数码相机以磁带作为存储介质，拥有 1 万像素。尽管这台相机像面包机一样大，记录一张黑白影像需要 23 秒，但这台"手持式电子照相机"的出现颠覆了摄影的物理本质。遗憾的是，柯达公司当时认为，数码相机的发展将威胁到公司赖以为生的底片事业，所以停止了进一步的研发。到 20 世纪 90 年代，随着数码相机的发展，传统的胶卷业务开始面临巨大冲击。柯达虽然也于 1996 年推出了数码相机，但姗姗来迟的决策让其早已错失了进军数码相机领域的最好时机，以致柯达在富士胶卷、索尼等对手的挑战面前萎靡不振，市场份额呈现下降趋势。而当越来越多的人开始在互联网社交平台上分享照片时，柯达的经营战略再次出现重大失误：尽管柯达早在 2001 年便收购了一家照片分享网站（Ofoto），但柯达公司的用意是借助其提升自身照片冲洗业务的竞争力。没有能够顺势而为，是柯达公司走向衰败的关键原因。

无独有偶，曾风靡全球的诺基亚面对苹果阵营、安卓阵营的兴起，无视市场的变化趋势和消费需求，执意研发塞班系统，从此在时代潮流中步步落后。

小米公司的创始人雷军做过一个诙谐的比喻："创业，就是要做

一头站在风口上的猪。风口站对了，猪也可以飞起来。"这里所说的
"风口"是客户的新需求、企业的新模式、行业的新业态，说到底是
经济生活中的"势"。在此起彼伏的创业浪潮中，每一位创业者都将
经受来自客户、竞争者的多重考验，只有率先找到"风口"，才有存
活下来的可能。正是从这个角度来说，"形势比人强"，顺势而为常
常是一种必然的选择。

七、合赋

在中国，道家较早注意到，人常常"不能止乎本性，而求外无
已"，并进一步警示"夫外不可求而求之，譬犹以圆学方，以鱼慕鸟
耳"。这间接揭示了遵从天赋、遵从本性的重要性，不顺从天赋的外
求定会累而无效。

《中庸》在开篇处也写道："天命之谓性，率性之谓道，修道之
谓教。"幸福的体验须在个体与自身天赋、天命的和谐统一中获得，
率从本性乃生命之正道。

（一）天赋既存

绝大多数经济学理论出于简化模型的需要，将个体假设为完全
同质化的"理性人"。现实中个体间天赋的巨大差异提醒我们：现实
生活永远要比理论更复杂，更精彩。

 案例 2.7.1 天赋——隐藏在大脑中的密码

20 世纪 60 年代，美国心理生物学家罗杰·斯佩里（Roger Sperry）
通过实验证明了人脑可以分为两个半球且各司其职，提出"左右脑
分工理论"并因此荣获 1981 年诺贝尔生理学或医学奖。20 世纪 70

年代中期，美国国立卫生研究院（National Institutes of Health，NIH）科学家保罗·麦克莱恩（Paul Mclean）依照人类的进化过程对人脑功能区进行划分，提出"脑部三分模型"（Triune brain mode），认为人脑的演进次序是由爬虫类脑到哺乳类脑，最后到新皮层。综合这些研究成果，20 世纪 70 年代末，在美国通用电气公司管理发展学院担任管理教育经理一职的奈德·赫曼（Ned Herrmann）提出了全脑模型（Whole Brain Thinking）与赫曼全脑优势测评工具（Herrmann Brain Dominance Instrument，HBDI）。

赫曼认为，人类的思维形态是由四种不同的思维"本体"（Self）集合而成，在全脑模型中对应四大象限，每一象限都和大脑分工特殊化的思维结构有直接的关联（如图 2-1）。

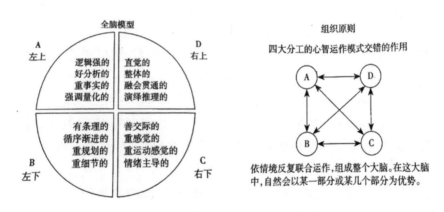

图 2-1　赫曼的全脑模型与组织原则

在全脑模型中，四大"本体"的特色如下：

A 象限：分析家，擅长逻辑思维、分析事实、数字处理。

B 象限：组织家，擅长规划途径、组织事实、仔细检查。

C 象限：交际家，擅长人际关系，直觉力强、表达力强。

D 象限：梦想家，富于想象力，偏向大图像思维，善于抽析概念。

全脑模型可以有力地类比大脑和人类思维偏好的组织原则，四种思维本体普遍互联并以整体形式运转，且赫曼全脑优势测评工具可将个人更加偏向哪一象限的程度具体量化出来，揭示隐藏在大脑中的天赋"密码"。全脑模型与赫曼全脑优势测评工具构建后，德克萨斯州立大学、伯克利大学相继证明该理论是成立的。也就是说，不同的人均存在着其相对擅长的领域。目前，许多跨国公司开始注重引导员工从事其擅长的领域，从而提高员工的工作效率。

 案例 2.7.2　天赋也许藏在"没有希望"中①

吉莉安·莱尼（Gillian Lynne）是作品《猫》《歌剧魅影》的舞蹈编剧。一天，有人问她："你是如何成为舞蹈学家的？"她回答道："当我还在上学时，觉得自己在学业上完全没有希望了。"莱尼谈道，老师曾给她的家长写了一封信："我认为吉莉安·莱尼有学习障碍症，她老坐不住。"于是莱尼的妈妈带她去看病。医生先让莱尼坐下并把手压在腿上，持续了 20 分钟，然后跟莱尼说："你在这里等一会儿，我想和你妈妈单独谈谈，我们马上谈完。"医生把桌上的收音机打开，走出了房间，然后示意莱尼的妈妈在门外观察她一会儿。当收音机里播放起音乐时，只见莱尼站了起来，随着音乐翩翩起舞。医生对她妈妈说："莱尼太太，吉莉安没病，她是个舞蹈天才，让她去上舞蹈学校吧。"莱尼的妈妈听了医生的话，送她去了舞蹈学校。在舞蹈学校里，有很多像她一样坐不住的人，他们必须在动态中才能思考。就这样，吉莉安·莱尼后来考入皇家艺术舞团，为千千万万的观众带去美的享受。

每个人都有自己的天赋，我们不必艳羡他人的幸福与成功，而应专注于发现那些潜藏在我们身上的闪光点。切忌以圆学方，以鱼慕鸟！

（二）发掘天赋

每个人眼中的自己都是自我存在与社会存在的综合体。自我省

---

① Ken Robinson 在 TED（一个有影响力的国际性演讲平台）中的演讲视频。https://www.ted.com/talks/sir_ken_robinson_do_schools_kill_creativity/transcript.

察有助于我们形成自我认知，同时我们也在借助外部世界的反馈完善这种自我认知。从这个意义上讲，发掘天赋的过程就是自我认知不断深化的过程，是自我省察与社会评价不断互动的过程，最终形成一张高精度的"天赋分布图"。

 案例 2.7.3 瓦拉赫是如何走上化学之路的？[①]

诺贝尔化学奖获得者奥托·瓦拉赫（Otto Wallach）并没有从一开始就选择从事化学研究工作。在瓦拉赫读中学时，父母为他选择了一条从事文学创作的道路，不料一个学期下来，老师为他写下这样的评语："瓦拉赫很用功，但过分拘泥。这样的人即使有着完美的品德，也绝不可能在文学上发挥出来。"于是父母又让瓦拉赫改学了油画。但是他对艺术的理解力不强，成绩在班上倒数第一，老师甚至给了他这样的评语："你是绘画艺术方面不可造就之才。"面对这位"不可造就之才"，绝大部分老师已认为他成才无望，只有化学老师认为他做事一丝不苟，具备从事化学研究的品质，建议他尝试学习化学。瓦拉赫听取了化学老师的意见，果然很快在化学领域崭露头角，最终因其对于化学做出的突出贡献，瓦拉赫获得了1910年诺贝尔化学奖。

（三）合赋致胜

如果个体的行动能够合乎天赋，在相同的时间、精力成本下，其将更容易获得成功。这会使得个体在该领域更易于走向精进，在全人类的知识积累与创新层面上产生更大的福利效应；这会使得个体在收获意义感的同时不至于疲惫不堪。更重要的是，天赋与兴趣常常是一对伙伴，合赋而行，个体便能获得登上幸福之船的船票。

---

① 参见同名纪实文章《瓦拉赫效应：让孩子成为最棒的自己！》。

案例 2.7.4　J. K. 罗琳在哈佛大学的演讲

2008 年，英国著名作家、畅销全球的小说《哈利·波特》的作者 J. K. 罗琳在美国哈佛大学发表演讲，以下是其演讲的部分内容。[①]

我人生的前一部分，一直挣扎在自己的雄心和身边的人对我的期望之间。我一直深信我唯一想做的事就是写小说。不过，我的父母都来自贫穷的家庭，而且两人都没上过大学。他们都坚持认为我过度的想象力是一个令人惊讶的个人怪癖，绝不能用于支付按揭或者取得足够的退休金。他们希望我拿到一个职业学位，可我想学习英国文学。最终我们达成了一个折中的意见，现在想起来仍不令人满意，最终我去学习了现代语言。

几乎刚把车停在路尽头的墙角（指去学校报到，译者注），我便放弃了德语并逃到古典文学的殿堂。我不记得是否告诉我的父母我是学习古典文学的。也许他们很可能在我毕业那天才第一次发现我的专业是什么。在这个星球上的所有科目里，我想他们会认为再没有比希腊神话学更糟糕的了。

我不是在伪装自己，我只是直接把所有精力放在最重要的工作上。如果不是因为我没有在其他领域成功过，我可能绝不会有在真正属于自己的舞台上取得成功的决心。

24 岁那年，罗琳在一次乘坐火车的旅途中偶然萌生了创作魔法题材小说的想法。而她超凡的想象力与文学修养促使她此后迅速专注于"哈利·波特"系列故事的创作。

大学毕业后，罗琳前往葡萄牙，成为一名英语学院的老师，并与当地的一名记者坠入爱河。然而仅仅三年，两人的婚姻便走到了尽头。她带着女儿回到英国，靠微薄的政府救济金生活。

因自家的屋子又小又冷，她时常到附近的咖啡屋里把《哈利·波特》的故事写在小纸片上。写作完成后，罗琳把《哈利·波特与魔

---

① https://www.harvardmagazine.com/2008/06/the-fringe-benefits-failure-the-importance-imagination.

法石》的稿件递送了 12 个出版商，其中不乏企鹅图书和环球出版社等全球知名的出版公司，却遭到了退稿。直到布鲁姆斯伯里（Bloomsbury）出版公司"慧眼识金"，才让《哈利·波特》与公众见面。尽管《哈利·波特》的创作和出版过程堪称艰辛，但她始终没有放弃，最终凭借绝妙的构思让哈利·波特的故事风靡全球。据罗琳自己回忆，在人生最拮据的时候她有过沮丧，甚至想过自杀，但对天赋的发现和对目标的坚守最终拯救了她。合赋而行给罗琳带来了财富，更让她收获了人生价值感、意义感。

　案例 2.7.5　合赋中的现实难题

"天生我材必有用"，然而我们又听到太多的人在感叹自己学非所长、工作非所长。2010 年，复旦大学青年女教师于娟因乳腺癌入院。当她回忆自己的人生时，写下了这样的文字：

"我曾经试图做个优秀的女学者，虽然我极不擅长科研……为了一个不知道是不是自己人生目标的事情拼了命扑上去，不能不说是一件傻事。得了病我才知道，人应该把快乐建立在可持续的长久人生目标上，而不应该只是去看短暂的名利权情。"[①]

合赋有时是一种气度——不向短期的功名利禄低头，去追求长期的个体幸福感。唯有这个过程，才能使个体行为真正以人为本，而不是以外物为本。老舍先生在《艺术与木匠》中这样写道：

"我有三个小孩，除非他们自己愿意，而且极肯努力，作文艺写家，我绝不鼓励他们，因为我看他们作木匠、瓦匠或作写家，是同样有意义的，没有高低贵贱之别。"

每年的高校招生季都是各种择校观、择专业观的"交火地带"。很多家长得知当下金融、经济、软件工程专业毕业生收入水平高，便不由分说地要求子女学经济、学金融。正如 10 多年前，在计算机专业、外贸专业如日中天的时候，也同样有很多学子受其诱惑忽视

---

① 参见文章《复旦女博士于娟：为啥是我得癌症？》。

自身的天赋与兴趣差异……但其实很少有人认真思考过：这些学生是否符合该专业的素质要求？是否在该专业学有所长？

　　当下所谓的"热门专业"确实是一种"势"，但本质上讲，它只是以毕业生收入水平为基准对专业的一种分类，不是唯一的"势"，更不是人人非"顺"不可的"势"。如果我们能够合乎天赋地进行专业选择，在天赋所向的学科中，以该学科发展之"势"指导我们的学习，又何来"热门专业"之说呢？顺势而不合赋，备尝艰苦；合赋而不顺势，壮志难酬。只有顺势合赋，才是幸福之道。

　　需要注意的是，强调合赋绝不是夸大天赋的作用。爱因斯坦在16岁时就曾因调皮贪玩导致多门功课不及格，直到在父亲的劝导下迷途知返，方充分施展出其超群的智力天赋。

　　常言道："勤能补拙是良训，一分辛苦一分才。"其实勤奋的作用不只在于"补拙"，还在于将天赋的效用值最大化。如果说天赋是未经打磨的美玉，"玉不琢，不成器"，那么勤奋与努力就是锋利的刻刀，足以将天赋精雕细琢。生活在祖先世代奋斗过的土地上的我们，唯有以勤合赋，才能将幸福的愿景一一兑现。

八、成功源于好习惯

　　除了顺势合赋这一大前提，成功，往往依赖于良好习惯的养成。

　　在看篮球比赛时，我们常常感叹职业运动员惊人的命中率——球出手后，在空中划过一道抛物线直奔篮筐。但是运动员能准确地描述他出手时的用力和角度吗？恐怕不能。运动员在投篮出手的一瞬间，靠的是长年累月练习所形成的"手感"，这种感觉更准确地说是一种肌肉记忆。反复地训练投篮这一动作，肌肉会形成条件反射，来促使"无意识""自主"投篮习惯的养成，最终使得运动员能够精确地将球投入篮筐。记者曾问科比："你为什么能如此成功？"科比笑笑，问道："你知道凌晨四点的洛杉矶是什么样子吗？"记者摇摇头。科比接着说："我知道，因为那时候我已经开始训练了。"

研究表明，人们日常活动的 90% 源自习惯和惯性。小到啃指甲、挠头、握笔姿势等细微事件，大到饮食健康、运动选择，甚至与朋友、同事、家人的日常交往，都是基于我们的习惯。再说得深一点，连我们的性格都是习惯使然。①

美国心理学家威廉·詹姆士曾这样说道："播下一个行动，收获一种习惯；播下一种习惯，收获一种性格；播下一种性格，收获一种命运。"勤俭的习惯有利于财富的延续，踏实的习惯有利于真名的铸就，坚持早睡早起有利于身心健康，遇人常说"谦辞"有利于建立和谐的人际关系……好习惯如同繁星点点，在幸福的夜空中持久闪耀。

 案例 2.8.1　迈克尔·菲尔普斯——核心习惯②成就"菲鱼"

美国职业游泳运动员迈克尔·菲尔普斯是家喻户晓的游泳健将。2008 年北京奥运会上，年仅 23 岁的他斩获了 8 枚金牌，取得了打破 8 项世界纪录的惊人成绩，并且在其职业生涯中因获得 28 枚奥运奖牌而成为获得奥运奖牌最多的运动员。

除了拥有船桨般的手掌、超凡的柔韧性、修长的上身等与生俱来的天赋之外，核心习惯的塑造也成为菲尔普斯获得成功的关键因素。菲尔普斯的游泳教练鲍勃·鲍曼认为，对于游泳选手来说，胜利的关键在于培养正确的惯常行为。他知道菲尔普斯天生具有非常适合游泳的体格，但是每个能进到奥运会的选手都有完美的肌肉组

---

① ［美］杰克·霍吉. 习惯的力量[M]. 吴溪，译. 北京：当代中国出版社，2004.

② "核心习惯"这个概念出自查尔斯·杜希格的《习惯的力量》："一些习惯具有引起连锁反应的能力，当它们扩展到整个组织时，会引起其他习惯的改变。换言之，一些习惯比其他习惯在重塑商业和生活方式上更有影响力，它们就是'核心习惯'，影响着人们的工作、饮食、玩乐、消费和沟通方式。'核心习惯'能启动一个进程，久而久之将改变一切。"

织。因此，他教给菲尔普斯的是一种能够让他成为泳池里精神方面最强大选手的习惯，而正是这一点，让菲尔普斯从众多竞争者中脱颖而出。

在菲尔普斯十几岁的时候，鲍曼让菲尔普斯在每天晚上入睡前和每天早上醒来时，想象自己跳进泳池后完美泳姿的慢动作，想象自己在水中划臂、触到池壁后的转身及最后冲线，想象身后的水痕、嘴巴滑过水面后从嘴唇滴落的水珠，想象似乎要扯走他泳帽的水的力量。菲尔普斯就这样躺在床上，闭上眼睛，"看"完整个比赛，一遍遍地"看"每个细节，直到他用心记住每一秒。①鲍曼说："如果你问迈克尔比赛前脑子里在想什么，他会告诉你其实什么都没想。他只是按照程序，更准确地说，是他的习惯在引导他。真正的赛事只不过是他那天早就开始了的行为模式中的一环，他毫无疑问会获得胜利。"

在北京奥运会 200 米蝶泳比赛中，菲尔普斯因为泳镜漏水而被遮蔽了视线，但他仍然镇定地完成了比赛并最终赢得了金牌。回忆起比赛过程，他说道："在最后一次往返途中，我已经做了 20 次划臂，但此前无数次训练形成的直觉告诉我还有一次，于是在第 21 次划臂后我碰到了池壁。"赛后，一位记者采访菲尔普斯在看不清东西的情况下游泳是什么感觉。他回答说："和想象中的一样，并没有什么问题。比赛当天所有的事情我都按照计划做了，泳镜漏水只是一个小误差，我早就预料过这种情况。"

这就是习惯的力量。成功需要在许多事情中辨别出一些重要的优先因素，并将其变成有力的杠杆。一旦鲍曼帮助菲尔普斯在生活中建立起一些核心的惯常行为，其他的所有习惯，如饮食和训练时间、准备运动和睡眠习惯等，都会自动就位。正是这些惯常行为帮助菲尔普斯建立了在高压下依然保持镇定自若的心理状态，保证了他在每次比赛中每个动作的极度精准。核心习惯能启动一个进程，久而久之将改变一切。

———————————

① 现代心理学研究证实，想象具有很强的整理和优化头脑神经电活动的功效。

案例 2.8.2　中国的"功过格"与富兰克林的"自我修行计划"①

"功过格"是自己记录善恶功过的一种簿册，起初是程朱理学家们用以自勉自省的簿格，后来由僧道推行流行于民间。善言善行为"功"，记"功格"；恶言恶行为"过"，记"过格"。《太微仙君功过格·序》称："修真之士，明书日月，自记功过，一月一小比，一年一大比，自知功过多寡。"功多者得福，过多者得咎。道教以此作为道士自我约束言行、积功行善的修养方法。

智慧的东西总是具有相似性，这种相似性有时可以打破国界，跨越历史。

大约在 24 岁那年，美国开国元勋之一的富兰克林立志要让自己拥有完美的品德，为此，他开始了一个自称为"达到完美品德的大胆而艰巨的计划"。在计划中，他列举了 13 项决定要培养的美德：节制、慎言、秩序、决心、节俭、勤勉、真诚、公正、中庸、整洁、守静、节欲、谦逊。为了切实有效地养成上述美德，他专门制作了一本小册子，每一页都画了表格，纵向 7 列，代表一星期的 7 天；横向 13 行，写上 13 项美德的名称。如果当天在哪一项美德上做得不能令自己满意，就在相应的位置上涂一个黑点。除了修炼目标及操作工具，要想真正达到预期效果，还少不了专注坚持的精神。富兰克林决定依次给每一项美德一个星期的严格注意。比如，在第一个星期，他密切预防有违"节制"的任何极细微的行为，其他美德就像平常一样，只是记下有关过失。这样，如果在第一周，写着"节制"的第一行里没有"黑点"，那么下一周就要争取前两行中都没有"黑点"。这样一来，13 周内可以完成整个过程，一年可以循环 4 次。久而久之，原先涂满黑点的小册子逐渐变得干干净净，以往需要刻意养成的美好品德已经悄然内化为自己人格的一部分，良好的行为

① 王觉仁. 王阳明心学——修炼强大内心的神奇智慧[M]. 长沙：湖南人民出版社，2013.

举止已成为"例行公事"。①

可见，以"例行公事"的方式锤炼一种美德，正是富兰克林能够成功实现完美人格的方法所在。专注一事以至于最终变其为例行公事，过程必然是充满纠结、反复，甚至是痛苦的。在这个过程中，需要时刻提醒自我，只有"例行公事"，使一个行为得到反复锤炼，才能克服旧有习惯的强大力量。一旦我们将渴望养成的行为品德变成了例行公事，那么"知行感合一"所产生的美好体验将会使我们感受到精神的宁静与愉悦。就像很多坚持夜跑的人那样，每天晚上都要去跑步，这在外人看来是何其自律及困难，但于本人来讲，这就是例行公事，生活也因此变得健康、充实。

 ### 案例 2.8.3　曾国藩家训——"书蔬鱼猪，早扫考宝"②

曾国藩从小受家庭影响，苦学成才，处处谦虚谨慎，再三告诫子孙后代"半耕半读，勤俭持家"。他对祖父留下的"治家八字诀"——"书蔬鱼猪，早扫考宝"甚为推崇。读书、种菜、养鱼、喂猪，为居家之事；起早、打扫洁净、诚修祭祀、善待亲族邻里，是治家之法。这八字家训看似简单，平常百姓家要真正做到，却不是易事。

百姓家，首先要栏中有猪，塘中有鱼，园中有蔬，生活就有了基本保障。大人们辛勤劳动，持家有方，就会丰衣足食。小孩们好好读书，健康成长，长辈就放心。做到了"猪""蔬""鱼""书"四个字，百姓家就能小康居家。

居家后，进而考虑的就是如何治家。勤俭持家，读书科考，首先要讲究两个字"早"和"扫"。"早"，就是事事要赶早，要勤于劳动，勤于读书；"扫"，就是要天天打扫卫生，也可扫除心灵灰尘。家中儿女只要发奋读书、勤于劳动、修身养性，那么考取功名、成

---

① 类同宋明理学中的"功过格"。
② 唐浩明. 唐浩明评点曾国藩语录[M]. 长沙：岳麓书社，2008.

就事业，指日可待。

在治家中，还要特别强调"考""宝"二字。"考"，即诚修祭祀，告诫家人要诚心祭祀、缅怀先人；"宝"，即善待亲族邻里，告诫家人要友善对待一起生活的世人。诚心、友善待人是中华民族的传统美德，是为人的根本所在，体现了一种淳朴的民风。一个地方的人，生活在一起，人人辛勤耕耘、学风浓厚、诚心待人、友善相处，就会安居乐业、人才辈出。地方出人才，国家就会人才济济。有了人才，国家就会兴旺。国家兴旺，小家哪有不兴旺之理？八字家训，一家奉之，家道兴旺；家家奉之，国泰民安。

此外，作为家中长子，曾国藩十分注意以身作则。在给弟弟们的家信中，曾国藩曾这样写道："学问之道无穷，而总以有恒为主。兄往年极无恒，近年略好，而犹未纯熟。自七月初一起，至今则无一日间断，每日临帖百字，抄书百字，看书少须满二十页，多则不论。"他还曾以"余在军中，不废学问，读书写字，未甚间断"告诫其子曾纪泽勤勉向学。他在家书中反复告诫后代："凡世家子弟，衣食起居无一不与寒士相同，庶几可以成大器；若沾染富贵习气，则难望有成。吾虽为将相，而所有衣服不值三百金。愿尔等常守此俭朴之风，亦惜福之道也。"曾国藩能在日用伦常之事中治心养性，以自己的优良习惯培育崇德尚学、勤俭持家的家风，堪为后世之楷模。

 案例 2.8.4　孔子之礼与南开容止格言

《论语》中有这样几段文字：

齐，必有明衣，布。齐必变食，居必迁坐。

译文：斋戒沐浴时，一定要有用麻布做的浴衣。斋戒时，一定改变平时的饮食，居住也一定要改换卧室（不与妻妾同房）。

虽疏食菜羹，瓜祭，必齐如也。

译文：即使是粗米饭蔬菜汤，吃饭前也要先把它们取出一些来祭祀一番，而且祭祀要像斋戒时那样严肃恭敬。

升车，必正立，执绥。车中，不内顾，不疾言，不亲指。

译文：上车时，一定先直立站好，然后拉着扶手带上车。在车上，不回头，不高声说话，不用自己的手指指点点。

"不学诗，无以言；不学礼，无以立。"孔子教导学生要学会用真诚无邪的诗句表达思想，更要学会遵循礼节得以立身。他不仅如此教导学生，更是身体力行，不但在斋戒、祭祀这些严肃场合遵礼而行，在乘车这些日常之事中也遵礼而行，这使得日常生活富有仪式感，增加了内心的积极情绪体验与生命感受。

南开大学创始人张伯苓校长特别注重学生日常习惯的养成。如今，在南开大学很多公共场所仍能见到著名的容止格言：

面必净，发必理，衣必整，纽必结，

头容正，肩容平，胸容宽，背容直，

气象勿傲、勿暴、勿怠，

颜色宜和、宜静、宜庄。

行为体现习惯，习惯见之于日常。行为有时需要庄严感、仪式感、神圣感。有理可依，行必坚；有范可仿，行必果！

九、习惯养成的新思路

每个人可能都知道好习惯的重要性，同时每个人可能也都知道旧习惯的力量很强大，改掉旧习惯、养成新习惯绝非容易之事。脑科学、遗传算法、复利思维、自律机制、刻意练习等现代科学研究或许能够为我们提供一些新思路。

 案例 2.9.1 习惯的养成——脑科学的证据

在大脑深处，靠近脑干，也就是脊柱和大脑接合的位置，有着极为原始的结构，它们控制着个人的自主行为，比如呼吸和眨眼，又比如当有人从灌木丛后面跳出来时你所表现出来的受惊吓反应。大脑的深部是一个高尔夫球大小的神经核团，即基底核（或基底神经节），按照功能包括背侧纹状体、腹侧纹状体、苍白球、腹侧苍白球、黑质和底丘脑核。基底核参与人类记忆、情感、奖励和学习等高级认知功能。它的病变可导致多种运动和认知障碍，如帕金森病和亨廷顿舞蹈症等。

20 世纪 90 年代，麻省理工学院的研究人员开始思考基底核是否与人的习惯紧密相关。研究人员在每只老鼠的颅腔中植入一种很小的装置以监测其大脑活动变化，然后把老鼠放入"T"字形的迷宫中，打开迷宫中间的挡板，会发出"咔嗒"一声，此时老鼠开始往前走，去寻找迷宫另一端的巧克力（见图 2-2）。

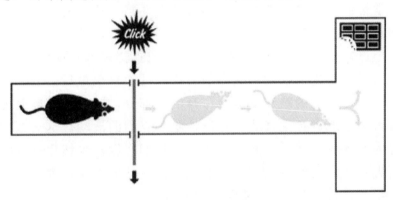

图 2-2　迷宫图

科学家反复做了几百次实验，通过老鼠颅内的装置终于发现：随着老鼠学会穿越迷宫，它们找到巧克力的时间越来越短，思维活动也开始减弱，老鼠们行进的路线越来越固定化，行为越来越自动化，每只老鼠的思考越来越少。如图 2-3 和图 2-4 所示。

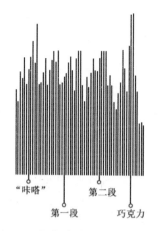

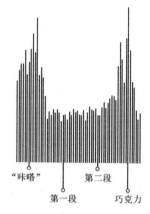

图 2-3　鼠大脑最初的工作情况　　　图 2-4　形成习惯后鼠大脑的工作情况

　　科学家们对此做出推测：最初老鼠在迷宫里探索前行，每一次嗅闻和挠墙，大脑都必须保持活跃来处理新信息，而经过多次重复走同一个迷宫后，老鼠不再需要通过嗅闻或抓挠来判别前进的路线，而是努力回忆起先前找到巧克力的最快路径，直至最后，老鼠已将在迷宫中快速通过的路线变成了自身的一部分，几乎都不需要去思考，就可快速地进行跑直线、转弯、吃巧克力的活动。这一系列习惯化行为所依赖的就是基底核，它使得我们在做出习惯化行为时几乎不用思考。大脑将一系列行为变成一种自动的惯常行为的过程被称为"组块化"，这就是习惯形成的基础。

　　该实验表明，建立习惯回路包括以下三个步骤（见图 2-5）。

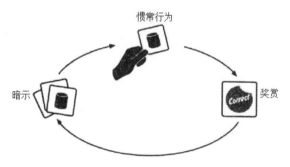

图 2-5　习惯回路

第一步，暗示：能够让大脑进入某种自动行为模式，并决定使用何种习惯。

第二步，惯常行为：可以是身体、思维或情感方面的。

第三步，奖赏：能让你的大脑辨别出是否应该记下这个回路，以备将来之用。

在老鼠形成的思维习惯中，嗅到味道是习惯中的暗示，向右/向左走是惯常行为，最后吃到的巧克力是奖赏，这是一个完整的习惯回路。

慢慢地，这个由暗示、惯常行为、奖赏组成的回路变得越来越固化，与之对应的行为变得越来越自动化，暗示和奖赏互相融合，习惯随之诞生。从上述实验和习惯回路的建立步骤来看，习惯的形成可以为大脑寻找省力的方式，减少大脑在习惯行为过程中的活动，从而使大脑获得更多的休息，而不致被日常的琐碎占据，这样人才有足够的精力去思考一些更为重要、更为复杂的问题。这也可以解释为什么习惯行为更为轻松、熟练、高效。

 案例 2.9.2　遗传算法与自我突破

密歇根大学约翰·霍兰德（John Holland）教授提出了计算机算法的"进化规则"——遗传算法。

麻省理工学院人工智能实验室用一个叫"罗比"的机器人模拟了这种算法。研究人员在房间内随机摆放易拉罐，然后让罗比进行易拉罐的清理工作，并为其打分。起初，罗比用自己生成的随机算法进行工作，结果得分非常糟糕：在满分 500 分的情况下，最差的得分在-800 分左右。看不下去的科学家们为罗比设计了一套算法，得分稳定在 364 分。而当科学家们尝试使用遗传算法的思想，将两百次实验（相当于第一代）中得分最好的两套算法选作下一代的"父母"，从"父母"中各取一半算法（相当于基因），在产生一定的随机变异后重新进行两百次实验（相当于第二代）；再将第二代中得分最好的两套算法选作第三代的父母……如此不断地迭代，罗比的最终得分高达 483 分，远超人工设计的算法得分。无限次叠加重复造就了人工智能的"智慧"。

遗传算法虽然步骤简单，却可以解决科技、工程甚至艺术等众多领域的复杂问题，如飞行器的部分自动化设计、卫星图像分析、电影《指环王：王者归来》中逼真的马匹的生成、预测金融市场和优化证券投资组合……遗传算法应用遗传学原理，将每一代的优良基因遗传给下一代，使得群体的基因得以优化，从而提高解决复杂问题的能力。

从某种意义上来讲，这个实验启迪着人们如何养成好习惯。算法的代际迭代或许很快，一两个小时的时间便能进化上千代，但人类的代际迭代则需要几十年的时间，那么我们如何在日常生活中实践遗传算法的智慧呢？

答案是把代际迭代转化为日常迭代，将昨天某些值得肯定（相对优秀）的行为加以强化，第二天在延续昨天优秀成绩的基础上又有所提高。人们在生命的最初阶段如同遗传算法中的第一代群体，行为的好坏可能没有明显区分，但随着成长，人们在日常生活中表现出的种种行为，根据一定的准则——或许是法律条款、道德标准，抑或长辈评价、自己内心的准则，会划分为优、良、中、差不同等级。若我们根据自己最认可的准则将某些好的行为选作遗传"母体"，并践行好日常迭代，经过一段时间后，迭代效果就会显现，自我突破就能实现。

 ### 案例 2.9.3　复利思维与自我提升

经济学中常用的复利思维也可以应用到自我提升领域，即随着时间的推移，正面认知或行为的无限次重复叠加会为人们带来惊人的提升和飞跃。那么，究竟什么是复利思维呢？

我们考虑这样一个问题：一片池塘里有一小块浮萍，随着生长，它的面积每天将增长 1 倍，预计第 10 天就能长满整个池塘。那么，第几天时浮萍能长满一半水面？答案是第 9 天！也就是说，第 9 天时浮萍才覆盖池塘的一半，但只需一天时间，就实现了百分之百的覆盖。听起来魔幻，但事实如此。这就是复利思维的力量——量变积累到一定程度，就会发生"魔幻"的质变。

在经济学中，复利是一种计算金融资产利息的方法，这一方法使用本金和过去各期累积的利息总额来计算本期金融资产的利息，俗称"利滚利"。经济学家常用一个公式表达复利效应：$(1+r)^n$。其中，r 代表金融资产的利率，n 代表时间，则 $(1+r)^n$ 即为 1 单位本金在经过 n 期后的本息和。

我们可以借助复利思维来理解自我提升的可能性。在复利计算公式中，r 可以被视为你正在做的正向积累，n 依然代表时间。我们来看一组数据分析：

当 $r = 0.01$ 时，$1.01^{365} = 37.783\,434\,332\,89$，远大于 1；

当 $r = 0$ 时，$1^{365} = 1$；

当 $r = -0.01$ 时，$0.99^{365} = 0.025\,517\,964\,452\,29$，远小于 1；

$1.01 = 1 + 0.01$，代表每天进步一点点；$1.01^{365} = 37.783\,434\,332\,89$，代表一年以后，你将进步很大。而每天如果退步一点点，一年累计下来之后，你也将退步很大。

只要 r 为正，即你在做有所精进的事，时间就会为你带来奇迹。每天的行动中多努力一点点，积少成多，就会带来质的飞跃；每天的行动中稍微懈怠，天长日久将一事无成，失去力量。人生的修行亦是如此，只要方向是对的，日益精进，定有善果。

小说《教父》的作者马里奥·普佐曾言："伟大的人不是生下来就伟大，而是在成长过程中显示其伟大。"当我们专注于某一高尚的目标时，自我的认知和行为在"重复、重复、再重复"的锤炼中达到日有长进，时间自不会辜负所有的付出。

商朝的开国君主汤就曾将"苟日新，日日新，又日新"铭刻在自己的盥洗盆上，以便每天能够看见这句箴言，时刻提醒自己每天更新自己的认知和行为比清洗身体更为重要。成大事者往往不在于外在身体的强大，而在于认知和作为的非凡，汤的智慧与遗传算法和复利思维有着相似的功效。"每日三省吾身"成就圣贤，道理也可能就在于此。

 案例 2.9.4　自律与理性

哲学家丁尼金曾说："唯有自律，能把自己引导向最光明的王国。"自律与理性总关乎长期利益的考量或对近期满足的约束，在行为层面多关乎以道治欲。只有严于律己、坚忍不拔，才会达到理性，才能成就伟业。戚家军正是因纪律严明、作战勇敢，方能横扫倭寇、荡平九州；越王勾践正因严于律己、卧薪尝胆，才有"三千越甲可吞吴"的壮举。

自律，用心在律，从自身出发，正人先正己。唐朝张九龄《贬韩朝宗洪州刺史制》有言："不能自律，何以正人？"

唐太宗李世民如果不能保持自律与克制，容忍魏征对他到处掣肘的直谏，他就无法成为"千古明君"。正是由于他能够保持自律，能够控制好自己的情绪，才能放下自己作为皇帝的面子，多次听从魏征的建议，开创"贞观之治"，留下一段贤君良臣的千古佳话。

 案例 2.9.5　当自律成为习惯：健身教父与好莱坞影星

与少数的成功者相比，世界上大部分人都是平凡的。很多人羡慕成功者取得的佳绩，但了解到他们背后那种近乎残酷的自我管理时，又会望而却步。自律的体验一开始往往会伴随着痛苦，所有那些让人变得更好的选择，执行起来都不会太容易。

出生于 1914 年的杰克·拉兰纳，是美国健身运动的先驱。他一生致力于宣传优化饮食结构和体育锻炼，并因其在健身领域的杰出贡献，被称为"美国健身运动教父"。即使到了耄耋之年，他还能够举重、做仰卧起坐，甚至把 78 岁的妻子伊莱恩举起来。拉兰纳最终活到 97 岁，如果有机会听他生前在电视台做的专访节目，那么令人印象最深的可能不是他发达的肌肉，而是他敏锐的思维。拉兰纳头脑灵活，他的幽默感像闪电般快速，可以即兴创作笑话。

为什么近百岁的老人还能保持如此健壮的身材和敏锐的思维？答案在于长期坚持的饮食与锻炼习惯。他曾表示，自 1929 年以后，他再也没有吃过甜点，并日复一日地执行着自己系统的健身训练。每当感到疲劳、难以坚持的时候，他就会对着镜头激励自己："为什么我会如此强壮？""你知道黄油、奶酪、冰激凌里面含有多少热量吗？""你会在早上叫你的狗起来喝咖啡、吃油炸圈饼吗？"习惯的养成和坚持看似枯燥，但至关重要，这也是他总是精力充沛并且拥有 20 多岁运动员的活力和思维活跃度的关键所在。

萧伯纳曾说过："自我控制是强者的本能。"那些不放任、不沉沦、拥有强悍自我主宰能力的人们，终有一天，会在自己所在的领域里，做出非凡成就。哲学家康德也曾说过："所谓自由，不是随心所欲，而是自我主宰。"养成良好的习惯，并加之日积月累的练习，是人走向成功的基石，也是人真正通向长久幸福的源泉。

案例 2.9.6　刻意练习——每个人都可以不平凡

《刻意练习：如何从新手到大师》认为，成就不平凡自我的关键，在于"刻意练习"。

书的作者安德斯·艾利克森潜心 30 年，研究了一大批在行业或领域中表现优异的人——国际象棋大师、顶尖的小提琴家、运动明星、记忆高手、拼字冠军、杰出的医生等，发现，不论在什么行业或领域，提高表现与水平的最有效方法就是"刻意练习"。

以往的神经系统科学家曾认为，人脑中天生的固定回路决定了人的能力，如果一个人天生不具备适当的基因，练习再多也无济于事。20 世纪 90 年代开始，脑科学家开始发现，大脑比人们想象中具有更强的适应能力。大脑采用"重新布线"的方式，对适当的触发因子做出响应。神经元之间构成新的链接，现有的链接被强化或被弱化，在大脑的某些部位甚至还可能生长新的神经元。这种适应能力使大脑通过刻意练习发展出了新的神经回路。

进一步而言，年复一年的刻意练习，可以帮助个体创建高度专业化、复杂化和精密化的心理表征①。这些心理表征使得他们能够培养和发展各种高级能力，如"既见森林又见树木"的全局观和把握细节相统一的能力，迅速处理大量信息的能力，快速应对挑战的能力，无意识决策与预测未来的能力……这些能力使个体在特定的专业领域中表现卓越。

正如图灵奖得主理查德·哈明（Richard Hamming）所言："没有什么简单的模型通向伟大。"刻意练习并非低效的时间堆砌，更非忽略了天赋、技巧、环境等诸多因素的简单重复。可行、有效的刻意练习一定遵循特定规律，具备如下特征：

（1）明确的目标。定义明确的、具体的、近期的、可实现的目标，可以有效引导练习，并有助于远期目标的实现。

（2）上乘的导师。导师负责设计和监管训练方案，他们既熟悉杰出人物需具备的能力，也熟悉如何最好地提高那种能力。

（3）集中注意力。有人认为这种状态与米哈里所描述的心流状态极为相似：在做某些事情时，全神贯注，忘我投入，你甚至感觉不到时间的存在，在这件事情完成之后我们会有一种充满能量并且非常满足的感受。

（4）建立反馈机制。反馈机制的作用在于准确辨别个体的不足和提升空间。在练习早期，大量的反馈来自导师，随着时间推移，学生须学会自己监测自己，自己发现错误，并做出相应调整。

（5）走出舒适区。人类的身体有一种偏爱稳定性的倾向，单个细胞和组织在尽最大努力使一切保持平衡。当被迫走出舒适区后，神经元连接强度和连接方式在改变，神经信号的传递速度和路径在调整，神经元网络的运转速率和效率在优化……

刻意练习更重要的启示意义或许在于，每一个看似平凡或自认为平凡的个体，都可以通过刻意练习实现改变。正如安德斯·艾利

---

① 心理表征是一种与我们大脑正在思考的某个物体、某个观点、某些信息或者其他任何事物相对应的心理构成画面呈现，或具体，或抽象。

克森在书中所言："尽管刻意练习的原则是通过研究杰出人物发现的，但这些原则本身，可以由任何立志于改进任何事情的人们所使用，即使只是稍稍改进也无妨……最佳的方法就是刻意练习……至于在那条路径上能走多远，则取决于你自己……"

本章小结

认知派强调：生命是认知的总和，一个人的行为水平永远不会超越自己的认知水平，生命之根本在于扩大认知的边界和提升灵魂的深广度。行为派则强调：一步行动胜过一打纲领，理念不转化为行动，理念就会归零。在东方，儒家重入世、重实践、重行动。曾国藩有言，"天下事，在局外呐喊议论，总是无益，必须躬身入局，挺膺负责，乃有成事之可冀。"

"要想学到本事，只有一种方式。"炼金术士对牧羊少年说，"那就是行动。"

"电脑键盘上 E 键的左键字母是什么"这个案例说明，认知落实于行为，方为真得。种种迹象表明，低级中枢"简单重复"带来的"程序性记忆"反射极有可能促进高级中枢"全新链接"的形成，正可谓"实践出真知"。

"知之真切笃实处即是行，行之明觉精察处即是知""实践出真知""致知在格物"，这些智慧名言暗示了同一个道理："干中学"可以检验知识，理解知识，增长知识。

舜帝叮嘱大禹："人心惟危，道心惟微；惟精惟一，允执厥中。"意思是，要行动，并且要遵道而行，惟精惟一而行，中正不偏而行。

孔子告诫弟子："君子喻于义，小人喻于利。"见利思义。利与义，是驱动行为的两大动因。行动，至利？至义？

动静等观。守静，是为了更有效率地行动。通过守静，理清"信念"，重复、巩固、存养住至简至上之道；通过守静，把内心整理得多些一致，少些纠结；通过守静，内心多些清晰、简约、判然。这样，行动起来更容易顺势合赋、惟精惟一、卓而有效。

行动是必需的，问题是我们要的是哪种行动。是顺乎天赋之行，还是盲目从众之行？是好之乐之之行，还是心中存有认知对抗和情绪冲突之行？是惟精惟一、专注有效之行，还是三心二意、被动无效之行？是经常能觉知到价值感、意义感的行动，还是心中无感、缺乏灵性与活力的行动？

顺势合赋、好之乐之、惟精惟一地行动，更容易产生效率，更容易使人早日摆脱物质约束，更容易为"守静、心安"奠定坚实的物质基础。

顺势者兴，合赋者成。顺势合赋是有效配置生命资源的关键，是有效行动的基石。

"墨池飞出北溟鱼，笔锋杀尽中山兔。"成功多时源自刻意磨炼与习惯养成。

"静存动磨"住至简之道，可避免认知"无用"，亦可避免行动无效。外在行为，有时受理性驱动多一些，有时受感性驱动多一些。理性驱动涉及对逻辑一致、人文价值一致的追逐；感性驱动涉及对"喜悦、心安"等积极情绪感受的追逐。对于外部临时信号的刺激，内心的认知关联与感受关联是一个快速完成的过程。个体"静存动磨"住了哪条至简的认知回路，该认知回路对外部的临时刺激和日常琐碎就会发挥更多的作用；个体"静存动磨"住了哪条至简的情绪回路，该情绪回路对外部的临时刺激和日常琐碎就会发挥更多的作用。重复、巩固、存养住至简至上之道，当日常琐碎不再耗人，当内心更自然地多一些一致与平和、少一些纠结与冲突，个体的后续行动才更有可能顺势合赋、惟精惟一、卓而有效，个体才更有可能"好之乐之地工作、心安喜悦地生活"。

第三章

情绪：至乐？至安？至美！

　　喜怒哀乐之未发，谓之中；发而皆中节，谓之和。中也者，天下之大本也；和也者，天下之达道也。致中和，天地位焉，万物育焉。

——《中庸》

　　以道治欲，乐而不乱；以欲忘道，惑而不乐。

——《荀子·乐论》

　　至人之用心若镜，不将不迎，应而不藏，故能胜物而不伤。

——《庄子·应帝王》

　　如果世间真有这么一种状态：心灵十分充实和宁静，既不怀恋过去也不奢望将来，放任光阴的流逝而仅仅掌握现在，无匮乏之感也无享受之感，不快乐也不忧愁，既无所求也无所惧，而只感受到自己的存在，处于这种状态的人就可以说自己得到了幸福。

——卢梭

　　幸福，需要"认知自洽""行为自我实现""情绪自如"的相融互济与合一。本书第一章重点探讨了如何让认知能够在"至真"价值框架下经常性地达成"自洽"；第二章重点探讨了如何让行为能够在"至善"目标驱动下经常性地达成"自我实现"；本章则重点探讨如何让情绪感受和生命体验能够经常性地达成"自如"（或称为"至美"——静能安顿，动时专注)，探讨如何让更多的个体能够实现"好之乐之地工作、心安喜悦地生活"这一简单且直接的生命诉求，这一生命之"初心"。

一、认知、行为、情绪管理，哪个更重要？

在前两章，我们见识了认知派与行为派的激烈辩论：认知派强调，知是行之始，一个人的行为水平永远不会超越自己的认知水平，任何外在行为的突破，事先一定要有内在认知的突破，生命之根本在于扩大认知的边界和提升灵魂的深广度；行为派则强调，一步行动胜过一打纲领，理念不转化为行动，终会归零。心不自欺，人只有多做一些个人价值、社会价值和"天地价值"兼容的事情，才能体验到"价值感、意义感"这类优质生命体验。现在又加入一个辩论者——"体验派"。体验派强调情绪管控和优质生命体验，认为内在生命感受比外部竞争性指标更为重要。①认知派强调修"知"，行为派强调修"行"，体验派则强调修"感"。王阳明先生强调"知、行"合一，本书则强调"知、行、感"合一。讨论幸福，脱不开认知与行为，更脱不开内心感受和情绪体验，积极情绪占比毕竟是衡量幸福的首要指标。

---

① 葛培理曾做过 11 位总统的心理顾问，他在《幸福的秘密》一书中谈到了一位曾红极一时、后来精神崩溃了的影星。影星感慨道："我拥有金钱、美貌、魅力和知名度，本应该是世界上最幸福的人，可是我却痛苦不堪。这究竟是为什么？"观察现实也不难发现，一些学历高、地位高、财富净值高、竞争性指标十分优越的人，内在精神状态并不一定很好，消极情绪很多，生命体验感很差，高官巨富出现极端情绪状况者也时有发生。如此看来，光靠外在指标永远堆砌不出美好的生活。优质生命体验，更需要内在精神秩序的整顿与提升。

案例 3.1.1　教育之根本：优化人的生命体验

　　当今社会，信息过多、比较过多、竞争过度、成功理念日益单一化和功利化，使更多个体被动卷入了一场接一场的指标化甚至是形式化的竞争之中。被动盲从之累易使灵魂迷失方向，指标化过度竞争易使心灵得不到片刻的安顿与休养，这会极大破坏个体的情绪回路和生命体验。情绪回路一旦遭到持续破坏，认知效率和行为效率都会大打折扣，优质生命体验难以达成。[①]

　　梁启超先生是我国著名的教育家。他一生养育九个子女，个个成才，享有"一门三院士，九子皆才俊"的美誉。长子梁思成，著名建筑学家、中央研究院（民国时期学术研究最高机关）院士，被誉为"中国近代建筑之父"；次子思永，著名考古学家、中央研究院院士，曾主持和参加城子崖遗址、安阳殷墟等考古发掘工作，被誉为"中国接受西方正规考古学训练之第一人"；五子思礼，火箭控制系统专家、中国科学院院士、"东风"系列导弹主要研发者之一……先生的教育思想独到，强调教育万不可成为"贩卖知识的杂货店"，而要让学生成为一个完整的"人"。[②]

　　1922 年，梁启超先生在苏州学生联合会上做了一次讲演。先生讲道：你在学校里学的数学、几何、物理、化学、生理、心理、历

　　① 现实世界是丰富多彩的，解释世界的逻辑从来不是单一的，而是多元的。例如，在认知与情绪的基础性作用上，一种逻辑认为，行为和情绪的改变首先源自认知的改变，认知发挥着基础性、前提性作用；另一种逻辑则认为，"身有所忿懥则不得其正，有所恐惧则不得其正，有所好乐则不得其正，有所忧患则不得其正"，也就是说，情绪发挥着基础性决定性作用，人心一旦有了愤怒、恐惧、忧患等消极情绪，认知就难以公正客观，行为也难以中正有效。又例如，在认知习惯的最终呈现上，一种逻辑认为，行是知之成，良好认知习惯的最终成果体现在行动效率上；但也有逻辑认为，良好的认知习惯的最终成果应当体现在"不忧、不惑、不惧"等积极情绪回路的养成上，教育的目标应该包含如何提升受教育者的认知习惯和行动效率，更应该包含如何优化受教育者的情绪习惯和生命体验。正如联合国教科文组织的明确倡导：一切教育活动都是为了学生的成长和发展，为了孩子一生的幸福。优质情绪回路的养成、优质生命体验的达成是一种终极成果的达成。

　　② 梁思成先生曾经在清华大学有个演讲，主题涉及"半人教育与全人教育"，详见案例 9.5.5。梁思成与父亲梁启超的教育理念颇有一脉相承之意味。

史、地理、国文、英语，乃至哲学、文学、科学、政治、法律、经济、教育、农业、工业、商业，等等，不过是做人所需的一种手段，不能说专靠这些便达到做人的目的，任凭你把这些件件学得精通，你能否成个人还是个问题。

人类心理，有知、情、意三部分，这三部分圆满发达的状态，我们先哲名为三达德——智、仁、勇。为什么叫作"达德"呢？因为这三个是人类普通道德的标准，总要都具备，才能成为一个人。三件事的完成状态怎么样呢？孔子说："知者不惑，仁者不忧，勇者不惧。"所以，教育应分为知育、情育、意育三方面……知育要教到人不惑，情育要教到人不忧，意育要教到人不惧。教育家教育学生，应该以这三件为究竟，我们自动地自己教育自己，也应该以这三件为究竟。

梁启超先生进一步指出，要想做到"不惑"，最要紧的是养成判断力，为此需要掌握常识，同时具备专门学识，还应形成"遇事能断"的、总体的智慧。要想做到"不忧"，就要树立"仁"的人生观，正确对待成败、得失。要想做到"不惧"，就需有坚强的意志，不仅要做到心地光明，而且不能被劣等欲望所牵制。梁先生告诫："你怀疑和沉闷，便是你因不知才会惑；你悲哀痛苦，便是你因不仁才会忧；你觉得你不能抵抗外界的压迫，便是你因不勇才有惧。这都是你的知、情、意未经过修养磨炼，所以还未成个人。"教育能否"成人"，不在于向学生灌输了多少知识，而在于能否使学生养成积极、正向的认知回路、情绪回路、行为回路，只有通过持续的"修养磨炼"，才能成为一个"完整"的人，收获一种坦荡而不纠结、明达而不幽怨、果敢而不畏惧的优质生命体验。

"知者不惑，仁者不忧，勇者不惧。"三达德养成，"不惑、不忧、不惧"的积极情绪回路养成，圆满优质的生命体验才能达成。

现代心理学提示家长和教师：通过陪伴、玩耍或其他简单事情，帮助孩子养成积极稳定的情绪回路至关重要，这是孩子成年后"静能安顿、动能专注、事业成功、人生幸福"的基础保障。

若青少年学生课业负担过重，被动学习时间过长，导致学生的学习兴趣丧失、积极情绪体验不足，甚至养成了一些消极的情绪习惯，这对学生后续的认知效率、行动效率和生命体验都会造成严重破坏和负面影响。

背离了内在优质生命体验的"外求"，结果通常都是舍本逐末。

 案例 3.1.2　德国大讨论：生命中什么最为重要？

2016 年 4 月，时任德国总理默克尔开启了一场主题为"什么对我们来说最重要"的全国大讨论，旨在提醒世人探寻生命中最重要的东西，寻找真正的社会进步方向。①

讨论主题被抛出后，一些人认为默克尔疯了：在如此发达、现代化的社会，人们难道在忙碌中把最为重要的东西搞丢了？人们难道在快跑中忘记了初心，做了舍本逐末的傻事？……

讨论的结论出乎很多人的预料。结论认为，生命中最为重要东西是"心安与喜悦"这种优质生命体验能否经常性得以达成。真正的社会进步，不仅体现在外在物质财富的丰富上，更应该体现在内在精神财富的富足上，应该让更多民众能够从日常生活中体验到更多的"心安与喜悦"这种积极情绪感受，能够享受到"心安与喜悦"这种优质生命体验。焦虑、抱怨、担忧、压力感、无意义感等负面

---

① 2019 年，应格致出版社邀请，南开大学"幸福经济学"教学团队翻译了普林斯顿大学出版社出版的《幸福之源——优化生命体验的科学》一书。书中提到了德国前总理默克尔发起的这个讨论，读之很受启发。《幸福之源——优化生命体验的科学》原著作者都是伦敦政治经济学院经济绩效中心福利项目的成员。其中，因《不幸福的经济学》《繁荣》《幸福》等著作而为中国读者所熟知的理查德·莱亚德（Richard Layard）是伦敦政治经济学院名誉经济学教授、英国上议院议员，曾担任布莱尔和布朗两位英国前首相的经济政策顾问。理查德·莱亚德教授早期的研究领域是失业经济学，而当他注意到某些贵族学校 40%多的学生来自单亲家庭，当他注意到家庭责任感、社会责任感缺失等一系列不良社会现象对"生命上乘体验"的根本性伤害时，他开始关注一些超越经济学传统边界的问题——包括人类幸福感问题。

各国经济社会发展实践反复提醒世人：光靠物质永远堆砌不出美好的生活，生命毕竟需要精神的滋养和灵魂的引领。人的灵魂一旦迷失了方向，其对内心所造成的混乱与伤害，远大于经济问题所导致的负面影响。关注人类幸福问题，既需要关注经济问题，更需要关注人的内心感受、精神秩序与生命体验！

情绪在日常情绪体验中所占的比例不应过高。[①]社会进步关乎居民日常的情绪感受，关乎居民日常的生命体验。

 案例 3.1.3　何谓真实：平和与喜悦

在电影《无问西东》中，梅贻琦校长与学生（吴岭澜）有如下一段对话。

梅贻琦：你的物理学是不列（不及格），而英文学和国文学都是满分，如此天资，为什么要学实科而不学文科呢？

学生（吴岭澜）：因为最好的学生都读实科。

梅贻琦：你求学的目的是什么？

学生（吴岭澜）：我只知道，不管我将来做什么，在这个年纪，读书、学习都是对的。我何用管我学什么，每天把自己交给书本，就有种踏实。

梅贻琦：但是，你还忽略了一件事——真实。人把自己置身于忙碌当中，有一种麻木的踏实，但丧失了真实，你的青春，也不过只有这些日子。

学生（吴岭澜）：什么是真实？

梅贻琦：你看到什么、听到什么、做什么、和谁在一起，有一种从心灵深处满溢出来的不懊悔也不羞耻的"平和与喜悦"……

德国大讨论提示："心安与喜悦"这种优质生命体验是生命中最为重要的，是个人日常修为和政府公共治理过程中值得特别关注的事情。梅贻琦校长与学生的对话也在提醒世人，专业选择、职业选择等人生重大抉择要对内心保持真实，检验"真实"的标准是"平和与喜悦"这种情绪感受和生命体验能否达成。"心安与喜悦""平和与喜悦"，都属于内心感受，都属于生命体验。名、利的外求，若和内求——内心的"一致性"体验，不能形成良性互动，外求容易变成单足跛行。在过度竞争、诱惑多多的年代，稍不谨慎，个体很

---

① 详见"幸福经济学课程"公众号推文：《德国大讨论——生命中最为重要的东西是什么？》。

容易将自身置于被动的繁重之中，而忽视了对自己内心的"真实"。缺少了对自我"真实"的最大风险在于，若干年后，回首往事，诸多繁华皆是虚。爱因斯坦也曾告诫我们，过度的竞争、被动的繁重必然导致虚假与肤浅，只有持续地真心思考才有可能抵达灵魂深处。

何止青春不过只有这些日子，人的一生也不过只有这些日子！一个人，时时、事事都不能忘记"初心"，都不要背离对内心、对灵魂的"真实"。多一些真实，头脑中的神经电活动和神经化学活动就会多一些"一致与有序"，内在的认知对抗和情绪冲突就会少一些，无谓的情绪与精力消耗就会少一些。

"人类一切努力的伟大目标在于获得幸福""幸福是我们一切行为的终极目标"。诸多努力、诸多外求、诸多行为，看似千差万别，但背后的内在驱动力只有两个——逐乐、逐安（参见第三章第六节）。追逐快乐感、获得感、价值感、意义感、实现感、充实感、幸福感……概括起来，都是在强调两种内心体验，那就是"心安"与"喜悦"。

二、现代人情绪问题普遍而严重

2012 年，第 66 届联合国大会告诫人们，人类 21 世纪面临的最大生存挑战不是污染、战争，也不是瘟疫，而是我们的幸福感低下。在信息多而杂乱的今天，信息可能提升人的心力与智慧，但更有可能污染头脑，干扰认知，损伤判断，损伤情绪，损伤担当，破坏个体的幸福感和意义感。幸福感偏低，积极情绪占比不足，情绪问题普遍而严重，已经成为世界性难题。

 案例 3.2.1　《黄帝内经》与现代观察

我国最早的医学名著《黄帝内经》认为："恬憺虚无，真气从之，精神内守，病安从来？！"按照此观点，保持健康的关键在于维持情绪的稳定，通过精神层面的自我调适，使人时刻感到心情平和、愉悦；否则，无论是逞情绪的一时之快，还是陷入消极的情绪和精神"内耗"，都会导致机体紊乱、失调，使人遭受疾病的侵扰。《黄帝内经》还警示："精神内伤，身必败亡。"如果人的精神状态出了问题，那么身体也会受到损害。

近现代医学研究同样印证了情绪和心态的重要性。德国医学家胡夫兰德认为："在一切不利的影响因素中，最能使人短命夭亡的，莫过于不良的情绪和恶劣的心境。"苏联外科专家皮罗戈夫观察到："在战场上，胜利者的伤口比失败者的伤口愈合得快，愈合得好。"生理学家巴甫洛夫曾说道："一切顽固沉重的忧悒和焦虑，足以给各种疾病大开方便之门。"在消耗人类精力的所有因素中，影响最为严重的莫过于情绪消耗。

积极、愉快的情绪和坚强的意志可以战胜疾病，更可以使人强壮和长寿。大量临床试验证明，人的健康状况与情绪密切相关，积极愉快的情绪对增强免疫力和提升康复能力具有显著作用。培养良好的情绪管理能力至关重要。

良好的情绪力表现为：能更积极地感知自我、感知他人、感知世界；善待自我、善待他人、善待世界；在学习、工作、生活中能更积极地感悟到"真、善、美"，能更多地体验到"仁、智、勇"；有"止于至善"的人生目标，"知止"而后"有定"，"能静""能安"；有较好的抗压力、包容力、和谐力。简而言之就是静能安，动能专，经常体验到"心安与喜悦"。

脑科学等现代科学研究证实，幸福并没有人们想象得那么复杂、那么被动，积极情绪感知度往往取决于头脑中多巴胺等积极神经递质的分泌量。充足睡眠、适度运动、静思训练、清除垃圾信息使头脑中信息一致、"珍惜已有"的感恩练习、"知足"的认知习惯、"惟一"的心流体验、"和谐"的目标期盼……这些都有助于积极神经递质的分泌和积极情绪占比的提升。

案例 3.2.2　相关的统计数据

2023 年，全球知名咨询机构盖洛普（Gallup）公司根据对全球 142 个国家和地区的超过 14.7 万名成年人的访谈情况，编写了新版《全球情绪报告》（*Global Emotions Report*）。报告中，研究人员分别构建了"积极体验指数"和"消极体验指数"。其中，积极体验指数越高，表明受访者越为普遍地产生积极情绪体验；反之，消极体验指数越高，表明受访者越为普遍地产生消极情绪体验。

通过对历年情况的对比，《全球情绪报告》展示了 2006—2022 年全球积极体验指数的变化趋势，如图 3-1 所示。可以看出，近年来，全球积极体验指数总体稳定，但受多重因素影响存在明显波动。与此同时，消极情绪过多导致的幸福感缺失问题依然突出。根据访谈结果，2022 年有 41%的受访者表示他们感到非常忧虑，40%的受访者表示感到压力很大，有 32%的受访者感受到了身体上的痛苦，出现悲伤、愤怒情绪的受访者占比也分别达到了 27%和 23%。2022 年全球消极情绪指数为 33，与 2021 年持平，为近年来的最高值。

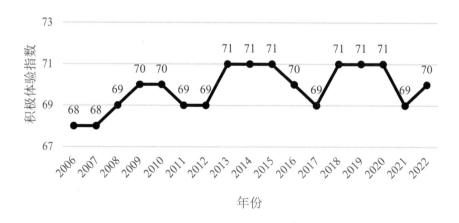

图 3-1　2006—2022 年全球积极体验指数变化趋势

无独有偶，泰勒在"哈佛幸福课"中也提到，美国的抑郁症病例比 1960 年多出 10 倍。他还引述了这样一些统计数据：在一年的研究期内，47%的哈佛本科生经历过消极情绪的困扰；《新英格兰医学杂志》曾刊发文章，通过对来自美国不同类别学校的 13500 名大学生进行调查，发现其中 45%的学生在过去一年经历过消极情绪困扰。

泰勒在课堂中提及，无论是哈佛大学 47%的比例，还是全国范围内 45%的比例，两者的差异并不大，这是一个全国性的现象。调查研究还表明，全美 94%的大学生，常常因为日常课业而感到压力沉重。大学四年本应该是一生中最美好的四年，但事情却有些不对劲儿了。

 案例 3.2.3　现代人情绪问题源自何方

美国临床心理学权威克劳宁格在总结了 30 多年的临床经验后坚信：人必须学会对"存在的普遍统一性"的觉知与体验。在自我意识成长和对事物本真的认识过程中，放弃与自然、与他人、与自己的争斗，在本真层面达成统一。缺少对本真层面"统一性"的觉知，个体的认知和情绪就会经常处于冲突状态，内心混乱使人丧失了行动力与生活热情。长期混乱与冲突会导致严重的情绪问题。

获取信息本身是为了有效判断，有效行动。但信息过多、过乱常常会把人搞得无所适从，心力散乱。内心的杂乱必然无法带来心安，反而可能消磨人的判断力和行动力。

当今时代，信息的泛滥、被动的繁忙占据了人们沉思的时间，占据了人们与内心和灵魂对话的时间，使人缺少了对"存在的普遍统一性"的觉知，使人容易孤立、片面地看待问题，容易体验到更多的消极情绪。

很多基于表面现象和细枝末节的信息处于散乱和冲突状态，这些散乱与冲突使人心难以简约、清晰与判然，往往会削弱人的判断力和行动力。打开电视、报纸、网络，相互矛盾的信息比比皆是：

《易经》告诉我们，为什么"沉默是金"？
沉默不是病，伤害却不小。

喝白开水，好处不止一点点！
多喝白开水导致的危害。

素食生活大有好处。
长期素食危害多。

红葡萄酒可抗乳腺癌。
女性每天喝葡萄酒易导致乳腺癌。

超三分之一跑者膝盖会受伤。
英国运动专家称，跑步不会伤害膝盖，反而会保护膝盖。

父母对孩子教育要有严格的要求。
平和和自由，是最好的教育。
……

在看了其中某条建议后，我们可能选择"向左"；但在看了另一条建议后，又可能选择"向右"。而看了两条相反的建议后，我们也许又被迫回到了"原点"，可谓是即鹿无虞，无功而返。此时回到"原点"，很可能还不如静而不动，因为我们已经经历过两次无谓的认知冲突和情绪损耗。与其这样忽左忽右地浪费生命，远远不如或取静——物我两忘养养心，至简至上存存念；或取动——惟精惟一练练术，诚敬合一悦悦情。动静等观，生命可享。

垃圾信息万千篇，远不如将至简之道"静存动磨"三两遍。

"目妄视则淫，耳妄听则惑""非礼勿视，非礼勿听"。先哲的至理名言告诫我们，要有选择地听，有选择地看，有选择地存养。选择应该遵从"至简""至上""至真"之标准。

案例 3.2.4　没有保护好"不知情权"

　　1978 年，俄罗斯作家索尔仁尼琴在哈佛大学毕业典礼上提出了"不知情权"这一概念："除了知情权以外，人也应该拥有不知情权，后者的价值要大得多。它意味着高尚的灵魂不必被那些废话和空谈充斥。过度的信息对于一个过着充实生活的人来说，是一种不必要的负担。"①不知情权，即公民有拒绝或者暂时拒绝知晓、获取某些信息的自由与权利。通俗来说，有些时候人们并不是知道得越多越好。宇宙浩瀚，历史悠久，任何个体穷其一生"能知道"的信息与其"不知道"的信息相比，只不过是"茫茫大海中的一座小岛"。海量信息不仅过分"满足"了"知情权"，同时毫不留情地剥夺了"不知情权"。许多无效信息已经像雾霾一样弥漫，垃圾信息像幽灵一样如影随形，严重影响了人们的正常工作和生活。②鉴于此，从国家层面，应该制定完善的法律保护体系，捍卫和保护公民的"不知情权"。从公民个人层面，应该用好、用对自己的"不知情权"，拒绝、抵制垃圾信息，坚守好"非上勿视，非上勿听"，看后、听后，一定要保证足够的静思时间，用以鉴别信息的真伪，去粗取精、去伪存真、删繁就简、删劣取上，使核心价值和信念得到进一步存养和巩固，使正向链接不断强化。

 案例 3.2.5　该不该告诉"患者"？③

　　20 世纪 80 年代以来，人体基因检测技术发展迅速，通过对人类基因进行检测，医学不仅能够做到对现有很多疾病的准确检测，而且可以对很多由基因缺陷或者突变导致的未来可能发作的疾病做出具有一定可靠性的预测。然而，这种预测可能会给被检测者及其

---

　　① 朱颖科. 信息爆炸时代：未被满足的知情权遭遇被侵犯的不知情权[J]. 东南传播，2012（9）：39-40.

　　② 郭子辉，张岚. 新媒体时代：谁动了我的不知情权？[J]. 南方电视学刊，2009（5）：4.

　　③ 袁治杰. 基因技术发展背景下的不知情权研究[J]. 政治与法律，2016（5）：71-85.

家属带来很大的身心伤害。

一项世界范围内针对亨廷顿舞蹈症[①]的研究表明，在被认定可能患该病的 4527 名受试者中，当得知检测结果之后，44 人经历了重大心理灾难。一名医生在知晓其患者患上亨廷顿舞蹈症（Huntington's disease）之后，告知患者前妻，她两个未成年的子女有高达 50% 的患病概率。患者前妻因此患上反应性抑郁症，医生则被起诉承担损害赔偿责任。

德国学者施默芬·舒特就新生婴儿基因检测做过简略论述。他认为，新生儿筛查技术在 20 世纪 60 年代被引入时，最初将疾病筛查范围严格控制在可以治疗的疾病范围内。然而，伴随着新技术的发展，人们已经可以一次性检测多达 30 余种的疾病（如采用质谱分析），而当代医学对于检测出的很多疾病都束手无策。如果说产前检查能够给予父母一定的选择空间，那么产后发现的不可治愈疾病，只会把父母乃至整个家庭置于手足无措甚至惶惶不可终日的境地。如果医学丝毫不能治疗、防止或者减缓这些潜在的疾病，那么这样的筛查就不能给婴儿及其家庭带来任何益处。

此外，一个个生命奇迹也在时刻提醒人们，医学诊断并非绝对准确（参见案例 7.8.2）。

 案例 3.2.6   学霸：医生曾断言我活不过 4 岁[②]

2015 年 5 月，一段名为"最励志昆明父女演讲，看完泪崩！"的视频走红网络，网友们被这对父女深深震撼。视频的主人公徐瑞阳在两岁三个月时被确诊患上脊肌萎缩症（一种发病率为四百万分之一的罕见病），医生断言她活不过 4 岁，但其父母并未放弃，用尽所有精力呵护她。2015 年，徐瑞阳已经 14 岁了，她不仅坚强地活了下来，还努力学习，以优异成绩考上昆明滇池中学。初一下学期，

---

① 亨廷顿舞蹈症是一种遗传神经退化疾病，一般患者在中年发病，逐渐丧失说话、行动、思考和吞咽的能力，病情会持续发展 15～20 年，最终导致患者死亡。这种病的遗传概率为 50%。

② 该案例整理自《春城晚报》2015 年 6 月 17 日报道：《学霸：医生曾断言我活不过 4 岁》。

她甚至考到了年级第一名，老师和校长都对她赞不绝口。2019 年，她以文科 607 分的高考成绩考入四川外国语大学。在重庆歌乐山下，徐瑞阳度过了既辛苦又充实的求学时光。2022 年 9 月，正在读大四的徐瑞阳以优异成绩同时收到北京外国语大学和上海外国语大学的硕士研究生免试拟录取通知，最终她选择了北京外国语大学。2023 年 9 月，徐瑞阳在北京外国语大学泰语笔译专业继续深造。这个"00后"的昆明女孩，将在轮椅上继续书写生命的传奇。

三、认知影响情绪

在情绪决定方面，是客观因素多些，还是主观因素多些，不同学术派别有着不同的强调。随着研究的深入，客观因素与主观因素共同决定情绪的理论逐渐成为共识。

 案例 3.3.1　情绪决定的相关理论

积极心理学的创始人马丁·塞利格曼（Martin Seligman）曾在他的著作《真实的幸福》（*Authentic Happiness*）中提出这样一个公式：H（幸福）=S（个人生理幸福感受的固定指数）+C（环境）+V（个人主观选择）。美国加利福尼亚大学索尼娅·柳博米尔斯基（Sonja Lyubomirsky）等人研究发现①，一个人的幸福程度，约 50%由基因决定，约 10%由外在环境决定，约 40%由思想和行为决定（如图 3-2所示）。鉴于基因一般是无法改变的，多数情况下外在环境在短期内也很难改变，要想提升幸福感、增加积极情绪占比，最容易改变的

① Lyubomirsky S, Sheldon K M, Schkade D. Pursuing Happiness: The Architecture of Sustainable Change[J]. *Review of General Psychology*, 2005, 9(2):111-131.

另参考：[美]索尼娅·柳博米尔斯基. 幸福有方法[M]. 周芳芳，译. 北京：中信出版社，2014.

莫过于个体的认知模式。

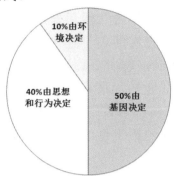

图 3-2　决定幸福的三个因素

美国心理学家埃利斯曾创建 ABC 理论（ABC Theory of Emotion），该理论认为激发事件 A（activating event）只是引发情绪和行为后果 C（consequence）的间接原因，引起后果 C 的直接原因是个体对激发事件 A 的认知和评价所产生的信念 B（belief）。

根据 ABC 理论，非理性情绪、行为反应的生成路径如下：

◎A（触发事件）→B（信念/认知/自动想法）→C（结果——非理性的情绪、生理或行为反应）

人的非理性情绪和行为结果（C），不是由某一激发事件（A）直接引发的，而是由经受这一事件的个体对激发事件的认知与非理性信念（B）所直接引起的（见图 3-3）。

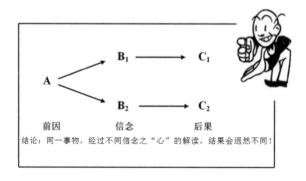

图 3-3　ABC 理论

如果通过积极的认知调整或正向的信念刺激，可避免产生非理性的、负面的情绪，转而获得积极的情绪体验与理性的行为反应：

◎A→B→C→D（debate，驳斥、正向内省）→E（effect，结果——理性的想法、情绪、生理或行为反应）

真实世界的日常小事，在不同的思维和认知模式下，引致的情绪反应很可能完全不同。畅销书作者戴维·伯恩斯在其作品《新情绪疗法》中也曾以图示的方式表达了类似的观点（见图3-4）。①

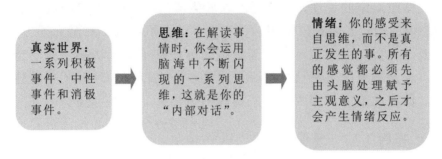

真实世界：一系列积极事件、中性事件和消极事件。

思维：在解读事情时，你会运用脑海中不断闪现的一系列思维，这就是你的"内部对话"。

情绪：你的感受来自思维，而不是真正发生的事。所有的感觉都必须先由头脑处理赋予主观意义，之后才会产生情绪反应。

图 3-4　新情绪疗法

为方便理解，举一个生活中的小例子：下雨天，地面有一洼积水，你在步行经过时，一辆汽车疾驰而过，将积水溅到了你的衣服上。对于这件事的三种不同解读，会生发出三种不同的情绪体验。第一种解读——车主是故意的，明明看到有人还不减速。这时，你会非常愤怒，甚至想要报复他。第二种解读——车主是一种无意行为，车里的司机和车外行人对溅水的感知度是不一样的，司机可能没有意识到水会溅到行人身上。这时你的愤怒程度会大大降低。第三种解读——司机可能由于某些特殊情况正急于赶时间，他可能没注意到积水，甚至没有注意到行人，你在某些情况下也可能会犯同样的错误。这时，你愤怒的程度会进一步降低，甚至不会愤怒，平静地回家将衣服换掉。有最后一种解读惯性的人无疑是有福分的，因为他在受到无辜伤害时，可以有效避免对内心施加二次伤害（情

---

① ［美］戴维·伯恩斯. 新情绪疗法[M]. 李亚萍，译. 北京：科学技术文献出版社，2010.

绪伤害）。

大约两千年以前，希腊哲学家埃皮克提图曾经说过，人的烦恼并非来源于实际问题，而是来源于看待问题的方式。认知对情绪的影响是巨大的，决定人们情绪的往往不是客观事物，而是人们对客观事物的见解。正如斯宾诺莎所说："心灵理解到万物的必然性，理解的范围有多大，它就在多大的范围内有更大的力量控制后果，而不为它们受苦。"

按照道家的说法，这就是"以理化情"。冯友兰在《中国哲学简史》中举例：下雨天孩子不能出去玩，他会不高兴，甚至大哭大闹；大人则不会，因为他对下雨天有了理解。有了正确认知，就不会对抗，也就不会产生消极情绪。一个人在多大范围内理解了事情的本真，他就在多大范围内获得了灵魂的自由。

 案例 3.3.2　空船——虚己以游世

方舟而济于河，有虚船来触舟，虽有惼心之人不怒。有一人在其上，则呼张歙之；一呼而不闻，再呼而不闻，于是三呼邪，则必以恶声随之。向也不怒而今也怒，向也虚而今也实。人能虚己以游世，其孰能害之！

——《庄子·山木》

这是《庄子·山木》中的一个故事：当你驾驶一只小船在河中游走，若这时被一只空船撞到了，哪怕是心胸狭隘的人也不会生气。但如果有一个人在那艘船上，大多数人就会大声呵斥他。叫喊一次对方没听到，叫喊两次对方也没听到，第三次呼喊时就难免会口出恶言。在第二种情况下会生气，而第一种情况下却不会，完全是因为之前撞来的是空船，而现在船上有人罢了。如果人们都能不以自我为中心，虚怀若谷地生活在世上，又有谁能加害于他呢？

"躬自厚而薄责于人，则远怨矣。"推责、诿过于他人，是善怨者的思维惯性。但如果我们定睛一看，船上并没有人，没有推责、诿过的对象时，怒火或许会瞬间消失得无影无踪。美国心理学家费斯汀格提出过一个著名的理论：生活中的 10% 由发生在你身上的事情组成，而另外 90% 则由你对所发生的事情做何反应来决定。多数时候，并不是外来的冲击影响了我们的情绪，而是我们对待事物的态度决定了我们的情绪走向。帝王哲学家马可·奥勒留认为，发生在他身上的一切事情都不是恶，痛苦和不安来自内心的意念，并且可以由心灵加以消除。这与庄子"虚己以游世"的告诫如出一辙。"天长地久。天地所以能长且久者，以其不自生，故能长生。""不自生""虚己""勿我""躬自厚而薄责于人"是远怨的良方，是天长地久的良方。

《加缪手记》里有一段话很有意思：一个盲人跟他的盲人朋友说，半夜一点到四点出门，这样不会在街上碰到任何人，即使撞到路灯，也可以很自在地笑出来。如果是白天，别人的同情心会让他们不自在、笑不出来。

宇宙万象，心映万"相"。映时为有，不映时为无。受临时事件刺激，神经电活动会激活头脑中的某些联想、推测、过往经验，心中会呈现某些画面。当呈现可推责、诿过的画面时，开船人会心生愤怒、抱怨；当盲人脑中呈现被嘲笑甚至被同情的画面时，他也会不自在、笑不出来。

降伏自心绝非易事，让头脑尽量少地呈现对抗性画面绝非易事，这里关乎"无"之道的觉悟与有效磨炼（参见第一章第八节）。

案例 3.3.3　班主任一个电话，妈妈立即止息了愤怒①

参加完家长会的一位妈妈，因为儿子期中考试成绩不佳，回家后愤怒地教训着儿子。此时班主任老师打来电话，妈妈快速止息了愤怒，很平和地与老师进行电话交流。班主任告诉她，刚刚得到消息，儿子在此前参加的物理奥赛中得了大奖。闻此消息，妈妈的愤怒全消，喜悦之情溢于言表。这一案例说明：

---

① 参见"幸福经济学"视频号——"班主任一个电话，妈妈立即止息了愤怒"。

（1）人的情绪是可以止息和转换的，而且止息和转换的速度很快。

（2）情绪的止息和转换需要关键信息的出现、记起或提示。

（3）情绪变好还是变坏、变换的速度如何，往往取决于人们对资讯的价值、重要性的评估与排序。只要足够关键和重要，有时一条信息的出现或记起，就足以止息和转换情绪。

此案例中的妈妈懂得尊重班主任的重要性，所以老师的电话一响，她的怒火马上得以止息。这正是：恭敬一切众生刹，即是降伏自心时。

大脑的"算法"很快，能够快速进行各种"价值排序"。在妈妈的价值排序中，物理奥赛获大奖比一次期中考试更为重要。所以，奥赛获奖这一关键信息出现后，头脑中新激活的神经电活动和神经化学活动很快超过了原有的激活强度，奥赛得奖这一新信息激活的认知回路和情绪回路淹没了原有的愤怒回路，新的"认知一致"得以达成，新的情绪体验得以呈现。

虽然大脑的"算法"很快，但该"算法"的最大缺陷在于：大脑容易被眼前的琐碎或短期的是非评价左右，经常忽略生命中的诸多"无价"要素（如健康、安全、亲情等），经常忽略生命中的诸多"无常"要素，经常忽略生命中诸多值得敬畏的要素（参见案例6.4.4）。一个人懂得敬畏班主任，他就不会对班主任发泄负面情绪；一个人懂得敬畏天地、敬畏先贤、敬畏他人、敬畏未知、敬畏"无价"与"无常"，他就不会怨天尤人，他也就不会用无谓的认知对抗与情绪冲突来消耗自己。

道家推崇"天覆万物而不持，地载万物而不居，水利万物而不争"之天地精神，一个人内心多一些天地精神的引领，就能避开很多人间繁琐的道德评价和短期价值评价的搅扰。现代积极心理学也强调积极认知体系和解读习惯的重要性，多些积极解读习惯的养成，内心就会多些中正平和。

孩子一两次考试没有考好，没有必要愤怒；物理竞赛得奖，也没有必要狂喜。二三十年之后重新审视，这些也许根本算不了什么

"大事儿"。很多琐碎的"价值排序"都属于无效计算，甚至属于错算。把"敬畏"存养为"大脑算法"的运算前提，掂量好诸多"无价"要素的价值，将至简之道和至上价值存养为大脑的"基础算法"，短期的"错算"就会少些，无谓的认知对抗与精神冲突就会少些，生命资源的错配就会少些。

 案例 3.3.4　劫犯？同事？恐惧！心安！

世界是客观存在的，但不同个体对客观世界的理解和赋予的意义却总是千差万别。也就是说，个体头脑中所呈现的或者用语言所表述的客观世界，总是带有很多主观色彩，与真实的客观世界相去甚远。在将客观世界转化为主观认知时，引导我们形成判断的是"过往经验"和当下的复杂信息组合。

《非凡的思维》一书开篇讲了这样一件事情：

将近午夜时分，你独自走在一条昏暗的街道上，前往数条街区之外的停车场。这时，你听到后面有脚步声。想起几周前发生的持刀抢劫案，你没敢回头，赶紧加快了脚步。然而你身后的脚步声也越来越急促。

那个人正在追赶你。

在街道尽头的路灯下，脚步声忽然止住。你猛然转身，原来身后是你熟悉的一个同事，他和你去往同一个停车场。你松了一口气，跟他打了招呼，然后一起向停车场走去。

刚才发生了什么？实际场景并没有发生改变，但是在知道是你的同事之后，你脑海中的整个认识立即发生了变化，想象中的追踪袭击者马上转变为同事的形象，内心情绪也由恐惧转变成心安。之前，你根据一点点信息（午夜里你身后有脚步声），就勾勒出一幅有"劫犯"在跟踪你的完整画面。但在这个例子中，"劫犯"其实根本就不存在。最初你只是听到身后有脚步声，头脑中便快速产生了对相关事件的联想——几周前发生的持刀抢劫案，相关的认知回路和情绪回路被激活，导致当事人在脑海中自导自演了这一出所谓的"恐怖故事"。

研究证实，个体对自我、对他人、对世界的认知，以及由此而生发的情绪体验，与个体的过往经验、当下的信息组合有关，具有一定的可变性，有时甚至具有相当的想象因素（虚幻性）。所以，过往关联的"至上"、保证当下信息的"真实"至关重要。不要基于不真实的信息展开无限联想，否则是自寻苦恼。要对事实保持最大的开放，注意对事实及时地确认。案例中的当事人，如果早些确认身后的追随者是同事，不是劫犯，这些靠联想制造的恐惧就会早些止息。

当下的认知、情绪往往源自新信息（或新刺激）对过往认知回路、情绪回路的激活，当我们感知某一新信息时，大脑会自发地与过往经验相匹配，与我们先前对事物的诠释习惯相匹配。倘若新信息激活的是某一积极的认知回路和情绪回路，我们就会心生愉悦，体验到积极情绪；倘若新信息激活的是某一消极的认知回路和情绪回路，负面情绪体验则随之而来。

认知心理学、积极心理学都强调"神经回路"的可塑性。生活中99%的事件都是无关大是大非、无关生死的日常琐事，对这些日常事件的不同诠释习惯，养成了不同的神经回路。积极的神经回路多一些，日常生活中体验到的积极情绪就会多一些；消极的神经回路多一些，日常生活中体验到的消极情绪就会多一些。对于"无关生死、无关大是大非"的日常琐事还是多做些积极诠释得好，多些"正己而不责求于人"得好。个体多做积极诠释的认知习惯一旦养成，当其真正遇到大是大非、生死攸关的大事件时，也会比惯常抱怨者多一些定力、多一些担当。

 案例 3.3.5　管控好头脑中的画面呈现

管控好心，就是管控好头脑中的画面呈现、声音呈现、逻辑呈现。

内心"失序"时，依靠电视、手机、无效聚会、喊歌等方式占据内心是无效的。心或许被临时性占据，但这种临时性占据却不能增加长期的秩序感和安顿感。

若是登高临远，面对大海，登峰五岳，临时性的美好画面一般也会暂时压住头脑中的杂念，登临者往往会短暂增加"美"的情绪体验。但临时性画面的正向作用存在边际效应递减，仅仅依靠登临现场这种临时性管控也缺乏长期效应。

倘若用入心的诗词（参见案例9.4.1）、经典的哲理、名人传记、数理逻辑等自己"真"信且有美感体验的东西占据头脑，一般能够有效增加内心的秩序感和安顿感。这种占据累积到足够时间和足够强度，会产生长期效应，相关理念会融入个人的认知框架，会固化为个人认知的前置信息（参见案例1.9.4）。

借助现代科技，内心多呈现一些自然大美的画面——北极的极光、南极的冰川、宇航员在太空拍摄到的地球、太阳系的运转、银河系的壮美、宇宙的浩瀚……这些画面远比亲身登临的肉眼所见要壮观。头脑中多呈现这些无"常主"霸占的画面[1]，相比各种琐碎占据与画面呈现，何尝不是一种生命的真正奢享。

借助人文、历史，让内心多呈现一些大的历史画面，多呈现一些人类大善的画面，多了解一些古圣先贤和历史伟人的悲欢离合、挫折磨难与生命韧性。[2]这些呈现，一般会使个体更懂得世界和平之珍贵；会使个体的家国情怀得到更为有效的激发；会使个体少一些"小我"对头脑的占据，多一些"无我"；会让个体更真切地体会到自己生活中的那点儿荣辱成败放在历史长河中真的算不了什么；会让个体对人性——人类灵魂中的大善有着更为广泛而深刻的觉知：

---

[1] "江上之清风，与山间之明月，耳得之而为声，目遇之而成色。"有言道：清风明月无"常主"，得闲者得之。在此更换一种表达：清风明月无"常主"，入心者得之。

[2] 在电视剧《红色摇篮》中央苏区时期，毛泽东与贺子珍有这样一段对话："我毛泽东枪林弹雨，出生入死，今天受批评，明天挨处分，妻离子散不说，还被人挖了祖坟，值得吗？""我们天天讲奋斗终生，无怨无悔，可受点委屈就想不开啊……那些一起建党的同志，那些井冈山的子弟，还有千千万万的苏区人民，都牺牲在了我们的前面，已经看不到明天了。我自己的儿子、他们的母亲被杀害，他们流落街头，忍饥挨冻，来信还鼓励我要为老百姓做事……想到这些，我个人受的那些委屈，真的是不算什么。"看来，历史伟人也有内心"不一致"的时候，有时也需要自己说服自己，回答好自己内心的疑问——值得吗？只有自己说服自己后，新的内在"一致性"才能达成，原有的困扰也就真的算不了什么了。

人类能过上今天这样的生活，是各种文明中善根对恶根整体性胜利的结果，若人性的恶根整体性超越了善根，人类或许早已整体性灭绝。

一个人若能借助经典的至简之道、大自然画面、大历史画面养成内在的思维大河，一个人若能经常强化与至简之道、大画面相关的认知回路和情绪回路，一个人若能管控好头脑中主画面的呈现与占据、管控好"无"与"有"（参见第一章第八、九节），他也就管控住了自己的脑，也就降伏住了自己的心。

 案例 3.3.6　认知多些中正，情绪多些平和

心大了，认知提升了，困惑自然就少了。但人毕竟是"情""理"双控的生命体。在"情"的作用下，"理"有时会失控。积极诠释的认知习惯可以调整情绪，但在某些特殊情况下可能失效。正如哲学家罗素的感悟："假定你是犹太人，你的家族被屠杀了。假定你是个反纳粹的地下工作者，因为抓不着你，你的妻子被枪毙了。假定你的丈夫为了某种纯属虚构的罪，被送到北极地方强迫劳动，在残酷虐待和饥饿下死掉了……在这种情况下，你也应该保持哲学的平静吗？"

在上述情况下，常人实难平静，枉论中和。人若无情徒生悲，现代心理学证实，情绪缺失者麻烦更大，人不要压抑自己的情绪，可以通过认知调整，适当表达情绪。认知中，情绪和；认知正，情绪美。只要"适情"，威廉王子对妈妈的"爱之深"、林冲对高俅的"恨之切"皆是真，皆合众，皆有"美"！（参见本章第五节）

影片 *Letting Go* 中有这样一段话："通常我们所做的是把生活远远推开，我们压抑自己的情绪，当我们这样做时，情绪让我们感到不堪重负。"其实，情绪和身体器官不一样，它是可以选择、可以割舍、可以流走的。"我们只是敞开，让情绪来去自由，它将直接通过我们，无处滞留。"（参见案例 6.4.7）

现代心理学巨匠罗杰斯说道："在我生气和不满时，做出一副平静和友善的样子，是没有用的；不懂装懂，是没有用的；在某一时刻实际上充满敌意，却装作一个仁慈的人，是没有用的；如果实际上既害怕又缺乏信心，却做出非常有把握的样子，是没有用的。总之，当我感到不舒服，却装出一切都好的样子，那毫无益处。实际上，我在个人关系上所犯的大多数错误，我对于别人无所助益的大多数情况，都可以用一个事实来说明，即出于某种自我防御的原因，我的表面行为与自己的实际感受背道而驰。"简单"压抑"非上途，调整认知为上策。

认知局促了，"小其心"，忧、怨、恼、恨必然多现；认知提升了，"大其心"，理解、包容、感恩、和悦必然多现。为了他人，更为了自己，最好将自己的心放大些！将"忠恕""诚敬"等正念每天多存养几遍，将这些正念在"静以存之，动以磨之"中转换为认知习惯、情绪习惯、行为习惯。

情绪本发于内心，而降伏自心并非易事，减少头脑中的对抗并非易事。一个人倘若能多一些积极诠释，多一些"躬自厚而薄责于人"，多一些内在"一致性"的养成，他就自然会多一些心安、幸福。

四、情绪过度有麻烦，情绪缺失更麻烦

认知影响情绪，情绪也影响认知，正所谓"身有所忿懥则不得其正，有所恐惧则不得其正，有所好乐则不得其正，有所忧患则不得其正"。合理中正的情绪会完善我们的人格，辅助我们的判断，使我们生而为"人"，而非机器人。但"过度"的情绪却会导致麻烦，"非理性"的情绪往往伴随着"冲动后的惩罚"。情绪微妙如天平的指针，时而左右摇摆，时而指向中正。指针不可缺失，不可失控。

（一）情绪过度有麻烦

 案例 3.4.1　情绪影响判断——蜀汉的由盛转衰

　　大多数人对《三国演义》都非常熟悉，并且对刘备也有各种不同的看法。然而，人们对刘备的冷静与谨慎的看法是基本一致的。正是由于他的冷静，他才能很好地驾驭关羽、张飞等一代名将，令孤傲的关羽和暴躁的张飞都能忠心辅佐自己，成就霸业。任何人都有情绪激动的时候，这是人正常的情绪波动，无法避免，即使冷静如刘备，也会有冲动的时候，并且正是这让他无法控制的冲动毁了自己，毁了蜀汉的前程。

　　赤壁之战以后，曹魏政权退守长江以北，三国呈鼎立局面。蜀汉与盟友东吴开始貌合神离，开始明争暗斗。最终，关羽一意孤行败走麦城，为东吴所害。张飞更是冲动，当即率兵进军东吴，要为关羽报仇，可奈何其脾气暴躁，鞭打部下，最后反被部下杀害。部下带着张飞的头颅投靠了东吴。

　　祸不单行，关张二人皆因东吴而死，刘备也终于失去理智，不顾群臣谏阻，举全国之力讨伐吴国。在仇恨的驱使下，刘备无视兵法，一味进攻，最终中了陆逊火烧连营之计，几乎全军覆没，多年心血毁于一旦。这一战也使刘备急火攻心，病死于白帝城，中兴汉室的心愿付诸东流，令后世嗟叹。

　　《孙子兵法》有言："主不可以怒而兴师，将不可以愠而致战……怒可以复喜，愠可以复悦，亡国不可以复存，死者不可以复生。"情绪总归有平复的时候，但情绪影响下的行为和决策却会产生实实在在的结果。本案例中的刘备正是犯了"怒而兴师""愠而致战"的错误，最终导致无可挽回的苦果。即便到了今天，各种社会新闻和热点事件也在提醒我们：情绪一旦干扰了人的正常决策，其后果将非常严重，有时甚至远远超出行为人的意料和承受范围。

　　案例 7.6.3 中，追星的女儿一句"我爱明星比爱父母重要，明星就是比你们好"令其父火冒三丈，竟当即持刀将女儿砍死。悲剧的发生固然缘于多重因素的叠加，但瞬时爆发的情绪往往成为毁灭性的"扳机"。

生气时少讲话，愤怒时不决策。

（二）情绪缺失更麻烦

 案例 3.4.2　没有情感的人难以正常生活

电视剧《星际迷航》（*Star Trek*）中有这么一个角色——史波克（Spock），他的母亲是地球人，父亲是瓦肯星人，该星球上的人以信奉严谨的逻辑、推理及排除情感干扰而闻名。在电视剧中，史波克是一个能干、有才华、在某些方面非常优秀的人，他不会因情感问题而受到干扰、影响和伤害。没有情感成了他的优势，这使他能够在关键时刻做出理性的思考、判断和选择。现实中有很多人凭感觉认为，如果没有了情感，我就可以完全理性地思考和判断，而不是让情感引导行为，那么我将会变成更好、更优秀的人。事实真是这样吗？

在耶鲁大学心理学教授保罗·布鲁姆（Paul Bloom）的"心理学导论"课程中，有两个关于"没有情感的人"的案例。[1]1848 年，25岁的菲尼斯·盖奇在美国佛蒙特州铁路工地工作时发生意外，一根铁棒刺进盖奇的左面颊，穿透颅骨底部，经过脑的前部，从头顶高速穿出。经过治疗后，盖奇的触觉和听觉仍然正常，四肢和舌头也没有麻痹。他的左眼瞎了，但是右眼视力仍然很好，走起路来很稳，可以灵活使用双手，说话也没有明显的困难。但糟糕的是，他失去了自己的性格。美国神经科学家安东尼奥·达马西奥在其著作《笛卡尔的错误》中如此描述盖奇的情况：他曾是一个很负责任的人，一个居家男人，非常可靠，值得信赖。但发生意外之后，他变得反复无常、无礼，喜欢不时地用不堪入耳的话辱骂别人，很少尊重他

---

① 耶鲁大学公开课：心理学导论（第 11 集）演化、情感、理性之情感第一部分。

的同事，对约束和别人的建议显得很不耐烦。他的粗话如此下流，连女性们都被告知不要在他面前停留太久，以免她们敏感的心灵受到伤害。他失去了工作，失去了家庭，后来一个马戏团把他招了进去，他靠叫卖自己的不幸换取别人的金钱。[①]

《笛卡尔的错误》中有另一个例子，一个名为埃利奥特的患者患上了脑膜（脊）瘤，在切除肿瘤时，被肿瘤损坏的额叶组织也被切除了。手术各方面都很成功，肿瘤不再继续生长，前景很乐观。他的智力、行动和语言能力都很正常，但他失去了分清主次的能力，失去了设定目标的能力。当需要中断某项工作而转向另一项工作的时候，他却可能会继续坚持之前的工作，好像忘记了主要目标是什么，或者他可能会中断自己正在从事的某项活动，而转向自己突然发现的、他所认为更有意思的事情。他和菲尼斯·盖奇一样，失去了工作，失去了家庭，最后只能靠领救济金度日。[②]

菲尼斯·盖奇和埃利奥特并没有完全丧失他们的情感，但是他们都失去了情感能力中很重要的一部分，所以他们的理性都不再起作用了。情感让一个人能够设定目标并分清主次，没有情感的话，他根本不知道该做什么。你渴望学习知识、与朋友游玩、读一本书、组建一个家庭……这些事情的主次是靠情感来区分的。如果没有了情感，我们是不可能做出理性的思考、判断和选择的。没有了情感，我们连正常生活都做不到。

 案例 3.4.3　人的情感影响大脑判断

美国神经学家研究发现，大脑的额前正中皮层使人的情感和直觉能与理智共同发挥作用，从而影响大脑的判断。大脑在做决定时并不是只运用理性思维，也带有感情色彩，人在判断对错时情感也发挥一定的作用，这有助于解释人为什么会富于同情心而不是完全

①［美］达马西奥. 笛卡尔的错误[M]. 毛彩凤，译. 北京：教育科学出版社，2007.
②［美］达马西奥. 笛卡尔的错误[M]. 毛彩凤，译. 北京：教育科学出版社，2007.

理性的。人类的大脑经过了生物和文化方面的进化，需要一定的同情心并拒绝如同机器人一样做出功利主义的决策。安东尼奥·达马西奥说道："这是大脑体系中决定人类智慧和仁爱的部分之一。研究表明，人在面对各种情况时会做出并非纯理性的道德判断，情感会在其中发挥作用。我们的研究还表明，人拒绝极端的功利主义分析形式，这与社会情感的调动有关。"达马西奥认为，这种理智与情感相结合的道德判断形式证明，人类进化过程中智慧在缓慢积累。研究还表明，情感并不是在人做出决定以后才发挥作用的，它是决策过程中一个不可缺少的部分。研究人员要求 30 名志愿者就一系列道德难题做出决定，其中有 6 人大脑额叶受损，这致使他们缺乏同情心，比其他志愿者更容易做出冷漠的决定，他们明确表示愿意伤害他人。[①]

人们总认为是情感让其做出错误的判断和决策的。事实上，如果没有情感的参与，任何思考、判断、决策可能更加糟糕。没有情感的人也并非如影视作品中那般优秀，让人羡慕。恰恰相反，在现实生活中，一个没有情感的人，更有可能是一个无法工作、无法与人沟通交流、无法享受生活乐趣的人。

感恩吧！每个人都应该感恩生命的双重恩赐：生命赐予了我们理智，同时赐予了我们情感。理智与情感的融合使生命富有灵性，使生命有了如此之多的"真善美"。

有评论说，这个世界已有太多的机械、坚硬、粗暴、冷漠、残酷。在这个充斥着钢筋水泥的机械僵硬的世界里，情感正是阻止人类心灵荒漠化的独特源泉，七情六欲、喜怒哀乐，这些情感使人的生命得以体验爱恨情仇，不至于单调乏味。

 案例 3.4.4 如何正确看待情绪：来自《传习录》的提示

澄尝问象山在人情事变上做功夫之说。先生曰："除了人情事

---

① 新华网 2007 年 3 月转引自英国《泰晤士报》的报道。

变，则无事矣。喜怒哀乐非人情乎？自视听言动，以至富贵、贫贱、患难、死生，皆事变也。事变亦只在人情里。其要只在'致中和'，'致中和'只在'谨独'。"

——《传习录·门人陆澄录》

　　陆澄（王阳明的学生）曾向王阳明请教陆九渊"在人情事变上做功夫"的学说。王阳明的回答是：人情事变之外就没有别的事了。人的喜怒哀乐，便是"人情"；人的所见所闻、境遇变迁，皆为"事变"，这些"事变"又都体现在"人情"之中。面对"人情"和"事变"，关键是要维持心绪的中正与平和；而维持心绪中正与平和的关键，是在独处时亦能恪守本心。[①]

　　原文中提到的"致中和"，源于《中庸》中的表述："喜怒哀乐之未发，谓之中；发而皆中节，谓之和。"喜怒哀乐等情绪尚未表现出来的时候，叫作"中"；情绪表现出来后能够符合法度与原则，无过且无不及，就叫作"和"。如果说"中"源自人先天的秉性，那么"和"离不开后天教化和自我修养，这也是"谨独"的意义所在。[②]恪守本心不是要消灭情绪，更不是要放纵情绪，而是要做到"发而皆中节"，时时、事事遵从正念。

　　罗素在《我为什么而活着》中写道："对爱情的渴望、对知识的追求、对人类苦难不可遏制的同情心，这三种简单但无比强烈的情感支配着我的一生。"如果我们不曾因美好的事物而欢愉，不曾因苦难、不义而悲伤和愤怒，我们便无法产生对幸福生活的向往，无法产生为人类幸福而奋斗的勇气。但是，人不应成为情绪的"奴隶"，不能在认知、行为层面任由情绪牵制。在生活节奏日益加快的当下，人们似乎更容易陷入情绪的"内耗"。事实上，情绪内耗的背后往往是认知的杂乱。在不良认知惯性的影响下，人很容易对各种"人情事变"做出负面解读，任由消极念虑挤占头脑，沉溺于消极情绪的

---

①［明］王阳明. 传习录[M]. 张靖杰，译注. 南京：江苏凤凰文艺出版社，2015.
② 张葆全. 大学中庸译解[M]. 桂林：广西师范大学出版社，2016.

笼罩之中而不自知。实现幸福，需要管控好自己的"心"，需要管控好自己的情绪生成与情绪表达！

五、"情"贵于心，"情"贵适度

汉语"情"字出现得并不早，甲骨文里没有"情"字，《周易》古经部分也无"情"字。"情"字的大量出现，是在春秋战国时期的文献中，即中国思想的"原创时代"，也就是雅斯贝尔斯所谓的"轴心时代"。

生命，要适度有情。有情，才能触摸到生命的细致纹理，才能读懂人生的跌宕起伏，才能充分体会到生而为人的乐趣与多彩。适度有情，方为真人。有情，让人觉得人间值得。

 案例 3.5.1　爱之深

2016 年 4 月，英国威廉王子和凯特王妃访问印度、不丹。访问的最后一天，二人自不丹折返印度，前往泰姬陵。虽然夫妻俩绝口不提戴安娜王妃，但谁都知道，威廉此行正是为了专程看一眼母亲曾来过的泰姬陵（见图 3-5）。①

威廉王子向凯特求婚时，拿出的蓝宝石戒指便是戴安娜王妃生前心爱之物，他说："我会以自己的方式，让我的母亲不会错过这场婚礼，妈妈是我生命中很特别的人，现在凯特也是，我想以一种方式把她们连接在一起。"在威廉和凯特结婚后，威廉更是决定，搬到戴安娜王妃的故居肯辛顿宫长期居住。再后来，夏洛特小公主出生，威廉王子给女儿起的中间名，正是"戴安娜"。

---

① 案例整理自"视觉志"（微信 id:iiidaily）。

戴安娜王妃逝世 20 周年之际，英国独立电视台制作了一部从威廉王子和哈里王子视角回忆母亲的纪录片，片名是《我们的母亲戴安娜：她的生平与传承》。纪录片中，威廉王子与哈里王子促膝翻看家庭相册，威廉王子言语平实却饱含深情：

"There are not many days that go by that I don't think of her."（在过去的日子里，我几乎天天都在想她。）

"I have a smile every now and again when someone says something and I think, 'That's what she would have said'or, 'She would have enjoyed that comment.'They always live with you, people, you know, you lose like that, and my mother lives with me every day."（有时候当人们说起什么，我会想：她也会这么说，她也会这么评论。每当这时，我都会露出微笑。当你突然失去他们的时候，你还能感觉到他们与你在一起，我每天都能感受到母亲在我身边。）

图 3-5　泰姬陵前跨越时空的合影

资料来源："视觉志"（微信 id:iiidaily）文章：《想念一个人久了，一定会重逢！》。

"We felt, you know, incredibly loved, Harry and I, and I'm very grateful that love still...still feels there."（我和哈里备受母亲的宠爱，我很感激，那份爱依然萦绕身边。）

"I give thanks that I was lucky enough to be her son and that I got to know her for the 15 years that I did."（我感谢上苍，我如此幸运地成为她的儿子，让我有 15 年的时间深入了解她。）①

1997 年，年仅 36 岁的戴安娜在巴黎遭遇车祸离世，当时威廉王子只有 15 岁。在之后的多年里，威廉王子一直拒绝在公众场合谈论自己对于母亲去世这件事的悲痛。直到十几年后，他为"丧亲儿童慈善基金"演讲时，提及自己"害怕过母亲节，没有一天不想母亲"，而热爱慈善的戴安娜生前就十分关注这个慈善团体。威廉王子正在完成母亲未竟的事业。

时至今日，他对母亲的"爱之深"分毫不减。

带着自己的妻子，前往母亲曾经踏足之地；在母亲辞世 20 年之际，与弟弟、与公众一同怀念母亲所有美好的一面……这可能是威廉王子对自己母亲最好的纪念方式，是一个孩子对自己母亲最真挚的思念。真切的爱可以跨越时间和空间，这是人性之中的美丽结晶，令世人感叹生而为人之美好。

案例 3.5.2　恨之切

大雪飘，扑人面，朔风阵阵透骨寒。
彤云低锁山河暗，疏林冷落尽凋残。
往事萦怀难排遣，荒村沽酒慰愁烦。
望家乡，去路远，别妻千里音书断，关山阻隔两心悬。
讲什么雄心欲把星河挽，空怀雪刃未除奸，叹英雄生死离别遭危难。
（念：俺林冲自被奸佞陷害流困沧州，
在这牢营城中充当一名军卒，
看守大军草料，
唉！思想往事，
怎不叫人痛恨！）
满怀激愤问苍天，
问苍天，万里关山何日返？

---

① Diana, Our Mother, Her Life and Legacy, ITV, 2017.

问苍天，缺月儿何时再团圆？

问苍天，何日里重挥三尺剑？

除尽奸贼庙堂宽，壮怀得舒展，贼头祭龙泉！

却为何天颜遍堆愁和怨，天呐，天！

莫非你也怕权奸，有口难言？

（念：一阵风雪猛烈，

竟将营房压倒，

俺林冲若早回一步，

险哪！）

风雪破，屋瓦断，苍天弄险，你何苦林冲头上逞威严？

埋乾坤难埋英雄愿，忍孤愤山神庙暂避风寒。①

这一唱段的主人公是《水浒传》中的悲情人物豹子头林冲，此时的林冲因为妻子被太尉高俅的养子高衙内看上而被设计陷害，刺配沧州，于牢城营中充当一名军卒，看守大军草料。不料一个风雪之夜，大雪压塌了他的住处，只得暂时存身于一个破旧的山神庙中。

大雪漫天，愁云惨淡，寒风刺骨，木叶凋残，孤身一人离家千里，满腹冤屈无处排遣，此情此景，令人百感交集。毫无疑问，林冲心中是充满恨意的，他恨自己的妻子被高衙内欺侮，他恨好友陆谦背信弃义引诱他陷入圈套，他恨奸贼高俅屡次三番加害于他，他恨背井离乡无力照顾妻子、家人，他对社会不公、朝廷昏暗的现实满怀悲愤，对上天的善恶不分、错勘贤愚感到怨恨交加。这种对命运的无奈感在戏剧里表现得淋漓尽致。

英雄末路的林冲此时内心燃起了复仇的怒火，渴望能够"重挥三尺剑""除尽奸贼庙堂宽，壮怀得舒展，贼头祭龙泉"，复仇的怒火充斥着他的内心。

当一个人面对杀父之仇、夺妻之恨时，很难保持平静。斯多葛派哲学的观念之一"莫关心你的朋友"是不被社会大众所认可的，

---

① 该段文字为京剧《野猪林》中的一段唱词，扫码可欣赏著名京剧表演艺术家于魁智先生的演唱版本。

忍气吞声是与正直、善良、勇敢等品质相悖的，此时如果"无情"那就意味着缺乏人性。庄子的妻子去世，他却"鼓盆而歌"，虽然显示出"齐生死"的达观态度，但未免有些不近人情，悖于常理。《水浒传》中的扈三娘被梁山众人灭了满门，可谓血海深仇，她却依然归降了梁山，接受了宋江的指婚，可谓冷漠至极，这也一直是扈三娘为读者所诟病的地方。斯宾诺莎认为："对于灾殃的原始反应是复仇。"伤害如果很严重，而且是在利害不相干者当中能引起普遍道德憎恨的一种伤害，在这种情况下，复仇反应仍然受到大多数人的赞美。就像在看《水浒传》的时候，绝大多数观众都很希望林冲能够杀掉高俅报仇雪恨，林冲三番五次报仇不成，观众还会感到失望和惋惜。

　　然而，复仇心也是十分危险的，特别是过激行为。社会只要认可复仇心，就等于允许人在自己的讼案中充当法官，这与法治原则南辕北辙。而且复仇心通常是一种过火的动机，它追求越出分寸施加惩罚。人们容易被复仇的欲望所吞噬，对于别人造成的伤害总想加倍奉还，在现代法治社会，这会使人走上违法犯罪的道路。这样的选择是缺乏考虑的，会陷入冤冤相报的困局。斯宾诺莎认为，受一种单独的炽情主宰的生活是与一切种类的智慧皆难相容的狭隘生活，复仇并不是对伤害最好的反应。

 案例 3.5.3　动人莫过于真情

　　在你的眉间／有一条皱纹／那是你用来告诉我／有气在让你生
　　曾在你怀里／躺了一整夜／我告诉我自己／该是时候你歇一歇
　　你不用担心　爸爸／叶子总有掉落的时候
　　你把这家扛了十几二十年／肩膀总有酸痛的时候
　　每一天你的贡献／我的爱在心里沉淀
　　一个人去承受挫折和痛苦／生怕我不够幸福
　　自从我学会了叫你爸爸的时候／我已经幸福
　　知道你的拥抱背后／有许多痛苦／我下定决心／也让你幸福

　　　　　　　　　　　　　　　　——《让你幸福》，词曲：羽田

　　中央电视台《中国好歌曲》第二季，海归才子羽田一曲《让你幸福》引发现场掌声雷动，刘欢感动落泪，周华健感动到瘫软，"父亲已经过世，不敢轻易碰触情感话题"的蔡健雅在评价时更是数次哽咽。另一位评委则说："中国好歌曲能有这样的音乐，有这样的歌就值啦！"

　　羽田的爸爸年轻时是一名音乐人，坚持原创音乐十分不易，父亲对羽田的影响颇深，在他的心里，音乐也是父亲一个未完成的梦。在某个深夜，羽田跟远在国外的爸爸通了电话，又难过又感动，在十分钟内像"呕吐"一样，把这首歌给"吐"出来了，情感喷薄而出。刘欢大为赞赏："这是一种从心里面出来的歌曲""上有老下有小的我会更了解你刚才的那种情感"。动人莫过于真情，真实的父子之情感动了现场所有导师，也令所有观众感同身受，共鸣强烈。

 案例 3.5.4　适当有情，为美；情自真心，动人

　　艺术之动人在于"美"感染人，若要得"美"，必先得"真"，若要求"真"，必先走"心"。歌手羽田创作的是"发自内心的歌"，唯有来自内心最真实的东西，方动人，方至美。

　　威廉王子对母亲的爱、林冲对于仇人的恨、羽田的情感迸发之所以动人，因有情，皆本"真"。适度有情的人生才是饱满的、充实的。虽然遭受了丧母之痛，但威廉王子并没有因此沉沦，而是一如既往地履行着王子的义务，积极努力地生活，这就是孔子所说的"哀而不伤"。威廉的做法与那些因失去至亲而一蹶不振者相比，无疑是智慧的、美好的、积极的。人们趋向于铭记那些美好的回忆而回避那些悲伤的情感，这也是一种自我保护的方式。但是随着时间流逝，总有一天我们会选择面对，不再压抑自己的感情，那时流露出的真情是人性之中真正熠熠生辉的部分。

　　适当有情，为美；情自真心，动人。

案例 3.5.5　如何做到"有情而无累"

适当有情也是美，但情不可太"过"，"过"情之后易致空虚疲惫，反而使人们的积极情感体验有减无增。生活中有这么多美好的东西值得享受，但是一旦过头了，便常常会导致内疚、沮丧等消极情绪的出现。过犹不及，"情之不敛，运无幸耳"。

在中国，儒家崇尚仁义礼智信等多重价值标准，价值标准越多，内心的"一致性"越难以达成，越容易生发各种或积极或消极的情绪体验。虽然程颢等新儒家代表也倡导"夫天地之常，以其心普万物而无心；圣人之常，以其情顺万物而无情。故君子之学，莫若廓然而大公，物来而顺应"（《明道文集》卷三），这明显有了一些道家的意味，但儒家相对于道家和释家，内在情绪和面部表情一般还是更丰富一些。

道家主张"天地不仁，以万物为刍狗；圣人不仁，以百姓为刍狗"。天地平等对待万物，都视同稻草人而无偏尚之累；圣人平等对待百姓，都视同稻草人而无偏尚之累。《庄子》中有言："至人之用心若镜，不将不迎，应而不藏，故能胜物而不伤。"

道家的这些主张用王弼的话概括就是"有情而无累"。过去修行高深的道士往往都是一脸肃穆，可能与道家关于"情感"的这一主张有关。

六、至乐？至安？

在西方，有关幸福的哲学可分为"快乐论"（Hedonic）与"实现论"（Eudemonia）。在中国，魏晋南北朝时期新道家分化为"主情派"与"主理派"。现代心理学研究也证实：一方面，类似于"逐乐致死"实验中的小白鼠，人类有超强的"逐乐"驱动；另一方面，又不同于小白鼠，人类有"逐安"的内在驱动，有"充分实现个人潜能（天命）"的内在驱动，有追逐"意义感、价值感、无过失感"的内在驱动，有遵从"仁爱、正义、自律"等理性的内在驱动，有"以道治欲，乐而不乱"的内在自觉。这也基本上与文人的浪漫概括相吻合：这一边，荷尔蒙、物欲、名欲，宛如烈火，至死燃烧；那一边，自律、正义、节制、修行，永无止境。当代积极心理学之父马丁·塞利格曼在其早期著作中，强调幸福就是追逐更多的积极情绪体验。但在后期著作《持续的幸福》中，他已经将幸福拉下了情绪的神坛，明确了幸福不是无止境地追逐快乐的情绪，还应该重视"潜能的充分实现"。一个全身心投入工作的科研工作者，他可能没有太多高涨情绪的体验，但是他在天赋充分实现的过程中体验了更多的"中和""心安"。按照现代心理学的术语表达，他有着心流的体验，这才是更值得提倡的幸福观。所以，本书中所说的"积极情绪占比"，既包含着"乐"，也包含着"中和"与"心安"。

（一）及时行乐？

西方哲学中，快乐论把追求"快乐"看作人类一切行为的原动力。[①]快乐论的代表人物伊壁鸠鲁将快乐当作道德的前提和标准，认为"快乐是天生的最高的善……我们的一切取舍都从快乐出发，我们的最终目的乃是得到快乐"[②]。东方哲学中，新道家主情派讲求"弃彼任我"，这种品格在传统文人中被称为"风流"，其首要特征是自由自在，追求快乐体验。

至乐的驱动力不可低估，追逐愉悦、高涨情绪体验是人类延续和进步的最为重要的驱动力之一，人类对物质、权势、名望、人际等方面的过度追逐也可以从情绪体验层面得到部分解释。

---

① 林永鸿. 论西方快乐论道德观的发展[J]. 四川大学学报（哲学社会科学版），1993（2）：40-46.

② 唐土红，喻权良. 伊壁鸠鲁的快乐论及其伦理反思[J]. 伦理学研究，2006（3）：71-75.

案例 3.6.1 "逐乐致死"的小白鼠[①]

1953 年，来自麦吉尔大学的两名年轻科学家詹姆斯·奥尔兹（James Olds）和彼得·米尔纳（Peter Milner）将一个电极植入小白鼠的脑袋里，通过电极来刺激小白鼠大脑的某个区域以观察小白鼠的行为。他们无意中发现了小白鼠大脑里的"快感中心"。随后，他们通过实验测试了刺激"快感中心"能给小白鼠带来多大程度的快感。首先，他们让小白鼠禁食 24 小时，然后把它放在一根短管的中间，管道两头都有食物。通常情况下，小白鼠会跑到管道一头，然后开始咯吱咯吱地吃东西。但如果小白鼠在这之前受到了电击，它便会待在原地，一动也不动。与一份有保证的食物奖励比起来，它更愿意等待可能出现的下一次电击。奥尔兹和米尔纳继续测试小白鼠是否会自己寻求电击刺激。他们放置了一根杠杆，当杠杆被按压的时候，小白鼠的"快感中心"就会受到电击，小白鼠一旦发现了杠杆的作用，就会每隔 5 秒电击自己一下。获得自我刺激机会的小白鼠会一直不停地按压杠杆，直到力竭而亡（见图 3-6）。

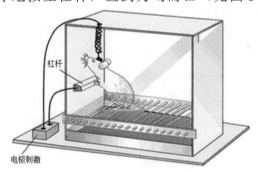

图 3-6 "小白鼠"实验

脑科学专家们认为，这个实验对人类来说也是可以尝试的。美国杜兰大学的罗伯特·希斯（Robert Heath）在被试者的大脑中植入

---

① [美] 凯利·麦格尼格尔. 自控力：斯坦福大学最受欢迎心理学课程[M]. 王岑卉，译. 北京：印刷工业出版社，2013.

电极，并交给他们一个控制盒，控制盒能让他们刺激自己的"快感中心"。被试者表现得和小白鼠如出一辙：他们可以自己选择刺激频率，结果他们平均每分钟会电击自己 40 次；休息的时候，研究人员给他们端来了食物，被试者虽然承认自己已经很饿了，但仍然不愿意停下电击去吃点东西。在研究人员提出终止这个实验或切断电极的时候，有一个被试者提出了强烈的抗议，另外一个被试者在电流切断后仍然按了 200 多下按钮，直到研究人员要求他停下来为止。这样的例子在生活中也屡见不鲜。2005 年，28 岁的韩国锅炉修理工李承生在连续 50 个小时不吃不睡奋战"星际争霸"（一款电子游戏）之后死于心力衰竭，犹如奥尔兹和米尔纳实验中力竭而亡的小白鼠。

 案例 3.6.2　《列子·杨朱篇》中管夷吾的"肆之而已，勿壅勿阏"[①]

　　晏平仲问养生于管夷吾。

　　管夷吾曰："肆之而已，勿壅勿阏。"

　　晏平仲曰："其目奈何？"

　　管夷吾曰："恣耳之所欲听，恣目之所欲视，恣鼻之所欲向，恣口之所欲言，恣体之所欲安，恣意之所欲行。夫耳之所欲闻者音声，而不得听，谓之阏聪。目之所欲见者美色，而不得视，谓之阏明。鼻之所欲向者椒兰，而不得嗅，谓之阏颤。口之所欲道者是非，而不得言，谓之阏智。体之所欲安者美厚，而不得从，谓之阏适。意之所欲为者放逸，而不得行，谓之阏性。凡引诸阏，废虐之主。去废虐之主，熙熙然以俟死，一日一月，一年十年，吾所谓养。拘此废虐之主，录而不舍，戚戚然以至久生，百年千年万年：非吾所谓养。"

　　管夷吾曰："吾既告子养生矣，送死奈何？"

　　晏平仲曰："送死略矣……既死，岂在我哉？焚之亦可，沈之亦

---

　　① 冯友兰. 中国哲学简史[M]. 涂又光，译. 北京：北京大学出版社，2013.

可，瘗之亦可，露之亦可，衣薪而弃诸沟壑亦可，衮衣绣裳而纳诸石椁亦可，唯所遇焉。"

管夷吾顾谓鲍叔、黄子曰："生死之道，吾二人进之矣。"

管夷吾、晏平仲这种"生时尽享耳目感官之乐，死后焚之露之皆可"的达生观，将"及时行乐""任从冲动而生活"的人生态度表现到了极端。魏晋时期拥有同样"至乐"理念的主情派，也有着类似的主张。例如，《世说新语》对竹林七贤中的刘伶有这样的记载："刘伶恒纵酒放达，或脱衣裸形在屋中。人见讥之。伶曰：'我以天地为栋宇，屋室为裈衣，诸君何为入我裈中！'"（《世说·任诞》）

需要注意的是，这些风流之士的产生离不开特定的历史环境。魏晋时期，社会持续动荡，政变、战乱频繁，司马氏集团的篡权更使得政治环境十分险恶。这深刻影响了当时文人的心境，对于主情派的思想观点也起到了催化作用。①

"至乐"之思想在东西方都能找到哲学的支持，"活在当下""人能常乐是功夫""乐一天，赚一天"等日常通俗表达，也支持"至乐"之主张。但西方哲学的"实现论"、东方哲学的"以道治欲""以理化情"都强调人应该合"道"而生，遵"理"而生。"为乐而乐"不可持续，没有"意义感"支撑的逐欲之乐转瞬即逝，"过乐"之后是疲惫、是空虚、是悔恨。人还是要多做些有"意义"的事情，多做些"实现自身天赋"的事情，这样才能"心安"。

（二）但求心安

唐代诗人白居易的《初出城留别》中有这样一句："我生本无乡，心安是归处。"风无定时、云无定形的外部世界总是显得步履匆匆，唯有思绪安宁、无所牵累的内心世界，恰成人间的绝好风景。

很多人以为"心安"只属于隐士或佛门，其实不然。所谓"安"，就是"无亏欠"——与己"无亏"于心，与他人、与天地"无亏"

---

① 刘文英. 中国哲学史（上卷）[M]. 天津：南开大学出版社，2012.

于行。

 案例 3.6.3　从《逍遥游》到新道家主理派

《逍遥游》为道家经典《庄子》的首篇，其思想是：幸福有不同等级。"自由发展我们的自然本性，可以使我们得到一种相对幸福；绝对幸福是通过对事物的自然本性有更高一层的理解而得到的。"①

道家强调人应该遵从本性而生，"苟足于其性，则虽大鹏无以自贵于小鸟，小鸟无羡于天池，而荣愿有余矣。故小大虽殊，逍遥一也"。

《庄子》的《骈拇》篇也曾写道："凫胫虽短，续之则忧。鹤胫虽长，断之则悲。故性长非所断，性短非所续，无所去忧也。"

《逍遥游》中又写道："若夫乘天地之正，而御六气之辩，以游无穷者，彼且恶乎待哉？故曰：至人无己，神人无功，圣人无名。"

新道家发端于魏晋时期，延续了道家的思想，遵从了儒家的教化②，借鉴了名家的方法。以向秀和郭象等人为代表的新道家主理派强调"遵从理性而生"③，以"辨名析理"的眼光重新解读老子、庄子著作，探求个体在艰危乱世中、在自然与名教间的内心和谐之道。向郭注④便是主理派的代表作。

向郭注的道家思想，进一步明晰了幸福的三重境界。第一层境界是应当意识到并且坦然接受自身的局限性，不用他人的标准去要

---

①　冯友兰. 中国哲学简史[M]. 涂又光，译. 北京：北京大学出版社，2013.

②　冯友兰先生在其《中国哲学简史》中有言："值得注意的是，新道家，至少有一大部分新道家，仍然认为孔子是最大的圣人。其原因，一部分是由于孔子在中国的先师地位已经巩固了；一部分是由于有些重要的儒家经典，新道家已经接受了，只是在接受过程中按照老子、庄子的精神对它们重新做了解释。""新道家，尽管是道家，却认为孔子甚至比老子、庄子更伟大。他们认为，孔子没有说忘，因为他已经忘了忘；孔子也没有说无欲，因为他已经无欲于无欲。"所以，主理派的"遵从理性而生"便有了儒家"以道治欲""朝闻道，夕死可矣"的色彩，便有了《庄子·大宗师》中虚构的颜回"坐忘"的故事。

③　冯友兰.中国哲学简史[M]. 涂又光，译. 北京：北京大学出版社，2013.

④　"向郭注"是《世说新语》的用语，指向秀和郭象的《庄子注》。关于《庄子注》的作者是向秀还是郭象的问题，目前尚存在争议，故此处暂以"向郭注"代之。

求自己，不因外界环境的变化而动心。如同宋荣子一样，"举世誉之而不加劝，举世非之而不加沮，定乎内外之分，辩乎荣辱之境"，自身以外的事物无法对其造成影响，达到此境界者可以实现内心的平静，不致终日匆忙地随波逐流。

但即使达到这一境界，"犹有未树也"，还需要到达第二层境界，即冯虚御风，自由享受人生之乐的境界，如同"列子御风而行，泠然善也"。这层境界在不被动地受外界消极影响的基础上，又做到了主动地追求幸福体验。

但即使达到这一境界，"犹有未树也"，因为它"有所待者"，即有所依靠，必须有风才能御风。突破这层境界之后，便可"乘天地之正，而御六气之辩，以游无穷"，到达第三层的"无我无待"之境。在这种境界中，无论什么时候、什么地点、什么境况下都可以达到内心愉悦的状态，即真正的"逍遥"。万物在其自己的范围内自得其乐，只是相对的幸福；但是在第三层境界中，独立无待的人，超越了万物的差别，再无"偏尚之累"，合于天地大道而不自知、不自恃。"至人无己，神人无功，圣人无名"，心有恒"安"，才是真正的自由和幸福。

 案例 3.6.4　"心安"与幸福：来自古希腊哲学的思考

古希腊哲学家苏格拉底认为，幸福的真谛在于"心灵的充实和安宁"。[①]在古希腊历史学家色诺芬的《回忆苏格拉底》中，苏格拉底对诡辩家安提丰说："安提丰，你好像认为，幸福就在于奢华宴乐；而我则认为，能够一无所求才是像神仙一样，所需求的愈少也就会愈接近于神仙；神性就是完善，愈接近于神性也就是愈接近于完善。"这种思想类似于中国道家所说的"天人合一"——宇宙境界之"心安"。

苏格拉底的学生、古希腊哲学家柏拉图更加青睐于理智。在其

---

① 李国山，王建军，贾江鸿，等. 欧美哲学通史精编本[M]. 天津：南开大学出版社，2012.

代表作《理想国》（又名《国家篇》）中，他对灵魂进行了"三分法"，认为灵魂是由理智、欲望和激情三部分组成的，其中处于支配地位的是理智，人应当追求三者的各司其职、和谐相处，在某种程度上也就是"心安"。

作为柏拉图的学生，古希腊哲学家亚里士多德围绕"幸福"进行了完整的思想建构，认为幸福要在合于理性与社会伦理规范的现实活动中才能得到，其观点独具"实现论"色彩。他认为，"幸福不是神的赠礼，而是通过德性，通过学习和培养得到的，那么它也是最神圣的东西之一。因为德性的嘉奖和至善的目的，人所共知，乃是神圣的东西，是至福。"幸福就是"合乎德性的现实活动"。对于"德性"，亚里士多德将它寄托在一种"中庸之道"上："德性作为对于我们的中庸之道，它是一种具有选择能力的品质。它受到理性的规定，像一个明智人那样提出要求。中庸在过度和不及之间……德性就是中间性，中庸是最高的善和极端的美。"这种利己利他兼容，德性至善并存，正是达到了"人人合一"的社会标准之"心安"。苏格拉底、柏拉图和亚里士多德将幸福的前提置于内心的和谐之上，强调个人追求与社会（城邦）责任的兼顾，恰是一种"心安"。

 案例 3.6.5　苏轼："此心安处是吾乡"

定风波·南海归赠王定国侍人寓娘

常羡人间琢玉郎，天应乞与点酥娘。尽道清歌传皓齿，风起，雪飞炎海变清凉。

万里归来颜愈少，微笑，笑时犹带岭梅香。试问岭南应不好，却道：此心安处是吾乡。

词中的"王定国"是苏轼的朋友王巩，"寓娘"则是王巩的侍姜柔奴。"乌台诗案"发生后，王巩因受苏轼牵连被贬至岭南，柔奴毅然随之前往。后来王巩和柔奴回到北方，苏轼向柔奴询问岭南风土，柔奴回答"此心安处，便是吾乡"。苏轼闻之大为震动，便为她写下了这首词。

此时，围绕苏轼展开的政治斗争硝烟未散。他被贬为黄州团练副使，在此后的 20 年里仕途不顺，落得"问汝平生功业，黄州惠州儋州"（《自题金山画像》）的窘境。但是，贬谪生活也给了苏轼一个机会，使他寻到了与柔奴的共通之处，那就是"心安"。柔奴在王巩处境困厄之时不离不弃，有此真情在，便能够安然面对坎坷的生活。苏轼也从官场的乌烟瘴气中得到解脱，那颗追求豪放洒脱的心也不再受拘束。于是，便有了那个写出"黄州好猪肉，价贱如泥土"，烹饪出令食客赞不绝口的"东坡肉"的苏轼；于是，便有了那个"日啖荔枝三百颗，不辞长作岭南人"，善举筑"苏堤"，身居惠儋皆安然、诗篇辞赋值千年的苏轼；于是，便有了那个在穷乡僻壤自得其乐，直言"九死南荒吾不恨，兹游奇绝冠平生"的苏轼……心境至此，何愁不安？这正是：此心归安处，话语更经年！

其实，心安离我们并不遥远。正如电视剧《少年包青天》的主题曲《无愧于心》唱的那样，"头上一片青天，心中一个信念。不是年少无知，只是不惧挑战。凡事求个明白，算是本性难改。可以还你公道，我又何乐不为。"包拯、宋慈等人之所以青史留名，非独有断案缉凶之才，也须有匡扶正义之志，做到无愧于心，方得心安。推而广之，为学者应能有"板凳要坐十年冷，文章不来半句空"的定力，思则至真，行则至善，不造文字垃圾；为政者应能心怀天下，不碰触损公肥私、以权谋私的"高压线"，坚守"执政为公"之承诺；为商者须遵守法律法规与商业道德规范，对于不义之财"虽一毫而莫取"，对于不义之行"勿以恶小而为之"……人之为人，不亏欠于自己的良知，不亏欠于他人的信任，不亏欠于社会之包容，不亏欠于天地之大爱，个体就能体验到那种发自内心的安宁与释然。

苏联作家奥斯特洛夫斯基这样写道："人最宝贵的是生命，生命属于人只有一次。一个人的生命应该这样度过：当他回首往事的时候，他不会因虚度年华而悔恨，也不会因碌碌无为而羞愧。这样在临死的时候，他才能够说：'我的生命和全部的精力都献给世界上最

壮丽的事业——为人类的解放而斗争。'""心安"二字，凝结着我们
对于生命意义的回答，更寄托着我们对于幸福人生的期许。正如王
阳明的那句"此心光明，亦复何言？"愿心安成为幸福的底色。

七、"四药方"与"七药方"

　　泰勒在"哈佛幸福课"中给出了增加积极情绪体验的"四个小
药方"：适度运动、充足睡眠、亲情体验和静思训练。在哈佛"四药
方"的基础上，融合中国的优秀传统文化和现代脑科学研究成果，
我们将"四药方"整改扩充为"七药方"：适度运动；充足睡眠；静
思训练、清除垃圾信息，使头脑中信息一致；"珍惜已有"的感恩练
习；"知足"的认知习惯；"唯一"的心流体验；"和谐"的目标期盼。
实践这些内容，将有助于提升积极情绪占比。本部分只涉及其中两
个方面——"知足"的认知习惯及"和谐"的目标期盼，另外五方面
的内容将在其他章节论述。

（一）"知足"的认知习惯

 案例 3.7.1　〔明〕朱载堉：《十不足》

> 终日奔忙只为饥，才得有食又思衣。
> 置下绫罗身上穿，抬头又嫌房屋低。
> 盖下高楼并大厦，床前却少美貌妻。
> 娇妻美妾都娶下，又虑出门没马骑。
> 将钱买下高头马，马前马后少跟随。
> 家人招下数十个，有钱没势被人欺。
> 一铨铨到知县位，又说官小势位卑。

一攀攀到阁老位，每日思想要登基。

一日南面坐天下，又想神仙来下棋。

洞宾与他把棋下，又问哪是上天梯。

上天梯子未坐下，阎王发牌鬼来催。

若非此人大限到，上到天上还嫌低。

《十不足》是朱元璋第九代孙朱载堉所作，说明人心之贪欲的不易满足。现实生活中也可观察到这样的现象：有些富翁整天愁眉苦脸、心力交瘁；有些并不富裕的人却开口便笑，日子过得有滋有味。脑科学的发展逐渐解开了这个谜题：情绪依赖于头脑中多巴胺等多种神经递质的分泌。如果在过度外求的过程中影响了睡眠，损伤了身体，也就间接伤害了各种积极神经递质的分泌能力。如果这种伤害超越了可修复的界限，个体注定成为一个不快乐的"成功者"。反观那些经济并不富裕的快乐者，其头脑中定有一套很平衡、很一致的"认知体系"；他们没有过多的"偏尚之累"，也不会过于奢望得到自己没有的东西，懂得珍惜健康、亲情等无价之物，更珍惜自己己有的无价之享；他们不会没完没了地和他人比较，他们多时倾向于知足、从容与淡定。

诺贝尔经济学奖得主萨缪尔森曾给出过自己的幸福方程式：幸福=效用/欲望。效用是人从消费物品与劳务中获得的满足程度。如果效用是既定的，那么一个人的贪欲越大，越不知足，他就越不幸福。这也印证了老子两千多年前的智慧："罪莫大于可欲，祸莫大于不知足，咎莫大于欲得。故知足之足，恒足矣。"

 案例 3.7.2 胡九韶感恩天赐一日之福[1]

金溪胡九韶家甚贫，课儿力耕，仅给衣食。每日晡，焚香谢天一日清福，其妻笑之曰："齑粥三厨，何名清福！"先生曰："幸生太平之世，无兵祸；又幸一家乐业，无饥寒；又幸榻无病人，狱无囚

---

[1] 作者同名 b 站文章：《案例 3.7.2 胡九韶感恩天赐一日之福》。

人，非清福而何？”①

这段话用现代汉语表述如下：胡九韶，明朝金溪人。他的家境十分贫苦，一边教儿子读书一边耕种，勉强维持温饱。每天黄昏时，胡九韶都要焚香感谢上天赐给他一天的清福。他的妻子笑他，说："一日三餐全是菜粥，这叫什么清福呀？"胡九韶回答说："我首先很庆幸自己生在太平盛世，没有战争兵祸。又庆幸我们全家人都能愉快地生活和劳动，不至于挨饿受冻。第三庆幸的是家里没有病人，也没有人被关在监狱里，这不是清福又是什么呢？"

在任何时代，在外求名与利的道路上渐行渐远者大有人在，经常因为"求不得"而心生忧怨者大有人在，他们忘记了和平、健康、亲情这些更为珍贵的"无价"之享。掂量好"无价"之价，方能配置好生命资源（参见第七章第九节）。过度追逐有价之物，若伤害了"无价"之享，最终会得不偿失。《道德经》提示我们，"知足者富""知足者常乐"。希腊哲学家克里安德提示："知足的人最富有。""富有"，不仅仅是一个绝对的数字概念，而是一个相对的哲学理念，是在"有价"之物与"无价"之享之间的一种智慧平衡、智慧掂量。

个体本有着诸多"无价"之享，善爱"无价"者，智也。胡九韶就是深谙"无价"之珍贵的智者，有此智慧，个体就不会在过度外求中徒增烦恼、忧虑、抱怨、悲伤；更不会在外求"有价"时伤害"无价"。

懂得珍惜"无价"的"知足"，可以让生命如诗如画，清纯如珠，内涵丰盈，浓郁芳香。

 案例 3.7.3　现代医学研究：乐观与心血管健康

2021 年，国际心血管领域顶尖期刊《循环》（*Circulation*）刊登

---

① 摘自〔清〕黄宗羲《明儒学案》卷二崇仁学案二。

了来自美国心脏协会的科学声明[①]，认为心理健康状况与心血管疾病之间存在明确关联。其中，积极的心理状态——通常包括乐观、拥有目标感和意义感、感恩、坚韧、具有积极情绪体验等——有助于改善心血管健康水平。例如，一项覆盖超过 22 万名个体的研究显示，高度乐观的个体罹患心血管疾病的风险降低了 35%，死亡风险也降低了 14%。一些临床试验发现，在引导患者进行感恩练习（如撰写"感恩日记"）后，患者的血压、睡眠、炎症和心率变异等状况得到改善。此外，养成心理学意义上的"正念"，即个体对其思想、情绪和行为产生的实时的、非判断性的觉察，也被认为能够降低心血管疾病的发病风险。

相反，消极的心理状态——通常包括悲观、抑郁、压力、焦虑、愤怒以及对生活现状的不满——会对心血管健康产生不利影响。一组研究数据显示，与工作相关的压力可能使心血管疾病发病风险提高 40%。另一项研究发现，如果个体表现出高度的愤怒和对抗情绪，那么该个体在 55 岁时患心血管疾病和冠心病的风险将会上升。悲观、消极的心态同样会增加心血管健康风险。一项持续长达 11 年的研究发现，与悲观程度位于后 25% 的人群相比，悲观程度位于前 25% 的人群对应的冠心病死亡风险约为前者的 2.2 倍。

上述科学声明还梳理了心理健康状态与心血管健康之间的关联机理。例如，生物学机理，即特定的心理状态会影响人体内特定的物质合成过程或神经活动，进而影响心血管健康状况；社会心理学机理，即积极情绪或生活满意度较高的人更有可能选择健康的生活方式；等等。总之，积极情绪体验的增加对身体和心理健康均具有促进作用，而积极情绪体验的缺失除了导致心理状态的下降，还会对身体健康带来不良影响。面对日常生活中的各种"外求"，人们常常漠视身心健康方面的异常，或者习惯于将烦恼、纠结、不一致

---

① Glenn L N, Beth C E, Yvonne C M, et al. Psychological Health, Well-Being, and the Mind-Heart-Body Connection: A Scientific Statement From the American Heart Association[J]. *Circulation*, 2021, 143(10): 763-783.

等统统归为"小问题"。然而，当曾经的"小问题"被证明可能引来"大麻烦"的时候，人们更应该静下心来仔细掂量：靠牺牲"无价"换来所谓的"财富"，真的值得吗？我们距离"好之乐之地工作，心安喜悦地生活"，还有多远？

常怀知足之心吧！得益于科技的进步与人文的繁荣，今人平均生活质量与古人相比已实现了整体性飞跃；得益于我国综合国力的持续提升，我们能够远离战乱、灾荒，拥有和谐、安定的社会环境；得益于地球 46 亿年来的守护，人类文明能够克服重重艰险，成为茫茫宇宙中的一个奇迹！从山川风月到高楼广厦，从琴棋书画到柴米油盐，皆能激活头脑中的广泛关联。头脑多播放一次"知足、感恩、欣赏"等积极画面，积极认知回路就会被拓宽一次，积极神经递质分泌通道就被"清淤"一次。每一次"拓宽"，每一次"清淤"，都能自觉不自觉地参与到后续的认知、行为和情绪感受中。"拓宽""清淤"成为日常者，福报实属深厚。

（二）"和谐"的目标期盼

 案例 3.7.4　一个星期中最幸福的两天

曾经有人做过如下实验，让志愿者就下列问题给出真实回答：一个星期内最让你感到幸福的是哪两天？回答最多的是星期六和星期五，而不是星期六和星期日，也就是说人们在星期五的幸福感要高于星期日。为什么会这样呢？实验结果说明，有压力的预期能削弱人的幸福感，好的预期能增加人的幸福感。

预期带来的这种幸福感是如何产生的呢？先来看看星期日，在常人看来，星期日应该是休闲娱乐时间，理应是幸福感很强的一个日子。但星期日之后是有明确预期的，是五天可能并不轻松的工作日，再加上手头上可能还积攒了一些工作要在星期一完成，这自然会降低人们的幸福感。而星期五却恰恰相反，人们虽然坐在办公室工作，但此后的两天值得期待：人们可能会想到周末的出游，想到美食, 想到聚会, 想到购物……正是这种对周末愉快的预期, 给忙碌的星期五带来幸福感。

南开大学国际经济研究所李磊教授研究证实, 未来预期对个体的幸福感具有明显的正向效应, 且在 1% 统计水平下显著[①]。收入状况的未来预期、资产的未来预期、职位升迁的未来预期和工作条件的未来预期对居民幸福感均有着显著的正向效应, 即良好的预期可以提升居民的幸福感。也就是说, 居民对未来社会发展的良好预期会增加当下幸福感。对于我们每一个个体而言, 多一些美好预期, 多一些美好期盼, 生活就会多一些幸福色彩。

 案例 3.7.5 和谐期盼能增加积极情绪体验

莫言在一次东亚文化论坛演讲中提到, 通信过于便捷有可能破坏亲人之间相互期盼所产生的美感与深刻。在经典评剧《回杯记》中, 王二姐期盼进京科考的情哥哥张廷秀, 整整盼了三年, 见到张廷秀后她百感交集、情绪迸发。剧中唱道:"自从你进京城去赶考, 二妹我时时刻刻未忘前情, 你走了一天我往墙上画一道, 你去了两日我往墙上画两横, 二哥你去了三年整, 墙上的道道儿数也数不清。我想你春暖花开冰河开了冻啊, 我盼你夏过三伏石榴红, 我等你秋风吹落梧桐叶, 我望你呀大雪纷飞到残冬, 我今日也是盼明日也是等, 望你得中转回城, 谁知你呀一去三载无有音信……"

现代脑科学证实, 美好的期盼确实能够增加头脑中积极神经递质的分泌。通信不便, 盼了三年, 定会使积极神经递质的分泌渠道畅通很多, 定会增加很多深刻的情绪体验。在 20 世纪八九十年代, 两位异地恋的大学生, 在期盼对方的书信中也可能体验到很多美感和深刻。

说到期盼, 笔者回想起读大学时观看香港电视剧《射雕英雄传》的情景。20 世纪 80 年代, 内地电视节目很少, 每播放一部经典电

---

① 李磊, 刘斌. 预期对我国城镇居民主观幸福感的影响[J]. 南开经济研究, 2012 (4): 55-69.

视剧，都能给观众增加很多积极的情绪体验。播放《射雕英雄传》时，学校看不了，有个同学便带我到学校对面他亲戚家里去看，每晚一两集，在新闻联播之后播放。现在回想起来，我仍能清晰地回忆起当时的很多情境，每天晚餐后的积极情绪体验很足，选项少而精品多是何等珍贵！当选项多而精品少时，人们再也找不回那种期盼、那种愉悦了。

八、情绪决定的物质基础

在东方，古圣先贤通过"内省"，通过每日"三省吾身"，通过"格"日常万事万物，对"忧虑""怨恨""愤怒""恐惧""喜乐"等情绪问题给予了深入洞察，得出了诸多有关情绪的至理名言。例如，"仁者不忧""正己而不求于人，则无怨""身有所忿懥，则不得其正；有所恐惧，则不得其正；有所好乐，则不得其正；有所忧患，则不得其正。心不在焉，视而不见，听而不闻，食而不知其味。此之为修身在正其心"……先贤们多时将情绪问题归于"心"，归于精神层面。

在心理学和脑科学充分发展之前，西方的先贤们也多将情绪问题归于纯粹的精神层面。但伴随着心理学，尤其是脑科学的发展，越来越多的证据表明，情绪的产生伴随着头脑中各种神经化学活动，伴随着头脑中各种神经电活动。情绪，很大程度上取决于神经递质分泌的种类与数量。情绪——此前被归为纯粹精神层面的东西，现在看来也具有很强的物质性基础。这在一定程度上应验了大哲学家罗素先生的预言："物理学越发展，物质的物质性越弱；心理学越发展，精神的精神性越弱。"

案例 3.8.1 情绪决定：神经递质的种类与数量

神经递质是介导神经元信息传递的化学活性小分子，在突触传递中扮演"信使"的角色。"各种情感和内心活动均由脑内神经递质的种类和数量决定。"①人们丰富的感情和心理状态受神经递质的影响很大。目前，脑科学工作者已检测到百余种神经递质或可能具有神经递质功能的化学物质，每一种递质在脑内发挥一种或多种作用。例如，多巴胺的分泌伴随着积极情绪体验，乙酰胆碱的分泌与学习、记忆、肌肉收缩、注意力等有关……神经递质分为兴奋性和抑制性两种，它们的组合状况对人的心情影响明显。如果特定的神经递质太强或太弱，导致脑中的某些平衡被打破，那么我们就会失去"平常心"。帕金森病、抑郁症等疾病都与神经递质的分泌有关。②

相关研究结论显示，人在情绪决定方面不是完全被动的，运动、睡眠、冥想、饮食、药物、电击等方式均能够起到调节神经递质分泌的作用，从而影响情绪的产生和变化。从这个角度讲，神经递质的分泌受到多重因素的影响。更重要的是，人们可以通过主观努力，创造与积极神经递质分泌有关的外部环境，提升积极情绪占比。

就神经递质的作用过程而言，它作用于接收神经元的树突膜上，一类神经递质具有抑制作用，使得下游的神经元更不易被激发；另一类则具有易化作用，使下游的神经元更易被激发（参见案例1.7.4）。神经递质储存在轴突的囊泡中，当神经冲动产生后，通过突触间隙传导到突触后膜并作用于受体位点。脑内总是活跃着脑神经电活动和神经化学活动，一个兴奋的神经元发放电冲动的频率可高达 1000 次/秒。神经元发放电冲动的次数越多，其对突触下游细胞的作用就越大。这些放电活动可以通过脑电图（Electroencephalography，EEG）和事件相关电位（Event-related Potential，ERP）方法进行记

---

① ［日］野口哲典. 谁在控制你？探秘神经递质[M]. 闫晗，译. 北京：科学出版社，2014.
② ［美］大卫·林登. 愉悦回路[M]. 覃薇薇，译. 北京：中国人民大学出版社，2014.

录，以测量大脑各个区域的电活动水平。如图 3-7 所示，伴随着人体的外部刺激，神经元发送神经冲动，同时储存在囊泡中的神经递质分子运动到轴突的突触前膜，囊泡与突触前膜融合，神经递质以胞吐的方式被释放，神经递质分子穿过突触间隙到达下一个神经元树突的受体位点，激发镶嵌在突触后神经元细胞膜上的受体分子。一部分神经递质与受体位点"对上号"，另外一部分未与受体位点"对上号"的神经递质将被清除。①

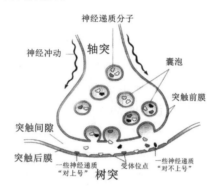

图 3-7　突触传递

后神经细胞的电活动必须从上游传递过来的信号加强到一定数量才可以发生。加强信号的方法有以下两种。

第一种方法是从突触前细胞连续地发送信号，信号的叠加作用形成后神经细胞电活动，这是时间的叠加（见图 3-8）。另一种方法是由许多突触前细胞同时发送信号，这种叠加作用也可以形成后神经细胞电活动，这是空间的叠加（见图 3-9）。这两种方法组合起来就可以引起神经细胞电活动，将信号一个接一个地传递下去。

---

① ［美］迈克尔·S. 加扎尼尔，理查德·B. 伊夫里，乔治·R. 曼根. 认知神经科学[M]. 周晓林，高定国，等译. 北京：中国轻工业出版社，2017.

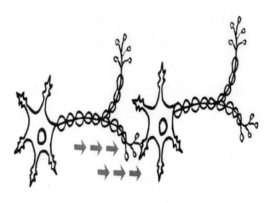

图 3-8 时间的叠加

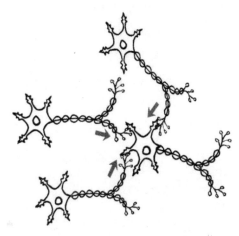

图 3-9 空间的叠加

细胞间电信号的传递需要神经递质，神经递质的种类和数量组合又决定着人的情绪体验。

 案例 3.8.2 野口哲典《谁在控制你？探秘神经递质》①

日本的野口哲典在《谁在控制你？探秘神经递质》一书中提出，喜怒哀乐等情绪主要是由大脑边缘系的杏仁核和下丘脑、大脑皮层联合区的活动产生的。来自外界的刺激一到达杏仁核，杏仁核就会

---

① ［日］野口哲典. 谁在控制你？探秘神经递质[M]. 闫晗，译. 北京：科学出版社，2014.

与储存记忆的海马体及大脑皮质相互联系。这个信息最终传达到大脑皮层联合区，继而产生各种各样的情感。

这种产生情感的信息要依靠神经递质的传导，而且神经递质的分泌是由在脑干汇集的神经细胞控制的。很多神经细胞汇集在一起的部分称为神经核。神经核是大脑的很小一部分，在脑干也有若干个像这样能够生成神经递质的神经核。

这些神经核将神经纤维向脑内宽阔的区域延伸，并根据杏仁核发出的指令，脑内各区域释放去甲肾上腺素、多巴胺、肾上腺素、5-羟色胺等。

神经核在脑干的排列，与排队类似，分为 A、B、C 三个系列。其中 A1～A7 神经核释放去甲肾上腺素，A8～A16 神经核释放多巴胺，A9 和 A10 特别大，分别称为黑质和腹侧被盖区。C 神经核释放肾上腺素，B 神经核起到调节 A、C 神经核释放出神经递质的作用（见图 3-10）。

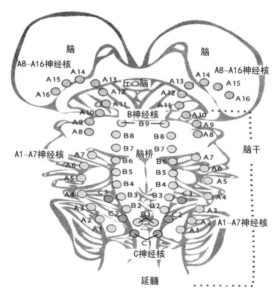

图 3-10　脑干神经核分布图

愉悦回路中产生多巴胺的细胞群属于 A 类神经核，这是多巴胺分泌和愉悦调节的基础。事实上，心安体验、愉悦体验、欲而不贪的自律体验，其物质运行基础都与神经递质有关，不同种类与数量的神经递质组合决定着不同的情绪体验。

九、"静思"有利于情绪改善

"致虚极，守静笃。"本书第一章论述了通过适当沉思、守静，通过与内心、与灵魂的真诚对话，让消极念虑得以止息，让内心多些认知"一致性"的达成，让头脑中呈现更大的闲置空间，让积极观念得以更多地呈现与链接，可以使得后续认知和行为更有效率。"知行感合一"，适当守静，不但有利于认知"一致性"的增多，有利于行动效率的提高，也有利于积极情绪占比的提升。

 案例 3.9.1　智者论静

大学之道，在明明德，在亲民，在止于至善。知止而后有定，定而后能静，静而后能安，安而后能虑，虑而后能得。物有本末，事有终始，知所先后，则近道矣。

——《大学》

重为轻根，静为躁君。

——《道德经》

致虚极，守静笃，万物并作，吾以观复。夫物芸芸，各复归其根。归根曰静，静曰复命。复命曰常，知常曰明，不知常，妄作凶。知常容，容乃公，公乃全，全乃天，天乃道，道乃久，没身不殆。

——《道德经》

夫君子之行，静以修身，俭以养德。非淡泊无以明志，非宁静无以致远。

——《诫子书》

水静极则形象明，心静极则智慧生。

——《昭德新编》

 案例 3.9.2　曾国藩每逢大事有静气

初到京城的曾国藩略显浮躁，总是坐不住。他在日记中写道："昨日今日，俱无事出门，如此大风，不能安坐，何浮躁至是！"[①]他便向理学名臣唐鉴先生请教，唐鉴送了他一个字——"静"，告诉他："若不静，省身也不密，见理也不明，都是浮的，总是要静，最是静字功夫要紧。"在立志"学做圣人"之后，曾国藩在日记当中，给自己立下十二条做人的规矩和课程的标准，其中第二条就是静坐："每日不拘何时，静坐四刻，体验来复之仁心。正位凝命，如鼎之镇。"

在曾国藩被革除官职、归省的三年，他愧悔交集，"心中纠缠，时忆往事，愧悔懂扰，不能摆脱"。在极端痛苦中，他像一个闭关的和尚一样把自己关在屋子里，一坐就是一整天，统兵以来的种种情形在大脑中一遍遍闪过。渐渐地，曾国藩静下心来了。[②]心静下来，就能处理各种纷乱的军政大事，许多为人处世、治学从政的体会和方法，曾国藩也都在静坐中获得。在以后的政治生涯中，每每遇到重大问题，他总是不轻易做出决定，总要通过几番静思、反复权衡之后，才拿出一个主意来。在静思的过程中，他经常点上一支香，把所有的事情好好捋一遍。后来曾国藩感悟道："人心能静，虽万变纷纭亦澄然无事。不静则燕居闲暇，亦憧憧亦靡宁。静在心，不在境。"

<hr />

① 张宏杰. 曾国藩传[M]. 北京：民主与建设出版社，2019.

② 张宏杰. 曾国藩的正面与侧面[M]. 长沙：岳麓书社，2018.

案例 3.9.3　神奇的冥想——脑科学的证实

"静思"颇有东方意味，而"冥想"则是全世界公认的"守静"训练。

泰勒·本·沙哈尔在哈佛大学"积极心理学"的课堂上，专门讲到了冥想的意义，他表示："冥想的意义在于活在当下、此时此刻，尽力去活在此时此刻。当我们迷失思绪、迷失对呼吸的专注，再把自己唤醒就好。反复地迷失后再找回，这种失而复得的练习使我们的思想意志更加专注。"沙哈尔教授还列举了一些关于冥想的研究，如威斯康星大学（Richie Davidson）、伍斯特大学（Jon Kabat Zinn）、哈佛大学（Herbert Benson）等人研究了顶级的长期冥想者大脑的左右前额皮层比（Left-to-right prefrontal cortex ratio）。这个比率是测量幸福度的"客观标准"之一。幸福的人往往左前额活动更加频繁，不幸福的人则右前额活动频繁。研究者发现，仪器下大脑的样子与自我报告的幸福度高度相关，而冥想者与普通人的大脑存在差别，意味着冥想者具有非常高的幸福等级，对积极情绪更敏感，对消极情绪的恢复力更强。这并非由于冥想者们生而不凡。里奇·戴维森（Richie Davidson）认为大脑是可塑的，途径之一就是冥想。乔·卡巴金（Jon Kabat-Zinn）研究了两组人，其中一组每天进行 45 分钟的冥想，另一组是等待参加冥想的人，仅仅 8 周后，冥想组的左右前额皮质发生变化，焦虑明显降低，更加幸福，情绪更好。赫伯特·本森（Herbert Benson）表明，每天 15～20 分钟的冥想，经过日积月累，也能对身心幸福带来极大影响，具体表现为：冥想可以用于辅助治疗诸如高血压、心脏病和偏头痛等生理上的疾病，以及糖尿病和关节炎等自身免疫性疾病。这可能是由于冥想时人体的心跳和呼吸都会变得缓慢，体内的血乳酸水平也会随之下降，脑电会表现出 α 波频率增加，这些都是身体和大脑放松的标志。[①]

---

① Benson H. The Relaxation Response[M].New York: William Morrow, 1975.

案例 3.9.4　功能性磁共振成像技术的进一步证实

科学家利用功能性磁共振成像（fMRI）技术进一步研究了冥想状态下的神经机制。长期冥想练习者在冥想过程中的 Gamma 波（Gamma 波与注意、记忆、学习和感知等心理过程具有紧密联系）活动明显比平时活跃，而即使在休息时，长期冥想练习者的 Gamma 波活动也显著多于未尝试过冥想的人。

研究者利用磁共振成像（MRI）技术记录了冥想如何激活相应的神经结构：在受试者进行昆达里尼冥想的过程中，对受试者的大脑进行扫描，发现在冥想时，冥想者的海马体（海马体是主管"学习和记忆"的重要部位，是与人的自我意识、同情心和自我省思相关的大脑结构）发出显著信号。此外，冥想还激活了涉及注意力的额叶，以及与焦虑感和压力感有关的杏仁核等神经结构。此次研究是由麻省总医院精神科神经影像学家萨拉·拉泽（Sara Laza）领导的，她指出冥想所引起的放松反应，会进一步影响冥想者大脑的认知和情感处理系统，为冥想者带来"认知"及"心理"上的好处。①

 案例 3.9.5　静坐——先贤之实践

《大学》强调"静而后能安，安而后能虑，虑而后能得"。先"静"，先"安"，先"真心思考"，才有真"得"。明晰"静""安""虑""得"的先后，则近道矣。儒家思想中，进学、明理、修身均始于"静"。有人说"静坐"可追溯到《庄子》的颜回"坐忘"。朱熹在《延平答问》中写道："明道（指程颢）教人静坐，李先生（指其老师李侗）亦教人静坐，看来须是静坐，始能收敛。""先生极好静坐，某时未有知，退入室中，亦只静坐而已。先生令静中看喜怒哀乐未发之谓'中'，未发时作何气象，此意不唯于进学有力，兼亦是养心之要。"

---

① 根据搜狐网《哈佛大学最新研究　冥想能改变大脑的结构》整理. https://www.sohu.com/a/62391240_387091.

朱熹本人对静坐更是推崇。《朱子语类》记载："须是静坐，方能收敛。""静坐非是要如坐禅入定，断绝思虑。只收敛此心，莫令走作闲思虑，则此心湛然无事，自然专一。及其有事，则随事而应；事已，则复湛然矣。"朱子认为，静坐可谓进学之始、安顿之处、进步之途，"始学工夫，须是静坐。静坐则本原定，虽不免逐物，及收归来，也有个安顿处""人若于日间闲言语省得一两句，闲人客省见得一两人，也济事。若浑身都在闹场中，如何读得书！人若逐日无事，有见成饭吃，用半日静坐，半日读书，如此一二年，何患不进！"[①]

王阳明对静坐亦有感悟。论及为学工夫，王阳明有言："教人为学不可执一偏。初学时心猿意马，拴缚不定。其所思虑多是人欲一边。故且教之静坐息思虑。"后来，他又将"静坐"的裨益拓展到了"静存动磨"。（参见案例 2.4.1）

在日常生活中，我们的所闻、所见、所尝、所触、所思、所感，在头脑中都建立了存储、联结（神经细胞间的突触）。这些联结有正效的，有负效的；有接近中正客观的，有远离中正客观的；有与积极情绪相关的，有与消极情绪相关的。静，物我两忘，有利于头脑中积极神经递质的分泌，有利于解开负效联结，系紧正效联结。负效联结越少，正效联结越多，认知就会日趋客观，决策力、鉴赏力就会日趋提升，积极情绪体验会日渐增多，行动日渐有理有力，日渐体验知行感融汇，天地人合一！有解开乱线团经验的人定能体验到，解开错结不能急，不能用蛮力，需要静，通常需要松劲。

---

① 得益于古今智者的提示，近年来笔者初步践行了"动静等观"之理念，每天早晨 6 点多起床，简单洗漱后，静坐 30 分钟（静坐时可听些慢节奏的有关传统文化的诵读、讲解）。"静"之效果已经初现，记忆力改善明显，现在自己能在一分钟内背完圆周率小数点后面 300 位数字，最高纪录是 53 秒完成。感兴趣的读者可扫描二维码观看相关背诵视频。

十、一致性与阿基里斯悖论

 案例 3.10.1　阿基里斯悖论

　　公元前 5 世纪，古希腊数学家芝诺提出了著名的阿基里斯悖论：传说中跑得最快的阿基里斯"可能"永远追不上乌龟？让阿基里斯与乌龟赛跑，假设一：阿基里斯从 P_0 点出发，乌龟从领先阿基里斯 1000 米的 P_1 点出发；假设二：阿基里斯的速度仅仅是乌龟的 10 倍；假设三：阿基里斯跑 1000 米所用的时间是 t。比赛开始后，阿基里斯用时间 t 从 P_0 到 P_1 跑完了 1000 米，此时乌龟跑到了新位置 P_2，乌龟领先阿基里斯的新间距 $P_1 P_2$ 为 100 米；当阿基里斯用时间 $t/10$ 从 P_1 到 P_2 跑完了 100 米，此时乌龟又跑到了位置 P_3，乌龟领先阿基里斯的新间距 $P_2 P_3$ 为 10 米；当阿基里斯用时间 $t/100$ 从 P_2 到 P_3 跑完了 10 米，此时乌龟又跑到了新位置 P_4，乌龟领先阿基里斯的新间距 $P_3 P_4$ 为 1 米……乌龟领先阿基里斯的新位置似乎可以无限继续下去：P_1、P_2、P_3、P_4……新的间距似乎可以无限继续下去：$P_0 P_1$、$P_1 P_2$、$P_2 P_3$、$P_3 P_4$……追赶新间距所用的时间似乎也可以无限继续下去：t、$t/10$、$t/100$、$t/1000$……智者芝诺由此发现，阿基里斯可以无限逼近乌龟，但似乎永远追不上乌龟。

　　现实中，普通人能很容易追上并超越乌龟，更不用说跑得飞快的阿基里斯。但在"名"（概念）和"逻辑"层面，阿基里斯似乎永远都追不上。在"现实"中本来没有问题的事情，在芝诺的心中，在"概念"层面，却体验到了逻辑矛盾，体验到了不一致，体验到了纠结。现代物理学已经证明了时间和空间不是无限可分的，所以总有最为微小的一个时间里，阿基里斯和乌龟共同前进了一个空间单位，此后阿基里斯顺利超过乌龟。通俗一点讲，我们都知道一条线是由无数个点组成的，但这"无数个点"并不意味着我们无法画出一条线。也就是说，芝诺偷换了概念，他不懂"无穷"级数的和可以是一个"有穷"数：$(1+0.1+0.01+\cdots)$。t 其实是一个有穷的时间，即 $(10/9)t$。$(1000+100+10+1+1/10+\cdots)$ 其实也是一个有限的距离。只要时间超过 $(10/9)t$，阿基里斯就追上了乌龟。[1]哲学家卡尔纳普认为，很多哲学问题都可以归于句法问题。语言哲学的奠基人维特根斯坦同样认为，哲学的问题归根结底是语言的问题，语言不仅是表达思想的工具，更是塑造思想模具的本身，人类的很多争论，其实几乎都是语言的争论。

老子也认为，人心的很多纠结源自"以名匡实"。"有无相生，难易相成，长短相形，高下相倾，音声相和，前后相随，恒也。"在现实世界，有无、难易、长短、高下、前后，这些相互矛盾的事情本来是相依共存的，宇宙万象是恒久共生的。

"地球是圆的不是方的""地球绕着太阳转"……这些"实"已经"恒"存了几十亿年。"地圆说""地球公转"……这些"名"（这些概念）被"人心"确认和接受却是近几百年的事情。"恒"存了几十亿年的"实"，只是近几百年被正"名"之后，人们基于正"名"的思考才与"实"有了更切实的吻合。更贴近"实"的新"名"进入人脑（人心）后，人心便有了新的逻辑运行（详见案例 1.4.10）。

宇宙万象，心映万"相"。外部万象经过感知、解读，有一部分在人心生成了"映相"，这些"映相"，有时能够达成一致，有时会相互冲突与对抗！宇宙万象可恒久共存，内心映出的"诸相"有时却会矛盾重重。

"知不知，尚矣；不知知，病也。"宇宙浩瀚，历史悠久，生命深奥，任何个体穷其一生所能"知道"（内心有"相"映出）的信息与其"不知道"的信息相比，只不过是"茫茫大海中的几座小岛"

---

[1] 详见"幸福经济学"视频号——"阿基里斯悖论与'智者'自扰"。

而已。头脑中的任何"内在一致"的达成，都是就"已知"的那点信息所达成的一致。头脑中的任何冲突与对抗，也都是就"内心所映"的那点信息的冲突与对抗。这些内在冲突多数属于庸人自扰，有些甚至纯属"智者"自扰。

在信息爆炸的年代，信息过杂、比较过多、内在"不一致"过多，容易导致生命能量的无谓消耗。与其在过杂的信息与过度比较中忙碌被动地工作、焦躁不安地生活，远远不如：或取"静"——物我两忘养养心，至简至上存存念；或取"动"——惟精惟一练练术，诚敬合一悦悦情。"动静等观"，生命可享！

 案例 3.10.2　　儿时的困惑

小时候，一到冬天，就换上厚厚的棉衣，感觉很暖和。一年又一年重复着这样的行为和感受，于是逐渐坚信棉衣、棉被能产生热量。某一年夏天，天气炎热，见到有个卖冰棍儿的大爷，竟然用厚厚的棉被包裹着白色冰棍儿箱，着实困惑了许久……为什么？百思不得其解。已经记不得是哪年哪月哪一天，也记不得是某位老师的讲解，还是自己的顿悟，终于明白：棉衣、棉被不会产生热量，只有保温作用，一切相关困惑顿无。很多困惑、烦恼、忧虑，通常源自内在的"不一致"和内在的不理解。一个人在多大范围内理顺了事情，他就在多大范围内消除了纠结与对抗。一个人在多大范围内理解了事情的本真，他就会在多大范围内获得灵魂的自由。

现代科学证实一个人从出生前便能通过感知器官积累着各种感受，并在经验的基础上积累着各种认知——有中正的，有远离中正的；有积极的，有消极的……

这些积累起来的感受、认知也影响着个体的行为。感受、认知、行为进一步交互作用，影响着后续的行为、认知和感受。有关知、行、感的相互影响，参见图 3-11。

很幸运，人类有智慧让个体不时地产生渐悟和顿悟，更正一些错误的认知、感受。也很遗憾，个体没有足够的智慧，能够更正所有的错误认知和感受。学习，从某种意义上讲，就是增加、积累正确的认知和感受，减少、消解错误的认知和感受，进而增加善举。

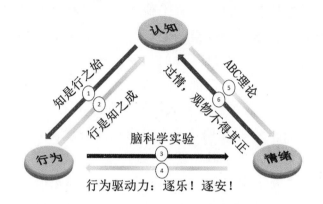

图 3-11 认知、行为、情绪的交互影响

感恩各门科学理论（如经典物理学和化学理论）帮助人们解开了很多有关自然的困惑，学习科学是化解困惑的良方。也感谢各种困惑，科学理论解释不了的困惑（如经典力学理论无法解释小天体撞击地球，地球却不偏离原有轨道的现象）促进了相关学科的进一步发展。

关于自然现象的困惑——内心达不成一致，也容易让人心里不舒服，但一般不至于导致持续的、严重的情绪问题。人文日用、日常生活、现实职业中的困惑（价值观、人生观的冲突）却容易导致严重的认知对抗和情绪消耗。很多严重的情绪问题往往源自头脑中的认知不统一与长期对抗。优化自我认知框架和解读系统，少一些内在的"不一致"，是善待自我的根基。

 案例 3.10.3 内在"一致性"即"此心光明"

按现代心理学的说法，认知的混乱、负面情绪偏多往往源自头脑中神经电活动的无序（精神熵），源自头脑中神经递质分泌的紊乱。结合古圣先贤的智慧和现代心理学的最新证据，本书试着提出内在

"一致性"的问题。

儒家强调忠恕之道，忠者，真也、诚也；恕者，包容、善待也。其强调的就是通过真于自己、真于他人、真于社会，包容自己、包容他人、包容社会这样一种至简之道，使头脑中多一些"一致性"画面的呈现，少一些对抗性画面的呈现；多一些积极情绪体验，少一些焦躁、愤怒、忧虑等负面情绪体验。王阳明临终遗言为"此心光明，亦复何言"，是在告诫后人不要辜负了"心映万'相'"的潜能。"不一致"——心不光明，多来自内在的解读体系，外在宇宙的万象已经"和谐"共生了几十亿年。

释家强调"外不假曰真，内不乱曰如"，强调肉眼看到的琐碎之相往往是假象，假象容易使人心混乱。对于假象，少一些对头脑的占据为好，多一些"无相"为好。"无相为宗、无住为体、妙有为用。"多一些对真相、事实的接受，多一些对妄念的舍弃，心中就能够多一些"如"意，多一些"一致性"。

道家强调"人法地，地法天，天法道，道法自然"。一个人的头脑中如果能够经常呈现"天覆万物而不恃，地载万物而不居，水利万物而不争"的精神引领，其精神成长就不仅仅局限于古圣先贤道德价值的引领，也有了天地精神这种超道德价值的引领。这样，个体不仅能够体验到"人人合一"的"一致性"，还能够体验到"天人合一"的"一致性"。（参见案例9.7.6）

"一致性"有大有小，有高有低：有自私自利、坐井观天之小"一致性"的达成①，有利人利天、豪情万丈之大"一致性"的达成②；

---

① 相比自私自利这种不太好的"一致性"达成，还有一种情况更应该加以避免，那就是以八卦新闻、"张家长、李家短"、看他人热闹来占据头脑，以外部负面新闻、看他人之惨、议他人之短来达成自己的内在"一致性"。这既是一种对自己生命的极大浪费，也是一种最不道德的"一致性"达成。《论语·宪问第十四篇》记载："子贡方人。子曰：赐也贤乎哉？夫我则不暇。"曾国藩也曾经教育儿子，不要背后议论他人长短，这是一种"骄傲"之表现，应该力戒。歌德的表达更是不留情面：人变得真正低劣时，除了高兴别人的不幸外，已无其他乐趣可言。

② 参见案例3.3.5脚注中毛泽东与贺子珍的对话。

有蒙昧的、迷信的、封闭的"一致性"达成，有开放的、科学的"一致性"达成；有道德价值层面的"一致性"达成，也有超道德价值层面的"一致性"达成……小"一致性"的达成可得小安，但容易被打破；大"一致性"的达成可得大安，但难以实现（参见案例7.8.4）。

大"一致性"的达成通常不会一蹴而就，而是需要个体对日渐丰富的生命体验与过往经验进行持续的省察与反思，同时对现实保持最大限度的开放，不断突破原有认知体系特别是"信息茧房"的局限与桎梏（参见案例1.3.4），在"更简、更上、更真"信息中达成新的内在一致，实现从小"一致性"到大"一致性"的一次次跃迁。

当代心理学、脑科学也给出了达成内在"一致性"的相关建议。

当代积极心理学家（马丁·塞利格曼等）主张，对外部事实的不同"解读方式"决定了不同的生命状态。"我们继承了祖先悲观与审慎的解释方式，在远古残酷的生存竞争中需要如此，但现在的生活已经远离零和博弈，没有那么残酷，因此'解读'可以向乐观的方向调整。轻度悲观使我们在做事前三思而后行，但大部分时间乐观更好。"多一些积极解读，内心就会多一些一致。

米哈里（《心流》的作者）、保罗·柯艾略（《炼金术士》的作者）等主张，用合乎天命的至上目标来统率精神能量。米哈里的方法是"面对太多的，包括负面的信息，你必须找到一项能长久地凝聚自己注意力的活动。这样你面对众多信息时便有了轻重之别，乃至屏蔽若干信息"。人的大脑是有选择性地关注外部信息的，有了至上人生目标的统领，它更容易注意与这一目标相关的信息，自动屏蔽无关信息。这也许是有大志者心不乱的主要原因。有了大目标，心灵也就有了明确的方向。"方向、决心加上和谐，就能把生命转变成天衣无缝的心流体验，并赋予人生意义。达到这种境界的人再也不觉得匮乏。意识井然有序的人不需要害怕出乎意料的事，甚至也不惧怕死亡，活着的每一刻都饶富意义，大多数时候也都乐趣无穷。"

神经可塑性理论（Neuroplasticity theory）主张内在一致性也与大脑中的神经网络和神经传递有关。例如，前额叶皮层、杏仁核和扣带回等区域被认为是影响个体情绪调节和自我控制的重要脑区，这些区域的活动水平和连接模式可以影响个体的情绪反应和行为表现，从而影响内在一致性的达成。可以通过建立新的神经回路、增强突触可塑性和提高神经元的兴奋性等方式来帮助个体逐渐形成符合自己价值观的行为模式，从而实现内在一致性的达成。

宇宙万象，心映万"相"。宇宙万象是和谐共存的，内在映出的万相却经常处于冲突状态（精神熵现象）。优化内在解读系统，提升内在"一致性"，释放内心的潜能，个体便可在认知、情绪、行为方面获得新生。

本章小结

"平和与喜悦""心安与喜悦"，是一种内心感受，是一种内心体验。名与利的外求，若和内求——内心的"一致性"体验，不能形成良性互动，外求就容易变成单足跛行。

人的生命也不过只有这些日子，时时、事事都不要背离了对内心、对灵魂的"真实"。多一些真实，头脑中的神经电活动和神经化学活动就会多一些"一致与有序"。在过度竞争、诱惑多多的年代，稍不谨慎，个体很容易将自身置于被动的繁重之中，而忽视了对自己内心的"真实"。厚动薄静，人际喧嚣，心性浮躁，贻害多多。内在"不一致"——认知对抗和情绪冲突，严重消耗着一些个体的生命活力。

认知影响情绪。一个人在多大范围内理解了事情的本真，他就在多大范围内获得了灵魂的自由。

信息太多、太乱，容易干扰认知，损伤判断，损伤情绪，损伤担当，破坏个体的幸福感和意义感。与其在杂乱信息中忽左忽右地浪费生命，远远不如：或取静——物我两忘养养心，至简至上存存念；或取动——惟精惟一练练术，诚敬合一悦悦情。动静等观，生命可享。

管控好心，就是管控好头脑中的画面呈现、声音呈现、逻辑呈现、价值呈现。

适当有情，为美；情发于心，动人。"夫天地之常，以其心普万物而无心；圣人之常，以其情顺万物而无情。"

现代心理学认为，幸福=快乐+意义感=至乐+至安。

适当守静，不但有利于认知"一致性"的增多，有利于行动效率的提高，也有利于积极情绪占比的提升。沉思能够让人经常觉知到宇宙善根、人间善根这种大"确幸"（确切的幸福与满足）的陪伴。基于天地精神和圣贤精神引领之善会令人更多些心安，会使生命更富有意义感。

　　达成内在"一致"，即达"此心光明"。正如王阳明临终遗言："此心光明，亦复何言。"宇宙万象，心映万"相"。宇宙万象是和谐共存的，内心映出的万"相"却经常处于冲突状态（精神熵现象）。优化内在解读系统，提升内在"一致性"，释放内心的潜能，个体便可在认知、行为、情绪方面获得新生。

篇尾语
内在"一致性"之最大化达成①

　　正如篇首语所提到的"天气"这一抽象概念需要借助温度、湿度、风力、气压等具体指标测量，研究"幸福"，则需要从"知""行""感"三重角度入手。

　　改革开放 40 多年来，我国经济发展成就显著。然而，跃居世界第二位的经济总量并未带来人们幸福感的同步提升。环顾四周，"路怒"事件、医患纠纷等偏多了一些，人们"忙""累"感偏多了一些，"过劳死"、亚健康的比例偏高了一些，离婚率高、亲情缺失等问题更为凸显了一些……由此可见，物质生活的提高并不必然会使人们的精神生活更为安顿，并不必然会使人们内心的安顿喜悦感、满足感同步提升。

　　幸福需要"知"。"以道制欲，则乐而不乱；以欲忘道，则惑而不乐。"人能常乐是功夫，但为乐而乐，过情之后是疲惫。最美不过心安，收入、名望都不能必然保证心安，唯有合"道"方能心安，方得真实幸福，让乐持久。合"道"，以"道"制欲，"致良知"，强调的是情绪体验离不开"认知"的引导与制约。

　　幸福需要"行"。"志行，为也。"行为层面的幸福表现为：顺势合赋之行，"惟精惟一"之行，好之乐之之行，卓尔有效之行。"天命之谓性，率性之谓道"，遵从天赋（天命），能积极主动地改善自

---

① 倪志良. 用教育破解幸福人生的密码[N]. 人民日报，2016-11-03。在此有较大删改。

我，成就自我，为他人、社会、天地贡献积极力量，这样的人生不会缺乏意义感、价值感、实现感，由此幸福的个体性、社会性、天地性实现有机融合。

幸福需要"感"。当被媒体问到"你幸福吗？"被问者可能茫然失措。但若改问"你今天的积极情绪占比多吗？"被问者一般会回答得更为肯定些。正如德国关于"生命中最重要的东西是什么""社会真正的进步方向是什么"的讨论所得出的结论：真正的社会进步，应该让更多的人从日常生活中体验到更多的"心安与喜悦"。内心感受有时比外在的名利堆积更为重要，积极情绪占比是衡量幸福的基础指标，因此提升民众积极情绪占比是当务之急。

综合知、行、感三章内容，不妨将幸福的状态分为以下四种：静安、静思、动专、动乐（见表 3-1）。

表 3-1　幸福的四种不同状态及特征

状态	静安	静思	动专	动乐
特征	静安，强调的是一种放"空"之态。静安，头脑中的神经电活动最小化，精神能量消耗最小化。静安，止息各种消极念虑，忘却过于琐碎的是是非非和无谓的价值评判，物我两忘，身心得以最彻底的放松，内心呈现空旷开阔之态……	"学而不思则罔""水静极则形象明，心静极则智慧生""非宁静无以致远"。没有自主"静思"，认知难以致"远"，创新性认知难以生成。通过"静思"，内在逻辑一致或人文价值一致得以更多地达成与强化，认知日益清晰、简约、判然……	动专，谓精专也，用心一也。专于一境，不偏、不散、不杂，道之用也。执一而不失，人能"专"则心纯正，其气专精也。现代语言则用"专注""专一""聚精会神""心流"等词汇教导忙乱众生要"顺势合赋"，要"惟精惟一"……	动乐，强调的是在动的过程中得到愉悦情绪体验，得到积极反馈。动乐，或近于技艺展示中的享乐之态，或近于人际和谐时的愉悦之态，或近于目标得以达成时的兴奋之态，或近于衣食住行等方面的欲望得以实现时的满足之态……

"静安"幸福态，或近于南郭子綦的"隐机而坐，仰天而嘘"之

态，或近于《庄子·大宗师》中颜回的"坐忘大通"之态，[①]或近于达摩面壁九年的"无我、无人"之态，或近于泰勒在"哈佛幸福课"中所讲的"空无"之态……这是一种"物我两忘、身心处于最大放松和修复"的状态。每天"静安"的时间不必太多，但不可全无。"静安"缺失，容易累而无效。

"静思"幸福态，或近于诸葛亮的"宁静致远"之态，或近于笛卡尔感悟的"清晰、判然、我在"之态，或近于德谟克利特"思考美的事物或新观念时美如天神，乐道胜于拥有波斯王国"的投入之态……在"静思"中，少一些私念、妄念、对抗性信念或画面的呈现，个人在"心中吾身忘，家国天地宽"的过程中多一些至简、至上和至真，多一些"接受、一致、欣赏、感恩"。在"静思"中，头脑中与"正念"链接的渠道得以疏通与拓宽，"正念"在"静以存之""不断重复"中得以巩固。由"宁静"以"致远"，透"宁静"赏"天籁"，自"宁静"大"其心"。"正念"日益得固，"正念"日益笃实，日后行动会日趋专一有效。

"动专"幸福态，或近于《尚书·大禹谟》的"惟精惟一"之态，或近于当下积极心理学反复强调的"心流"之态，或近于儒家强调的"好之乐之"之态……幸福不应止于"静安"之放松超然，不应止于"静思"之清晰判然，还应进至"动专"之厉行果敢。重视个体潜能的充分实现，多做"有意义""合乎上志"的事情，在天赋充分实现的过程中体验更多的"中和""心安"。在静思中存养的正念要在"行"中"磨炼"为一种习惯，使其真正"内化于心，外化于行"。

"动乐"幸福态，重在情绪体验，重在"逐乐"。人类有超强的"逐乐"驱动，中国哲学"主情派"讲求"弃彼任我"，主张自由自

---

① 《庄子·大宗师》里有一个虚构的颜回"坐忘大通"的故事，太史叔明（474—546年）解释道："颜子……遗仁义，忘礼乐，黜支体，黜聪明，坐忘大通，此忘有之义也。忘有顿尽，非空如何？ 若以圣人验之，圣人忘忘，大贤不能忘忘。不能忘忘，心复为未尽。一未一空，故屡名生也焉。"

在、快乐至上；西方哲学"快乐论"把追求"快乐"看作人类一切行为的原动力。有"情"方成人性，享"乐"未尝不可，人可以在衣、食、住、行、技艺的提升与展示及人际交往中体验积极感受、享受快乐、得到反馈。但要注意"适时""适度"，听从理智的规劝，磨砺"知止"的功夫。

由此可见，在一个人的生理可得的时间中，处于上述四种状态的时间占比越高，"静能安，动能专"的时间占比越高，"该乐，能乐得起来；该静，能静得下去"的时间占比越高，其幸福体验会越真实、越持久。

值得注意的是四种幸福态之间差异巨大，这也是"幸福"难以被界定和讨论的原因之一。当前存在的主要问题有两个。第一，"过动少静""厚动薄静"。身心得以放松、修复的时间太少，个体不会与自己的心灵和谐独处，就必然倾向于在"外求""外炫"中消磨和浪费时间。第二，四种幸福态的转换机制亟待畅通。"静"而失"动"，"静"易陷入"虚无"；"动"而失"静"，"动"易累而无效。唯有"静动易转""动静等观"，方能安享四种幸福态。"静"转为"动"的机制要畅通：通过"静安"，身心得以"修复"，能有静思下的"大其心"；"大其心"下正念得固，正念笃实后能付诸"行"；在"行"中将正念"磨炼"为习惯，并在"动"中适当享"情"，适当享"乐"。"动"转为"静"的机制也要畅通：在"动乐"中通过节制、自律避免过度，在"动专"中通过"明觉精察"得到新知，检验原念，提升正念；正念越提升，"静思"时越易"大其心"，"心"越"大"，越容易多些"接受、一致、欣赏、感恩"；"心"越"大"，内心的负担越少，越容易"物我两忘"，也就越容易乐享"静安"。

幸福，既有"静安"，也有"动乐"；既有"静思"下的"一致"，也有"动专"下的"心流"。唯有"知、行、感"顺畅合一，幸福才能真实、稳定、持久，幸福的个体性、社会性、天地性才能合一。

幸福的个体性、社会性、天地性合一，外求与内心彼此真实，内心"一致性"就会获得经常、稳定、最大化的达成。

《幸福之道——幸福经济学实践版》

2018 年荣获全国性书展"十佳"阅读推广奖

2021 年入选"第 30 届全国图书博览会"主题推广活动

2022 年荣获省部级教学成果特等奖

天津市教学成果奖
（2022）

证书

成 果 名 称：《幸福经济学》课程
与教材建设

成 果 完 成 人：倪志良 李冬妍 赵春玲
成 前郭 玲 刘俸奇

成 果 完 成 单 位：南开大学

获 奖 等 级：特 等 奖

证书编号：TJ-Y-1-2022007

幸福之道

——幸福经济学实践版

外求篇

倪志良 赵春玲 著

南开大学出版社
NANKAI UNIVERSITY PRESS
天津

图书在版编目(CIP)数据

幸福之道：幸福经济学实践版.2，外求篇 / 倪志良，赵春玲著.—天津：南开大学出版社，2025.1.
ISBN 978-7-310-06664-3

Ⅰ.B82

中国国家版本馆 CIP 数据核字第 2025TQ2744 号

版权所有　侵权必究

幸福之道：幸福经济学实践版
XINGFU ZHIDAO：XINGFU JINGJIXUE SHIJIANBAN

南开大学出版社出版发行

出版人：刘文华

地址：天津市南开区卫津路 94 号　　邮政编码：300071
营销部电话：(022)23508339　营销部传真：(022)23508542
https://nkup.nankai.edu.cn

天津创先河普业印刷有限公司印刷　全国各地新华书店经销
2025 年 1 月第 1 版　　2025 年 1 月第 1 次印刷
230×170 毫米　16 开本　45 印张　9 插页　600 千字

全三册定价：168.90 元

如遇图书印装质量问题,请与本社营销部联系调换,电话:(022)23508339

总目录

外求篇　幸福——生命资源之最优配置

案例目录

外求篇

幸福——生命资源之最优配置

篇首语

经济学的核心议题关乎资源最优配置。究其根本，人类最宝贵的资源无疑是"时间""精力"等生命资源。为了避免生命资源的错配，个体的"时间""精力"等需要均衡配置于以下四个方面：收入、名望（社会贡献、社会价值）、健康与人际。

一、生命资源之最优配置：逐"利"有理，过"利"则害

根据日常的表达习惯，金钱、收入、物质财富可以合称为"利"。"天下熙熙，皆为利来；天下攘攘，皆为利往"，司马迁这种对于"利"的思考与表达在过去、在当今都有很强的解释力。物质需求是生命的基础性需求，抛开物质生活条件片面谈论主观幸福感是不现实的。在现实社会中，个人关心收入最大化，企业关心利润最大化，政府关心产出规模和社会福利最大化，这些都具有合理性。

逐"利"有理，但"过"利则害。"名与身孰亲？身与货孰多？"早在两千多年前，老子就曾对物质与名望和健康的关系有过"掂量"。亚当·斯密也曾有过类似的"掂量"："健康、财富、地位与名望，这些据说是人在今生的舒适与幸福主要依赖的对象。"然而，由于健康、人际和谐、社会贡献等要素无法被准确"定价"，加之投资于健康、人际、社会奉献的短期效果不如投资于"有价之物"明显，涉及"四要素"的生命"效用最大化"问题很容易被直白地实践为追逐单一的"收入最大化"[①]，致使健康、亲情、社会贡献等"无价"

---

① 在微观经济学基础效用函数 $U = U(Y)$ 的后面一般都自然标注着 $U'(Y) > 0$，$U''(Y) < 0$。$U'(Y) > 0$ 意味着效用会随着收入的增加而增加，收入最大化、效用最大化与幸福最大化被同一化。

要素被严重忽视。实际上，恰恰是这些无价的"非商品"要素①，能够更大程度上决定着生命的质量与意义！

否认"逐利"的内驱性与普遍性等于漠视现实，但否认过度逐利会伤害健康、名望和人际也等于漠视现实。千百年来，在关于"逐利"的合理性及其限度方面，哲学的训导、法律的威慑、教育的规劝似乎都有着相同而明晰的指向：物欲要有，但不可"过"。

当代，借助数理手段，中外的经济学理论已经将人与物（收入）的关系探讨得淋漓尽致，但"物质利益最大化""精致利己"绝非人生的全部。在货币的度量衡面前，世界可以被简化，但更可能被扭曲，若每个人都片面追逐"个人效用最大化"，最终这个世界将让每个人都没了效用可言。②过分追捧"有价"要素、漠视"无价"要素，会导致生命资源严重错配，现实中类似事例比比皆是：英年早逝者有之，见利忘义者有之，漠视亲情者有之……在人生的殿堂中，"无价"的拱顶之石若被"有价"的横流物欲淹没与动摇，生活之大美定会逝去，生命之神圣定会坍塌。③

若物不能为人所用，心必然为物所累，全部精力都集中在"利"上的灵魂是长不大的，生命的真正"奢侈"通常与物质的堆砌无关（详见书中案例4.6.3）。美好的生活，离不开物质与精神的共同守护与滋养。

二、生命资源之最优配置：超越个人价值，"觉解"社会价值与天地价值

追求社会价值感、意义感、被认可感，是人类的普遍欲望。无论是中国文化中的三不朽——"立德""立功""立言"，还是其他文化中强调的"永恒价值"，都揭示了人不但有追逐现世价值的内在驱动，还有追逐超现世价值——名垂后世的内在驱动。这种独立于逐

---

① 无价的"非商品"要素，通常不能通过等价交换这种市场手段买到。
② 逄锦聚. 什么是幸福经济学[N]. 人民日报，2018-02-20.
③ 倪志良. 掂量好"无价"的社会价值[N]. 人民日报，2016-06-03.

"利"驱动的内在驱动，统称为"逐名"——追逐社会价值乃至天地价值。时至今日，个人在升学、就业、婚姻、升职等人生重大选择方面，获得社会认可和尊重等"逐名"倾向的影响力权重仍不可低估。

生命资源之最优配置，不仅关乎个人价值的实现，更关乎社会价值与天地价值的实现。中国文化强调人生四境界，即本能境界、功利境界、道德境界、天地境界。混沌未开，屈从本能，尚无觉性，谓之"本能境界"；功名利禄，为己为私，谓之"功利境界"；自觉从善，利他为公，谓之"道德境界"；万物皆有关联，天人合一，谓之"天地境界"。前两重境界主要关乎个人价值，后两重境界超越了个人价值。

西方社会心理学家马斯洛也曾将人类需求按由低到高的层次分为五类：生理需求、安全需求、社交需求、尊重需求和自我实现需求，其中后三种需求都与社会价值的实现有关。由此可见，一个人在多大程度上有了对更高层次人生境界的"觉解"，他也就在多大程度上有了在更高层次上实现生命价值的可能。

生命资源之最优配置，需要个人价值、社会价值（道德价值）、天地价值（超道德价值）的融合实现。在人生四境界中，不同人生境界分别对应不同的内在驱动力——本能驱动、功利驱动、道德价值驱动与超道德价值驱动，这四种驱动通常是交叉运行、相互影响的。历史上和现实中，一些道德价值和超道德价值的倡导者也常常受到本能层次需求的搅扰（如一些生活奢靡的教皇），一些在较高层次需求上已经自我实现的人也常常在功利层次需求上出现问题（如贪腐的高官）。个体需要经常反思：既有的本能驱动、功利驱动是否具有"知止"机制和制约机制？原来所理解的市场价值、道德价值、超道德价值是否还有狭隘偏颇的一面？经过反省，提升头脑中原有的认知框架、解读体系和价值标准，可使得后续行动、价值实现更卓有成效。

三、生命资源之最优配置：敬畏"无常"

实现生命资源最优配置，除了"无价"要素难以掂量之外，另一个必须面对的难题是"无常"——不确定性。

在存在诸多无常、诸多未知、诸多无价要素的大背景下，任何基于有常、已知、有价要素所达成的"内在一致"都很容易被打破。一位被众多常人所羡慕的"非常"之人，因一件"无常"之事，生活就可能变得远远不如常人。

面对未知、无常和无价要素，敬畏"无常"方能生成有效判断。国际金融大鳄索罗斯在公开演讲中多次谈道：在经济学领域中，经济学家总是希望找到确定的东西，然而不确定性才是人类事务的关键性特征。他明确指出：相比自然科学，人文社会科学涉及"人的不确定性和人心的复杂易变性"，使得"不确定性"问题表现得尤为明显。如果只是一味地模仿自然科学，只会导致社会现象的失真。承认自然科学和社会科学之间的差异，将确保人们正确地对待社会理论的优点，而不会错误地用自然科学的方法乱做判断。

生命资源之最优配置需要人心的"预算"安排，但人心"算法"的最大缺陷在于：大脑容易被眼前的琐碎或短期的是非评价左右，经常忽略生命中的诸多"无价"要素（如健康、安全、亲情等），经常忽略生命中的诸多"无常"要素，经常忽略生命中诸多值得敬畏的要素（参见案例 6.4.4）。生命资源之最优配置，需要掂量好诸多"无价"要素，需要对诸多"无常"因素保持敬畏，需要把有限的时间和精力均衡投入在收入、名望（社会贡献、社会价值）、健康与人际等诸多方面。①

---

① 详见"幸福经济学"视频号——"幸福：生命资源之最优配置"。

第四章
收入、物质财富与幸福

世界上有两根杠杆可以驱使人们行动——利益和恐惧。

——拿破仑

一切空话都是无用的，必须给人民以看得见的物质福利。

——毛泽东

金钱这种东西，只要能解决个人的生活就行；若是过多了，它会成为遏制人类才能的祸害。

——诺贝尔

没有钱是悲哀的事，但是金钱过剩则更加悲哀。

——托尔斯泰

物质需求是生命的基础性需求，人不可能活在纯粹的精神世界里。个人追求收入，国家追求经济发展，这些物质性追求是生命得以延续的第一需要。

按照现代经济学术语，收入是流量，财富往往意指存量。根据日常的表达习惯，金钱、收入、物质财富可以合称为"利"。"天下熙熙，皆为利来；天下攘攘，皆为利往"，司马迁对于"利"的思考与表达在过去、在当今都有很强的解释力，"逐利"具有很强的内在驱动性，也有其普遍性。配置一定的生命资源（时间与精力），获得收入是必需的，并且用于这方面的时间和精力在很多人的整体生命资源配置中通常占比很高。

但人不能活在单纯的物质世界中，单纯依靠物质无论如何也堆砌不出美好的生活，美好生活离不开精神的滋养与守护。儒家强调：君子重义，小人重利，全部精力都集中在"利"上的灵魂是长不大的。而对于一国之治理，"四维不张，国乃灭亡"。除了"利"，人类还有其他内在驱动：追逐名望、追逐人际和谐、追逐正义与认可、追逐健康、追逐现世价值、追逐超现世价值。

否认"逐利"的内驱性与普遍性等于漠视现实，但否认过度逐利会伤害健康、名望和人际也等于漠视现实。千百年来，在关于"逐利"的合理性及其限度方面，哲学的训导、法律的威慑、教育的规劝似乎都有着相同而明晰的指向：物欲要有，但不可过。

时至今日，因过度逐利而伤害健康、名望、亲情、友情和人际的事件不仅在普通民众中多发，在官员、巨富、名人阶层中也时有发生。好在脑科学、神经生物学、心理学等现代学科对"惯性依赖""情绪回路""非理性行为"等有了更多的科学解释，使人们看到了继续研究此问题的必要性和希望。

一、经济学对"利"的关注与"幸福悖论"

诺贝尔经济学奖得主阿马蒂亚·森指出，不管经济学如何发展，最终要回答的是人类如何才会幸福的问题，是人类如何才能避免不幸福的问题。对于幸福，经济学者们从"利"的角度给出了诸多主张，同时以"伊斯特林悖论"为代表的理论观点及其争鸣，也促使人们深入思考收入、物质财富与幸福之间的关系。

 案例 4.1.1　个人效用与收入严格正相关：主流经济学的"铁律"

经济学与"利"关系密切：个人关心收入最大化，企业关心利润最大化，政府关心产出规模和社会福利最大化。长期以来，经济学将效用等同于幸福。亚里士多德认为"找到幸福是一切行为的最后目的"，休谟认为"一切人类努力的伟大目标在于获得幸福"，这些哲学智慧在主流经济学家这里转换为理性经济人的一切行为在于追逐"效用最大化"。

无论是基数效用理论，还是序数效用理论，[①]都遵从以下逻辑：民众从事劳动取得收入，收入越多，预算约束越宽松，可以拥有和消费的最优商品组合代表的效用水平就越高，民众可以获得的效用就越大，自然也更幸福。通过效用（U）与收入（Y）的一元函数可以更直接地显示两者之间的关系：在微观经济学基础效用函数 $U = U(Y)$ 的后面一般都自然标注着 $U'(Y) > 0$，$U''(Y) < 0$。$U'(Y) > 0$ 意味着效用会随着收入的增加而增加，$U''(Y) < 0$ 意味着边际效用递减。这似乎是不争的"铁律"，任何进一步的解释都显得多余。

也有主流经济学家尝试在幸福与效用之间做进一步的区分。诺贝尔经济学奖得主萨缪尔森将幸福与效用的关系修正为幸福=效用/欲望，[②]意思是要想幸福，不但要积累财富、提高收入、提升效用水平，还要约束自己的欲望，这也与两千多年前老子"罪莫大于可欲，祸莫大于不知足；咎莫大于欲得，故知足之足，常足矣"[③]的智慧相似。

然而在现实中，无论是个体层面的幸福表现，还是一些国家的发展实践，似乎都存在大量挑战上述"铁律"的典型事实。很多国家经济的增长、居民收入水平的提高并没有同步提升居民的幸福感，在某些时期，一些国家的居民幸福感甚至与经济增长呈负相关。

---

① 基数效用论是研究消费者行为的一种理论，其基本观点是效用是可以计量并可以加总求和的。序数效用论则认为效用作为一种心理现象无法计量，也不能加总求和，效用之间的比较只能通过顺序或等级来进行。

② 梁小民. 西方经济学基础教程[M]. 北京：北京大学出版社，2003.

③ 出自《道德经·第四十六章》。

案例 4.1.2　　"伊斯特林悖论"对"铁律"的质疑

　　针对第二次世界大战以来美国居民的幸福感并未随经济快速增长而提高的现象，经济学家伊斯特林（Easterlin）于 1974 年提出了著名的"收入-幸福悖论"。伊斯特林运用日本、美国等 14 个国家国民收入与幸福感间的关系进行对比研究。[①]在研究中发现，根据一国之内的横截面数据考察，收入与幸福具有正向关系，即高收入者在平均意义上比低收入者更幸福。但是这种正向关系在富裕国家和贫穷国家之间表现得并不明显，同时，从一国的时间序列数据来看，收入水平的提升并没有带来国民整体幸福水平的提升。相关研究显示，民生幸福与经济发展不同步甚至背离的现象在很多国家都曾出现过：1958—1991 年，日本的人均国内生产总值（GDP）增长了 6 倍，而平均的生活满意度却没有明显改善；[②] 1946—1991 年，美国的人均收入从 1.1 万美元增加到 2.7 万美元，幸福水平反而小幅度地下降了 8%[③]。"世界价值观调查"在 1990 年、1995 年和 2001 年对中国居民幸福感的调查值分别是 6.50、7.08 和 6.60。[④]

　　"伊斯特林悖论"发表后，获得了很多研究者的支持，支持者从不同角度、不同地域寻找着数据与例证。2010 年 3 月，《纽约客》发表了记者伊丽莎白·科尔伯特[⑤]的文章。她十分认同流传的一组数据："现代人感受到的幸福，或者所谓主观幸福感，与 19 世纪 50 年

　　① Easterlin R A. Does Economic Growth Improve the Human Lot? Some Empirical Evidence. In: David P A, Reder M W, Eds., *Nations and Households in Economic Growth*, Academic Press, New York, 1974，89-125.

　　② Bruno S Frey, Alois Stutzer.What can Economists Learn from Happiness Research?[J]. *Journal of Economic Literature*, 2002(40): 402-435.

　　③［瑞士］布伦诺·S. 弗雷，阿洛伊斯·斯塔特勒. 幸福与经济学[M]. 静也，译. 北京：北京大学出版社，2006.

　　④ https://www.worldvaluessurvey.org/wvs.jsp.

　　⑤ 伊丽莎白·科尔伯特（Elizabeth Kollbert），《纽约客》记者，2015 年凭借作品《大灭绝时代：一部反常的自然史》（*The Sixth Extinction: An Unnatural History*）获得普利策"非虚构类"作品奖。

代的人们基本保持同等水平，而那时的人均收入仅为现在的一半。"基于主观幸福感的调查显示，人均年收入为 1400 美元的尼日利亚人声称他们与日本人一样幸福，而后者的收入是他们的 25 倍。对此，马里兰大学公共政策教授卡罗尔·格雷厄姆（Carol Graham）提出了几个可能的理由：也许尼日利亚人自带"幸福基因"；也许日本人因为不满现状而更加努力工作；也许人们会自我调整，只需花几美元就能享受每一天[①]。

　　"伊斯特林悖论"客观上推动了幸福经济学的规范理论研究与实证研究。"参考点依赖理论""忽视变量理论""适应性理论""幸福定值理论""凸显信息决定理论"等反映经济行为心理机制的规律性认识得以提炼与概括，行为经济学与幸福经济学等学科得以进一步发展。同时有关幸福、生活质量、主观幸福满意度的专门调查应运而生，如"国际生活质量研究协会"（International Society for Quality of Life Research，ISOQOL）、"欧洲指数调查"（Eurobarometer Surveys）、"世界价值观调查"（World Value Survey，WVS）等，2015年诺贝尔经济学奖得主迪顿与合作者在对已有文献进行有效梳理的基础上，对主观幸福感（Subjective well-being）测量做了更加深入的研究。大批擅长实证研究的经济学人也在收入与幸福、就业与幸福、通货膨胀与幸福、健康与幸福等方面不断探寻着更有说服力的结论……

　　"伊斯特林悖论"质疑了"收入增长定会使个人的效用更大，定会使个人更为幸福"这个经济学惯常结论；而史蒂夫·兰兹伯格（Steven Landsburg）在《反常识经济学》中对伊斯特林悖论提出了质疑。

---

① ［美］史蒂夫·兰兹伯格. 反常识经济学 1：生活中的经济游戏[M]. 北京：中信出版社，2018.

案例 4.1.3　对"伊斯特林悖论"的质疑：主观幸福感调查真的可靠吗？①

　　我们真的在幸福感水平上停滞不前吗？哈佛大学校长德里克·博克（Derek Bok）提出疑问：如果提高收入不能使美国人比 50 年前更幸福，人们为什么还要加班加点工作，以及冒着危害环境的风险确保国内生产总值不断翻番？史蒂夫·兰兹伯格写道："得知整整 50 年来，无论社会取得怎样的进步——人们的平均寿命几乎增长了 10 岁，婴儿死亡率几乎下降了 75%，增加了 6 周休息时间，空气质量与水质得到了改善，信息获得更为便捷，娱乐方式更为多样，沟通途径更为丰富——但美国人竟然在幸福感上毫无长进，这实在太令人沮丧了。"

　　该悖论的存在让人质疑，主观幸福感调查真的可靠吗？兰兹伯格认为："幸好，我们可以列出许多理由认为现行的主观幸福感调查并不能绝对反映幸福水平。比如，马萨诸塞州的萨默维尔市每年都会向市民发放问卷，以 1～10 分作为评分依据。'你现在觉得多幸福'问题设计的瑕疵在于，当人们回答'你现在觉得多幸福'时，其实更接近于回答'你觉得比一般人更加幸福吗'或者'你觉得比你的朋友更加幸福吗'。无论你实际多幸福，超过半数人的答案仍然是'不'。"

　　"现代美国人的平均身高比 100 年前增加了 2 英寸（1 英寸=2.54 厘米），但你可能从未碰到调查会问'你高吗？'那是因为 100 年前，身高 5 英尺 9 英寸（约合 175 厘米）的人可能回答'是'，而现在却可能是'不'。同样，现代人可能比 100 年前的人更幸福，但你也许永远无法从'你幸福吗'或者'你有多幸福'的问卷中获得以上感受。"

　　至于科尔伯特等给出的尼日利亚人与日本人同样幸福的理由，

----

①［美］史蒂夫·兰兹伯格. 反常识经济学 1：生活中的经济游戏[M]. 北京：中信出版社，2018.值得一提的是，伊斯特林及此后大量的幸福经济学研究文献都使用了主观幸福感调查数据，故本书对主观幸福感调查可靠性的怀疑有助于读者对"伊斯特林悖论"本身的反思。

在兰兹伯格看来，也无一触及核心："也许只赚 1400 美元、人均寿命 48 岁，以及婴儿死亡率雄踞世界第一的尼日利亚人，之所以觉得幸福是因为他们从未感受过真正的幸福。也许提高收入可以帮助他们意识到这一点。"

 案例 4.1.4　问题出在哪里？

伊斯特林悖论的支持者与反对者之间长期争论，哪一方似乎都能找到足够的证据来支持自己的论断，但每一方似乎都不能足以说服另一方，这是为什么？问题可能出在人们对以下两类指标在认知与使用方面存在着胶着与混淆。

第一，有关"美好生活"的客观指标。这些指标不取决于人们的主观感受，而是不同国家共同认可的、有关生活质量的实际数据，如人均寿命、人均受教育水平、人均住房面积……

第二，关乎内心感受的主观指标，即个体内心真实体验到的获得感、满足感、价值感、意义感、心安喜悦感等。简言之，就是个体内心真实体验到的积极情绪占比。

第一类指标很重要，这些指标的改善是幸福生活所必需的，它们与经济发展、收入水平呈现明显正相关，人们有时可以用这些指标来指代幸福生活。

第二类指标也很重要，内心感受有时甚至比外部指标、外部大道理更为重要，人们有时也用内心满足感来指代幸福生活。这些主观感受与收入有正相关的一面，但它们多取决于横向比较效应，即与特定比较范围内的其他人相比，个体的收入和财富规模所处的相对位置。①另外，在竞争日趋激烈的社会，过于追逐收入有时会挤占运动时间、睡眠时间和闲暇时间，有时会伤害健康、亲情、友情，

---

① 易于和身边人比较，这种心理机制是不容忽视的。以一个拾荒者 A 为例，若其身边的另一位拾荒者 B 的近期业绩总是优于 A，A 的主观幸福感可能会下降。至于巴菲特近期多赚了几个亿，对 A 的心情影响一般不会很大，甚至没有影响。罗素将这种情况概括为乞丐一般不会妒忌百万富翁，但是他很可能会妒忌收入更高的乞丐。

这些挤占与伤害对内心真实情绪体验会产生负面作用。

外部客观指标与内心主观感受的胶着与不一致，导致了长期的混乱与辩论。

 案例 4.1.5　启示与现实出路

两派的长期争论给我们的综合启发如下：从个人角度讲，要学会两条腿走路，寻求"外求"与"内求"的均衡。

"外求"，均衡配置好自己的生命资源，逐渐提升个体在现实社会中的"实"况：收入、地位（名望）、健康、人际（亲情、友情等）。求得"实"况的改善是必要的，求得"收入"这一基础性"实"况的改善尤为必要。这方面的相关思考集中于本书第二篇。

"内求"，关乎个体内心对外在"实"况的综合解读，关乎内在满意度与一致感，关乎个体的价值观、人生观、世界观，关乎个体的认知惯性、比较惯性和情绪惯性。面对相同的"实"况，不同的心会解读出不同的结果，会解读出不同的情绪体验。解读体系相当于电脑的软件系统，只有持续升级和优化软件系统，面对本该珍惜的外部"实"况，一个人才能体验到更多的平和与喜悦，体验到更为持久、更为丰盈的价值感、意义感、满足感。这方面的相关思考集中于本书第一篇。

从国家角度讲，要坚持"两手抓"，寻求物质文明与精神文明（包括体制建设）的均衡。

一方面，要坚持"发展是硬道理"这一科学判断，继续发展经济，为民生幸福奠定坚实的物质基础。物质基础夯实，内在信心、一致性、满足感就不会轻易被打破，哪怕把比较范围扩大到国际。经得起国际比较的信心就具有了更好的稳定性，这种信心需要经济发展这一物质基础。

另一方面，各级政府要在公平收入分配（包括精准扶贫）、提升公共教育、文化、环保等公共服务水平方面继续发力。防止贫富差距过大——尤其是由于贪腐、制度空档等"恶"因素导致的贫富差距过大——对人心造成的负面影响；提倡适度竞争文化，通过教育等手段优化个体的认知水平和价值观念，从公共环境方面为个体提升幸福感助力！这方面的相关思考集中于本书"公共篇"。

本章中，我们研究收入和物质财富——占用一般性个体生命资源最多的一种外求——的正向效应、负向效应、非物质效应等内容。

二、收入与物质财富的正面作用

收入与物质财富，简称"利"。收入越高，财富净值通常越大，也越容易获得优越的物质生活。抛开物质生活条件片面谈论主观幸福感是不现实的，幸福终归是在需要、欲望得以满足，目标得以实现的过程中体验到的，幸福需要一定的物质基础。很难想象一个衣不蔽体、食不果腹、终日处于饥饿威胁中的人会感受到真实、持久的幸福。司马迁在《史记·货殖列传》中有言："天下熙熙，皆为利来；天下攘攘，皆为利往。"两千多年后的今天，为了幸福，大部分民众还是把相当比例的"时间"与"精力"配置到了"收入"这一要素上。

（一）收入、物质财富与幸福的直接关系

 案例 4.2.1 高收入者更幸福

2015 年，中国家庭金融调查与研究中心发布了《国民幸福报告2014》，报告显示，收入、物质财富是决定幸福程度的关键因素，收入或资产越高，幸福指数也就更高（见图 4-1）。以收入为例，家庭年可支配收入最高 10%的人群幸福指数高达 142.3，而家庭年可支配收入最低 10%的人群幸福指数仅为 122.0，相差近 20 个点。从图

4-1可知，收入、物质财富与幸福之间的确存在着"正相关"关系，收入、物质财富是幸福的基础和保障。

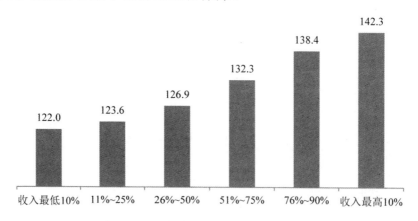

图 4-1　不同收入阶层人群的幸福指数

国外的相关研究也得出相似的结论。2010 年，丹尼尔·卡尼曼（Daniel Kahneman）和安格斯·迪顿（Angus Deaton）发表了论文《高收入改善了生活满意度而非情绪幸福感》（*High Income Improves Evaluation of Life but Not Emotional Well-being*）。该文将主观幸福感分为情绪幸福感和生活满意度两部分。前者是指个体的喜悦、伤心、愤怒等各种情绪体验的频率和强度，这些情绪体验决定了个体在生活中是否愉悦；后者是指人们对自身生活状态好坏的认知与评价。文章分析了盖洛普幸福指数（Gallup-Healthways Well-being Index，是由美国盖洛普公司进行的一项针对美国居民的日常调查）收到的超过 45 万份调查结果，发现随着家庭收入水平的上升，个体的情绪幸福感起初会随之得到改善，但在家庭年收入超过 7.5 万美元时无法得到进一步改善；个体的生活满意度则随着收入水平的上升而持续提高，如图 4-2 所示。

从这个意义上说，高收入能够"买"到生活满意度，而未必能"买"到快乐。不过，低收入是令人苦恼的，它加重了与离婚、疾病、孤独等不幸事件相关的消极情绪体验，或者说低收入与低生活满意度和低情绪幸福感相关联。①

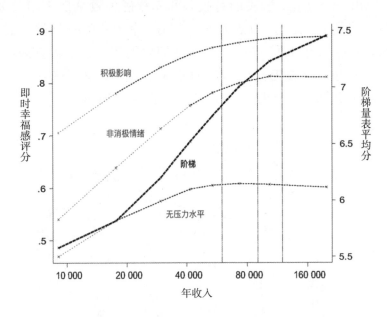

图 4-2　家庭年收入与情绪幸福感、生活满意度的关系

资料来源：Daniel Kahneman and Angus Deaton (2010).

注：图中在将样本个体按收入高低分组后，研究者使用了三种方法衡量情绪幸福感：一是各收入组中，具有快乐、愉悦、经常微笑、经常大笑（happiness, enjoyment, frequent smiling and laughter）四种积极情绪体验者的平均占比；二是不感到忧虑、悲伤情绪体验者的平均占比；三是不感到有压力者的平均占比。生活满意度的衡量方法是对各收入组计算生活满意度的平均得分，这里的生活满意度得分是由 0~10 分的量表度量的，如折线"各收入组生活满意度的平均得分"所示。

 案例 4.2.2　收入-幸福关系的又一例证

2016 年 12 月 17 日，由昊达文化与暨南大学联合创建的生活方式研究院在杭州发布了《2016 年度中国幸福报告》。该报告通过分

---

① 尽管该文属于研究幸福问题的经典文献，但是南开大学"幸福经济学"教学团队对于"将主观幸福感分为情绪幸福感和生活满意度两部分"这一做法并不认同。

析从省会城市、自治区首府、直辖市等 32 个城市获取的 1 万份有效样本，得出一个结论：居民的月收入和幸福感大致呈现正相关关系。当月收入未达到 1.2 万～1.5 万元区间时，幸福感随着月收入的提高而增长，月收入在 1.2 万～1.5 万元区间内的居民，幸福感最高。但月收入一旦超过 1.5 万元，居民的幸福感就开始呈下降趋势，即月收入的增加无法进一步提升幸福感（如图 4-3 所示）。

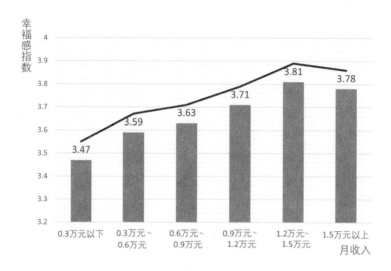

图 4-3　居民月收入与幸福感的关系

资料来源：《2016 年度中国幸福报告》。

上述报告结果再次说明：收入对幸福感的影响存在临界点，金钱的确可以"买到"幸福，但超过该临界点，金钱对于幸福感的提升效微力乏，有时甚至起反作用。

（二）收入、物质财富与幸福的间接关系

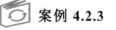 案例 4.2.3　物质充足，有益健康

2015 年，上海社会科学院公布了一项针对上海居民医疗、健康

状况的调查报告，报告显示：个人年收入为 3 万元以下、3 万～5 万元、5 万～7 万元、7 万～10 万元和 10 万元以上的居民，不常去医院看病（健康状况良好）的比例分别为 35.90%、34.90%、39.90%、44.80%、44.00%，其参与身体锻炼的比例分别为 66.80%、77.40%、80.80%、80.80%、86.90%，这表明收入与居民锻炼身体和保持健康的比例均呈现出正相关关系，即收入越高，居民的健康意识越强，健康状况也越好（见图 4-4）。①

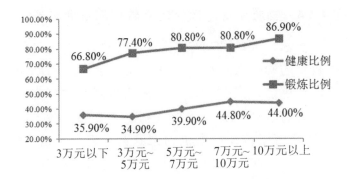

图 4-4　年收入、健康和锻炼的关系

报告还表明，面对一般疾病，个人年收入在 3 万元以下、3 万～5 万元、5 万～7 万元、7 万～10 万元、10 万元以上的居民首先选择社区医院的比例分别为 65.90%、40.80%、31.30%、31.50%、28.70%，而首先选择三甲医院的比例分别为 9.10%、17.40%、17.50%、26.00%、30.90%，说明收入越高者，越愿意去大医院而不是社区医院就医（见图 4-5）。

---

① 该案例结论是基于上海市调查而得，是否适用于其他地区，还有待深入研究。

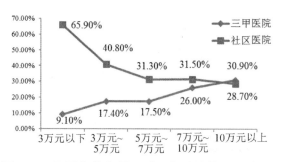

图 4-5　不同年收入居民对一般疾病的处理方式

 案例 4.2.4　物质充足，接受优质教育的机会更多

相关研究显示，人的成功除了依赖于天赋、遗传等先天因素，后天因素中教育的影响权重极大。在现实社会中，物质充足，接受良好教育的机会更多，充分实现人生价值的概率才更高。

哈佛大学著名教授、美国院士迈克尔·桑德尔指出，有研究者对美国 146 所高等院校在校学生的家庭背景进行了调查①，将在这些院校中学习的学生按照家庭收入水平从高到低分为四档，分别是高收入、中等偏上、中等偏下、低收入。调查发现，仅有 3%的学生来自贫困家庭，而超过 70%的学生来自富裕家庭（见图 4-6）。

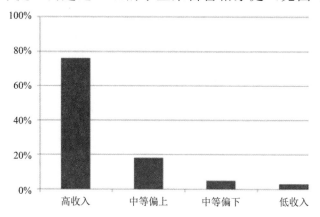

图 4-6　美国 146 所院校学生家庭情况分布

---

① 哈佛大学公开课"公正——该如何做是好"第八讲。

案例 4.2.5　家庭收入越高，妻子的婚姻幸福感可能越高①

学者张会平（2013）基于北京市 763 名已婚女性的问卷调查数据，研究了家庭收入与女性婚姻幸福感之间的关系。研究结果显示，家庭收入与女性婚姻幸福感具有正相关关系，即高收入家庭的女性所报告的婚姻幸福感较高；同时，夫妻间积极情感表达在家庭收入对女性婚姻幸福感的影响中起到显著的中介作用，这表明家庭收入较高的夫妻可能更倾向于向对方表达欣赏、关心等积极的情感和行为，进而提高女性的婚姻幸福感。

 案例 4.2.6　富"贵"相关，富者更易有"地位"、被"认可"

学者王俊等（2019）使用 2015 年中国综合社会调查（China General Social Survey，CGSS）数据，研究了收入、社会地位比较对主观幸福度的影响。②其中，社会地位比较包含个体对自身的以下几项指标的主观评价：社会等级、家庭经济状况在所在地的地位、与同龄人相比的经济地位、社会等级变化。研究发现，单独考察收入对主观幸福度的影响时，二者之间表现出正向关系；社会地位比较与主观幸福度之间同样表现出正向关系，但在模型加入社会地位比较相关变量后，收入对主观幸福度的影响在统计学上不再显著，说明社会地位比较对主观幸福度差异的解释在较大程度上包含了收入对主观幸福度差异的解释。

贫富会影响社会地位自古有之。战国时期的苏秦曾这样感慨："贫穷则父母不子，富贵则亲戚畏惧。人生世上，势位富厚，盖可忽

---

① 张会平. 家庭收入对女性婚姻幸福感的影响：夫妻积极情感表达的中介作用[J]. 中国临床心理学杂志，2013（2）：98-101. 该结论基于北京市问卷调查数据得出，是否适用于其他地区，还有待深入研究。

② 王俊，金勇进，曹德金. 收入、社会地位比较与主观幸福度——以收入为门槛变量的经验研究[J]. 统计与信息论坛，2019，34（2）：72-79.

乎哉？"当代著名作家莫言在东亚文学论坛的演讲中更是直言不讳：
"富"与"贵"是密不可分的，有了钱也就不愁"贵"。在现实生活
中，个体的社会地位在一定程度上取决于其拥有的物质财富，或者
说个体的经济地位本身就是其社会地位的重要组成部分。从这个意
义上说，有钱的确更容易有"地位"。

　　无论是更好的医疗服务、更多的教育机会，还是更高的社会地
位，均可以归结为公民对高质量生活的向往和追求。"仓廪实而知礼
节，衣食足而知荣辱。"收入和物质财富的正面作用就在于提供了通
往高质量生活的可能性，或者说，适度的收入和物质财富使人更加
自由。

 案例 4.2.7　金钱的好处是使人在金钱面前变得自由

　　陀思妥耶夫斯基曾说过："金钱是被铸造出来的自由。"很多人
一直追求所谓的"财务自由"，即一种"不会感到囊中羞涩"的生活
状态。那么，这样的生活状态在幸福经济学中有依据吗？

　　作家周国平曾经写过这样一篇文章——《金钱的好处是使人在
金钱面前获得自由》。他并不认为金钱是万能的，他认为人生在世，
第一件事是要解决生存的问题。有了钱、生存有了保障以后，钱就
不那么重要了，你可以不必仅仅为了钱而工作了，就可以做自己真
正喜欢做的事了。

　　乔·路易曾经说过："我并不喜欢钱，不过它能使我的心情得到
平静。"富有的人从无家庭日常开支之虑，也无缺少招待亲朋好友的
钞票之忧，有钱不仅可以提高自己的生活质量，也能使自己更自由与
自信。

三、"心被物役"——过于物质的副作用

物质充裕带来的满足与幸福不言而喻，但物质本身绝非百利而无一害。纵观社会，因为崇尚物质而迷失自我的人屡见不鲜，为了追逐物质而牺牲健康、亲情、友情者绝非个例，物质过足反而招致祸端的事例更是不胜枚举。而在物质极为充足的"豪门"家庭，充裕的物质却很容易化作坚实的"围墙"，将亲情与温暖拒之门外……事物往往具有两面性，物质财富对于个体和家族都可能产生负面影响。若物不能为人所用，人必然为物所累。

 案例 4.3.1　过于物质为何会有副作用？

"没有钱是悲哀的事，但是金钱过剩则倍过悲哀。"这是俄国作家列夫·托尔斯泰的名言。现今人们通过研究物质财富和幸福感的关系，在一定程度上诠释了这句话。正如案例 4.2.2 的结论所指出的，在某一临界点内，金钱的确可以"买到"幸福，但超过该临界点，金钱对于幸福感的提升效微力乏，甚至会产生副作用，原因可能有三：

其一是财富过多会影响富人的安全。汉代王符在《潜夫论·遏利》中曾写道："象以齿焚身，蚌以珠剖体。"在现代文明社会，物质财富虽然不会招致如此大的灾祸，但巨富有安全担忧也是常事。此外，个人在成为富豪的过程中可能会不同程度地损害了身体健康或心理健康，身心健康直接影响着个人的幸福体验。

其二，收入或净财富规模大幅度提升后，个人的竞争对手、比较对象会相应升级，在新的竞争群体中想要胜出会更为困难。此外，有些人富有后，其亲情、友情等人际问题复杂程度增加，想处理好

这些也并非易事。

　　其三，在现代社会中，财富往往意味着责任。有富豪曾举过这样的例子：当一个人有几百万的时候会很幸福，因为这是你自己的钱，你可以自由支配；但有千万甚至亿万元的时候，麻烦就来了，人们会天天为资产增值而苦苦思索；当有几个亿的时候，账户上的钱就只是数字了，是你为社会公众保管的钱，此时物质增加的幸福感接近于零，而身上的责任与担子更重了。

 ### 案例 4.3.2　三星家族的利益之争

　　在韩国，三星集团的影响力几可敌国：集团营业收入曾达国内生产总值的 20%，历任总统上台均需三星集团的支持……集团创始人李秉喆被韩国人称为"创业之神"。1987 年，李秉喆因肺癌离世，三子李健熙接任三星会长，并将三星集团推向巅峰。2012 年，李秉喆去世 25 年后，一份信托单引发了轰动全球的家族遗产争斗案。李秉喆在世时，一开始是重点培养大儿子李孟熙，想让他成为三星接班人。但李孟熙进入公司之后不仅经营不善，甚至与自己父亲为敌，将父亲大量经济犯罪的证据直接交给青瓦台，李秉喆盛怒之下将李孟熙逐出家门。而后二儿子李昌熙同样试图搜集大量三星集团的犯罪证据以揭露其父亲罪证，但也败下阵来。最终从美国学成归来的三子李健熙被定为三星集团的第一继承人，也因此有了后来的三星家族遗产争斗案。

　　李秉喆长子李孟熙对弟弟得到继承权耿耿于怀，联手二姐李淑熙和另一个亲戚将李健熙告上法庭，要求获得父亲给予他们的三星旗下两家公司的股份，继承人内讧由此开始。据报道，当时李健熙表示一分钱都不会给，并称继承事宜早已尘埃落定。第二年，李健熙胜诉，而他的哥哥姐姐输掉了这场 37 亿美元的官司。三星集团也因为这场利益之争而元气大伤。

　　2008 年，李健熙独子李在镕成为集团实际控制人。李健熙育有一子三女，兄妹不但为争夺继承权明争暗斗，各自的私生活同样因为财产纷争纠葛不断。2005 年，李健熙幼女李尹馨在美留学期间自杀身亡。适逢集团财产交割关键期的李健熙夫妇为躲避媒体，竟未出席女儿的葬礼。2009 年，李在镕前妻林世玲提出离婚诉讼，要求得到高达 10 亿韩元的年赡养费，并争夺儿女的抚养权和亿万家产的分割权。才貌双全的李健熙长女李富真与草根丈夫的离婚官司已经打了 3 年，男方要求索赔折合人民币近 70 亿元的分手费……

《增广贤文》曾告诫："磨刀恨不利，刀利伤人指。求财恨不多，财多害人子。"

 ### 案例 4.3.3 中国台湾美福家族的手足相残

2015 年 11 月 5 日上午，美福餐饮集团总部惊传枪响，黄家兄弟发生争执，老四黄明德持枪朝二哥黄明煌、三哥黄明仁头部开枪，老五黄明堂侥幸逃脱并报警。当警察赶到时，黄明德不听劝慰，站在窗台上持枪自杀后坠楼。此后，黄明煌、黄明仁、黄明德经抢救无效不治身亡。

台湾警方透露，案发现场一共发现 12 枚弹壳、1 个弹夹，里面还有 5 发子弹。1 楼则找到黄明德使用的意大利制式 T95 手枪、1 个弹夹和 4 发子弹。这样算来，黄明德一共开了 13 枪（一说 14 枪），中途还换过弹夹。据亲友描述，黄明德原先个性相当躁郁，曾有过暴力行为，之前曾因非法持有枪支弹药和限制他人人身自由依法遭到惩办。父亲黄荣图过世后，他似乎因为家产问题早就对亲兄弟们不满，尤其是对老二黄明煌。最终，黄明德将枪口对准了自己的亲兄弟们。

枪击案后，唯一在台湾的老五黄明堂接手家族企业，而风波还未结束。2019 年三哥黄明仁的遗孀巫秀凤发动奇袭，联合其他董事夺下了董事长的位置，将黄明堂管理的美福大饭店夺了过来。关键时刻，黄家大哥黄明山回到台湾主持大局，他主张美福集团其余产业归黄明堂主理，美福大饭店归弟媳巫秀凤掌管，家变风波暂告一段落。

在巨额财富的诱惑下，一些豪门亲情往往薄如蝉翼，兄不友、弟不恭、子不孝，伦理道德也要"靠边站"。生人可因义而近，亲人可因利而远。

 案例 4.3.4　留财？留德？

无论是兄弟对簿公堂还是手足相残惨剧的发生，都令人扼腕叹息。在家产纠纷中，从来就没有真正的胜者，因为继承者之间存在血缘或姻亲关系，在争夺家产的过程中往往要付出极大的亲情成本。我们在感叹纯粹的亲情在财富的诱惑下屡屡变质，贪心、野心、狠心让亲情荡然无存的同时，也不得不反思，父辈们给后代留下的巨额物质财富究竟是福是祸？

林则徐有言："子孙若如我，留钱做什么？贤而多财，则损其志；子孙不如我，留钱做什么？愚而多财，益增其过。"[①]

林公此言可谓睿智，他清醒地认识到物质财富对后代的不利影响，强调德的传承。在上文所举的事例中，后代深陷于父辈们留下的巨额遗产不能自拔，为了争夺家产而反目成仇，失去理性甚至人性。豪门多恩怨的教训，正说明了先辈们如果仅仅给后代留下物质财富，很容易因为利益分割导致家族纠纷，抑或陷入"富不过三代"的怪圈。

道德传家，十代以上，耕读传家次之，诗书传家又次之，富贵传家，不过三代。仅仅以物质财富传家，没有以道德、责任为内核的家族精神的传承，财富的传承最终还是会出现问题。如果没有再创造的活力，仅仅是物质财富的代际转移，那么财富最终会被损耗殆尽。金钱是没有生命力的，真正长盛不衰的是宝贵的精神财富，后代只有继承了优秀的品质和道德，才能避免被金钱所蛊惑而失去理性，才能保证家族拥有强大的凝聚力，才能使家庭和睦、家业长青。

留财莫如留德。于豪门而言，与其将物质财富直接转移给后代，

---

① 另有观点认为，该句出自《汉书·疏广传》中"贤而多财，则损其志；愚而多财，则益其过"。

不如致力于砥砺优秀的家族品格，树立高尚的家族信仰，培育积极的家族精神，形成卓越的家族文化。曾国藩劝诫诸弟："吾人只有进德、修业两事靠得住……德业并增，则家私日起。至于功名富贵，悉由命定，丝毫不能自主。"若巨额财富无法使用得当，若子孙后代无力把持家业，充沛的物质带来的可能并非锦上添花、如虎添翼，而是火上浇油、雪上加霜。

决定幸福的因素，并非物质一项，尚有名望、健康、人际……

四、物质财富影响幸福的三个"非物质"效应

物质财富影响着个人幸福，正如咀嚼美食给人以味觉愉悦，合体的衣服给人以视觉愉悦，物质财富对幸福的影响更多来源于物质本身的"物质性"。但现代研究证实，物质财富对个体幸福的影响，也存在着很多"非物质"效应。

（一）标签效应

 案例 4.4.1　盲品酒会与安慰剂理论

1976 年 5 月 24 日，英国葡萄酒商人史蒂芬·史普瑞尔（Steven Spurrier）组织了一次盲品酒会。他将一杯品质普通的波尔多葡萄酒装在两个不同的酒瓶里，一个标明产自著名的法国葡萄酒庄园，另一个则标明是普通餐酒。专家们对于两瓶酒的评价截然相反。贴着著名葡萄酒庄园商标的那瓶酒被认为"尝起来很不错""原汁原味""味道丰富""酒味温和""回味久远"，然而专家们给予那瓶餐酒最多的评价词语是"酒味很淡""不够醇厚""香味很淡""口感一般""有点欠缺"。

同样地，美国医学博士毕阙（Henry K. Beecher）在 1955 年提出了著名的"安慰剂理论"，也体现出这种"标签效应"。该效应大意是，如果患者相信他们服的是镇痛药物，就算给他们服用了药片模样的糖块，也会对他们的精神状况带来明显的正向影响。患者虽然获得无效的治疗，却"预料"或"相信"治疗有效，从而使得病情得到缓解。

保罗·布鲁姆在 TED 公开课中提到了一个有关神经科学方法的实验。在实验中，虽然每个人都品尝同样的葡萄酒，但当受试者被告知且相信自己在品尝昂贵酒的时候，磁共振成像扫描仪图像上掌管快乐和奖励的大脑区域就会闪烁。把糖片误当成药片服用也同样适用于这种解释。显然，这种快乐是由"标签"暗含的相关信息带来的，即由物质所代表的特定含义与理念带来的。

 案例 4.4.2　真品与赝品①

第二次世界大战时期，纳粹德国元帅戈林和希特勒一样喜欢收藏各种世界名画，他自认为是一名艺术家。在第二次世界大战期间，他的足迹遍布整个欧洲，进行了各种强取豪夺，偶尔也购买绘画作品进行收藏。但是戈林最想要的还是扬·弗米尔的作品，希特勒拥有两幅，他却一幅都没有。戈林最终找到一个名叫凡·米格伦的荷兰艺术品经销商，从他那里买到一幅很精致的弗米尔的作品，价格相当于现在的一千万美元，这也成了他最珍爱的艺术品。第二次世界大战结束后，戈林因犯下密谋罪、破坏和平罪、战争罪和反人道罪被捕并被判处死刑。人们也开始追查谁把这幅世界名画卖给了凶狠的纳粹，米格伦浮出了水面。但是米格伦否认叛国，因为他所卖的画都是他自己用高超的技术伪造的，他通过现场作画证明了自己的清白，也因此洗清了自己的叛国罪。而当戈林知道自己珍藏的画

---

① 根据网易公开课"快乐的源泉"（保罗·布鲁姆）整理，https://www.ted.com/talks/paul_bloom_the_origins_of_pleasure。

作是赝品时，他似乎第一次知道世界上存在欺骗，异常震惊，心情极其糟糕，在行刑前一天晚上，戈林服毒自杀身亡。同一幅画作，当戈林以为它是真品时，它曾给他带来无限的喜悦、自豪；当得知是赝品时，他开始怀疑整个世界，开始否定全部甚至自己的生命。

著名社会学家维布伦和沃尔夫给出了结论：我们会如此重视东西的来源是因为我们过于势利，因为我们比较重视自己的社会地位。连同其他物品，为了显示自己的身份、地位，我们都会尽量选择真迹，真迹一定比赝品少，少才显得弥足珍贵。我们对事物的反应不仅仅是根据我们看到的、感受到的、听到的和做出的；相反，我们的反应是以我们的信奉为条件的：它们是什么？从哪里来？用什么做的？潜藏的本质是什么？这种特性，不但表现在我们如何看待事物上，而且表现在我们对待事物的反应上。

（二）比较效应

 案例 4.4.3 相对收入与绝对收入

美国哈佛大学的学生曾接受过这样的一组调查：如果有两个世界可以选择，在第一个世界里，你一年赚 5 万美元，而其他人平均赚 2.5 万美元；在第二个世界里，你一年赚 10 万美元，而其他人平均赚 25 万美元。结果大部分学生选择了第一个世界，也就是说在第一个世界里他们会拥有更强的幸福感。这个有趣的调查告诉我们，物质财富绝对量的增加并不一定代表幸福感的增强，差距总是让人恼怒而不满足，物质财富上的差距更是如此，它能滋生矛盾乃至罪恶。

的确，差距让人不快，所以为了构建和谐社会，各国政府都力防过大的贫富差距，面对日益做大的"蛋糕"，分配的"切刀"总是小心翼翼。但是差距无法消除，有富裕，就必然会有相对贫穷。政府要尽量缩小差距，尤其是避免不合理因素导致的差距，居民则要对差距存在的必然性、永久性给予充分认识。改革开放以来，中国绝大多数居民的物质生活水平比改革前有了巨大进步，但相对收入差距的加大对低收入群体幸福感的伤害也不可低估。

 案例 4.4.4　旅途中的酒店

　　"五一"假期，甲、乙两个同学去外地旅游，入住某快捷酒店，合住一个标准间，每晚住宿费 298 元，人均 149 元。甲同学来自农村，家里经济条件一般，以前出差住过浴池，甚至为了省钱曾在网吧熬过通宵，每晚住宿费用从未超过 100 元。这次旅游，尽管对甲同学来说住宿费用贵了些，但整洁方便的住宿环境还是给他带来很多满足和喜悦。乙同学家里经营着规模和效益俱佳的生意，以前跟家长出差总是住星级酒店，这次入住，他不但没有丝毫的满足和喜悦，反而抱怨快捷酒店相对于星级酒店有诸多不完善。同样一家酒店，带给二人的情绪体验差距如此之大，这是为何？比较效应（与自己以往经历相比较）使然。

　　类似的，行为经济学中有一种称为"锚定效应"的概念，即人们在对事物做出评价时总是基于某种参照物，这种参照物像船锚一样决定着评价的结果。显然，当参照物分别是简陋的住宿条件和星级酒店时，快捷酒店给人带来的消费感受是大相径庭的。而从幸福经济学角度来看，富有的家庭条件对于孩子的积极情绪体验未必是好事，情绪总是在变化的外部刺激中才能体验到。出差经常住快捷酒店的人换住星级酒店，定会体验到很多积极情绪。对于贫困家庭而言，收入的增加能明显改善家庭的境遇，努力者更能经常体验到成就感。这种"易改善""明显变化"对于情绪体验是好事。富家子弟物质体验对比度被压缩得很窄，积极情绪体验占比往往不高。

　　该案例的另一提示在于：当物质条件还不足以支撑你奢侈消费时，你最好远离奢侈品，一两次的勉强奢侈消费带给你的积极体验有限，但它却足以破坏掉你今后正常消费本该享有的满足感。

（三）期盼效应

 案例 4.4.5　一个南开大学硕士的感悟

来自南开大学的一名硕士感悟道："我母亲经常和我说，她们小的时候非常盼望过节，尤其是春节。因为只有过节时，才能吃上平时根本吃不到的饺子、豆包、肉末，才能穿上新衣裳。对于平日只吃白菜、玉米，衣服上全是补丁的她们来说，春节是每年的盼头，是她们最幸福、最快乐的时候。可见，当时的节日给老一辈人带来的幸福感是多么强烈！"

现在，随着人民生活水平的普遍提高，越来越多的人觉得过节已经和平时没什么太大区别，因物质期盼带来的过节乐趣大大减少。好饭、好菜、新衣裳等带给人们的满足感越来越弱。

期盼感是影响幸福感的一个很重要的因素。期盼越高，最终目标达成时，获得的满足感也越强。随着经济的发展和物质的丰裕，居民对于物质的期盼感逐渐降低，取而代之的是对"收获"的麻木和理所当然。

事实上，积极情绪体验往往不在得到物质财富那一刻，而在追逐物质财富这个目标的过程中（参见案例 3.7.5）。

最近有文章告诫，普通家庭若把孩子培养成"富二代"将会悲哀连连。有经验的家长不会太轻易地满足孩子的物质需求，这样会破坏孩子的期盼感。要根据孩子的需要，创造一些期盼氛围，借以塑造孩子的情绪回路。

五、"国宝"尚多厄运，"家宝"岂能永传

 案例 4.5.1　国宝流亡路①

1963 年的一天下午，一个东北小伙子带着装满碎纸片的粗布包裹来到北京琉璃厂荣宝斋。从这些碎纸片中，专家们竟然拼出了三十多件书画作品，其中有宋代大画家李公麟的《三马图》、范仲淹名作《二札帖》的残片，就连米芾的《苕溪诗帖》也赫然在列。当时的文物专家们溯源而上，发现东北民间散落着更多的文物珍品。由此，末代皇帝溥仪与故宫文物命运流转的故事才冲破历史的迷雾，展现在人们眼前。

1912 年，时年 6 岁的宣统皇帝溥仪退位，清朝统治宣告结束。退位后的溥仪享受着"中华民国"政府为其提供的优待条件，仍可暂居于紫禁城，且政府允诺每年支付皇室经费四百万两。然而，这四百万两经费根本无法维持宫内奢靡的生活。为了获得更多钱财，溥仪小朝廷的遗老大臣、太监宫女们竟把主意打到了故宫的宝物上。他们利用职务之便大肆盗窃、变卖文物，致使众多文物流落宫外。而溥仪对此一直浑然不觉，直到他的英文老师庄士敦提醒，他才反应过来，决定清点故宫宝物。

清点工作从建福宫开始。乾隆将毕生收藏的珍宝玩物都存放于此，这里可以说是整个故宫文物的精华所在之地。然而，清点开始没多久，1923 年 6 月 26 日晚 9 点多钟，建福宫突发大火，这场大火到底烧毁了多少宝物至今成谜，光是从当时的统计数据来看就令

---

① 根据央视纪录片《1924—1945 国宝流亡路》整理。

人震惊：仅拣出来的金块、金片就有一万七千多两。有观点认为，宫内太监为掩盖罪行而故意纵火，或许是这场大火发生的原因。①

建福宫大火之后，国人一片谴责声讨之声，溥仪搬出紫禁城是早晚的事。溥仪也开始为今后的生活筹措经费。溥仪在《我的前半生》中这样回忆："（筹措经费的）方法是把宫里最值钱的字画和古籍，以我赏溥杰为名，运出宫外，存在天津英租界的房子里。溥杰每天下学回家，必带走一个大包袱，这样的盗运活动，几乎一天不断地干了半年多的时间，运出的字画古籍都是出类拔萃、精中取精的珍品。"

1924 年冬天，溥仪离开了紫禁城。此后，出于安全等因素考虑，他去往天津。溥仪离京时当然不是空着手走的，他早已安顿好了从故宫转移出来的文物，足足装了七八十口大箱子。在天津，为了联络各军阀势力和维持生活，溥仪赠送、典当或卖出了不少文物。王羲之的《快雪时晴帖》、王献之的《中秋帖》、王珣的《伯远帖》，乾隆皇帝认为是整个大清王朝书画收藏中最精致的三件作品，却被溥仪在天津随手卖给了别人。五代画家阮郜仅存的作品《阆苑女仙图卷》、唐代大画家阎立本的真迹《历代帝王像》《步辇图》等也都于这一时期流失。

1928 年，孙殿英盗掘乾隆、慈禧陵墓，彻底激起了溥仪对国民政府的仇恨。溥仪最终与日本人达成了合作，离津北上，赴东北做起了傀儡皇帝，而那七八十箱文物也应日本人的要求被运往长春，秘密存放于小白楼里②。后来日本人忙于战事无暇顾及，从 1938—1945 年，这批文物珍宝度过了七年的安静时光。

1945 年 8 月 13 日，溥仪一行逃往大栗子沟，日本也在两天后宣布投降。逃离前，溥仪等人在小白楼筛选出 4 箱大约 80 件最为珍贵的手卷书画，其中有著名的《清明上河图》，还有唐代阎立本，宋

---

① 金满楼. 清末，建福宫那场大火[J]. 同舟共进，2013（8）：65-67.

② 小白楼是伪满皇宫书画楼的俗称，是溥仪私人收藏图书字画的场所，位于伪满皇宫东北角，建筑面积 670 平方米，是一座二层单体砖混的灰白色楼房。

徽宗赵佶，元代赵孟頫，明代唐寅、文徵明、沈周，清代郑板桥等人的名作。溥仪来到大栗子沟后，如何解决吃饭问题成了头等大事，可以依靠的只有随身携带的文物。但是大栗子沟并非繁华的都市，没有那么多大财主，也很少有人识得它们的价值，只能是以物换物，一幅名贵的书画作品可能就换些馒头、衣物或其他日常生活用品。过了几天，关东军司令官决定送溥仪从沈阳转机飞往日本。由于飞机承载能力有限，溥仪放弃了他的女人和随从，带着几名亲信和再次挑选出的两箱珍宝登上了飞机。在沈阳机场，溥仪被苏联空军俘虏，后被拘禁，一些随身携带的珍宝也被溥仪以赠予、捐献等方式给了苏联人。

　　而留在大栗子沟的人为了维持生活，开始出售剩下的珍宝。具体流失了多少文物已经无法查证，仅是后来确认的部分珍宝就足以让人们瞠目结舌：元代书画大家赵孟頫的《水村图》由故宫在20世纪60年代以8000元收回，还有"土改"期间上交或者被发现的唐代著名画家韩干的《神骏图》、南宋初期名画家赵伯驹的《莲舟新月图》等，每一幅都价值连城。

　　留在小白楼里的其余宝物却经历了一场更大的浩劫。溥仪仓皇离开后，日本宪兵队很快也撤离了，小白楼成了无人看守的废楼。某一天下午，一个禁卫队士兵来到小白楼门口，好奇地走了进去。打开木箱后，他看到很多字画，却没看到想象中的金银财宝，于是随意拿起一个卷轴，扫兴地离开了。回到军营里，一个叫金香蕙的士兵认出画中描绘的是东汉末年蔡文姬归汉的故事，他隐约觉得这是个值钱的东西。消息传开后，士兵们纷纷涌向小白楼抢劫财宝。当过小学美术教员的士兵金香蕙成了哄抢的"主角"，他告诉大家画比字值钱，字不要，画拿走。于是小白楼里出现了疯狂的一幕：在混乱的吵闹声、打骂声中，大批字画在争抢中被撕毁，抢到字的士兵干脆顺手撕个粉碎。在这场哄抢中，北宋大画家李公麟的《三马图》被撕成了三截，米芾的《苕溪诗帖》、范仲淹的《二札帖》都成了残本，明朝的《万松图》竟在撕碎后又被烧成灰烬。就这样，小白楼被抢劫一空，每个士兵的手中基本上都有几幅抢来的字画。大量宝物后来在各地文物市场被贱卖。

如今，溥仪当年带出宫的文物里，被追回的只是少部分，仍有很多珍贵文物或散落民间，或漂洋过海流落国外。目前，日本、美国、英国、法国、俄罗斯、奥地利、德国、加拿大、意大利、荷兰、新加坡、土耳其、瑞士、瑞典、丹麦、挪威等国都藏有清宫文物。

溥仪带宝出宫的影响一直到今天都不曾消散，从客观上来讲，是他导致了故宫文物最大规模的一次流失，而这些宝物的命运就是整个皇朝命运的缩影。

观看《国宝流亡路》时，很多观众坐不住了，心情难以保持平静：愤怒、怨恨、痛骂……任何情绪宣泄早已经无济于事了。国力不济，"国宝"厄运重重；子嗣不济，"家宝"难免易主。任何时代，有钱人中总是不乏"宝贝"收藏者。《国宝流亡路》给予我们如下启示："国宝"尚多厄运，"家宝"岂能永传。出于保管成本、保管条件和欣赏广度等诸多方面的考虑，有些"宝贝"不适于"私藏"，还是归于"公管"为上。

再次强调林则徐的卓见："子孙若如我，留钱做什么？贤而多财，则损其志；子孙不如我，留钱做什么？愚而多财，益增其过。"

六、单靠物质支撑的幸福感，都不能持久

 案例 4.6.1　人类对物质财富为何如此着迷？

人们都明白"心被物役，人被物累"不好，但过于物质而忽视其他的现象还是普遍存在，这是为什么？

柳传志先生回顾 1965 年到农村下乡时，看到农家用土坯垒建

的破屋、用土坯搭建的火炕、破旧的炕席、破旧的棉被……他苦苦思索：中国人过穷日子的时间实在太长了，中国农民当下的生活和一千多年前、两千多年前能有多大的区别？所以他看到当时世界500 强公司以"用自己的产品或服务为人类造福"作为自身发展愿景时感动不已。

民众也许是因为对贫困有着过于长久的时间记忆，有着过于深刻的情绪感受，对"逐利"自然有了太多的热情，对"得利"自然有了太多的愉悦记忆。脑科学研究证实，个人一旦将愉悦情绪体验和某一方面的事物链接起来，他就很容易陷入对"这一方面事物"的非理性追逐。瘾君子在认知清醒时，也知道用 1 个小时的高潮体验换取长时间甚至一生的负面情绪体验是很不值得的、很不理性的，但他停不下来。贪污腐败的高官事发后往往也是痛心疾首，早逝的富豪生前也知道钱超过一定数额后对个人已经没有太多的意义，但他们的理性有限，他们也容易"身后有余忘缩手，眼前无路想回头"。对于嗜毒者，我们不能对他个人的戒毒承诺报以绝对的信任。同样，面对人类的物质贪欲，我们也不要对"适度"逐利的理性抱有太多的信任。

既然单有物质无法使人幸福，为何我们还是对物质如此痴迷？为什么我们以物质作为标准做决定时可以那么自然，而遵从内心标准却如此困难？

泰勒在《幸福的方法》中对于人类过于逐利给出了心理学、遗传学的解释：从进化论的角度看，有可能是远古历史影响了我们的行为。当人类还在原始时代时，物质资源是否充裕决定了我们能否度过下一个寒冬或熬过一次自然灾害，因此储存成为一种习惯。至今，很多未来已经相当有保障的人，仍然在拼命储蓄。储蓄不再是为了生存，而仅仅是为了"储蓄"。我们不再为生活而储蓄，而是为储蓄而生活。

案例 4.6.2　平凡人的幸福更具持久性①

　　1988 年，美国哥伦比亚大学哲学系博士生霍华德·金森为了完成毕业论文，做了这样一个调查——"人的幸福感取决于什么"。他向市民随机派发了 1 万份问卷，内容涉及个人资料的登记，并提供了 5 个选项来衡量幸福感的强弱，即非常幸福、幸福、一般、痛苦、非常痛苦。

　　历时两个多月，他最终收回了 5200 余份有效问卷。经过统计，其中仅有 121 人认为自己"非常幸福"。霍华德发现，在这 121 人中，有 50 人属于成功人士，他们的幸福感主要来源于事业的成功。而另外的 71 人全都是平凡人，其中有普通的家庭主妇、卖菜的农夫、公司的小职员，甚至还有领取救济金的流浪汉。那么这些人的幸福感又来自哪里呢？通过与这些人的接触和交流，霍华德发现，这些平凡人尽管职业和性格迥异，但有一个共同的特点，那就是对物质没有太高的要求，对于平凡的生活，他们的内心能够做出积极、正向的解读，因此他们能够做到从容淡定乃至安贫乐道。这样的调查结果让霍华德很受启发，于是他得出结论：世界上有两种人最幸福，一种是淡泊宁静的平凡人，另一种是功成名就的成功者。

　　20 多年后，早已留校任教的霍华德偶然翻出了当年的毕业论文，突发奇想地对当年那 121 个"非常幸福"的人做了回访。结果显示，当年那 50 名成功者中，只有 9 人事业一帆风顺，仍然坚持当年的选择——"非常幸福"；有 23 人选择了"一般"；16 人因事业受挫、破产、降职等原因而选择"痛苦"；还有 2 人选择"非常痛苦"。而当年那 71 名平凡者中，除 2 人去世外，其余 69 人尽管经历了许多生活上的变化——有的人已经跻身成功人士行列，有的人一直过着平凡的生活，有的人生活十分拮据，但他们的选项没有改变，仍然觉得自己"非常幸福"。

_____

　　① 根据《知识就是力量》2013 年第 10 期《幸福的密码》一文整理，有删改。

看到这样的调查结果，霍华德陷入了深思。两周后，霍华德以《幸福的密码》为题在《华盛顿邮报》上发表了一篇论文。在论文中，霍华德详细叙述了这两次问卷调查的过程与结果。最终，他得出了这样的结论：所有靠物质支撑的幸福都无法持久地维系，都会随着物质的离去而逝去。只有心灵的淡定宁静，只有在内心建立起积极、稳定的解读体系与认知习惯，幸福才会持久！

 案例 4.6.3　世界十大奢侈品：竟然无一与物质有关①

2016 年年底，美国《华盛顿邮报》评选出的世界十大奢侈品如下：

（1）生命的觉醒和开悟；

（2）一颗自由喜悦、充满爱的心；

（3）走遍天下的气魄；

（4）回归自然；

（5）安稳平和的睡眠；

（6）享受属于自己的空间和时间；

（7）彼此深爱的灵魂伴侣；

（8）任何时候都真正懂你的人；

（9）身体健康和内心富足；

（10）感染并点燃他人的希望。

过分追逐物质奢侈容易使人远离生命奢侈和灵魂奢侈，人心更容易长期陷入匮乏感。"心被物役"的生命是可怜的。

自古以来人类的逐利欲望及行为有其合理性，不宜过度否定，但追逐物质富足的同时不要忽视了精神家园的建设。为达成"外求"与"内求"之均衡，为避免"心被物役，人被物累"现象的普遍发生，人在物质追求方面应该具有"知止"意识和"能止"机制。这正所谓：欲无止也，其心堪制。惑无尽也，其行乃解。

---

① 根据搜狐网《华盛顿邮报评选出人生最昂贵的十大奢侈品，却无一与物质有关！》一文整理。https://www.sohu.com/a/202752458_288529.

《止学》有言："利无尽处，命有尽时，不怠可焉。利无独据，运有兴衰，存畏警焉。"

 案例 4.6.4 房间堆得越满，幸福空间就可能被挤压得越小[①]

设想这样一个实验：你突然间失去了所有的物质财富，变得一无所有甚至衣不蔽体。此后你可以每天取回一件曾拥有的物品，但不能购买任何东西。如此坚持 365 天之后，你会有怎样的感受？实验听起来匪夷所思，但纪录片《我的物品》中的主人公却完成了。

一位名叫帕特里的芬兰年轻人在和相恋许久的女友分手后，遭受了沉重打击，颓废的他试图通过狂刷信用卡这种过度消费物质的方式来寻求安慰，弥补创伤。买来的物品堆满了房间，然而他并没有感受到丝毫快乐与满足，甚至心生厌恶。于是他开始重新审视自己与物质的关系，试着去思考：物质真正能够"填满"自己的内心吗？究竟什么才是生命不可或缺的？

于是他开始了实验。首先将自己的物品清空，然后每天取回一件，限期一年，期间绝不添置新物品。第一天，他在冰天雪地中，首先取回了御寒的长大衣，之后分别是鞋子、毛毯等生活必需品。这些抉择看似容易，但每一次都要最大限度地考虑保暖性和多功能性。衣服得以蔽体之后，他回归了工作，并逐渐适应了少有人联系的生活。他开始觉得生活的边界在延展，对每一次选择和尝试都有了新的期待。

后来他坦言："这次实验就像我的另一个青春期，只是来得晚了一些。它让我拥抱了自己，成为我想要成为的样子。"他认为实验最大的感受，是关于爱的认识。由于不再拥有一些物品，他开始试着去依靠和求助他人，并逐渐加深了信任，也更加清楚地感受到了周围人的关心和爱。这段时间成为他与外界沟通最多的一年，他也逐渐感受到了内在幸福的萌发。

---

① 根据芬兰纪录片《我的物品》（*Tavarataivas*）整理。

实验结束后的他对于物质的看法也发生了转变,"假设拥有 100 件物品就能维系生活,还需要另外 100 件来增加乐趣和舒适度吗？占有是一种责任,物品是一种负担,我才是那个决定我需要承担多少负担的人"。

在影片中,帕特里的外婆告诉他："你的物品不是衡量幸福的标准,你的生活也不是由物品组成的,你要到别处去获得幸福。物品无法组成一个家,家在别处,物品只是道具而已。"由于经历过战争,外婆很早就知道,物品能带来的幸福感,不在于其数量的多少。

房间堆得越满,幸福空间就可能被挤压得越小！

 ## 案例 4.6.5　单凭物质获得幸福的时代已经结束[①]

我们为家里添置冰箱、电视机,又配备了洗衣机,还购买了汽车……从一无所有的状态到应有尽有的过程,想必也确实曾给人带来幸福的感觉,可是一旦万物俱备之后,即便是再次购买相同的东西,也很难再刺激我们的感官,不管那些更新换代的产品增添了多少全新的功能,到手之后带给我们的幸福感和满足度也并不强烈。

从实物中获得的满足感只能持续很短的时间,但是我们宝贵的经历及从中获得的知识,将永久地留存于我们的生命之中。购物只能满足心灵暂时的欲望,而经历和体验却可以让我们终身受益。盖洛普曾在世界各国进行了一项民意测验,调查显示,对于年薪 2.5 万美元以上的人来说,通过"经历"获得的幸福感要比购物带来的满足感高出 2～3 倍。

本田直之在《少即是多：北欧自由生活意见》一书中认为,达成自由生活"新幸福"的 10 个条件如下：

（1）享受工作；

（2）有关系亲密的朋友和家人；

（3）拥有稳定的经济来源；

---

①［日］本田直之. 少即是多：北欧自由生活意见[M]. 李雨潭, 译. 重庆：重庆出版社, 2015.

（4）身心健康；

（5）拥有富于刺激性的兴趣和生活方式；

（6）觉得自己拥有时间自由；

（7）能够选择适合自己的居住环境；

（8）具备有效的思维习惯；

（9）能够放眼未来；

（10）感觉自己正在向目标迈进。

单纯性消费、比较性消费、炫耀性消费很难给个体带来"充实感""意义感""成长感""内在价值感"。不能给个体带来"成长感""充实感"体验的消费，其产生的满足感转瞬即逝，长期效应很弱。炫耀性消费的长期效应更差，甚至具有明显的心理副作用，炫耀之后是空虚。

有利于身体成长和灵魂成长的消费一般称为投资型消费，这种消费的益处很多。投资型消费有利于个体放眼世界、放眼未来，有利于个体思维潜能和行为潜能的激发，有利于个体内在"一致性"的养成。养成内在"一致性"，人能够更为充分地体验到生命的恬静、喜悦、充实与本真。

 案例 4.6.6　遵从本心，喜悦与心安兼得

时任哈佛大学校长的福斯特在 2008 届毕业典礼中提到：无数的学生在不同场合都会问到她一个相同的问题——为什么哈佛的毕业生里面每年有那么多人选择去金融公司、投行和华尔街工作？其实要回答这个问题很简单，因为那里有钱。几乎没有人能拒绝高额的薪水。然而比起回答这个问题，福斯特更为关注的是学生们为什么会这样问？为什么这个看似理性的选择，会让许多人觉得难以理解？难道这种选择是出于被迫，而非遵从本心吗？

不仅仅在哈佛大学有这样的现象，在我国，金融等热门专业每年报考的人数在持续增长，不同专业的毕业生求职时不断涌向金融行业的现象也很普遍。

如果社会中充斥着太多的功利主义与高薪至上，你的人生意义有时就由不得自己来定义，你会很难摆脱社会洪流的裹挟。从小学到大学，考取前几名成为一些学生的全部意义与价值尺度。他们在此价值尺度的裹挟下被动地走完了人生中最美好、本该活力四射的一段时光。毕业后，一些毕业生又被动地选择了父母眼中高薪、体面的工作。

当然，如果这些行动和选择最初是出于外部因素的驱使，但自己在行动过程中有了好之乐之之感，那是值得祝贺的。但如果这些选择完全由别人包办或完全屈从于外部力量，自己在行动过程中长期处于负面情绪状态，这种屈从极其容易导致意义感的缺乏和幸福感的丧失。

关于人生意义，福斯特校长做出了解答：哈佛毕业生们不希望自己的生活只是传统意义上的成功，他们还希望自己的生活有意义，但他们不知道如何协调这两者。他们不知道在一家有着金字招牌的公司里干着一份起薪丰厚的工作，加上可以预见的未来的财富，是否能满足他们的内心。

如果社会中的每个个体都将高薪作为追求的全部，社会将这些视为成功的唯一尺度，生命中的诸多美好体验就会在这种裹挟与屈从中逐渐远离。

《瓦尔登湖》的作者梭罗是一位能够摆脱这种裹挟的人。他远离尘嚣，在自然的安谧中寻找一种本真的生存状态，寻求一种更诗意的生活。他追求精神生活，关注灵魂的成长，骄傲地宣称"每个人都是自己王国的国王，与这个王国相比，沙皇帝国也不过是一个卑微小国，犹如冰天雪地中的小雪团"。梭罗以他的实际行动告诉我们：对物质奢侈的过度追求使很多人远离了真正的生命奢侈与灵魂奢侈，唯有简朴真实的生活方能滋养出丰富而深刻的灵魂。①

---

① 梭罗认为：大多数所谓豪华和舒适的生活不仅不是必不可少的，反而是人类进步的障碍。为此，有识之士更愿意选择比穷人还要简单和粗陋的生活。简单和单纯的生活有利于消除物质与生命本质之间的隔阂。梭罗遵从本心、远离喧嚣，体验到了生命之大美，内心也因此得到滋养，交付出大美之作。

在活着的时间里，一定要多做些发自本心的选择，若一个生命有超过一半的时间都在做着自己不真心喜欢的事情，人生何谈幸福感！若一个人出于物质或其他某些外在价值的驱使，一生中90%以上的时间都在做着自己不真心喜欢的事情，只为了享受那不足10%时间里转瞬即逝的所谓满足感，这样的选择何其悲哀！

天命之谓性，率性之谓道。多遵从些天赋吧，多遵从些本心吧！只有多遵从本心，无论是求利，还是求名，我们才有可能既享受结果达成时的喜悦，又能够享受到追求过程中的心安、充实与意义感。

本章小结

物质需求是生命的基础性需求，人不可能活在纯粹的精神世界里。按照现代经济学术语，收入是流量，财富往往意指存量。根据日常的表达习惯，金钱、收入、物质财富可以合称为"利"。

物欲要有，但不可过。"伊斯特林悖论"引发两派的长期辩论给我们的综合启发如下：从个人角度讲，要学会两条腿走路，寻求"外求"与"内求"的平衡。

收入、物质财富对幸福有着直接或间接的正面作用，但若物不能为人所用，人必然为物所累，过于追逐物质会对健康、亲情、友情等造成伤害。

现代研究证实：物质财富对个体幸福的影响也存在着标签效应、比较效应、期盼效应等多种"非物质"效应。

过度追逐物质，贻害多多。林则徐曾明示："子孙若如我，留钱做什么？贤而多财，则损其志；子孙不如我，留钱做什么？愚而多财，益增其过。"

房间堆得越满，幸福空间就可能被挤压得越小。单凭物质获得幸福的时代已经结束。

全部精力都集中在"利"上的灵魂是长不大的，美好生活离不开物质与精神的共同守护与滋养。

对物质奢侈的过度追求使很多人远离了真正的生命奢侈与灵魂奢侈，唯有简朴真实的生活方能滋养出丰富而深刻的灵魂。

第五章
名望与幸福

誉存其伪，诐者以誉欺人。名不由己，明者言不自赞。贪巧之功，天不佑也。

——《止学》

在一个惬意的环境中被动地生活所感受到的快乐，远远比不上那种有激情地投入到有价值的活动中，以及为目标而奋斗所能体验到的满足感。

——戴维·迈尔斯

人们所努力追求的庸俗的目标——财产、虚荣、奢侈的生活，我总觉得都是可鄙的。

——爱因斯坦

好利者逸出于道义之外，其害显而浅；好名者窜入于道义之中，其害隐而深。

——《菜根谭》

追求价值、意义、被认可、名望，是人类的普遍欲望，冯友兰先生甚至认为这是人类的先天欲望。中国文化中的三不朽——"立德""立功""立言"，其他文化中强调的"永恒价值"都揭示了人不但有追逐现世价值的内在驱动，还有追逐超现世价值——名垂后世的内在驱动。这种驱动有时和逐利的驱动混合难分，但大多数时候还是能与逐利区分开来。这种独立于逐利驱动的内在驱动，根据中国传统文化习惯，统称为"逐名"。正如第四章将金钱、收入、物质财富根据日常表达习惯合称为"利"一样，本章我们将名望、地位、成就、尊重需求等合称为"名"。

200 多年前，乾隆皇帝下江南，在镇江金山寺，乾隆指着往来船只，向金山寺住持法磐高僧问道："长江中船只来来往往，这么繁忙，一天到底要过多少条船啊？"法磐回答："两条船，一条为名，一条为利。"1943 年，美国心理学家亚伯拉罕·马斯洛在《人类激励理论》一文中所提出的需求五层次理论，也将尊重需求、成就与自我实现列为高层次的需求。法磐和马斯洛皆属智者，跨越百年的时间，他们竟然如此一致地观察到人有"逐名"的内在驱动。时至今日，在个人升学、就业、婚姻、升职等人生重大选择方面，获得社会认可和尊重这种"逐名"的影响权重仍不能低估。为了能经常体验到成就感、实现感等积极情绪，除了"利"，个人还需要在"名望"上配置时间和精力。

一、虚名易逝

滚滚长江东逝水，浪花淘尽英雄。

是非成败转头空。

青山依旧在，几度夕阳红。

白发渔樵江渚上，惯看秋月春风。

一壶浊酒喜相逢。

古今多少事，都付笑谈中。

这是明代杨慎所作的《临江仙》，1994 年播出的电视剧《三国演义》将其作为主题曲。我们不禁会想：是非成败是否真的转头即空？不尽然。虚名易逝，真名不朽！依靠物质包装，越包越不透气，本真越被窒息；依靠虚名包装，越包越不见光，自我意义感越会远离。自我价值感、意义感缺失对人的摧毁往往是致命的。

 案例 5.1.1　芭芭拉·霍顿：一代名媛的陨落

芭芭拉·霍顿（Barbara Hutton）[①]（见图 5-1）曾是全世界最富有、最出名的女性之一。不但自己有名，她的身边也是名人环绕，人们常称她"亿万宝贝"。但是，就是这么一位传奇女子，她看似拥有一切（财富、美貌、知名度），却又一无所有。在她的一生中，名利蚕食着她的幸福，使她的人生最终以悲剧收场，令人唏嘘。

图 5-1　芭芭拉·霍顿

芭芭拉·霍顿是名门之后。她的外公伍尔沃斯是当时美国的连锁百货巨头，鼎盛时期拥有 586 家商店，并于 1913 年豪掷 1350 万美元（现在约合人民币 9600 万元）在百老汇建成了当时的世界第一高楼——伍尔沃斯大厦。芭芭拉的父亲和叔叔一起创办了当时美国第二大股票经纪公司 EF 霍顿（EF Hutton）。1933 年，21 岁的芭芭拉已经拥有并继承了约 6100 万美元（现在约合人民币 4.3 亿元）的资产。1930 年，正值美国经济大萧条时期，霍顿家族花费近 6 万美

---

① 芭芭拉·伍尔沃斯·赫顿（1912—1979）出生于美国纽约市，是埃德娜·伍尔沃斯的独生女，当时世界上最大的杂货店连锁店创始人弗兰克·伍尔沃斯的外孙女。母亲早逝后，6 岁的芭芭拉成为"零售之王"外祖父三分之一的财产的继承人，21 岁时芭芭拉已经拥有并继承了约 6100 万美元资产。

元（现在约合人民币 42.7 万元）为芭芭拉举办成人礼舞会，还邀请
到了洛克菲勒家族等社会精英。事件曝光后，芭芭拉受到公众的严
厉批评，她不得不飞往欧洲，以躲避舆论的谴责。

　　然而，对于芭芭拉而言，"名利易得，幸福难求"。芭芭拉的父
亲家财万贯却频繁出轨，芭芭拉的母亲愤而自杀。6 岁那年，芭芭拉
发现了母亲的遗体，从此在心中留下了挥之不去的梦魇。之后芭芭
拉·霍顿被她那不负责任的父亲甩给亲属抚养，童年的不幸、父爱
母爱的缺失，这也为她日后悲惨的婚姻生活埋下了伏笔。

　　芭芭拉有过七任丈夫，遗憾的是没有一任陪她走到最后。第一
任丈夫自称是格鲁吉亚王子，为了追求她不惜与原配离婚。但直到
婚后芭芭拉才发现，这位所谓的"王子"只知四处花她的钱，对她
毫无爱意，两年后两人离婚。第二任丈夫变本加厉，除了大肆挥霍
钱财，还对芭芭拉拳脚相向，三年后两人的婚姻结束。第三任丈夫
是好莱坞明星，虽然他对芭芭拉关爱有加，但芭芭拉的虚荣、多疑
使他难以忍受，四年后两人的婚姻告吹。第四任、第五任、第六任、
第七任丈夫来了又去，芭芭拉也在轮回般的痛苦中沾染了吸毒、酗
酒等恶劣习气，在无止境的消费中寻求慰藉。有一段时间，芭芭拉
想要自杀的新闻甚至成了报纸头条，媒体将她描述为"一个可怜的
有钱人"。

　　1972 年，芭芭拉唯一的儿子殁于飞机失事。受到重击的芭芭拉
日渐颓废，疯狂的花钱方式加之经营不善的投资，使其财富迅速缩
水，芭芭拉只能靠抛售她名下的地产、珠宝、收藏品勉强度日。1978
年，66 岁的芭芭拉因心脏病去世。在临终前，她的个人账户上只留
有 3000 美元。

　　荀子云："以道制欲，则乐而不乱；以欲忘道，则惑而不乐。"
芭芭拉的世界里，有过巨资堆砌的舞会，有过络绎不绝的名流，也
有过七任同为名门之后的丈夫。可以说，她有着足够的社会知名度。
然而，纵观芭芭拉的一生，金钱和虚名助长了她生活中的颓废和凋
零，她的感情生活甚至完全可以用"凄惨"来形容，亲情、爱情……

无一不成为她虚名笼罩之下悲剧人生的写照。

《南方周末》曾对 60 位"人均拥有财富为 22.02 亿元人民币"的国内顶尖富豪进行了一项调查。结果表明，其中竟有 70%的富豪认为财富与名望给自己带来了"不安全感"。对他们而言，金钱、成功带来的不全是幸福，还有害怕和担心。与"名""利"相伴的不全是荣耀，驾驭不好，不幸和苦难会不期而至。

被物质、虚名包装得窒息的芭芭拉·霍顿是个失败的案例，但失败的人，绝不仅限于芭芭拉·霍顿。在略显浮躁的当今世界，虚名令多少高官忘记初心，令多少商人不择手段，令多少艺人背离真善美……过度追求虚名甚至已经污染到了最该追求"本真"的教学与科研领域。

 案例 5.1.2　皮耶罗·安维萨学术造假事件

皮耶罗·安维萨（Piero Anversa）是前哈佛大学医学院终身教授、再生医学研究中心主任、国际心血管领域的顶尖专家。他因"发现"心脏含有干细胞而闻名。安维萨及其同事"发现"心脏中的一种干细胞——c-kit 心肌干细胞，可以让受损的心肌再生，让坏死的部分重新运转。这项研究成为所有心肌梗死患者的最大福音，皮耶罗本人也在 2004 年被美国心脏协会授予杰出贡献奖。他曾撰写了超过 316 篇同行评审的出版物，称得上是绝对的行业权威。仅仅关于心脏干细胞，他就发表了数十篇论文。这些论文此前大多发表在诸如《柳叶刀》《循环》等国际顶级刊物上，并被广泛阅读和大量引用。其中一篇发表于 2011 年的论文，发表 3 年内就被引用超过 300次，其论文的影响力可见一斑。

然而，这一开始就是一场骗局。皮耶罗团队的研究结果在《自然》和《细胞》杂志发表后屡遭质疑，多家实验室声称无法重复皮耶罗团队的实验结果。然而，面对质疑，皮耶罗博士的回应却是"你们这些人不懂如何做这个实验"。他甚至还一度侮辱那些质疑他的专家是"白痴"。出于对皮耶罗的信任，尤其是考虑到他是这方面的

"权威"，对他的发现存在质疑的专家们并没有一口咬定他学术造假，而是进一步展开了严谨的检查。直到 2014 年，随着医学研究的发展和进步，有专家终于通过严谨的实验发现，皮耶罗所宣称的骨髓干细胞可以转化为心脏干细胞的说法根本不成立！接着，皮耶罗的团队内部开始有人爆料称，皮耶罗发布的学术论文存在篡改实验数据的情况。更有研究员撰写长文披露，别人做研究是通过实验结果验证自己的假说是否合理，如果不合理就推翻重来；可皮耶罗做研究却是反过来的，他的假说只能是对的，然后他会通过高压式的恐怖管理和严密的信息控制，迫使研究人员一遍遍地给他"生产"他想要的实验数据。

2014 年，皮耶罗在《循环》杂志发表的一篇论文被撤稿。2015年，皮耶罗团队在哈佛大学的实验室关闭。2017 年，据《华盛顿邮报》报道，皮耶罗使用伪造数据骗取政府财政资金。为此，哈佛医学院教学附属布列根和妇女医院（Brigham and Women's Hospital，BWH）已同意向联邦政府赔偿 1000 万美元。美国东部时间 2018 年10 月 14 日，哈佛大学认定皮耶罗的 31 篇心肌干细胞相关论文"从一开始就基于欺诈性数据"，一次性将相关论文从各类顶尖期刊上撤稿，其本人也被哈佛大学扫地出门。

这次造假事件震惊了整个学术圈，造成了许多恶劣影响。皮耶罗博士作为学术领军人物却造假长达 17 年，一些媒体形容这起学术丑闻"导致整个行业倒退 10 年"。国内外许多同行是在皮耶罗的研究基础上再筑楼台，更不乏直接引用其实验数据者，如今却发现走入死胡同，相关研究也随之破灭。许多学生投入数年时间研究这一领域的某项课题，然而耗费的人力和财力全都成为泡影，他们不得不面临重新选择专业的问题，否则就要遭受无法毕业的"毁灭性打击"。[①]

---

① 在《柳叶刀》《循环》等国际顶级刊物上发表、3 年内就被引用高达 300 多次的论文，结果竟是一堆废纸、垃圾。皮耶罗·安维萨不但本人是造假的权威高手，他还诱导诸多后来者走上了造假之路。

美国著名经济学家皮尔斯说过，真正的科学研究者对他所从事的工作应该舍弃功利。过于追求功利的研究很难创造出有价值的成果。执着于身外之功名，而做不到"真"于自己的事业，无异于舍本逐末。

目前，我国顶层设计层面公开反对"五唯"——唯论文、唯帽子、唯职称、唯学历、唯奖项，明确抵制了"限刊、限时出标志性成果"对教育本真、科研本真的搅扰与严重破坏。"千教万教，教人求真；千学万学，学做真人。"真正具有生命力的东西，一定包含着更多的"真"元素。背离了"真"，一切繁华皆是虚。

 案例 5.1.3　王振擅政

王振（？—1449），明朝蔚州人，人称"明朝第一代专权太监"。王振最初科举不顺，为了名利不惜自阉入宫。他生性狡黠，尤擅察言观色，很快取得明宣宗的信任，被授为东宫局郎来服侍太子。从此，这位叫王振的太监就和当时还是太子的朱祁镇结下了不解之缘，建立了深厚的感情。在朱祁镇登上皇位后，身居高位的王振私欲极度膨胀。他欺上瞒下，把持朝廷人事权，对以重金贿赂他的人无不委以重任；对于弹劾他的官员，王振便利用其党羽实施残酷的打击报复。王振与边境少数民族瓦剌勾结，大肆走私良马，严重威胁国家安全……眼见王振风头盛极一时，朝廷臣子争先恐后讨好王振，甚至称其"翁父"，政治生态恶化到了极点。

王振本是文人出身，却十分向往率军出征的威风凛凛，先辈郑和的丰功伟业令其仰慕，他贪慕虚名，希望自己也能够建功立业，名留青史。1449 年，瓦剌军进犯大明。没有军事才能的王振怂恿明英宗朱祁镇亲征，集结 20 万大军征讨瓦剌，自己则借机独掌军政大权。军队途经蔚州时，名利熏心的王振甚至一度"突发奇想"要特地率军取道家乡一展威风，后来想到家乡正值粮食收获季节方才作罢，但此举已致使明军贻误战机。后明军行至土木堡时遭遇瓦剌包围，20 万大军折戟沉沙，明英宗被俘，恶贯满盈的王振也被英宗侍卫樊忠杀掉了。

王振死后，倒行逆施的明英宗朱祁镇一度为其铸像立碑，表彰其"为国殉难"。清乾隆年间，时任山东道监察御史沈廷芳上书乾隆，请求移除关于王振的纪念物，得到了乾隆的许可。自此，王振穷其一生为自己树立的"美名"彻底坍塌。

明朝近三百年的历史风云中，趋炎附势、浮于虚名的乱臣贼子不只王振一人，他与得号"九千九百岁"的魏忠贤、一手遮天的"立皇帝"刘瑾，以及权倾朝野的"汪厂公"汪直并称"明朝四大宦官"。几百年后，那些虚伪的名号早已成为泡影，只有史书忠实地记述着他们误国害民、陷尽忠良的真相。浮于虚名，害人害己！

徒慕虚名的背后，是价值观的错位，是意义感的迷失，虚名经不起时间的淘洗，更经不起历史的审视。如果将幸福寄托在这些所谓的虚名上，终将难逃身败名裂的结局，让幸福化为幻影。

在略显喧嚣的尚势、尚名、尚利年代，你不重名利，别人可能重，人不可能独居桃花源而不与他人互动。一名学富五车的博士如果没房，准丈母娘可能就不甘心将女儿嫁给他。很多教师本想静下心来读点经典，做点真心思考，但各种评比、填表总会反复"光顾"。虚名"帽子"满天飞的年代，唯有"静""真"留其名。莫言在山东的一个县级市"静""真"了几十年，交付了征服世界的作品，让多少"虚名"丑陋，令多少炫者无颜。

以《三国演义》主题曲开始本主题，不妨以《三国演义》片尾曲来结束：

黯淡了刀光剑影，远去了鼓角铮鸣。

眼前飞扬着一个个鲜活的面容。

淹没了黄尘古道，荒芜了烽火边城。

岁月啊，

你带不走那一串串熟悉的姓名。

兴亡谁人定，盛衰岂无凭。

一页风云散，变幻了时空。

聚散皆是缘，离合总关情。

担当生前事，何计身后评。

长江有意化作泪，长江有情起歌声。

历史的天空闪烁几颗星，

人间一股英雄气在驰骋纵横。

二、真名不朽

鲁迅先生在《中国人失掉自信心了吗》中曾经这样写道："中华民族自古以来，就有埋头苦干的人，就有拼命硬干的人，就有为民请命的人，就有舍身求法的人……"①鲁迅称这些人是"中国的脊梁"，他们没有被华而不实的虚名遮住双眼，而是选择成为精神上的强者，在实现自身价值的同时也让整个国家和民族在共同的历史记忆中找到了生存的意义。他们的真名，哪怕生前无人知晓，去世后也终将得到历史的承认。

 案例 5.2.1　史家犹念司马迁

古者富贵而名摩灭，不可胜记，唯倜傥非常之人称焉。

——司马迁

人固有一死，或重于泰山，或轻于鸿毛。

——司马迁

司马迁是西汉著名的史学家和散文家，公元前 108 年出任太史令，继承父业，著述历史。后司马迁因替李陵败降之事辩解，被定为诬罔之罪，按律当斩。但司马迁背负着父亲编纂史书的遗愿，在

---

① 鲁迅. 且介亭杂文[M]. 北京：人民文学出版社，1973.

那个"臧获婢妾犹能引决"的时代，司马迁毅然选择了以腐刑赎身死，并改任由宦官才能担当的中书令。这样的打击使得司马迁身心受到巨大的摧残，"是以肠一日而九回，居则忽忽若有所亡，出则不知其所往。每念斯耻，汗未尝不发背沾衣也"，其状之惨令人唏嘘。但想到"盖西伯拘而演《周易》；仲尼厄而作《春秋》；屈原放逐，乃赋《离骚》；左丘失明，厥有《国语》；孙子膑脚，《兵法》修列；不韦迁蜀，世传《吕览》；韩非囚秦，《说难》《孤愤》；《诗》三百篇，大抵圣贤发愤之所为作也"，司马迁决定忍辱含垢，坚定信念，发愤撰写史书，完成其父遗命。

司马迁深以"天下之史文"废而感到忧惧，凝聚毕生心血以"究天人之际，通古今之变，成一家之言"的史识创作了中国第一部纪传体通史《史记》（《太史公书》）。全书共计 130 篇，526 500 余字，记载了从上古传说中的黄帝时期到汉武帝元狩元年，长达三千多年的历史，居"二十五史"之首，对后世的影响极为巨大，被鲁迅誉为"史家之绝唱，无韵之离骚"，被公认为中国史书的典范，司马迁也因此被后世尊称为"史迁""历史之父"。

司马迁不但是伟大的史学家，还拥有一颗不朽的灵魂，可以说《史记》是他以坚强的信念和不屈的人格支撑起来的。司马迁认为腐刑是人生的奇耻大辱，从身体上说，"大质已亏缺"，失去了人的尊严；从心态上说，与宦官为伍，被视为无行之人，而且在传统的孝悌伦理观念中，还要辱及祖宗[1]。但他心怀"究天人之际，通古今之变，成一家之言"的理想，即便为此付出沉重的代价也在所不辞。毛泽东同志在《为人民服务》《讲堂录》等文章中都引用过司马迁的思想观点，对司马迁为事业、为理想与命运顽强拼搏的精神大为推崇。

国人或许说不出很多王侯将相的名字，但只要历史在延续，国人定将永远不会忘记一位名叫司马迁的人。滚滚历史长河湮没了多少曾经的达官显贵，黯淡了多少以往的浮世虚名，但司马迁终将会

---

① 康清莲.《史记》中人生观和生死观的现代启示[J]. 博览群书，2015（3）：55-58.

被国人永远铭记，司马迁和他的《史记》将真名不朽。

 案例 5.2.2　于谦：粉骨碎身浑不怕①，要留清白在人间

于谦（1398—1457），字廷益，号节庵，是明朝著名的民族英雄。12 岁那年，少年于谦在家乡看到工匠们煅烧石灰的场景，写下了一首托物言志的《石灰吟》："千锤万凿出深山，烈火焚烧若等闲。浑身碎骨全不怕，要留清白在人间。"入仕为官后，他淳朴忠厚，两袖清风，积极平反冤案，惩戒失职官员，在治理黄河水患、赈济百姓等方面不负众望，得到了百姓的拥戴与朝中有识之士的赏识。1449年，土木堡之变②后，明朝精锐部队几乎全军覆没，瓦剌将进攻的矛头对准明都城北京，朝野上下人心惶惶。危急关头，于谦出任兵部尚书，调动、指挥城内军队死守北京城，以实际行动坚决反对南迁。最终瓦剌的进攻被击溃，北京保卫战取得了胜利。

但是就是这样一位贞良死节之士，却在平定瓦剌进犯后被奸臣石亨诬陷致死。于谦死后，领命前往查抄其家财的锦衣卫惊讶地发现，除了北京保卫战后皇帝赏赐的一件蟒袍和一把宝剑，这位位居兵部侍郎的朝廷重臣家中竟无任何多余的财物。于谦虽已赴死，但他将清白无私、精忠报国之真名永远留在了人世间。为了纪念于谦，人们将他葬于杭州西湖畔的三台山麓，后人将他与抗金名将岳飞、抗清英雄张苍水并称为"西湖三杰"。

说起于谦，我们还会想起元代画家王冕的那首《墨梅》："我家洗砚池头树，朵朵花开淡墨痕。不要人夸好颜色，只留清气满乾坤。"尽管于谦为官时遭受非议和陷害，但这改变不了他一生为国为民的本色。很多时候，真名不是夸出来的，也不是追出来的，而是在忠于本心的道德准则中彰显出来的，正因如此，方才不朽。正所谓"不求名来名自扬"，真名从不需要刻意去营造。

---

① 粉骨碎身，另一作"粉身碎骨"；浑不怕，另一作"全不怕"。本书参考教育部统一编写小学语文教材（人教部编版），使用"粉骨碎身浑不怕"这一版本。

② 明朝军队在土木堡败于西部蒙古民族瓦剌军队。土木堡之变中，明英宗被俘。

案例 5.2.3　陶行知——宋庆龄尊其为"万世师表"

　　复旦大学青年教师熊浩在一次演讲中详细介绍了陶行知。陶行知，安徽歙县人，1891 年生，1946 年逝。他先后在南京汇文书院、金陵大学求学，1914 年于金陵大学文学系毕业后赴美国伊里诺伊大学学习市政学，并在半年后转入哥伦比亚大学攻读教育学博士，其间师从美国著名教育学家杜威、孟禄和克伯屈。

　　陶行知于 1917 年回国，先后在南京高等师范学院和国立东南大学任教。一个成功的中国知识分子留学回国了，但他那个时候并没有梦想着享受成功，而是要重新定义何谓成功，他要让自己和祖国重新建立关联。

　　1917 年，先生目之所及之中华满目疮痍，国家贫困到难以想象的程度，陶行知说这病根乃在教育。中国那时候有两亿文盲，有七千万儿童没有任何机会接受教育。那时候的陶行知，以他之所知，本可以转身而为人上之人；那时候的陶行知，以他之所学，本可以谈笑于鸿儒之间，但他却把目光投向中国的最底层社会。陶行知振聋发聩地说，这个国家以农立国，人们十之八九生活在乡下，所以中国的教育就是到农村去的教育，就是到乡下去的教育，因为农村如果没有改观，国家就没有希望。

　　人如其名，以行践知，他这么说，然后就这么做。陶行知脱下西装，放弃作为大学教授的优渥待遇，推展平民教育。陶行知在当时一个月的收入是四百大洋，那个时候若要在北京买一套四合院，不过花费他三个月的薪水。而这一切，陶行知统统不要了。他移居南京郊外的晓庄，这是一个极为贫困落后的中国普通村落，他住到牛棚当中。他和老乡们相识，许下了一个听上去不可能实现的愿望，那就是为中国培养一百万名农村教师。

　　他创办晓庄学校，邀请自己的朋友、学者到晓庄授课，传播新的知识和观念。渐渐地，这个在晓庄极不起眼的大学堂，从几十人发展到数百人。陶行知行走在世俗乡里之间，行走在街头巷尾之内，他要帮助那些最普通的中国人，那些年迈的爷爷奶奶，那些富人家里面的佣人，那些财主家的帮工，那些街头的打杂者，那些货场的脚力，那些拉洋包车的师傅们，他要让那些最普通的中国人都识字。

他一个人在努力着，他这个梦想的芽破土而出……是的，有陶行知的地方，就有平民教育的希望。在武汉、在重庆、在上海、在南京，先生在为中国教育的崛起而奋斗的路上奉献出了毕生的心血。

1946 年 7 月 25 日，陶行知积劳成疾，突发脑出血在上海逝世，那年他 55 岁。12 月 1 日，先生的灵柩回到南京，南京城里的老百姓自发为先生扶灵。他们要送这个人，送他回他的晓庄，沿路上人们唱着、哭着：你去了，我们穷孩子的保姆，我们的朋友，人民的导师。挽联在飘，上面写着"行知先生千古"，而旁边是宋庆龄亲笔题写的四个苍劲大字"万世师表"。陶行知曾说："我就是中国一介平民，几十年的学校教育把我往西方贵族的方向渐渐拉近，而经过一番彻悟，我就像黄河决了堤，向中国平民的道路上奔涌回来了。"

"万世师表"，本是后人对孔圣人的尊称。今天，人们愿意用这样一个神圣词汇来表达对一位平民导师的尊重，陶行知受之无愧。因为他用教育、用心血滋养了生他养他的这块土地，用教育、用心血升华了这块土地上民众的灵魂……

"有的人，把名字刻入石头，想'不朽'；有的人，情愿作野草，等着地下的火烧。"在陶行知的身上，真正熔铸着中国知识分子求真务实的品格与胸怀家国的担当。

"千教万教，教人求真；千学万学，学做真人。"这是陶行知先生的教育理念，更是其一生的坚守。外部环境越是喧嚣，世界越会重奖"真心"做事的人。"用心思考、用心行动"，是铸就真名的不二良方。

三、"意义感"之求，可得真乐，可成真名

奥地利心理学家阿德勒说过："没有人能脱离意义，我们是通过我们赋予现实的意义来感受现实的。我们所感受的，不是现实本身，而是经过阐释了的现实。"①

正如第三章所讨论过的，幸福需要一定的积极情绪占比，要有"乐"感。在完全没有快乐且频繁痛苦的情感中，可以说幸福几乎已经被预先排除了。但仅仅在情绪层面"为乐而乐"是肤浅的、不可持续的，还必须在行为层面多做有意义、顺势合赋的事情，多为善。以"善行"为基础的幸福，可以"心安而持久"地享用。这种可持久安享的幸福关乎一个核心词汇——意义感。酗酒、吸毒可以带来"乐"感，但"乐"的来源缺少意义。

此"乐"转瞬即逝，纵欲、恣乐之后是疲惫，是不安。

 案例 5.3.1　"幸福=快乐+意义感"的遗传基因学依据②

《美国国家科学院院刊》（*Proceedings of the National Academy of Sciences of the United States of America*，PNAS）曾在 2013 年刊登过一项基于遗传基因学检测的研究。这项研究证明，如果只是纯粹地享乐，而不追求人生的意义，那么这种快乐对你的健康可能并没有什么好处，甚至还可能起到反向的作用。

该研究将幸福区分为"享乐的（Hedonic）"幸福和"自我实现的（Eudaimonic）"幸福两种状态。前者是指个体积极情绪体验的总

---

① ［奥地利］阿尔弗雷德·阿德勒. 自卑与超越[M]. 北京：中国人民大学出版社，2013.

② Fredrickson B L, Grewen K M, Coffey K A, et al. A Functional Genomic Perspective on Human Well-being[J]. *Proceedings of the National Academy of Sciences*, 2013, 110(33):13684-13689.

和，体现为"快乐感"；而后者是个体努力追求意义、为某种超越自我满足的高尚目标而奋斗的结果，体现为"意义感"。

研究人员分别分析了被试者的"快乐感"与"意义感"的自我报告水平，以此区分出不同的人群作为分析样本。

他们用以下问题来测量"快乐感"水平：

（1）你会经常感到开心吗？

（2）你会经常感到满足吗？

用以下问题衡量"意义感"水平：

（1）你会经常感到人生是有方向的、有意义的吗？

（2）你会经常感到有些经历会激励你成为一个更好的人吗？

（3）你会经常感到你对社会有所贡献吗？

研究者们运用 CTRA 的基因图谱[①]对"快乐感"水平高的人和"意义感"水平高的人的基因表达模式分别进行研究，结果发现："快乐感"水平高的人的基因表达模式中，与炎症有关的基因表达水平高，与合成抗体有关的基因表达水平低，这意味着他们的免疫系统容易主动激发炎症，从而增加他们罹患疾病的风险；"意义感"水平高的人的基因表达模式则相反，与炎症有关的基因表达水平低，与合成抗体有关的基因表达水平高，这意味着他们的身体更倾向于通过生成抗体而不是激发炎症来抵御病毒，这种基因表达模式对人体更为有益。该研究从基因的角度证明，仅仅追求"快乐感"是不够的，人需要更"有意义"的人生。

 案例 5.3.2　李光耀：我只做自己认为"有意义"的事情

新加坡首任总理李光耀晚年时曾说道："别人会以什么样的方式铭记我，我决定不了。生活中，我只做自己认为有价值的事情。"[②]

---

① CTRA（Conserved Transcriptional Response to Adversity）对逆境的保护性转录反应：在长期的压力、恐惧或不稳定心理状态下，循环免疫细胞的基础基因表达图谱呈现系统化的转变。这种转变的特点是与炎症相关的基因表达增加了，抗病毒反应基因的表达减少了。

② 李光耀. 我对这个世界的看法[J]. 中国青年，2013（11）：43-44.

法律专业出身的他于 1954 年组建人民行动党，从此步入政坛，并凭借他在华人群体和基层工会中的号召力迅速获得了民众支持。1959年 6 月，新加坡自治邦成立，李光耀出任自治邦政府总理。

李光耀认识到，在马来人居主体地位的东南亚，75%人口为华人的新加坡只有与马来亚合并才能生存下去。于是，推动"新马联合"成为李光耀最主要的政治目标之一。1963 年，新加坡与马来亚合并为马来西亚联邦。然而，由于政治分歧、种族骚乱等多重原因，仅仅两年后，新加坡就被驱逐出马来西亚联邦"被迫独立"。那段时间是李光耀人生的低谷，他坦言那时的自己"从来没这样悲伤过"，每天痛苦地思索："新加坡是马来海洋中的一个华人岛屿，我们在这样一个敌对的环境里如何生存呢？"

但他很快从低谷中走了出来。在出任新加坡总理之后，他开始着手构建新加坡的国家治理体系。内政方面，他在引入了西方议会共和制政体的同时确保人民行动党的长期执政地位，形成了独具新加坡特色的政治制度。经济方面，他扬长避短，充分发挥新加坡的港口优势，实施外向型经济发展战略，使得新加坡发展成为国际性金融、贸易和航运中心。文化方面，他积极倡导健康文明的生活方式，形成了世人瞩目的"罚出来的文明"。外交方面，他一方面坚持新加坡的独立自主，另一方面尝试利用美国、中国、日本等大国在东南亚达成均势，尽量为自身争取和平稳定的发展环境……在他的苦心经营下，新加坡从一个"人造国家"一跃成为"亚洲四小龙"之一，人民生活水平在亚洲乃至世界居于前列，他也因此被尊称为"新加坡国父"。

如今，人们回忆起这位亚洲政坛的风云人物，或许明白了什么才是他心目中"有意义的事情"：一切为了新加坡。

李光耀去世后，李嘉诚即率两个儿子赶赴新加坡，吊唁老友。他更致函新加坡总理、李光耀长子李显龙，表达对李光耀辞世的哀伤。唁文如下：

惊悉李资政辞世，不胜惋悼，哀伤难舍。

资政是世罕其匹、东西一合的历史巨人，笃志结领民心民智，实现有序、自由、公平和仁惠的社会。资政一生果敢磊烈、持守相本、风度庄严、平易近人。身虽同乎万物生死，精神不灭不朽，长存人心。

李氏有缘与资政多次面晤，其思之深，见之远，仁之厚，一切一切仿如昨天，怎不感念畴昔。谨偕小儿泽钜、泽楷敬致深切慰唁，盼总理阁下与家人节哀顺应。

从一名想成为律师的青年，到一位缔造亚洲奇迹的总理，李光耀让自己的生命异彩纷呈，支撑他的就是这样一个简单的信条：只做自己认为有意义的事情。

幸福是内生的，它需要认知层面的"至上至真"，需要行为层面的"顺势合赋"，需要情绪层面的"至乐至安"。同时，幸福的支点放在哪里，就决定了这种幸福是否为"真幸福"，又能否持续下去。如果我们将意义感寄托在实现国家、社会的价值追求上，那么我们将使幸福"增值"。"志之所趋，无远弗届，穷山距海，不能限也"，不要让生命在迷茫与颓废中虚耗，只要沿着选定的方向坚持下去，在有意义的事情中自我陶冶，我们终将摆脱碌碌无为的泥淖，实现生命的价值。

案例 5.3.3 基辛格——尽量多做些"有意义"的事情

基辛格晚年曾经说过这样一句话："我们这个年纪，已经不是沽名钓誉的年纪了。"这位"美国历史上最伟大的国务卿之一"有着政治家和学者的双重身份，而他成功地在两者之间找到了平衡点。

基辛格是德国裔犹太人。希特勒上台后，基辛格一家遭到了纳粹的残酷迫害，被迫历尽艰难险阻移民美国。第二次世界大战结束后，他进入哈佛大学政治系学习，并在那里取得了哲学博士学位。这一时期，他在国际关系研究领域的才华显现，他关于均势理论的博士论文和部分著作开始为他在学术界积累名望。

1969 年在哈佛大学担任教职的基辛格被聘为尼克松政府国家

安全事务助理，1973 年出任美国国务卿，从此开始了他的政治生涯。1971 年 7 月，他巧妙地避开记者的视线，开启了对华外交的"破冰之旅"，为日后中美两国建交发挥了重要作用。1973 年，他因推动越南战争结束被授予诺贝尔和平奖。在当时美苏"冷战"的背景下，基辛格以构建大国间均势为基本外交思路，推动美苏关系与中东局势趋向缓和，为维持国际和平与稳定做出了贡献。

尽管从政使他的名望几乎达到顶峰，但基辛格真正热爱的依然是学术研究。在结束政府公职任期后，他曾担任乔治城大学客座教授、基辛格联合咨询公司董事长等职位，不断发表论文、举办讲座，潜心发展他毕生构建的均势理论。据基辛格的同事回忆，基辛格的讲座时长一般为一个半小时。有一次，主办方考虑到基辛格当时年过八旬，并且刚做过心脏手术，便特意为他准备了椅子，但他自始至终都没有坐下，而是兴致高昂地为大家讲解国际关系的热点问题。尽管年事已高，但基辛格仍坚持亲自完成著作与论文的撰写工作。与常人的写作习惯不同，基辛格总是先打好腹稿，思忖好每个细节后才动笔。这个过程可能要耗去三四年时间，但在基辛格看来，为了虚名心浮气躁地做学问是断然不可取的。

基辛格对于名望的态度值得我们深思。正是幼年时期特殊的成长环境，使得基辛格认识到"生存注定是倏忽无常的"，对名望的狂热在生命面前是微不足道的。大学期间的学习经历使他的言行深受斯宾格勒、汤因比和康德等哲学家的熏陶，成为他精神财富的初始积累。当因推动中美建交、创造并发展均势理论等一系列贡献而享誉国际社会时，他没有踯躅于纷扰的名利场，而是选择为其兴趣所至的领域——国际关系学构建新的思考范式。在这一系列选择背后，是基辛格对于名望的淡泊和对精神财富的追求，他也因此获得了真正的幸福。

作为国际政要，李光耀与基辛格或许距离我们有点遥远，但普通人也可以找寻属于自己的"意义感"。一名南开大学学生合唱团成员在幸福经济学课上这样感慨："在日复一日、年复一年的练习之余，也会略感疲惫和迷茫，可每当音乐厅的灯光在她眼前亮起，孟老师（南开大学学生合唱团指导教师孟超美教授）的手臂架起，一瞬间我的疲惫、迷茫就都消散不见了，好像我从来都没有忘记过加入合唱团的'意义'——能在恰好的年纪和朋友们赴世界各地'征战'，让世界听见南开的声音，这就是我寻求的'意义'！""意义感"能让我们变得坚定，坚定地追求发自本心热爱的事业，体会到真正并持续的幸福。

求名的背后是私欲。人若为外在的名望所扰动，为了所谓的地位、赞誉耗费时间与精力，只会离真实的幸福越来越远，得不到时神魂颠倒，得到时惴惴不安，得而复失时恍然如梦，这样的人生悲哀至极。反之，精神财富的背后是本心。杨绛先生从不为所谓的虚名扰动，只追求精神的富足，潜心做学问。她曾说过："一个人不想攀高就不怕下跌，也不用倾轧排挤，可以保其天真，成其自然，潜心一志完成自己能做的事。"①如果我们肯用心追求精神的富足，发自本心去做有意义的事情，我们便能宠辱不惊，体会到真正的幸福。

四、立志与目标

不为虚名所累，不被私欲蒙蔽，实现精神追求与真名得立的相合，需要至上目标的指引。目标具有某种神奇的力量，它能让人关注到更多的外部和内部资源，正如《炼金术士》中所说的那样："当你真心渴望某样东西时，整个宇宙都会联合起来帮助你完成。"

---

① 杨绛. 将饮茶[M]. 北京：中国社会科学出版社，1992.

案例 5.4.1　目标：三选一

近年来，无论是给本科生还是研究生讲授"幸福经济学"，第一次绪论课中我们都要讨论"立乎上，得乎中"的问题。

有一道选择题需要学生作答：在南开期间的学习目标是什么？（三选一）。

（1）好好学习，得奖，最好能得国家奖学金。

（2）实习、考证，当考证达人。

（3）经典破 10 卷，动静等观，切实提升认知力（尤其是判断力）、情绪管理力、行动担当力。

总是有相当比例的学生选择第一个答案。我们的学生，从小学就被教导要考前几名、要得奖。

有评论说，我们的中学生在参加世界综合能力测试时，多次获得第一名。如果说教育有不成功的地方，主要责任在于高等教育。问题真像这般逻辑所说的那样吗？不是的，一些高校学生出现的焦躁、抑郁、活力不足、意义感不足等问题，其实早早在中学、小学抑或在学前就已经埋下了隐患。

如果一个家长将"考试成绩排前几名、获得奖励"强行作为学生自身的立志目标，并将考取前几名强化成了学生自身的认知习惯和行为习惯，那么他已经有 90% 的可能将孩子置于失败之地。在小学时学习成绩排前几名，到中学时未必能够保持。在中学时学习成绩排前几名，到大学时未必能够保持。人如果没有超越私利的志向很容易迷失，很容易丧失意义感、目标感。丢失了意义感、目标感的被动之事做得多了，拖延必会多现，焦躁、抑郁必会多现，"空心病"必会多现。一个学生，一旦开始质疑自己所做之事的"意义感和真实性"，问题就会越来越多。[1]

---

① 当下一些高校学生似乎对年薪 30 万、50 万更感兴趣，耻于谈理想，羞于立大志。"忠贞为国酬，何曾怕断头""为中华之崛起而读书"这类热血豪言愈发奇缺、愈发珍贵。

王阳明何以成为五百年一圣人，且看他年轻时的志向何等狂傲，"使学如韩柳，不过为文人；辞如李杜，不过为诗人""世以不得第为耻，吾以不得第动心为耻""惟为圣贤，方为第一""志不立，天下无可成之事，虽百工技艺，未有不本于志者"。从"惟为圣贤，方为第一"之宏志到"五百年一贤"之铸就，的确如《炼金术士》中所说，"当你真心渴望某样东西时，整个宇宙都会联合起来帮助你完成"，这听起来有些神奇。对于立志的神奇作用，现代心理学从科学角度给出了解释：个人本愿与社会需要相融合的大志确立后，个体能更及时、更充分、更多地注意到内在的和外部的可用资源，利用好这些立志之前很可能被荒废的资源，神奇的效果往往就得以显现了。胸怀大志，个体的潜能更容易被激发，内在的天赋更容易展现出来，目标感和意义感就不易丢失。正如《大学》中所说："心诚求之，虽不中，不远矣。"

 案例 5.4.2　《传习录》中关于"立志"的几段文字[①]

《陆澄录》：立志应"长久存天理"

问立志。

先生曰："只念念要存天理，即是立志。能不忘乎此，久则自然心中凝聚，犹道家所谓'结圣胎'也。此天理之念常存，驯至于美大圣神，亦只从此一念存养扩充去耳。"

又曰："立志用功如种树然，方其根芽，犹未有干，及其有干，尚未有枝，枝而后叶，叶而后花、实。初种根时，只管栽培灌溉，勿作枝想，勿作叶想，勿作花想，勿作实想——悬想何益！但不忘栽培之功，怕没有枝叶花实！"

唐诩问："立志是常存个善念，要为善去恶否？"

曰："善念存时，即是天理。此念即善，更思何善？此念非恶，更去何恶？此念如树之根芽，立志者，长立此善念而已。'从心所欲

_____

① ［明］王阳明. 传习录[M]. 叶圣陶，点校. 北京：北京时代华文书局，2014.

不逾矩'，只是志到熟处。"

《薛侃录》：立志应"惟精惟一"

又曰："我此论学，是无中生有的工夫。诸公须要信得及只是立志。学者一念为善之志，如树之种，但勿助勿忘，只管培植将去，自然日夜滋长，生气日完，枝叶日茂。树初生时，便抽繁枝，亦须刊落，然后根干能大；初学时亦然。故立志贵专一。"

《答周道通书》：立志应"真切不外求"

来书云："日用工夫只是'立志'，近来于先生诲言时时体验，愈益明白。然于朋友不能一时相离。若得朋友讲习，则此志才精健阔大，才有生意；若三五日不得朋友相讲，便觉微弱，遇事便会困，亦时会忘。乃今无朋友相讲之日，还只静坐，或看书，或游衍经行，凡寓目、措身，悉取以培养志，颇觉意思和适；然终不如朋友讲聚，精神流动，生意更多也。离群索居之人，当更有何法以处之？

此段足验道通日用工夫所得，工夫大略，亦只是如此用，只要无间断，到得纯熟后，意思又自不同矣。大抵吾人为学，紧要大头脑，只是'立志'。所谓'困、忘'之病，亦只是志欠真切。今好色之人，未尝病于困忘，只是一真切耳。自家痛痒，自家须会知得，自家须会搔摩得；既自知得痛痒，自家须不能不搔摩得。佛家谓之'方便法门'，须是自家调停斟酌，他人总难与力，亦更无别法可设也。"

《钱德洪录》：立志应"立圣人之志"

何廷仁、黄正之、李侯璧、汝中、德洪侍坐。先生顾而言曰："汝辈学问不得长进，只是未立志。"

侯璧起而对曰："琪亦愿立志。"

先生曰："难说不立，未是必为圣人之志耳。"

对曰："愿立必为圣人之志。"

先生曰："你真有圣人之志，良知上更无不尽；良知上留得些子别念挂带，便非必为圣人之志矣。"

洪初闻时心若未服，听说到不觉悚汗。

案例 5.4.3　泰勒《幸福的方法》中的目标说①

作为哈佛大学最受欢迎的幸福课讲师，泰勒在其所写的《幸福的方法》一书中强调：做一个幸福的人，必须有一个明确的可以带来快乐和意义的目标，然后努力地去追求。整体而言，有目标的人的成功概率要比没有目标的人大得多。具有挑战性的明确的目标（即设定了时限和具体的成果）通常会带来更好的表现。

心理学已经证明了目标和成功之间的关系，这一点也已经被我们自身的经验反复证实。目标向我们及他人传达了一种克服困难的信念。把你的生命想象为一个旅程，你背着背包前进，忽然出现了一堵墙阻挡了你的去路，你该怎么办？你是转身避开，还是把你的背包扔到墙的另一头，然后想办法穿过、绕过或者翻过它？

1879 年，托马斯·爱迪生宣布将在年底公开展示他的新发明——电灯。事实上，他之前的实验都是失败的，但他的做法就好像把背包扔到了墙的另一头。虽然他还面临很多问题，但他始终朝着目标前进，在使用了接近 1600 种材料进行试验后，人类第一盏具有广泛使用价值的电灯于同年 10 月 21 日成功诞生。1962 年，肯尼迪总统向全世界宣布，美国将在 20 世纪 60 年代末把人类送上月球，当时甚至连一些太空船所需的材料都没有发明出来，技术方面更是完全不到位，他把自己和美国国家航空航天局都推到了挑战的面前。"没有退路"让人类又一次取得了成功，1969 年 7 月美国"阿波罗 11 号"飞船登月成功，首次实现了人类登月梦想。虽然口头上的承诺不一定保证目标实现，但它确实可以增加成功的概率。

威廉姆·H. 默里是一位苏格兰登山家，在《苏格兰人的喜马拉雅探险》（*The Scottish Himalayan Expedition*）中，他提到了"把背包扔过去"的好处："一个人在下决心之前容易犯犹豫不决的毛病，容易退缩，效率降低。但重要的是，当你真正决定兑现承诺的时候，

①［美］泰勒·本·沙哈尔. 幸福的方法[M]. 汪冰，刘骏杰，译. 北京：中信出版社，2013.

命运也会开始帮助你。如果不清楚这一点，再好的想法与计划也将付诸东流。当开始为自己的承诺付诸行动时，人们会发现，他们的运气变得出奇的好。我相当欣赏歌德的一句话：'无论你能做什么，或是你想做什么，行动吧！勇气本身就包含了智慧、奇迹和力量。'"

一个目标、一个明确的承诺，可以让我们集中注意力，帮助我们找到达到目标的路线。目标可以简单到买电脑，或挑战攀登珠穆朗玛峰。心理学中著名的自我实现预言（又称"皮格马利翁效应"）告诉我们，信念是一种会自动实现的预言。而当我们下定决心把背包扔过墙头时，我们事实上已经相信了自己，相信了自身的能力，有了克服困难的信念。我们可以去创造现实，而不只是对现实做出被动的回应。

我们应该去追求一些"自我和谐的目标"，这些目标必须是发自内心最坚定的意识，或是最感兴趣的事情；必须是主动选择的，而不是被动附加在我们身上的；必须是产生于散发自我光辉的愿望，而不是为了炫耀。这些目标是有因果关系的：追求这些目标，并不是因为他人觉得你应该这么做，而是因为它对我们具有更深层的意义，并且能够带给我们快乐。

 案例 5.4.4　"定位速效法"实验①

心理学家曾做过一个著名的实验：将一个班的学生分成 3 组，前往 10 公里外的村庄。

甲组学生不知村庄有多远，只跟着向导走（仅表明方向），走了多少，还剩多少路程，一概不知。刚走完 3 公里，就有学生叫苦。走了将近一半，学生们情绪极度低落，队伍散乱，前行缓慢。

乙组学生仅知道距离目的地 10 公里，他们也只跟着向导走，中途没有路标。结果走了一半多，有人抱怨不迭，速度也明显慢了许多。估计快要走到终点时，有学生大喊"加油"，学生们才振作精神，

---

① 引自《时事（高中）》2016 年第 6 期《定位速效法》。

加快了速度。

丙组学生不仅知道距离目的地 10 公里，还知道途中设有路标，上面写有里程。他们对于走了多少，还剩多少路程，心中有数。结果该组学生一路上精神饱满，当他们疲劳时，一看路标，知道已经走了 8 公里，这时不但没人叫苦、没人抱怨，反而有人带头唱歌鼓劲儿。

实验结果显而易见，丙组最快，乙组次之，甲组最慢。心理学家将这种目标明确、按计划行动、效率提高的现象称为"定位速效法"。

 案例 5.4.5　目标的力量[①]

哈佛大学在 1953 年做过一个关于目标对人生影响的跟踪调查。在一群智力、学历、环境、条件都相差无几的学生走出校门之前，哈佛大学对他们进行了一次关于人生目标的调查，发现他们当中 27% 的人没有目标，60% 的人目标模糊，10% 的人有清晰但比较短期的目标，3% 的人有清晰且长远的目标。

25 年后，哈佛大学再次对这群学生进行跟踪调查，结果显示：

3% 有清晰且长远目标的人，一直朝着同一个方向努力，已成为社会各界的顶尖成功人士，他们不乏白手创业者、行业领袖、社会精英等；

10% 有清晰但比较短期目标的人，他们生活在社会的上层，他们的短期目标不断达成，成为某一行业的专业人才，有很好的工作，如医生、律师、公司高级管理人员等；

60% 目标模糊的人，他们生活在社会的中层或下层，尽管能够安稳地生活，但是没有取得什么成就；

27% 没有目标的人，他们处于社会底层，生活得十分不如意，不断抱怨社会和他人，经常失业，家庭也不幸福。

---

① 引自人民网《素质教育，授之以"渔"》。

理论和实践皆证明了一条颠扑不破的真理，正如《礼记·中庸》中所说："凡事预则立，不预则废。"目标决定了个体的人生轨迹，有什么样的目标，就有什么样的人生。目标具有某种神奇的力量，它可以带来额外的外部和内部资源，正如《炼金术士》中所说的那样："当你真心渴望某样东西时，整个宇宙都会联合起来帮助你完成。"

五、立乎上

《孙子兵法》有言："求其上，得其中；求其中，得其下；求其下，必败。"立志也强调"立乎上"，只有"立乎上"且真正经过内心拷问的有志行动，才有可能带来双重享受——结果达成时的喜悦和行动过程中的充实。

 案例 5.5.1　泰勒五年夺冠路，幸福一瞬间[①]

泰勒在《幸福的方法》中讲述了自己的一个真实事例。

16 岁那年，我在以色列全国壁球赛中夺得冠军。那次经历迫使我有生以来第一次认真思考了"幸福"这个主题。

我曾经深信胜利可以令我快乐，可以缓解我长期以来的空虚感。在长达 5 年的训练中，我一直感觉生命中似乎缺失了什么……不管是拼命地长跑、不停歇的力量训练，还是不断地自我鼓励，都无法填补这种内心的空虚。我不快乐，但我相信那些"缺失的东西"早晚会填补我的生命。至少有一条看似行得通的幸福之路，那就是我必须通过身体或心理的艰难与忍耐去赢得冠军，通过赢得冠军获得成就感，而成就感一定能让我最终获得幸福。这就是我的幸福

①［美］泰勒·本·沙哈尔. 幸福的方法[M]. 汪冰，刘骏杰，译. 北京：中信出版社，2013.

逻辑。

如我所愿，夺冠后我欣喜若狂，那种快乐超乎了我的想象。获胜后我与家人、朋友一起隆重地庆祝。那时，我对支撑自己走过艰辛 5 年的理念更是深信不疑：胜利可以带来无限快乐，为此生理和心理上的种种苦痛都是值得的——一切如此公平。

可是就在当晚，狂欢过后我独自回到自己的房间，坐在床上，尝试着在睡前再回味一下那无限的快感。出人意料的，那些我以为会保持很久的成就感，那些我最珍视的来之不易的喜悦，忽然间消失得无影无踪。失落和空虚再次占据了我的内心。我忽然感到迷惘和恐惧，泪水奔涌而出。几个小时前还是喜极而泣的泪水，仅几个小时后就满是伤心和无助。如果在如此圆满的境况下尚不能感到幸福，我又能到何处去寻找那持久的幸福呢？

我努力安慰自己，或许这只是兴奋过头之后的暂时低落。可是在接下来的日子里，我仍没有找回快乐的感觉。相反，内心却越来越沮丧，因为我越来越强烈地意识到，即使我达到更高的目标，哪怕赢得世界冠军，似乎也不能为我带来持久的幸福。我所依赖的逻辑彻底被打破，我完全不知所措。

越来越多的研究表明，行动目标可分为两类：第一类是顺从外部价值标准的，第二类是遵从内心价值标准的。没有经过内心拷问的第一类目标下的行为，往往只能在目标实现时给人带来短暂的满足，让人很难享受过程，求得目标的过程往往伴随着更多的负面情绪体验。只有真正经过内心拷问的目标下的行为，才有可能带来双重享受——结果达成时的喜悦和行为过程中的充实，且享受过程者有可能会实现更高的目标。

案例 5.5.2　冯友兰的人生"四境界"

中国哲学家冯友兰先生在《中国哲学简史》中将人生境界自低到高分为自然境界、功利境界、道德境界和天地境界四个等级。

所谓"自然境界"，是指"一个人做事，可能只顺着本能或社会的风俗习惯。就像小孩或原始人那样，他做他所能做的事，然而并无觉解，或不甚觉解。这样，他所做的事，对于他就没有意义，或有很小的意义"。

到了"功利境界"，"一个人可能意识到他自己，为自己而做各种事……他所做的事，其后果可以有利于他人，其动机是利己的。所以他所做的各种事，对于他，有功利的意义"。

而在"道德境界"中，人"可能了解到社会的存在，他是社会的一员……有了这种觉解，他就为社会的利益做各种事，或如儒家所说，他做事是为了'正其义不谋其利'"。这时人的行为便具有了道德的意义。

而人生的最高境界便是"天地境界"。这就是说，"一个人可能了解到超乎社会整体之上，还有一个更大的整体，即宇宙"。有了这种觉解，"他就为宇宙的利益而做各种事。他了解自己所做的事的意义，自觉在做他所做的事"，可以说，他做的事已经具有了"超道德的价值"。冯友兰先生还特别指出："这四种人生境界之中，自然境界、功利境界的人，是人现在就是的人；道德境界、天地境界，是人应该成为的人。前两者是自然的产物，后两者是精神的创造。"

事实上，中国古人早已对人生境界有所省察。《大学》开篇的"大学之道，在明明德，在亲民，在止于至善"，史学巨擘司马迁的"究天人之际，通古今之变"，北宋理学家张载的"为天地立心，为生民立命，为往圣继绝学，为万世开太平"，是中国知识分子道通天地、经世济民的气魄与情怀的写照。这四重境界体现出的阶段性，为世人在"天下熙熙，皆为利来；天下攘攘，皆为利往"的俗世生活之外昭示了更高层次的人生追求，使人得以规避小利既得造成的空虚。而在重视"存养"与"守常"的中国哲学看来，"道德境界""天地境界"不存在功利境界中的一劳永逸。它们需要人基于各自的人生体验加以理解，并随岁月的流逝加以修正；它们需要人用一生去践行，去验证。从这个意义上来说，没有永远的得到，也没有永远的失去；"目标"实际上是让生命专注于人生的过程，"过程"实际上是怀揣着目标认真生活，目标与过程合而为一。"路漫漫其修远兮，吾将上下而求索。"生命在四重人生境界中的跋涉是一场宏伟的修行。

 案例 5.5.3　"立奇志、交奇友、读奇书、做奇事"的毛泽东

1910 年秋，16 岁的毛泽东第一次走出韶山冲，到东山学堂读书时，就给父亲留下了诗句："孩儿立志出乡关，学不成名誓不还。埋骨何须桑梓地，人生无处不青山。"在东山学堂求学期间，毛泽东愈发认识到国家积贫积弱、民族备受欺侮、百姓苦不堪言的社会现实，也树立起了救国救民的远大志向，为此他为自己起了一个笔名——"子任"，意为以天下兴亡为己任，这表达了他求真知、救国家的"上志"。

1913 年毛泽东考入湖南省立第四师范学校①。在当时的课堂笔记（即后来的《讲堂录》）中，毛泽东记录了古人关于立志的言论。关于孔子，毛泽东这样写道："孔子尝言志矣，曰：志于道，著于德，依于仁，由于义。曰：老者安之，少者怀之，朋友信之。曰：士志于道，而耻恶衣恶食者，未之有也。"先贤们"立乎上"的观点对毛泽东产生了深刻的影响。后来在湖南省立第一师范学校求学期间，他的志向、人格理想进一步确立和成熟，学习目的更加明确，那就是为实现救国救民的远大理想而学习。当时毛泽东被同学称为"毛奇"，意思是他有"交奇友、读奇书、做奇事"的志向。

1917 年，24 岁的毛泽东在《致黎锦熙信》中这样写道："……今人所谓立志，如有志为军事家，有志为教育家，乃见前辈之行事及近人之施为，羡其成功，盲从以为己志，乃出于一种模仿性。真欲立志，不能如是容易，必先研究哲学、伦理学，以其所得真理，奉以为己身言动之准，立之为前途之鹄，再择其合于此鹄之事，尽力为之，以为达到之方，始谓之有志也。如此之志，方为真志，而

---

① 第二年（即 1914 年）春，湖南省立第四师范学校并入湖南省立第一师范学校。

非盲从之志。其始所谓立志，只可谓之有求善之倾向，或求真求美之倾向，不过一种之冲动耳，非真正之志也。虽然，此志也容易立哉？十年未得真理，即十年无志；终身未得，即终身无志。此又学之所以贵乎幼也。"可见，毛泽东对立志十分重视，绝不盲从；同时注重学习哲学社会科学知识，从探索宇宙观、人生观入手思考"大本大源"的问题，进而把救国和学习、掌握真理紧密地结合起来。

1917年毛泽东还写就了一篇"奇文"，那就是《心之力》。在这篇文章中，毛泽东同样谈到了自己的立志观："夫闻'三军可夺其帅，匹夫不可夺其志'。志者，心力者也。民之志首推举国民众个性之天然强健，则国家栋梁层出不穷。数百年外侮内斗中民众个性屡被君主官僚残害之重弊，举国凡有压抑个人、违背国民个性者，罪莫大焉！故我国三纲所在必去，愚民愚治尽除，方有优塑民众强盛希冀……故吾辈任重而道远，若能立此大心，聚爱成行，则此荧荧之光必点通天之亮，星星之火必成燎原之势，翻天覆地，扭转乾坤。戒海内贪腐之国贼，惩海外汉奸之子嗣；养万民农林之福祉，兴大国工业之格局；开仁武世界之先河，灭魔盗国际之基石；创中华新纪之强国，造国民千秋之福祉；兴神州万代之盛世，开全球永久之太平！也未为不可。"探寻真理，掌握真理，好似一根红线，贯穿了毛泽东的革命生涯。

古往今来，沧海横流，方显英雄本色。在历史的转折处，英雄横刀立马，力挽狂澜；在命运的转折点，英雄视死如归，勇赴国难。其实，英雄不问出处，不论文武，也不分性别、年龄，家国情怀才是英雄的恒久本色[①]。毛泽东年少时立志于家国大业，并为之不断探求真理，勇于实践，堪为当代中国青年的光辉楷模。

 ### 案例 5.5.4　周恩来"为中华之崛起而读书"

1910年，12岁的周恩来来到沈阳，进入当时的东关模范学校就

---

① 引自中南大学人文学院教授杨雨于《中国诗词大会》第五季第四期的嘉宾致辞。

读。当时的东北是帝国主义列强争夺的焦点，在沈阳，大片土地被划为外国租界。有一次，周恩来偷偷进入租界，看到这样一番情景：一位中国女性的亲人被洋人的汽车轧死，中国巡警非但不去惩治肇事洋人，反而训斥这位中国女性，旁观群众敢怒不敢言。这件事使年幼的周恩来心绪难平。他开始明白主权被践踏、民族被凌辱是怎样的滋味。

1911 年年底，有一天，东关模范学校的校长魏福锡在修身课上问同学们："请问诸生为什么而读书？"在座学生中回答"为做官而读书"者有之，回答"为挣钱而读书"者有之，也有说"为明理而读书""为吃饭而读书"的，唯独周恩来沉思良久，没有急于发言。继而他站起来，用铿锵有力的声音告诉校长："为中华之崛起而读书！"魏校长闻之大为惊喜，一边鼓掌一边称赞道："有志者当效周生啊！"周恩来此后到南开中学、南开大学学习，愈发坚定了"为中华之崛起而读书"之信念。1917 年，在即将离开南开前往日本留学之际，周恩来为同学郭思宁写下了"愿相会于中华腾飞世界时"的临别寄语，百年后的今天，这一饱含豪情壮志的响亮宣言仍在激励着一届又一届即将走出校门的青年学子立强国之志，践报国之行。

诸葛亮在《诫外甥书》中认为"志当存高远"。毛泽东、周恩来等无产阶级革命家将个人的学习奋斗与国家和民族的命运紧密相连，才有了"天翻地覆慨而慷"的革命洪流，才有了今天实现中华民族伟大复兴的时代诗篇。试想一下，若读书只是为升官发财，如果官运、财运不通，是不是就不读书了？如果官运、财运亨通，还会再读书吗？《帝范》有言曰："取法于上，仅得为中；取法于中，故为其下。"远大的目标能够昭示蓬勃的希望，提升我们的积极情绪占比，从而潜在地拓宽我们的进步空间。大志存心，方成大器。

案例 5.5.5　清华开学典礼：师生代表致辞在一同呼唤着什么？

2016 年，清华大学新生开学典礼，魏一凡同学作为新生代表作了题为《以沉静心灵追寻人生理想》的致辞。

　　……在飞速发展转型的当下社会，人们常常急于找寻捷径敲开所谓"成功人生"的大门，却难以潜心于自己真正热爱的事业中。有人不乏失望地说，名牌大学的学生正在变成精致的利己主义者。这样，生命还有其本应深刻和有意义的内涵吗？钱包鼓胀了，物质丰富了，思想和精神却愈发麻木和萎缩。

　　在这样的潮流中，我也曾以为大学生活的意义就全在于分数，可是当我投入一次次社会活动中，我的视野变得更加开阔，心智变得更加成熟，也隐约感受到一份沉甸甸的社会责任。去年，我有幸作为学生代表参加了南京大屠杀死难者国家公祭仪式，当我聆听着老兵平静地叙述那段沉痛的回忆时，就仿佛看到了残酷时代的鲜血淋漓；当我徘徊在遇难者名单墙前，就仿佛听到那曾经鲜活的生命在哭泣，这些场景都深深触动了我。今天，我们已成为清华的学子，我们的肩上承载的不仅仅是个人的荣辱成败，更是与脚下这片深沉的土地同呼吸共命运……

　　值得注意的是，教师代表格非在发言中也不约而同地强调了人生目标和正确的成功观、价值观的重要性。

　　……从中学进入大学学习，首先遇到的一个重大问题，也许就是如何确立自己的价值观和人生目标。在中学阶段，这个目标是清晰而明确的——不用说，那就是高考。不光是我们自己，家庭、学校乃至整个社会的整体氛围都在日复一日地强化着这个目标……可是在进入大学以后，我们会突然发现，原来特别清晰、具体的目标，转瞬之间已变得暧昧不明。即便我们仍然把追求成功作为自己的目标，这个目标要比高考这把标尺复杂得多，也诡异得多——比方说，有些人仅仅因为与生俱来的高颜值，就轻易地取得了所谓的"成功"。今天，我们需要自己来发现、设计和决定自己的未来，并为此承担责任，这对于任何人来说，都是一个相当严峻的课题。

　　……毋庸讳言，由于整个社会日益功利化的趋势，我们对于成功这样一个理念的理解，已经极大地狭窄化乃至于庸俗化了。似乎所有的目标都可以用金钱、豪宅、知名度、媒体的曝光率来衡量……

可以说，这样一种极其狭隘和庸俗的成功理念，给这个社会的每个人都带来了巨大的压力，给我们的日常生活造成了毁灭性的扭曲和破坏。它还导致了这样一个后果：我们仅仅是为了追求所谓的存在感而活着。

我们来到这个世界的目的，据说是为了追求幸福。可是，伴随着我们对成功理解的狭窄化和僵硬化，我们作为普通人在日常生活中感知幸福的能力也出现了严重的退化。有一位成功的企业家曾经告诉我，在他们老家有这样一个格言：我们生活中的绝大多数苦恼都是邻居造成的。我们奋斗了一辈子，似乎就是为了把房子建得比邻居漂亮一点，似乎就是为了在邻居的眼中造成这样一个虚幻的投影——我是幸福的。在许许多多的有关"幸福"的定义中，我认为瑞典作家拉格洛芙的说法最为精妙。她说，幸福就是对责任的自觉承担。

学生代表语气坚定，教师代表表情庄重。他们在不约而同地呼唤和倡导着同一件事情：年轻人应该与脚下这片深沉的土地同荣辱、共兴衰，与这土地上的人们同呼吸、共命运。分数，远远不能代表大学生活的全部意义，对社会责任的充分觉醒是找准人生目标的前提，对社会责任的自觉承担是实现人生价值的关键。

物欲无止境，用物质财富标示的成功，很难让人内心体验到真正的富足，"内在一致性"很容易被打破。用虚名标示的成功，虚名堆得越高，在本真的光照下阴影也会越大。只有超越了个人荣辱成败的社会责任担当，才能让个人感受到生命的丰富与深刻。一个人有了对社会责任的觉醒与主动承担，他就能够更多地体验到"人人合一"境界下生命的丰富与深刻（详见案例 9.7.5）。一个人有了对天地责任的觉醒与主动承担，他就能够更多地体验到"天人合一"境界下生命的恒久与伟大（详见案例 9.7.6）。

本心向善，外恶难绝。一个人在自我积极向善的同时，不要丢失了抵御外恶的力量。个人如此，一个国家，一个民族，也同样如此。师生代表的共同呼唤能够让我们感受到一种巨大的内在力量；呼唤者语气的坚定，倡导者表情的庄重，让我们能够感受到一种信心。信心与内在力量的汇聚，无疑会加快民族复兴的步伐。

六、能受天磨真铁汉

　　能受天磨真铁汉，不遭人嫉是庸才。"立乎上"与"受天磨"总是相伴相生的。正所谓"故天将降大任于是人也，必先苦其心志，劳其筋骨，饿其体肤，空乏其身，行拂乱其所为，所以动心忍性，曾益其所不能"。

 案例 5.6.1　曾国藩一生经历五次大辱[①]

　　同治五年（1866 年），55 岁的曾国藩在家书中对其弟曾国荃回顾了他一生三次"为众人所唾骂"及三次军事大败：

　　余初为京师权贵所唾骂，继为长沙所唾骂，再为江西所唾骂，以至岳州之败、靖港之败、湖口之败，盖打脱牙齿多矣，无一不和血吞之。

　　第二年三月十二日，他又在家信中对曾国荃回顾了他平生"四大堑"：

　　余生平吃数大堑，而癸丑六月（咸丰三年六月被赶出长沙）不与焉。第一次壬辰年（道光十二年）发佾生，学台悬牌，责其文理之浅；第二庚戌年（道光三十年）上日讲疏内，画一图甚陋，九卿中无人不冷笑而薄之；第三甲寅年（咸丰四年）岳州靖港败后，栖于高峰寺，为通省官绅所鄙夷；第四乙卯年（咸丰五年）九江败后，赧颜走入江西，又参抚臬，丙辰被困南昌，官绅人人目笑存之。

　　综合这两封家书，可知曾国藩一生经历了"五次大辱"：

---

① 张宏杰. 曾国藩的正面与侧面[M]. 长沙：岳麓书社，2023.

一是秀才考试被考官公开批责。道光十二年，二十一岁的曾国藩第六次参加秀才考试，他考前下了苦功准备，考后也自觉发挥不错，结果发榜之日，却被学台（即湖南省学政，相当于今天的省教育厅厅长）悬牌（发布公告），责其"文理太浅"，以"佾生"①注册。在一般人看来，获得"佾生"资格也算是小有收获，值得庆贺，曾国藩却将在大庭广众之下被"悬牌批责"视为奇耻大辱。回家后他闭门不出，咬牙发愤，没想到此次"悬牌批责"犹如当头棒喝，让曾国藩突破了以前僵化的文笔思路，文理大进。第二年，曾国藩第七次参加考试，终于中了秀才。这平生第一次大辱居然成了曾国藩一生功名的开场锣。又一年，他就中了举人；又四年，中进士，点翰林。

二是"画图甚陋"遭同事讥笑。曾国藩进京后十年七迁，仕途上似乎一帆风顺，但在道光年间因循懈怠的政治气氛下，他虽有心推动清王朝改革，却无法施展身手，对于官场常有"厌其繁俗而无补于国计民生"的低落之感。道光皇帝去世后，年方二十、血气方刚的咸丰登基，罢黜大学士穆彰阿，下诏"求言"。一时"天下称快"，朝野上下，为之一振。曾国藩心情激奋，上了一道《应诏陈言疏》，痛斥当时"以畏葸为惧，以柔靡为恭"的官场作风，建议皇帝举行"日讲"，以本身的振作之气扭转官场的泄沓之风，同时改革官员选拔办法，使进取之员有机会脱颖而出。这道奏折得到了良好的反应，皇帝对他提出的"日讲"建议最感兴趣，命他详细解释。于是曾国藩精心准备讲稿，并且画了一张解释讲堂布局的图。不过他本不擅画，这张图画得相当难看，讲稿在九卿中传阅之后，曾国藩成了官场议论的中心。大家议论的不是他的心赤血诚，而是讥笑他"画图甚陋"。曾国藩的这个"笑话"很快风传全城，人们见了他都"目笑存之"，令曾国藩无地自容，此乃曾国藩所说的"平生第二大堑"。

---

① "佾生"是指考秀才虽未入围但成绩尚好者，选取充任孔庙中祭礼乐舞的人员。获"佾生"资格则下次考试可免县试、府试，只参加院试即可，故称"半个秀才"。

三是激怒皇帝和被京师权贵唾骂。"第二大堑"后，曾国藩陆续上了多道奏疏，指出清王朝面临的种种危机，呼吁皇帝推行改革。然而，咸丰帝对于统治清王朝心无定见，对于曾国藩的奏疏仅是夸奖了几句便没了下文，令曾国藩大失所望。咸丰元年，太平军起。心急如焚的曾国藩呈上《敬呈圣德三端预防流弊疏》，直指咸丰帝"谨于小而反忽于大"、"徒尚文饰，不求实际"、饰非拒谏等缺点，希望能使皇帝幡然猛醒。结果咸丰帝阅后勃然大怒，当即要把曾国藩抓起来治罪，后经大臣劝谏才假惺惺地夸奖曾国藩几句，但又下长篇上谕为自己辩解。此后，曾国藩虽继续在奏折中呼吁改革，却也多是就事论事了。至于被京师权贵唾骂，曾国藩晚年在家书中回忆，"昔余往年在京，好与诸有大名大位者为仇，亦未始无挺然特立不畏强御之意"。大名大位者之一是因鸦片战争而出名的琦善，另一个是赛尚阿，刚正不阿的性格使曾国藩得罪了琦善与赛尚阿。本来曾国藩在京官中人缘颇好，得罪此二人令他的人际关系网出现了巨大破洞，许多人与曾国藩故意拉开距离，甚至不再往来。他在官场上的处境日益孤立。"诸公贵人见之或引避，至不与同席。"在背后更是遭到无数诋毁，曾国藩在咸丰二年几乎成了京师人人唾骂的人物。

四是在长沙"打脱牙和血吞"。曾国藩说："余生平吃数大堑，而癸丑六月（咸丰三年六月）不与焉。"似乎长沙之辱在他的记忆中无足轻重。事实并非如此，正是这次"不与焉"的"大堑"促使他克服了原本不可能克服的困难，练成了湘军。咸丰二年年底，因太平天国运动，咸丰皇帝情急之下诏命在乡下老家为母丧守孝的曾国藩帮助地方官员兴办"团练"（即"民兵"），以保卫乡里。曾国藩到长沙后，希望"振之以猛"，以自己刚直的办事风格给当时浑浑噩噩的湖南官场以震动。结果，他在社会治安、练兵等事上因触动了当地官员的利益而屡遭排挤。

最严重的一次，他的民兵和绿营兵发生摩擦，当地军政官员竟没有一人出面调停。绿营兵甚至公然围攻曾国藩的公馆，曾国藩差点挨了兵痞的刀。此番"长沙之辱"堪称曾国藩生平第一次遭遇真正的挫折，但他做出了一个出人意料的决定——"好汉打脱牙和血吞"。他不再和长沙官场纠缠争辩，而是带着自己募来的湘军前往僻静的衡阳。刚到衡阳，曾国藩面临着"五无"的困难情境：一无办公场所；二无名正言顺的职权；三无练兵经验；四无朋友帮忙；五无制度保障，尤其是军饷来源。面对重重困难，曾国藩不止一次想打退堂鼓，但一想起长沙之辱，他便又鼓起斗志。这个军事上的"门外汉"，经过不断摸索和实践，终于练成了一支一万七千人的队伍。咸丰四年四月湘潭之战中，湘军水陆不足万人，与三万之众的太平军作战，以少胜多。这一次挫而后奋的成功，给了曾国藩一次印象极深的自我教育，更强化了他愈挫愈勇、百折不挠的性格特点。

　　五是在江西遭遇困顿。湘军的意外崛起，使大清王朝看到了起死回生的希望，一时间，朝廷褒奖，绅民欢呼。鉴于湘军是唯一有战斗力的部队，咸丰皇帝命曾国藩出省作战，支援困境中的江西。然而，曾国藩在江西数年之间可谓步步荆棘，处处碰壁：寸权必争的地方官员并不把他放在眼里，曾国藩筹饷、用人时，总有官员从中作梗，甚至曾国藩的兵勇也被人打骂。后来在给朋友的信中，他回忆这段经历："江西数载，人人以为诟病。"又形容当时的苦况："士饥将困，窘若拘囚，群疑众侮，积泪涨江，以夺此一关而不可得，何其苦也。"正在曾国藩痛苦万分之时，他接到了父亲的讣告，以守孝为由回了老家。其间，他曾在给皇帝的奏疏中痛陈官场现状，恳请皇帝给他督抚之权。怎料咸丰皇帝竟顺水推舟，批准他守孝三年，实际上解除了他的兵权。苦战数年却落得这个结果，无异于给了曾国藩当头一棒。先前同他作对的地方官员闻讯后喜形于色，又纷纷跳出来对他一通唾骂。一连串的打击使得曾国藩"得不寐之疾"，患"怔悸之症"。乡居期间，他渐渐静下心来反思，遂意识到自己之所以在官场四处碰壁，不光是皇帝小心眼、大臣多私心，自身的诸多缺点也是重要原因：为人处世总是怀着强烈的道德优越感，自以为居心正大，人浊我清，因此高己卑人，锋芒太露，说话太冲，办事太直。自此，曾国藩的思维方式发生了重大转变。后来他被咸丰帝重新起用，为人处世多于正己而少于责人，这才大大改善了自己及湘军的处境。

曾国藩有言："吾生平长进全在受挫受辱之时，务须明励志，蓄其气而长其智，切不可戚戚然自馁也"，"困心横虑，正是磨炼英雄之时"。自身的缺点和不足、外在的不解和阻挠，一度让抱有"圣贤"之志的曾国藩遍体鳞伤、狼狈不堪，然而，正是一次次的"挫而后奋"，使曾国藩从背不出书的"笨小孩"成长为一代大儒，从一介书生蜕变为湘军统帅，造就了中国历史上"两个半三不朽"中的"半个三不朽"。毛泽东曾在青年时坦言："愚于近人，独服曾文正。"曾国藩直面艰险的态度更是能给今人以启迪。

 案例 5.6.2　曼德拉的传奇人生[①]

在距离南非开普敦 7 公里的地方，坐落着罗本岛监狱旧址。当年，狱方为了消磨被关押者的斗志，不准他们拥有钟表、日历。曼德拉就是在这里看着由自己制作的日历，度过了难熬的日日夜夜。

1918 年 7 月 18 日，曼德拉出生在南非特兰斯凯的一个部落酋长家庭，因他是家中长子而被指定为酋长继承人。但曼德拉表示，"绝不愿以酋长身份统治一个受压迫的部族"，而要"以一个战士的名义投身于民族解放事业"。

20 世纪 50 年代的南非，种族隔离制度以法律的形式被确认。占南非人口绝大多数的黑人在就业、婚姻、医疗、教育等方面的权利受到严重限制，即便是在海滩散步，黑人等有色人种都要与白人分开。1961 年，曼德拉领导罢工运动，抗议和抵制白人种族主义者成立的"南非共和国"。1962 年 8 月，年仅 43 岁的曼德拉被捕入狱，从此开始了长达 27 年的铁窗生活。其间，他备受迫害和折磨，但始终未改变反对种族主义，建立平等、自由的新南非的坚定信念。1990 年 2 月，南非当局在国内外舆论压力下宣布无条件释放曼德

---

① 参见央视新闻专题报道《曼德拉：我从不是圣人》。

拉。1994 年，曼德拉当选为南非第一任黑人总统，南非的种族隔离制度也在同年正式废除。

1999 年，曼德拉在总统任期届满后退休，但退休后的他依然为建设新南非而工作。2004 年，曼德拉亲自出马，帮助南非获得 2010 年世界杯主办权。此外，他还为世界和平和抗击艾滋病等事业付出了不懈努力。2009 年 11 月，第 64 届联合国大会通过决议，自 2010 年起，将每年的 7 月 18 日（曼德拉的生日）定为"曼德拉国际日"，以表彰他为和平与自由做出的贡献。

面对来自全世界的赞誉，曼德拉始终保持自醒。曼德拉在最后一本自传《与自己交谈》中写道，当年他身上综合了所有年轻人的缺点——脆弱、轻率、爱犯错。他说："我从不是圣人，而是一名不断努力的罪人。"2013 年 12 月 5 日，曼德拉走完了他 95 年的光辉岁月。南非为曼德拉举行国葬，91 位国家元首和政府领导人出席了曼德拉的葬礼。有媒体曾评论，其规模不亚于印度圣雄甘地及英国前首相丘吉尔的葬礼。

曼德拉曾说："生命中最伟大的光辉，不在于永不坠落，而是坠落后总能再度升起。"曼德拉向世人证明，在苦难面前，他是一个从不退却，也绝不会被打倒的斗士。他领导南非人民经过艰苦卓绝的努力和奋斗，最终取得了反种族隔离斗争的胜利，为新南非的诞生和发展做出了巨大贡献，在时代的长卷上留下了浓墨重彩的一笔。

 案例 5.6.3　勇者不惧

"知者不惑，仁者不忧，勇者不惧。"古人成就功业，既强调清晰不惑之智慧，又强调临危不惧之勇气。苏轼在《留侯论》中有言："古之所谓豪杰之士者，必有过人之节。人情有所不能忍者，匹夫见辱，拔剑而起，挺身而斗，此不足为勇也。天下有大勇者，卒然临之而不惊，无故加之而不怒。此其所挟持者甚大，而其志甚远也。"在苏轼看来，真正的"勇"不是鲁莽、冒进，而是在面对挑战时依然镇定，在遭受挫折时能够忍耐。这是因为"勇"者"志甚远也"，故其"心力"已强大到足以接受和克服前进路上的各种艰难险阻。

从健康的角度看，勇气同样值得提倡。美国斯坦福大学心理学教授凯利·麦格尼格尔（Kelly McGonigal）的研究发现，那些认为压力对健康有害的人会经常失眠、内分泌失调，容易患癌症或心脏病，其死亡风险最终增加了 43%。相反，同样承受极大压力却不认为其有害的人，其死亡风险非但没有升高，甚至比压力小的人更低。在压力面前，畏惧压力的人除了心跳加速，心血管还会收缩，长此以往不利于健康；而勇于面对压力的人虽然心跳也会加速，但血管会保持松弛。换句话说，他们的心脏是在以一种更健康的方式活动，与人感到振奋、受到鼓舞时的心跳方式类似。

另有证据表明，当细胞染色体上的端粒短到一定程度的时候，就无法维持 DNA 的完整性，难以控制细胞的分裂，而这种机制会导致人体衰老。2009 年诺贝尔生理医学奖得主伊丽莎白·布雷克本（Elizabeth Blackburn）和心理学家伊丽莎·艾波（Elissa Epel）测量了长期照顾慢性病孩子的母亲白细胞中的端粒长度，与健康母亲的白细胞比较，测定结果提示：压力越大，端粒就越短，端粒酶也越少。但是压力本身并不会使端粒变短，但由此引起的压力反应会加速细胞的衰老。也就是说，你对压力的感受影响着你的端粒。面对压力，人们往往有两种不同的反应模式：威胁式压力反应模式和挑战式压力反应模式。面对压力，人们感到的不会全是威胁或全是挑战，而是都会有一些，感到威胁多于挑战的人端粒更短，而那些把压力看作是挑战而不是威胁的人端粒更长。

历史上，"勇者不惧"，使强者有了"指点江山，激扬文字，粪土当年万户侯"的意气风发；"勇者不惧"，使强者有了"千磨万击还坚劲，任尔东西南北风"的大气担当；"勇者不惧"，使强者有了"举世誉之而不加劝，举世非之而不加沮"的宠辱不惊……

在高度竞争的现代社会，"勇者不惧"更是一种不可或缺的精神品质。多些"勇者不惧"，"视挑战为机遇，视压力为动力"的强者就会多些；多些"勇者不惧"，"回避挑战、回避重担、逃避困难"

的弱者就会少些；多些"勇者不惧"，"逃避工作、逃避生活、逃避人群、被动独处"的宅男宅女就会少些……

"勇者不惧"作为一种情绪回路，需要持续的训练与存养，需要持之以恒的"事上磨"。

 案例 5.6.4　"独处守静"是一种勇气，更是一种智慧

"独处"分为被动独处和成长性独处。

被动独处，是指个体渴求"人多热闹、有人肯定、有人陪伴"而不得，从而被迫独处。求而不得，个体就容易产生孤独、焦虑等消极情绪。被动独处之人一般急于到热闹之地、肯定自己之人群或在"外求"之事上，去消磨时光，去寻找平衡。

成长性独处，是指个人主动逃离喧嚣，在"独处"中获得了精神世界的自我成长。在相对安静的环境中，个体通过阅读经典、与圣贤"对话"、与天地精神神交、专心工作、沉思、静坐、瑜伽等独处方式，来加深对自我、对他人、对世界本真的了解，使心境达到笛卡尔所推崇的"清晰、简约、判然"，从而提高自我认知能力和后续工作的效率。

成长性独处需要勇气。人，完全可以把自己交给喧嚣，用从众代替思考，用感官之"乐"掩盖心灵秩序。但成长性独处意味着将内心与"外求"暂时隔断，如同泰勒结束庆祝夺冠的聚会后返回房间时那样（详见案例 5.5.1）。人必然要直面、反思"真实"的自己：所谓的"名"，以自身观之，虚实几何？他人对你所谓的"认可""赞誉"，虚实又几何？……降伏自"心"绝非易事，直面自己需要勇气。

成长性独处更是智慧。新加坡管理大学和伦敦政治经济学院的心理学家们，基于对 1.5 万名 18～28 岁参与者的采访数据研究发现，有些人在与同伴相处时会显得更加快乐，但很多高智商者却不会。研究结果证明，那些智商更高的人需要更多独处的时间，如果他们将更多时间花在人际交往上，他们会很不开心，这是因为他们需要减少社会互动来专注于长期的目标。

　　"人这一生，无非是认识自己，洗练自己，自觉自愿地改造自己。"杨绛等"守静大家"深谙：静心阅读经典，与圣贤多些"对话"，与天地精神多些神交，有时比喧嚣的人际更有利于提升自我，更有利于优化自己的认知框架和行为框架。淡然处世，修己以静，静静地洗练自我和提升自我，人生便有了大成，人生便有了"真"名。

　　成长性独处，是在内心修篱种菊。清代金石学家张廷济有一副对联："朱晦翁半日静坐，欧阳子方夜读书。"朱晦翁即儒学大师朱熹，他喜欢花半天时间静坐，独处时心境澄澈，灵窍自开，是妙悟世间真谛的最佳状态（参见案例3.9.5）。欧阳子即欧阳修，苏轼的老师，他在万籁俱寂的夜里读书，在书中与古人私语，与灵魂私语，在独处中找回最真实的自己。庄子曰："独与天地精神往来。"人只有在独处时，才能与生命、与天地深度对话，内心才能获得天地精神——天覆万物而不恃，地载万物而不居，水利万物而不争之精神的深度滋养，才能更多地体验到与天地的共存感、合一感。

　　一个人常得圣贤精神之滋养，圣贤之精神便会逐渐融入其认知框架。

　　一个人常得天地精神之滋养，天地之精神便会逐渐融入其认知框架。

　　孤单，有时是因为身边缺少他人，但多时是因为灵魂失去了根基与安顿之处。在很多国际化大都市，游走着太多喧嚣但孤寂的"灵魂"。人口的密度有时会大到摩肩接踵，但灵魂的距离却很难拉近，心心相印更是日渐稀缺。安顿不住灵魂，走到哪里，都仅仅是肉体在漂泊。

　　每个时代都有内心丰盈者，他们很少借助外在的热闹、拥挤、喧嚣来填满内心。他们更为珍惜与先哲的神交，他们更为珍惜人文精神、天地精神在内心的存养；他们更懂得外求与内求的相互滋养，他们更懂得"此心光明，亦复何言"的本真含义；他们的内心更容易呈现至简、至上、至真的宇宙画面、历史画面、数理逻辑、人文价值，他们的"内在一致性"更容易达成，并且这种基于至上价值感达成的"一致性"不容易被日常琐碎、喧嚣、比较、竞争打破。

　　谁得"内在一致""灵魂安顿"之法，谁得真实幸福之道！（参见案例1.8.3）

本章小结

追求价值感、意义感、被认可感是人类的普遍欲望。

虚名易逝，真名不朽。如果我们肯用真心去追求精神的富足，发自本心去做有意义的事情，我们便能宠辱不惊，体会到真正的幸福。

外部环境越是喧嚣，世界越会重奖"真心"做事的人。"用心思考、用心行动"，是铸就真名的不二良方。

目标具有某种神奇的力量，它能让人注意到更多的外部和内部资源，正如《炼金术士》中所说的那样："当你真心渴望某样东西时，整个宇宙都会联合起来帮助你完成。"

求其上，得其中；求其中，得其下；求其下，必败。立志也强调"立乎上"，只有"立乎上"且真正经过内心拷问的有志行动，才有可能带来喜悦与心安的双重享受——结果达成时的喜悦和行动过程中的心安与充实。

发生在你身上的任何事件都是整体世界的一部分。适当独处，通过沉思得天地精神的深度滋养，才能觉知到个体与天地、与万事万物的广泛关联，觉知到生命价值的恒久性，觉知到真心、真行、真名的不朽性！[1]

---

[1] 关于"独处"的更多内容，详见"幸福经济学课程"公众号推送与搜狐网的相关报道。

第六章
健康与幸福

幸福就是身体的无疾患，精神的无纷扰。

——伊壁鸠鲁

故贵以身为天下，若可寄天下；爱以身为天下，若可托天下。

——老子

幸福的首要条件在于健康。

——柯蒂斯

良好的健康状况和由之而来的愉快的情绪，是幸福的最好资金。

——斯宾塞

"你在这个世界上只有一个大脑、一个身体，你不能到 50 岁才开始当心。到那时，如果你还没做任何事的话，身体和大脑就'生锈'了。所以说这一点非常重要。如果你投资自己，没有人能从你身上拿走。"巴菲特的这个建议，曾被媒体认为是 2019 年世界级亿万富豪们给出的最有价值的 5 条建议之一。简言之，在你还年轻的时候，就应该注重对身体和大脑的投资。

"名与身孰亲？身与货孰多？"名望与身体，身体与财富，孰重孰轻？2500 多年前，老子就曾告诫我们："故贵以身为天下，若可寄天下；爱以身为天下，若可托天下。"毛泽东认为"身体是革命的本钱"，掂量好身体健康的价值是有效配置生命资源的基础。

从大数据来看，当下中国人的健康状况不容乐观。光华博思特消费大数据中心发布的《2018 中国国民健康与营养大数据报告》中有如下几组数据：

　　1.6 亿：血脂异常的人口有 1.6 亿人（含高血脂）；

　　1 亿：高血脂的患者有 1 亿多人；

　　2.7 亿：中国高血压人口有 2.7 亿人；

　　9240 万：糖尿病患者达到 9240 万人；

　　2 亿：超重或者肥胖症患者有 7000 万至 2 亿人；

　　1.2 亿：脂肪肝患者约有 1.2 亿人；

　　10 秒：平均每 10 秒就有一个人罹患癌症；

　　30 秒：平均每 30 秒就有一个人罹患糖尿病；

　　30 秒：平均每 30 秒就至少有一个人死于心脑血管疾病；

　　22%：死亡的中年人中有 22%死于心脑血管疾病；

　　76%：白领亚健康比例高达 76%。

　　另据"丁香医生"发布的《2023 国民健康洞察报告·家庭健康篇》数据，在 9410 名受访者中，高达 98%的受访者存在健康困扰，且健康困扰的数量达到人均 4.9 个。其中，皮肤状态不好、情绪问题、睡眠不好、身材不好、眼睛问题成为人们面临的前五大健康困扰，受脱发、呼吸方面问题、甲状腺问题等困扰的受访者比例也开始呈现上升态势。

　　每个统计数字的背后，都关乎诸多鲜活的生命，关乎众多的家庭。健康问题亟待国人重视。

一、睡眠与健康

　　睡眠是人体最基本的生理需求之一，它大约占据人类生命长度的三分之一。我国医学界历来重视睡眠对健康的作用，认为"眠食二者为养生之要务""能眠者，能食，能长生"。清朝李渔在《笠翁文集》中有云："养生之诀，当以睡眠居先。睡能还精、养气、健脾益胃、壮骨强筋。"李开复于 2013 年 9 月 6 日在微博中写道："在以往的职业生涯里，我一直笃信'付出总有回报'的信念，所以给自己的负荷一直比较重，甚至坚持每天努力挤出三小时时间工作，还曾天真地和人比赛'谁的睡眠更少''谁能在凌晨里及时回复邮件'……努力把'拼命'作为自己的一个标签。现在，冷静下来反思，这种以健康为代价的坚持，不一定是对的。"莎士比亚也曾说过："清白的睡眠，把忧虑的乱丝编织起来，是疲劳者的沐浴，受伤的心灵的油膏，生命盛筵上的主要营养。"①

 案例 6.1.1　睡眠很重要

1989 年，芝加哥大学的研究人员进行了一个实验：把两只老鼠置于转轮装置中，同时检测它们的脑电波。当检测到实验老鼠的脑电波进入睡眠状态时，转轮开始转动，强迫实验老鼠醒来并随着转轮走动。在这期间，实验老鼠的睡眠完全被剥夺，而对照老鼠可以间断地睡眠。结果显示，实验老鼠吃得越来越多，体重却越来越轻（见图 6-1）。之后实验老鼠体温紊乱，最终死亡，而对照老鼠依然活着。

有人也曾进行过人体睡眠剥夺的挑战。早在 1965 年，17 岁的中学生兰迪·加德纳（Randy Gardner）在斯坦福大学睡眠实验研究室工作人员的监测下，创造了 264 小时 12 分钟的"睡眠剥夺"吉尼斯纪录。然而这一过程让他的身体陷入十分危险的境况。在实验的第二天，他的眼睛已经无法聚焦，然后他失去了依靠触摸来辨别物体的能力。第三天，兰迪变得喜怒无常，动作也无法协调。在实验结束的时候，保持专注对他来说十分艰难，短期记忆出现了问题，他变得易怒，而且出现了幻觉。兰迪后来痊愈了，没有留下长期的

---

① ［英］威廉·莎士比亚.麦克白[M]. 朱生豪，译. 北京：中国青年出版社，2013.

生理或心理的后遗症。但对于其他人来说，失去睡眠可能导致荷尔蒙失衡、生病，在极端情况下会导致死亡。此后，考虑到有违健康原则，吉尼斯取消了对此类纪录的认证。

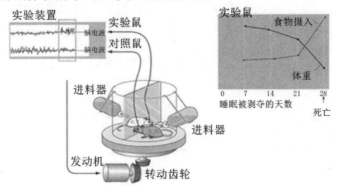

图 6-1 完全睡眠剥夺实验

 案例 6.1.2 睡眠的作用：自我排毒和清洗

美国罗切斯特大学 2013 年发表于《科学》杂志的相关研究[1]表明，睡眠可以将白天人脑中积聚的毒素清除，大脑在睡眠时才能高效清除代谢废物，从而恢复活力。

"大脑在清醒与睡眠状态时功能完全不同，清醒时会有意识，而睡觉时则进行'大扫除'。由于能量有限，它似乎必须在两种不同功能之间选择一个。"这项研究的负责人、美国罗切斯特大学的梅肯•内德高说道，"您可以把它想成家庭宴会，要么您招待客人，要么您打扫房间，但您不可能同时做两件事。"

研究人员发现大脑内有一个独特的"垃圾处理系统"，并将其命名为"类淋巴系统"。它的工作原理如下：脑脊液沿着动脉间隙流入脑组织，与脑组织间液不停交换，并将细胞间液体的代谢废物带至静脉间隙，随即排出至脑外。而研究人员发现这个"垃圾处理系统"

---

① Xie L, Kang H, Xu Q, et al. Sleep drives metabolite clearance from the adult brain[J]. *Science*, 2013, 342(6156): 373-377.

的工作几乎都是在睡眠中完成的（见图 6-2）。

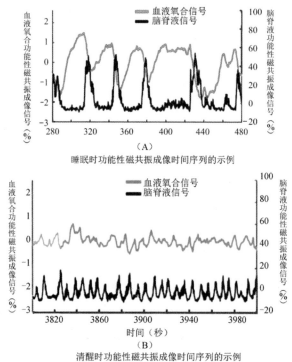

图 6-2　睡眠时和清醒时人脑中血液和脑脊液变化示意图

　　注：以上两幅图分别呈现了人在睡眠和清醒时功能性核磁共振仪检测出的人脑中血氧水平和脑脊液随时间变化的情况。其中，浅灰色曲线代表血氧水平的变化，黑色曲线代表脑脊液的变化。从图 6-2（A）可以看出，脑脊液"洗脑"过程是这样的：当人入睡时，大脑里的血氧浓度出现了明显的大周期变化（见图 A 中血液氧合信号线）。也就是说，血液会大规模、周期性地流出大脑，脑脊液就会在这时进入大脑，平均每隔约 20 秒，就会有新鲜的脑脊液进入沉睡的大脑之中。脑脊液进入大脑之后会清除毒素或代谢副产物，如导致阿尔茨海默病的 β 淀粉样蛋白。醒来之后，大周期不见了（见图 B 中血液氧合信号线），脑脊液就无法大量进入大脑进行清洗。因此，该实验证明了脑脊液的"洗脑"过程只有在人睡着后才能进行，这就是为什么人醒来后通常会感到神清气爽[①]。

　　在针对老鼠所做的另一实验中，研究人员在老鼠的小脑后方植

---

　　① 引自公众号"量子位"《熬夜变傻有科学依据，人类睡觉时会被"洗脑"，科学家首次拍下全程》，*Science*，2019 年 11 月 2 日。

入一根导管，分别在老鼠清醒和睡眠时注入小分子荧光染料，这样就能看见脑脊液在脑内流动的情况。他们发现，染料注射 30 分钟后，与清醒老鼠相比，睡眠老鼠脑内的荧光染料分布要广泛得多，并且可到达更深的区域。这说明脑脊液在睡眠老鼠脑内流动得更加容易。

研究人员还分别向清醒和睡眠的老鼠脑内间隙注入 β 淀粉样蛋白，这种物质在脑内的聚集可引发阿尔茨海默病（早老性痴呆症）。实验证实，β 淀粉样蛋白在睡眠老鼠脑内的代谢速度比清醒老鼠快得多。

该实验研究人员称："睡眠是现代人都很关心的问题。我们到底可不可以不睡觉然后腾出更多时间去工作、去享受生活？答案是不可以。人脑需要每天花一定时间让脑脊液好好地为它洗个澡，不然那些脑细胞产生的代谢垃圾堆积起来，就会损伤脑细胞。时间久了人就会生病，如患上阿尔茨海默病等。"

案例 6.1.3　睡眠的作用：提高身体免疫力

近期，一项来自德国图宾根大学的研究发现[1]，睡眠有助于增强人体免疫细胞抵御感染的能力，进而提升免疫力；反之，对于睡眠不好的人来说，其免疫细胞的功能会受到抑制，长期睡眠不足则有可能导致免疫系统崩溃。

实验中，研究人员对取自 10 名健康志愿者的 T 细胞进行了对比。T 细胞是一种免疫细胞，当其识别出感染病毒的细胞后，便会激活黏性蛋白质——整合素，将感染细胞杀死。这些志愿者参加了两次试验：第一次是在晚上 11 点至第二天早上 7 点保持睡眠状态；第二次则是在此时间段内保持清醒，聊天或听音乐。结果发现，取自经过完整睡眠后的志愿者体内的 T 细胞表现出了更高的整合素活跃度。研究人员表示，人们在白天承受压力的情况下，体内的肾上

---

[1]　根据人民网文章《研究发现：多睡觉提高免疫力》整理，2019 年 3 月 13 日。

腺素水平升高，阻碍免疫活动的特定信号分子也随之增多，减缓了免疫系统的工作效率。进入睡眠状态后，随着肾上腺素水平下降，该信号分子数量减少，免疫力得以提升。因此，失眠者的免疫系统通常比较虚弱。免疫系统作为人体中的"警察"，一旦倒下，人体健康势必会受到威胁。

另一组研究进一步揭示了睡眠与免疫系统之间的内在关联。2019 年，《科学》杂志发表了两项由宾夕法尼亚大学和哈佛大学合作的最新研究成果。[①]该研究团队通过研究超过 12000 个果蝇品系，发现了一种叫作 Nemuri 的调控睡眠的基因。该基因能够在大脑中表现出抗菌肽的特性，当果蝇受到细菌感染时，Nemuri 不仅能够杀灭入侵的细菌，还能提高果蝇的睡眠时长和深度，从而增加其抵抗力和提高感染后的存活率。这一发现也解释了为什么人类在生病时更容易困：这种睡眠增加并不是疾病直接导致的，而是源于自身免疫和神经系统释放的信号分子。哈佛医学院教授、人类睡眠科学中心创始人马特·沃克博士在 TED 演讲中也曾提到，我们之所以在生病时会想要蜷缩在床上，试图通过睡眠使自己痊愈，是因为我们的睡眠健康和免疫健康之间存在非常紧密的联系。一般情况下，每晚睡眠不足七小时的人患普通感冒的几率要高出正常水平近 3 倍，每晚睡五小时或以下的女性患上肺炎的可能性会增加近 70%。

此外，睡眠还可以在免疫接种中发挥作用。在一项实验中，研究人员让一组测试者连续 6 晚每晚只睡 4 个小时，而另一组测试者在这 6 个晚上都获得了充足的睡眠。研究期间，研究人员给所有测试者都接种了流感疫苗，并检测了人体对流感疫苗的反应。结果发现，那些每晚只睡 4 小时的人，其体内产生的抗体反应不到正常水平的 50%。换句话说，如果你在打流感疫苗前的一周或几天内睡眠不足，可能会导致疫苗效果大打折扣。

---

① Toda H, Williams A J, Gulledge M, et al. A sleep-inducing gene, nemuri, links sleep and immune function in Drosophila[J]. *Science*, 2019, 363(6426). 509-515; Oikonomou G, Prober A D. Linking immunity and sickness-induced sleep[J]. *Science*, 2019, 363(6426): 455-456.

上述研究证明，夜间睡眠正是我们补充免疫系统"弹药库"的时候，能够刺激身体产生许多不同的免疫因子。并且，身体会通过睡眠提高对这些免疫因子的敏感程度，这样在第二天醒来时，我们的免疫力就会大大提高。

 案例 6.1.4　睡眠的作用：巩固和增强记忆

为研究脑部形成记忆的原理，纽约大学朗格医学中心的科学家利用转基因小鼠进行实验，这些小鼠的神经元可表达荧光蛋白。他们使用特殊的激光扫描显微镜观察在运动皮层发光的荧光蛋白，并在小鼠学习平衡旋转杆时，跟踪获取其大脑树突棘沿个别树突分支生长的前后图像。

实验小鼠被分为两组：第一组在旋转杆上接受 1 小时训练，然后睡 7 小时；第二组训练时间与第一组相同，但之后 7 小时一直不睡觉。研究人员发现，被剥夺睡眠的小鼠生长的树突棘明显比充分休息的小鼠少。这表明：在学习后，睡眠会激励树突棘的生长，从脑细胞的微小突起链接到其他脑细胞，并帮助信息穿过突触。

从细胞层面上观察，睡眠时脑细胞活动并没有停止。人在清醒时接收到的信息，在深度睡眠时会被回放。长期以来，科学家认为，这种夜间回放有助于我们巩固新的记忆。

哈佛大学麻省总医院神经学家丹尼尔·鲁宾及其团队进行过这样一个实验。他们训练一只小鼠在迷宫中找路，当小鼠穿过正确的路线时，监测设备可以显示出小鼠大脑细胞或神经元的特定发光模式。随后，当小鼠进入睡眠状态时，研究人员观测到这些神经元会再次以同样的顺序放电。科学家们认为，睡眠中神经元放电的回放是大脑练习新学到的信息的方式，这使得记忆得以巩固——也就是说，从短期记忆转化为长期记忆。

为了进一步研究人类运动皮层（控制运动的大脑区域）是否存在回放机制，丹尼尔·鲁宾团队的研究人员招募了一名 36 岁四肢瘫痪的男子①参加一项脑机接口设备的临床试验②。在这项研究中，该男子被要求观察并记忆一种彩色闪光顺序，研究人员通过植入受试者运动皮层的传感器记录下了该男子完成这一活动时的大脑信号。

当天晚上，受试者在家睡觉时，他的运动皮层的活动同样被记录下来。研究人员发现他几乎整晚都在进行这种彩色闪光记忆活动。鲁宾教授说，在某些情况下，受试者在睡眠期间的神经元放电模式与他当天早些时候进行记忆测试时发生的模式完全匹配，且大部分回放发生在慢波睡眠期间，即深度睡眠阶段，这是人类睡眠时运动皮层回放的最直接证据。

上述实验支持了睡眠有助于巩固和加强记忆的假说，并首次提供了人类运动皮层在睡眠时会"回放信号"的证据。因此，科学实验告诉我们，要想提高学习和工作效率，每天都睡个好觉吧！

 案例 6.1.5　想成事，睡好觉

阿里安娜·赫芬顿是《赫芬顿邮报》（*The Huffington Post*）的主编，她曾经由于过度劳累而被推进手术室，这段经历让她重新认识了占生命长度三分之一的睡眠，开始探索睡眠的价值。在 2010 年年末的一次 TED 演讲中，她提到，想要变得更加高效、更有激情、生活更加有趣，请保持充足的睡眠。她的演讲轻松、幽默又让人深思："如果雷曼兄弟换成雷曼兄妹的话，那么他们还不至于破产倒闭。因为当所有的男士们在忙着像机器一样不停地连轴转时，也许有一位女士会注意到将要来临的危机，因为她会从七个半小时或者八个小时的睡眠中醒来，并对全局形势透彻于心。"

慢下来、闲下来的平稳心态为睡眠寻觅到了栖息之地。现代人的生活节奏恨不得像坐火箭一样飞快，但在这样的速度下，还有机

---

① 他由于脊髓损伤而无法移动自己的上肢和下肢，脑机接口设备能让他在屏幕上使用电脑光标和键盘。

② Rubin D B, Hosman T, Kelemen J N, et al. Learned motor patterns are replayed in human motor cortex during sleep[J]. *Journal of Neuroscience*, 2022, 42(25), 5007-5020.

会欣赏擦肩而过的云朵吗？还有机会俯瞰地面上的美景吗？显然没有！我们甚至都没有时间睡足一顿安稳觉。睡眠不足或睡眠质量不佳会导致大脑中的神经递质不平衡——特别是与情绪调节相关的神经递质（如血清素和多巴胺）的不平衡，这些神经递质的不平衡会导致情绪的波动和负面情绪的增加，相反，充足的睡眠可以帮助我们保持稳定的情绪和积极的心态。因此，我们不能再像"陀螺"一样，原地盲目地急速打转，而是应该停下来，放慢脚步、适当停歇、平心静气，给大脑充足的休息时间，醒来后看看目前身处的境地和整个大环境，思考不一样的路径、创新的解决方案，再随时来点幽默与浪漫。人的能力中很重要的一方面就是拥有全局意识，而睡醒后的轻松状态可以让我们看得更全面，想得更通透。

　　睡眠可以引发灵感。中国古代有"三上"（马上、枕上、厕上）文章，西方有"3B"（bed，bath，bus）思考法。一些科学家、艺术家的灵感就是在睡眠中获得的，从而受启发创造出伟大的发明或艺术作品。例如，门捷列夫在睡眠中发现了元素周期律；前摇滚乐队披头士成员保罗·麦卡特尼的畅销歌曲《昨天》的曲调来自他的一场梦；19世纪的德国化学家弗里德里克·凯库勒解决苯环结构这个问题也得益于梦中带来的灵感。凯库勒曾研究苯环的结构，但一直没有进展，一天，在研究过程中由于过度疲劳，他就在椅子上睡着了，睡梦中6个碳原子变成了6条首尾相衔的蛇，这启发他提出了苯是六边形结构的猜想，也开启了人类认识有机结构的新时代。这些潜藏在睡梦中无意识的美妙发现可谓"踏破铁鞋无觅处，得来全不费工夫"。在睡眠状态，灵感有时就像在真空中的分子一样，自由、游离、触手可及。有时候，慢下来的生活更细密、更有质感，像编织得很结实的网，打捞起来的记忆更厚重，思想却更为轻盈。据《传习录》记载，王阳明特别珍惜晨起后的心灵状态。

 ## 案例 6.1.6　熬夜的年轻人在"报复"什么？

　　在现代年轻人群体中，经常性熬夜的现象越来越严重。《2022中国国民健康睡眠白皮书》显示，以"90后""00后"为代表的学生群体、职场人士熬夜最为普遍，19～35岁青壮年是睡眠问题高发年龄段。在 19～25 岁的年轻人中，33％的年轻人存在作息不规律问题，44％的年轻人熬夜至零点以后，成为当之无愧的"熬夜冠军"；在 26～35 岁的年轻人中，39％的年轻人睡眠时长少于五小时，熬夜与作息不规律的比例远高于总体平均水平，"睡不好"渐成年轻人的普遍痛点。究其原因，学业与工作压力、手机成为睡眠问题的主要来源，近七成晚睡与手机相关，超六成青少年利用睡眠时间玩手机、打游戏和追剧。而且，越是在城市化水平高、经济发达的地区，居民入睡时间越晚。其中，一线城市居民平均就寝时间为 23 点 34 分，三线及以下城市居民平均就寝时间为 22 点 47 分。

有人将现代年轻人群体这种经常性熬夜的现象，称为"报复性熬夜"。那么，"报复性熬夜"的年轻人，到底在"报复"什么？

北京师范大学心理学部心理健康服务中心咨询师李初曦认为，年轻人的"报复性熬夜"实则是一种"过度补偿"的行为：年轻人白天对控制时间的需求未被满足，便利用夜晚来进行补偿。"终于放松下来了，终于有自己的时间了，光阴短暂，不能辜负了夜晚，必须做点事情来度过。"华东师范大学的宁兰道出了当前许多年轻人的心声。同时，"报复性熬夜"也与上瘾行为相关：不少年轻人虽然知道熬夜存在危害，但他们通过熬夜抵抗了焦虑情绪，在熬夜的过程中获得了快感。当他们找不到其他方法来对抗焦虑时，就陷入了熬夜的循环。

这种过度补偿和上瘾行为都不可避免地与熬夜带来的欣快感有关，进而使年轻人沉迷其中。那么这种欣快感是真正的快乐吗？或者，它能为真正的幸福提供持续的正能量吗？

2011 年，在国际神经科学期刊（*Journal of Neuroscience*）上发布的一篇文章中，作者利用功能性磁共振成像（fMRI）技术获得了大量的实验数据，以证明睡眠剥夺会增强边缘奖赏脑网络对愉悦刺激的反应。根据实验，文章得出结论：睡眠剥夺会放大大脑奖赏网络的反应性，使大脑对积极情绪体验的评价产生偏差，从而出现越熬夜越兴奋的状态，这可能是熬夜之后的认知错乱导致的对自身精神状态的错误感知[①]。

由图 6-3 我们也可以看到，相对于对照组即睡眠控制组（SC），熬夜组即睡眠剥夺组（SD）会放大对积极情绪的体验，也就是在熬夜后，我们的大脑会放大对欣快感的体验。

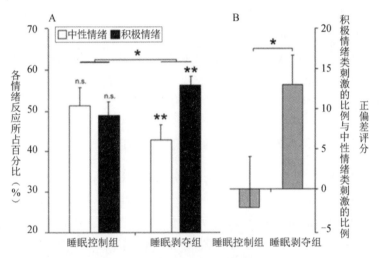

图 6-3　睡眠控制组（SC）与睡眠剥夺组（SD）对中性、积极
情绪体验的评价对比

熬夜使我们的欣快感体验增强，为什么我们不能通过经常性熬夜获得持续的欣快感？接受赞扬和吸食毒品都会使人获得极强的欣快感，但二者对身心健康，甚至伦理道德的影响却有着天壤之别。

在另一篇 2008 年发表于 *Journal of Neuroscience* 的论文中，作者使用正电子发射断层扫描环丙哌啶（多巴胺 D2/D3 受体放射配体）和可卡因（多巴胺转运体放射配体）对 15 名健康受试者进行研究。作者让受试者分别在休息一晚后和剥夺睡眠一晚后接受测试，结果发现，剥夺睡眠后，受试者的纹状体和丘脑中环丙哌啶的特异性结合显著降低，这种降低的幅度与疲劳的增加及认知能力的下降有关。[①]由此我们可以认为，剥夺睡眠使人的认知能力下降。

上述实验表明，熬夜虽然会带来短暂的欣快感，但这种欣快感却是一种假象：一方面，这种欣快感很可能是因为熬夜之后的大脑对自身情绪体验的评价产生了偏差；另一方面，这种行为不仅不会提高工作效率，反而会使人的认知能力在一定程度上下降。年轻人以熬夜的方式抵抗焦虑情绪无异于饮鸩止渴，不仅有损健康，更会导致认知能力的下降。长远的幸福，需要健康的身体，需要充足且规律的睡眠。

 案例 6.1.7　熬夜：在与自己的基因作对

2017 年诺贝尔生理学或医学奖被颁授给杰弗里·C. 霍尔（Jeffrey C. Hall）、迈克尔·罗斯巴什（Michael Rosbash）及迈克尔·W. 杨（Michael W. Young）三位美国遗传学家，以表彰他们在"生物昼夜节律的分子机制"领域做出的贡献。他们的研究表明，Period 基因编码的 PER 蛋白在夜间累积，在白天降解，PER 蛋白水平在 24 小时周期内与昼夜节律同步振荡。这项研究揭示了生物体昼夜节律的分子机制，是个非常重大的发现。同时，他们的研究回答了生物体最基本的问题：植物、动物和人类如何适应环境节奏，使之与地球的演进同步。

昼夜节律，即生命活动以 24 小时左右为周期的变动。含羞草是最早被发现具有昼夜周期的物种之一。含羞草的叶子会在有日光的白天张开，在没有日光的夜晚闭合。1729 年，法国天文学家德迈朗发现，即使在持续黑暗条件下，含羞草叶片的开合现象依然保持着

---

① Volkow N D, Wang G J, Telang F, et al. Sleep deprivation decreases binding of [11C] raclopride to dopamine D2/D3 receptors in the human brain[J]. *Journal of Neuroscience*, 2008, 28(34): 8454-8461.

与昼夜周期下同样的节律性。

对于人类而言，"昼夜节律"最明显的影响就是睡眠周期。有时候我们在没有任何闹钟提醒，甚至在隔绝阳光的室内也能按时"睡到自然醒、醒到自然困"，这就是"昼夜节律"这个内源机制在起作用。人体内有一个"主生物钟"扮演着节拍器的角色，可以调节无数生理过程。1972 年，科学家发现人体的"主生物钟"位于大脑的视交叉上核（Suprachiasmatic Nucleus，SCN）。顾名思义，它位于左右眼的视神经交叉点的上方。"昼夜节律"的发现，进一步证实了中国古人的智慧——"人身应天地，人与天地同气"。

好好睡觉，是身体本身的内在要求。

有媒体评出 2019 年世界级富豪给出的最有价值的五条建议，其中一条是亚马逊创始人贝索斯给出的。2019 年 6 月 6 日，他在拉斯维加斯的一场活动上说道："我发现，即使没有新数据，明智的人也会改变想法。他们拥有的数据集和起初一样，但他们会觉醒且总是重新分析事物，然后得出新结论，改变想法。"

睡好觉，头脑清醒，人更容易有好的想法，更容易具有全局意识，更容易捕捉到关键信息和主信息，更容易做出明智的决策。

睡眠的效率与质量，往往决定了一个人非睡眠时间的效率与质量，要想提高工作效率和生活质量，先要学会好好睡觉。

 案例 6.1.8 睡眠的作用：修复 DNA 损伤[①]

近期，一项来自《分子细胞》杂志的研究显示，睡眠具有修复 DNA 损伤的效果。当我们醒着的时候，紫外线、神经元活动、辐射等因素都会造成神经元中的 DNA 持续损伤，过度的 DNA 损伤会带来危险；同时，随着保持清醒的时间增加，体内的稳态睡眠压力也会增加。研究人员通过观察睡眠时神经活动与人类相似的斑马鱼发现，当 DNA 损伤累积到最大阈值时，稳态睡眠压力增加到了能够

① 张佳欣. 人为什么要睡觉？科学家给出进一步答案[N]. 科技日报，2021-11-22（004）.

触发睡觉冲动的程度，使得斑马鱼进入睡眠状态。随后的睡眠促进了 DNA 修复，从而减少了 DNA 损伤。可见，睡眠能够"召唤"DNA 修复系统的运行。研究人员还发现，至少需要睡 6 个小时，才能减少稳态睡眠压力并修复 DNA 损伤。

从机制层面看，大脑中的 PARP1 蛋白可向大脑发出睡眠和修复 DNA 损伤的信号，在上述修复过程中 PARP1 蛋白充当了"天线"。PARP1 蛋白是 DNA 损伤修复系统的一部分，也是最先做出快速反应的蛋白之一。它可以标记细胞中 DNA 损伤的位置，并"招募"所有相关系统来清除 DNA 损伤。如果 PARP1 蛋白被抑制，那么 DNA 损伤修复的信号也会被阻断，导致 DNA 损伤无法得到及时修复。上述机制表明，睡眠对于维持生命体的正常运转不可或缺。

二、运动与健康

生命在于运动，幸福源于健康。本书在情绪等章节反复强调了守静的重要性，认为"过动少静"是认知无效、积极情绪缺乏的根源之一，但"过静少动"同样会导致认知力下降、负面情绪增加、身体机能减退等问题，因此，适度、规律的体育运动必不可少。

科学的体育运动不但能够强健体魄，还能够提升积极情绪占比。从 20 世纪 60 年代起，人们开始注意到运动与大脑之间存在的积极联系。临床医学的科学家们已经证实，运动能够释放一种名为内啡肽（Endorphine）的物质。这是一种由大脑产生的激素，它像是天然的吗啡，可以使人变得积极、快乐。不仅如此，国内外众多人体研究与动物实验证明，运动还会强化脑的功能、改善脑的健康、提高认知能力、延缓由衰老引起的认知能力下降、缓解抑郁症状、促进人际和谐等，有助于提高个人的幸福感。

案例 6.2.1　运动能健脑

"四肢发达，头脑简单"是从古代就有的民间俗语。但越来越多的国内外科学研究正在纠正这一"认知"。有人曾就美国一些学校推行运动对学生的影响进行研究：伊利诺伊州的一所学校推行运动之后，学生肥胖水平从 30%下降到 3%；艾奥瓦州的一所学校推行运动一年内，学生违纪事件从 225 起降到 95 起；宾夕法尼亚州一所学校推行运动后，学校里打架斗殴的现象也得到了改善。

引起人们关注的是，在宾夕法尼亚州那所学校推行运动之前，学校的教学成绩远远低于该州的平均水平；推行运动一年后，其教学成绩相比州平均水平高出了 17%，而当年学校唯一的变化就是推行运动。① 由此可见，运动对学生学习起到了促进作用。

加利福尼亚大学洛杉矶分校的神经物理学家马扬克·梅塔教授在 2011 年的一份研究报告中指出，身体运动加快时，与学习有关的脑波律动变得更强。研究小组利用专门的微电极监测小鼠大脑中一种被称为伽马节律的脑电信号，这种信号往往在集中注意力和学习期间产生于大脑的海马体区域（见图 6-4）。研究发现，随着跑动速度加快，伽马节律的强度明显增强。梅塔称："伽马节律被认为由注意力和学习控制，但我们发现，它同样受跑动速度影响。我们的研究将学习和速度有趣地联系在一起。"②

---

① 案例整理自哈佛大学幸福公开课第十七讲：运动与冥想。
② 文章摘自 2011 年 6 月 24 日美国每日科学网站的报道。

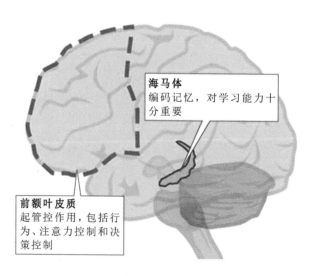

图 6-4　脑中海马体与前额叶皮质的位置

关于运动影响脑功能机制的研究主要集中在神经可塑性的变化方面，如神经发生、突触可塑性、树突棘密度与血管新生等，特别是海马区结构与突触可塑性的改变。加州大学欧文分校脑部衰老与老年痴呆研究所主任卡尔·科特曼通过实验证明：运动能促进大脑中海马体上的脑源性神经营养因子（脑内合成的一种蛋白质）水平的提高，对帮助神经元的存活、防止神经元受损伤而死亡及改善神经元的病理状态具有重大的作用。①

 案例 6.2.2　运动能提高认知力

马夫罗斯（Mavros）等人于 2017 年 3 月发表在《美国老年医学会杂志》（*Journal of The American Geriatrics Scoiety*）上的一篇文章

① [美] 约翰·瑞迪，埃里克·哈格曼. 运动改造大脑[M]. 浦溶，译. 杭州：浙江人民出版社，2013.

证明了抗阻训练①（适量的运动）可以改善老年人的认知功能②。

　　该实验一共招募了 100 位年龄在 55 岁以上且认知功能轻度受损的老年人，并随机将他们分为 4 组，一组老年人进行"抗阻训练+认知训练"（一种公认的对于认知功能改善有效的方法），一组老年人进行"假运动训练+认知训练"，一组老年人进行"抗阻训练+假认知训练"，一组老年人进行"假运动训练+假认知训练"。

　　本实验中将真正的抗阻训练设计为由一个训练者带领 4～5 个受试者进行，抗阻力量的强度在 1RM③的 80%～92%，每三周重新测试一次 10RM 调整力量的负荷。而假运动训练采取的方式是进行牵伸训练和坐位的体操训练（进行专门的设计，活动强度非常低，不会明显增加心率或有氧运动能力或力量）。真正的认知训练是采用一个基于计算机的多模式、多区域的关于记忆力、执行能力、注意力和信息处理能力的训练，假认知训练采取的方式为观察一般的纪录片录像，随后问几个相关的问题。

　　入组的老年人根据他们所在的分组进行相应的训练，训练频率均为每周 2～3 次，一共训练 6 个月。

　　研究人员在训练前后评估了老人们的认知功能、有氧运动能力和全身力量，对相应的结果进行分析。结果显示，抗阻训练不仅可以改善受试者上下肢的肌肉力量，还可以改善整体的运动能力。令人惊奇的是，抗阻训练还可以改善认知功能，且对认知功能的改善情况竟然比认知训练还要好。

　　此外，还有很多国内外研究证明，中年时期身体活动多、运动能力强的个体，相比身体活动少、运动能力差的个体，其认知功能

---

① 抗阻训练，即等张训练、等长训练和等速训练，是一种保持恒定运动速度的肌力抗阻训练方法，多用于提高运动员的运动水平。

② Mavros Y, Gates N, Wilson G C, et al. Mediation of cognitive function improvements by strength gains after resistance training in older adults with mild cognitive impairment: outcomes of the study of mental and resistance training[J]. *Journal of the American Geriatrics Society*, 2017, 65(3): 550-559.

③ 一般情况下，设计抗阻训练计划前，先测出待训练肌群连续 10 次等张收缩所能承受的最大负荷量，简称为 10RM（10 repetition maximum）。以 10RM 作为制定运动强度的参考量。

在老年时期保存得更好，而且患阿尔茨海默病的风险也更低。

 ### 案例 6.2.3　运动能缓解抑郁症

迈克尔·贝雅克（Michael Babyak）与他在杜克大学医学院的同事共同完成了一项研究。他们选取 156 名被诊断患有重度抑郁症的老年人，其中一些人有过自杀的想法或倾向。迈克尔将这些患者分成三组：第一组锻炼（半个小时中等难度的有氧运动，如慢跑、竞走、游泳，一周三次，每次半小时），第二组服药［常用的抗抑郁药物左洛复（Zoloft），非常有效］，第三组既服药又锻炼。

他们跟踪调查了 4 个月，发现每一组至少有 60% 的患者情况有所好转，即他们不能再按照美国精神病诊断标准被诊断为抑郁症。各组之间没有显著的区别，只有一个区别：在服药的情况下，一定比例患者有明显好转一般需要 1～2 个星期；在单纯锻炼的情况下，须花费差不多 1 个月，一定比例患者能够有明显好转。因此，单纯锻炼组也可以使患者的情况明显好转，只是需要更长一点的时间，而一旦他们好转后，与服药治愈的患者没有任何区别。

研究结果的关键在于复发率，实验结束半年后，不再让被试者服药，不再强迫他们锻炼，结果单纯服药组好转的人中有 38% 复发，既服药又锻炼组的复发率为 31%，而单纯锻炼组的复发率仅为 8%。

哈佛医学院教授、精神病医生约翰·瑞迪（John Ratey）曾表示："某种程度上，运动可以说是精神病医生的理想药物，它能对付焦虑症、恐慌症和那些与抑郁症有莫大关联的普通压力，运动能释放神经递质、去甲肾上腺素、血清素和多巴胺，这些物质与重要精神类物质相似，做一轮运动就像吃了一点百忧解（Prozac）、一点利他林（Ritalin），针对性很强。"因此，通过运动这种方式可以在达到躯体健康的同时让人获得幸福。

 ### 案例 6.2.4　运动能促进人际和谐

除了能够促进个人身体和心理的健康外，运动对于促进人际和谐也至关重要。体育运动过程中存在着人与人之间、个人与集体之间、集体与集体之间的相互交往，这种交往可以使群体成员在体育运动中相互影响、相互作用，产生情感上的相互感染，促进人与人之间的沟通和交际，提升人们的社会责任感。

早在 20 世纪，蔡元培先生就明确肯定了体育运动对养成公德的作用——"团队的荣誉就是个人的荣誉。宁正直而败，毋诡诈而胜。败则反求诸己，不怨尤，不嫉妒"。他在文章《1900 年以来教育之进步》中提出："体育者，循生理上自然发达之趋势，而以有规则之人工补助之，使不致有所偏倚。又恐体操之使人拘苦也，乃采取种种游戏之方法，以无违于体育之本意者也为准。"因此，蔡元培特别称道当时南开的体育工作"已臻佳境"。

一百多年前，面对列强入侵、国将不国的危难局面，张伯苓老校长发出了"强国必先强种，强种必先强身"的时代强音。随着南开的创立和发展，张伯苓在校内大力提倡普及体育的思想，开创了南开高度重视体育工作的传统。张伯苓认为，体育运动能使学生养成"不偏、不私、不假，事事为团体着想，肯为团体负责，努力、奋斗，甚至牺牲"的精神。体育运动应当不仅仅是促使国民身体强健的锻炼和竞技活动，更应当是塑造和培养学生优良道德品质的"利器"。

除此之外，有关体育运动培养人的规则意识，还有一个著名的小故事。2012 年，伦敦奥运会的口号是"激励一代人"（Inspire a generation）。当时有记者向伦敦奥组委提问："体育是如何激励这一代人的呢？"奥组委回答："体育不仅教会孩子们如何在规则内去赢，同时也让他们学会体面并且有尊严地输。"

由此可见，运动能够培养人们的集体荣誉感、团队意识及规则意识，让人们能以负责任的态度行事，并在社会中找到适合自己的位置。

 案例 6.2.5　动静等观——古人养生之术

中国古代，人们已经开始将运动作为重要的养生途径，并形成多种独到的运动方法，以求达到休养身心、强健体魄、延年益寿等功效。

春秋战国时期，庄子的"吹呴呼吸，吐故纳新，熊经鸟申，为寿而已矣"讲述了如何利用呼吸运动和四肢运动来获得健康长寿。

东汉名医华佗提倡运动。根据《三国志·魏志·华佗传》的记载，华佗曾告诉弟子吴普："人体欲得劳动，但不当使极尔。动摇则谷气得消，血脉流通，病不得生，譬犹户枢不朽是也。"华佗这段话的意思是人的身体需要运动，运动可以促进养分吸收，让血脉环流通畅，防止疾病的发生，如同门户的转轴部分因转动而不会腐朽一样。同时，《三国志·魏志·华佗传》还记载了华佗"以古之仙者为导引①之事"，通过研究虎、鹿、熊、猿、鸟五种动物的生活习性，经过象形取意创建了五禽戏。其弟子吴普练习该法，年逾九旬，依然"耳目聪明，齿牙完坚"。②

《易筋经》相传为南北朝禅僧达摩所作，是其静坐间隙穿插动术。《易筋经》所凝练出的十二势主张动静结合、刚柔相济：静时以柔和、自然的呼吸贯穿始终，如"九鬼拔马刀势"中的展臂扩胸，"出爪亮翅势"中的两掌前推需要自然呼吸；动时形意合一，如"三盘落地势"向下按压时形如按压弹簧，上托时形如托举沉重物体，"倒拽九牛尾势"中形如两臂在拽两头牛的尾巴。《易筋经》还主张模仿一些动物的动作旋转屈伸，使得全身得到充分的舒展，如"卧虎扑食势"和"青龙探爪势"。③现代医学证明，习练《易筋经》时心情宁静，全身放松，能够保持良好的情绪，再配合身体的扭转拉伸，则可达到加强人体血液循环、改善内脏功能、延缓衰老、防治心血管疾病等效果。④

---

① 导引，即中医导引术，是一种以身心并练、内外兼修、调和气血、防治疾病、延年益寿为最终目的，通过肢体运动、呼吸运动和自我按摩三大技术结合而成的一类中国传统养生术和体疗方法。

② 根据国家体育总局制作的《健身气功——五禽戏》视频整理而成。

③ 根据公众号"禅武山人"的文章《易筋经全文及讲解》一文整理。

④ 何继勇，高俊饶. 易筋经易学易练 修心养神延年益寿[N]. 中国中医药报，2018-06-29（7）.

案例 6.2.6　过度运动会产生生命危险

过犹不及，运动也不是越多、越激烈越好，过度运动会减少寿命。美国学者希尔指出，过度运动会加速体内消耗，使寿命减少 40%，甚至更多。根据外国一家保险公司对 6000 名已故运动员的资料统计，这些职业运动员在退役时大多伤病累累，其平均寿命只有 50 岁。美国心脏病协会杂志发表的南卡大学的研究（研究历时 12 年，对象涉及 5048 人）显示，完全不运动的人的寿命与跑马拉松的人一样，都比适度运动的人要短。

2001 年 1 月 3 日，中国男排一代名将朱刚在训练的过程中突感胸痛，被紧急送入当地医院。经过 12 个小时的手术抢救，年仅 30 岁的朱刚还是离开了世界。其实早在 1988 年，同样的遭遇就夺走了美国女排运动员海曼 33 岁的年轻生命。他们都是在剧烈的运动中诱发了主动脉夹层，最终倒在了运动场上。主动脉夹层发病很重要的一个原因就是血压过高。血压过高不仅仅是狭义的高血压病，过度剧烈的运动、过分强烈的情绪，都可能导致血压升高。①

《中国运动大数据行业研究报告》显示，2018 年中国运动健身用户中，遇到运动受伤问题的人占比超过三成，仅跑步运动中受伤的人的比例就高达 80%。有 87%的人为了健康而跑步，却对跑步可能造成的伤害一无所知。"迈开腿"并不等于健康，过度运动适得其反，甚至会造成一辈子不可逆的损伤。美国神经科学家贾斯廷·罗德发表在《神经科学》和《行为神经科学》上的研究指出，那些运动成瘾的老鼠的大脑反应比运动量正常的老鼠迟钝。运动也应该适可而止。

---

① 董玉英. 揭开夹层动脉瘤的"真面目"[J]. 医药保健杂志，2006（9）：54-55. 一般的血管包括三层：内膜、中膜和外膜，三层膜紧密贴合，但在某些特殊情况下，高速高压的血流会将内膜撕开，并冲击中膜，导致血流进入中膜与外膜之间，形成夹层。夹层如得不到及时治疗，外膜被血流冲破，会导致腔内大出血，几分钟之内即致人死亡。

三、释怨

在所有消耗生命能量的负面情绪中，最为严重者莫过于"怨"与"忧"这两种伤害。"怨"关乎对过去、对现状之不满；"忧"关乎对未来、对不确定性之担心。止怨、忘忧，是升华生命体验的前提；止怨、忘忧，是激活更多生命潜能之良方。

"自知者不怨人，知命者不怨天；怨人者穷，怨天者无志。失之己，反之人，岂不迂乎哉？"（《荀子·荣辱》）

少怨一定多怨。当今社会，医患纠纷、"路怒"事件、家庭抱怨、同事冲突的确不少。因怨生事，因怨酿祸的的确也不少。

 案例 6.3.1　抱怨越多，损失越大

美国社会心理学家费斯汀格在书中写过这样一个例子：

在一个阳光明媚的早晨，上班族卡斯丁起床后，像往常一样走进洗手间准备洗漱，随手就将自己的高档手表放在洗漱台边。妻子担心手表会被淋湿，就将它拿走放到了餐桌上。这时睡眼惺忪的儿子从房间出来，一边打着哈欠一边走到餐桌旁取面包，一不小心将卡斯丁的名表碰到地上摔碎了。

心疼手表的卡斯丁大发雷霆，抓过儿子打了一顿，觉得还不解恨，又黑着脸教训了妻子一通。妻子又委屈又不平，辩解说是怕水把手表打湿。卡斯丁不以为然，反驳说他的手表是防水的。于是矛盾升级，二人又猛烈地争吵起来。一气之下，卡斯丁摔门而去，直接开车去了公司，不想却忘记了拿公文包，只好立刻转头回家。

到了家门口，家中却没人，卡斯丁的钥匙还留在公文包里，心急如焚的卡斯丁只好打电话向妻子求助。

　　妻子接过电话，慌慌张张地往家赶，无意中撞翻了路边的水果摊。摊主态度强硬，拉住她不让她走，要她赔偿，无奈的妻子不得不赔偿了一笔钱才得以脱身。

　　好不容易拿到了公文包，卡斯丁立即返回公司，却已迟到了15分钟，挨了上司一顿严厉批评，卡斯丁的心情坏到了极点。一整天阴云密布的卡斯丁，下班前又因一件小事，跟同事吵了一架。

　　不仅卡斯丁，妻子也因早退被扣除当月全勤奖。儿子这天参加棒球赛，原本夺冠有望，却因心情不好发挥不佳，第一局就被淘汰了。

　　原本阳光明媚的一天，就这样因为一块手表变成了"最闹心的一天"。

　　在生活中，因小怨而酿大祸的例子比比皆是。因为一时难忍前车的挡车之怨，"路怒"者无视交通规则，强行变道，瞬间造成重大车祸；学生难释与室友的平时小怨，有时竟会演变为校园惨案；患者对医生、医院有怨，导致医患纠纷频频发生；夫妻难释日常之怨，导致中国的离婚率一路走高……

　　"90/10法则"告诉我们：生活中有10%的事情是我们无法掌控的，而另外的90%却是我们能够掌控的。遇到不如意的事情，个体千万不要养成"抱怨"的认知惯性和情绪惯性：责怪外部，抱怨他人，乏于正己。责人而不正己的惯性一旦形成，那么10%的怨恨最终可能会演变为100%不可挽回的损失。抱怨随意发作，悲剧就会随时发生。

 案例 6.3.2　重庆公交坠江事件

　　负面情绪驱使下的言行极其容易产生恶果，甚至酿成无法挽回的悲剧。

　　2018年10月28日，在重庆市万州区一辆22路公交车上，由于一名乘客与驾驶员发生冲突，当车辆行驶至万州长江二桥时，两人冲突升级，公交车失控坠入江中。公交车上包括司机一共15人全部遇难。

美国情绪管理专家罗纳德博士曾经说过："研究表明，暴风雨般的愤怒，持续时间往往不超过 12 秒钟，爆发时摧毁一切但过后却风平浪静，控制好这 12 秒，就能排解负面情绪。"倘若平时不注意良好认知惯性和情绪惯性的养成，负面情绪有可能一触即发。发作后可能后悔，后悔后又会重复发作。"路怒"发生后，发作者可能会后悔；医患纠纷发生后，当事人可能会后悔；工作中的善抱怨者、善愤怒者，每每发作后也可能感觉到抱怨"无用"、愤怒"有害"，很是后悔……事实上，不但抱怨"无用"、愤怒"无用"，后悔也大多"无用"。人们平时应该更多地关注"心性"的滋养与塑造，注重良好认知惯性、行为惯性、情绪惯性的塑造与养成。

案例 6.3.3　先贤的"释怨观"——正己之念，正己之行

《礼记·中庸》中有言："正己而不求于人，则无怨。上不怨天，下不尤人。"这句话告诉我们，无论身处何种情况，都要首先规范自己的言行，正视自己的错误，做好分内之事，而不是苛求他人。这样的话，人们自然就会少一些怨恨。遇到怨恨之事，上不怨天，下不尤人，从自身寻找原因，怨恨终会化解。

《论语·卫灵公》指出："躬自厚而薄责于人，则远怨矣。"这同样为我们指明了避免怨恨的途径：与其怨天尤人，不如严格要求自己，时常自省己身，怨恨就会慢慢释去。

明代心学大师王阳明（1472—1529）提出"心即理""致良知""知行合一"等思想，强调道德的自觉和主宰性。在《传习录》中，他讲过这样一个故事："一友常易动气责人，先生警之曰：'学须反己；若徒责人，只见得人不是，不见自己非；若能反己，方见自己有许多未尽处，奚暇责人？舜能化得象的傲，其机括只是不见象之不是。若舜只要正他的奸恶，就见得象的不是矣；象是傲人，必不肯相下，如何感化得他？'是友感悔。曰：'你今后只不要去论人之是非，当责辨人时，就把做一件大己私，克去方可。'"

因为友人常常责备他人，王阳明特别指出，如果随意责备他人，就只能看到他人的不足，看不到自己的不足；如果能够反思自己，就能看到自己的许多不足，也就不会去责备他人了。就如同圣人舜通过正视自身的不足，从而感化骄傲的"象"一般。此人听了这段话，深受感动。王阳明告诫他不要随便论人是非，当心中无私时，方可行之。王阳明强调了躬身反省的重要性，如果人们都能够随时自我反省，就不会随意抱怨他人了。

 案例 6.3.4 康熙："诸事不肯诿罪于人"

康熙皇帝（1654—1722）一生修身、齐家、治国、平天下，在位期间立下了丰功伟绩。同时，康熙皇帝也有一套自己的处事方法。"三藩之乱"乃是康熙受到的一次大挑战。清兵入关时，八旗兵在明朝降将吴三桂（1612—1678）等协助下，平定全国。康熙初年，驻守云南的吴三桂、广东的尚可喜（1604—1676）、福建的耿精忠（1644—1682）势力很大，与清廷分庭抗礼，严重影响国家的统一。康熙十二年（1673年），康熙决定撤藩，吴三桂等当即反叛，引发全国性的大叛乱。但康熙临危不惧，经过八年战争，终于平定三藩。在《庭训格言》中，康熙帝谈及因"迁藩"之策而使得"三藩"叛乱时说道：

"曩者三逆未叛之先，朕与议政诸王大臣议迁藩之事，内中有言当迁者，有言不可迁者。然在当日之势，迁之亦叛，即不迁，亦叛。遂定迁藩之议。三逆既叛，大学士索额图奏曰：'前议三藩当迁者，皆宜正以国法。'朕曰：'不可。廷议之时言三藩当迁者，朕实主之。今事至此，岂可归过于他人？在廷诸臣一闻朕旨，莫不感激涕零，心悦诚服。朕从来诸事不肯诿罪于人，矧军国大事而肯卸过于诸大臣乎？'"

这段话，充分反映了康熙皇帝敢作敢当、不诿过于他人的精神。康熙皇帝在面对"三藩"反叛的时候，从自身寻找原因，对事情的起因有着清醒的认识，保持足够的认知客观，而不是把"怨"推给大臣们。

案例 6.3.5　曾国藩："以能立能达为体，以不怨不尤为用"

曾国藩（1811—1872）作为晚清著名的政治家，注重修身律己，以德服人。他在给弟弟的家书中写道：

"昔年自负本领甚大，可屈可伸，可行可藏，又每见得人家不是。自从丁巳、戊午大悔大悟之后，乃知自己全无本领，凡事都见得人家有几分是处。故自戊午至今九载，与四十岁以前迥不相同。大约以能立能达为体，以不怨不尤为用。立者，发愤图强，站得住也。达者，办事圆融，行得通也。"①

曾国藩在这封家书中，总结了自己前半生的仕途。昔日他自命不凡，看别人总是能找出对方的错误。丁巳年（1857 年），其父辞世，他与其弟曾国华回家奔丧。第二年（戊午年，1858 年），曾国华战死。至亲的相继离去，使他在痛彻心扉之际大彻大悟，才了解到自己并非无所不能，此时看别人才能够发现对方的优点。曾国藩劝诫弟弟要做到能立能达，处事不要怨天尤人，而是要从内心深刻地反省自己的行为，发愤图强，办事周到，只有这样才能够取得成功。

可以看出，从古代圣贤到国君重臣，面对怨忿时都主张积极从自身寻找原因，时刻反省自己的错误，规范自己的言行，而不是苛求他人、责备他人。圣人之言到君王之行无不证实："躬自厚而薄责于人，则远怨矣。"

 案例 6.3.6　不抱怨的生命更健康②

美国牧师威尔·鲍温被认为是美国最伟大、最受推崇的心灵导师之一，其著作《不抱怨的世界》一经出版，迅速风靡全球。书中有这样一个观点：抱怨疾病，就是在消灭健康的能量。

你或许会有这样的感觉：当你抱怨自己身体不舒服后，发现自

---

① 曾国藩. 曾国藩家书[M]. 北京：中华书局，2016.
② ［美］威尔·鲍温. 不抱怨的世界[M]. 陈敬旻，译. 西安：陕西师范大学出版社，2009.

己病得更重了。鲍温指出，众多研究报告表明，一个人对于自己健康状态的认知，将导致这样的信念在他们身上实现。许多患者生病的原因都有心理上的根源，据医生估计，有 67% 的疾病都是患者"自以为生病"造成的结果。

有这样一个例子。鲍温曾去医院探望一位名叫珍的老太太。诊断结果表明她发生了卒中，但不会威胁她的生命，她完全可以康复。然而，珍的状态并不像是"没事"：尽管护士努力地鼓励她，可她始终认为自己快要死了，甚至和鲍温详细地交代起自己的追悼会应该如何举办。两个星期后，鲍温主持了珍的葬礼——她确信自己命不久矣，而她的身体也相信了她。

鲍温的好友霍尔先生则乐观得多。霍尔在 39 岁那年被诊断为第四期肺癌，医生估计他只剩半年不到的寿命。当鲍温去探望他时，却发现他没有抱怨，只是说自己的一生多么美好、自己有多么幸运。

鲍温问他："你经历了这一切，怎么还能够做到不抱怨？""很简单，因为今天不是 15 号，"霍尔说，"确诊的时候，我知道这会很难熬，而我可以咒骂上帝、医学和所有人，也可以把焦点放在我生命中美好的事物上。所以，我决定每个月给自己一个'不爽日'来抱怨。我随意地挑了 15 号，每当我想抱怨什么事时，就告诉自己要等到 15 号才能抱怨。"

鲍温又问："这样你每个月 15 号不就很低潮吗？"霍尔答道："不会啊！等到 15 号来的时候，我早忘了本来要抱怨什么了。"

幸运的是，霍尔并没有在 6 个月内离世，而是又度过了两年快乐的日子。霍尔的经历告诉我们，活出不抱怨的生命，就能够发挥出确保健康的力量。

 案例 6.3.7　世界吻我以痛，而我报之以歌

21 岁时，史铁生因久治不愈的腰疾而瘫痪，他一时间根本无法接受这种苦难会降临到自己的身上，甚至一度产生过轻生的念头。后来在母亲的不断劝解下，有一天，史铁生摇着轮椅来到了家附近的地坛公园。任凭外界沧桑骤变，任凭人们来来去去，这座古园始终沉稳安静地伫立在此，令史铁生找到一种可以抚慰心灵的力量。

5 年后，史铁生的母亲因肝病医治无效离开了人世，母亲对史铁生唯一的要求就是他能好好活下去。在经历了人生一次又一次的戏弄之后，史铁生也终于决定不再妥协，重新拾起了笔墨，开始书写完全不同的灵魂。他没有自暴自弃，反倒异常开朗，聊起天来滔滔不绝，只要好玩的事、好吃的东西，他都为之痴迷。

41 岁那年，史铁生又被查出患有尿毒症，从此他不得不靠着每周三次的血液透析维持生命。这一次他不会在疼痛的时候进行抱怨，而是在病情好转时由衷感激，珍惜不被病痛折磨的每一刻。他躺在病床上，看殷红的血液在体外循环过滤，最后一圈一圈又重新回到身体里，每次透析 4 个半小时，他就看 4 个半小时。每一次透析，都有可能是他生命的绝唱，而这一晃竟走过了 12 年。"其实 18 年前医生就告诉我，我终有一天要做透析，所以我已经很幸运，因为那个时候透析水平远不如现在，命运已经很善待我了。"面对病魔史铁生乐观地说。

尽管陷入最黑暗的人生，史铁生也没有自暴自弃、颓废沉沦，反而用文字来表达对生命的敬意。身患尿毒症期间，他曾经在随笔散文《病隙碎笔》中写道："生病的经验是一步步懂得满足。发烧了，才知道不发烧的日子多么清爽。咳嗽了，才体会到不咳嗽的嗓子多么安详。刚坐上轮椅时，我老想，不能直立行走岂非把人的特点搞丢了？便觉天昏地暗。等到又生出褥疮，一连数日只能歪七扭八地躺着，才看见端坐的日子其实多么晴朗。后来又患上尿毒症，经常昏昏然不能思想，就更加怀恋起往日时光。终于醒悟：其实每时每刻我们都是幸运的，因为任何灾难的前面都可能再加一个'更'字。"

2010 年史铁生同人间做了最后的告别，他将自己的遗体捐献出去，希望有人能继续带着自己的一部分，好好地看着这个世界。他说："人的命就像这琴弦，拉紧了才能弹好，弹好了就够了。"史铁生用自己的一生告诉我们，或许你会遭遇生活无情的对待，但是也要用双手拨动自己的琴弦，奏出属于自己的生命之歌。

 案例 6.3.8　少些抱怨，多些担当

　　施一公教授在一次演讲中说道："1987 年 9 月 21 日，我的父亲被疲劳驾驶的出租车在自行车道上撞倒，当司机把我父亲送到河南省人民医院的时候，他还在昏迷中，心跳每分钟 62 次，血压 130/80 mmHg。但是他在医院的急救室里躺了整整 4 个半小时，没有得到任何施救，因为医院说，需要先交钱，再救人。待肇事司机筹了 500 块钱回来的时候，我父亲已经没有血压，也没有心跳了，没有得到任何救治地死在了医院的急救室。这件事对我影响极大，直到现在，夜深人静时我还是抑制不住对父亲的思念。这件事让我对社会的看法产生了根本的变化。我曾经怨恨过，曾经想报复这家医院和见死不救的那位急救室当值医生：为什么不救我父亲？但是后来想通了，我真的想通了：中国这么大的国家，这么多人，不知道有多少人、多少家庭在经历着像我父亲一样的悲剧。父亲活着的时候，总是在不遗余力地帮助着邻里乡亲和周边许许多多没有那么幸运的人们，以自己的善良付出给这个世界带来温暖和关爱。子承父志，如果我真有抱负、真有担当，那就应该去改变社会，让这样的悲剧不再发生，让更多的人过上好日子。"

　　施一公教授面对生活的沉重打击，没有陷入无尽的抱怨中，而是在更大的格局下将之转化为改变社会的动力，努力让更多的人过上好日子。世界这么大，问题那么多，我们难免会遇到这样那样不尽如人意的地方，但这不应该成为我们抱怨甚至报复社会的借口。相反，少一些抱怨，多一些担当，以至诚之心造福社会，我们的生活才会有真正的意义和灵魂。

 案例 6.3.9　释怨之法："紫手环"运动的启示①

　　《不抱怨的世界》的作者威尔·鲍温在 2006 年发起了一项"紫手

───────────────

　　① ［美］威尔·鲍温. 不抱怨的世界[M]. 陈敬旻，译. 西安：陕西师范大学出版社，2009.

环"运动。他邀请每位参与者戴上一个特制的紫色手环，要求参与者在察觉到自己正在抱怨、讲闲话或者批评他人的时候，就将手环换到另一只手上，重新开始，以此类推，直到这个手环能持续戴在同一只手上 21 天为止。这个动作看似简单，其实并不容易，大多数挑战者平均要花 4～8 个月的时间才能做到 21 天不抱怨。

据不完全统计，全世界约有 80 个国家的 600 万人参与了这项运动，很多人反馈说，他们常年的痛苦得以缓解，人际关系终获疗愈，职业生涯也因而改善，变得更加平静喜乐、充满正能量。

"紫手环"运动通过心理暗示和技术性引导，强行训练人们要"少些抱怨，多些包容"，这样的引导将在意识里深深刻下痕迹，让人们察觉到自己的不当行为，意识到自己说了什么，进而改变话语内容，改变思维方式，减少向周围传递负能量，开始认真、用心地打造自己的生活。在日常生活中，如果我们难以停止抱怨，不妨给自己戴上手环，开启属于自己的"紫手环"运动。

"躬自厚而薄责于人，则远怨矣""君子求诸己，小人求诸人""正己而不求于人，则无怨"。孔子一以贯之"忠恕"之道。"不怨"，"恕"也。将"不怨"的本领练到家，回报会超出你的想象。

怨，有百害而无一益。止怨，是升华生命体验的前提。

四、忘忧

"忧"是心灵结出的苦果。不管是担心、忧虑、压力，抑或忧愁、忧伤、抑郁，它们集中反映着个体对于自身或外部世界不确定性（"无常"或者说是未知）的觉知，集中反映了个体对于不确定性的恐惧。时间和空间——两个可谓亘古不变的基本概念——塑造着我们的认知框架，却也将人类置于无限的可能性中："天有不测风云，人有旦夕祸福"，明天乃至下一秒会发生什么，我们永远不会完全知晓。

在古代，战争、灾荒、瘟疫等诸多"无常"令人心难安，杀戮之忧、饥饿之忧、病死之忧令人真切地体验到人生苦短、世事"无常"。那时，为了让内心多些安顿，少些担忧，有的人借助宗教、迷信，有的人借助哲学、文学、艺术，有的人借助神话、对天地未知的敬畏……

16 世纪以来，尤其是工业革命以来，宗教的威信大大降低，人们对科技的信任和依赖大幅度提升。[①]科技帮助很多人解除了饥饿之忧，延长了生命，减缓了病痛，增加了娱乐方式……但所有这些似乎仍然没有从根本上解决人心的安顿问题。压力、忧虑、焦躁仍然普遍而严重地困扰着人心：现代武器的超强破坏力、多重的环境污染、科技本身的不确定性，使人在担忧自身安危的同时开始担心地球大家园的安危；局部战争、地区性灾荒、交通事故每年导致上百万生命非正常死亡；过剩的信息、激烈的竞争、比较范围的扩大，也增加了人们日常的忧患和压力；教育问题、就业问题、升迁问题、健康问题、房价问题、无处不在的排名、复杂的人际干扰，仍然无谓地消耗着很多心灵的精神能量。"好之乐之的工作，心安喜悦的生活"这一简单且直接的生命诉求，这一本该成为常态的生命诉求，似乎变得越来越奢侈。

（一）"无常"与"无价"

忧，通常源自不能清晰、明确地做出选择。不能清晰、明确选择的主要干扰因素有两个："无常"与"无价"。

---

① 罗素在《西方哲学史》中提到，科学的第一次大入侵是 1543 年哥白尼学说的发表；不过这学说直到 17 世纪经过开普勒和伽利略着手改进，才开始得势。随后揭开了科学与教义之间的长期战斗的序幕，这场战斗中守旧派在新知识面前打了败仗。

案例 6.4.1　你永远不知道明天和意外哪一个先来[①]

"你永远不会知道，意外什么时候发生，会以何种形式发生。"这是上海市东方医院重症监护室护士长高彩萍在讲述自己在ICU工作 10 余年的所见时，发出的最深感触。高彩萍目睹过很多"意外"死亡，也目睹过很多"意外"带给家庭的灾难性打击。一天，一名孕妇跟着急救病床边哭边跑，床上躺着满身是血的男人。同一时刻，救护车上还送来了一个全身骨折的人。原来，这两人同时遭遇交通意外。他们各自在高速公路上行驶时发生了碰撞事故，两人下车理论时，却被身后疾驰的车撞飞。送来医院后，即将做爸爸的那个人因内脏破裂、脑部创伤没能活下来。全身多处骨折的人虽然被救活，但只能截肢。

同样身为东方医院重症监护室医生的叶玮，曾为 100 多名临终患者写过三联单，单子上会记录这个人的姓名、年龄及死亡原因。对于很多意外死亡，叶玮总在反思，如果之前能做点什么，是不是就能改变结局？据叶玮回忆，曾有一名 60 多岁的男子逆向骑助动车，一个不慎，被迎面而来的车撞倒，头部先着地，男子因脑出血死亡。叶玮在十字路口等红绿灯时，总会看到类似的人，或是逆行，或是骑助动车不戴安全帽，或是乱穿马路。大家对意外总不以为意，可一旦发生，生命可能就没了，而叶玮恰恰看过太多的"意外"。

有一位中年阿姨，多年来住房条件一直很差，终于等到了拆迁，分到一套明亮的大房子。她和丈夫乐滋滋地去建材市场选材料，随后去找小饭店吃饭。谁知就在横穿马路的过程中被一辆疾驰而来的土方车撞倒，送来医院时，她严重脑水肿，瞳孔放大，只能靠着生命设备维持一段时间。可如果当时他们过马路能遵守交通规则而不是横穿马路，是不是"没想到"的事情就不会发生？

还有一位年轻女孩，同样让人惋惜。女孩 24 岁，高中毕业之后

---

①［日］野坂昭如. 萤火虫之墓[M]. 施小炜，译. 海口：南海出版公司，2012.

就来上海打工。起初只是感冒，由于不方便请假，她没有好好休息，也没有去看病。本以为过两天就能好的感冒却愈演愈烈，最后发展成重症心肌炎。她在宿舍晕厥之后被室友送到医院，心内科和心外科多个团队共同抢救也没能挽回她年轻的生命。

生活中，一部分人总会存在侥幸心理，觉得意外只是新闻上的报道，不会发生在自己身上。但血淋淋的教训告诉我们，人还是多一些健康意识为好，多一些安全意识为好，多一些"无常"意识为好，且行且珍惜。

如果相比全球 70 多亿的人口基数，上述事件都属于低概率事件的"无常"，若遵循先贤"生死有命"的训导，人们便不会因为这些低概率事件过多消耗自身的精神能量。容易消耗个体精神能量的，往往是日常之忧：从学生时期的各种考试，到工作时期的各种竞争；从收入、月供、日常开支，到子女教育、老人赡养……

仅就日常经济生活、日常投资决策而言，个体也不得不面对信息的不完备性、人心的复杂性、人的不确定性等诸多"无常"，日常之忧在所难免。对此，大成者曾有过系统思考。

 案例 6.4.2　赫伯特·西蒙的有限理性与现实的不确定性[①]

赫伯特·A. 西蒙（Herbert A. Simon）是美国管理学家和社会经济组织决策管理大师，研究涉及认知心理学、经济学、管理学、信息科学等多个领域，并曾荣获图灵奖、诺贝尔经济学奖等多个顶尖奖项。

针对社会生活中的不确定性问题，西蒙提出了著名的"有限理性"假设。在主流经济学理论中，"经济人"具有无所不知的理性，其面临的信息是完全的，这决定了"经济人"始终具有一致性偏好，并能实现最优选择。西蒙反驳了这种"完全理性""信息充分"的假设，认为现实中的任何人都不可能掌握全部信息。西蒙谈及他担任

---

① ［美］赫伯特·A. 西蒙. 管理行为[M]. 詹正茂，译. 北京：机械工业出版社，2014.

独立董事的体会时说道："信息充分的假设纯属空谈，信息充分的成本是无限大的。"①公司的任何决策都是在信息不充分、仍然面临诸多不确定性的情况下做出的，多数情况下是在有限的几个备选方案中择一而已。

 案例 6.4.3　索罗斯：人的不确定性原则②

在金融市场上，索罗斯以其卓越的投资策略和对金融危机的成功预见，成为当之无愧的金融大鳄。同样令人印象深刻的，还有他构建的一套"关于思想与现实之间的关系"的概念框架，这些思考早在他的大学阶段就开始了。

索罗斯在伦敦求学期间曾师从哲学家卡尔·波普尔（Karl Popper）。波普尔认为，经验真理不能被绝对地肯定，或者说科学规律实际上是假设性质的，知识永远是不完备的。然而，经济学理论中却有完全竞争理论，并且假设知识是完备的，这使得索罗斯开始怀疑经济理论的假设。

经过长期思考，索罗斯认为，与自然现象不同，人类社会存在着易错性和反身性。前者指当一件事情有人参与时，参与者对世界的看法始终是片面的、歪曲的；后者指这些片面的观点能反过来影响与该观点有联系的事情，从而影响事件本身。显然，反身性会影响事件的独立性。举例来说，如果断言"现在在下雨"，那么这个断言的真假依赖于天气的实际状况；但如果断言"这是一个革命的时刻"，那么这个断言的真假将取决于断言本身是否鼓动了革命派的出现。

进一步来说，在自然现象里，思想只发挥认知（Cognitive）功

---

① 世界太大，事情太多：空间无尽无穷，时间无始无终；人物形形色色，人心变化万千。任何个体仅凭短短几十年的生命体验，所知终归有限，所感终归有限，但个体又必须凭这些有限去思考、去感悟、去行动。杨朱曰："太古之事灭矣，孰之哉？三皇之事若存若亡，五帝之事若觉若梦，三王之事或隐或显，亿不识一。当身之事或闻或见，万不识一。目前之事或存或废，千不识一。"在杨朱看来，信息充分是不可能之事。

② 引自索罗斯在 2009 年中欧大学系列讲座上的发言。

能而不具备因果作用；而在人类事务中，思想既具有认知功能，也具有操纵（Manipulative）功能。因此，人类社会具有自然现象中所没有的不确定性，即参与者根据不完全的认知去行动，其行动的结果也不能不符合他们的期望，不确定性是人类事务的关键性特征。

事实上，人类社会的不确定性表明，自然科学和社会科学的主题是根本不同的，需要不同的方法和标准。社会科学具有反身性，如果只是一味地模仿自然科学，只会导致人类和社会现象的失真。承认自然科学和社会科学之间的差异，将确保人们正确地对待社会理论的优点，而不会错误地用自然科学的方法乱做判断。

相比自然科学，人文社会科学涉及"人的不确定性和人心的复杂易变性"，使得不确定性问题表现得尤为明显。自然科学重在寻找确定性，人文社会科学重在应对不确定性。

除了不确定性，在人文日用领域，"有价"和"无价"问题的胶着，也常常给选择与决策带来难题，进一步增加人的忧虑。

 案例 6.4.4　掂量不准"无价"，生命资源容易错配

某知名影视演员凭借精湛演技、良好声誉而深受广大观众喜爱。但由于积劳成疾，他曾接受过两次换肝手术，最终也没能挽回生命，英年早逝。

假设肝移植技术已经足够成熟，只要支付足够的货币，就能换回一个健康的肝脏。请推算，当年傅彪愿意支付的货币额会是多少？

A. 50 万

B. 200 万

C. 500 万

D. 尽己所能的更高支付

面对上述选择题，80%的人选择了后两个答案，但以钱买健康，多时交换不成。

诸多事后假设：当初每天少些收入，少些应酬，多些锻炼，悲剧能否避免？

人的理性有限，在生命资源配置过程中，由于"有价"与"无价"的胶着，使得错配之事常见，最优配置难寻。

 案例 6.4.5 所有的商品、价值、人文关怀能否统一度量？

20 世纪 30 年代，美国社会心理学家爱德华·桑戴克（Edward Throndike）曾经试图证明功利主义的以下假设：我们有可能将自己的那些貌似迥然不同的欲望和厌恶，转化为与快乐和痛苦有关的通用货币，也就是将所有的商品、价值、人文关怀转换成为一个统一的度量。他对一些受政府救济的年轻人进行了一项调查，询问他们，如果让他们遭受各种不同的经历，需要付他们多少钱，并做了追踪调查。问题关乎各种遭遇，诸如"如果让你拔掉一颗上排门牙，需要付给你多少钱？"抑或"如果让你切掉一只脚的小脚趾呢？"抑或"如果让你生吞一条 15 厘米长的蚯蚓呢？"抑或"如果让你徒手掐死一只流浪猫呢？"抑或"如果让你在堪萨斯的一个远离于任何城镇的农场度过余生呢？"

假设我们身处 20 世纪 30 年代，我们会觉得这些条目中的哪一项索价最高，哪一项索价最低呢？表 6-1 显示了他们的研究所生成的价目表（按 1937 年的美元价值）。

表 6-1 爱德华·桑戴克所列价目表

遭遇体验类别	拔掉一颗门牙	切掉一只小脚趾	生吞一条蚯蚓	掐死一只猫	住堪萨斯的偏远农场
价格/美元	4500	57 000	100 000	10 000	300 000

类似的价目表在现实中也曾出现过。20 世纪 70 年代，福特汽车公司发现自己生产的平托车具有安全隐患，却没有及时召回。原因是他们通过计算发现，如果召回问题车辆并改装，将增加近 1.4 亿美元的成本；而假设不召回，任由这个隐患发展，并给每条生命定

价 20 万美元，每次伤害定价 6.7 万美元，再加上损毁车辆的价值，总损失不过 4950 万美元。这一决策受到了当局法律的严惩和民众的声讨。人们不得不思考：生命及伤害真的能够这样被"标价"吗？

回到桑戴克的价目表，这项工作的意义在于：实验者试图将所有的商品、价值、人文关怀转换成为一个统一的度量。他们已经意识到，若人们最关心的几样东西（收入、名望、人际、健康）不能用统一的价值尺度去度量，个人效用最大化问题将成为一个伪命题。可惜的是，这项实验不可避免地失败了，寿命、安全、亲情、友情、名望、尊重等诸多决定生命质量的重要因素都不容易"估价"，多时不能与"收入"用统一的尺度度量。关于个体生命资源的最优配置方案，谁都不能给出明确方案，只能靠个体在动态努力中逐渐靠近。

老子曰："名与身孰亲？身与货孰多？得与亡孰病？"名望利益与生命健康的得失对比，自古就困扰着人们。在国家和个人的发展、进步过程中，注重经济增长和收入增多是无可厚非的，但却不应该以损害健康、亲情等"无价"之物为代价。

（二）解忧之方

何以解忧？不同时代、不同流派、不同文化开出了不同的"药方"。

 案例 6.4.6　"卡瑞尔万灵公式"与艾尔·汉里的环球旅行[①]

面对层出不穷的"忧"，美国著名人际关系学大师戴尔·卡耐基的忘忧之策值得人们借鉴和应用。他在自己的著作中介绍了他自认为解决忧虑的最好办法，这种方法也被称为"卡瑞尔万灵公式"。第一步，冷静面对。先毫不害怕而冷静地分析整个情况，然后找出万一失败可能发生的最坏的情况是什么。第二步，诚恳接受。找出可能发生的最坏情况之后，就让自己在必要的时候能够诚恳地接受它。

---

① 靳西. 卡耐基人际关系学[M]. 北京：燕山出版社，2008.

第三步，尽心改善。从这以后，就平静地把时间和精力用来尝试改善在心理上已经接受的那种最坏情况。

其中最难也是最可贵的一步就是"让自己接受最坏的情况"。应用心理学之父威廉·詹姆斯教授认为，"能接受既成的事实，就是克服随之而来的任何不幸的第一个步骤。"尽管未知事件如同一口黑黢黢的井，但是我们仍可能根据事件的性质与我们的生活经验估计出它的"深度"，而非只能干坐在"井口"边喟然长叹。能够接受最坏的情况，意味着我们的心理预期已经放低，而得到高于心理预期的结果的概率则会提升；更重要的是，它是心理承受力的一次次下探，是对我们改变现状的能力的一次次激发。正如林语堂先生在其著作《生活的艺术》中提到的："能接受最坏的情况，在心理上，就能让你发挥出新的能力。"[1] 由此可见，学会接受坏情况并不会使我们变得消极，而是为改变这种情况铺平道路。任何难题总会有化解方案，关键是拥有化解难题、走出忧虑的信心感和掌握感。

1948 年 11 月，住在麻省曼彻斯特市的艾尔·汉里因为常常发愁，患上严重的胃溃疡，几位非常有名的胃溃疡专家都认为艾尔·汉里的病已经无药可救了（在当时医疗条件及水平下）。在这种情况下，汉里告诉自己："如果你除了等死之外没有什么别的指望了，不如好好利用剩下的这一点时间。你一直想在死之前环游世界，所以如果你还想这样做的话，只有现在去做了。"几位医生听到汉里的想法后纷纷警告他："如果你开始环游世界，那就只能葬在海里了。"而汉里的回答则是："我会买一具棺材，把它运上船，然后和轮船公司约定好，万一我去世的话，就把我的尸体放在冷冻舱里，直到运回老家。"

就这样，艾尔·汉里从洛杉矶乘坐亚当斯总统号船开始航行。在旅行过程中，汉里觉得自己好多了，渐渐地不再吃药，也不再洗胃。不久之后，所有食物他都能吃了。几个星期之后，他甚至可以

---

[1] 林语堂. 生活的艺术[M]. 南京：江苏人民出版社，2014.

抽长长的黑雪茄，喝几杯老酒。他在船上和其他旅客玩游戏、唱歌、交新朋友，中止了所有无聊的担忧，觉得非常舒服。回到美国之后，他几乎完全忘记自己曾患过胃溃疡，并且此后再也没复发过。

艾尔·汉里告诉卡耐基，他使用的正是卡耐基介绍的"卡瑞尔万灵公式"。"首先，我问自己：'所可能发生的最坏情况是什么？'答案是死亡。第二，我让自己准备好接受死亡，我不得不如此，因为别无其他的选择，几个医生都说我没有希望了。第三，我想办法改善这种情况。办法是尽量享受我所剩下的这一点点的时间……如果我上船之后还继续忧虑下去，毫无疑问，我一定会躺在我的棺材里完成这次旅行了。可是我轻松下来，忘了所有的麻烦，而这种心理平静，使我产生了新的体力，挽救了我的性命。"

如果说"卡瑞尔万灵公式"是专门排解忧虑这种负面情绪的行动指南，圣多纳释放法则针对整体负面情绪提出了相关的建议。

 案例 6.4.7　圣多纳释放法

在影片 *Letting Go* 中，有一段这样的开场白：

千百年来，人类一直在四处寻求生命的意义、幸福和满足。我们在星星上找答案，我们在历史里找答案，我们在科学中寻找答案，我们在亲密关系里寻找，在奢侈品中寻找，但大部分人仍遍寻无果。获得幸福的关键仍然模糊不清。

不管我们是谁，或者在做什么，大部分人都觉得被什么拖住。无论是压力还是自我怀疑、焦虑症、抑郁症还是上瘾症，经济上的烦恼还是健康上的担心，或有关自己身体、亲密关系及过往经历的负面情绪，所有这些都建立在"我们是分离的"这一信念上。这个信念让我们产生了一种"现在我不够好"的感觉，我们需要更多的东西来让自己感觉完整。我们需要更多的钱、更多的权、更多的刺激、更多的药、更多的食物。我们认为，为了生存，我们需要消耗世界。而那种"现在我不够好"的感觉，对我们的人生和共同生活的这个地球，都造成了巨大的损害。如果我们能停止这疯狂，活在当下，放下我们的限制会怎样？

圣多纳释放法（The Sedona Method）是一种有助于人们释放内在负面情绪的修行方法。据不完全统计，自 20 世纪 70 年代问世以来，该方法已在全球范围内吸引了数以百万计的人去学习。

圣多纳释放法，是通过有意识的觉察和练习来唤醒我们"欢迎"事实、"欢迎"真相的能力，即"放下""接受""释然"的能力，真正地释放负面情绪与压力，实现"忘忧"。有研究者认为，该方法与释家的思想很是相似，放下得越多，心中的"空间"越大。在该方法中，"欢迎"一词被赋予了两重含义：一是礼貌或友好地迎接或接受，二是放下想要掌控或占有的欲望。换句话说，"欢迎"就是允许任何情绪的存在，让情绪来去自由。学会"欢迎"的过程，就是释放消极情绪的过程。该过程共分为三个步骤：

第一步：欢迎你的问题——你所有的想法、情绪，以及任何可能让你停滞不前的东西。

第二步：欢迎所有你想要对它做点什么的欲望，包括你想解决它、改变它、控制它，欢迎任何依恋或厌恶的感受。

第三步：欢迎任何身份层面的、关于你自身和你是谁的观点。

反复训练"欢迎"真相的能力，你会发现内心的消极情绪在逐渐化解。自己能够感受到一种生命的流动感，仿佛一条生命之河将流过所有那些你在你人生中制造的阻碍，并带走所有你不需要的东西。在真正地"放下"之后，你将会感受到真切的、来自内心深处的自在、平静与喜悦。

 案例 6.4.8　解忧——积极心理学的方案[①]

相比狮子等其他动物，人类为什么会有更多忧怨之类的负面情绪体验？积极心理学给出的答案是人脑关注的信息太多了。关注的

---

① ［美］米哈里·契克森米哈赖. 心流：最优体验心理学[M]. 张定绮，译. 北京：中信出版社，2017.

信息太多、太乱，而又不能做出清晰明确的选择，忧虑就会产生。

　　"动物的技巧总是能配合实际的需要，因为它们的心灵只容纳环境中确实存在的，并与它们切身相关、靠直觉判断的资讯。饥饿的狮子只注意能帮助它猎到羚羊的资讯，吃饱的狮子的注意力则完全集中在温暖的阳光上……"神经系统远远发达于其他动物的人类，他们的身心配置极难达到最优。他们对新信息极感兴趣，但太多的信息进入头脑后，又难以达成清晰、简约和一致。

　　"人的大脑里的念头就跟分子一样，时刻万马奔腾……一个人从外表看是在静坐，但内心却如同瀑布一般，无数念头蜂拥而来。如果没有节制、训练，你的心就会经常处于这样的混乱状态，虽然你意识到的可能只有少数几个念头，但在潜意识里，却有多得多的念头在相互冲突，在争夺你的注意力，在抢夺你大脑的控制权。"米哈里将这种现象称为"精神熵"。

　　信息少了不好，信息太多若不注意整理会更糟。被杂乱物品塞满的房间不可用，被杂乱信息塞满的大脑无效率，并会经常处于消极情绪体验之中。信息过量会导致大脑负荷过重，由此会使身体系统产生大量的皮质醇（压力荷尔蒙）和肾上腺素，压力反应系统的长期激活可能会扰乱身体机制的正常运行。①

　　在大脑处于杂乱无序的大背景下，一有闲暇，最容易被激活的是各种真实或想象出的不快和担忧，让人心里难受。能否独享闲暇是检验心灵秩序的最好办法。

　　很多人是不能享受独处的。一独处，一有闲暇，消极情绪体验就会增多。所以很多人选择通过电视、手机、无聊聚会等手段把大脑暂时占据住。

　　何以解忧？现代积极心理学给出了一些可行的办法：

　　第一，美国积极心理协会前主席马丁·塞利格曼主张：对外部

---

① Mayo Clinic, Staff. Chronic Stress Puts Your Health at Risk. Mayo Clinic, Mayo Foundation for Medical Education and Research, 21 Apr. 2016, https://www.mayoclinic.org/healthy-lifestyle/stress-management/in-depth/stress/art-20046037.

事实的不同"解读方式"决定了不同的生命状态。他认为："我们继承了祖先悲观与审慎的解释方式，在远古残酷的生存竞争中需要如此，但现在的生活已经远离零和博弈，没有那么残酷，因此'解读'可以向乐观的方向调整。轻度悲观使我们在做事前三思而后行，但大部分时间乐观更好。"

第二，用积极、至上、真实的信息来统帅内心，占据大脑的主导权。"一个能记住故事、诗词歌赋、球赛统计数字、化学方程式、数学运算、历史日期……名人格言的人，比不懂得培养这种能力的人占了更大的便宜。前者的意识不受环境产生的秩序限制，他总有办法自娱，从自己的心灵内涵中寻求意义。尽管别人需要外来刺激——电视、阅读、谈话或药物——才能保持心灵不陷于混沌，但记忆中储存足够资讯的人却是独立自足的。除此之外，一般人也喜欢与这种人做伴，因为他们会与人分享心灵的资讯，帮助互动的对象，建立意识的秩序。"①这也许是文人大家能够独享闲暇、享受独处的主要原因，如杨绛、叶嘉莹两位先生。

第三，用合乎天命的至上目标来统率精神能量。米哈里的方法是"面对太多的，包括负面的信息，你必须找到一项能长久地凝聚自己注意力的活动。这样你面对众多信息时便有了轻重之别，乃至屏蔽若干信息"。人的大脑是有选择性地关注外部信息的，有了至上人生目标的统领，它更容易注意到与这一目标相关的信息，使得无关信息被屏蔽，这也许是有大志者心不乱的主要原因。有了大目标，心灵也就有了明确的方向。

"方向、决心加上和谐，就能把生命转变成天衣无缝的心流体验，并赋予人生意义。达到这种境界的人再也不觉得匮乏。意识井然有序的人不需要害怕出乎意料的事，甚至也不惧怕死亡，活着的每一刻都饶富意义，大多数时候也都乐趣无穷。"

一个人不再害怕出乎意料的事，不再害怕"无常"和各种"不

①［美］米哈里·契克森米哈赖. 心流：最优体验心理学[M]. 北京：中信出版社，2017.

确定性"，甚至也不惧怕死亡，他自然也就解除了很多原有之"忧"。

 案例 6.4.9　解忧——中国传统文化的方案

"仁者不忧。"若将上述几个案例的忘忧之法归于微观之术，"仁者不忧""尽人事，听天命"则是"忘忧"之道。儒家主张，长久存在的未知、不期而至的"无常"，在某种意义上是一种"天命"，唯有"尽人事，听天命"，方属善举。尽行仁爱之事，心则多安，多安必会少忧。"忧"从心来，必从心去。养成了"仁"的思维惯性和行为习惯，也就少了对他人他事"恶"的猜测与假设，头脑中也就少了"善"与"恶"的对抗画面，也自然少了对"恶"与"无常"的担忧。

释家主张"无我相，无人相，无众生相，无寿者相""凡所有相，皆是虚妄"。人头脑中呈现的有关"自我"、有关"他人"的画面多是不准确、不客观、不全面的，都有主观、虚幻、以偏概全的可能，有关画面的对抗、担忧也都有虚幻的因素。"无相为宗，无住为体"，少一些虚幻之相，就会多一些心安喜乐、多一些自在，自然也就少了一些忧患。

道家主张"吾所以有大患者，为吾有身，及吾无身，吾有何患"。人如果多一些对"天地"之道的遵从，多一些对"天覆万物而不恃，地载万物而不居，水利万物而不争"这些"天地"精神的汲取，多一些"覆而不恃，载而不居，为而不争，利而不害"这种天地大道在内心中的呈现与占据，内心自然会少了有关"小我"的忧患。人常有"吾身"，自然常有宠辱若惊，自然常受"忧患"困扰。忧患损伤内心，损伤精神，损伤性命。《道德经》有云："天长地久。天地所以能长且久者，以其不自生，故能长生。"

有研究称，儒释道三家在某些方面的主张是一致的。三家有关无"我"少"忧患"的主张与尧舜禹三圣"人心惟危、道心惟微"的主旨也是一脉相承的。人心都有被私欲蒙蔽的危险，大道经常被与小我有关的琐碎洪流淹没，变得微弱而不得在内心呈现。内心少一些"私欲""吾身""我相"的占据，多一些"仁爱""慈悲""天地精神"的占据，心安喜乐会逐渐增多，忧患烦恼也会逐渐远离。这正是：心中吾身忘，家国天地宽；心正少忧患，仁者多心安。

本章小结

幸福就是身体无疾患，精神无纷扰。

"名与身孰亲？身与货孰多？"名望与身体、身体与财富，孰重孰轻？2500 多年前，老子就曾告诫人们："故贵以身为天下，若可寄天下；爱以身为天下，若可托天下。"

从大数据来看，当下中国人的健康现状不容乐观。

睡眠是人体最基本的生理需求之一，它大约占据生命长度的三分之一。睡眠可以将白天人脑中积聚的毒素清除，大脑在睡眠时才能高效清除代谢废物，从而恢复活力。生命在于运动，运动能够健脑，提高人的认知能力，促进人际和谐。

少恕一定多怨。当今社会医患纠纷、路怒事件、家庭抱怨、同事冲突的确不少，因怨生事、因怨酿祸的的确不少。"正己而不求于人，则无怨。上不怨天，下不尤人。""躬自厚而薄责于人，则远怨矣。"

相比狮子等其他动物，人类为什么会有更多忧怨之类的负面情绪体验呢？积极心理学给出的答案是人脑关注的信息太多了。关注的信息太多、太乱，而又不能做出清晰明确的选择，忧虑就会产生。解忧，既要重视现代科学给出的忘忧之术，更要重视"仁者不忧""尽人事，听天命"等传统"忘忧"之道。

在存有诸多无常、诸多未知、诸多无价要素的大背景下，任何基于有常、已知、有价要素所达成的"内在一致"，都很容易被打破。一位被常人所羡慕的"非常"之人，因一件"无常"之事，生活就可能变得远远不如常人。对未知、无常和无价要素，要心存敬畏。

在所有消耗生命能量的负面情绪中，最为严重者莫过于"怨"与"忧"这两种伤害。"怨"关乎对过去、对现状之不满；"忧"关乎对未来、对不确定性之担心。止怨、忘忧，是升华生命体验的前提；止怨、忘忧，是激活更多生命潜能之良方。

第七章
人际与幸福

人的本质不是单个人所固有的抽象物，在其现实性上，它是一切社会关系的总和。

——马克思

一个人的成功，15%取决于他的专业知识，85%取决于他的人际关系。

——卡耐基

个人与自己的关系是所有关系的开始。当你相信自己并与自己和谐一致，你就是自己最忠实的伙伴，也只有如此，你才能宠辱不惊。

——洛克菲勒

时光荏苒，生命短暂，别将时间浪费在争吵、道歉、伤心和责备上。用时间去爱吧，哪怕只有一瞬间，也不要辜负。

——马克·吐温

你是否喜欢某一种生活，多取决于是否喜欢与你一起过这种生活的人。你是否喜欢某一项工作，也多取决于是否喜欢与你一起做该项工作的人。谈论幸福，避不开生活与工作；寻找幸福，绕不开人际。生活、工作，都需要我们学会与他人和谐相处。马克思认为："人是一切社会关系的总和。"卡耐基认为："一个人的成功，15%取决于他的专业知识，85%取决于他的人际关系。"

　　有人曾向现代积极心理学创始人之一克里斯托夫·彼得森（Christopher Peterson）提问："能不能用三个词把积极心理学说清楚一点？"彼得森回答说："他人很重要（other people matter）。"日常各种情绪的产生总是与他人有关，在生活、工作中做到人际和谐，经常在亲情、友情方面体验到积极情绪，对幸福至关重要。

　　在农业经济社会，人民的劳动、生活范围主要局限于家庭，人际责任主要体现在孝亲、育子等家庭层面。在现代社会，人们的交往范围大大拓展，日常的人际关系更加多元，欲实现人际和谐，从人际方面体验到更多的积极情绪，就需要尽更多的人际责任，需要把更多的"时间"和"精力"资源配置到家人、同事、朋友等人际交往方面，在和睦亲友、和谐他人中充实自我、成长自我。

一、人际很重要

　　艾德·迪纳和马丁·塞利格曼这两位积极心理学界的领袖人物针对一些"非常快乐的人"进行研究，并且将他们与"不快乐的人"做了比较。在外界因素中，能够区分两种人的重要特征是他们是否具有广泛而令人满意的人际关系。与亲人和朋友共享美好时光是幸福的必需品。

 案例 7.1.1　幸福人生的关键在于有好的人际交往

　　1938 年，时任哈佛大学卫生系主任的阿列·博克（Arlie Bock）教授认为，整个研究界都在关心人为什么生病、失败、潦倒，却没有人仔细研究如何才能获得健康、成功、幸福。于是，博克提出了一项雄心勃勃的研究计划：从青少年起追踪一批人，直至其人生终结，关注他们的高低转折，记录他们的状态境遇。什么样的人最可能获得幸福的人生？该研究根据他们的人生实况为这个问题提供了答案，这就是著名的"格兰特研究"（The Grant Study）。

　　这个计划选定的追踪对象全部是当时哈佛大学的精英本科生，博克认为他们有很强的自制力，对他们进行跟踪分析，一定能找到促使这群优秀年轻人获得人生幸福的各种心理和生理因素。带着良好的愿望，他组织了一支横跨各领域的科研团队，成员来自医学、生理学、人类学、心理学、精神医学和社会工作领域，甚至包括赫赫有名的阿道夫·迈耶（对 20 世纪精神医学产生了巨大影响的泰山北斗）。基于医学记录、学业成绩和哈佛的推荐，研究团队选取了268 名男学生作为实验对象。这些年轻人在当时堪称完美，他们是美国顶尖大学里的学生，体格健壮、心理健康、学业优良。

　　与格兰特研究项目类似的，还有一个名为"格鲁克研究"（The Glueck Study）的项目。这个项目由哈佛大学教授、波兰裔美国犯罪学家谢尔顿·格鲁克主持，研究对象包括 456 名出生于波士顿附近贫困家庭的年轻男性，受教育程度不高，父母也没什么文化。他们大部分住在廉租公寓里，有的家庭甚至连热水都没有。

　　最终，两个项目合并，这 724 名男性被全面追踪分析，组成人类历史上最漫长的研究之一——"格兰特和格鲁克研究"（The Grant and Glueck Study）。迄今为止，这个项目已经持续了 80 多个年头，相关负责人更替到了第四代。在合并后的研究中，每过两年，这批人都会接到调查问卷，他们需要回答自己身体是否健康，精神是否正常，婚姻质量如何，事业成功还是失败，退休后是否幸福。研究者根据他们交还的问卷给他们分级，E 是情形最糟，A 是情形最好。每隔 5 年，会有专业的医师评估他们的身心健康指标。每隔 5～10年，研究者还会亲自拜访，通过面谈采访，更深入地了解他们目前的人际关系、事业收入、人生满意度，以及他们在人生的每个阶段是否适应良好。这 724 名男性可谓"史上被研究得最透彻的一群小白鼠"，他们经历了第二次世界大战、经济萧条、经济复苏、金融海啸……他们结婚、离婚、升职、当选、失败、东山再起、一蹶不振……有人顺利退休，安度晚年；有人自毁健康，英年早逝。这项研究包括了形形色色的人，有不知名的商贩走卒，也有国会议员、美国总统（肯尼迪总统，其资料要到 2040 年解封）。80 多年来，相关负责人会定期将追访的材料整理成书籍并给出概括性的结论，最近一本是 2012 年的《经历的胜利》（*Triumphs of Experience*）。

2015 年，项目第四代主管、哈佛医学院教授罗伯特·瓦尔丁格（Robert Waldinger）在 TED 演讲中介绍了他们的研究成果[①]：只有好的社会关系，才能让我们开心、幸福。受过高等教育的精英也好，从贫民窟走出来的人也罢，不管你是风光万丈，还是碌碌无为，最终决定内心是否有充足幸福感的，都是我们与周围人之间的关系。

首先，孤独寂寞是有害健康的。那些与家庭成员更亲近的人，更爱与朋友、邻居交往的人，会比那些不善交际、离群索居的人更快乐、更健康、更长寿。那些"被孤立"的人，等他们人到中年时，健康状况会下降得更快，大脑功能会下降得更快，寿命也会缩短（参见案例 5.6.4）。

其次，关系的质量比数量更重要。一个人有多少朋友、是否结婚，这些都不是决定幸福的最关键因素。最让人感到受伤和不幸的是人生中的龃龉、争吵和冷战。

最后，好的人际关系可以保护我们的大脑。如果一个人在 80 多岁时，家庭生活仍然温暖和睦，夫妻间仍信任有加，彼此都知道对方在关键时刻可以依赖，那么双方的记忆力都不容易衰退。反之，家庭成员间彼此缺乏信任的人，身体很快就会走下坡路。

与我们关心的人和关心我们的人一起分享人生经历、想法及感受，可以增加生活的意义，安抚我们的痛苦，让我们感到这个世界

---

① TED 演讲：Robert Waldinger 长期研究揭秘——什么让生活美好。

充满了乐趣。17 世纪哲学家弗朗西斯·培根曾说道："亲密关系可以令我们的快乐加倍，令我们的痛苦减半。"

但是为什么我们总是做不到呢？瓦尔丁格教授也坦言："因为我们是人类。我们总喜欢去寻找一些捷径，总想找到一些方法去一劳永逸解决所有问题。而人际关系麻烦又复杂，与家人、朋友相处需要努力付出，需要一辈子的无穷无尽投入……而在这 75 年的研究中，我们的研究一次次地证明，日子过得最好的是那些主动与人交往的人，与家人、朋友或者邻居。"

二、论"诚"

人际很重要，如何实现人际和谐更为重要。关于人际和谐的思考有很多，哲人在思考，政治家在思考，文人也通过诗词、作品给出自己的思考……比较各种思考后，还是"忠恕"之道简约、实用。忠，诚也，真也；恕，包容，理解。一个人只要诚于自己，恕于他人，和谐的人际会随之而来，内心的平和与从容会随之而来。

 案例 7.2.1　《中庸》①**论"诚"**

《中庸》全文 33 章，有 10 余章关乎"诚"，足见其重要性。"自诚明，谓之性；自明诚，谓之教。诚则明矣，明则诚矣。"个人只有诚于己、诚于人、诚于物，明晰人物之天性，敬承人物之天赋，方

---

① 《中庸》是中国古代论述人生修养境界的一部道德哲学专著，是儒家经典之一，原属《礼记》第三十一篇，相传为战国时期子思所作。其内容肯定"中庸"是道德行为的最高标准，认为"至诚"则达到人生的最高境界。宋代学者将《中庸》从《礼记》中抽出，与《大学》《论语》《孟子》合称为"四书"。宋元以后，《中庸》成为学校官定的教科书和科举考试的必读书，对中国古代教育和社会产生了极大的影响。

可成就自己、成就他人、成就万事万物。教化使人明晰事理，明晰至极，唯"诚"。

为了避免理解偏差，谨照摘《中庸》部分章句如下：

诚者，天之道也；诚之者，人之道也。诚者不勉而中，不思而得，从容中道，圣人也。诚之者，择善而固执之者也。

——《中庸》第 20 章

天性至诚，或学而能。两者虽异，功用则相通。

——《中庸》第 21 章

唯天下至诚为能尽其性。能尽其性，则能尽人之性。能尽人之性，则能尽物之性。能尽物之性，则可以赞天地之化育。可以赞天地之化育，则可以与天地参矣。

——《中庸》第 22 章

其次致曲，曲能有诚。诚则形，形则著，著则明，明则动，动则变，变则化。唯天下至诚为能化。

——《中庸》第 23 章

诚者自成也，而道自道也。诚者，物之终始。不诚无物。是故君子诚之为贵。诚者，非自成己而已也。所以成物也，成己仁也，成物知也，性之德也，合外内之道也。故时措之宜也。

——《中庸》第 25 章

故至诚无息。不息则久，久则征。征则悠远。悠远，则博厚。博厚，则高明。博厚，所以载物也。高明，所以覆物也。悠久，所以成物也。博厚，配地。高明，配天。悠久，无疆。如此者，不见而章，不动而变，无为而成。天地之道，可一言而尽也。其为物不贰，则其生物不测。天地之道，博也、厚也、高也、明也、悠也、久也。

——《中庸》第 26 章

唯天下至诚，方能经纶天下之大经，立天下之大本，知天地之化育。夫焉有所倚？肫肫其仁！渊渊其渊！浩浩其天！苟不固聪明圣知，达天德者，其孰能知之？

——《中庸》第 32 章

案例 7.2.2　《大学》论"诚"

《大学》强调"心正""意诚"乃"修身"之门径，不得其门，焉能入室。《大学》经一章，传十章，①短短两千多字，多段文字论"诚"。

何谓"诚"？"所谓诚其意者，毋自欺也。如恶恶臭，如好好色，此之谓自谦。故君子必慎其独也。小人闲居为不善，无所不至，见君子而后厌然，掩其不善，而著其善。人之视己，如见其肺肝然，则何益矣。此谓诚于中，形于外，故君子必慎其独也。"

又如，"曾子曰：'十目所视，十手所指，其严乎！'富润屋，德润身，心广体胖，故君子必诚其意。"

人无诚不立，事无诚不行，对"诚"要保持最大的敬意。除了《大学》，朱熹、二程等也对"诚"给出了自己的理解。

"言虽幽独之中，而其善恶之不可掩如此，可畏之甚也。"②

"学者不可以不诚……修学不以诚，则学杂；为事不以诚，则事败；自谋不以诚，则是欺其心而自弃其忠；与人不以诚，则是丧其德而增人之怨。"③

 案例 7.2.3　《论语》论"诚"

儒家强调"仁义礼智信"。何为"信"？"信"亦"诚"也，文字杂易扰其意，"诚""忠""信"，一也。现代社会强调"诚信"，诚信缺失乃诸多乱象之源。《论语》中有关"信"字四十余处，谨择一二，与现代人共飨、共勉。

---

①　《大学》原不分章节。后来朱熹按其内容编排，又作《大学章句》，将《大学》分为经一章，传十章，并说："经一章，盖孔子之言，而曾子述之；其传十章，则曾子之意，而门人记之也。"

②　出自朱熹《大学章句》集注。

③　出自《二程遗书》，又称《河南程氏遗书》，是北宋程颢、程颐讲学的语录，由其门人所记，后经朱熹综合编定。程颢主张"明心见性"，重视"气"，为学"力行"，影响了陆九渊。程颐主张"格物致知"，重视"理"，为学"穷理"，影响了朱熹。

子曰："君子义以为质，礼以行之，孙以出之，信以成之。君子哉！"

——《论语》第十五篇·卫灵公

子张问行。子曰："言忠信，行笃敬，虽蛮貊之邦，行矣。言不忠信，行不笃敬，虽州里，行乎哉？立则见其参于前也，在舆则见其倚于衡也，夫然后行。"子张书诸绅。

——《论语》第十五篇·卫灵公

子曰："人而无信，不知其可也。大车无輗，小车无軏，其何以行之哉？"

——《论语》第二篇·为政

子贡问政。子曰："足食，足兵，民信之矣。"子贡曰："必不得已而去，于斯三者何先？"曰："去兵。"子贡曰："必不得已而去，于斯二者何先？"曰："去食。自古皆有死，民无信不立。"

——《论语》第十二篇·颜渊

 案例7.2.4 康熙在《庭训格言》中论"诚"

康熙（图7-1）文韬武略，号称大帝，尊为天子，南巡之时至孔庙前诚行三跪九叩大礼，并亲自题写"万世师表"四字。何使其然？身受其益使然。康熙熟背儒家经典过百遍，烂熟于心。己受益，也重传承。康熙曾对诸官说道："朕经常想到祖先托付的重任。对皇子的教育及早抓起，不敢忽视怠慢。天未亮即起来，亲自检查督促课业，东宫太子及诸皇子，排列次序上殿，一一背诵经书，至于日偏西时，还令其习字、习射，复讲至于深夜。自春开始，直到岁末，没有旷日。"[①]

对于康熙教子的种种做法，法国传教士白晋以亲身见闻，向法国皇帝路易十四做了如实报告。白晋在报告中称，中国皇帝以自身为模范施以皇子教育，令人敬佩。中国的皇帝特别注意对皇子们施

———————————

① 根据《庭训格言》翻译。

以道德教育，努力给予他们与身份相称的各种训练，授之以经史、诗文、书画、音乐、几何、天文、骑射、游泳、火器等。

　　康熙在位期间南平三藩，北定准噶尔部，东南收台湾，为康雍乾盛世奠定了坚实的基础，其治国齐家之道中无不贯彻着"诚"。康熙亲著两书——《庭训格言》与《几暇格物编》，前者关乎人文日用，后者关乎对自然现象的考察。《庭训格言》用于教化皇子至心、至简、至用，几十处直接训"诚"。

图 7-1　康熙素描像

注：《康熙帝读书像》是清代宫廷佚名画家创作的绢本设色画，现藏于故宫博物院。

　　训曰："吾人凡事唯当以诚，而无务虚名。朕自幼登极，凡祀坛庙神佛，必以诚敬存心。即理事务，对诸大臣，总以实心相待，不务虚名。故朕所行事，一出于真诚，无纤毫虚饰。"

　　训曰："今天下承平，朕犹时刻不倦勤修政事。前三孽作乱时，因朕主见专诚，以致成功。"

训曰："天道好生。人一心行善，则福履自至。观我朝及古行兵之王公大臣，内中颇有建立功业而行军时曾多杀人者，其子孙必不昌盛，渐至衰败。由是观之，仁者诚为人之本钦！"

训曰："孟子云，'存乎人者，莫良于眸子。眸子不能掩其恶。胸中正则眸子瞭焉，胸中不正则眸子眊焉。'此诚然也。"

训曰："好疑惑人非好事。我疑彼，彼之疑心益增……凡事开诚布公为善，防疑无用也。"

训曰："孟子云，'大人者，不失其赤子之心者。'赤子之心者，乃人生之真性，即上古之淳朴处也。我朝满洲制度亦然。满洲故制，看来虽似鄙陋，其一种真诚处又岂易得者哉！我等读书，宜达书中之理，穷究古人立言之意也。"

 案例 7.2.5　至私之处见其诚——杨震暮夜却金

四迁荆州刺史、东莱太守。当之郡，道经昌邑，故所举荆州茂才王密为昌邑令，谒见，至夜怀金十斤以遗震。震曰："故人知君，君不知故人，何也？"密曰："暮夜无知者。"震曰："天知，神知，我知，子知。何谓无知？"密愧而出。

——《后汉书·杨震传》

东汉名臣杨震四次调任荆州刺史、东莱太守。上任路过昌邑（今山东省金乡县）的时候，他曾经推荐的荆州秀才王密正在做昌邑县令。夜里，王密去拜见杨震，怀中揣了十斤金子，送给杨震。杨震说："我了解你，你不了解我，这是怎么回事？"王密说："深夜没有人能知道的。"杨震说："我了解你的为人，你怎么就不了解我的为人呢？"王密羞愧地退出去了。①

至私之处最能见其诚，杨震"天知，神知，我知，子知"的义

---

① 杨震暮夜却金之事，流传很广，影响很大，后人因此称杨震为"四知"先生。为了纪念杨震不受私谒、罢宴辞金的高贵品质，后人在他住过的驿馆旧址筑台修庙，取名曰"辞金台"。

正词严是其诚于己、诚于心的真实写照。若无真心实意却受世人赞誉，不过纯属侥幸。但诚笃之人，即便当世无人知晓，后世也必有知己为其击节赞叹。杨震的故事传颂了千年，足以见其至诚之力。

所谓诚其意者，毋自欺也，当如杨震。人一旦做了不善不诚的事情，他的身心气质就会发生变化。古语云"暗室亏心，神目如电"，即人在暗处偷偷做了昧良心的事，神灵的眼睛也会看得很清楚。隐藏的事没有不暴露出来的。一个人在独处的时候能看出其人性品质的优劣。所以，孔子提倡"君子慎独"，要自处之时，也能做到心诚为先，做到问心无愧，做到朱子之言——表里内外，粗精隐显，无不慎之，方谓之"诚其意"。

案例 7.2.6　日本国会议员中最有人气的座右铭是"至诚"[①]

2019 年 9 月 5 日据《日本经济新闻》报道，日本国会议员的座右铭中最具人气的是"至诚"，该词出自儒家经典《孟子》，意为"竭尽诚意"。

根据 2019 年《政官要览》（书中刊载了日本国会议员简介和行政机关人事信息，其中包括日本参众两院合计 477 名议员的座右铭）统计显示，有 31 人的座右铭为"至诚"，位列第一。日本前首相安倍晋三的座右铭就是"至诚"。在永田町的宪政纪念馆历任首相座右铭的展示中，陈列着安倍亲笔写有"至诚"字样的彩纸。日本前首相田中角荣在小学时代被老师教导说"至诚之人是真正的勇者"，他随后将其作为终身的座右铭。

并列第二的是"至诚通天"和"一期一会"，各有 18 人选择其作为自己的座右铭。"至诚通天"是幕府时代的思想家吉田松阴在解说《孟子》的书籍中写下的。"诚实"位列第三。并列第五的是出自儒家著作《论语》的"无信不立"和一句意为"有志者事竟成"的

---

① 案例选自《环球时报》2019 年 9 月 6 日第 4872 期，原标题为《日本议员座右铭，许多来自〈孟子〉》。

英文谚语（见表 7-1）。

表 7-1 日本国会议员中颇具人气的座右铭

排名	座右铭	人数	典故出处·由来
1	至诚 （其中"至诚通天"）	31 18	《孟子》 吉田松阴《讲孟余话》
2	一期一会	18	千利休、井伊直弼
3	诚实	15	《后汉书》
4	照亮一隅	10	最澄、安冈正笃
5	无信不立	9	《论语》
5	有志者事竟成	9	《后汉书》
5	吾外皆为吾师	9	吉川英治
8	勿忘初心	8	世阿弥《花镜》
8	敬天爱人	8	西乡隆盛《南洲遗训》

资料来源：基于《政官要览》2019 年春号刊统计。

由此可见，"至诚"之观点不仅对国人影响深远，邻邦日本也深谙"至诚"之道。内诚于己，外诚于人。天下之事，难于至诚。精诚所至，金石为开。

三、论"恕"

子贡问曰："有一言而可以终身行之者乎？"子曰："其恕乎！己所不欲，勿施于人。""恕"，儒家认为这是需要终身践行的至简之道。恕，从字面讲，如心也。何为"如"心？"外不假曰真，内不乱曰如"。人抱怨时，内心一定有了认知的冲突或对抗性画面的呈现（参见案例 3.3.5）。

"恕"，也就是内心"不乱"，如心也——内心达成了一致、接受、欢迎或感恩。

"怨"越多，头脑中的神经电活动越难以顺畅，对抗性画面呈现得越多，精神内耗越严重，越容易恶化事端，恶化人际。

多些"恕"，头脑中的神经电活动就会多些顺畅，"一致性"画面呈现得就会多些，精神内耗就会少些，更有利于问题的解决，也更有利于人际关系的改善。

为了他人，为了社会，从某些方面来讲更是为了自己，少些抱怨，多些宽恕吧！恕，可以终身践行而日益。

 案例 7.3.1　容忍比自由更重要

胡适（图 7-2）在其《容忍与自由》一书中这样写道："我曾说过，我应该用容忍的态度来报答社会对我的容忍。现在常常想，我们还得戒律自己：我们若想别人容忍、谅解我们的见解，我们必须先养成能够容忍、谅解别人见解的度量。至少我们应该戒约自己决不可'以吾辈所主张者为绝对之是'。我们受过实验主义的训练的人，本来就不承认有'绝对之是'，更不可以'以吾辈所主张者为绝对之是'。"①

在这段文字中，胡适谈到了容忍异己思想，抛弃"吾辈之主张为绝对之是"的态度，才能实现言论、思想的自由，才能拥有良好的人际关系。

图 7-2　胡适

注：来自胡适纪念馆档案照片。

---

① 胡适. 容忍与自由[M]. 北京：中国画报出版社，2013.

胡适除了将容忍用于学术交流，更将其用于为人处世，这使得胡适当时在北京大学交友最广，朋友最多。①梁实秋曾这样评价他："胡先生，和其他的伟大人物一样，平易近人。'温而厉'是最好的形容。我从未见过他大发雷霆或盛气凌人。他对待年轻人、属下、仆人，永远是一副笑容可掬的样子。就是在遭到挫折侮辱的时候，他也不失其常。其心休休然，其如有容。"

《新青年》时期的胡适，颇受鲁迅的肯定和赞赏。他们曾一起讨论问题，商定稿件，又书信往来，互借图书资料，关系颇为亲密。但后来因为胡适主张青年学生埋头读书，少参与政治，加之鲁迅与新月派文人陈源、梁实秋等的争执，以及胡适宣扬"好政府"主义，又受到逊位的皇帝溥仪、国民政府首脑蒋介石的"垂询"，鲁迅遂与胡适分道扬镳。从 20 世纪 20 年代中后期到 30 年代中期，鲁迅与胡适逐渐疏远，并在文章中对胡适进行了批评。

对于鲁迅的批评，胡适非常大度，以"老僧不见不闻"的淡定，不气，不急，不理会。而当鲁迅去世后，青年女作家苏雪林对鲁迅大肆攻击，胡适却写信维护鲁迅，告诫苏雪林"不必攻击其私人行为"，批评她用词用语尤不成话，并提出了正确评价人物的原则："凡论一人，总须持平。爱而知其恶，恶而知其美，方是持平。"

"和以处众，宽以接下，恕以待人，君子人也。"（《善诱文·省心杂言》）其大意是对待民众要和气，对待下属要厚道，对待别人要宽容，这样的人才是君子。面对鲁迅的批评，胡适淡然处之；面对他人对鲁迅的攻击，他又挺身维护。胡适向世人展现了其宽广的胸怀，诠释了"恕以待人"的君子之道。

---

① 1948 年离开北平时，胡适留在东厂胡同寓所的物品中有 500 多封信件，往来的对象几乎涵盖了国共两党的主要领袖、军政要人，从蒋介石、汪精卫、李宗仁、张群，到毛泽东、周恩来、恽代英、张闻天等，民主人士包括宋庆龄、黄炎培等，学界、教育界、文艺界的通信者更是名流荟萃……"我的朋友胡适之"，许多文人雅士、社会贤达曾经以有这位朋友为荣。胡适当时的名望之高、人缘之好、影响之大，由此可见一斑。

案例7.3.2　松下幸之助的《宽容之乐》

松下电器的创始人、被称为"经营之神"的松下幸之助，在《宽容之乐》中写道："与我们相对立的人、事、物，我们总是希望能将之全部排除，这世上只要剩下自己就好了。这本是人之常情，因此，那些排也排不掉、挥也挥不去的东西，深深令我们心烦苦恼。但大体说来，事有对立是好的，有正反两面也无妨，这不正是自然界中的道理吗？有对立关系，我们才能感觉到自己的存在，也正因为这种正反对立存在的关系，才体会得出那种深义、那种绝妙滋味。所以，与其苦思如何去排除那些挥之不去的东西，还不如苦思如何去接纳、调和它们。如此一来必能产生新的天赐美味，而一条新的康庄大道也在我们面前展开了……追求真、善、美乃是人的本能，但还是有人会去追求丑陋与邪恶。美与丑共存，一起推动这个世界，自古以来从未改变过。既然如此，就应培养忍耐与宽容的心情，否则内心只会感到闷闷不乐，甚至只有叹息这个世界没有希望了。人与人相互依靠而生活、工作，这世界各类人都有，并非到处都是好人。因此，唯有养成忍耐与宽容的心情，才能适应这个社会。"

松下幸之助的观点与胡适的"容忍之道"不谋而合，都强调接受异己的行为，消弭心中的苦闷，以温柔、宽厚之心待人，让彼此都能开朗、愉快地生活。这与儒家所倡导的"君子和而不同，小人同而不和"所传递的思想是一样的。

 案例7.3.3　寒山与拾得

寒山与拾得两位大师是佛教史上著名的诗僧，相传他们分别是文殊菩萨与普贤菩萨的化身。一次，寒山问拾得："世间有人谤我、欺我、辱我、笑我、轻我、贱我、恶我、骗我，如何处之乎？"

拾得笑曰："只要忍他、让他、由他、避他、耐他、敬他、不要理他，再待几年，你且看他。"

这个绝妙的回答蕴含了面对人我是非的处世之道，教导人们要以一颗宽容之心去面对外界的议论、诽谤，不为情绪所羁绊，不因逆境而灰心。心若狭隘，如同一把盐倒入一杯水中，不能再饮用；心若旷达，却如一把盐撒入江河之中，毫无影响。正如弘一法师所言："人之谤我也，与其能辩，不如能容。人之侮我也，与其能防，不如能化。"

医学研究发现，不懂得宽容，过于苛求、严厉的人，常常会陷入十分紧张的心理状态之中，如愤怒。难以解决内心的矛盾冲突和情绪危机，就容易使我们的肝脏缺血、缺氧，肝糖原耗竭，免疫功能下降，有的甚至造成肝细胞自溶、坏死，肝脏受损。同时愤怒还会引起呼吸频率加快、葡萄糖释放增多、心血管系统激活、炎症增多、食欲和胃肠活动性减弱等一系列生理反应，而一旦出现这些症状，又可能成为加重情绪恶化的新原因，情绪恶化又必然进一步加重对身体的损伤。心理与生理异常的互相影响，形成了恶性循环，就容易导致疾病的产生。①

"躬自厚而薄责于人。"宽容的心态有利于我们远离嫉妒、愤恨、烦躁，促进身心的健康，有利于我们用一双慧眼去看世界，换一种心情，去体会别人的感受。法国著名作家雨果在《悲惨世界》中写道："世界上最宽阔的是海洋，比海洋更宽阔的是天空，比天空更宽阔的是人的胸怀。"只有以责人之心责己，以恕己之心恕人，我们才能容忍异己，接纳不同，释怀外界的指责，找寻心灵的快乐。

曾国藩在家信中也曾写道："富贵功名皆人世浮荣，惟胸次浩大是真正受用……"还曾说道："人不如我意，是我无量；我不如人意，是我无德。"

---

① 鉴于相关问题的专业性，该段内容参考了以下文献：（1）王朝勋，郑洪新.愤怒情绪对免疫机能的影响[J].健康心理学杂志，1999（S1）：82-84.（2）刘海燕，吴利国.情绪与身体健康的非线性动力关系[J].山东师范大学学报（人文社会科学版），2006（1）：70-73.（3）蒋秀娟.情绪对健康会有怎样的影响？[N].科技日报，2015-07-23（004）.

四、感恩

对于"恕"，后来的儒家圣贤将其上升为"敬畏""感恩"。有了"敬畏""感恩"，自然也就少了抱怨、多了宽恕。

中国传统文化强调敬畏、感恩，《诗经·卫风》中有言："投我以木桃，报之以琼瑶。匪报也，永以为好也！"西方智慧也强调感恩。西塞罗提倡："受惠的人，必须把那恩惠常藏心底，但是施恩的人则不可记住它。"卢梭提倡："没有感恩就没有真正的美德。"《真实的幸福》《幸福的方法》等现代前沿幸福教程也特别强调感恩。

（一）感恩如何让我们幸福

众多的科学实验表明，感恩能够通过改善我们的身体机能和心理状态，从而让我们更加幸福。

 案例 7.4.1　每天记下值得感恩的事情能为我们带来什么？[①]

美国得克萨斯州南卫理公会大学的迈克尔·麦克洛（Michael McCollough）和加利福尼亚大学戴维斯分校的罗伯特·埃蒙森（Robert Emmons）两位心理学家进行过这样的实验：把数百名参加实验的人分成三个不同的小组，并要求他们每天写日记。第一组人记录的是每天发生的事情，并没有特别要求要写好事还是坏事；第二组人记录的则是不愉快的经历；最后一组人记录的是一天中所有他们觉得值得感恩的事情。研究结果表明，每天的感恩记录与强化使人们更加警觉、热情、果断、乐观，更加精力充沛。此外，感恩

---

① 案例根据 Marelisa Fabrega 文章 *How Gratitude Can Change Your Life* 整理。

组的人们更少感到沮丧和压力，他们更愿意帮助他人，锻炼更加有规律，并且在对人生目标的追求上取得了更大的进步。

　　埃蒙森先生的研究还发现，感恩有助于提高我们的心率变异性，增强副交感神经系统功能，从而增强了人的免疫系统，提高了预期寿命；比起不懂得感恩的人，经常心怀感恩的人往往具有更强的创造能力、更快从逆境中恢复的能力和更广泛的社会关系。他进一步指出，"说我们心怀感恩，并不一定是说我们生活中的每件事都很好，它只是表明我们意识到了我们的幸福。"

 案例 7.4.2　感恩提高了我们的"幸福感平均水平"①

　　《多谢！感恩新科学如何使你更快乐》②一书认为，感恩可以提高 25% 的幸福度。

　　感恩训练的作用在于，它可以提高你的"幸福感平均水平"，这样，无论外界环境如何，你都可以保持更高的幸福度。一项由约翰·邓普顿基金会主持的感恩调查则发现：88%的专业人士表示，对他们的同事表达感谢会使他们感到更快乐。③

 案例 7.4.3　真诚的感恩能改善情绪和健康

　　真诚的感恩能改善情绪和健康。前哈佛大学医学院研究员、神经生理学博士川崎康彦在著作《为何我们喜欢兴奋，需要紧张——哈佛研究员的 53 个大脑训练》中指出，"感恩"不仅能让人"心灵安定"，还会带来四点益处：

　　（1）增加与人的亲近感、信赖感；

　　（2）消除压力，增强幸福感；

　　（3）抑制血压上升；

　　① 根据 Marelisa Fabrega 的文章 *How Gratitude Can Change Your Life* 整理。

　　② 该书作者罗伯特·埃蒙森（Robert A. Emmons）博士是全球领先的感恩科学专家，同时也是加州大学戴维斯分校的心理学教授、《积极心理学杂志》的创始主编。

　　③ 根据 Colleen Georges 文章 *Positive Psychology Happy Habits for Work and Life* 整理。

（4）提升心脏机能。

川崎康彦认为这些改善主要来自人与人彼此信赖时，"大脑会从下视丘与视上核分泌一种脑内神经传导物质，一种被称为幸福激素的'催产素'"（见图7-3）。当我们受人感谢或主动感谢别人时，得到安慰，就会促进这种荷尔蒙的分泌。

催产素能增加同理心。有益沟通，是形成与维持人际交往的关键荷尔蒙。

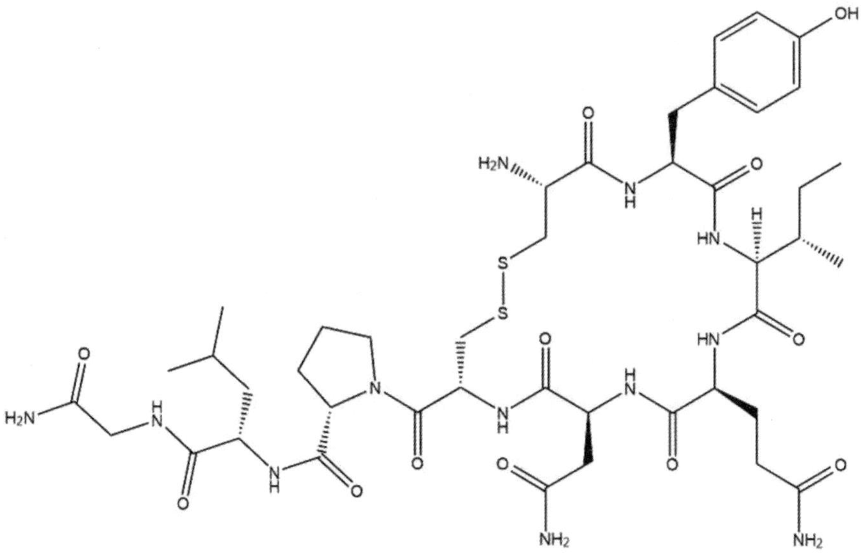

图 7-3　催产素分子式

（二）感恩让我们心怀诚敬

人是社会关系的总和。不同的社会身份在构建我们同外部世界联系的同时，也在塑造着我们的人格。许多人在回首自己人生旅程时，都会不由自主地感叹感恩的魅力。

案例 7.4.4　谈及感恩，爱因斯坦如是说①

爱因斯坦在 1921 年诺贝尔奖颁奖典礼的演讲词中说道：

我们这些人总有一死的！人的命运是多么奇特啊！我们这些总有一死的人的命运是多么奇特呀！我们每个人在这个世界上都只做一个短暂的逗留，目的何在，却无所知，尽管有时自以为对此若有所感。但是，不必深思，只要从日常生活就可以明白：人是为别人而生存的——首先是为那样一些人，他们的喜悦和健康关系着我们自己的全部幸福；然后是为许多我们所不认识的人，他们的命运通过同情的纽带同我们密切结合在一起。我每天上百次地提醒自己：我的精神生活和物质生活都依靠别人（包括活着的人和死去的人）的劳动，我必须尽力以同样的分量来报偿我所领受了的和至今还在领受的东西……照亮我的道路，并且不断地给我新的勇气去愉快地正视生活的理想，是善、美和真。要是没有志同道合者之间的亲切感情，要不是全神贯注于客观世界——那个在科学与艺术工作领域永远达不到的对象，那么在我看来，生活就会是空虚的。人们所努力追求的庸俗的目标——财产、虚荣、奢侈的生活——我总觉得都是可鄙的。

 案例 7.4.5　耶鲁大学校长：感恩是通往幸福的大门②

在 2014 年耶鲁大学的毕业典礼上，著名心理学家、情商理论创始人之一彼得·沙洛维（Peter Salovey）校长发表了题为"学会感恩"的演讲。在演讲中，他鼓励毕业生们"怀着一颗感恩的心继续向前"，引发了在场师生的强烈共鸣。

"美好的生活可能遥不可及，除非我们能够培养一种开放的心态接受他人的帮助并表示感激……"经济学家亚当·斯密曾指出感

① 素材来自爱因斯坦 1921 年获诺贝尔奖时的演讲——《我的信仰》。

② 袁利平，柴田. 学会感恩——美国耶鲁大学校长彼得·沙洛维在 2014 年毕业典礼上的演讲[J]. 世界教育信息，2014（13）：28-30.

恩的重要性，而他却是因强调私利是驱动力的言论而闻名的。亚当·斯密清晰而又合乎逻辑地说道："正是激情与情感将社会交织在一起。"他认为，情感（如感激之情）使社会变得更美好、更仁慈、更安全。哪个社会心理学家可以说得比这更好？

　　毫无疑问，当我们心存感恩时，就很难同时感受到妒忌、愤怒、仇恨等负面情感。事实上，那些说他们会表达感激的人——这些人积极回应调查项目，如"我有时会感恩不起眼的小事情""我感恩很多人"——往往也会在所谓的主观幸福或生活满意度的心理测试上获得高分。

　　为什么会这样呢？与表达感恩不相容的一种个人倾向是社会比较，尤其是与比我们拥有更多的人相比较的潜在倾向。心怀感恩的人很少会妒忌他人。充满感恩的人能更好地应对生活的压力，具有更强的抵抗力。即使在困境中，他们也能发现美好的东西，其他人也会更喜欢他们。更重要的是，人们更愿意帮助那些过去一直感恩他们的人。正如 21 世纪伟大的哲学家贾斯汀·汀布莱克所说的"凡事皆有因果"……尽管这个周末很喧嚣，还是请大家静下来想想所有帮助你们走到今天的人，那些你们无法报答的人。他们可能是家人、朋友、敬爱的师长，甚至是你们从未谋面的作者。想想他们，借此机会，轻声说句"谢谢"。正如 20 世纪早期，耶鲁大学的杰出英语教授威廉·里昂·菲尔普斯曾经写道："感恩带来幸福，给予越多，得到的就越多。"

　　当代情感哲学家罗伯特·所罗门认为："感恩促使我们认识到我们没有一个人是完全独立的，都需要他人的帮助"，从这个意义上讲，没有人是一座孤岛。在商界沉浮数载的马云明白，阿里巴巴的成功离不开默默耕耘的企业团队，更离不开千千万万投资人与客户的支持。经历了两次世界大战的爱因斯坦明白，以邻为壑、恩将仇报是人类社会的不幸，也是酿成战争悲剧的深刻原因，他在生命最后一周，签署了《罗素-爱因斯坦宣言》①。多年从事心理学研究的彼得·沙洛维同样明白，感恩不啻为对他人价值的承认，更是对自己精神的洗礼。

涓滴之恩，当以涌泉相报。如果我们不吝惜对他人的感恩之情，我们与他人的交流方式便能发生良性变化。我们将学会尊重身边每一个人，为他人的每一点付出而感动；我们将成为心怀他人的人，遇事时常为他人着想；我们将自觉地思考我们作为社会关系的节点的意义，尝试用自己的行动让他人受益；我们将在彼此发自真心的感恩中感受到精神的富足感，因而变得更加幸福。因此，生命离不开感恩，与感恩随行的生命更幸福。

当我们真正感激他人为我们的付出时，我们的行为将发自道德与良知。当你向世界绽放出内心的积极面时，你离真正的幸福已经不再遥远。

（三）感恩让我们懂得珍惜

怀着一颗感恩的心看待世界，会让我们的人生焕然一新。即使厄运当头，也能寻得幸福。

 案例 7.4.6　李开复：感恩真是一种奇妙的力量

2013 年，素有"创业导师"之称的李开复因罹患淋巴癌入院治疗。在他人生中最艰难的时间里，他对生活有了全新的认识。在《向死而生：我修的死亡学分》一书中，他这样写道：

过去大家对我的好，我不是视而不见，就是认为理所当然，像我的家人、我的父母和哥哥姐姐、我的同事、不远千里来看我的友人、为我许愿分担痛苦的好友、为我每天祈祷的微博网友……现在，我常想自己何德何能，可以受到这么多温暖的照顾。

---

① 爱因斯坦于 1955 年 4 月 11 日签了名，18 日便与世长辞。该宣言对核武器带来的危险深表忧虑，并呼吁世界各国领导人通过和平方式解决国际冲突。

感恩真是一种奇妙的力量！我只不过是开始发现了别人的好，这个小小的改变，就让我比过去任何时候都觉得幸福。

而且，就像泉眼一旦打开了，泉水就会喷涌而出！接下来，我还发现，"感恩"有几个层次的区别。第一层是想到"亲人对我这么好，我好感激"。第二层是"我为什么没有回报他们""投桃报李""滴水之恩，必当涌泉相报"。这是做人应有的态度，不懂得回报就没有良心了。第三个层次就是主动付出关心和爱。先铃（李开复的妻子谢先铃女士）就觉得我生病之后更能主动想到哪个亲戚可能需要帮忙，出去旅行时会想到适合每一个人的礼物等。这在过去几乎是不可能的，因为我的心压根儿不在此。

一场人生浩劫却因感恩的存在而让李开复体会到了幸福的真谛。难道只有身处劫难，才能使人感悟到幸福的意义吗？其实，生活中值得我们感恩的人和事很多，但我们常常置之不理，直到失去才倍感珍贵，转而感叹未失去时的自己是何等幸福。

"被酒莫惊春睡重，赌书消得泼茶香，当时只道是寻常。"感恩身边之人，敬畏日常之事，寻常亦可不寻常。

案例 7.4.7　心理学证据

加州大学的脑神经研究发现，当受测者接受礼物表达感激时，脑部的前扣带回皮质（Anterior cingulate cortex）与内侧前额叶皮质（Medial prefrontal cortex）（图 7-4）会被活化。这两个区域与道德、社会认知、奖赏、同理心和价值感有关，即这两个区域主管社交和情感，感恩是其中的一个部分。当这两部分活跃的时候，会引导受试者意识到自己给他人带来的帮助，然后产生一种类似于"人间自有真情在"的愉悦感和满足感，这种看似不起眼的愉悦感却能够缓解压力、利于睡眠等。这也引申出一个结论：感恩的情绪让我们能够更加充分地感受到他人的善意与支持，同时能帮助我们缓解压力。

APA 协会（美国心理协会）在 *Journal of Health Psychology* 发表过的研究报告也发现，当我们将注意力放在感恩的感受上时，确实能够对身体有很具体的影响，包括提升睡眠品质、降低焦虑与忧愁、减少发炎反应、降低心脏疾病的发生等。

另外，感恩也会刺激下视丘。下视丘调节许多重要的荷尔蒙，掌管着许多重要的生理功能，包括体温、情绪反应、生存机制（如食欲与睡眠）等。感恩也会促进多巴胺的分泌，产生更多的积极情绪。

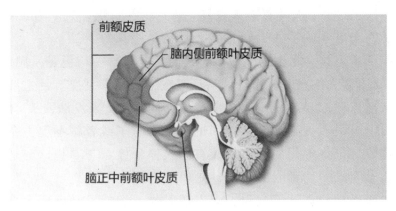

图 7-4　大脑内侧前额叶皮层示意图

 案例 7.4.8　于娟：此生未完成[①]

"在生死临界点的时候，你会发现，任何的加班、给自己太多的压力、买房买车的需求，这些都是浮云；如果有时间，好好陪陪你的孩子，把买车的钱给父母亲买双鞋子，不要拼命去换什么大房子……癌症是我人生的分水岭，别人看来我人生尽毁。其实，我很奇怪为什么反而患癌症这半年，除却病痛，自己居然如此容易快乐。我不是高僧，若不是这病患，自然放不下尘世。这场癌症却让我不得不放下一切。如此一来，索性简单了，索性真的很容易快乐。名利权情，没有一样不辛苦，却没有一样可以带去。"

───────────

① 案例整理自央视新闻频道《新闻周刊》2011 年的一期节目——本周人物专栏"于娟：此生未完成"。

　　从 2010 年 1 月被确诊为乳腺癌晚期，到 2011 年 4 月 19 日离开人世，于娟将她对健康与生命的思考写在博客中，在此前的 30 年中，这位复旦大学社会学系青年教师步履匆匆地奔向一个又一个目标——读书、考研、读博、留学……直到被病魔强行按在病床上时，她突然意识到健康原来是如此美好。她甚至写下这样的文字："哪怕就让我那般痛，痛得不能动，每日污衣垢面趴在国泰路、政立路的十字路口上，任千人唾骂万人践踏，只要能看到我爸妈牵着土豆（于娟儿子的小名）的手去上幼儿园，我也是愿意的。"

　　在于娟遗著《此生未完成》的封面上，写着一句振聋发聩的话："我们要用多大的代价，才能认清活着的意义？"央视节目主持人白岩松这样点评："人生是条单行道，一路向前，从来没法回头。然而，当今的中国很多人为名忙、为利忙，常常忘了或者顾不上生命的意义和价值。也许于娟的故事会让有些人停一停、想一想，可是一定没多长时间，一切都会照旧的。是吗？会这样吗？"

　　在即将离开孩子、父母、爱人的时候，突然发觉感恩太少、关心太少；在绝症让人不得不选择放弃的时候，突然发觉唯一能剩下的是幸福。难道我们非要等到失去时才能学会珍惜吗？"哈佛幸福课"教师泰勒·本·沙哈尔告诉学生们："我们要等到情况恶化，才能够感激眼前和身边的好事吗？我们什么时候开始感激健康？等我们或旁人的身体出现问题时吗？我们什么时候开始感激生活？当我们有危险，当我们失去亲友时吗？我们需要问自己一个问题：一定要等外界发生一些异常的悲剧时，我们才开始感激习以为常的东西吗？幸福的宝藏就在我们身边和心中，在餐厅里、在身边的同学身上，在家里的房间中……有很多值得我们感激的好事，可我们却对它们习以为常。真要等到失去后才懂得感恩吗？答案是不。"[1]

　　获取幸福本不是一个竭力"外求"的过程，而是一个尽力"内求"的过程。多少人感叹自己这也没有，那也没有，为了所谓的"幸

---

　　[1] 泰勒·本·沙哈尔"哈佛幸福课"视频公开课第八集《感激》。

福"在名利场中不断聚敛与索取，到头来却应了歌曲《水手》中的歌词——"总是拿着微不足道的成就来骗自己，总是莫名其妙感到一阵的空虚"。我们不妨这样想：如果现在有人愿意出高价买走你健康的双目（或者双手、双脚，以及你身体的任意一个部分），或者出高价让你的一位亲友消失，那么你会答应吗？这会促使我们意识到我们有多幸福：我要感谢这双健康的眼睛，它们让我不会在永无止境的黑暗中苦苦挣扎；我要感谢我的双手，它们帮助我随心所欲地劳作、生活；我要感谢我的知心朋友，我们谈天说地，我从他们身上学到了很多……

这样我们就会明白：埋怨自己的人生不幸福，细细想来恰恰是"身在福中不知福"。学会感恩、学会珍惜，幸福可以很简单。

（四）我们如何学会感恩

感恩让我们更加尊重他人，进而心怀诚敬；感恩使我们更加热爱生活，进而懂得珍惜。身边值得感恩的点点滴滴，实则闪耀着点亮幸福的光芒。幸福的光芒永远都在，需要的是发现光芒的眼睛。

 案例 7.4.9 从点滴小事中学会感恩

英国作家、评论家吉尔伯特·基斯·切斯特顿（G.K. Chesterton）这样说道："你们在餐前感恩，但我在听音乐会和歌剧前，在看戏剧哑剧前，在我打开一本书、画素描前，游泳前，剑击前，拳击前，走路前，玩乐前，跳舞前，把钢笔头蘸进墨水前，都会感恩。"①

上述文字对我们理解何为感恩有着很好的启示。我们应感恩自然，她无私地赐予我们粮食和水，让人类得以延续；我们应感恩父母、爱人和我们的兄弟姐妹，他们支撑起我们的家庭，让我们有所依靠；我们应感恩老师，他们不辞辛苦地传道授业解惑，让我们穿

---

① 泰勒·本·沙哈尔"哈佛幸福课"视频公开课第八集《感激》。

越迷茫与无知看到无限可能；我们应感恩祖国，她的繁荣昌盛使我们安居乐业；我们应感恩整个世界，在这个变动不居的宇宙中让我们看到值得铭记一生的美景……感恩的疆界无限宽广，怀着感恩之心拥抱世界的人，世界也将友爱地向他张开臂膀。

"君子行道不离日用伦常"，感恩要从我们的日常生活开始。泰勒·本·沙哈尔这样告诉他的学生们[1]：

我们怎么培养感激？他[2]的建议简单优雅："何不先审视平凡的一天？"有什么事是你不自觉地就会去处理的？有什么事是你会全身心投入的，让你感到温暖、睡意全无的？或许是带你的狗出去散步，或许是跟孩子做游戏……培养感激需要经过一次又一次的练习，直到变成第二天性，直到变成习惯，直到我们把每一次的感激变成我们性格的一部分，这是有可能做到的。

其中一个方法就是每天都找出一两件事，有意识地专注于这些事上。不管是在餐厅喝的第一杯咖啡，还是走向教室的那段路程，还是你独自在房间里闭着眼睛集中精神听 10 分钟音乐，欣赏你最喜欢的歌曲……不仅要花时间去变成红酒鉴赏家，还要成为生活的鉴赏家，这门课在很大程度上就是要教会我们感激生活。他继续写道："感激之心能量度我们活得多充实，对待习以为常的东西，难道我们不是像死了一样没感觉吗？"

点滴小事值得感恩，生活本身值得感恩。倘若自历史的维度去考量，个体应该感恩的东西更多：个体生命的诞生可以追溯到远古的世代祖先，个体成长的点滴关乎身边的很多人、很多事、很多物，个体生活的时代来自人类多种文明的延续和交互影响……

---

[1] 泰勒·本·沙哈尔"哈佛幸福课"视频公开课第八集《感激》。

[2] 戴维·斯坦德尔-拉斯特兄弟（Brother David Steindl-Rast），《论感激》的作者。

案例 7.4.10　练习：每天记下 5 件值得感恩的事

泰勒·本·沙哈尔在"哈佛幸福课"中提及，新闻媒体倾向于报道消极事件，很容易诱导我们犯下以偏概全的错误，夸大生活中的消极面。同时，人自身的适应性也会使得人们对积极的事情日渐"无感"，而对反常的、消极的事情印象深刻。如果不能进行积极有效的应对，有的人就会变得"多怨"：他们常常选择性地忽视人们的优点、身边的好事与愉快的经历，而对于他人的缺点、身边的坏事与不愉快的经历尤为敏感。

泰勒举例说道："当人们恋情不顺利、蜜月过后就撑不下去时，人们都会问自己'出什么问题了？'或者'我们应如何改善这段关系？'如果我们单纯问这些问题，我们就会专注于问题和弱点上，而无视优点和顺利的地方。当我们不专注于优点上，优点就会贬值，我们甚至看不到这些优点。"

幸福力不是我们与生俱来的本能，但幸福是可以通过学习和练习获得的。他在《幸福的方法》一书中介绍了一种表达感恩的方法：每天记下 5 件值得感恩的事。罗伯特·埃蒙斯和迈克尔·麦卡洛的研究表明，每日把那些值得感恩的事情记录下来的人，确实在身体上更健康，内心更幸福。

每晚在入睡前，写下 5 件让你因感恩而快乐的事情。这些事情可大可小，从一顿美食到与一个好友的畅谈，从日常工作任务到一个有意思的想法，你都可以写下来。

如果每天都做的话，你可能会重复地列出一些事情，这很好；重点是，在重复之余，为了让你的情感体验保持新鲜，请在每一次把它们写下来的同时，去想象当时的体验和感受。当感恩成为一种习惯，我们会更珍惜生活中的美好时刻，而不会把它们当成理所当然。

你可以自己做这个练习，也可以与你所爱的人一起完成，如爱人、子女，或者父母、兄弟姐妹，共同表达对生活的感恩可以让彼此间的关系更加亲密、和谐。

感恩的持续练习，可使头脑多些对事实的接受，多些对当下的确认与知足，多些对无价的觉知。这样，内心就会少些纠结，少些对抗画面的呈现，少些认知不一致，少些精神能量的无谓消耗。后续行为则会多些专注"惟一"，多些顺势合赋，多些卓尔有效。

 案例 7.4.11　感恩模型：注意-思考-感受-行动

心理学家罗伯特·埃蒙森（Robert Emmons）和帕特里克·麦克纳马拉（Patrick McNamara）对感恩的理解是这样的："感恩的情感来自两个信息处理阶段：①肯定自己生活中的善或好东西，②认识到这种善至少部分来源于他人的给予。当一个人意识到自己从别人那里得到帮助的时候，随之产生的感激之情就会在其中调节彼此之间的关系。"

那么我们要如何培养发自内心的感恩之心呢？北卡罗来纳大学教堂山分校的心理学教授安德里亚·胡松（Andrea Hussong）经过多年的研究后给出了一项感恩模型：

注意（Notice）：我们对于这件事的注意，即我们是否注意到人家对我们好。

思考（Think）：我们对这件事情的想法，我们判断这个人为什么对我们这么好。

感受（Feel）：这件事情给我们的感觉。

行动（Do）：我们表达感谢的行为。

他做了一个测试，用 10 天的时间跟踪 100 个家长，这些家长都有 6～9 岁大的小孩（通常是需要去训练他们说"谢谢"的年龄）。10 天跟踪下来后，他发现绝大部分家长都会叫孩子说"谢谢"，少数家长会解释"说谢谢"是因为叔叔阿姨给了孩子什么东西，只有三分之一的人会去问小孩："你拿到这个东西是什么心情？你开心吗？你喜欢吗？"更少的父母会去问自己的孩子："你觉得叔叔阿姨为什么要对你这么好呢？你今天为什么会拿到这个奖品呢？"

他解释说，如果我们要培养真正的感恩之心，四个部分就要全部启动，而且启动的顺序最好是事先让他们注意，然后问他们的想法，再问他们的感觉，最后到行为，那么他们每一次说"谢谢"的时候，就会有一个逻辑告诉他们为什么这样。

"注意–思考–感受–行动"感恩模型是一个完整的逻辑，它可以让我们跳出只记得行礼的动作，而让我们把行为和感觉结合在一起，并关注感觉背后的逻辑，这是一个更完整的感恩模型。

五、孝亲——上孝养志，中孝养色，下孝养体

百善孝为先。在所有人际关系中，"孝"是一种最实实在在的人际，是一种最根本的德性检验。"孝"之不实，人际皆虚！

案例 7.5.1　下孝养体——从一篇《春节纪事》说起

2016 年 2 月 14 日，一篇名为《春节纪事：一个病情加重的东北村庄|返乡日记》的文章在《财经》杂志微信公众号上发表，在网上广为流传，引发了网民、媒体的关注与热议。作者以春节为背景，用随笔的方式记述了在家乡（一个地处大山深处的东北小村庄）的见闻与感受。文章开篇写道："春节期间有各类温馨和怀旧故事，我要写的故乡杂记却显得些许残酷和悲戚，可惜这并非杜撰虚构，而是真实的写照。田园故乡不只是在生病，而是有关于忠孝道义的一切伦理气息彻底死去了。"随后，作者描绘了家乡村民的生活现状：一些高龄老人生活十分孤苦，甚至遭受欺辱、虐待；因为给老人治病起争执，孩子之间拳脚相加；"常胜夫妻"常年酣战牌桌，却让八

句老母争取低保；父亲濒死，儿子却用低保金"行乐痛快""挣面子"……

针对此文，不少网友和媒体相继做出回应和评论。有网友如此评论："农村现状到底如何，像文章（指《春节纪事》）中提到的儿女不孝、老无所依的情况存在吗？存在，甚至更甚！我之前的一个回答就提到过村里一位盲人老太太因儿子外出打工无人照管暴毙家中的例子，但这毕竟是个例，村里也有像我父亲一样为了侍奉卧病多年的奶奶而坚守着一亩三分地，每日侍羹喂药直至老人安然西去的朴实农民。农村赌博盛行也所言非虚，如文章描述一般，这些懒汉整天聚集在小卖部的麻将桌上，孩子放学后也不回家做饭，扔两三块钱让孩子买个面包充饥。但我看到更多的是叔叔伯伯们扛着大包小包的行李淹没在进城务工的大潮里，他们在工地小作坊工厂里挥汗如雨，每个月握着几张皱巴巴的票子满脸期许地打给在远方读书的儿女。"

随后，新华社和《人民日报》相继对《春节纪事》一文做出回应，指出该文所述的现象有以偏概全、言过其实之嫌。暂且不论《春节纪事》一文是否言过其实，不可否认的是，现如今"老无所依""老不得孝"的现象无论是在农村还是城市的确存在：有些人给孩子花钱慷慨无限，给老人花钱却精打细算；有些人与朋友"胡吃海喝"大大方方，孝敬父母却泛起思量；有些人在社交软件上与网友"交心聊天"、搓麻打牌时间宽裕，和父母"唠唠家常"却是这忙那忙；有些人陪自己的"宝贝宠物"温情无限，陪陪父母却很不耐烦……《盐铁论·孝养》①有言："上孝养志，其次养色，其次养体。""下孝养体"尚且做不到，何谈"养色"之中孝和"养志"之上孝？

---

① 《盐铁论》是西汉桓宽根据著名的"盐铁会议"记录整理撰写的重要史书，文学体裁为对话体。书中记述了当时对汉昭帝时期的政治、经济、军事、外交、文化的一场大辩论。

案例 7.5.2　中孝养色

子曰："色难。有事，弟子服其劳；有酒食，先生馔，曾是以为孝乎？"（《论语》）[1]

子夏问什么是孝，孔子回答："（子女要尽孝）最不容易的就是对父母和颜悦色，仅仅是有了事情，儿女需要替父母去做；有了酒饭，让父母吃，难道这样就可以认为是孝了吗？"

训曰："凡人尽孝道欲得父母之欢心者，不在衣食之奉养也。唯持善心，行合道理以慰父母，而得其欢心，斯可谓真孝者矣。"（《庭训格言》）

训教说，凡人尽孝道想得到父母的欢心，不只在衣食的奉养上。只有秉持善心，所作所为合乎道理以慰藉父母，从而得到他们的欢心，那才可以说是真孝。

据《曾国藩家书》记载："余中厅悬八本堂匾，跋云：'养生以少恼怒为本，侍亲以得欢心为本。'弟久劳之躯，当极力求少恼怒。纪泽事叔如事父，当极力求得欢心也。"

将《曾国藩家书》中的这段文字翻译成现代汉语大意如下：我在中厅悬挂八块匾额，有跋文道"保养身心当以少恼怒为本，侍奉双亲以得其欢心为本"。家弟身体久承劳顿,应当极力要求减少恼怒。纪泽儿侍奉三叔应该像侍奉父亲一样，应极力求得三叔欢喜才是。

"孝道"是中华民族的传统美德，对孝的提倡在选官制度上也有体现。汉代选拔官吏的考试科目之一就是"孝廉"。"孝廉"就是孝顺父母、办事廉正的意思，该科目始于董仲舒《举贤良对策》的奏请，奏请要求各郡国在所属吏民中荐举孝、廉各一人。如果乡里有人以孝出了名，地方长官是有责任向上推荐的，而且还可以直接任用。如果有人不想做官了，孝养父母是最好的托词，因为最高统治

---

[1] 唐初名相房玄龄在对父母"色养"方面堪称典范。《贞观政要》卷五有言："司空房玄龄事继母，能以色养，恭谨过人。其母病，请医人至门，必迎拜垂泣。及居丧，尤甚柴毁。"

者标榜孝道，不得不予准许。譬如李密以《陈情表》上书曰："伏惟圣朝以孝治天下，凡在故老，犹蒙矜育，况臣孤苦，特为尤甚"，"臣无祖母，无以至今日；祖母无臣，无以终余年"。李密表示，自己是祖母抚养长大的。现在祖母老了，自己需要在身边孝顺、赡养，以奏请晋武帝准许自己暂缓赴任。

 案例 7.5.3　上孝养志——阵中无勇非孝也①

　　1937 年 8 月 2 日，淞沪会战前夕，空军飞行员张锡祜奉命出发前，为父亲张伯苓留下一封家书。在这最后一封家书里，张锡祜写下对父母的惦念问候，以及对敌寇暴行的愤怒。12 天后，他所在部队不顾天气恶劣，从江西飞往淞沪战场参战，途中因雷雨，张锡祜座机失事，以身殉职，年仅 25 岁。

　　……昨日见报载，南开大中两部已均为日人分别轰炸焚毁，惨哉……因大人平日既不亲日又不附日，而所造成之校友又均为国家之良材，此遭恨敌人之最大原因……去年十月间，大人于四川致儿之手谕，其中有引孝经句"阵中无勇非孝也"，儿虽不敏不能奉双亲以终老，然亦不敢为我中华之罪人，遗臭万年有辱我张氏之门庭！此次出发非比往常内战！生死早置度外！望大人勿以儿之胆量为念……（摘自张锡祜写给父亲的家书）。

　　张锡祜是一名运动健将，身高两米，帅气十足，深得父母疼爱。在信里他最牵挂的是还在战乱中迁徙的母亲。在他牺牲后，张伯苓怕夫人伤心，把这封信连同阵亡通知书一直放在办公室里不敢拿回家，而深明大义的母亲，8 年里也强忍牵挂，闭口不问儿子去向。等到抗战胜利后，张锡祜的母亲才问张伯苓："别人的孩子都回来了，我的孩子呢？你把实话告诉我吧。"张伯苓告诉她："老四（指张锡祜）阵亡了，你不要太痛苦。"张锡祜的母亲关起门大哭一场，从此

----

① 该案例根据 2015 年 12 月 19 日新闻联播整理——《重读抗战家书》张锡祜：阵中无勇非孝也。

以后也不再提这件事了，把痛埋在了自己心里。张锡祜的侄子张元龙曾回忆道："我祖父（指张伯苓）有一句话叫'求仁得仁'，你去就是想要报国的，这就达到了你自己的目的，所以也用不着悲痛。"

张伯苓校长，在甲午海战中九死一生，又在威海卫海军衙门前亲历两日内"国帜三易"的奇耻大辱，年轻时也曾立志战死疆场，以身报国。大义传续，子承父志，张锡祜英年早逝，不能尽"养父母老弱身躯"之下孝，亦不能尽"儿孙绕膝，让父母得欢"之中孝，但他却弘扬了民族之大义，续养了父辈之宏志，此乃人生之"上孝"。

"孝"深刻于华夏儿女之基因。自古至今，"孝"念常提，"孝"行常现，"孝"道常弘。

百善孝为先，"孝"念得固，"孝"行得践，是中华民族文化复兴之前提，是国家文明富强之基石。羊羔尚知跪乳，乌鸦尚能反哺，作为宇宙之精华、万物之灵长的人类，"孝"之不实，人际皆虚。

六、和谐人际中的误解与障碍

追求人际和谐是人的内在本能与外在需要相结合的必然结果。和谐人际强调"真"，强调"诚"，不能过，不能虚。当今社会，误读人际者有之，追逐过度、扭曲人际者有之，精神过于依附明星而丧失自我价值者有之，"人机交流"之"虚幻"胜过"人人交流"之"真实"者有之，因方式不当而未能实现有效沟通者有之……所有这些，都属于对和谐人际的误解，对健康人际的破坏，对幸福人际的摧毁。

 案例 7.6.1　过度人际，让人不堪重负

万通集团董事局主席冯仑先生曾经说过：开车违章，恰逢熟人

"卖个面子"，省下 50 元罚款；回头"买个面子"，安排熟人亲戚进公司上班，那人根本不适合这个岗位，自己还不得不付出薪水两万余元。这种求人与被求，形成了有特色的"中国式求人"。

2013 年 3 月 8 日，全国政协十二届一次会议举行第三次全体会议，全国政协委员周新生做大会发言——《尽量让国人不求人少求人》。短短 8 分钟发言，赢得台下委员们的阵阵掌声。以下内容节选自周新生的发言：

我们国人的生活中，存在大量求人的事，生老病死都要求人。生得好要求人；病了，治得好要求人；死了，烧得好、埋得好要求人；上好学要求人；找工作要求人；调动工作要求人；异地迁徙取得户籍要求人；参军要求人；职务职称晋升要求人，不一而足。求人的主体上至高级官员下至布衣百姓，大有无人不求人之势。求人的客体是在各个涉及公共利益岗位上掌握着大大小小权力和资源的官员或国家工作人员。需要注意的是求人者求人，被求者也求人，求人者也是被求者，相互交织构成了一幅壮观的中国式求人图卷。

这幅求人图卷淋漓尽致地展现了中国人传统的人情世故：既有人因为身处困境而去求人解决一些棘手的问题，也有人置正规的法律途径于不顾，非要试图通过求人"走后门"来办成一些事。求人的需求被无限扩张，因此争取能求到人就变得非常重要。为此，编织关系网、疏通关系、维持关系、寻租、请客送礼耗费了单位、家庭及个人的诸多资源和精力。在这样一个以权力为基础、以人际关系为纽带的社会中，人情世故自然变成了比学识、能力更重要的"制胜因素"。这种环境迫使人们把才华和注意力用于关系的钻营，从而阻碍了社会中创新源泉的迸发。

正如冯仑先生在他的新书《扛住就是本事》当中的感叹：熟人关系是一把双刃剑，你要以此受益，必然也要因此付出代价！作为生活中不可或缺的一部分，人情世故本是一种正常的交际，但是当求人变得无处不在且成为利益交换时，便成了一种病态的社会现象。人情世故在中国就像一张大网，铺满各个角落，使得必要的交往演变成为精神负担，人情成为债，人人为其所累，求人者累，被求者也累。中国自古注重的"礼尚往来""君子之交淡如水"正在成为稀有物。

发言能够赢得如此之多的掌声，足以说明求人现象之普遍、问题之严重。过度追求人际关系，不仅徒耗个人、家庭、企业、政府的时间和精力，还会引发社会不公平问题。在优质资源稀缺的情况下，有些人可通过"关系"在某些方面获得优质资源，让他人成为"关系"的受害者。但个人的能力终究是有限的，不可能面面俱到，在其他方面，更有"关系"的人将会让其成为"关系"的受害者。在"过度人际"的社会，无论是"有关系"的人，还是"没关系"的人，都是受害者，都为"关系"所累、所耗。①

近年来，随着我国反腐力度的加大，以及政务公开等行政管理体制改革的深化，周新生委员所述之现象已经有了很大的好转，但要从根本上改变这种社会风气，除了要进一步完善体制，还需要国民从认知和行为习惯上加以转变，不再将"时间"与"精力"过度消耗在追逐"人际""关系"上，而将宝贵的"时间"与"精力"资源用于提升自我、发展自我、完善自我（参见案例5.6.4）。

 案例 7.6.2　漠视人际、沉迷"人机"的低头族②

"世界上最遥远的距离不是生与死，而是我在你面前，你却在低头看手机。"这是网上流行的一句话，当这句话成为现实时，多少会让人感到一些悲哀。某日，市民张先生与弟弟、妹妹相约去爷爷家吃晚饭，饭桌上老人多次想和孙子、孙女说说话，但面前的孩子们却个个抱着手机玩，老人受到冷落后，一怒之下摔了盘子离席。张

---

①　现实中的一些"求人"，本身就是希望"不走寻常路"，希望通过熟人关系来占得先机、法外得利。"求人者求人，被求者也求人"，这复杂图景的背后，并不全然是法律制度的不足，而是很多人默认并纵容了"潜规则"。

②　该案例是根据城市信报记者纪国亮的文章《家庭聚餐儿孙全在玩手机，老人怒而摔盘离席回房》整理而成。

先生向记者说道："吃晚饭时，全家人都围在桌前，看到儿孙满堂，两位老人都很高兴，爷爷一时高兴也喝了点儿酒。爷爷挺想和我们兄妹三人说话，不时问我工作和感情情况，问弟弟和妹妹的学习和工作如何。当时我们三人都把手机放在饭桌上，大家时不时地看看手机。后来弟弟和妹妹吃饱了，就转身拿起手机继续玩游戏，我时不时地回复朋友的微博。爷爷看我们都不和他说话，就生气地说了句'你们就和手机过吧！'说完之后摔了眼前的一个盘子，径直回了自己的房间。后来我们三个赶紧收起手机，轮流进屋劝说，这才平息了爷爷的怒气。现在想想挺后悔的，爷爷、奶奶一直盼着我们去吃顿饭，没想到会弄成这个样子。"

有节目组曾做过一项名为"手机依赖症"的调查，随机采访了100位市民，其中70%的人表示会在亲友聚会时掏出手机玩，而且这已成为一种习惯。针对"人机交流"胜过"人人交流"的现象，心理学专家表示："人与人面对面交流和沟通是最直接、最有效的，与亲友相处时'过分关注'手机必然会影响到亲朋之间的亲密关系。"随着智能手机的普及，"低头族"越来越多，手机也逐渐成为人际交往中的一道"心墙"，隔开了彼此间的亲情、友情。①

人都有信息渴求症，总是渴望有新信息、新说法将大脑占据。越来越多的实验证实，借助手机占据头脑、安顿心灵是最无效的一种办法。不如，静时，或心安无挂养养神，或将至简之道入入脑；动时，或惟精惟一练练术，或诚敬无欺与人交交心（参见第一篇篇尾语——幸福的四种状态：静安、静思、动专、动乐）。

"人机交流"一旦胜过"人人交流"，个人就难以体验人人交流

---

①　人心都有信息渴求症，现代社会的很多人更热衷于使用手机等现代媒体。现代媒体那里有丰富的信息，似乎能够更快速地塞满心灵。虽然有人意识到快速塞满意味着快速陷入下一场空虚和矛盾，这很可能是一个更无所适从的矛盾，很可能是一种更为散乱的空虚状态。但人类有限的理性、有限的自律，似乎不能有效阻止对这种快速塞满的热衷。相关实验证实，重复巩固经典、至上、至简之道，是清净心灵的不二良方，是使内心澄澈、简约、有效的不二良方。

的真、善、美，就难以体验真人互动对个体成长的神奇助力。①

 案例 7.6.3　"有偏"的人际，明星比亲人更重要？②

2013 年 11 月 8 日早上 6 时许，北京市丰台区南苑地区的一个院子里，41 岁的李某和他 13 岁的女儿小红（化名）发生了激烈争吵，争吵过程中李某情绪失控，亲手将自己 13 岁的女儿杀死。

据李某供述，事情还要从 2012 年 9 月份说起。当时女儿升入重点初中，但住校仅一年就以学校太吵为由而要求走读。随后他发现，女儿在家每天都抱着电脑上网，放学后就把自己锁在房间直到深夜，学习成绩也因此越来越差。后来才知道女儿迷上了一个由 12 名男子组成的韩国明星组合。

2013 年 5 月的一个周末，他采取强制措施控制女儿的上网时间，拔掉了网线。结果女儿骂道："你算什么父亲……"李某听后狠狠打了女儿一巴掌，女儿随后冲进厨房，拿菜刀准备割腕。他当时吓坏了，赶紧叫岳父母过来把女儿劝住。此后，女儿脾气越来越暴躁，甚至多次以死相逼，父亲也由一开始的隐忍转为和她针锋相对。虽然几次冲突都被在场的岳母及时制止，但是父女矛盾却愈演愈烈，不可调和。

追星之后，女儿花钱越来越厉害，经常购买与该明星组合有关的衣帽、包、海报和专辑等，对家人的体谅越来越少。2013 年 10 月，女儿想要去看该组合的演唱会，可是一张门票需要 1200 元。作为粉丝后援会的管理者，女儿竟主动帮助一名网友买票，还打算买礼物支持偶像。女儿找李某要钱，他回绝说："我们是低保户，没

---

① 由于"手机依赖症"而产生的无效聚会屡见不鲜，严重影响了人们的沟通效率与情感交流，甚至成为亲情淡化的助力和人类心灵的桎梏。手机上很多现象层面的杂乱信息，只能给人带来自欺欺人的"安慰"，并不能填充内心的空虚不安，也不能带给人秩序感与安顿感。荀子有言："君子性非异也，善假于物也。"人应该驾驭外物，而非为外物所控制，世界上有很多东西远比手机更值得我们在乎。

② 引自央视网《男子砍死追星女儿　受审时向岳父下跪》，http://news.cntv.cn/2014/04/29/ARTI1398734335973497.shtml.

有那么多钱。"但女儿却不解地反问道："既然我们家没钱，你为什么不出去挣钱给我花？"最后，女儿的姥姥给了她 2700 元，让她如愿以偿。

事发当日，女儿因为找不到铅笔刀就发脾气不愿上学，还将文具用品摔了一地，手机也砸坏了。李某指责女儿"每天都在上网，晚上不睡，早上不起，就知道花钱"，女儿顶撞道："不就是钱吗？我以后还你！"他继续教育女儿："你不要只知道追星，明星再好也没有父母好，这样影响学习，你知道吗？"精神极度依附于明星的女儿却说道："我爱明星比爱父母重要，明星就是比你们好。"女儿的这句话让他火冒三丈，他想起一年多来和女儿的诸多不愉快，忽然想了结这一切。他冲进厨房拿起菜刀对准了女儿，女儿因失血性休克死亡。随后，他用菜刀割腕，因抢救及时生命无碍，最终因犯故意杀人罪，李某被判处有期徒刑 12 年。

"怒言之中，必有泄露"，①怒行之后，必有恶果。李某冲动之下的犯罪，源于女儿过度追星导致父女关系崩坏。而女儿之所以过度追星，是因为她将自己的精神寄托完全置于明星身上，甚至说出了"爱明星比爱父母重要"的话。她在现实中缺乏对自我的理性认知，没能找到实现自我价值的正确途径。女儿在丧失自我的迷途上越走越远，甚至罔顾亲情，最终造成了最亲密的人际关系的破裂，并因此付出了生命。若女儿能少一点精神依附，多一些自我认知，多一些自我价值的确立，理性地看待和处理人际关系，或许悲剧就不会发生。

内心的光明只能依靠自我价值感这盏心灯，想借助外部之光照亮内心，只能越照越虚，越照越暗。一个人只有正视自身价值，从自身价值中寻找意义感，从自身行为中确立意义感，意义感才会愈加真实，愈加牢固。

---

① 明·冯梦龙《东周列国志》第四十六回。

七、沟通：人际和谐的调和剂

有媒体曾评出 2019 年世界级富豪给出的最有价值的 5 条人生建议，巴菲特给出两条，其中一条与沟通有关。2019 年 4 月，巴菲特对雅虎财经频道主编安迪·瑟沃说道："你能做的最佳投资就是投资自己。投资自己最好的办法是先学着提升'书面和当面'沟通能力，因为这会让你的价值至少增加 50%。"

有"管理教育大师"之称的余世维在一次演讲中曾经说道："沟通其实不是一种本能，它是一种能力，不是生下来就具备的，而是训练出来的。"

 案例 7.7.1　莫让情绪影响沟通[①]

有一次，魏征在上朝的时候，与唐太宗争得面红耳赤。唐太宗本想发火，但又担心损坏自己纳谏如流的好名声，只好勉强忍住。退朝后，他气冲冲地回到内宫，对长孙皇后说："总有一天，我要杀死这个乡巴佬！"长孙皇后急忙问道："不知陛下想杀哪一个？"唐太宗说："还不是那个魏征！他总是当着大臣的面侮辱我，叫我实在忍受不了！"长孙皇后听后，一声不吭，回到自己的内室，换上一套朝见的礼服，向唐太宗下拜。唐太宗惊奇地问道："这是干什么？"长孙皇后说："我听说有英明的天子，才有正直的大臣，现在魏征这样正直，正说明陛下英明，我怎么能不向陛下祝贺呢！"这一番话使唐太宗转怒为喜。

自那以后，每一次魏征讲完话，唐太宗都会出去散步。久而

[①] 根据余世维《有效沟通》视频课程整理。

之，大臣们纷纷询问他："皇上，为什么魏征每次讲完话，你都出去散步呢？"唐太宗说："我怕杀错了他啊！"

　　贞观十七年（643 年）元月十七日，魏征病逝。太宗悲恸之极，亲自到魏征灵前祭奠痛哭，并罢朝五日为魏征举哀，又命文武百官前往送葬，赠魏征为司空，谥曰文贞，陪葬昭陵。又谓侍臣："人以铜为镜，可以正衣冠，以古为镜，可以见兴替，以人为镜，可以明得失。朕常保此三镜，以防己过，今魏征俎逝，遂亡一镜矣！"①

　　一个人与他人沟通的时候，最容易受到情绪上的干扰，因为人都有脾气。尤其是当一个人压力太大的时候，往往会心情不好。而当我们不能控制好自己的情绪时，就会对沟通造成阻碍，对他人造成伤害，对我们的人际关系造成负面影响。正如唐太宗一样，倘若在魏征进谏时，他没有控制好自己的情绪，误将其杀害，或许就不会有一代明君的美誉，也很难有开启大唐盛世的贞观之治了。因此，在沟通过程中，当我们发现自己情绪失控时，不妨先试着深呼吸，调整好自己的情绪，让自己冷静下来再进行沟通，从而减少不必要的冲突，避免对人际关系造成损伤。

 案例 7.7.2　做一个好的倾听者②

　　古希腊哲学家苏格拉底曾经说过："上天赐人以两耳两目，但只有一口，欲使其多闻多见而少言。"寥寥数语，形象地道出了"听"的重要性。

　　一个人如果有机会倾诉，会有怎样的感受呢？卡尔·罗杰斯（Carl Rogers）这样写道："如果有人倾听你，不对你评头论足，不替你担惊受怕，也不想改变你，这多美好啊……每当我得到人们的倾听和理解，我就可以用新的眼光看世界，并继续前进……这真神

---

① ［宋］司马光.资治通鉴[M].长沙：岳麓书社，2009.

② ［美］马歇尔·卢森堡. 非暴力沟通[M]. 北京：华夏出版社，2009.

奇啊！一旦有人倾听，看起来无法解决的问题就有了解决办法，千头万绪的思路也会变得清晰起来。"

安德森女士是一所实验小学的校长。有一天，她在午饭后回到办公室时，发现有位叫米丽的女生满脸沮丧地坐在那里等她。米丽一见到她就问道："老师，你会不会有时连续几天都做了别人不喜欢的事，而你并不是有意的？"

"是的，"安德森回答说，"我想我明白你的意思。"这时，她需要赶去参加一个十分重要的会议，她并不希望满屋子的人等她一个人。于是，她就直接问："米丽，我能为你做什么吗？"米丽轻轻抱住了她，望着她的眼睛，恳求她："老师，我不要你做任何事情，我只想你听我说。"

安德森后来回忆说，这是她人生最重要的时刻之一。她很感激她的学生给她的启发。她当时想："如果时间来不及，就请满屋子的成年人等等吧！"她和米丽一起坐在了一张长椅上，她的手抱着米丽的肩膀，米丽依偎着她，搂着她的腰。她们就这样坐着，直到米丽说完她的心事，而时间并不算长。

世界最著名的影剧记者伊撒克·马士逊曾明确指出，世上许多人之所以不能给他人留下良好的印象，是因为他们不能耐心地做个好听众，"他们只关心自己接下来要说的话，所以根本不肯耐心地去听人家把话说完"。而大多数人更喜欢那些细心倾听者，而不是高谈阔论者。因此，在人际交往中，在沟通过程中，专注地聆听不仅是对谈话人的尊重，更是一种不假言辞的赞美，是一种心有灵犀的理解与接纳，是一种灵魂与灵魂的交流，它所带给人的满足与喜悦，是无可比拟的。

谨以《非暴力沟通》中鲁思·贝本梅尔的诗结束此节："语言是窗户，或者是墙。"

八、知己难，知人不易

获得和谐人际除了"忠恕""诚敬"路径外，另一条路径就是客观认识自己、认识他人，接受自己、接受他人，善待自己、善待他人。一个人越是以诚敬之心而非对抗之心内省自己，越是充分地接纳当下的自我，他就越有可能成就更好的自我。修己以敬，成就了更好的自我，他的人际也自然会步入更好的轨道。

（一）难于认识自己

 案例 7.8.1　我是谁——认识你自己

古希腊德尔菲神庙里，珍藏着一块石碑，上面铭刻着古希腊哲学家苏格拉底的至理名言："认识你自己。"苏格拉底彻悟到，在人类所有知识中，最重要、最有用的是认知自我、接受自我、善待自我。

美国已故富豪洛克菲勒在写给儿子的 38 封书信中也提到："个人与自己的关系是所有关系的开始。"自我与内心的和谐是外在人际和谐的前提，只有中和地接受（善待）自己的人，才更有可能中和地接受（善待）他人。

"我是谁？"，这是哲学的一个终极问题，在内心深处谁都无法回避这一问题的自我追问。

客观"认识自我"并非易事。其一，自我认知关乎自我对以往经历的记忆，包括对成长环境的记忆、身心感受的记忆、思想的记忆、行为及社会反馈的记忆。[①]这些记忆只是"部分片刻"的记忆，

---

① 有研究证实，人的真实、全部经历甚至是超越生理年龄的，经历不应该从出生之日算起，而应该从坐胎之日算起，因为有些记忆是源自父母、祖先的。关于"认识你自己"的更多内容，详见"幸福经济学"视频号。

而非全部。相关实验证实，人的多数记忆片刻时长仅有 3 秒，这意味着人一个月的真实经历大约有 80 万个片刻，一生大约有 8 亿个片刻，但它们大多转瞬即逝，在记忆里不留痕迹。

其二，自我认知不仅取决于我们真实经历了哪些片刻，还取决于我们记住了哪些片刻、强化了哪些片刻、情绪化了哪些片刻、理念化了哪些片刻、在脑中临时链接了哪些片刻、组合了哪些片刻。自我认识仅仅是"部分片刻"的组合和强化，真实经历则如同一部一刻不漏的长电影，部分"片刻"组合成的短片较之整部长电影总是相去甚远。因此，有的人自我高估，有的人自我低估；人有些时候自我高估，有些时候自我低估。可见，所谓完全客观的认识自我是一种不可触及的理想抽象，只能渐近，不可实达。

对"我是谁？"的追问，还往往关乎"我相"在自己头脑中的呈现与确认。传统智慧强调"毋意，毋必，毋固，毋我"；强调"后其身而身先，外其身而身存"，强调"人法地，地法天"；强调"无相为宗"，首先强调"无我相"。传统智慧已经意识到："我"，在自己心中的画面呈现、形象呈现、价值呈现及自我确认时的情绪呈现，是随时随地流变不定的，具有"非全面性""非准确性""非固定性"，"我相"仅仅是"部分片刻"的组合与强化而已。头脑中少一些"我相"的占据与搅扰，天地气象、先贤之"相"在内心就会多一些呈现、多一些引领。

完全客观地认识自我很难，但我们仍然可以通过内省，时时"倾听自己内心的真实呼唤"，不断向客观自我趋近。只有当我们对自己的禀赋、潜能、优势、劣根都有了足够充分的观察、足够勇敢的面对、足够包容的接受、足够中和的对待时，我们才会逐渐接近对自我的正确认知，才能逐渐肯定地回答好"我是谁"的问题。

"自我认知"越是客观真实，你就越发不必依靠外部评价来确认自己，你也就越发变得宠辱不惊。过分依赖外部评价，费力、费时、费心而无用。因为人对自身"部分片刻"的记忆组合都不可靠，他人记得关于"你"的态度片刻、言行片刻、情绪片刻综合而成的"片刻组合"，一定更具有"非全面性""非准确性""非固定性"，有时甚至具有一定的"虚幻性"。

"知人者智，自知者明。"越是充分地接纳当下的自我，未来的你就越有可能遇见更好的自我，成就更好的自我。内在的你多一些"真实与一致"，外在的你也就自然会多一些质朴与和谐。你对了，世界就对了。

 案例 7.8.2　霍金——轮椅上的"宇宙之王"[①]

他在轮椅上坐了 50 余年，全身只有三根手指会动，演讲和答问只能通过语音合成器来实现，然而他却成为世界公认的科学巨人。他发现了黑洞的蒸发性，推论出黑洞的大爆炸，建立了非常完美的科学的宇宙模型……他还曾被选为最年轻的英国皇家学会会员，成为只有像牛顿这样的大科学家才能跻身的卢卡逊数学讲座的教授。他撰写的科普著作《时间简史》在全世界拥有无数的读者。他就是人称"宇宙之王"的史蒂芬·霍金。

1963 年，21 岁的霍金不幸患上了肌萎缩性侧索硬化症，不久就完全瘫痪，被长期禁锢在轮椅上。1985 年，霍金因肺炎接受了气管穿刺手术，又被彻底剥夺了说话的能力。疾病已使他的身体彻底变形：头只能朝右边倾斜，肩膀也是左低右高，双手紧紧并在当中，握着手掌大小的拟声器键盘，两只脚则朝内扭曲着。他不能写字，看书必须依赖一种翻书的机器。读文献时，必须让人将每一页平摊在一张大办公桌上，然后驱动轮椅如蚕吃桑叶般地逐页阅读。

有一次，在学术报告结束之际，一位年轻的女记者抢先跃上讲坛，面对这位当时已在轮椅上生活了 30 多年的科学巨匠，她在深深景仰之余，又不无悲悯地问："霍金先生，病魔已将您永远固定在轮椅上，您不认为命运让您失去太多了吗？"这个问题显然有些唐突和尖锐，报告厅内顿时鸦雀无声，一片静默。霍金的脸上却依然充满恬静的微笑，他用还能活动的手指，艰难地叩击键盘，随着合成

————————————
① 根据苏教版语文六年级上册课本中《轮椅上的霍金》一文整理。

器的标准伦敦音，宽大的投影屏上缓慢而醒目地显示出如下一段文字："我的手指还能活动，我的大脑还能思考；我有终身追求的理想，有我爱和爱我的亲人和朋友；对了，我还有一颗感恩的心……"心灵震颤之余，掌声雷动。人们纷纷涌向台前，簇拥着这位非凡的科学家，向他表达由衷的敬意。

自我认知平衡太重要了。在旁人看来那么不幸的一个人，竟然会把生命活得如此顽强！反观当下，又有多少非残疾的正常人把日子过得一塌糊涂！他们不能充分利用自己所拥有的，总是关注、抱怨自己没有的，任凭错误关注阻塞了自我认知的正确通道，阻塞了积极神经递质的分泌通道，阻塞了积极情绪的体验通道，阻碍了更大担当的潜能激发，阻碍了对"天命"的充分履行。

 案例 7.8.3 "过于自我"，眼睛就看不见别人的美

在《炼金术士》一书的引言中，作者引用了这样一个故事：

一个英俊少年，天天到湖边去欣赏自己的美貌。他对自己的容貌如痴如醉，竟至有一天掉进湖里，溺水身亡。他落水的地方，长出一株鲜花，人们称之为水仙。

水仙少年死后，山林女神来到湖边，看见一湖淡水变成了一潭咸咸的泪水。

"你为何流泪?"山林女神问道。

"我为水仙少年流泪。"湖泊回答。

"你为水仙少年流泪，我们一点也不惊讶。"山林女神说道，"我们总是跟在他后面，在林中奔跑，但是，只有你有机会如此真切地看到他英俊的面庞。"

"水仙少年长得漂亮吗?"湖泊问道。

"还有谁比你更清楚这一点呢?"山林女神惊讶地回答，"他每天都在你身边啊。"

湖泊沉默了一会儿，最后开口说："我是为水仙少年流泪，可我从来没注意他的容貌。我为他流泪，是因为每次他面对我的时候，我都能从他眼睛深处看到我自己的美丽映像。"

很多时候，人都容易"过于自我"。正如看一张合影照时，很多人首先找的是自己。"过于自我"，一个人就不能正确地认识其他。

 案例 7.8.4　刘邦：正视自己，知人善任

刘邦年少时，就展现出善于处理人际关系的专长，他与当地衙门里的官员打得火热，后来还通过门路谋了个"亭长"的官职。

大汉建国，刘邦设庆功宴，在酒桌上总结了自己从"亭长"到皇帝的成功经验。他说："夫运筹帷幄之中，决胜千里之外，吾不如子房。镇国家，抚百姓，给馈饷而不绝粮道，吾不如萧何。连百万之军，战必胜，攻必取，吾不如韩信。此三者皆人杰也，吾能用之，此吾所以取天下也。"

刘邦更是"伯乐"，具有超凡的识人能力。刘邦奄奄一息之时，吕后问："萧何之后，谁可为相？"刘邦说曹参。吕后又问曹参之后是谁，刘邦说："王陵可以接任，但智谋不足，可由陈平辅佐。陈平有谋，却不能断大事。"对于军事统帅，他也做了安排："周勃重厚少文，然安刘氏者必勃也，可令为太尉。"

汉代的历史证明了刘邦识人善用的敏锐眼光。

自我认知平衡的个体，其情绪更易现中和。中和情绪多源自认知和谐、认知平衡。认知平衡有大有小、有高有低：有自私自利、坐井观天的狭隘平衡，有利人利天、豪情万丈的大平衡；有蒙昧时代的封闭平衡，有放眼世界的开放平衡……小平衡可得小安，但容易被打破；大平衡可得大安，但难以实现。大视野下，各种信息驳杂，各种观念相互冲突，想在大视野下达成平衡绝非易事。对于多数人来说，不是在小平衡和大平衡中做出选择，而是在小平衡和大杂乱中做出选择。能在大视野下删繁就简，将相互矛盾的信息、价值达成一致，内心清晰判然，行动惟精惟一，在任何年代都不是一件容易的事儿（参见案例 3.10.3①）。

---

① 案例 3.10.3 中的内在"一致性"与此处的内心平衡、认知平衡强调的内容相同。

案例 7.8.5　机遇，往往就蕴藏在自我认知中

每个人都能在各种各样的人生可能性当中找到真正且真实的自己。那个呼唤他走向真实自己的声音，就是我们所谓的天命。

——西班牙哲学家何赛·奥尔特加·伊·加塞特

现代管理学大师彼得·德鲁克在《管理自己》一文中写道："要做好事情，你首先要对自己有深刻的认识，不仅清楚自己的优点和缺点，并且还要明白自己的价值观是什么，自己又能在哪些方面做出最大贡献，因为只有当所有工作都从自己的长处着眼，你才能真正做到卓尔不群。""历史上那些伟大的成功者——拿破仑、达·芬奇、莫扎特，总是善于自我管理，这在很大程度上是他们取得成功的原因。他们通过有效的自我认知看到了自己有别于常人的天资，并愿意为之矢志奋斗，终成大器。"

机遇，就蕴藏在正确的自我认知中；成功，多时源于有效的自我管理。

当我们的认知有了烦乱之时，当我们的情绪有了忧怨之时，我们不妨借用所谓的"经典三问"将自己的认识理清一些：第一，我到底想要什么？第二，我有什么？第三，我必须得放弃什么？

个体多一些对当下自我的接受与感恩，少一些自我设限，少一些自我纠结，少一些"过于自我"对心灵空间的占据，少一些精神能量的无谓消耗，不背负"包袱"前进，未来的自我会得到更充分的发展。少一些"过于自我"对心灵空间的占据，个体才能对外部事实保持最大的开放，才有可能更客观地认识他人、认识世界。

（二）难于认识他人

孙子云："知己知彼，百战不殆。"知己实属不易，知人尤为困难。

 案例 7.8.6　颜回攫其甑——知人不易

孔子穷乎陈蔡之间，藜羹不斟，七日不尝粒。昼寝，颜回索米，得而爨之，几熟。孔子望见颜回攫其甑中而食之。选间，食熟，谒孔子而进食，孔子佯装为不见之。孔子起曰："今者梦见先君，食洁而后馈。"颜回对曰："不可，向者煤炱入甑中，弃食不祥，回攫而饭之。"孔子叹曰："所信者目也，而目犹不可信；所恃者心也，而心犹不足恃。弟子记之，知人固不易矣。"

——《吕氏春秋·审分览·任数》

上文是讲孔子周游列国时，曾因兵荒马乱，旅途困顿，三餐以野菜果腹，已七日没吃过一粒米。一天，颜回好不容易要到了一些白米煮饭，饭快煮熟时，孔子看到颜回掀起锅盖，抓些白饭往嘴里塞，孔子当时装作没看见，也不去责问。饭煮好后，颜回请孔子进食，孔子假装若有所思地说："我刚才梦到祖先来找我，我想把干净的还没有人吃过的米饭先拿来祭祀祖先！"颜回顿时慌张地说："不可以，这锅饭我已经吃了一口，不可以用来祭祀祖先了。"孔子问："为什么？"颜回涨红着脸，嗫嚅着说："刚才在煮饭时，不小心掉了些灰在锅里，染灰的米饭丢了太可惜，只好抓起来先吃了。"孔子听后，愧疚地说："人相信自己的眼睛，但亲眼所见未必是实；人依仗自己的心，但心也时有偏差。你们要记住，要想了解一个人，实属不易啊！"

圣贤如孔子，仍然会因为对一件事的片面观察生出错误的判断和消极的情绪体验。事实上，我们大多数时候也是基于对外部世界的一小部分认知，基于联想或过往的经验去判断整个事实。这种思维方式或许有时可以帮助我们更快地去判断外部世界，有时却会将我们的思维和情绪引入歧途。

所谓知人难，相知相惜更难。认知如观苹果，我们多时观察到的是外部表面或内部的几个剖面，不可能是全部。认知如观太阳，天天相伴，除了知道它发光、发热，看着是圆的，实际上我们对它知之甚少。我们主观地了解观察，多时只是真相的千分之一，难以实现全方位的观照！正如罗马帝王哲学家马可·奥勒留所说："我们听到的一切只能产生一种观点，而并非事实；我们看见的一切只能构成一个视角，而并非真相。"

"每个人都是一个整体，本身就是世界，每个人都是一个完满的有生气的人，而不是某种孤立的性格特征的寓言式的抽象品。"①根据几个行为和情绪表现就给一个人下了结论，这个结论多时并不可靠。人心的丰富性、人心的善恶并存……注定每个个体都有着多重的行为表现、情绪表现，注定每个个体都有着巨大的善行潜能……

 案例 7.8.7　诚敬一切众生刹，即降伏自心时

"知人者智，自知者明。"检验知人、自知的核心标准又归于诚敬。诚敬一切众生刹，即降伏自心时。

最好的朋友，通常被认为是那些能够给自己带来生命成长或精神成长的人，是那些志同道合的人。随着年龄的增长，人们可能会悟得：不仅朋友能够促进自己成长，有时竞争对手、志不同道不合的人，甚至所谓的"敌人"，也能促进自己成长。从有助于成长方面来看，人不仅应该敬畏朋友，也的确应该敬畏"敌人"；不仅应该珍惜朋友，也的确应该珍惜"敌人"；不仅应该感恩朋友，也的确应该感恩"敌人"。

诚敬众生，包括诚敬那些看似地位卑微的人。外卖小哥的一个英勇托举，挽救的不只是一个小生命，而是一个家庭或几个家庭的幸福。②被托举小哥挽救的这些家庭，在物质收入、社会地位方面可能远远优于托举小哥。我们一定要以平等之心敬畏每一个生命。仅以收入水平、社会地位评价他人，就会经常发生错判，甚至发生严重错判。一个身居高位、收入可观的人，有可能并没有为他人和社会贡献很多正面的东西；而一个身份平凡、收入平常的人，有时却

① ［德］黑格尔·美学[M]. 朱光潜，译. 北京：外语教学与研究出版社，2018.

② 据《兰州晨报》报道，2017 年 2 月 17 日，一位外卖小哥在新港城小区送餐时，发现一个男孩爬出二楼窗户后被困在窗沿下，随时都有坠落的危险。他紧急上前托举，在男孩家人配合下，男孩转危为安。事后，面对网友和新闻媒体的称赞，这位外卖小哥说："这点儿小事，谁见了都会去做的，没想到这点儿小事却闹出这么大动静。"此类事迹并非个例，查询"外卖小哥救人"的关键词，会发现类似的事件还有很多……

能够为他人的幸福带来许多无价之享。正如爱因斯坦在访谈录《我的世界观》中谈道："我尊重那些努力工作的人，无论他们的职业是什么，他们的工作都是为社会做出贡献。"

2021 年 4 月 30 日，新疆和田的一位 7 岁小男孩右臂被拖拉机的皮带绞断，需要紧急前往乌鲁木齐进行接臂手术，手术需要在 8 小时以内完成。一场跨越 1400 公里，历时 7 个小时的生命接力在新疆大地开启。期间，许许多多的平凡英雄为之做出努力、伸出援手，驻村工作队、交警、航空公司、机场、南航机组、乘客、多家医院……断臂男孩的救治是一场惊心动魄的生命接力，是一个挑战极限的生命奇迹，是一本手足相亲的生动教材，更是人性之善、善心善行潜能的集中表现……对于生命的敬畏，让众多平凡工作者全力以赴。

人一定要对每个生命附以足够的尊重和敬畏，敬畏每个生命的无价性，敬畏每个生命的心性潜能和善行潜能，助其示善，阻其显恶，是大德。

人人生而平等，这种平等强调的重点从来不是对有价之物的占有，而是对生命中诸多无价的觉知、守护、创造与担当。

诚敬一切众生刹，即降伏自心时。诚敬他人，平等相处，敬畏每个生命的心性潜能和善行潜能，人就更容易从他人那里汲取到促进自我成长的精神能量，也更容易从人际和谐中感悟到每个生命的尊贵！

九、掂量好无价的社会价值①

中国人常说，"心安为乡"的温暖千金不换，父母大爱千金不换，

---

① 倪志良. 掂量好"无价"的社会价值[N]. 人民日报，2016-06-03. 有删改。

孩子诚敬千金不换，家庭成员间的相互包容、相互支持千金不换。这诸多千金不换的亲情，铸就了血浓于水的家风文化，也将感恩、责任、和谐融入华夏子孙的血脉中。与亲情一样，健康、和谐人际、名望也无法得到准确的"定价"。恰恰是这些无价的"非卖品"，决定着生活的质量与意义。忽视"无价"，易致生命资源错配，这样的例子比比皆是。

世界银行曾明确指出，竞争性市场是人类迄今为止发现的有效进行生产和产品分配的最佳方式。市场经济承认"个人效用最大化""收入最大化"之合理性。家贫万事难，国贫易遭欺，发展才是硬道理。但经济领域的金科玉律在文化、社会领域并非真理。个人效用最大化原则不能在生活中简单泛化，个人主义和功利主义更不能堂而皇之地到处流布。亲情、包容、利他等若都被清晰标价，无价被有价庸俗淹没，生活之大美定会远离，生命之神圣定会坍塌。

人生一世，草生一秋。有的人"捧着一颗心来，不带半根草去"，奉献是其人生写照；有的人"金瓯已缺总须补，为国牺牲敢惜身"，牺牲成就人生大义。从"清风明月本无价，近水远山皆有情"，到"相知无远近，万里尚为邻"，再到"生命诚可贵，爱情价更高。若为自由故，两者皆可抛"，美景、友谊、自由皆是无价之宝。这些价值拼合在一起，构成的正是滋养我们、引领我们的精神家园。

无价之价，从社会角度而言更应重视。"当这个世界连最后一滴干净的水、一口干净的空气都没有了，钱还有什么意义呢？"一部热映电影如此拷问观众。良好生态环境一旦失去，再多的物质进步也弥补不了此种代价。"老吾老以及人之老，幼吾幼以及人之幼"的博爱之德一旦丢失，我们将失去共度现代社会风险挑战的精神依靠。纯净的社会风气、崇高的道德水准、优良的生态环境……正是这些"无价"，让社会进步体现出应有的价值。

思想影响行为，过度强化有价之物在自我意识中的重要性，便会造成"心为物役"的后果。这种心理反映在个人身上就是"向钱看齐"，反映在社会发展上就是"唯 GDP 论"。媒体倡导"亲情养老"，倡导"诚实守信和企业发展是相辅相成的"，倡导"从源头贯彻绿色发展理念"……国人的这些真知灼见，反映出个人和社会的幸福观、发展观在优化转变。只有全社会都实现这种思想上的转变，我们才可以说"幸福来敲门"了。

"名与身孰亲？身与货孰多？"老子在对名望、财富与生命的掂量中，悟出了"知足不辱，知止不殆，可以长久"的道理。英国首席幸福经济学家理查德也曾感慨，对"个人效用最大化"的误读在西方国家导致了诸多严重的社会问题：离婚率居高不下，居民家庭责任感缺失……缺少了"仁""义"等核心价值约束而片面追求自我效用最大化，最后谁都无效用可言。唯掂量好"无价"，生命方能至真，国家方能至善。

借鉴经济学的惯用思维：生命资源的最优配置应该关注四重因素——利、名、人际、健康（见图7-5）。[①]只要政府引导好，个体能够充分关注每颗生命的心性潜能和善行潜能，掂量好有价之物与无价之享的分量，国民的幸福指数可以更高。

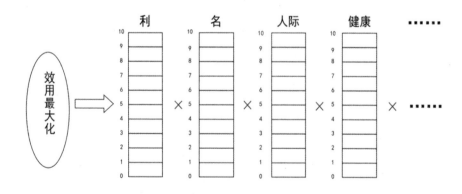

图7-5　生命资源最优配置

---

① 读者可以思考如下问题：在获"利"、得"名"、人际、健康等方面，本人在可比较人群中的相对位置，前10%得9～10分，次前10%得8～9分……位置越靠前，则该项对应的得分越高；将自己各方面得分相乘得到的乘积可被视为自己的"效用水平"或"幸福水平"，读者可以进一步思考何以能够"效用最大化"——在上述各方面均衡配置自己的生命资源，使得乘积尽可能地提高。

本章小结

你是否喜欢某一种生活，多取决于是否喜欢与你一起过这种生活的人。你是否喜欢某一项工作，也多取决于是否喜欢与你一起做该项工作的人。谈论幸福，避不开生活与工作；寻找幸福，绕不开人际。

人际很重要，如何实现人际和谐更为重要。比较各种建议后，还是"忠恕"之道简约、实用。"忠"，诚也，真也；"恕"，包容，理解。一个人只要诚于自己，恕于他人，和谐的人际会随之而来，内心的平和与从容会随之而来。

恕，从字面上讲，如心也。何为"如"心，"外不假曰真，内不乱曰如"。"恕"，也就是内心"不乱"——内心达成了一致、接受、欢迎或放下。对于"恕"，后来的儒家圣贤将其上升为"敬畏""感恩"。有了敬畏、感恩，自然也就少了抱怨，多了宽恕。

百善孝为先。在所有的人际关系中，"孝"是一种最实实在在的人际，是一种最根本的德性检验。"孝"之不实，人际皆虚！

巴菲特说过："你能做的最佳投资就是投资自己。投资自己最好的办法是先学着提升'书面和当面'沟通能力，因为这会让你的价值至少增加50%。"

获得和谐人际除了"忠恕""诚敬"路径外，另一条路径就是客观认识自己、认识他人，接受自己、接受他人，善待自己、善待他人。

篇尾语
外求不要背离对内心的真实

人生在世，不过百年。三万余天的光阴历程是我们必然面对的"预算约束"。在有限的生命长度中，如何将时间和精力合理配置到收入、名望、健康、人际等诸方面，使个体积极情绪占比达到较高水平，生成对自我和外界的真认知、真判断，在行动中收获意义感与价值感，安享生命之宽阔，是值得我们一生探索的课题。

物质需求是生命的基础性需求，人不可能活在纯粹的精神世界里。但若物不能为人所用，人必然为物所累，过于追逐物质会对健康、亲情、友情等造成伤害。

追求价值感、意义感、被认可感是人类的普遍欲望，但人也不可为名所惑。虚名易逝，真名不朽。如果我们肯用真心去追求精神的富足，发自本心去做有意义的事情，我们便能宠辱不惊，体会到真正的幸福。

健康是我们自由、全面发展的基石。充足的睡眠与适量的运动在动静之间调适着身体，释怨、忘忧则实现着心灵的"新陈代谢"。身体无疾患、精神无纷扰，正是幸福的内在要求。

你是否喜欢某一种生活，大多取决于是否喜欢与你一起生活的人。你是否喜欢某一份工作，也大多取决于是否喜欢与你一起工作的人。寻找幸福，绕不开人际。知"诚敬""忠恕"之道，行造福社会之实，幸福便能照进更多人的心田。

幸福的真谛，在人不在物，在"心"不在外。近百年来，借助于数理手段，经济学理论将人与物的关系探讨得可谓淋漓尽致，但这绝非人类生活的全部。在货币的度量衡面前，世界可以被简化，但也可能被扭曲。珍惜"无价之价"，我们对"如何幸福"的回答才能完整。

最后，我们不妨以英国作家杰罗姆在作品《三怪客泛舟记》中写下的几段文字结束本篇内容[①]：

试看，在我们人生的航程中，有多少人在他们的航船上装满了许多一无用处的东西，使航船常常有倾覆的危险。这些东西，他们认为都是航行的舒适和愉快所必需的，实际上都是些毫无用处的烂木头。

你看，他们那个可怜的小船上堆积如山的都是些什么货色？那些鲜衣华服，那些高楼大厦，那些仆从如云——实际上可能一无用处……那些华筵盛馔——实际上没有人真正享受；那些繁文缛节，那些虚情假意，还有——唉，那个最无聊、最沉重的包袱——日日夜夜担心你邻人对你的看法，那种无谓的忧惧，那种奢靡的生活，使你感到腻烦；那种恣意的享乐，使你感到厌倦；那种虚假的场面，就像古代犯人头上的铁帽子，一戴上就会使你头脑充血、神志昏迷。

……这些都是烂木头……把它们掷到海里去吧！

这样，你就会觉得你的船很容易驾驶，不至于有倾覆的危险；即使倾覆了，也没有多大关系，因为船上那些朴实耐久的东西都是经得起水浸的。你可以有充分的时间去思考和工作，你可以尽情享受人生温煦的阳光……

外求是必要的，但不要背离了对"内心"的真实……

---

① ［英］JK 杰罗姆. 三怪客泛舟记[M].劳陇，译. 北京：人民文学出版社，2016.

《幸福之道——幸福经济学实践版》

2018 年荣获全国性书展"十佳"阅读推广奖

2021 年入选"第 30 届全国图书博览会"主题推广活动

2022 年荣获省部级教学成果特等奖

天津市教学成果奖
（2022）

证书

证书编号：TJ-Y-1-2022007

成 果 名 称：《幸福经济学》课程
　　　　　　　与教材建设

成 果 完 成 人：倪志良 李冬妍 赵春玲
　　　　　　　成 前 郭 玲 刘俸奇

成果完成单位：南开大学

获 奖 等 级：特 等 奖

幸福之道

——幸福经济学实践版〔公共篇〕

倪志良　赵春玲　著

南开大学出版社
NANKAI UNIVERSITY PRESS

天津

图书在版编目(CIP)数据

幸福之道：幸福经济学实践版. 3，公共篇 / 倪志良，赵春玲著.—天津：南开大学出版社，2025.1.
ISBN 978-7-310-06664-3

Ⅰ. B82

中国国家版本馆 CIP 数据核字第 2025G7A337 号

版权所有　侵权必究

幸福之道：幸福经济学实践版
XINGFU ZHIDAO：XINGFU JINGJIXUE SHIJIANBAN

南开大学出版社出版发行

出版人：刘文华

地址：天津市南开区卫津路 94 号　　邮政编码：300071
营销部电话：(022)23508339　营销部传真：(022)23508542
https://nkup.nankai.edu.cn

天津创先河普业印刷有限公司印刷　全国各地新华书店经销
2025 年 1 月第 1 版　　2025 年 1 月第 1 次印刷
230×170 毫米　16 开本　45 印张　9 插页　600 千字

全三册定价：168.90 元

如遇图书印装质量问题，请与本社营销部联系调换，电话：(022)23508339

总目录

内求篇　幸福——"知、行、感"合一

案例目录

公共篇

民生幸福与公共治理

篇首语

　　幸福，事关个人一切内在努力的至善目标；民生幸福，事关各级政府公共治理的至善选择。

　　幸福，固然需要个体的努力"修己"，道术同修，理技共达，均衡配置自身的生命资源，实现"知、行、感"合一。而国民幸福，有时会超出个人的可控层面，这集中体现在个人所在国家的公共环境与公共治理能力，包括教育、文化、国际政治经济地位、和平状况、社会治安、社保、环保等。

　　财政是国家治理的基础和重要支柱，而公共支出作为实现国家治理目标的重要物质基础，在提升国民福祉方面所承担的责任愈发重大。究其原因，与充满竞争性与排他性的私人消费相比，公共支出为全体社会成员提供具有共享性的公共产品，降低了攀比效应带来的幸福损失。更为重要的是，在用于居民个人消费的社会产品极大丰富之后，人们对于教育、文化、健康、环保等基本公共服务的需求越来越大，要求越来越高，这些方面日益成为影响个体幸福感受的重要因素，而提供这些公共产品正是公共财政的责任所在。

　　在本书的公共篇，重点研究了教育与幸福、文化与幸福两大主题。

　　在"教育与幸福"一章中明确倡导：好教育，理当铸就更多的幸福人生。①

　　本书认为：教育的至善目标是培育至真思考、至善担当的"真"

---

① 详见"幸福经济学"视频号——"好教育，理当铸就更多的幸福人生"。

人，其关键在于打通学生的"信息-知识-理念-判断-行动"这一多环节链条。在该链条中，若后三个环节不被打通，学生所学之内容必然会堆积在前两个环节。缺乏自主思考的机械堆积越多，心灵的负担就会越重——机械堆积容易禁锢学生的精神灵性与生命活力，弱化学生的至真思考与至善担当。台湾大学原校长傅斯年深察信息泛滥、灌输式教育之大弊，留下了"一天只有二十一小时，剩下三小时是用来沉思的"这句名言（详见案例1.8.4 傅斯年的"三小时"和泰勒的"一小时"）。教育，应当为学生留足沉思和整理信息的时间，为学生留足与自己灵魂对话的时间，为学生留足"刻深"自主认知回路的时间，切实帮助学生构建自主有效的认知回路和行动框架，使其成长为心地光明、有"真"思、有"善"行、有"美"感的完整的"人"。①

"取法于上，仅得为中；取法于中，故为其下"，教育应当强调"立乎上"。现代心理学证实：人的大脑是有选择性地关注外部信息的，唯有"立乎上"的精神目标的统领，人才能更多地关注到与这一目标相关的内部禀赋与外部资源，人的精神能量才能不被过多散乱的外部信息所消耗。精神能量一旦缺少了至上目标的统领，社会成功理念一旦陷入功利化和世俗化的泥潭，很多学生就会被动地卷入一场又一场的竞争，很多学生的专业选择、就业选择就会过于屈从外部力量的裹挟而不能遵从本心与天赋，学生生命资源的严重错配就会大面积发生，生命资源配置的低效率就会普遍发生。背离了至上目标的过度竞争等于选错了方向的快跑，跑得越快，错得越"远"。教育，应当引导学生把个人的奋斗目标融入民族复兴的伟大目标之中，把个人对幸福的追求融入国家富强、人民幸福的伟大进程之中。教育应当激励更多的学生"明三千年一遇之大势，立三千年一遇之大志"（详见案例 8.8.1 杨昌济给学生讲的第一堂课："修身"与"立志"），鼓励更多的学生敢于说出"为中华之崛起而读书"

---

① 详见"幸福经济学"视频号——"人，有时会活得很忙、很累、很无效？"。

这样的豪言壮语。"当你有了至上目标的统领，全世界的力量都会协调起来帮助你。"

改革开放以来，我国的教育成就举世瞩目，但一些具有共性的问题也必须引起政府、学校、教师、家长乃至整个社会的高度关注：

第一，联合国教科文组织明确倡导"一切教育活动都是为了学生的成长和发展，为了孩子一生的幸福"。理想的教育是：培养真正的人，让从自己手里培养出来的每一个人都能幸福地度过一生。这就是教育应该追求的恒久性、终极性价值，也是教育的初心。我们的教育是否坚守了这一初心？我们的教育是否为学生的幸福人生奠定了坚实的基础？①

第二，教育中是否存在着过于功利化指标的诱导，使得一些学生过分追求就业谋职之"术"，而丢失了"安心立命"之道？学生的外求一旦背离了对内心的真实，若干年后，回首往事，诸多繁华皆是虚。

第三，我们的教育是否遵循了教育家陶行知先生的告诫："千教万教，教人求真；千学万学，学做真人"？教育中是否仍然存在浮躁、虚假、肤浅与不"真"？

"真"知、"善"行、"美"感，是教育的永恒主题，大脑对外部世界"真、善、美"的感知力、鉴赏力与创造力是可培育的。学校教育，应该助力学生获得更多的"真"知，担当更多的"善"行，体验更多的自然之"美"、社会之"美"、生命之"美"。

世界没有通往"真"之路，"真"本身就是路。学生多经验一次当下之"真"思，感知与为"真"的能力就提升一次。

世界没有通往"善"之路，"善"本身就是路。学生多经验一次当下之"善"行，感知与为"善"的能力就提升一次。

世界没有通往"美"之路，"美"本身就是路。学生多经验一次当下之"美"，感知与为"美"的能力就提升一次。

---

① 详见作者 b 站文章——《案例 3.1.1 教育之根本：优化人的生命体验》。

　　"文化与幸福"一章中明确指出：幸福与"意义感"直接相关，当一个人的日常时间能够被有"意义感"的事情填满时，他的情绪体验就不会出现太多问题。在农业社会，人们的工作选项、消费选项、娱乐选项相对单一，生产效率普遍不高，个体之间的效率差别不大，当男人、女人用尽全部精力养家糊口时，男耕女织无论从个人层面还是社会层面进行评判都是有意义的事情，意义感缺失的问题不甚普遍，情绪问题也不如当今世界那么普遍和严重。在赋予事物意义感方面，文化的力量是强大的。"没有人能脱离意义，我们是通过赋予现实的意义来感受现实的。"

　　文化赋予事物意义感，这一点很重要，它决定着个人头脑的内在"一致性"能否达成，决定着"一致性"在何种意义感下达成。不同的文化对于同一事物可以赋予不同的意义，正如我们赋予"红色"以吉祥的含义，其他文化却未必如此；某种文化赋予"白色"以圣洁的含义，另一种文化却未必如此。

　　观乎天文，以察时变；观乎人文，以化成天下。人文，即重视人的文化，核心是重视人、尊重人、关心人、爱护人。审美和崇善的培养需要通过人文教育来铸就，而不能指望通过单一的专业教育来完成。人文教育的一大功用就是使人建立更广泛、更深刻、更美妙的关联感。

　　万事万物，若"自其不变者而观之，则物与我皆无尽也"。任何时间、地点、人物、思想、情绪、行为缘合成的"时空、人物、事件"之具体组合体，都是一种真实、永久、不朽的存在，世间万物皆具有无尽、不朽的一面。有了这种认知自觉，个人就不会在诸多"无常"面前表现出太多的担忧与无助；有了这种认知自觉，个人更容易专注于当下，提高生命资源配置效率；有了这种认知自觉，个人就容易体验到更多的人人合一感和天人合一感，个人的精神世界会更为丰盈、饱满，生命体验会得以优化。

　　从生命关联角度讲，一个人和很多人都有着生命联系。从肉体成长看，我们和很多人有着联系——上溯60代人（相当于到中国的汉代），与当下每个生命有关联的人数都是一个天文数字。从精神成长看，我们要感恩的人会更多——"见贤思齐焉，见不贤而内自省也"，贤者有榜样作用，不贤者有警示作用，他们都在以不同的方式融入个体的精神成长。一个人若能经常性地觉知和感恩这种广泛关联性、融合性，他就会逐渐由"小我"扩展到精神链中的"大我"，他的内心就能够少一些单薄感、孤独感等不良情绪体验，多一些融合感、恒久感等积极生命体验，多一些回报他人、回报社会的自觉。

敬畏古圣先贤、敬畏他人，个人可得道德价值之滋养，可增加生命的"人人合一"感；敬畏天地、敬畏"天覆万物而不恃，地载万物而不居，水利万物而不争"之天地精神，个人可得自然法则、天地大爱之滋养，增加生命的"天人合一"感。

天地之大爱，需要人心的觉知，需要人心的敬畏，需要人心的回报。个体生命资源之最优配置，需要"个人价值、社会价值（道德价值）、天地价值（超道德价值）"的融合实现。[1]

---

① 详见作者 b 站文章——《案例 9.7.6 天人合一：对天地精神的觉知、敬畏与回报》。

第八章
教育与幸福

一切教育活动都是为了学生的成长和发展，为了孩子一生的幸福。

——联合国教科文组织

理想的教育是：培养真正的人，让每一个从自己手里培养出来的人都能幸福地度过一生。这就是教育应该追求的恒久性、终极性价值。

——瓦·阿·苏霍姆林斯基

学校的目标始终应当是，青年人在离开学校时，是作为一个和谐的人，而不是作为一个专家。

——阿尔伯特·爱因斯坦

千教万教，教人求真；千学万学，学做真人。

——陶行知

一切知识最终需要表现为有效判断和有效行动。在信息-知识-理念-判断-行动这一链条中，若后三个环节的训练不足，致使所学之内容大部分滞留在前两个环节上，受教育者就难以生成有效判断和有效行动。

——笔者

"一切教育活动都是为了学生的成长和发展，为了孩子一生的幸福。"好的教育可以铸就心力与灵魂，拓展心灵的广度与深度，提升人的认知力（尤其是判断力）；好的教育可以铸就内心和谐，使人日益中正平和，提升人的情绪管理力；好的教育可以铸就民族脊梁和时代先锋，使人更富有个人担当、家庭担当与民族担当，提升人的行动担当力。"三力"（认知力、情绪管理力、行动担当力）足，受教育者的幸福人生基本铸就。

有评论称，我国改革开放取得的最伟大的成就在于对两个"瓶颈"的打破：第一，对交通电信等基础设施瓶颈的打破，为经济发展奠定了坚实的物质基础；第二，对教育瓶颈的打破，国民整体受教育水平得到大幅度提高，为经济社会发展奠定了坚实的人力基础。改革开放之初，我国 10 亿人口中有 8 亿农民，成年劳动人口中有大量人口处于文盲或半文盲状态。改革开放 40 多年来，国家财政性教育投入大幅增长，家庭对教育的重视持续增加，家长、教师、学生在教育方面的投入有目共睹，国民平均受教育年限大幅度提高。有人曾找到两幅图片进行对比，一幅是改革开放之初进城务工人员扛着大包小包赶火车的图片，一幅是近年来一家大型电子加工企业员工中午下班后在食堂有序就餐的图片，从衣着打扮到精神风貌，的确发生了整体性和根本性的变化。仅仅就"80 后""90 后"进城务工人员的整体精神风貌的提升来讲，我们就应该对教育成就给予足够的敬畏。

但教育成就远远不止这一方面，静心看一看：伴随着我国经济地位、政治地位和国民整体教育水平的提高，我国企业家在参与国际竞争时的信心在增加，我国运动员在参加国际比赛时的信心在增加，我国青年学生在参加国际大型赛事时的信心也在增加……整个国家对民族复兴的信心在增加。衣食住行的改善得益于经济发展，精神风貌的改善得益于教育的普及、民众内在修养的提升。

一、经济发展与教育投入

我国教育事业的发展得益于教育投入的持续增长，教育投入的增长得益于我国经济的快速发展。

 案例 8.1.1　经济发展的横纵对比[①]

中华人民共和国成立后，我国从一个贫穷落后的国家，一步步走向富强，特别是在改革开放后，我国经济的持续高速增长被誉为"中国奇迹"。从表 8-1 可以看出，1952 年我国国内生产总值（GDP）为 679 亿元，财政收入为 174 亿元；1980 年 GDP 为 4588 亿元，财政收入为 1160 亿元；到 2020 年 GDP 增长到 1 013 567 亿元，按名义值计算是 1952 年水平的 1481 倍，财政收入增长到 182 914 亿元，按名义值计算是 1952 年水平的 1051 倍。

表 8-1　1950—2022 年我国国内生产总值、财政收入与总人口数

年份	国内生产总值（亿元）	财政收入（亿元）	财政收入占国内生产总值的比重（％）	总人口（万人）
1950	—	62	—	55 196
1951	—	125	—	56 300
1952	679	174	26	57 482
1960	1470	572	39	66 207
1970	2280	663	29	82 992
1980	4588	1160	25	98 705
1990	18 873	2937	16	114 333

① 参考自中国经济与社会发展统计数据库、国家统计局网站、人民网。

续表

年份	国内生产总值 （亿元）	财政收入 （亿元）	财政收入占国内生产 总值的比重（％）	总人口 （万人）
2000	100 280	13 395	14	126 743
2010	412 119	83 102	20	134 091
2020	1 013 567	182 914	18	141 212
2022	1 210 207	203 649	17	141 175

注：数据来源于国家统计局。国家财政收入中不包括国内外债务收入，"—"表示数据缺失。

基于 GDP 总额进行横向比较，中国经济总量及其在世界各国中的排名也在稳步上升。从表 8-2 可以看出，1980 年我国经济总量为 1894 亿美元，世界排名第 13，美国的经济总量为 28 573 亿美元，是中国的 15 倍；2010 年我国经济总量为 59 305 亿美元，已经跃升为世界第二大经济体，美国的经济总量为 149 583 亿美元，是中国的 2.5 倍；2020 年我国经济总量为 147 227 亿美元，美国的经济总量为 209 366 亿美元，是我国的 1.4 倍。

表 8-2 1980—2020 年中国经济总量及世界排名

排名	国家	GDP （亿美元）	国家	GDP （亿美元）	国家	GDP （亿美元）
	1980 年		1990 年		2000 年	
1	美国	28 573	美国	59 796	美国	102 897
2	日本	10 870	日本	31 037	日本	47 312
3	苏联	9413	联邦德国	17 145	德国	18 864
4	联邦德国	9196	法国	12 442	英国	14 936
5	法国	6903	意大利	11 381	法国	13 263
6	英国	5419	英国	10 193	**中国**	**11 985**
8	加拿大	2734	西班牙	5205	加拿大	7395
11	墨西哥	1944	**中国**	**3569**	西班牙	5803
13	**中国**	**1894**	澳大利亚	3114	印度	4766

续表

排名	国家	GDP（亿美元）	国家	GDP（亿美元）	国家	GDP（亿美元）
		2005 年		2010 年		2020 年
1	美国	130 954	美国	149 583	美国	209 366
2	日本	45 719	**中国**	**59 305**	**中国**	**147 227**
3	德国	27 663	日本	54 954	日本	50 179
4	英国	23 214	德国	33 044	德国	38 060
5	**中国**	**22 569**	法国	25 650	英国	27 077
6	法国	21 366	英国	22 955	印度	26 229
7	意大利	17 863	巴西	21 431	法国	26 030
8	加拿大	11 642	意大利	20 554	意大利	18 864
9	西班牙	11 308	印度	17 085	加拿大	16 434
10	韩国	8981	加拿大	16 141	韩国	16 305

资料来源：世界银行数据库。

毋庸置疑，改革开放 40 多年来，中国取得的经济成就的确不错。试想在一个有近 200 人的班级，某学生经过努力，总成绩由第 13 名稳步上升到第 2 名，无论何人、从何角度都应该对此成绩给予充分肯定，都应对取得成绩的劳作者的智慧与勤奋给予足够的敬畏。

案例 8.1.2　国家财政性教育经费投入①

近年来，我国政府高度重视对教育的投入。如图 8-1 所示，2008 年我国财政性教育经费规模为 10 449 亿元，2020 年增长到 42 908 亿元，十多年间增长了约 3.1 倍。国家财政性教育经费占 GDP 的比重也在 2012 年突破 4%，此后一直保持在 4%以上。

---

① 国家统计局数据库：https://data.stats.gov.cn/；中华人民共和国教育部政府门户网站：http://www.moe.gov.cn/jyb_sjzl/sjzl_jfzxgg/.

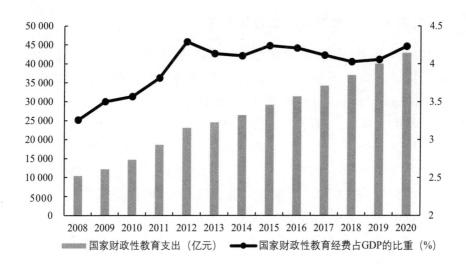

图 8-1　2008—2020 年国家财政性教育经费及其占 GDP 的比重

二、成就与问题

经济的腾飞、财政性教育经费投入的持续加大，为我国教育事业的发展奠定了坚实的物质基础。国民平均受教育年限的大幅度提高，为中华民族伟大复兴提供了人才保障。不识庐山真面目，只缘身在此山中；识得庐山真面目，亦缘身在此山中。对于中国教育，无论是近观还是远看，成就的确不少。但在教育质量、教育资源配置、人才供给结构等诸多方面，存在的问题也的确不少，后续发展与提高的空间依然很大。

案例 8.2.1　教育部原部长如是说

2018 年 1 月，时任教育部部长的陈宝生在全国教育工作会议上发表了讲话，对改革开放以来，尤其是党的十八大以来我国教育事业取得的成就与存在的问题进行了总结：

我国教育事业取得了历史性成就，发生了历史性变化，总体发展水平已进入世界中上行列。2016 年，学前教育毛入园率为 77.4%，九年义务教育巩固率为 93.4%[①]，高中阶段毛入学率为 87.5%，高等教育毛入学率为 42.7%。5 年来，培养输送 6500 万高素质人才，优化了劳动力结构，提升了国家人力资源开发水平。成功加入华盛顿协议[②]，工程教育质量得到发达国家承认。高校获国家科技三大奖占比稳定在三分之二以上，产出一批具有国际影响力的标志性成果。高校进入世界排名前列数量显著增加，近 100 个学科进入世界前千分之一。明确"一个不低于，两个只增不减"，国家财政性教育经费占 GDP 比例连续 5 年保持 4% 以上，2016 年突破 3 万亿大关。2016 年来华留学人员突破 44 万，生源地国家和地区总数达 205 个，我国已成为亚洲最大的留学目的国，80% 出国留学人员选择毕业后回国发展、为国服务。党的十八大以来的教育成就是全方位、开创性的，教育变革是深层次、根本性的。从"有学上"到"上好学"，从教育大国迈向教育强国，中国教育进入新时代……

要清醒地看到，我国教育整体大踏步前进，但局部差距依然存在。教育事业快速发展，总体进入世界中上行列，成绩有目共睹；但区域、城乡、校际、人群之间还有较大差距，同样不容忽视。我国教育发展既有接近世界发达国家水平的地方，也有基础相当薄弱的地区，图书、仪器、设备等基本办学条件参差不齐；既有在世界先进行列占有一席之地的强项，也有刻不容缓、亟待补齐的短板。

---

① 九年义务教育巩固率=毕业人数÷入学人数（含正常流动生）×100%。

② 国际本科工程学位互认协议，由美、英等国于 1989 年签署创立。中国于 2016 年正式加入该协议。

多层次教育水平同在，多重历史使命叠加，是我国教育在这一历史时期的最大实际。目前我们人才总供给能力显著增强，但结构性矛盾尚未解决。人才培养类型结构、学科专业结构和知识能力结构还不能完全满足经济社会转型升级的要求，存量升级、增量优化、余量消减的任务还很重，有效的方法还不多，工作的力度还不够，各项调控政策之间的衔接配套还有待加强……

 案例 8.2.2　英国为何向中国基础教育"取经"？①

　　2013 年年底，经济合作与发展组织（OECD）发布的《国际学生评估项目 2012》（国际学生学业能力测试，简称 PISA）成绩显示，上海学生代表中国学生在参加测试的 65 个国家（地区）中位居第一②。数学部分，上海学生平均分为 613 分，远高于英国学生的 494 分。随后，英国开始了向中国基础数学教育的"取经"之旅。

　　2014 年 2 月，英国教育和儿童事务部副部长莉兹·特鲁斯率领英国教育代表团赴上海"取经"，走访了上海中学、福山外国语小学等学校，观摩中国基础教育发展模式。

　　2015 年 8 月，英国广播公司（BBC）播出三集纪录片《我们的孩子足够坚强吗？》。在纪录片中，同年 4 月份，来自中国南京外国语学校和杭州外国语学校的几位老师来到英国汉普郡博航特中学，在一个月的时间里按照中国教育方法教授英国 50 名初三学生。而同年级的其他学生，由英国老师按照英国教育方法进行教学。一个月之后，中国老师教学班级的数学、科学和普通话三科考试成绩均优于英国老师的教学班级，这在英国社会引起了极大的震动。

　　2016 年 7 月 16 日，《人民日报》（海外版）第 9 版发表文章《英引入中国小学教学模式》："据英国媒体 12 日报道，英格兰约 8000

---

　　① 参见人民网相关文章：《该怎么看上海教辅进英国？》《当英国向中国数学教育"取经"时，他们想学的是什么？》。

　　② 2009 年和 2012 年以上海学生为主体参加国际学生学业能力测试，两次也都以绝对领先的成绩名列全球第一。

所小学将在数学课堂上采用'中国模式'。英国教育部决定，在未来
4 年投入 4100 万英镑，用于改善该国数学教学，并保障'中国模式'
的推广"。"英国《泰晤士报》报道称，该国教育部负责学校改革的
国务大臣吉布 7 月 12 日宣布，'上海式数学教育'将成为英格兰的
标准教育模式……"

　　但是，实际上"本土化"的中国教学经验难以在其他地区完全
复制。主要原因何在呢？北京师范大学教育学部的阚维副教授从英
国广播公司（BBC）纪录片的课堂情况出发进行了分析。他认为：
"其中一个重要的原因是中国的教师擅长在课堂上通过讲解、例证、
分析，使得一些难度和深度大于欧美同级学生面对的知识内容，较
好地被教师结构化、清晰化和简约化……这又在很大程度上得益于
中国教师在师范类院校中接受过比较好的学科知识体系的训练；进
入学校系统后，又有一套比较完备的教研、教师个体专业发展系统
及对每个学生较高的学业评价要求……同时，中国学生又面临着与
欧美国家多数学生完全不同的现实情况：社会竞争的巨大压力、家
庭对子代教育的高度重视，以及学校环境对尊重教师的强调。"

　　改革开放以来，中国在基础教育、义务教育、高等教育普及等
诸多方面取得的成绩举世瞩目，但教育中亟待解决的问题依然不少。
例如，我们的教育是否遵循了联合国教科文组织曾明确倡导的教育
"初心"——"一切教育活动都是为了学生的成长和发展，为了孩子
一生的幸福"？我们的教育是否谨记了科学巨擘爱因斯坦的教
诲——"学校的目标始终应当是，青年人在离开学校时，是作为一
个和谐的人，而不是作为一个专家"？我们的教育中是否存在着错
误的诱导因素，使得一些学生过分追求了就业谋职之"术"，而丢失
了"安心立命"之道？我们的教育是否遵循了教育家陶行知先生的
告诫"千教万教，教人求真；千学万学，学做真人"？教育中是否
仍然存在着浮躁、虚假与不"真"？我们的教育是否切实提升了学
生的认知力（心力）、情绪管理力、行动担当力？

案例 8.2.3 钱学森之问①

百年大计，教育为本。国家的长治久安、民族的复兴，离不开人才，诸多有识之士对中国的教育报以关切。2005 年 7 月 29 日，时任国务院总理温家宝前往解放军总医院探望"两弹一星"功勋奖章获得者、我国航天事业奠基人钱学森先生，时年 94 岁的钱学森在病榻上听过总理对未来我国科技工作指导方针的介绍后，补充说道："现在中国没有完全发展起来，一个重要原因是没有一所大学能够按照培养科学技术发明创造人才的模式去办学，没有自己独特的创新的东西，老是'冒'不出杰出人才。这是很大的问题。"2009 年 11 月 11 日，在钱学森逝世后的第 12 天，11 位来自安徽高校的教授联合《新安晚报》向教育部和全国教育界同仁发出一封题为"让我们直面'钱学森之问'"的公开信，信中首次将"为什么我们的学校总是很难培养出杰出人才"概括为"钱学森之问"。这个问题不容回避，如今钱老先生已故多年，但问题犹存。

作为世界著名科学家，钱学森本人是如何被培养出来的？挖掘其自身接受的家庭教育和学校教育，会发现其中所蕴含的、当下略显缺失的一种"教育之真、教育之善、教育之美"，这种蕴含、这种缺失，本身或许就是对"钱学森之问"的很好回答。

家庭教育——播下科学与艺术的种子

在钱学森儿时，对他影响最大的是父亲钱均夫。钱均夫是个业余标本制作家，但深谙现代教育之道。他曾告诉儿子，捕捉昆虫是理解生物学的开始，寻找化石和岩石碎片则可小窥地理学的门径，学习绘画则有助于理解美的概念。

夏日来临，年幼的钱学森会捕捉蝴蝶、收集标本。他还学习钢琴、小提琴和水彩画，房间里堆满了自然科学和数学书籍。

钱学森成年后曾回忆说，"父亲为我打开了一个艺术、音乐和文

---

① 郭爽."钱学森之问"的中国解读[N]. 国际先驱导报，2011-12-19.

学的新世界……这些艺术上的修养不仅加深了我对艺术作品中那些诗情画意和人生哲理的深刻理解，也学会了艺术上大跨度的宏观形象思维。我认为，这些东西对启迪一个人在科学上的创新是很重要的。"

如果说父亲带领钱学森找到了一把开启思维的钥匙，那么母亲对钱学森的言传身教则培养了他良好的学习习惯，并帮他树立了远大的抱负。

钱母章兰娟为杭州富商之女，她家教甚严，多才多艺。每天，她督促钱学森按时起床、锻炼身体、吟诗诵词。闲时，她为钱学森讲述岳飞精忠报国、杨家将血战沙场、孔融让梨、古人头悬梁锥刺股等经典故事。母亲的谆谆教诲在钱学森心灵上刻下烙印。他在美国留学期间把母亲肖像挂于床前，寄托思念，亦激励自己早日学有所成。

在北师大附中学习的 6 年，他遇到了诸多教育"真人"

钱学森在《我的中学》一文中，回忆了他在北京师范大学附属中学学习的时光。他深情地写道："我对师大附中很有感情。在我一生的道路上，有两个高潮，一个是在师大附中，一个是在美国读研究生的时候。六年的师大附中学习生活对我的教育很深，对我的一生，对我的知识和人生观起了很大的作用。"

钱学森先生回忆道："老附中师资水平很高，（老师们）对学生很亲切，常和学生接触，像教我们生物的于君石老师，常带学生到野外采集标本、制作标本，我记得给了我一条蛇，让我做标本。""我们班上，给我们同学印象最深的是教语文（那时叫国语）的董鲁安老师。董老师实际上把这门课变成了思想政治教育课，讲了许多大道理。我们这些学生也就从那个时候懂得了许多道理，我们要感谢董老师。""还有教几何的傅仲孙老师，他自己编几何讲义，用古汉语编。傅老师古文水平很高，是桐城派古文……"时隔多年，依旧给钱老先生留下极深印象的几位老师，可谓教育"真人"了。

钱学森入学时，校长林砺儒领导下的北师大附中弥漫着开拓创造之学风，在那个积贫积弱的年代，这里可谓一片世外桃源般的沃圃佳苑。"当时校长林砺儒，是有名的教育家，学校经费困难，甚至发不出工资，但是他能把教师们团结起来，使大家都能热心干好学校工作。"

钱学森曾这样告诉他的学生："附中给学生创造了一个非常宽松的环境，培养了我的科学兴趣。"他还曾亲笔手书一份珍贵名单，列出了对他一生影响深刻的17人，其中有7人是北师大附中的老师。

导师的影响：对学术民主的追求和独立思考能力的培养

1935年，24岁的钱学森赴美国麻省理工学院攻读硕士学位，在这所久负盛名的学校，钱学森遭受了众多美国同学和老师的排斥与歧视，但凭借非凡的毅力和优秀的成绩，他仅用一年多的时间就拿到了硕士学位。硕士毕业后，钱学森选择前往加州理工学院继续深入开展航空航天理论方向的研究，在那里，他遇到了他的导师——国际顶尖的空气动力学家冯·卡门教授。

初次见面时，冯·卡门教授提出了一系列航空领域的专业问题，钱学森一一做出了准确的回答。冯·卡门深感钱学森的专业素养之扎实，欣然接收其跟随自己攻读博士学位。在随后的研究生涯中，面对这位年轻有为的学生，冯·卡门没有摆出一点权威学者和"学术大牛"的架子，更没有因钱学森的国籍对他百般刁难，而是以"合作者"的谦逊姿态向钱学森传授知识与技能，二人形成了亦师亦友的关系。

冯·卡门教授非常注重学生批判精神和独立思考能力的培养，他经常带钱学森参加学院主办的学术研讨会。在一次研讨中，钱学森与一位年长的学者发生了激烈的争辩，事后冯·卡门告诉钱学森，与他争辩的对象是力学权威冯·米塞斯教授，这使得钱学森顿感愧疚尴尬，甚至想要登门向米塞斯致歉，但冯·卡门却阻止了钱学森，并对其据理力争的勇气和执着表示了肯定，打消了钱学森的顾虑。在另一次研讨中，钱学森又因为其一篇论文中的问题与冯·卡门发生了争执，二人各执己见，冯·卡门一怒之下将钱学森的论文扔在地上摔门而去，第二天冯·卡门专门来到钱学森的办公室对他说："我昨晚反复思考，发现你的观点是对的，是我错了"，随后向钱学森鞠躬道歉，令钱学森深感震惊和感动。在以身作则的冯·卡门教授潜移默化的熏陶下，年轻的钱学森也逐渐将追求学术民主和培养独立思考能力贯穿于一生的学习、研究和教学生涯中。

超越个人私利的"爱国"大志，铸就了大成

1949 年 10 月 1 日中华人民共和国成立，身在美国的钱学森开始筹划回国。当时，钱学森是美国加州理工学院喷气推进中心主任。为了回国，钱学森先后辞去在美国的一切职务，但美国军方并不想放钱学森回国。美国海军部副部长丹尼尔·金贝尔甚至说："一个钱学森抵得上 5 个海军陆战师。我宁可把这个家伙枪毙了，也不能放他回中国去！"他被美国司法部移民归化局非法拘留，开始长达 5 年的软禁生涯。

历经 6 年波折后，钱学森终于在中国政府的交涉下，一偿归国心愿。1955 年，与钱学森一家一同搭乘"克利夫兰总统号"回国的还有二三十名在美国接受过教育的中国学者。10 月 1 日，大家在船上庆祝中华人民共和国成立六周年，钱学森奏响长笛，蒋英、钱永刚和钱永真则演唱了中国民歌。"我急切地向外张望，在美国居住了 20 年后，我终于回家了。"钱学森说道。

钱学森在祖国急需之时毅然回国，并在祖国成就了他的巅峰事业。他是著名的空气动力学家、中国载人航天奠基人、"中国航天之父"、"中国导弹之父"、"中国自动化控制之父"、"火箭之王"……在钱学森 108 周年诞辰之际，《科技日报》发表评论："老一辈科学家受到尊重，是因为他们矢志不移、爱国奉献的品格。回顾钱学森的一生：少年立志实业强国，大学转换专业航空救国，归国后又服从国家需要转向航天工程，晚年还忧心于领军人才匮乏，提出著名的'钱学森之问'。可以说，钱学森的成就与国家命运紧密相连，钱学森的脉搏和民族前途一起跳动。在国际风云变幻、摩擦对抗加剧

的当下，钱学森等老科学家的民族志气，鼓舞着中国年轻一代自立自强、自主创新。当年回答陈赓大将'中国能不能搞导弹'时，钱学森说的'外国人能搞，难道中国人不能搞？'成为网民追捧最多的一句名言。"

钱学森先生之大成，离不开北师大附中和加州理工学院的学校教育，离不开学校校长、教师的谆谆教导和用心培养，离不开父母创造的家庭环境的熏陶，更离不开矢志报国的远大志向对其生命精神能量的引领。当人胸怀大志时，就会注意到更多的内部和外部资源，个人潜能更容易得到发挥，生命更容易绽放精彩。

 案例 8.2.4 你深度阅读过一部经典吗？——批评者如是说

在 14 亿人口的大国，教育问题的确还有很多，其中特别值得关注的一个问题是：被动地泛读，泛滥地浅读，经典阅读的严重缺失，使一些学生丢失了生命中最为宝贵的灵性，丢失了生命的活力与热情，丢失了心力、情绪管理力和行动担当力。北京大学心理健康教育与咨询中心徐凯文教授于 2016 年 11 月 5 日在第九届新东方家庭教育高峰论坛上的主题演讲"时代空心病与焦虑经济学"中指出，他所调研的一所"985"高校一年级的本科生和研究生中，有 30.4%的学生厌恶学习，或者认为学习没有意义，还有 40.4% 的学生认为人生没有意义，活着只是按照别人的逻辑活下去而已，个别极端者甚至否定生命。

"985"高校尚且存在这种"空心病"现象，那中国的教育或许在一定程度上也普遍存在这一问题。观察现实容易发现，现在一些学生的确患有"空心病"——志向不清、目标不明、意义感缺失，表现为焦躁、抑郁、情绪低落、兴趣减退（参见案例 4.6.6）。批评者对祖国的未来"爱之深，责之切"，他们关注着"宅男"现象，关注着"游戏瘾君子"现象，关注着"巨婴"（认知力和担当力匮乏者）现象①……失败案例的核心症结在于，一些受教育者的认知能力偏低、情绪管理力偏低、行动担当力偏低。失败案例的成因很多，批评者关注较多的是人文教育的严重缺失、经典阅读的严重缺失、心性教育的严重缺失。

《百家讲坛》主讲嘉宾鲍鹏山教授曾在一篇批评文章中指出：我们今天的教育教出了一些"认知力和担当力匮乏者"，其一个重要原因就在于，语文课不再系统地读经典，不重视持续阅读、深度阅读、终身阅读习惯的养成。从前的孩子刚入学堂时背的是"四书五经"，现在低年级小朋友背诵的却是"小白兔跳三跳，小公鸡呜呜叫""西瓜大，芝麻小"……中学、大学阶段，系统阅读经典的学生也不是很多。"取乎上，得乎中"，多读经典，学生在学习知识的同时，会习得很多人生道理。南怀瑾先生曾说："我们以前读的书一辈子都管用，现在教材上教的一些东西，小学读的到初中就不管用了。"

"取乎上，得乎中"，如果语文教材仅仅是为了读书识字，立足点的确不够高，不够"上"。经典书籍讨论的大多是关乎人生的根本性问题，引导学生系统、深入地阅读这样的书，不断优化个体的"认知回路"，他的格局就会逐渐大起来。

更重要的是，学校的教育功能之一就是培养学生读书的兴趣和理解能力，这是终身读书的前提。如果学生在语文课上丧失了阅读乐趣，没有体会到经典之美，没有读到触及心灵的文字，到社会上也就不爱读书了。在很多公众场合，读书的人的确少了一些，玩手机、刷微博或打游戏的的确显得多了一些。他们或喧嚣地忙碌，或孤独地奔波，唯独缺少了一种内心满足的安宁。阅读习惯的培养当然离不开环境的熏陶，究其根本是学生在上学阶段没有体验到阅读的好处，没有经历过阅读经典的深度享受，没有养成阅读的习惯。

曾有媒体报道，美国资深战略家布热津斯基曾提出过"奶嘴乐"

---

① "空心病""宅男""游戏瘾君子""巨婴"，这些词汇可能有些过于情绪化，但为了保持引文的风格，我们还是借用了这些"爱之深，责之切"的表达。

战略。"奶嘴乐"战略有两种应用：第一，解决资本主义国家本身的"20:80"的社会问题。让占社会总财富20%但占总人口80%的基层大众通过低俗娱乐的"奶嘴"耗尽闲暇时间，即可利用低俗表演、明星八卦、肥皂剧、口水战、真人秀、色情、暴力、游戏等消遣娱乐及充满感官刺激的产品堆满他们的生活，占用他们的时间，使其在不知不觉中丧失了思考的能力，丧失了与自己的灵魂真心对话的能力。①这样，占社会总财富80%但占总人口20%的精英阶层就可以高枕无忧了。80%的人越是从"浅阅读、俗占据"中自得其乐，20%的人越是高枕无忧。第二，可以用于抑制竞争对手的崛起。如果通过各种或明或暗的战略，让竞争对手国家的民众，尤其是让青年民众沉醉于低俗娱乐的"奶嘴"，他们对深刻思考、经典阅读、传统精髓、精神追求就会失去兴趣，他们几乎不能静下心来深度阅读一部经典。缺少了经典的滋养，缺少了传统精髓的滋润，缺少了精神追求的引领，满脑子都是或虚或实的低俗愉悦。脑内低俗愉悦回路越刻越深，至上精神引领的"一致性"越来越少，认知力和担当力匮乏的"空心病"者必然会增多，被动忙碌者必然会增多。

当然，这种分析可能有些言过其实，也可能有些耸人听闻，但青年人将太多的闲暇时间浪费在明星八卦、低俗表演上，这终归不是一件好事！②一个城市的麻将馆越来越多，阅览室越来越少，这终归不是一件好事！红白喜事、亲友聚会时，人们除了喝酒、搓麻将、喊歌，再也找不到其他共同感兴趣的话题，这终归不是一件好事！各种公共场所"低头族"越来越多，安静读书的人越来越少，这也

---

① 尼尔·波兹曼在《娱乐至死》中提出，文字培养理性思维，视频图像诉诸感性思维。头脑被短视频占据过多，系统阅读文字太少，人的理性思维能力会弱化。短视频这种感性愉悦容易使青少年形成愉悦依赖，一旦对这些东西严重上瘾，他的理性思维就有可能遭受致命性破坏。正如一个成年人一旦对毒品严重上瘾，他的生活可能会遭受致命性破坏一样。企业出于商业利益设计某些产品时，请适当关心一下潜在"瘾君子"的生命与未来。多一个"瘾君子"，可能就意味着多了一部家庭悲剧；娱乐至死的"瘾君子"太多，可能会影响到民族复兴的进度。

② 在《美丽新世界》中，赫胥黎担心的是人们被淹没在信息和无聊琐事的汪洋大海中，他们不愿读书，甘愿享受充斥着感官刺激和欲望的庸俗文化。

终归不是一件好事！"低俗浅读"出"巨婴"，"娱乐至死"毁人生，居安思危宜常提！

相关调查研究显示，我国大学生群体在阅读广度和深度上普遍存在较为显著的"窄阅读""浅阅读"现象。例如，2019 年针对苏南地区大学生经典阅读情况的一项调查显示，只有 3.14% 的学生表示非常了解经典书目；同年，针对重庆地区大学生的调查发现，每学期阅读 5 本以上经典著作的大学生不到 20%；2017 年的一项调查显示，选择经典著作作为主导型阅读内容的学生只占受调查者的 31.8%……此外，将阅读范围局限在本专业以内，也是大学生在阅读广度上存在的问题。"过去一年里，除了教科书，你还读过什么科技方面的书？"这是每年考研面试，陈勉教授［中国石油大学（北京）］都会问学生的一个问题。然而，这样一个简单的问题却难倒了 95% 以上在专业知识笔试考察中表现优异的学生，其余作答的学生给出的答案也都是实用类书籍（如《计算机语言》或其他考证的参考书），涉及科技哲学的书籍几乎没有。

上海财经大学常务副校长徐飞也意识到了这一问题，经过长期的观察，他发现有太多学生"或漠视读书、几乎不读专业以外的其他书，甚至连本专业的书也未好好读；或满足于消遣式、浏览式、快餐式等各种'浅阅读'"。徐飞教授对此坦言道："大学本应是学生、学者、学问、学科组成的学术共同体，读书本不需要刻意推动，但理想很丰满，现实很骨感。"为了改变现状，在他的推动下，上海财经大学每年都会发布一版《通识经典阅读书目》书单，其中包含《传习录》《国史大纲》等中国名著，也包括《西方哲学史》《科学革命的结构》等西方文学、历史、哲学、科学领域的经典。徐飞教授在接受《中国科学报》采访时高度肯定了阅读经典对学生人格心性的塑造作用，他认为："阅读经典是性价比最高的阅读。但凡称得上'经'、称得上'典'的，都代表了所在时代的最高智慧。经典是经受住岁月洗礼而历久弥新的人类知识精华，值得用心去'深阅读'。"①

　　"取乎上，得乎中。"当前，提升我国学生深度阅读经典的意识和能力刻不容缓，强化在校学生的系统人文教育刻不容缓，让教育回归"本真和初心"——"培养真正的人，让每一个由自己培养出来的人都能幸福地度过一生"——刻不容缓。

三、熟读经典：切实提升学生的心力、判断力

　　读书、学习、工作、生活均能增加头脑中的信息；通过系统化、专业化的学习能增加知识；知识经过自主思考、整理、内在逻辑支持、内在经验支持，生成理念；理念经过进一步的逻辑支持、经验支持、实践支持、相关理念吻合性支持，生成判断；判断日益简约、清晰、真切、笃实，最终才能付诸行动。这正是"知之笃实真切处，即是行"。

　　关于"行动"，关于"实践出真知"，关于"干中学"，第二章已经进行过系统论述。本节则重点探讨认知力（心力）的核心表现——判断力，分析深度阅读经典对构建自我认知框架、提升判断力的积极作用。

　　一切知识最终表现为判断，习得知识的标志性成效表现为生成有效判断。在信息-知识-理念-判断-行动这一链条中，判断力居于核心地位。历史上诸多大成者，有的读书多些，有的读书少些，但共同的特征是他们总是能从精读经典中建立自己的认知框架，总是能更多地做出有效判断，他们有着清晰、执着的判断力，有时甚至执着得有些偏激。但有判断力，终归比无判断力要好。没有自己的

---

① 张文静，陈彬. 大学生阅读太"浅"了吗[N]. 中国科学报，2022-04-19（004）.

认知框架，没有自主的判断力，听东东有理，听西西有道，个体一定会活得很忙、很累、很无效。

读书、学习若仅仅停留在散乱的信息堆积层面或机械的推导检验层面，几乎无用，有时甚至还会对认知和情绪产生明显的负面作用（参见案例 3.2.3），正所谓"学而不思则罔"。知识只有经过自主思考，才能生成判断，转为担当。康德、洛克等哲人都对知识、理念、判断有过自己的思考，孔子等先贤也对学与思有过自己的思考。那么如何将信息、知识转化成有效判断和现实担当呢？为政、为学、为商中的诸多大成者给出的经验是：深度阅读经典，建立自己的认知框架；重复巩固经典中的至简至上理念，生成自己的信念；信念日益笃实真切，最终生成判断与担当。

 案例 8.3.1　朱光潜《谈读书》

美学大师朱光潜认为读书在精不在多，一味贪多不仅无益，甚至可能有害。他在《谈读书》一书中写道："历史愈前进，人类的精神遗产愈丰富，书籍愈浩繁，而读书也就愈不易。书籍固然可贵，却也是一种累赘，可以变成研究学问的障碍。它至少有两大流弊。第一，书多易使读者不专精。我国古代学者因书籍难得，皓首穷经才能治一经，书虽读得少，读一部却就是一部，口诵心惟，咀嚼得烂熟，透入身心，变成一种精神的原动力，一生受用不尽。现在书籍易得，一个青年学者就可夸口曾过目万卷。'过目'的虽多，'留心'的却少，譬如饮食，不消化的东西积得愈多，愈易酿成肠胃病，许多浮浅虚骄的习气都由耳食肤受所养成。[①]其次，书多易使读者迷方向。任何一种学问的书籍现在都可装满一个图书馆，其中真正绝对不可不读的基本著作往往不过数千部甚至于数部。许多初学者贪多而不务得，在无足轻重的书籍上浪费时间与精力，就不免把基本

---

① 王阳明认为："凡饮食只是要养我身，食了要消化。若徒蓄积在肚里，变成痞了，如何长得肌肤？后世学者博闻多识，留滞胸中，皆伤食之病也。"

要籍耽搁了。比如，学哲学的尽管看过无数种的哲学史和哲学概论，却没有看过柏拉图的《对话集》；学经济学的尽管读过无数种的教科书，却没有看过亚当·斯密的《国富论》①。做学问如作战，须攻坚挫锐，占住要塞。目标太多了，掩埋了坚锐所在，只东打一拳，西踢一脚，就成了'消耗战'。读书并不在多，最重要的是选得精，读得彻底，与其读十部无关轻重的书，不如以读十部书的时间和精力去读一部真正值得读的书；与其十部书都只能泛览一遍，不如取一部书精读十遍。'旧书不厌百回读，熟读深思子自知'②，这两句诗值得每个读书人选为座右铭。读书原为自己受用，多读不能算是荣誉，少读也不能算是羞耻。少读如果彻底，必能养成深思熟虑的习惯，涵泳优游，以至于变化气质；多读而不求甚解，譬如驰骋十里洋场，虽珍奇满目，徒惹得意乱心迷，空手而归。世间许多人读书只为装点门面，如暴发户炫耀家私，以多为贵。这在治学方面是自欺欺人，在做人方面是趣味低劣。"

 案例 8.3.2 博览群书与熟读精思——一场关于读书的辩论

读书究竟应当求多还是求精？下面让我们看一场关于读书的辩论。

辩论主题：博览群书与熟读精思。

正方观点：博览群书——广泛阅读对人的发展更为有利。

反方观点：熟读精思——反复体悟对人的发展更为有利。

正方："读书破万卷，下笔如有神"，唯有博览群书方能造就非凡之才。宋代三苏（苏洵、苏轼、苏辙）擅写策论（即古代政论），文章纵横捭阖，机锋雄辩，正是因为他们常年潜心读书、精通六经及诸子百家著作。王安石"自百家诸子之书，至于《难经》《素问》《本草》诸小说，无所不读；农夫女工，无所不问"，所以他的文章

---

① 当时的译者多将其翻译为《原富》，即现在常说的《国富论》。
② 选自苏轼《送安惇秀才失解西归》。

才能传诸后世。梁启超 11 岁考中秀才，16 岁已饱读经、史、子、集，颇知训诂辞章之学，一举中的，成为举人。后又师从康有为，博览中外名著，成为维新志士和舆论界的"骄子"。其一生著述在1400 万字以上，学术研究涉猎广泛，涉及哲学、文学、史学、经学等诸多领域，"平昔眼中无书，手中无笔之日亦绝少"。英国著名哲人培根说得好："阅读使人充实，会谈使人敏捷，写作与笔记使人精确"，"史鉴使人明智，诗歌使人巧慧，数学使人严密，博物使人深沉，伦理之学使人庄重，逻辑与修辞使人善辩"。《文心雕龙》的作者刘勰曾说："积学以储宝，酌理以富才。"要提高写作能力，还须勤于从书刊阅读中采集，善于积累多种材料，凡材料厚实的文章，或启人深思，或拓人视野，都可看到作者勤学、积累的功力。

　　反方：正方辩友所说的名家大儒确实都博学多识。然而请问对方辩友，王安石诸子百家之书无所不读，文章传诸后世，您能说出王安石传诸后世的核心观点吗？梁启超学术研究涉猎广泛，一生著述有千万字之多，而您阅读过的又有多少呢？倘若博览群书、涉猎广泛，但最终融入自我认识框架的却寥寥无几，请问对方辩友，以这样的方式读书学习又有什么意义呢？孔子曾明确承认自己读书不是很多，但《论语》传世两千多年仍然惠泽众生。孔子亦曾问弟子说："汝以予为多学而识之者与？"子贡回答说：老师当然是学了很多并强记之。孔子说不是这样的，他只是一以贯之践行"忠恕"两字之道。两字原则，成就了圣贤的自我认知框架和有效行为。孔子在《论语·宪问》中有言："古之学者为己，今之学者为人。"若抱持炫耀与装饰的心态读书，往往只求多不求精，看似知识广博，实则对自己认知的提高并没有多少帮助。荀子在《劝学》中也指出："君子之学也，以美其身；小人之学也，以为禽犊。"倘若读书只是为了向他人展示自己的渊博，那么就失去了读书的本来意义，不仅无益，反而可能有害。

　　正方：古往今来的重要科学发现，往往离不开知识的广泛获取和累积。正如牛顿所说："我之所以看得更远，是因为我站在巨人的肩膀上。"牛顿自幼家贫却嗜好读书，他广泛吸收笛卡尔等哲学家和伽利略、开普勒等天文学家的先进思想，最终才能够发现万有引力定律，在数学和哲学领域也造诣颇深；达尔文读书不仅仅局限于其专业领域，对地质学、数学、物理学、美学等学科的各种书刊、资料都有极大的兴趣，这为进化论和自然选择理论的提出奠定了良好的基础。要研究一个科学问题，往往需要大量的知识积累，需要多种学科的融会贯通，倘若仅仅阅读几本著作，如何能取得优秀的科研成果呢？

　　反方：在自然科学领域，已被确切认知的相对于未被认知的说是九牛一毛也不为过，人们要学的东西还有很多，要想在某些方面取得实质性突破需要大量的基础知识积累。而在人文日用领域，大道理、至上原则并不是没完没了的，新说不一定强于老理儿。不入心的浅泛之读不一定优于对经典的重复精读。老子有言："不出户，知天下；不窥牖，见天道。其出弥远，其知弥少。"说的就是，在人文日用领域，读书学习在精不在多，重要的是形成自我认知框架和有效的判断力。康德认为，任何知识都是以判断的形式表现出来的。如果读书一味求多，却无法对自己的判断力提升有所帮助，不啻落入了孔子所说"所学为人"的窠臼。北宋文学家黄庭坚也曾提出："读书欲精不欲博，用心欲专不欲杂。"

　　无论是泛读还是精读，无论是博览群书还是熟读精思，读书的关键在于将所知所学与自身的认知相关联，形成自己的认知框架。在认知框架搭建的初期，熟读精思尤为重要。宋朝理学大家朱熹六经注遍，学识之渊博人尽皆知，晚年方才明悟"读书之法，在循序而渐进，熟读而精思"的道理。要本着"至上""至简"的原则，使自己正确链接的思维通道变得稳固而活跃，塑造自身稳固的认知框架。以精读过程中的所思所学为"骨架"，在广泛阅读和实践中不断赋予其"血肉"，唯有如此，方得读书之要义。

案例 8.3.3　康熙在《庭训格言》中谈读书

康熙大帝八岁登基，十四岁亲政，十六岁智擒鳌拜，二十岁起历时八年平三藩，在位六十一年，奠定"康乾盛世"。这样一位统治着庞大清朝的皇帝，其心力之强大、判断力之强大必远远高于常人。康熙认为，读书使人"由一日之近，可以尽千古之远"。在《庭训格言》中，康熙帝就多次论及"怎么读书、读什么书"的问题。

训曰："凡人养生之道，无过于圣人所留之经书。故朕惟训汝等熟习五经、四书，性理诚以其中。凡存心养性立命之道，无所不具故也。看此等书，不胜于习各种杂学乎？"

此训诫，康熙帝直指读"圣贤书"的重要，修身养性、安身立命之道皆在"圣贤书"中，远胜于"杂学"。

训曰："朱子云：'读书之法，当循序而有常，致一而不懈，从容乎句读文义之间，而体验乎操存践履之实，然后心静理明，渐见意味。不然，则虽广求博取，日诵五车，亦奚益于学哉！'此言乃读书之至要也。人之读书，本欲存诸心，体诸身，而求实得于己也。如不然，将书泛然读之何用？凡读书人，皆宜奉此以为训也。"

博览群书还是熟读精思，康熙帝的答案一目了然。他直指读书之"至要"，在于存养于心、体验于身，使自己求得"实"本领，泛然读书实为无用。

训曰："读书以明理为要。理既明则中心有主，而是非邪正自判矣。遇有疑难事，但据理直行，得失俱无可愧。《书》云：'学于古训乃有获。'凡圣贤经书，一言一事俱有至理，读书时便宜留心体会，此可以为我法，此可以为我戒。久久贯通，则事至物来，随感即应，而不待思索矣。"

此训诫，高度凝练了一条逻辑主线：读书为明理，明理为立心，立心为我法。长此以往，心力铸就，判断力成，随之笃行，遇任何事便有了清晰判然之理解、无须踟蹰之响应。

案例 8.3.4 毛泽东读《资治通鉴》

毛泽东一生酷爱读书，从追求革命真理的青年时代到革命战争年代，再到社会主义建设时期从未间断。即使是重病缠身、生命弥留之际，他仍然没有停止阅读。毛泽东读书，涉猎的领域极其广泛，文、史、哲等无所不至。他所读典籍的规模难以统计，而《资治通鉴》是他最钟爱的典籍之一。

毛泽东晚年曾对人讲，他将《资治通鉴》这部 300 多万字的史书读过"一十七遍"。据毛泽东的护士孟锦云回忆，毛泽东的床头总是放着一部《资治通鉴》，这是一部被他读破了的书，有不少页都用透明胶贴住，这部书上不知留下了多少次阅读的印迹。有一天，毛泽东吃过午饭，微笑地看着小孟，然后指着他桌子上放着的那部《资治通鉴》，问道："孟夫子，你知道这部书我读了多少遍？"不等小孟回答，毛泽东便又接着说："一十七遍。每读一遍都获益匪浅。一部难得的好书噢！恐怕现在是最后一遍了，不是不想读，而是没那个时间啰。"紧接着，毛泽东又说："这部书要是从头到尾，认真读上一遍，得好几年的时间呐。不过，我还是劝你读一读，不能全读，读读某些部分也好。这与不读可大不一样噢。"①

中央苏区时期，因为与教条主义留苏派的极大分歧，毛泽东受到了排挤。后来一系列历史事件证明，毛泽东对时局的判断是更为准确的。有研究者认为，这种超常的判断力与他的读书方式密不可分。毛泽东深谙读书之道，虽然一生读书无数，但真正能让他反复阅读的典籍却不多，《资治通鉴》就在其中。现在，一部线装本《资治通鉴》仍静静地放在中南海毛泽东故居里。可以说，《资治通鉴》伴随毛泽东走过了他波澜壮阔的一生。

毛泽东认为读书要"三复四温"，就是对于喜欢的书，要反反复

① 郭金荣.走进毛泽东的最后岁月[M].北京：中共党史出版社，2019.

复、一遍又一遍地研读，尤其是经典和重要的书更要反复读。除却《资治通鉴》，毛泽东自言读《共产党宣言》不下100遍；《红楼梦》读了5遍以上，后来又15次索要过《红楼梦》；李达所著的《社会学大纲》整整看了10遍……同一本书，反复读，因每次阅读背景不同、心境不同，读者的理解和发现也会有所不同，常读常新，这样书的价值也就得到最大限度的发掘。

案例 8.3.5　马云反复诵读《道德经》

阿里巴巴创始人马云于2017年在清华大学EMBA课堂上发表了题为"企业家精神与未来"的演讲。在谈到读书时，马云说："有些书我翻了一天就扔掉，但有些书如老子的《道德经》、儒家的《论语》，我可能看十年，我有空没空都要看，短短几十个字，我可能看三四个月，还翻来覆去地看，因为这中间是要慢慢体会的。"在一档名为《对话》的节目中，马云也曾谈及自己这么多年来重复看、不断看的书有《论语》[①]《道德经》和传统文化经典中的其他代表作，这些书使他受益最深，因为这些才是真正的人类智慧。

马云读《道德经》，读的是不加任何注解的原文，这是因为马云不希望通过别人对《道德经》的理解而影响自己的感悟，他想要自己去体悟先哲的智慧，他相信能从这短短五千字中找到商业的智慧、力量的源泉。而马云对《道德经》的深刻理解和体悟，不仅没有止步于心中的思考，更会去付诸实践。

"青年创造家社群"创始人徐远重曾回忆在马云家中与马云畅聊《道德经》的情景，他们聊的一个非常核心的话题是：在创办阿

---

① 程子曰："今人不会读书。如读论语，未读时是此等人，读了后又只是此等人，便是不曾读。"朱熹在《论语集注》序说中也曾引用程子的话："读论语，有读了后全然无事者，有读了后得一两句喜者，有读了后知好之者，有读了后直有不知手之舞之足之蹈者。"同读论语，浅读者"无用"，用心者认为"半部论语治天下"。日本近代工业之父涩泽荣一在晚年演讲时常常谆告年轻创业者："要做一手拿《论语》，一手拿算盘的企业家。"

里巴巴的过程中，那些艰难的决策是如何做出来的？那些重要的人是如何产生的？当年马云为什么在未获董事会批准的情况下将支付宝剥离出来，成立今天的蚂蚁金服？徐远重说："我当时跟马云先生讲了一句话，我说《道德经》里面有一句话，叫作'圣人后其身而身先，外其身而身存'。"徐远重讲完之后，马云说："你这句话说到了我的心里，我当时在做这个决策的时候，内心深处我想到的就是这句话。"

读书重精不重多。好书要反复地读，重要信息要在头脑中反复链接，通过静思将知识转化成智慧。而真正的大智慧总能历经实践的检验，生成清晰的判断，不会受到"知识"的束缚、"学科"的牵绊。2016 年 9 月，二十国集团工商界活动（B20）前，马云接受央视采访，谈及对读书和赚钱的看法，马云表示，很多年轻人过多关注了"术"，过多关注了赚钱。他说："我看的书，绝大部分跟赚钱没有一点儿关系。我好像没有看过与 MBA 有关的任何一本书，也没有看过任何一本关于销售的书，天下也没有一本互联网怎么做的书"，"你要思考自己能做什么东西给别人，能给别人提供价值不一样的东西，只有将这个'不一样'想明白以后，钱自然会来"。

深入挖掘不难发现，心力坚实、判断力笃定的诸多"大成"者往往有着以经史典籍为伴、"熟读精思"的经历。经典之作所包含的哲学与智慧，穿越历史而不曾磨灭，时至今日会愈显珍贵。深度阅读经典，养成强大的判断力与心力，是成就诸多"真人"的共同之路。

而我们的教育能够造就更多"真人"吗？联想到钱学森先生可谓"振聋发聩"的一问，联想到钱老先生自身的"大成"之路，不难引发我们对家庭教育和学校教育的思考、对教育最终目标的思考……

四、一所学校：令人难忘的教育高峰

　　国立西南联合大学，简称"西南联大"，曾被称为"最穷大学""草屋大学"，就是这样一所大学，创造了中国教育史乃至世界教育史的奇迹，被誉为"中国教育史上的珠穆朗玛峰"。从 1937 年 11 月 1 日建立到 1946 年 7 月 31 日停止办学，"西南联大"前后共存在了 8 年零 9 个月。在风急雨骤中，西南联大仅毕业 3882 名学生，却培养出两位诺贝尔奖得主、5 位国家最高科学技术奖获得者、8 位"两弹一星"功勋奖章获得者、172 位两院院士及 100 多位人文大师，这所学校撑起了中国教育的脊梁，延续了中华文化的命脉。

　　1937 年，日本发动全面侵华战争。为保护中华民族教育精华免遭毁灭，11 月 1 日，国立北京大学、国立清华大学、私立南开大学南迁长沙，在岳麓山下组成国立长沙临时大学。1938 年 4 月，长沙连遭日机轰炸，国立长沙临时大学分三路西迁昆明，改称"国立西南联合大学"。

　　在三路西迁队伍中，最为人称道的是"湘黔滇旅行团"，其西迁之路堪称雄浑卓绝（见图 8-2），这一路 250 多名三校师生，徒步"长征" 3000 余里，穿越湘黔滇三省，辗转 68 日，不畏兵火，风餐露宿，常面临车毁路断之况，全程竟无一人脱队，且行伍粲然，壮意激怀，成就教育史一大华章。人民网的一篇文章曾这样描述西南联大的生活状况[①]：饭菜寡淡，睡觉打伞，校舍不足。费孝通则在《疏散》一文中写道："乡下人的东西是结实的，可是板与板之间的缝却没有法子拼得太紧密，所以，楼下的炊烟和猪圈里所免不了的气味

---

　　① 引自人民网《真实的西南联大生活：抢着读书、打伞睡觉、八百人从军……》。

也可以上升到这间厢房里来。"足见西南联大设备之简陋，生活之清苦。彼时，很多著名教授已不复清北南开时期的优雅，破衣烂衫者随处可见……联大人贫困但是"器宇轩昂"、自信、刚毅、聪慧，学校培养人才数量之多，堪称"前无古人"。

图 8-2　国立西南联合大学西迁

资料来源：《战争与革命中的西南联大》。

西南联合大学不以生逢国乱而自乱，不以僻处边陲而自轻，而以兼容并包之精神，成学术自由之风气。越是硝烟弥漫，越是弦歌不辍，越有社会担当、学术抱负、远大志向。[①]何以如此？有人认为，是时代造就了西南联大，民族存亡绝续，师生爱国以当；有人认为，是"自由"之风和相对宽松的办学环境成就了西南联大；有人认为，是"身处逆境而正义必胜的信念"和"对国家民族所具有的高度责任感"支撑了西南联大师生们对敬业、求知的追求。事实上，任何一成，定能从多重角度发现"善"之汇聚；任何一败，定能从多重角度发现"恶"之汇聚。西南联大之成，也定蕴含着诸多"善"之汇聚，如校长之理念、教师之求真、兼顾科学与人文的课程设置等。

---

① 引自凤凰网《只存在 8 年的西南联大，为什么这样被人怀念？》。

案例 8.4.1　校长之理念

西南联大由蒋梦麟、梅贻琦、张伯苓三位校长担任校务委员会主席，北大的"兼容并包"（学术自由）、清华的"教授治校"（严格要求），以及南开的"应用实干"（允公允能）合成新的联大校风。

北大的"兼容并包"由来已久，蔡元培的学生蒋梦麟校长曾在《困难与风流》中写道："蔡元培时代的北大，保守派、维新派和激进派都同样有机会争一日之短长。"那时的北大课堂，两位老师可能同时上课，学生们可以听到不同的观点①。蔡元培认为大学就要"囊括大典，网罗众家"，此大学之所以为大也。

在西南联大的制度建设方面，清华的"教授治校"（严格要求）贡献巨大。梅贻琦长期主持常委会工作并建立"教授会"制度，使得西南联大决策和管理相对民主。"教授会"决策尤其果断，在处理突发事件的关键时刻，"教授会"挺身而出。就梅贻琦本人而言，其"所谓大学者，非谓有大楼之谓也，有大师之谓也"流传后世，"吾从众"体现其治校法宝，他谦卑地说，校长的任务就是给教授搬搬椅子、端端茶水。张伯苓和蒋梦麟多在重庆参加政府要事，西南联大的实际领导工作几乎落到了梅贻琦一个人身上。梅贻琦温文尔雅的风度、公正无私的办事风格获得了全体联大师生的尊重和信服，三所高校虽有竞争，却奇妙地融合，关键在于梅校长的"大"，他心中只有联大，没有清华。

张伯苓校长创办了南开系列学校，倡导"公""能"教育，提倡大家都为中国事情尽份责任。1898 年，曾是海军军官的张伯苓先生目睹"国帜三易"的奇耻大辱，深深感到"国家积弱至此，苟不自强，奚以图存，而自强之道，端在教育，创办教育造就新人"。南开注重应用实干，提倡教育的目的在于服务社会，在于培养有现代化

---

① 冯友兰先生在为国立西南联合大学纪念碑撰写的碑文中写道："同无妨异，异不害同，五色交辉，相得益彰，八音合奏，终和且平。"

才能的学生，学生不仅要具备现代化的理论才能，更要具有实际工作的能力，这就要求学校按照"文以治国，理以强国，商以富国"的教育思想构建学科设置。他曾告诫学生"勿只信教员，勿尽依学长"，要练习自动、自治的能力。他反对学生读死书，反对学校成为只是单纯灌输知识的场所，反对学生成为书本知识的俘虏。他更是教导学生要"知中国，服务中国"。

 案例 8.4.2　大师云集，群星璀璨

西南联大大师云集，群星璀璨。据统计，西南联大的教师队伍常年稳定在 350 人左右，包括教授、副教授、合聘教授、讲师、专任讲师、教员及助教，而教授和副教授就占到教师总数的一半以上。教师们虽然来自不同学校，具有不同的学术风格和学术流派，却有着共同的师道尊严和价值判断，爱国爱生，忠诚教育，治学严谨，不苟且，不浮躁，都有高尚的职业操守和敬业精神。西南联大依靠这支自敬其业、不忧不惑的教师队伍，成立了"教授会"和几十个专门委员会，建立了教师激励机制，实行"教授治校"制度，秉持"殊途而同归、一致而百虑"的教育理念，尊重教师的主体精神，创造了民主和谐的治学环境。

正是这样一批有担当、惟精惟一、好之乐之地追逐学问的真学者，抗战时期的西南联大，"为学问而学问"蔚然成风。

北大校长蒋梦麟在躲避空袭的间隙，陆续写就一代名著《西潮》。此书的原稿是英文，据说是因为防空洞里既无桌椅，又无灯光，用英文写作"可以闭起眼睛不假思索地画下去"。闻一多先生讲楚辞，"痛饮酒熟读《离骚》，方称名士"；讲唐诗，不蹈袭前人一语。陈寅恪被称为"教授的教授"，上课时夹一个包袱进来，从不看书，对各路材料如数家珍，古书段落信手拈来，原话一字不差。教历史课第一天陈寅恪就说："前人讲过的，我不讲；近人讲过的，我不讲；外国人讲过的，我不讲；我自己过去讲过的，我不讲。现在只讲未曾有人讲过的。"学生当中没几个人听得懂他的课，倒引来冯友兰、吴宓等教授旁听交流。联大的课程，有时候一门相同的课，两三个教师同时讲授，各讲各的，各有特色，教授之间相互听课，其中闻一多与沈有鼎互听"易经"课，冯友兰与汤用彤互听哲学课，都是一时之美谈。教授间对立的观点争奇斗艳，哲学系贺麟教授欣赏王阳明的"心外无理"说，反对理在心外，冯友兰的观点则正好相反。不管是贺先生还是冯先生，都受到了学生的尊重，不同观点使学生受益颇多，至于如何思考，全在个人。[1]

西南联大的教授们有过硬之"术"，更有浩然正气：朱自清先生贫困时，曾有位附庸风雅的商人高价请朱先生为自己作寿序，以便向亲友炫耀，而朱先生不为所动，婉言谢绝，直至后期朱先生已是重病缠身、无钱医治，他仍秉持着尊严与气节，断然拒绝美国具有收买性质的一切施舍物资；闻一多先生刻印是为了谋生，但其品性极高、操守极严，始终保持着文人风骨，毅然拒绝镇压学生运动的祸首李宗黄的治印订单，尽管此后遭其报复，闻一多先生也不曾妥协；1942 年以冯友兰先生为首的 25 位教授拒绝特别办公费，在辞谢信中写道："盖同人等献身教育，原以研究学术，启迪后进为天职，于教课之余兼负一部分行政责任，亦视为当然之义务，并不希冀任何权利……当局尊师重道，应一视同仁，统筹维持，倘只顾行政人员，恐失均平之谊，且令受之者无以对其同事。"纵然清贫困苦，联大的教授们也始终信奉"君子爱财，取之有道"，从不曾为金钱名利而污师者之风范、折学者之风骨。

1946 年，冯友兰撰写了国立西南联合大学纪念碑文，其中有一句广为流传的话："联合大学，以其兼容并包之精神，转移社会一时之风气，内树学术自由之规模，外获民主堡垒之称号，违千夫之诺诺，作一士之谔谔。"西南联大八年，大师迭出，成就斐然，其"刚毅坚卓"的精神铸就了中国高等教育史上悲壮而璀璨的篇章，也为今人留下一笔宝贵的财富。

---

[1] 引自东方资讯《世间大学何其多，西南联大只一个》。

案例 8.4.3　兼顾科学与人文的课程设置①

西南联大成功的因素固然很多，但其中很重要的一点是对"通才教育"②理念的成功实践和发扬光大。

西南联大成立后，尽管三所大学在文化价值观、具体的教学方法上各有千秋，但几位校长在办学的许多重大问题上看法却十分接近，对"通才教育"的认识更是一拍即合。蒋梦麟认为，教育之目标除学习知识外，更应注重养成健全的人格、独立不移的精神、精确明晰的思考力。他极推崇个性教育，"新教育之效力，即在尊重个人价值"，认为只有发展个性才能养成健全的人格。张伯苓也注重人格教育，他曾说："南开大学教育目的，简单地说，是在研究学问和练习做事"③，"研究学问，固然要紧；而熏陶人格，尤其是根本"。梅贻琦在执掌清华大学期间，同样坚持"通才教育"的思想。1932年6月，他在一次全校集会上发表讲话："大家要注意在本系主要课程之外，并于其他学科要有相当认识，有人认为学文学者就不必注意理科，习工科者就不必注意文科，所见似乎窄小一点。学问范围务广，不宜过狭，这样才可以使我们对于所谓人生观，得到一种平衡不偏的观念。对于世界大势文化变迁，有一种相当了解。"从1933年开始，清华大学就规定文、理、法、工学院学生在一年级须修习

---

① 本案例参考文献如下：文胜利. 从西南联大的办学经验看我国的一流大学建设[J]. 现代大学教育，2006（5）：95-100.

叶通贤，周鸿. 西南联大的办学思想及其对我国现代大学改革的启示[J]. 高等教育研究，2008（3）：89-93.

杨绍军. 西南联大与当代中国高等教育[J]. 学术探索，2000（6）：48-50.

江渝."通才教育"：西南联大成功经验探析[J]. 西南民族大学学报（人文社科版），2010，31（8）：252-257.

刘祚昌. 西南联大忆旧——兼论"西南联大精神"[J]. 学术界，2000（1）：230-235.

② 通才教育，又称"通识教育"，该教育模式注重人才多方面素质的培养，除了培养专业特长外，还要培养人的社会能力、创新能力、人格魅力等综合能力。与之相对的"专才教育"则是指为培养胜人一筹的某一特殊技能而进行的个性化教育培训。

③ 张伯苓曾强调："中国将来之希望，纯在人才之多寡，而本校办理之初衷，即以造就人才为目的。"这里的"人才"，就是通才。

包括自然、社会、人文三方面的共同必修课①。

梅贻琦作为西南联大的实际校务主持人，继承并发扬了清华大学"通才教育"的优良传统，他先后发表过数篇文章，全面阐释了他的"通才教育"思想。其中最著名的是发表于 1941 年的《大学一解》："窃以为在大学期内，通专虽应兼顾，而重心所寄，应在通而不在专。"其理由有二：其一，大学教育，归根结底是《大学》里所指出的"在明明德，在亲民，在止于至善"。只有实施通才教育，方可收到"亲民（化民易俗、表率社会）之效"。否则，"以无通才为基础之专家临民，其结果不为亲民，而为扰民"。其二，他认为在短短的大学 4 年间，要求学生"通专并重"是很难的，"即在上智，亦力有未逮，况中资以下乎？"所以梅贻琦主张"通"重于"专"，大学应承担培养通才的任务。

西南联大将"通才教育"贯彻到教学实践的基本思路是：大学的首要任务不仅是教授学生专门的技术知识或进行职业训练，而且应授予学生广博的自然科学、社会科学与人文科学方面的综合基本知识。梅贻琦在办学过程中提出了一系列具体措施来实施其教育理念，如文理交叉开课、从二年级允许学生转系、教授上基础课、开设中西文化课、聘请外籍教师等。据冯友兰教授回忆，联大成立后，"教授会"曾屡次争论实行"通才教育"还是"专才教育"的问题，最后形成了一二年级以"通识"为主、三四年级以专业为主的折中方案。但考察西南联大的课程设置，总体还是偏重通才教育的。②

---

① 清华大学教授梁思成提倡教育要走出"半个人"的世界，也就是教育要将"理工"与"人文"结合，培养具有完全人格的人。（参见本书案例 9.5.5 和"幸福经济学"视频号——"理工与人文之辩"）

② 曾有调查显示，当今中国 70% 的高校毕业生所从事的工作与本科所学专业不符，"所用非所学"是普遍现象。哈佛大学校长曾提及"如果在大学本科四年，我们教育出合格的专业技术人才，我们的教育就失败了"，其认为大学阶段重在接受一种通识教育，从而使学生具备基本判断。换言之，大学教育除了培养学生的专业知识以外，还有一个重要的功能，就是帮助学生打开心眼、塑造心智、铸就心力，有心力方有担当。耶鲁等世界名校现在也愈加注重人文教育，注重培养和谐的人，不要指望本科四年培养专家，重点在于提升学生的"心"，让学生注意到自己广泛的潜能，摸准自身天赋之所在。专家，需要学生毕业后倾其毕生精力，惟精惟一，致力于自己好之乐之领域而自成。

　　西南联大一年级的必修课多由校部统一安排，国文、英语、中国通史、世界通史等七门基础课是所有科系一年级学生的必修科目。校部还规定文法学院的学生应在数学、物理、化学、生物、生理、地质等自然科学中选学一门；理工学院的学生应在社会、人文科学课程中选学一门。为了加强对学生人格精神的培养，后来校部还将《伦理学》作为所有院系的必修课。

　　由于西南联大的选课制度重视文理科知识间的相互渗透，同时注重"知类通达"的训练，为学生今后的进一步发展开辟了广阔的道路，因此培养出大批基础扎实、知识面广、心智广阔的一流人才就不足为奇了。

五、一位校长：引领了一个时代①

　　蔡元培（1868—1940），字鹤卿，又字仲申、民友、子民，浙江绍兴人，少年博览群书（包括《史记》《汉书》《困学纪闻》《文史通义》等），后对宋明理学造诣甚深，少年时期，已名动公卿，宰相翁同龢曾在日记中赞其"年少通经，文极古藻，隽才也"。他25岁考中进士，被点翰林院庶吉士。蔡元培在不惑之年留学海外，旅德多年，居法数载，熟谙欧洲的教育、教学，领悟了科学、民主之必要。他对西方学术的兴趣甚为广泛，学问相当广博，举凡哲学、文学、人类学、文化史、心理学、美学、民族学等都喜欢研究；尤其对于实验心理学、比较文明史、美学等颇具心得，而在美学方面的造诣尤深，力倡"以美育代宗教"之说。1916年12月至1927年8月，蔡元培任北京大学校长，后人尊称其为"北大之父""永远的校长"。

---

　　① 参考中信出版社《先生》、CCTV《人物》、傅斯年《我所敬仰的蔡元培先生》等资料。

先生浩瀚一生，学贯中西①，功业广卓，时代磨难多多。想从先生的教育理念和教育实践中概括出几点对当下的启发裨益，并非易事。敬仰愈浓，查阅体悟愈复，透过复杂的时代，透过丰富的履历，透过广卓的功业，几条超越时代的教育遵循倒也愈发清晰起来：第一，担当之真人；第二，包容之本心；第三，必历之磨难。

 案例 8.5.1　担当之真人

蔡元培 17 岁中秀才，22 岁中举人，25 岁经殿试中进士。27 岁时，蔡元培担任了翰林院编修这一无数旧时读书人向往的职位。但甲午之战和戊戌变法的惨败令已身居此位的蔡先生觉悟到，此职已经背离了自身追求之本真，背离了时代难题之本真，背离了救国必先育人之本真。他毅然辞职回乡办学，任绍郡中西学堂总理。在中西学堂，先生倡导新学，开设了物理、化学等新学科。位似卑微但合时代之真，合理念之真，合真之担当必结真果。当时此校的小学生、后来担任 17 年北大校长的蒋梦麟回忆道："这是我了解科学的开端。"他第一次在学堂知道了"地圆说"。

1912 年，蔡元培以开国元勋身份出任中华民国临时政府教育总长。他在十分简陋的办公环境下，很快（不到半年时间）颁布了《普通教育暂行办法》，主持制定了《大学令》《中学令》，奠定了中国现代教育体制。先生始终本着救国之目标办教育，这在他后来《告北京大学暨全国学生书》中体现得更为直接："我国输入欧化，六十年矣，始而造兵，继而练军，继而变法，最后乃始知教育之必要。"

---

① 学贯中西。先生 4 岁入家塾，17 岁考取秀才，22 岁中举人，25 岁经殿试中进士，被点为翰林院庶吉士，殿试策论成绩为二甲三十四名（等于全国统考第三十七名），27 岁得授职翰林院编修，国学素养雄厚。40 岁时，他在驻德公使孙宝琦的帮助下前往德国柏林，入莱比锡大学听课和研究心理学、美学、哲学诸学科，开始了为期 4 年的海外留学生活。二次革命失败后，携眷赴法，与李石曾等创办留法勤工俭学会。1913 年，46 岁的蔡元培再次赴法国从事学术研究，在留欧的 3 年时间里，他又编撰了不少哲学、美学著作。1915 年 6 月，48 岁的蔡元培与李石曾、吴玉章等发起组织华法教育会，后来的周恩来、邓小平等均是通过这个组织的帮助顺利在法国学习的。多年的海外学习生活使他熟谙欧洲的教育、教学，使他领悟了科学、民主之必要。中西学养之贯通也为他的教学实践奠定了基础。

先生主政北大 10 年，那 10 年间的北大，革新人物云集，有担当的脊梁云集，求真务实的大师云集，真可谓群星璀璨；那时的北大，是新文化运动中心，是五四运动的策源地，是传播马克思主义的基地；那时的北大，敢于承担时代重任，敢于承担救国救亡之重任，的确引领了一个时代，引领了一个民族。大教育家杜威曾对蔡元培如此评价："拿世界各国的大学校长来比较，牛津、剑桥、巴黎、柏林、哈佛、哥伦比亚等，这些校长中，在某些学科上有卓越贡献的，不乏其人；但是，以一个校长的身份，领导那所大学对一个民族和一个时代起转折作用的，除蔡元培之外，恐怕找不到第二个。"毛泽东也称他为"学界泰斗，人世楷模"。

那 10 年间的北大，播种了较多的"真、善、美"，也收获了较多的"真、善、美"。那 10 年间的北大，成了最令人怀念、最令人神往、最令人敬畏的北大。回乡办学、出任教育总长、主政北大……无不体现着蔡元培先生教育救国、引领时代的"真"担当。

案例 8.5.2　包容之本心

蔡元培主政北大后，坚定践行"思想自由，兼容并包"之办学方针，先后聘请了陈独秀、胡适、李大钊、钱玄同、梁漱溟、刘半农、鲁迅等具有革新思想和丰博学识的新派人物到北大文科任教。思想前卫的陈独秀担任文科学长，而梁漱溟受聘时只有中学文凭（但《究元决疑论》一文足以展示其思想之深邃）。此外，马叙伦、马寅初、沈尹默、辜鸿铭、熊十力、陈垣、陈大齐等一大批国内知名专家学者，也先后被聘为北大文科、法科教授和导师。在理工科方面，当时国内第一个介绍爱因斯坦相对论的物理学家夏元瑮，被蔡元培聘请为理科学长。此外，他还聘请了知名学者翁文灏、朱家骅、李四光及外籍专家葛利普等为教授。

当时的北京大学名师荟萃，人才济济，学术气氛浓厚活跃，教学科研盛况空前。据 1918 年年初的统计，北京大学全校共有教授 90人，从其中 76 人的年龄来看，35 岁以下者 43 人，占 56.6%；50 岁以上者仅 6 人，占 7.9%。而最年轻的教授徐宝璜当时只有 25 岁，刘半农、胡适只有二十七八岁，陈独秀也才 39 岁。拥有这样一支年轻而富有活力的教师队伍，使北大成为"常为新的，改进的运动的先锋"。

当时的北大，拥有中国历史上最辉煌的一支名师团。既有主张新文化运动的领袖人物胡适、陈独秀、鲁迅，也有对"帝制"心怀留恋的辜鸿铭、刘师培；既有主张白话文、新思潮的《新潮》，也有主张文言文、昌明中国固有学术的《国故》。蔡元培认为："学术乃天下公器，百虑一致，殊途同归，不持门户之见，唯致力将北大改造成中国的学术渊薮。"蒋梦麟曾写道："蔡元培时代的北大，保守派、维新派和激进派都同样有机会争一日之短长。"

"兼容并包"，绝非"勉强混合"，绝不等于没有原则。蔡元培请刘师培讲六朝文学，但绝不允许他在讲堂上提倡"帝制"；请辜汤生（即辜鸿铎）教英国大学，但绝不允许他在学校中提倡"复辟"。蔡元浩说得很清楚，大学就是要"囊括大典、网罗众家""此大学之所以为大也"。

北大允许校外生旁听课程，正式生、旁听生共处一堂。当年在北大图书馆当助理员的毛泽东就常跑去听陈独秀、李大钊等人讲马克思主义。1920 年，在蔡元培的推动下，北京大学首次允许 3 名女生进入文科旁听，并于同年秋天正式对外招收女生。这是中国公立大学第一次允许男女同校。英国著名哲学家罗素访华时称，女生在北大的地位比剑桥还要好。

蔡元培坚持"循思想自由原则，取兼容并包主义"的办学方针，使得北大大师云集，群贤毕至，思想迸发，文化繁荣，开创了一个群星灿烂的蔡元培时代。

 案例 8.5.3　必历之磨难

任何改革都意味着对原有稳定性的颠覆，都意味着对原有利益格局的触动，都意味着对原有认知惯性、情感惯性、行为惯性的打破，历史上变法改良多以失败而告终。大成者，后人往往看到的是光鲜、地位与名望，当事人体验更多的一定是磨难、不懈与坚守。

蔡元培接手前的北大曾一度被称为"官僚养成所"。那时在校园里，根本没有人去谈论知识，没有人为真理、为知识去研究学问，学生不务正业（甚至身带仆人），老师冬烘保守，腐败不堪。①1916 年，时任教育总长范源濂向彼时身在法国的蔡元培发出跨洋急电，邀请其出任北大校长，电文诚恳殷切："国事渐平，教育宜急。现以首都最高学府，尤赖大贤主宰，师表群伦。海内人士，咸表景仰。用特专电敦请我公担任北京大学校长一席，务祈鉴允。"

从接到电文到 1917 年 1 月就职视事，数月间蔡元培对履职可能遇到的磨难事先是有掂量的。他征询朋友的意见，有激烈反对的，也有支持的，其中孙中山是支持的，认为他出任北大校长一职，有利于革命思想向北方传播②。经过再三思考，蔡元培最终决定接受邀请。先生到任北大之初，在给曾经反对其赴任的好友吴稚晖的信中写道："先生谓中国事，云不可办，则几无一事可办；云可办，则其实亦不可办云云。弟到京后，与静生、步洲等讨论数次，觉北京大学虽声名狼藉，然改良之策，亦未尝不可一试，故允为担任。"

蔡元培深知，要将一所在军阀盘踞下的衙门式旧学堂改造成真正意义上的现代大学，绝非易事。任职后遇到的各种磨难仍然远远超出他当初的掂量和预料。

1919 年 5 月 4 日，五四运动爆发。5 月 5 日，北洋政府下令要

① 许德珩在《回忆蔡元培先生》中写道：蔡先生是 1917 年 1 月到北大就职的，在此之前的北大，是一座封建思想、官僚习气十分浓厚的学府，一些有钱的学生，带听差、打麻将、吃花酒、捧名角，对读书毫无兴趣，教员中不少人不学无术，吃饭混日子，教课是陈陈相因，敷衍塞责。顾颉刚在《蔡元培先生与五四运动》里有类似记述："1913 年我考入北大预科时，学校像个衙门，没有多少学术气氛。有的教师不学无术，一心只想当官；有的教师本身就是北洋政府的官僚，学问不大，架子却不小。"

② 孙中山认为："北方当有革命思想的传播，像蔡元培这样的老同志，应当去那历代帝王和官僚气氛笼罩下的北京，主持全国教育。"

求各校校长将为首"滋事"的学生一律开除。这显然超出了蔡元培的意料。当天下午，蔡元培等 14 所大专院校校长在北大开会，认为"若指此次运动为学校运动，亦当由各校校长负责"，蔡元培表示"愿以一人抵罪"，当场议决成立校长团，向当局请愿营救被捕学生。5 月 7 日，迫于全国舆论压力，政府释放了被捕的学生。北洋政府认为蔡元培是学潮的幕后指使人，内阁会议上有人提出解散北大、撤换蔡元培等主张。教育总长傅增湘也遭到众人指责。最耸人听闻的传闻是总统徐世昌要严办北大校长，安福系军阀要刺杀蔡元培，陆军次长徐树铮已命令军队将炮口对准北大。

除了外部势力的威吓，内部师生的不解与阻力也颇为巨大。1919 年 3 月 18 日，正当蔡元培开始密切关注巴黎和会的动态时，桐城派古文学家林琴南突然在《公言报》上发表致蔡元培的公开信，公开指责他"覆孔孟、铲伦常""尽废古书，行用土语为文字"，还发表讽刺小说，影射陈独秀、胡适、钱玄同和蔡元培，锋芒直指以北大为阵地热烈开展的白话文运动。

面对指责与不解，蔡元培没有退却，依旧坚守着"兼容并包"的办学理念。蔡元培曾说："我素信学术上的派别，是相对的，不是绝对。所以每一种学科的教员，即使主张不同，若都是'言之成理、持之有故'的，就让他们并存，令学生有自由选择的余地。"林语堂认为，论启发中国新文化的功劳，蔡元培比任何人都大。许德珩称五四运动的主力是北大，而其精神上的指导者是蔡元培。能受天磨真铁汉，徐志摩推许蔡元培"拿人格头颅去撞开地狱门"的精神。

一生播种着"真、善、美"的先生，也收获了对等的"真、善、美"。先生去世后，毛泽东发来唁电，称其为"学界泰斗，人世楷模"。岁月流逝，后人真正怀念、敬仰的也定是"真、善、美"。

最后以北大学子郑勇在《追忆蔡元培》一书中的怀念文字结束此篇。

未名湖畔，

蔡元培塑像谦和地独守一片净土。

无论岁月的尘埃如何起落飞扬，

暗淡了多少偶像的色彩，

无论时间的流水如何一去不返，

动摇了多少权威的根基，

既非权威、亦非偶像的蔡先生却魅力不减，

风采依旧。

图 8-3　蔡元培雕像

六、一位老师：两次拒聘教育部部长①

20 世纪 80 年代，曾有一位小学老师，先后受到里根和老布什两任总统邀请，希望她能够进入联邦政府担任教育部部长，但两次

---

① 泰勒在"哈佛幸福课"中用很大篇幅介绍过这个案例。

都被她拒绝了。每次她的答案都一样："抱歉，总统先生，我太喜欢教书了，我只属于教室。"2004 年，小布什总统为她颁发了国家人文勋章。小布什感慨地说："你作为一名黑人女性，生长在种族主义最严重的时代，却变得如此明亮。"她就像是一个精力充沛的发电机，源源不断地为每一个孩子注入"强心剂"，坚定他们积极面对这个世界的态度。她教会孩子们懂得停止抱怨这个世界的不公平，把时间和精力花在学习和思考上，因为这才是改变自己、改变世界的方式。她，就是玛瓦·柯林斯（Marva Collins）。

 案例 8.6.1　教会学生停止抱怨，习得自信[①]

1936 年，玛瓦·柯林斯出生在美国亚拉巴马州，父亲是非裔美国人，母亲是印第安人。她出生的时候，种族歧视盛行，但父亲对她很有信心，从小就对她说："你这一生会很有作为，你会成为一名秘书。"[②]柯林斯之后果真做了秘书，但这却非她的志趣，她发现自己对教书充满热情，期望成为教师，因此决定念夜校，数年后她拿到了教师证书。

最初玛瓦在亚拉巴马任教两年，之后搬至芝加哥一所公立学校，那里充斥着犯罪。在贫穷、混乱的生活中，很少有孩子能坚持读书，认真教书的老师也不多。老师们肯付出最大努力是为了想让孩子们尽量在学校里待久一些，以防他们过早加入街头帮派，接触犯罪。孩子们在学校里大多双目无光、无精打采。在这种背景下，玛瓦相信教育是真正的解决方法：让从这里长大的孩子学会自尊自爱，学会自食其力，情况也许才会真的有所改变。

玛瓦在上课的第一天就对学生说："我们要练习自信。"玛瓦不断重复这些话：我相信你，你能做好，你能成功，你可以承担生活的责任，停止抱怨吧，停止抱怨社会，停止抱怨老师，停止抱怨父

---

① 泰勒"哈佛幸福课"第二讲——"为什么要学习积极心理学"。

② 言下之意，鉴于她的性别、种族等身份背景，在当时获得一份秘书的工作对于黑人女性来说是可望而不可即的事情。

母，成功与否就在你身上。她把眼光放在孩子们的长处和优点上，并加以培养。在她的不懈努力下，那些被认为"有学习障碍"的学生，在四年级便可以读爱默生和莎士比亚的作品，10 岁时便可以做高中数学题。

同事们不相信玛瓦的功绩，认为她在强迫学生，不堪流言蜚语的玛瓦离开了就职的公立学校，但这丝毫没有打击她对教育事业的理想与热情。玛瓦开办了自己的家庭学校，她就在家中厨房给学生上课，一开始只有 4 个学生，其中一个是她的女儿。最初几年，玛瓦接收的也都是当时观念中的"问题儿童"。但玛瓦对每个孩子都表现得异常有耐心，总是能让自暴自弃的孩子们看到积极的一面。她相信孩子们学好的关键是重拾自信。渐渐地，更多的学生来报名，学生越来越多，她就在外面租了一间房作为教室。结果玛瓦所有的学生从小学一直上到大学毕业，没错，就是那些起初被认为"有学习障碍"的学生。

玛瓦用她的付出告诉学生们：停止抱怨是突破困境走向成功的第一步。当学生们止息住脑中抱怨的消极念虑，他们将会发现世间竟有如此广阔的舞台让自己绽放生命。重新认清自我价值，逐步养成自尊自爱的认知和行为惯性，习得自信的学生将重获新生，在理想信念的引领下实现更大的人生目标。

 案例 8.6.2 引导学生自主思考

玛瓦·柯林斯在长期的教学实践中创造了"柯林斯教学法"，她强调孩子们要进行大量阅读和写作练习。她尤其重视阅读经典，荷马、柏拉图、托尔斯泰和莎士比亚等大师们的作品是学生们的必读书目，难懂的作品要反复读、一点点地读。阅读不仅可以积累词汇和语法，更能引起学生思考，改善情绪和心智，提高批判思维能力。玛瓦自己就是一个很爱读书的人，她每年都要在繁忙的工作和家务之余阅读很多书籍："你必须学习，这样你才能有自己的思考。"

玛瓦的教学目标是要激发孩子们的学习兴趣和热情，并形成终身学习和思考的习惯。玛瓦的课程无固定模式，她可能在某节课上从三角形讲起，到毕达哥拉斯测量直角三角形边长，再到毕达哥拉斯的哲学思想，最后讲到与其有相同观点的印度教。玛瓦明白知识很重要，但知识之间的联系与应用更重要，所以她不仅引导孩子们纵向探索的欲望，更注重培养其横向思考的习惯，避免孩子们成为只会做作业、做试卷的"傻子"。

现代脑科学研究证实，知识仅以散乱信息点、知识点的方式存在是无用的，乱如一盘散沙，对大脑是一种污染，不但不会提升认知，还会损伤情绪和判断，进而损伤行动担当。相比之下，在我国中小学考试中，"中日甲午战争发生在哪一年"这种只需死记硬背就能给出唯一答案的所谓考查知识点的考题的确偏多了一些，而"中日甲午战争能否避免"这种必须经过思考才能作答的问题的确偏少了一些。后者没有标准答案，但需要考生的真思考，需要批卷老师"费心、费时"的真鉴别。

知识点经过自主思考才能在人的头脑中有效融入信息链，再经过持续深度思考，与脑中某信息链相关的神经细胞数量足够多，细胞间链接强度足够强，某些观念才能得以生成。通过适当设置问题，引导学生自主思考、持续思考、深度思考，这是一个老师最需要具备的"真"功夫。玛瓦在这方面做得足够出色。

七、一位家长：我的事业是父亲[①]

蔡笑晚，一位普普通通的父亲，因其成功的教子模式，被称为

---

① 该案例根据人民网文章《"最美家庭"：科学教子的成功秘笈》和中国网文章《6个子女5个博士"瑞安蔡家"上榜全国最美家庭》整理。

"人才魔术师"和"家庭教育专家"。在"读书无用论"盛行的年代，他以自己的远见卓识精心培养 6 个儿女走上读书成才之路，并取得了丰硕成果。蔡笑晚的 6 个子女中有 5 位博士和 1 位硕士：大儿子蔡天文在美国康奈尔大学取得博士学位，后成为美国宾夕法尼亚大学终身教授兼国家"千人计划"入选专家；二儿子蔡天武，14 岁时成为中国科技大学少年班的学生，18 岁考上李政道博士主办的 CASPEA 留美博士班，25 岁在美国罗切斯特大学取得博士学位，而后成为美国高盛公司副总裁；三儿子蔡天师，北京外国语大学毕业，被美国圣约翰大学录取，而后取得了博士学位；四子蔡天润，华西医科大学（现称四川大学华西医学中心）医学系毕业，被美国阿肯色州立大学录取为博士生；五子蔡天君，中国科学技术大学硕士；小女儿蔡天西，18 岁赴美国麻省理工学院攻读博士学位，次年转入哈佛大学继续学习，30 多岁时被聘为美国哈佛大学终身教授。蔡笑晚对子女的培养，可谓在平凡中创造了不平凡。而如此丰硕的成果，离不开他独特的教育模式。

　　蔡笑晚曾在南京开展的家庭教育演讲中提到，教子成才确实是一门精致入微的艺术和学问，有很多方法和技巧。蔡笑晚本人更是把"父亲"这个角色当成事业来演绎，认为"父亲"是其终身事业，子女是其最大荣耀。蔡笑晚先后出版了《我的事业是父亲》《我的事业是父亲 2：蔡笑晚教育家书》《我的事业是父亲 3：蔡笑晚家庭教育演讲录》等 5 本书籍，希望与更多家长分享育子经验。蔡笑晚坚持早教、立志、自学的家教原则和"特才特教"的人才培养理念，他认为："一套大家都满意的方法，必然培养出一个四平八稳的平凡孩子，而要培养出一个杰出的人物，必然需要一套特殊的方法。在教子成才的道路上，父母的责任就在于替孩子不失时机地抓住每一个关键。"

 案例 8.7.1　打破常规——与时间赛跑

　　蔡笑晚认为，世界上一切胜利都可以归结为时间上的胜利。童年时期的一年比成人后的一年对人生的发展更加重要，在这种思想的指导下，蔡笑晚鼓励孩子们自学赶进度，希望他们能够打破正常的教育程序，争取更多的时间。当孩子的认知水平得以提升之后，反过来理解低年级的知识相对更加轻松。

　　蔡笑晚在孩子 3 岁以前实施的教育手段主要依靠数字，这与很多人主张的语言教育有所不同。他教孩子数数，数到千位。儿子还在襁褓中的时候，蔡笑晚就用手指在他的下巴上划一下，嘴里念"1"，或是拍着他的小手有节奏地数数。老大蔡天文 8 个多月时就能按顺序念出 1～5，1 岁多就能认识 1～10 的阿拉伯数字，然后是中文数字。蔡笑晚说："一般的家长只从 1 教到 10，但我一直教他们念到千位数，让他们对大数字也很熟悉。等到他们会写的时候再教加减乘除法，因为有了大数字的基础，多位数的运算就便利一些了。一年级学生最多就是进行两位数的运算，但我的孩子在上学之前就会算四位数的加法了！"

　　孩子们一过 3 岁，蔡笑晚的育才策略里又增加了一项立志教育。他坚信从小立大志的孩子，不会满足于现状，取得成绩后，还有更上一层楼的决心和气魄。蔡笑晚刚行医的那几年，全家人住在农村一间租来的百年老屋里，楼下是店堂，楼上是一家八口的卧室兼书房。蔡笑晚在墙壁上贴满了科学家的画像，一有空儿就给孩子们讲这些科学家的故事。等到夜幕降临后，全家人围坐在灯下，蔡笑晚看专业书，孩子们读课本，成为雷打不动的习惯。在蔡笑晚一手营造的氛围熏陶下，小女儿 4 岁时就告诉爸爸她要当中国的居里夫人。他经常教他们背诵《荷马史诗》中的一段："莫辜负你一片聪明美质，你须抖擞精神，留个芳名在青史。"引导孩子树立远大抱负是需要技巧和艺术的，蔡笑晚多年的经验是言传身教、潜移默化。蔡笑晚说："对胸无大志的人来说，大学是求学的终点，但是，对于一个有志献身科学事业的人来说，大学只是人生事业的起点。"他的二儿子读中科大少年班时，第一学年成绩是班里最后一名，但他有目标，加上努力，很快后来居上。

蔡笑晚的 6 名子女大多在 6 岁之前就入校读书，并多次跳级。为了让孩子早上学，蔡家不惜一次次搬家。在当时，一般的孩子都是七八岁才上学，蔡家五六岁的孩子难以进入正规一点的学校，于是蔡笑晚不得不举家搬到比较偏僻、离城区较远的地方，以保证孩子早些入学。等孩子达到入学年龄，再搬回城里，转学到比较正规的学校，为以后的跳级做准备。这样的搬家，前后达四五次。事实证明，蔡笑晚的特殊训练模式不仅开启了孩子的智慧宝库，也为子女后来在事业上的发展奠定了基础。由于基础打得牢，孩子们一个个成功跳级，大儿子蔡天文 15 岁念大学，19 岁读研究生，21 岁开始在国际学术会议和国内外权威学术刊物上发表论文；二儿子蔡天武 14 岁读中科大少年班，18 岁由国家公派赴美攻读博士研究生；小女儿蔡天西更是 22 岁就拿到了哈佛大学的博士学位。

 案例 8.7.2　拒绝用低质量的重复去折磨孩子

蔡笑晚认为，不应该让孩子总是重复进行低水平的阅读和练习，通过引导孩子进行高质量的阅读、思考，能够培养和提升孩子的逻辑思维能力、归纳演绎能力，有了这种能力之后，孩子学习课本知识就会事半功倍，会轻松很多。蔡笑晚曾在一次讲座中说道："有时候学校给孩子们留的家庭作业过多，我当时的做法是给他们'减负'，不让他们无谓地做一些重复的数学题，而是让他们腾出时间来去做更有价值的事情。"

现在很多家长在不断配合老师，使得低水平的重复耗尽了孩子的精力和兴趣。有些小学作业非要重复二三十遍，蔡笑晚很少配合老师做这种低水平的重复，拒绝用不走心、低水平的重复折磨孩子，拒绝用不走心、低水平的重复浪费孩子的精力，拒绝用不走心、低水平的重复耗尽孩子的学习乐趣。他善于通过有规划的阅读和数理训练来提高孩子的形象思维能力、归纳和演绎等逻辑思维能力。一个具备了高中生平均思维能力的学生回过头来看小学课本，一个下午就可以看完并能得其要领。若思维能力不得以提升，低水平、不走心地重复百遍、千遍仍难得要领。

　　为了给孩子们营造一个良好的学习环境，蔡笑晚可以说是"无所不用其极"。蔡笑晚有专用的葫芦丝、笛子和二胡，要"上课"了，他不是打铃，也不是喊，而是摆弄乐器，孩子们听到就会回家。孩子多，房间少，蔡笑晚为此特制了一张大床，晚上可以睡4个孩子，白天翻过来，就是一张乒乓球台，还可以在上面写作业、看书。他还专门备了一辆自行车，孩子们学习累了，既可以打乒乓球，也可以骑自行车放松，还可以随着音乐唱歌。轻松的环境、快乐的氛围，使孩子们在愉悦中学习，心智得到最大开发，学习效率也非常高。蔡笑晚曾在一次报告中说道："我从来没有让孩子们在高压下被动地学习。相反，他们是在轻松、愉快的环境下学习的，也正是由于这种愉悦的学习体验保障了他们持续旺盛的学习动力和学习兴趣，实现了一种自我激励式的自觉学习。"

　　蔡笑晚的家庭教育实践和诸多教育大家的学校教育实践表明：教育容不得太多的虚假、喧嚣、机械，教育必得是教人"真学"、传授"真知"、鼓励"真思"，方得树立"大志"、培养"大成"、铸就"大师"。

八、就业谋职与"安心立命"

　　"天命之谓性，率性之谓道，修道之谓教。"教育的根本之道，是对个体不同天赋的遵从；教育的最优成效，是使个体天赋得以充分发现与激活；教育的终极目标，是使受教育者能够实现天赋，能够"安心立命"，而不仅仅是"就业谋职"。

　　"立乎上，得乎中。"立大志，是激活潜能的良方。"志不立，天下无可成之事。虽百工技艺，未有不本于志者。"明王朝，少年王阳明立得"惟为圣贤，方是第一"的宏志，成就了传世五百载的"心学"巨擘。清王朝，曾国藩进士及第后，便立下"不为圣贤，便为禽兽"之宏志，在痛彻的"功过格"磨炼后成为百年一出的"为师为将为相一完人"，成就了 19 世纪甚至是整个清王朝思想最为传世的一位人物。20 世纪初，湖南省立第一师范学校的杨昌济先生教育毛泽东要"明三千年一遇之大势，立三千年一遇之大志……"最终成就了一位世纪伟人。

中国传统文化倡导"为天地立心，为生民立命"。但任何一个时代，通过教育，得就业谋职之术者众，得"安心立命"之道者寡。就整个生命期考量，一个人若仅有就业谋职之术，而失"安心立命"之道，这颗心，就很难获得持续的意义感、价值感、丰盈感、一致感；这颗心，在激烈竞争和广泛比较的大背景下，难免会陷入焦虑、担忧和不安！在"安心立命"面前，就业谋职不应该成为大部分受教育者的终极目标。

"自诚明，谓之性；自明诚，谓之教。"（《中庸》）若想达"安心立命"，个体应该时时对自己的"心"保持真实，对自己的天赋保持诚敬，立乎上等志向，充分发现并激活个人潜能。

当下，在面对升学和就业选择时，追逐热门者众，真于内心者寡，诚敬天赋者寡。一些学生惰于关注天赋，羞于谈大志，一些家长也把教育特别是高等教育简化为就业谋职的"敲门砖"。"公务员热"时，毕业生就抢着报考公务员；"金融热"时，就抢着报考银行、证券公司……

背离天赋而盲目地追逐热门往往意味着教育资源的浪费：在"金融热"甚嚣尘上时，各大高等院校的金融、经管专业向就业市场输送了大量毕业生，其中发自内心热爱金融行业的人能有多少？日后能够好之乐之、有所成就、有大担当的人又有多少？许多人的生命潜能没有在其本该有所建树的领域释放出来，这又何尝不是一种生命资源的浪费？

"古之立大事者，不惟有超世之才，亦必有坚忍不拔之志。"（苏轼《晁错记》）大成者当有"大志"！

 案例 8.8.1　杨昌济给学生讲的第一堂课："修身"与"立志"

毛泽东就读于湖南省立第一师范学校期间，杨昌济给学生们上的第一堂课便以"修身"为主题。杨昌济这样说道："修身，是一个人将来于家、于国、于天下有所作为的基础。那么，什么是修身的第一要务？修身，首先又当从何入手呢？"

杨昌济没有马上解答这个问题，而是问起学生们报考第一师范的原因。在问到毛泽东时，毛泽东坦言自己入学前当过兵，想过做生意、当警察、当法官，甚至想过当肥皂制造家，一直想要知道自己适合做什么，却总觉得这些选择都解决不了最根本的问题，不知怎样才能于国于民起到最大的作用。

杨昌济听罢，语重心长地说："一个人立身处世，首先想到的不是自己得到多少好处，而是于他人、于社会能有正面的作用，能够做到这一点，一个人的存在也就有了价值，就是一个值得肯定的人。但是，以今时今日之中国而论，仅仅做到这一点就够了吗？不够，远远不够……术业有专攻的人才，中国固然需要；但你们这一代青年身上，所担负的责任，却远不止于此。"

杨昌济接着说："同学们，几代人的努力，仍未给中华探求出一条新的自存之路。破此三千年未有之大变局的重任，仍将有待来者。古人云：'江山代有才人出，各领风骚数百年。'纵观历史，能为百年之雄杰，已属凤毛麟角；而今日之中华亟盼出现的，不是百年之雄杰，而是数千年一遇的旷古英豪，方能将这个民族于数千年一遇之末路穷途中拯救出来，为民族的生息延续，为中华之重新崛起，开出一条全新的生路！"

"如此旷古英杰，锥藏何处？当然未可预料。一个人的作为大小，本源于志向高低。无志者，天才可归于庸碌；有志者，垄亩亦可飞鸿鹄！修身应以立志为本。各位同学，如果大家能自今日而始，明三千年一遇之大势，立三千年一遇之大志，以天下为己任，由此而磨砺意志，砥砺品行，努力学习，奋发图强，以舍我其谁之大气魄、大担当，肩此重任以待来日，则他日改天换地，为我中华开数千年之新篇的旷古英豪，又焉知不在诸位之中！"

毛泽东在求学期间，经常与萧子升、蔡和森等同学"指点江山，激扬文字"。他们（即后来的"湘江三友"）买来《胡文忠公遗集》《曾文正公集》等书籍，围绕书中观点进行辩论。多年后，毛泽东这样回忆自己的师范生活："那时候，我和我的朋友们常常身无分文，但我们却不屑于谈论身边的琐事，我们要谈只谈大事。国家、社会、人类、地球、宇宙……"

一次，毛泽东和蔡和森围绕"对久乱之国应该'振之以猛'还是'予以生路'"的问题争论不休。杨昌济知道后，没有回答这个问题，而是引用了胡林翼的"天下事只在人力作为，到水尽山穷之时，自有路走，只要切实去做"，告诉毛泽东：要想真正找到救国救民的办法，就一定要切实去做，实践自可出真知。这也为毛泽东在革命过程中写下《中国社会各阶级的分析》《湖南农民运动考察报告》《中国佃农生活举例》《关于农村调查》等关于社会调查的文章奠定了基础。

毛泽东是伟大的无产阶级革命家、政治家、军事家，是中华人民共和国的缔造者。他以志存高远、敢为人先的精神，在革命生涯中实现了"安心立命"，领导中国人民"当家做主站起来"，在中国乃至世界树立了不朽丰碑。当今之中国，面临百年未有之大变局，任何单一学科、单一逻辑，都不足以解决实现民族复兴征程中所遇到的各种问题。在这样的背景下，我们的教育能否激励更多的学生"明百年未有之大势，立百年未有之大志"？我们的教育能否激励更多的学生出于本心配置好自己的生命资源？我们的教育能否激励更多的学生为中华民族伟大复兴多些真思考、多些真担当？

一生以"欲栽大木柱长天"为己任的杨昌济，在教育学生时强调"修身应以立志为本"，鼓励学生在求学期间首先"大其心"，理解自己的时代责任和历史使命，进而明确自己的志向所在。"志之所趋，无远弗届。穷山距海，不能限也。"（金缨《格言联璧·学问篇》）人只有首先在认知层面觉察到实现更高人生价值的广阔可能性，才有可能在行动层面有更高的建树、有更大的担当！

 案例 8.8.2　曾国藩的立志观、教育观

　　曾国藩的成长经历同样具有传奇色彩。他坚信"人苟能自立志，则圣贤豪杰何事不可为"，从一个资质平庸甚至略显愚钝的人成长为晚清重臣，被誉为"两个半'三不朽'"①中的"半个'三不朽'"，并得到青年毛泽东"愚于近人，独服曾文正"的评价。同时，曾国藩非常注重家庭教育，关于他持家、治学的观点多以家书传于后世，对今人仍具有深刻的启发意义。

　　初入官场，曾国藩的目标只是做一个好词臣，直言进谏，痛砭时弊。随着人生阅历的丰富，特别是受到身边一群理学修养深厚的师友的影响（他们所言皆是治国修身的大道理），曾国藩也感言："师友挟持，虽懦夫亦有立志。"在进士及第之后，他为自己写下一个对子："不为圣贤，便为禽兽；莫问收获，但问耕耘。"②不立志则已，立志便要立大志。敢为圣贤，并矢志不渝地追求宏大志向，力行真担当，曾国藩自此完成了人生路上的转折，开启了而后中晚年的传奇经历。

　　曾国藩曾在其家书中教导后辈："人之气质，由于天生，本难改变，唯读书则可变化气质。古之精相法者，并言读书可以变换骨相。欲求变之法，总须先立坚卓之志。即以余平生言之，三十岁前，最好吸烟，片刻不离，直道光壬寅（1842 年）十一月二十一日立志戒

---

　　①《左传·襄公二十四年》有云："太上有立德，其次有立功，其次有立言，虽久不废，此之谓不朽。""立德"，即树立高尚的道德；"立功"，即为国为民建立功绩；"立言"，即提出具有真知灼见的言论。

　　② 这句话并非曾国藩首创，而是清代理学大家太常寺卿唐鉴送给曾文正公的一句话。道光二十一年，他将自己所著《畿辅水利备览》及亲笔楷书条幅"不为圣贤，则为禽兽，只问耕耘，不问收获"赠予曾国藩。曾国藩对此联极为推崇，并将其挂于居室。后来在收入曾国藩日记时略加改动，便有了"不为圣贤，便为禽兽。莫问收获，但问耕耘"。

烟，至今不吸；四十六岁以前，做事无恒，近五年深以为戒，现在大小事均尚有恒。即此二端，可见无事不可变也。古称金丹换骨，余谓立志即丹也。"

关于子女教育，曾国藩曾经在写给四弟曾国潢的家书中深情地写道："门第太盛，余教儿女辈惟以勤、俭、谦三字为主。"即便位极人臣、家境优渥，曾国藩却仍严格要求子女不以物质富足、挥霍无度为荣，而以弘扬传统美德、自立自强为准绳，劝诫后代子嗣立志切勿为纨绔子弟。"书蔬鱼猪，早扫考宝"的治家八字，分别是读好书、种好菜、养好鱼、喂好猪、早起床、勤打扫、定期祭祀、以邻为宝。初看起来，卑之无甚高论，稀松平常到很多人一看就会忽略，但这却事关一个家庭的气象。曾国藩对此总结道：书蔬鱼猪，一家之生气；早扫考宝，一人之生气。八字家训，隐含的文化密码就是"生气"二字，勉励家族后代洗练精神、积极向上。

官宦之家子孙若不走正道，一代就能把家底挥霍精光，很少能延续两代。而曾国藩却凭借着严格的、高于普通家庭标准的家庭教育，造就了持续辉煌的曾氏家族，代有英才，长盛不衰，即便在曾国藩离世多年，其家族仍出了 200 多位杰出人物。持家教子，修身立志，而且注重以身垂范，如此严谨的家风使得家族后裔人才辈出，在学术、科技、文化等领域皆有所成就，构成了一种特有的家族文化，成为"齐家治国平天下"的典型范例。

 案例 8.8.3　培养真正的"人"——来自千年学府岳麓书院的启示

有趣的是，毛泽东的老师杨昌济先生和曾国藩的人生经历在一所书院产生过交集，那就是岳麓书院①。这座坐落于潇湘大地之上的千年学府，以其大气、开放的治学理念，成为中华文化中的璀璨明珠。

---

① 岳麓书院是中国历史上赫赫有名的四大书院之一，北宋开宝九年（976 年），潭州太守朱洞在僧人办学的基础上，由官府捐资兴建，正式创立岳麓书院。经过上千年的传承，岳麓书院培养了很多著名的"生徒"，比如王夫之、陶澍、魏源、曾国藩、胡林翼、左宗棠等。

　　道光十三年（1833 年），曾国藩第七次参加科考成为秀才。第二年，他就读于长沙的岳麓书院[①]，为湖南乡试演习，师从岳麓书院山长[②]欧阳厚均。欧阳厚均饱读诗书，学识渊博，曾国藩在他的教导下学识大进，每次考试总是第一。同时，他也受到了岳麓书院内湖南学风的熏陶，这对其思想和以后的治学产生了重大的影响。

　　"惟楚有材，于斯为盛。"岳麓书院自北宋开宝九年（976 年）创立以来，历经千年而弦歌不绝，学脉延绵，在政治、经济、军事、思想文化等各领域都培养出了一流人才。南宋理学家张栻出任山长后，岳麓书院成为湖湘学派的发源地，培养出了一批"岳麓巨子"。明清至民国初期是岳麓书院培养人才的鼎盛时期，诸如曾国藩、左宗棠、杨昌济等日后深刻影响中国历史的人物都从这里走向社会，曾有评价称："你看整整一个清代，那些需要费脑子的事情，不就被这个山间庭院吞吐得差不多？"

　　始终坚持自由开放、兼收并蓄、学思并举的办学风格，是岳麓书院延续千年辉煌的重要原因之一。张栻不仅是一位学者，更是书院的领导者。由他开始，岳麓书院发生了一系列重要的变化：一是在教学宗旨上，他旗帜鲜明地反对仅为应付科举考试的教学，提出书院应该教育培养一类"传道济民"的人才；二是在教学方法上，从诵习辞章到师生之间"问难论辩"，大大活跃了学生的思想；三是在机构功能上，在教育之外增加了学术研究，不同学派的学术大师在此展开学术会讲，岳麓书院由此迅速成为闻名全国的学术基地。[③]尽管理学根基深厚，但岳麓书院并没有关起门来办学，而是以空前开放的姿态接纳各家学说。

　　此后，朱熹颁布了《朱子学院教条》，使岳麓书院第一次有了正

　　[①] 曾国藩在岳麓书院求学长达一年，并通过了当年（1834 年）湖南省的乡试，考取了第三十六名举人，当时他年仅 24 岁。

　　[②] 资料记载，古代书院院长被称为"山长"。

　　[③] 刘红. 张栻书院教育对中国师范教育的贡献摭谈[J]. 兰台世界，2014（28）：137-138.

式的学规。^①朱熹反对当时官学中"务记览，为辞章，钓声名，取利禄"的流弊，想在书院中树立一种新的学风。朱熹所定的学规，提出"修身""处事""接物"之要，作为实际生活和思想教育的准绳，其中包含着重视人格教育，以及提倡言行一致、道德自律等原则。朱熹把"学、问、思、辨、行"定为"为学之序"，书院在教学过程中注重独立思考、知行统一，这在今天看来仍然不过时。

而后近千年中，岳麓书院历经多次变革，却始终不改"通晓时务物理"的务实学风、自由开放的教风、"问难论辩"的院风。书院学者们往往将自我道德完善的人文追求与经邦济世的社会关切结合在一起。为实现治国、平天下的理想，大多数书院都将"德业"与"举业"统一起来。但是，"德业"是目的，"举业"只是手段。为避免忽视"德业"而片面追求"举业"的教育趋向，书院学者基本摒弃了片面的应试教育。

一座学府历经千年岁月洗礼，期间才俊辈出，弦歌不辍，这与岳麓书院在教育过程中坚持开放自由、反对"流水线"式教育，坚持兼容并包、反对故步自封，坚持学思辨行、反对应试刻板的治学理念是分不开的。从教学方法来看，岳麓书院不将学生限制在定式思维和行为中，而是鼓励其独立思考、自由辩论、知行合一。从教学目的上看，岳麓书院不以应试、求官为目的培养学生，而是培养具有独立人格、"传道济民"的人才。学生读书"为己"（参见案例8.3.2），而不"为人"，^②读书的目的就不再拘泥于就业谋职，而是在修学储能的过程中，将所学知识落脚在判断力的形成上，并外化为行动上的担当，以求安心立命，实现对学术理想、德行修养、人生抱负的自由追求。这样的教育致力于培养真正的"人"，因而，岳麓书院成为人才辈出的沃土也就不足为怪了。

---

① 李盛幸，姜正国. 以理义悦其心：岳麓书院学规对当代高校学生手册的启示[J]. 大学教育科学，2016（1）：81-84.

② 《论语·宪问》："子曰：古之学者为己，今之学者为人。"强调读书之要在于提升自己，而并非为了装饰门面给他人看。

视线回到当下。在我们的身边，似乎存在着这样一系列矛盾的现象：一方面，每逢高考之后，许多家长在帮助考生选报志愿时，最常问的问题总是"就业前景怎么样"，网络上"某机构发布中国大学最新排名""最赚钱的专业有哪些""这些'红牌'专业千万不要选"之类的文章五花八门，家长和考生们看得眼花缭乱、心神不宁；而另一方面，每逢毕业季，我们却能看到大量就业不对口现象，根据人民网人民数据研究院联合环球青藤发布《2021青年就业与职业规划报告》显示，近半数毕业生就业面临专业困扰，超 1/3 毕业生就业岗位与专业不对口。这种现象不禁令人反思：明明在选择专业时如此注重"就业谋职"，为什么毕业时还会出现如此高比例的"所用非所学"现象呢？

产生这种问题的原因固然非常复杂：教育周期、教学计划具有相对稳定性，与灵活多变的就业市场存在诸多矛盾……但是我们必须意识到，如果教育的目的仅仅是让学生学会一点儿谋生求职之"术"，如果学生接受教育只是为了将来装点自己的求职简历，那么教育将陷入"取乎其中，故为之下"的怪圈——越是以"就业谋职"为导向，越是难以适应快速变化的就业需求。只有把教育的目的定位于让学生领悟安心立命之"道"，引导他们自主选择、科学规划、道术兼修，才能使更多的学生享得"好之乐之地工作、心安喜悦地生活"，才能使更多的学生实现自己的人生价值！

归结到一点：真实于内心，诚敬于天命（天赋）。

案例 8.8.4　学什么专业好？——高考季的共同难题

在大学工作 30 余年，每年高考季，总是有很多家长来咨询孩子报考志愿的问题，比如，哪个学校好？学什么专业好？实事求是地讲，我多数时候不能给出有效建议。原因有二：其一，全国 3000 多所高校，我深入了解的并不多；其二，即使对于已经在此工作了近 30 年的母校，我深入了解的专业也不多。

当选项太多，而人对选项间的实质性差异了解太少时，选择的过程往往是十分痛苦的。高考填报志愿，对很多考生和家长来说是一个很艰难、很痛苦的过程，多个备选学校、多个备选专业、眼花缭乱的排名[①]、说法不一的专业前途……

将外部选项归并简约，多在内在选项上下功夫，是有效决策的关键。还是拿高考填报志愿来说，对学校所处的层级、学校所在的区域、备选专业的发展方向有所了解后，志愿填报人最需要深入、准确体察的是自己的兴趣所在、自己的思维优势所在、自己的潜能所在、自己充分利用校内外资源潜心学习的意识所在……

某年高考季，某家庭为了孩子报志愿的问题咨询了很多、查阅了很多、吵了很多、争了很多、辩了很多……但还是做不出决定。后来，在一旁静静观察、一言不发的爷爷说话了："你们在细枝末节的事情上想得太多了，在关键问题上思考得太少了。毛泽东当年没有考上北清开复，就读的是湖南省立第一师范学校，不是也没有影响他成为中华人民共和国的缔造者吗？关键是要真学、真思、真干，长真本领，不能过度高估学校、专业的标签作用，提升自我的心力、担当力是关键。在以下三个问题上掂量掂量就可以了：第一，别浪费分数。尽量去好学校，去历史名校，名校底蕴深，可用资源多；第二，孩子一定要对自己的专业感兴趣，至少是不能抵触；第三，至于地域，沿海地区偏动，内陆地区偏静，关键看哪个地区更有利于你的真学、真思，把学校的资源充分利用上。"

毛泽东的确好学、真学、真思考，他不但在湖南省立第一师范

---

① 有评论认为，现在有一些不负责任的网络排名，坑惨了很多学生，坑惨了很多家长。有些排名甚至犯了相当低级的错误：一所好大学合并上几所二流大学，其平均教学水平、科研水平应该下降才对，但在这些"以总量论英雄"的排名者手里，合并后的高校排名竟然可以大幅度前移。一些根据学校排名填报志愿的考生，到校后发现自己以 600 多分被录取的专业竟然是合并前只需要 500 多分就能被录取的专业。这些整天乱发布"排名"者，若是受研究能力和研究方法所限，自己"真信"自己所发布的东西，其罪尚可原谅；若是受了某些商业利益驱使而故意为之——自己"真信不真信"无所谓，是否误导考生与家长也无所谓，只要有名利，就可以毫无敬畏地发布——其罪尤可诛。正如一位教育工作者所呼吁的那样：教育行业的相关者不应向本该追求"真善美"的教育净土泼洒太多的喧嚣与垃圾，不应该无谓增加他人的选择成本和误判的概率……

是这样的，后来到北大图书馆打工，他在真学、真思、真实充分地利用北大教学资源和图书资源等方面，超越了很多北大的学生。正是因为有了太多的真学、真思、真利用，毛泽东才有了后来的真担当！

 案例 8.8.5 道、术之争——如何避免"人的异化"

《论语·为政》有言："君子不器。"对于教育，万世师表的孔子最为担心的是把人教育成了"器"，把人教育成了一种工具，让人在刻板教育中丧失了生命中最为重要的东西——生命的活力与热情、生命的灵性与光辉。

亚当·斯密也曾意识到这种风险。他在《国富论》中提出："为防止退化起见，政府就有（对教育）加以若干注意的必要。这是因为在现代工业社会，劳动分工的确立，使得一般民众只是获得了特定职业所要求的技巧，而同时牺牲了个人的智能、交际能力、尚武品德等。因此，在一切文明的社会，政府如不费点力量加以防止，一些受教育者，就必然会陷入这种状态。"

在分工日益细化的今天，强调专业教育、工匠精神是对的，强调"器"、重视"术"也是对的。但应该避免的问题是：在真"术"还没有求得之前，一些受教育者已经丢失了灵性，丢失了人性的活力与热情，丢失了交际能力和尚武品德。丢失了这些，就等于丢失了"安心立命"之道。

"术"，多指生存技能，如书法、声乐、制图、设计、车工、美发、会计……"术"永无止境，水平高低多能被当场验证。"术"的练就不要指望在学校完成，即使拿了"注册××师"证书，你依然不是一个合格的"术"人，你自己心里没底，别人也不会因为你有证书就信你。"术"需要在实践中练就，有时需要多年，甚至毕生才能练就。当下，证书主要发挥着"敲门砖"的作用，并不一定有很多的含金量。练就一门真"术"，就业谋生不成问题。

"道"，关乎"安心立命"，关乎生命灵性，关乎能否从天地精神、先贤训导中汲取精神能量，关乎对生命"真、善、美"的感悟和体验。"道"，多指事理的清晰、大势的把握、精准的判断，多数不能被当场验证，有时需要数月、数年、数十年，甚至更长时间才能被实践检验。受教育者若能从天地精神、先贤训导中多多汲取智慧，多些"道"的观察，多些"理"的思考，多些"心"的领悟，生命定会日渐精彩，求"术"之路可能走得更远。

"术"与"道"虽能被区分开来，但多时又是相伴前行的，高超的"术"一定合乎着诸多的"道""理"，"道"多时也需要具体的"术"来体现。《孙子兵法》有云："道为术之灵，术为道之体；以道统术，以术得道。"孔圣人倡导的六艺——礼（礼仪与法制）、乐（音乐）、射（射箭）、御（驾驭车马）、书（写字）、数（数学）——偏重"术"。而"四书""五经"①更偏重"理"和"道"。"道""理"有大小，熟谙大"道"，生活本身也成为一门"艺术"。

"术"与"道"不可偏废。当代社会，尤应警惕重"术"轻"道"对人的"异化"风险。1776年，亚当·斯密在《国富论》中指出："人类大部分的智慧都来自日常职业，如果一个人把全部生命都耗费在了少数几个简单的操作上……他自然就会丢掉努力发奋的习惯，让自己变得蠢笨而愚昧。精神上这种没有感觉的状态，不但让他失去领悟和参加所有合理的谈话的能力，而且让他失去拥有所有宽厚、高尚、温和的情操的能力，结果，对于私人日常生活上的许多事情，他也失去了进行适当判断的能力，至于大的、广泛的国家利益，就更没有能力进行判断了。基于他的无知和无能，要想让其在战时捍卫国家，是需要很费一番周章的……由此看来，他获得的对于特定职业的技巧和熟练，就是牺牲了聪慧、尚武等各种品性得到的。"②进而，教育被赋予了纠正和预防这种"异化"的职责。

马克思在《1844年经济学哲学手稿》中也谈到如何避免"人的

---

① "四书"：《大学》《中庸》《论语》《孟子》。"五经"：《诗经》《尚书》《礼记》《周易》《春秋》。

② ［英］亚当·斯密. 国富论[M]. 北京：中国华侨出版社，2013.

异化"。他认为"人以一种完整的方式占据自己完整的本质"，这种方式，包括人的各种感觉、愿望等一切能与客观事物发生作用的方式。而人的成长与健全人格的过度分裂，很容易使人陷入亚当·斯密所说的"变得愚钝无知、丧失交际能力和尚武品德"的痛苦境地。

老子有言："有道无术，术尚可求也。有术无道，止于术。"没有"安心立命"之道的支撑，求"术"之路难以走远，求"术"之路容易导致"人的异化"。当今时代，"道术同修、理技相滋"是一种难以达到的理想状态，但我们不应该放弃理想，不应该背离理想太远，不应该忘记教育的"初心"——君子不器。

本章小结

在南开大学,"幸福经济学"既是本科生的通识公选课,也是经济学院研究生的专业选修课,选课者大都是接受了 20 多年家庭教育和学校教育的学生。每次上课,教师和学生对于以下内容总是能够达成一些共识与一致。

20 多年来,我们脑子里被灌输的信息(或者所谓的知识)已经足够多了,如果将来我们不能"好之乐之、卓尔有效"地工作,不能"心安喜悦、静动有序"地生活,很可能不是因为我们少记了几个概念、少被灌输了几条信息,而是因为我们在以下三方面缺少了自我觉知与有效训练:第一,在信息-知识-理念-判断-行动这一链条中,后三个环节的训练不足,致使所学之内容大部分滞留在前两个环节,难以生成有效判断和行动;第二,在生命资源配置过程中,对"无常"和"无价"两个要素衡量得不足,没有衡量好"被动的忙碌"与"遵从本心的'真'行"哪个更有价值;第三,对生命关联广泛性的觉知与感恩不足,对天地精神的敬畏与汲取不足,精神能量缺少"至上"目标的统领,没有衡量好"就业谋职"与"安心立命"之间的关系。

再次重复教育的"初心":"一切教育活动都是为了学生的成长和发展,为了学生一生的幸福。"教育必须使学生在信息-知识-理念-判断-行动链条上保持畅通,必须切实提升学生的认知力、判断力、情绪管理力和行动担当力,必须让学生能够"立乎上""顺势合赋"。如此,方得教育之"真",学生方得幸福之"道"。

第九章
文化与幸福

观乎天文，以察时变；观乎人文，以化成天下。

——《周易》

东西文化不同，因为其根本思想不同。它们的根本思想，就是它们的"哲学"。

——冯友兰《三松堂自序》

一定的文化（当作观念形态的文化）是一定社会的政治和经济的反映，又给予伟大影响和作用于一定社会的政治和经济。

——毛泽东

我们是五千年悠久历史的古老文明的一部分。这是一股至深且巨的精神力量，能使一个民族产生信心，去面对和克服重大的改变和挑战。

——李光耀

没有人能脱离意义，我们是通过赋予现实的意义来感受现实的。

——阿德勒

工业革命以来，人类改造自然的技术突飞猛进，改造自然的信心与日俱增，面对自然已不再显得那么被动，生产效率大幅度提高，物质财富得以快速增长。但所有这些，似乎都不能必然保证让更多的人获得更多的心灵安顿，让更多的人获得更多的心安与喜悦，获得更多的意义感、价值感和幸福感。在农业社会，人们的工作选项、消费选项、娱乐选项相对单一，生产效率普遍不高，个体之间的效率差别不大，当男人、女人用尽全部精力养家糊口时，男耕女织无论从个人层面还是社会层面进行评判都是有意义的事情，意义感缺失的问题不甚普遍，情绪问题也不如当今世界那么普遍和严重。

当一个人选项偏多而自己又不能清晰、判然地给出选择时，如何将时间和精力配置在自己坚信有意义并且能够经常体验到意义感的事情上反倒成了大问题。意义感不足的问题大比例地出现了，一些衣食无忧的人切实地感受到心灵时有空虚、焦躁与不安。有的人想通过占有更多的物质财富来填平空虚，有的人想通过追求名望、地位来填平空虚，有的人想通过参加聚会、混迹酒吧、进行虚拟交流来填平空虚……所有这些效果似乎都不持久。缺少了个体性和社会性合一的意义感支撑，所有这些追逐似乎都不能使人的内心少一些空虚，多一些充实与富足。缺少了意义感和目标感支撑的"感官享乐"转瞬即逝，仅靠财富、虚名堆积起来的"一致感、满足感"转瞬即逝。人们不得不在关注外部世界的同时，开始更多地关注内心世界；人们不得不在关注经济发展的同时，开始更多地关注文化建设和精神家园的建设。

幸福＝"快乐+意义感"。在信息杂乱、选项过多、自主选择定力不足的大背景下，幸福感不足的问题作为世界性难题明确地摆在了人类面前。正如 2012 年第 66 届联合国大会所告诫：人类 21 世纪面临的最大生存挑战，不是污染、战争，也不是瘟疫，而是我们的幸福感偏低。

一个人"时间与精力"等生命资源的配置，如果缺少了意义感的支撑，那么他不仅会经常性地体验到空虚，面临的其他问题也会越来越多。奥地利心理学家阿德勒曾说过："没有人能脱离意义，我们是通过赋予现实的意义来感受现实的。"说到意义感，自然就关联到文化，关联到世界观、人生观、价值观。

文化，是一个民族、一个区域的民众在由野蛮向文明进化的过程中所形成的"认知共性、情感共性、行动共性"的物质记载（如旧石器、新石器、青铜器等）或精神表达（如音乐、舞蹈、诗词等），它关乎日常的衣食住行乐，是社会进步的显著标识。农具的进步记载着农耕文明的演进，饮食文化反映着当地的自然禀赋，服饰文化体现着人们对颜色、图案、面料的整体性偏好，文字的确认标识着人际交流的显著进步，音乐、舞蹈表达着一个民族集体的精神诉求和情感习惯。

　　一个地区、一个民族赋予某些颜色、图案、仪式、行为的意义感多属长期的习惯和共同认可使然。比如红色能否代表吉祥、白色能否代表圣洁，这些只取决于共同认可度和共同感受度——按照现代脑科学的术语表达，这些意义感的集体性养成就是头脑中认知回路和情绪回路的集体性培养与传承的自然结果，没有更多辩论的必要，也没有更多的道理可讲。关注幸福、关注意义感，不能不关注文化。

　　文化赋予事物意义感，这一点很重要，它决定着个人头脑的内在"一致性"能否达成、"一致性"在何种意义感下达成；它也决定了在不同文化背景下，个体对于同一事物会产生完全不同的情绪体验和内心感受。

一、我国公共财政支出与文化建设

 案例 9.1.1　我国文化资金投入情况①

　　党的十九大报告中指出："中国特色社会主义进入新时代，我国社会主要矛盾已经转化为人民日益增长的美好生活需要和不平衡不

---

① 数据来源于中华人民共和国文化和旅游部网站、中华人民共和国财政部网站。

充分的发展之间的矛盾。"美好生活需要物质富足和精神富足，精神富足关乎一个国家的文化和国民整体的世界观、人生观、价值观，关乎个体内心的"心安与喜悦"感、获得感、价值感、幸福感。

文化是一个国家、一个民族的灵魂，文化建设是构建美好生活的重要组成部分。近年来，随着各级政府对文化事业的重视，我国财政性文化支出规模在整体上呈现上升趋势。

图 9-1 显示了 2011—2021 年国家财政文化支出及其占 GDP 的比重情况。数据显示，我国财政文化支出由 2011 年的 618.74 亿元增长到 2021 年的 1839.67 亿元，增长了 2.97 倍。财政文化支出占 GDP 的比重由 2011 年的 0.13%增长到 2021 年的 0.16%。

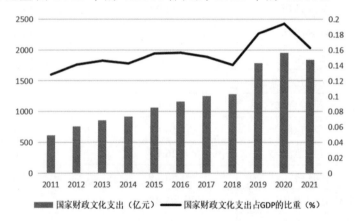

图 9-1　2011—2021 年国家财政文化支出及其占 GDP 的比重

注：数据来源于财政部网站，国家财政文化支出为决算数。

国家财政文化支出与居民日常生活息息相关，能够极大地丰富居民的文化生活，进而提升居民的生活质量。表 9-1 显示了 2021 年我国财政文化支出项目的规模及占比情况，可以看出，群众文化支出规模为 171.69 亿元，占文化支出总额的比重高达 9.33%；图书馆建设支出规模为 143.89 亿元，占比为 7.82%，排名第四；文化展示及纪念机构、艺术表演场所、艺术表演团体、文化活动、文化交流与合作、文化创作与保护支出规模分别为 48.98 亿元、44.74 亿元、

100.42 亿元、47.15 亿元、9.97 亿元和 36.62 亿元。国家财政性文化支出日益以满足人民群众精神文化需求为出发点和落脚点。

表 9-1　2021 年我国财政文化支出项目规模及占比

文化支出项目	支出规模（亿元）	支出占比（%）
行政运行	234.06	12.72
一般行政管理事务	45.32	2.46
机关服务	8.22	0.45
图书馆建设	143.89	7.82
文化展示及纪念机构	48.98	2.66
艺术表演场所	44.74	2.43
艺术表演团体	100.42	6.00
文化活动	47.15	2.56
群众文化	171.69	9.33
文化交流与合作	9.97	0.54
文化创作与保护	36.62	1.99
文化市场监管	26.87	1.46
文化宣传	50.39	2.74
文化管理事务	45.30	2.46
其他文化支出	816.05	44.36
文化支出总额	1839.67	100.00

注：数据来源于财政部网站，支出规模为决算数。

图 9-2 显示了 2011—2021 年我国人均文化事业费及其增长情况，可以看出，2011 年我国人均文化事业费为 29.14 元；2021 年为 80.20 元，是 2011 年的 2.75 倍。全国人均文化事业费也呈现出快速增长的趋势。

图 9-2 2011—2021 年全国人均文化事业费及增速情况

资料来源：《中华人民共和国文化和旅游部 2021 年文化和旅游发展统计公报》。

图 9-3 显示了 2011—2021 年全国公共图书馆人均资源情况。2011 年平均每万人公共图书馆建筑面积为 73.8 平方米，2021 年增长为 135.5 平方米，增幅超过 80%。2011 年人均公共图书藏量为 0.47 册，2021 年增长为 0.89 册，增幅超过 85%。

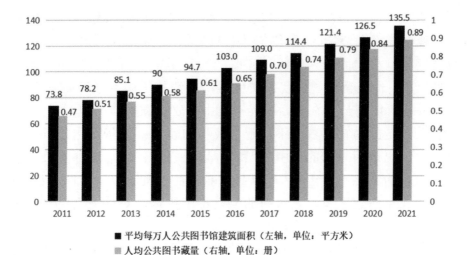

图 9-3 2011—2021 年全国公共图书馆人均资源情况

资料来源：《中华人民共和国文化和旅游部 2021 年文化和旅游发展统计公报》。

近年来，我国不断加大对文化事业和文化产业发展的支持力度，坚持社会效益和经济效益相统一，推动中华优秀传统文化创造性转化和创新性发展，国家文化软实力和中华文化影响力得到显著提升。

习近平总书记在 2018 年全国宣传思想工作会议上强调："中华优秀传统文化是中华民族的文化根脉，其蕴含的思想观念、人文精神、道德规范，不仅是我们中国人思想和精神的内核，对解决人类问题也有重要价值。要把优秀传统文化的精神标识提炼出来、展示出来，把优秀传统文化中具有当代价值、世界意义的文化精髓提炼出来、展示出来。"

在中国共产党第十九次全国代表大会上，习近平总书记再次强调："文化是一个国家、一个民族的灵魂。文化兴国运兴，文化强民族强。没有高度的文化自信，没有文化的繁荣兴盛，就没有中华民族伟大复兴。要坚持中国特色社会主义文化发展道路，激发全民族文化创新创造活力，建设社会主义文化强国。"

中华文明，是四大古文明中唯一一脉相承、根系没有发生断裂的文明①，既经历过秦朝的"焚书坑儒"，又经历过汉代的"罢黜百家，独尊儒术"。它既经受住了"五胡乱华"的磨砺，也经受住了少数民族问鼎皇位的长期检验；它既经受住了宋明两朝理学和心学的长期辩论，也经受住了近代新文化运动的洗礼……老子曰："天长地久。天地所以能长且久者，以其不自生，故能长生。"天地之所以能够长久，是因为它有着"不过于自我"的包容；中华文化之所以能够长久，也是因为它的"中""和"，以及它的包容。这种基于哲学而非宗教的文化不善于对"不确定的事情表达确切"，一以贯之着"诚敬"与"忠恕"之道，它对新的科学不予排斥，对外来文化极具融合力。

在很多基于宗教的文化里，教皇、教会往往会以上帝使徒的名

---

① 在英文中，文化和文明可以使用同一个词汇"civilization"。

义，用教条对信众施加思想约束。所以，每当新的科学发现与宗教冲突时，教会的表现一般都不怎么光彩。基于哲学而非宗教的文化，一般不会对新科学发现表现出太过强烈的对抗。一种基于"诚敬、忠恕"的哲学，既能对外部事实保持着最大限度的开放和接受，又能对未知保持着敬畏，它不善于对自己未知的东西表达过多的确切。恰恰是"诚敬、忠恕"这一哲学基因，保证了中华文化的融合力，同时也保证了它顽强的生命力。

正是因为这种富有生命力的文化的良好延续，使得今人在诵读《论语》《道德经》时，有如两千多年前的智者端坐面前，给人以耳提面命之感。这种亲切，这种奢侈，值得我们百倍珍惜。正是因为有了这种文化的滋养，每个时代，总会出现引领这个时代的先锋；每逢危难，总会涌现出带领民众走过危难的脊梁式"真人"。

敬畏天地，人们就能够从"天覆万物而不恃，地载万物而不居，水利万物而不争"中得到更多的精神滋养；敬畏一种富有生命力的文化，人们就能够从"中、和"之道中获取更多的精神能量，"涵养"出更多的时代先锋与民族脊梁。有了天地精神和圣贤精神的滋养，人们在追求"就业谋职"之术时，就不至于丢失"安心立命"之道，不至于丢失生命的活力、灵性与光辉（参见案例 8.8.5）。

二、社会变革与文化沿革

文化关乎民众头脑中的"价值标准、认知惯性、情感惯性"，文化冲突易引发价值观、人生观、生命意义感的冲突。正如陈寅恪先生所言，当一种文化必须融入外来要素时，为此文化所化之人，常感痛苦。文化变革，毕竟意味着对原有认知回路、情感回路的打破，毕竟意味着被迫走出原有舒适区。因此，文化改革一般总会面临着诸多的认知抵触、情感抵触和行为抵触。纵观世界历史，在社会快速变革过程中化解文化冲突绝非易事，弄不好要付出惨痛的社会代价。

 案例 9.2.1　大久保利通的悲剧[①]

1853 年 7 月 8 日，美国刚刚跻身于强国之列。为了开辟太平洋航线和抢占东方市场，美国总统命令东印度舰队司令佩里率领四艘全副武装的黑色大船，闯入了日本横须贺港。美国以"黑船"叩开日本国门之后，迫使日本签订了历史上第一份不平等条约。此后不久，荷兰、俄国、英国和法国蜂拥而至，纷纷仿效，开始在这个岛国上争夺各自的利益。像当时许多亚洲国家一样，开港之后的日本迅速成为西方商品的倾销市场和廉价原料的供应地。开港仅仅半年，日本黄金就外流了 100 万两，国内经济萧条，民怨四起。

1868 年 4 月 15 日，明治天皇颁布了《五条誓文》，从此，日本进入了"明治维新"时代。1871 年，一支近百人的政府使节团从横滨港出发，前往欧美各国。以岩仓为首的欧美访问代表团是日本的最高领导阶层，他们在看到欧美文明之后大为震惊，其所见所闻可以用"始惊、次醉、终狂"来概括。"始惊"是指他们到了欧美国家，看到了西方发达的制度以后，倍感震惊；"次醉"则是陶醉在西方先进的物质文明和精神文明之中；"终狂"是下决心发疯似的学习西方一系列相关制度，要使日本变得像西方一样。在德国，日本使节团似乎寻找到了自己国家的发展模式。刚刚完成国家统一的铁血宰相俾斯麦在招待宴会上对他们说道："如今世界各国，虽然都说要以礼仪相交，但那毕竟是表面文章，背地里实际上是以大欺小，以强凌弱。"这番话让日本人感同身受，他们不仅认同了俾斯麦的"强权政治说"，同时也醉心于德国的发展模式——由国家来主导工业发展。

[①] 参考纪录片《大国崛起》——百年维新。另参考：姚传德."用俾斯麦的强权，创英国式的富强"——评大久保利通的近代化思想[J]. 学术界，1994（6）.

正是由于采用这样的发展方式，德国成为当时欧洲发展最快的后发国家。回国后主导日本工业化进程的，正是岩仓使节团的副团长、自称"东洋俾斯麦"的大久保利通。

回国后，大久保利通升任参议兼内务卿。这位掌握了明治政府实际大权的铁腕人物，迫不及待地带领日本开始了一段现代化"急行军"。迅速向工业化迈进的日本，在学习先进技术的同时，也开始效仿西方的生活方式：公历取代了农历，元旦取代了春节；天皇带头吃起了牛肉；官员们穿上了燕尾服；理发馆的生意开始忙碌起来，男人们剪掉发髻，修剪成西式短发。有一首打油诗形容当时的场景："敲敲短发蓬松的天灵盖，文明开化的声音就响起来。"

同一千多年前模仿中国唐朝都城长安建造起奈良一样，这时的日本人又在东京的银座建起了"西化一条街"。这里仿照欧美街市，盖起两层楼的洋式砖瓦房，街道上电车穿梭，夜幕降临时煤气灯就会点燃。日本看上去面目一新，明治维新似乎进行得十分顺利。

就在这个时候，一件意外的事情发生了。1878 年 5 月 14 日早晨 8 点，大久保利通像往常一样早早出门，准备入宫开会。几分钟后，一条消息传到宫中：49 岁的大久保利通在清水谷被刺杀。就在遇刺当天的凌晨，大久保利通还在和一位前来拜访的地方县令谈论他对日本未来改革的设想。

到底是什么力量，结束了大久保利通对这场变革的主导权？为什么明治维新在推进到第 11 个年头的时候，会突然向整个社会抛出这个巨大的惊叹号？曾任中国日本史学会会长的汤重南解释道："为了实现富国强兵、殖产兴业和文明开化三大维新目标，强硬的大久保利通采用简单的拿来主义方式推行改革，但政府在发展工业方面既缺乏经验又急于求成，导致政府财政难以为继。而文明开化过程中的过火行为，使得日本的传统文化面临崩溃，甚至有人提出日本人应该改说英语……这一切，不可避免地引发了现代文明与本土传统的激烈冲突。与此同时，改革带来的不公平使本已存在的社会矛盾更加激化。"

作为大久保利通的继任者，伊藤博文一直以来都是大久保利通的得力助手。他为了缓解当时的社会矛盾，继续推进明治维新改革，采取了一系列新政，其中最重要的一项就是恢复日本的民族传统。随后，日本经济快速发展，极端西化的做法被慢慢遏制。于是，日本的社会生活中出现了这样一些场景：西服流行的同时，和服被当作最华丽的礼服保留下来；酒吧多起来了，茶室依然是人们的精神净地；西洋歌剧开始唱响，能剧和歌舞伎在走向极致；当油画开始绚丽夺目时，日本的浮世绘也成为世界绘画的一大流派。

三、中国传统文化的传承

 案例 9.3.1　中医"存废"与文化传承

2019 年 5 月 26 日，第 72 届世界卫生大会（WHA，世界卫生组织的最高权力机构）审议通过了《国际疾病分类第十一次修订本》（ICD-11），首次将起源于中医药的传统医学纳入进来，标志着传统医学正式纳入世界卫生组织（WHO）的国际疾病分类中。世界卫生组织总干事报告指出，ICD-11 包括一个题为"传统医学病证——模块 1"的补充章节，将起源于古代中国且当前在中国、日本、韩国和其他国家普遍使用的传统医学病症进行了分类。ICD-11 于 2022 年在 WHO 成员中实施，来自传统医学的 150 条疾病和 196 条证候条目在临床诊断中正式纳入疾病分类，"阴虚""肝气郁结"等中医术语被采纳。将有关传统医学的补充章节纳入国际疾病分类，使我们第一次能够统计传统医学服务和就医情况，测量其形式、频率、有效性、安全性、质量、结果及费用，并可以与主流医学和研究进行对比。WHO 强调，该决定的目的是让医生有机会同时使用传统医学与西医共同进行诊断，为其提供一种标准参考，帮助诊断疾病。[①]

　　早在 2010 年，中医的精华"针灸"就被列入了世界非物质文化遗产名录。针灸起源于中国，从最早使用砭石治病算起，距今已有 5000 多年的历史，后来传播到日本、韩国及欧洲地区。千百年来，针灸对解决疾苦、造福人类的贡献卓越。时至今日，针灸仍广受信赖。据统计，2013 年全世界约有 183 个国家在使用针灸，20 多个国家实现了针灸立法，诸多国家已将其纳入医保范围。其中，美国医疗保险和医疗补助服务中心（CMS）在 2020 年 1 月正式宣布，将针灸纳入美国联邦医保以解决美国日益严重的疼痛问题，以及随之带来的阿片类药物滥用问题。

　　据统计，截至 2021 年年底，我国中医院数量为 5715 所，每天接诊成千上万的患者；与此同时，我国还有 39 所中医高等学府，十几万莘莘学子每天在朗朗诵读着中医古老经典，源源不断地为中医事业输送人才。[②]

　　逐步走向世界的中医，在中国历史上却曾遭口诛笔伐。新文化运动期间，"中医废止"的论调一度沸沸扬扬。鲁迅在《呐喊》中写道："我还记得先前的医生的议论和方药，和现在所知道的比较起来，便渐渐地悟得中医不过是一种有意的或无意的骗子，同时又很起了对于被骗的病人和他的家族的同情。"陈独秀在《新青年》中写道："（中）医不知科学，既不解人身之结构，复不事药性之分析，菌毒传染，更无闻焉；惟知附会五行生克寒热阴阳之说，袭古方以投药饵，其术殆与矢人同科。"傅斯年在《大公报》上发表文章指出："受了新式教育的人，还在那里听中医的五行、六气等等胡说！自命为提

---

　　① 据了解，"国际疾病分类"（ICD）是世界卫生组织制定颁布的、国际统一的疾病分类标准，是各国政府在医疗、管理、教学和科研及制定政策中关于疾病分类的规范性标准，它对数千种疾病和诊断进行了分类，无论是各国医生进行诊断、保险公司确定保险覆盖范围，还是科学家对相应疾病开展研究，均受这项权威性的通用标准影响。因此，ICD 在全球具有重要影响力，是全球卫生健康领域具有权威性的基础和通用标准之一。
　　② 中华人民共和国中央人民政府《2021 年我国卫生健康事业发展统计公报》. https://www.gov.cn/xinwen/2022-07/12/content_5700670.htm.

倡近代化的人，还在那里以政治的或社会的力量作中医的护法者！这岂不是明显表示中国人的脑筋仿佛根本有问题？""我是宁死不请教中医的，因为我觉得若不如此便对不住我所受的教育"。冯友兰在《三松堂全集》中写道："中医的理论是不科学的。金木水火土配心肝脾肺肾一套，固于生理学无据，即其所谓寒热虚实风火等，其确切的意义，也令人很难捉摸"，"所谓中医西医之分，其主要处不是中西之分，而是古今之异。中医西医，应该称为旧医新医"。

口诛笔伐没有断绝中医的发展沿革。毛泽东曾在 1953 年《对卫生工作的指示》中指出："我认为中国对世界上的大贡献，中医是其中的一项"，"中医宝贵的经验必须加以继承和发扬。对其不合理部分要去掉。西医也有不正确的地方，也有机械唯物论"。现如今，我国对中医的重视似乎提升了新的高度。2019 年 10 月 25 日，国务院召开全国中医药大会，这是中华人民共和国成立以来第一次以国务院名义召开的全国中医药大会，会议传达学习了习近平总书记对中医药工作的重要指示。10 月 26 日，《中共中央国务院关于促进中医药传承创新发展的意见》发布。

中医发展至今，存废之争的结论显而易见。存在了几千年的东西，其生命力必定是强大的。[①]历经几千年传承至今，中医早已上升为"中华文化的瑰宝"，有着高于"医学"本身的文化内涵。中医蕴含的整体思辨、阴阳平衡的理念，也是中华传统文化在医疗方面的一种体现。

仅拿穴位来说。穴位，用现代科学很难解释，但基于穴位的针

---

① 在抗击新冠肺炎（现称"新型冠状病毒感染"）疫情中，中医也发挥了不可替代的作用。数据显示，全国新冠肺炎确诊病例中，有 91.5%的人使用了中医药，中医药总有效率达到 90%以上。专家表示，在早期缺乏特效药和疫苗的情况下，研究人员通过总结中医药治疗病毒性传染病的规律和经验，筛选出多种具有明显疗效的中医药品。中国还向海外捐赠了中成药、针灸针等药品和器件，新冠肺炎的中医药诊疗方案也被翻译成英文。详见：筛选出"三药三方"疗效明显 中医药治疗新冠肺炎总有效率逾 90%[N]. 人民日报（海外版），2020-03-24.

灸，解除了多少中国人的病痛，解除了多少世界人的病痛。①科学是人类就"已知的信息"所达成的最合逻辑的解释而已，但不要忘记，500 多年前全人类对太阳和地球的关系都没有弄清楚，还存在着整体性误判。时至今日，人类"已知的信息"与"未知的信息"相比，仍然有如茫茫大海中的几座小岛而已。"知不知，尚矣"，人类有时需要适当地悬置科学，给传统智慧和思辨的心灵留出一点空间，不要打着科学的旗号，做着反科学的蠢事，"不知知，病也"。

几千年的中医文化，凝结着太多的人类智慧，任何过激的否定都是理智匮乏的表现。扬长避短、互相借鉴是事物发展的必由之路，中医治疗、中医文化也不例外。

案例 9.3.2　从故宫看文化传承

中医、诗词、书画、戏曲、饮食、服饰、建筑，都从不同的侧面记录了中华民族传承五千多年的灿烂文明，是文化传承过程中不可或缺的载体。而故宫作为世界上规模最大的古代宫殿建筑群，是国内文物藏品最多、来访人数最多的博物馆，也是传统文化的重要收藏地和传播源。近年来，故宫博物院秉持"让故宫成为一种生活方式"的理念弘扬中华传统文化，通过一系列探索实践让文物"活起来"，让文化传承"活起来"，这一创举受到社会的广泛赞誉。

单霁翔院长给出了几组数据："前年（2017 年）我们的网站访问量是 8.91 亿，中国的文化机构第二名是 1.8 亿"，"2016 年故宫博物院公布 1 862 690 件（套）藏品总目，每一件都公布了，人们可以查阅我们任何一件藏品的信息"。说到这，会让人自然联想到本书案例 4.5.1 国宝流亡路，如果那时具有现在的数字化管理技术，国宝也

---

① 天津中医药大学第一附属医院是中国针灸水平最高的医院之一，针灸界权威石学敏院士就在此工作。笔者有一次在该医院就诊，碰见了一位美籍华人。他祖籍山东，在美国患了面瘫，花费了上万美元也没有治愈。后来他决定回国，来到天津中医药大学第一附属医院，通过针灸等传统医学治疗，不到一个月的时间已基本痊愈。他很兴奋地告诉周围病友：太神奇了，花了很少的钱，病竟然治愈了。

许就不会流亡得如此令人痛心。

单院长说："去年（2018 年）来了红月亮，晚上 9 点到 11 点我们拍了一组红月亮（'遇见红月亮的紫禁城'），第二天早上我一看两千万的点击量。今年（2019 年）我们的一组《故宫下雪了！收图！》，微博阅读量 5193 万。"故宫文化的影响力可见一斑。

"七年前我们开始做系列 App，现在九部 App 出品了，每部都获奖了。"例如，2013 年，故宫博物院发布名为《胤禛美人图》的 App，它以在观众中知名度较高的"十二美人"绘画藏品为基础，串联起家具、陶瓷、宫廷生活、书画等方面的研究成果，并对绘画本身的构图、技法进行分析，利用立轴画卷等数字多媒体技术诠释了不一样的历史。接下来陆续加入的《紫禁城祥瑞》《韩熙载夜宴图》《每日故宫》《故宫陶瓷馆》，使得故宫文物以更为数字化的方式进入人们的视野。单霁翔说："我们要把这些古代的智慧融入今天人们的生活中，使它们在今天生活中仍然成为最有尊严的，但也对人们今天生活贡献最大的一部分。"

2016 年纪念故宫博物院建院 90 周年纪录片《我在故宫修文物》在央视纪录频道播出，播出不久，这部只有三集的纪录片在视频网站收获了百万级的播放量，豆瓣评分达到纪录片界罕见的 9.4 分。这部纪录片走红究其原因在于抛弃了传统纪录片的宏大叙事框架，近距离展现文物修复专家的日常生活和内心世界，以浓浓的生活气息和平民视角成功突围，创新了文化传播展现方式。毕业于中央美术学院的木器修复组组长屈峰老师说道："文物其实跟人是一样的，我们从过去最早的时候说，玉有六德，以玉比君子，玉就是一块破石头，它有什么德性啊，但是中国人就能从上面看出德性来。所以中国人做一把椅子，就像在做一个人一样，他是用人的品格来要求这个椅子。中国古代人讲究格物，就是以自身来观物，又以物来观自己。古代故宫的这些东西是有生命的。人在制物的过程中，总是要把自己想办法融到里头去。人在这个世上来了，走了一趟，虽然都想在世界上留点啥，觉得这样自己才有价值。很多人都认为文物修复工作者因为把这个文物修好了，所以他有价值，其实不见得。他在修这个文物的过程中，他跟它的交流，他对它的体悟，他已经把自己也融入里头了。文物是死的，要文物干什么？要文物的目的就是为了要让它传播文化。"

2019 年 11 月 24 日，单霁翔院长来到中央广播电视总台央视综艺频道和喜马拉雅联合出品的《一堂好课》节目，带来了一堂文博课。课堂上，单霁翔院长通过西湖申遗、"地坪风雨桥"的案例，讲述了文化的力量、文物的生命：

在大城市的中心区，申报世界遗产难度是非常大的。杭州西湖要申遗。杭州是一个蓬勃发展的大城市，西湖在城市的中心，它的特点就是三面云山一面城。要成为世界遗产，首先你要确保三面云山，不能有新的建筑侵入，这要下很大的决心。十年申遗路，西湖得到了保护。今天大家无论是荡舟西湖，还是漫步苏堤、白堤，都看不到任何一栋建筑侵入三面云山之中，杭州市坚定不移地从西湖时代走向了钱塘江时代，在钱塘江两侧气势磅礴地建设了新城。18 年以后，二十国集团（G20）峰会的时候，把这座新城的景观传遍了世界。梁思成先生当年"保护老城、建设新城、相映成辉"的主张，在杭州得到了非常好的实践。这就是文化的力量。

2004 年的 8 月 20 日，在贵州黎平县的地坪乡，这是当年还比较贫困的一个侗族的山村，2004 年人均纯收入只有七百多块钱，但村庄有一个非常漂亮的"地坪风雨桥"，是全国重点文物保护单位。但是有天下午下暴雨，山洪一浪一浪地从上游滚过来，这座桥就摇摇欲坠了。当时村民去找绳子、找铁丝来捆绑这座桥，不希望它垮掉，但是根本无济于事。一个巨浪打来，桥就轰然倒塌了。但就在桥倒塌的时刻，在场的 124 名侗族小伙子纷纷跃入了洪水，拼死打捞起家乡风雨桥的构件。三天三夜，从贵州一直打捞到广西，他们告诉沿途村庄的村民，上面漂下的木材是我们家乡的风雨桥，我们要把它们运回去，我们的家乡不能没有风雨桥。在政府的组织下，经过 10 多天的时间，他们打捞上来的构件，运回了地坪乡。一清理，28 根大木构居然一根都没有少。73%的风雨桥的构件回到了原地，使这座桥得以重建。当媒体采访村里的老人，问为什么在桥垮塌的时候，也没人组织，孩子们就能纷纷地跃入洪水去抢救。老人回答说："这就是他们的家呀，他们从小就在桥上，听老人讲故事、做作业、唱侗族大歌。侗族大歌里面有一句歌词——地坪花桥传万代。所以花桥早已是他们生命的一部分了，花桥遇到什么危险，他们都会挺身而出的。"这就是当我们的民众与他们家乡的文物建立了血肉联系以后，才能出现的奇迹。

单霁翔院长评论道："这些感人的故事，能够引起我们对文化遗产的思考。文物保护重要，还是利用重要？长期以来一直在争论，但是呢，保护也不是目的，利用也不是目的，我们祖先创造的灿烂文化，经过我们的手，经过我们的时代，经过我们的城市，能够把它真实完整地传给我们子孙后代，这才是最重要的。"

"好课班主任"、主持人康辉在主持词中也做出了总结："文物的价值在哪？它就是在细节上，一次一次地在佐证了我们的历史文化的进程。文物是有生命的，它们的生命可能比我们的生命要长得多。它们曾经来过，它们不再离开，它们成为我们身体里、血液里的文化基因，让我们每每想起的时候，都会觉得我们有一种底气在，有一种力量在"，"我们为什么要让我们的历史、让我们的文化遗产一代一代不断地传承和延续下去？那就是因为我们要让今天的中国人、全世界的人，让未来的中国人、全世界的人，都可以一次又一次地听到中华文明这一声声远古的回响。因为只有我们的文化活着，我们的民族才活着，我们每一个人才真正活着"。

四、"诗词热"——传统文化在回归

　　孔子曾问儿子孔鲤："学诗乎？"对曰："未也。""不学诗，无以言。"鲤退而学诗。

　　孔子所说的"诗"，即《诗经》，被公认为中国古代诗歌的开端，反映了西周到春秋五百年间的社会面貌。孔子曾以"《诗》三百，一言以蔽之，'曰思无邪'"来概括诗之思想纯正无邪。孔子认为人的修养始于"诗"，"诗可以兴，可以观，可以群，可以怨……"《诗经》之言，或怨怼之情，或壮美之志，皆出自诗人至情流露，直抒心意，正所谓"诗以言志"。

　　漫漫华夏史，诗词贯穿始终，无所不包：天地万象，社会大千，家国情怀，心灵思辨，爱恨情仇，草木鱼虫……诗词关乎文化传承，让后来者能够穿越历史，赏千年风景，过万种人生，看世事流转，悟兴亡盛衰……

　　诗词，关乎"心"的传递，关乎"心"的交融，关乎精神的传承，关乎灵魂的塑造。作诗者众，入"心"者寡；背诗者众，得"心"者寡。作诗不"无邪"抵"心"，易致辞藻堆砌，难以传世；背诗不得"心"，难得精神传承，难得心灵塑造，难得现实担当。

 案例 9.4.1　白茹云：诗词伴我走出无助，走向欢乐[①]

　　"要说诗词对我有什么影响，我也不知道。它不能帮我交上医院的欠款，它也不能帮我过上富足的生活。它就像一位朋友，伴我走

---

　　① 根据以下材料整理：喜马拉雅 FM.《发刊词》"在诗词无用的年代，我们为什么要读诗？"，长城网文章"坎坷人生自有诗意"（作者：白茹云）。

过寂寞，走过阴霾；又像一位老师，引导我走出无助，走向欢乐。人生，就像一段旅程。正如诗词里苏轼所说的'人生如逆旅，我亦是行人'，我就是走在诗词路上的一个行人……"

说这段话的人叫白茹云，是一位普通的农家女子。她家境清贫，弟弟自幼脑中生瘤，一发作就拼命抓头、打头，为了照看和安抚弟弟，她开始为弟弟念诗、唱诗，由此走上了热爱诗词的道路。初中毕业后，白茹云曾在村小学当过代课教师，也去北京做过保姆，但她始终坚持在闲暇之余阅读诗词。2011 年，白茹云不幸被查出患有淋巴癌，治疗期间一度承受 7 次化疗和 1 次放疗，仅靠丈夫打工挣得的微薄收入无法支付高额的医疗费用，为了治病，家里欠了很多债。

但白茹云并没有因此而陷入消极与颓废，在住院期间，她坚持读完了一本《诗词鉴赏辞典》，并留下了密密麻麻的笔记。2017 年 2 月，白茹云站在了《中国诗词大会》节目的舞台上，并以精彩表现折服了万千观众。

正如评委郦波在喜马拉雅的《发刊词》中所言：在生活的重重重压面前，白茹云一路走来，却没有太多的沮丧、不甘、愤懑与埋怨，她说因为有诗词一路陪伴，她说因为她喜欢那句"归去，也无风雨也无晴"。当白茹云在诗词大会上从灵魂深处念出郑板桥的那句"千磨万击还坚劲，任尔东西南北风"时，评委郦波感慨道："拥有如此淡定气魄的白大姐，真是我们每个人人生的一面镜子啊，值得我们每个人去对照、去反思。"

不断地为弟弟念诗唱诗，工作之余持续阅读，住院期间读完整本《诗词鉴赏辞典》……这些持续的用心，在白茹云的头脑中逐渐养成了积极的认知体系和基于诗词的"思维大河"。随着诗词的反复吟诵，神经细胞的关联数量和强度不断增加，积极的认知回路、情绪回路日渐强大。这种日渐强大的内在力量就像一位朋友，伴她走过寂寞、走过阴霾；又像一位老师，引导她走出无助、走向欢乐。正是这种日渐强大的内在力量给予了白茹云直面现实与正视苦难的勇气，正是这种日渐强大的内在力量赐予了白茹云"千磨万击还坚劲，任尔东西南北风"的气魄；正是这种日渐强大的内在力量涵养了白茹云"归去，也无风雨也无晴"的淡然与从容。诗句的确已经融入了她的心，融入了她的生命，内化为她的一种认知、一种力量、一种担当。文化力量至此，方显其本真功效。

同样是在《中国诗词大会》的舞台上，16岁的选手姜闻页面对赛场失利时曾说："草木有本心，何求美人折。我既然怀有喜爱诗词的初心，又何须以输赢和胜负来鉴定我对诗词的热爱。"中国诗词大会第五季冠军彭敏曾说："（读诗）可以拓宽我们的心灵边界和灵魂的深广度……"

"诗者，志之所之也，在心为志，发言为诗。"诗词之大美不在于教人识得多少格律、多少生僻字，而在于将诗词独具的思想内核传递给我们的"心"，使我们的认知体系趋于一种不矛盾、不纠结的状态。只有这样，人才能拥有面对现实乃至超越现实的力量。

不用心，不入心，作诗、背诗都会成为额外的负担。唯有持续用心，唯有一以贯之，持续将诗词所饱含的智慧与哲理融入自己的认知回路和情绪回路，持续养成与诗词精神相匹配的认知框架和行为框架，诗词才会释放出强大的生命力，释放出无尽的光辉与精神能量。

案例 9.4.2　"人间有味是清欢"：诗词使人从平凡的生活中看见生命的充盈[①]

千百年前，苏轼在游历山川时发出了"人间有味是清欢"的感慨。千百年后，人们仍能愈益清晰地意识到，幸福不在于物质财富的一味堆砌，倘若腹有诗书，我们每个人都能在看似平凡的生活中安享生命的欢愉。

---

① 金良快，刘金海，方欣. 一位民航机长的"诗意飞翔"［N］. 新华每日电讯，2023-02-10(009).

"'律回岁晚冰霜少，春到人间草木知。便觉眼前生意满，东风吹水绿参差。'大家好，我是南航机长马保利……立春是二十四节气之首。立，是开始之意；春，代表着温暖、生长。立春揭开了春天的序幕，是万物复苏的开始……"这段别有韵味的航班广播，来自人称"诗意机长"的马保利。在 2023 年《中国诗词大会》中，他凭借优异的表现脱颖而出，最终拔得头筹。对他来说，"读万卷书，行万里路"有着独特而深刻的内涵，他说："飞行将给我行万里路的机会，读万卷诗书则可以让自己的灵魂匹配飞行的速度与高度。"

马保利自幼便与诗词结缘。在他小时候，父亲常在家中的白墙上用铅笔"画"出一些画面感很强的诗词，启迪他畅想诗词中的丰富意象。上小学时，他的语文老师借着当时《三国演义》的改编热，为学生们教授《念奴娇·赤壁怀古》《临江仙·滚滚长江东逝水》等经典诗词，带领他感悟历史的波澜壮阔。后来，马保利成为一名民航机长，又担任飞行教员。每次飞行时，他都会在飞行箱里放一本书以供阅读。"当下生活与工作节奏都比较快，而且内容千篇一律——忙，人们很少能够静下来去观察这个世界。当我们用慢节奏去过日子，去体会飞行工作的时候，反而成为新的角度。"在跨越山海的航线上，他也常因看到祖国的大好河山而心潮澎湃。"不读书的话，我可能只会赞叹'山好高''海好宽''云朵很厚'。"而经过日积月累的古典诗词滋养与沉淀，他得以用更深情的眼光注视神州美景，以更优美生动的语言描摹内心的触动。

马保利说，古典诗词记录了中国人几千年的生产生活、风土人情、志向气节、历史变迁，不断地给他养分和力量。"中国是一个诗的国度，中国人都有一颗诗心。"工作中，他用诗句勉励自己恪守飞行安全，也会援引朱熹《观书有感二首》中的诗句为学员传授飞行知识。[①]生活中，他会与妻子一同喝茶看书，也会教女儿们泡茶和背

---

① 金良快，刘金海，方欣. 一位民航机长的"诗意飞翔"[N]. 新华每日电讯，2023-02-10(009).

古诗……诗词使马保利从心底感受到中华优秀传统文化的丰厚，也让他将其中蕴含的先哲智慧、民族精神外化为追求幸福生活的点滴行动，为乘客、为家人、为身边的每一个人带去丰富、充实的身心体验。

 案例 9.4.3　诗词，让"苦活"有了点儿"甜"味[①]

在 2023 年《中国诗词大会》的舞台上，还有这样一对夫妻选手吸引了观众们的目光。"'富贵必从勤苦得，男儿须读五车书。'我叫廖珮盛，来自山东临沂，是一名窗帘安装工。""'粗缯大布裹生涯，腹有诗书气自华。'我是来自山东临沂的廖珮盛的媳妇，我叫刘晓晖。"在与尺子打交道、跟布讨生活的岁月里，这对"窗帘夫妻"将"诗心"贯注于一针一线之中，把平淡的日子过出了诗意。

"窗帘夫妻"对诗词的钟爱由来已久。他们的老家都在农村，新婚生活是从租房开始的。结婚后，由于妻子刘晓晖对古诗词一直有着浓厚兴趣，廖珮盛也逐渐喜欢上了诗词。后来，他们开了一家窗帘店。每天清晨，廖珮盛都会骑电动车载着刘晓晖到店里，刘晓晖负责裁制窗帘，廖珮盛负责安装。每逢生意进入旺季，两人经常忙得饭也顾不上吃。但是，夫妻俩从诗词中找到了生活的"调味剂"：他们会把诗词写在纸上，贴在缝纫机旁和窗帘上，有时刘晓晖读了上句，廖珮盛便接下句，夫妻俩还会来个"飞花令"；为了研究诗词，廖珮盛把诗词糊了一面墙，还打印了一张历史表，攒下了四五本手抄的诗词本；他们为每一款窗帘都配了一首诗，有牡丹花样的窗帘就叫"唯有牡丹真国色，花开时节动京城"，有桃花花样的窗帘就叫"桃花一簇开无主，可爱深红爱浅红？"……廖珮盛说："做窗帘和

---

① 根据下列报道整理：《对话"窗帘夫妻"，粗缯大布里裹的诗词梦》（《齐鲁晚报》客户端，2023 年 1 月 31 日）、《登上〈中国诗词大会〉！临沂"窗帘夫妻"痴迷诗词生活充满诗情画意》（琅琊新闻网，2023 年 2 月 1 日）、《山东"窗帘夫妻"闯进〈中国诗词大会〉：把平淡日子过成诗》（《济南时报》客户端，2023 年 2 月 8 日）。

背诗要一样用功。"刘晓晖说："做窗帘是一个苦活，但诗词让这一份辛苦甜蜜起来。"

在与诗为伴的日子里，"窗帘夫妻"感到生活因诗而变得更加美好。廖珮盛感慨道："老实说，以前的我也是个急性子，有时候还会发个脾气什么的，但这些年下来，已经很久没有着急上火过了，我觉得是非常好的转变。"忙碌的工作使得夫妻俩很难有时间外出旅游，但诗词给了他们另一种实现愿望的方式。刘晓晖说："在古诗词当中，我能够感受祖国的大好河山，感受田园的袅袅炊烟，感受文人志士的豪情壮志。我一边做着窗帘，一边背着古诗，感觉一针一线都像在诗情画意中游走。"每届诗词大会他们都会报名参加，已经连续五六年时间，但夫妻俩没想过达到什么成就："我们的生活就是平淡的，平淡又有什么不好呢？"

此外，2023年《中国诗词大会》中还有许多选手给观众留下了深刻印象。消防战士罗选疆、火车上水工白世义、体育老师徐辉……这些来自各行各业的平凡劳动者，因诗词体悟着生命的丰盈，也因诗词构筑起绚丽多彩的精神世界。正如德国诗人荷尔德林所写的那样："人充满劳绩，但还诗意地栖居在这片大地上。"在诗意与审美中，人们用热情拥抱生活，从中获得砥砺前行的勇气和力量，真正地将诗词内化为精神意志，外化为行动力量。

中华经典古诗词的海洋浩瀚无涯，于岁月流变中传承和滋润着一代又一代中华儿女的精神家园。当然，我们的诗词中也出现过辞藻堆砌的现象，也有过"为赋新词强说愁"的纠结。但真正代表中华文化主线的，永远是那些直抵人心的文字，是那些能够对读者的认知、情绪、行为产生根本影响的不朽名篇！好的诗词是对现实的升华解读。诗词之大美，正应如此！

案例 9.4.4 "诗豪"刘禹锡：以诗入心，以诗言志[1][2]

刘禹锡是中唐杰出的思想家和文学家。他有兼济天下苍生之心，志在恢复盛唐气象，但也因拯时济世、除弊革新失败而屡遭贬谪。尽管身处困厄，命途多舛，但刘禹锡仍以旷达乐观的精神蔑视苦难，将满腔忧国忧民之心化为诗词，用高远的诗境铸成了诗史上的一个"豪"字。

安史之乱后，朝堂混乱，百姓流离，民不聊生。永贞元年（805年），抱病即位的唐顺宗对当时社会中的种种弊端深为忧虑，即位伊始便启用原太子侍读王叔文、王伾等志愿改革弊政之士，开始了一场名为"永贞革新"的社会变革。刘禹锡、柳宗元二人深受王叔文器重，他们参与谋政、草拟文告、采听外事，展示了卓越的政治才能。然而，由于内忧外患，旨在中兴王朝的革新运动在大唐历史上仅仅存在了146天就以失败告终，以刘禹锡为代表的革新人士接连遭受巨大挫折。刘禹锡先后被贬至朗州、连州、夔州、和州等地，开始了"巴山楚水凄凉地，二十三年弃置身"的羁囚苦旅般的生活。

面对人生际遇的无常，刘禹锡并没有意志消沉，而是将满腔豪情、报国之志化为诗句，以诗词"迎战"生活的苦难。刘禹锡被贬朗州（今湖南常德）时仅刚过而立之年，当时的朗州"举目殊俗，不可与言者"，处境不可谓不困窘。但也正是在此期间，他创作了《秋词》两首，感言"自古逢秋悲寂寥，我言秋日胜春朝"，一改前人"悲秋"之情，从悲凉萧瑟的秋日里解读出豪迈、豁达之境。[3]被贬连州（今广东清远）期间，刘禹锡一上任便撰写了《连州刺史厅壁记》，对历届郡守的政绩作了考察。他提出"或久于其治，功利存乎人民；或不之厥官，翘颙载于歌谣"，抒发了务实求是、造福百姓的宏愿。他注重发展连州的文化教育，甚至亲自登台讲学，潜心启发民智，

① 卞敏. 江苏历代文化名人传·刘禹锡[M]. 江苏：江苏人民出版社，2018.
② 王建梅. 刘禹锡的贬谪生活与诗歌创作[D]. 兰州：西北师范大学，2009.
③ 参见 CCTV 综合频道《经典咏流传》第五季第五期。

教泽州人，有力地促进了当地的生产发展和社会进步。长庆四年（824年），朝廷又调任刘禹锡为和州（今安徽马鞍山）刺史。他在和州任上作《历阳书事七十韵》，回顾了自己多年来的贬谪经历："受谴时方久，分忧政未成"——虽有拳拳报国之心，却不能如愿；然而，"比琼虽碌碌，于铁尚铮铮"——铮铮铁骨不改，坚毅高洁的"本心"不移。

刘禹锡在和州任通判期间，还发生过这样的插曲。当时的和县县令对这位左迁的诗人多有刁难。起初，县令强令他从三间三厢的宅子搬到只有三间房的居所，本以为能折辱他，但刘禹锡写下了"面对大江观白帆，身在和州思争辩"的诗句，并将其贴在门上。知县不悦，吩咐衙役将刘禹锡的住所从城南搬迁到城北，居所面积再度减少，刘禹锡见湖边杨柳依依，触景生情，又写了两句诗："垂柳青青江水边，人在历阳心在京。"知县恼羞成怒，竟勒令其搬迁至一居陋室（仅能容下一床、一桌、一椅）。纵使身处泥泞，刘禹锡仍能保持安贫乐道之心，写下了传世骈文《陋室铭》，以"山不在高，有仙则名。水不在深，有龙则灵。斯是陋室，惟吾德馨"之言，表达了不与世俗同流合污的高洁志向，抒发对逆境安之若素的乐观精神。

唐敬宗宝历二年（826年），刘禹锡罢和州刺史返回洛阳，同时白居易也从苏州返回洛阳。二人在扬州初逢时，白居易在宴席上作诗赠与刘禹锡，为他23年的贬谪生涯鸣不平。刘禹锡却以"沉舟侧畔千帆过，病树前头万木春"作答，表达出遍历世事变迁后的洒脱情绪，也揭示了事物必然革故鼎新的深刻哲理。

刘禹锡将"心"寄于诗文，化心之所动为诗之所抒；同时，又以诗文安抚自心，作用于行。一首首由衷而发、用情入心的诗词，成为刘禹锡于人生苦旅之中愈挫愈勇的见证，成为他砥砺心志的精神寄托，令后人心仪神仰。诚如学者郦波所言："全世界的黑暗，都不能影响一支蜡烛的光辉；全世界的荒芜，都不能影响一段生命的热情。我愿是荒野里的独木，在喧嚣的尘世中静享生命的安宁。"正是诸位古代先贤在风云变幻中展现出的超然洒脱的人生态度和坚韧风骨，给予作为今人的我们更多前行的勇气。

 案例 9.4.5　冰岛诗人的救赎

冰岛与中国同为"盛产"诗和诗人的国度，似乎存在着某种有趣的互动。诗人、企业家黄怒波曾在采访中提到，他在受到冰岛总统接见时发现，总统是个诗人，办公的屋子也是诗人的，总统与他谈论的第一件事便是诗歌。冰岛所有的建筑物，只要立纪念碑的，都是诗人的。在 33 万冰岛居民中，无论是政治家、商人、饲养员，还是科学家，大都在工作之余对作诗有所涉猎，足见冰岛诗文化之盛行。

其实，诗歌似乎早已成为冰岛人内化的象征体系，甚至足以改变一个人，《心流》的作者米哈里称之为"冰岛诗人的救赎"。这是因为，冰岛号称世界上诗人占总人口比例最高的国家，冰岛人对朗诵传统史诗习以为常，以期在极度不适宜人居住的环境里，维系意识的秩序。千百年来，冰岛人不仅把记载祖先言行的史诗保存在记忆中，还添加了新的章节。在与世隔绝的寒夜里，他们躲在摇摇欲坠的茅舍中，围火吟诗，忘却室外怒号不息的北极寒风。如果冰岛人必须默默听着风声度过这些夜晚，他们的心灵一定很快就会被恐惧和绝望占领。但他们借着诗的韵律，用文字意象表达自己生活中的事件，成功地隔绝了恐惧。史诗对冰岛人有多大帮助？没有史诗，他们是否能生存至今？我们无法确切回答这些问题，但谁敢尝试剥夺他们的史诗呢？

米哈里的研究指出：内在的象征体系、心灵的自有法则在复杂现实面前极具优势。在极度困窘中，诗人、数学家、音乐家、历史学家，都能在汹涌波涛中找到清醒的小岛。倘若缺少内化的象征体系，个人则很容易被外在的杂乱宰割。他们容易被宣传家操纵，被演艺人员安抚，被推销员蒙骗。他们会依赖电视、药物或宗教的救赎，主要是因为自身没有可以仗恃的东西，内心无力抗拒那些自称握有答案者的谎言。不能为自己提供资讯的心灵，就只能在混乱中随波逐流。

而诗词，特别是能世代相传的经典诗词，作为"情"与"理"的凝练表达，饱含着作者对天地、人文的"真"思考。这些"真"思考的注入与存养能够优化读者内心对外在的解读体系，修正读者原本的认知惯性和情感惯性。

诗词是中国传统文化的一部分，优秀传统文化在更大的范围内关乎个体的世界观、人生观、价值观，是身心和谐、人际和谐、天人和谐的有力倡导。"诗词热"，只有充分发掘出这些诗词以至优秀传统文化背后的精神内涵，才能使我们在"日用而不觉"的精神追求中找到自信，才能让传统文化的精华融入现实。

安顿内心、弘扬正行，需要诗词；安顿内心、弘扬正行，需要优秀传统文化的回归！

五、人文教育的重要性

人文，即重视人的文化，其核心是重视人、尊重人、关心人、爱护人，也就是儒家文化首先强调的"仁爱"——仁者爱人。《论语》共计一万多字，"仁"字竟然出现了 109 次之多。孝悌、诚敬是为仁之本，君子务本，本立而道生。尊本而得道，唯术而成器。唯术而忘爱人之本，就会出现第二次世界大战期间一些科学家、教授利用专业知识为纳粹服务而残害人类的痛心实例。唯守"仁爱"之本，专业之术才不会偏离正途。这也许是古今有识之士强调人文重要性的根本原因。

案例 9.5.1　一位校长的忠告

　　第二次世界大战后，一名纳粹集中营的幸存者成为美国一所学校的校长。每当有新老师来到学校时，校长就会给这位老师一封信，信中这样写道："亲爱的老师，我是一名集中营的幸存者，我亲眼看到人所不应该见到的悲剧：毒气室由学有专长的工程师建造，妇女由学识渊博的医生毒死，儿童由训练有素的护士杀害。所以，我怀疑教育的意义，我对你们唯一的请求是，请回到教育的根本，帮助学生成为具有人性的人。你们的努力，不应该造就学识渊博的怪物，或者是多才多艺的变态狂，或者是受过教育的屠夫。我始终相信，孩子只有在具有人性的情况下，读书、写字、算术的能力才有价值。"

　　物理学巨擘爱因斯坦也具有浓厚的人文思想，并且十分强调人文的重要性："光用专业知识教育人是不够的。通过专业教育，他可以成为一种有用的机器，但是不能成为一个和谐发展的人。要使学生对价值有所理解并且产生热烈的感情，那是最基本的。他必须获得对美和道德上的善有鲜明的辨别力。否则，他——连同他的专业——就更像一只受过很好训练的狗，而不像一个和谐发展的人。"审美和崇善的培养需要通过人文教育来完成，而不能指望通过单一的专业教育来完成。

 案例 9.5.2　世界名校的人文观

　　现代人典型的一大困境在于精神世界的碎片化，而大学教育的责任在于抵制碎片化、重建人的完整性。世界顶尖大学（如柏林洪堡大学与哈佛大学），将塑造"全人"定为神圣的育人目标。德国著名学者、教育改革家威廉·冯·洪堡主张大学教育兼有双重使命：向外，追求知识和真理；向内，修为自身。当时流行的观念认为大学意在培养专用人才，而洪堡坚称大学教育旨在提高人的修养，而修养是道德和人格上的一种境界。因此，他提出了"全人"教育观，即强调人的全面发展和人格的完善。[1]类似地，哈佛大学 1945 年出台的《通识教育红皮书》也将"全人"理念写入其中："教育的目的是培养完全的人。"可以说，柏林洪堡大学与哈佛大学是站在人文主义的高度来认识教育的，同时从理念上初步确立了人文教育在大学教育中的基础地位。

2016 年哈佛大学校长福斯特访问西点军校时提到，在过去的 50 年间，西点军校十分重视通识性人文教育，其毕业生大都具有广博的人文知识，这些知识正是构建"自我意识""性格特点"及"真知灼见"的源泉。人文教育对构建健全的人格、提高审美能力和培养批判性思维有重要作用，可以使个体在社会活动中获得尊重和成就感。

法国图卢兹大学名誉校长贝洛克也认为，科技和人文是紧密联系在一起的……科学精神应与人文精神相辅相成。科研是创新的过程，并不是枯燥的机械实验，需要给科技工作者更多自由研究的空间……要将更多的耐心和人文思考投入科研中。

中国旧式教育重人文、轻科技，在科学技术方面长期落后于西方发达国家。现如今，我国已经跃升为世界第二大经济体，科技水平全面进步，在某些领域已处于国际领先水平，但随之而来的是愈发严重的人文教育缺失问题：当下教育看重知识、技能的传授，忽视"方法论与独立思考""远大志向与仁爱责任担当"及"过有意义的生活"等能力的培养。耶鲁大学有位华人教授曾说："看到这么多从国内培养出来的高才生，他们在专业上这么突出，但思维方式那么僵化、偏执，社会交往能力又那么差，除了自己狭窄的专业就不知道怎么跟人打交道、怎么表达自己，让我非常痛心。"

 案例 9.5.3　人文教育之作用

人文教育的一大功效就是使人建立更广泛、更深刻、更美妙的

---

[1]　张雷. 洪堡，重塑大学的定义[J]. 党政论坛（干部文摘），2016（3）：26-27.

关联感。认知心理学强调"关联感",人的心理活动与大脑相互联结,每个生命体在生命延续、时间、空间、思想、行为等方面与若干的生命体直接或间接关联,我们的所学、所思、所食、所用和那么多我们知道的或不知道的人、事、时间、地点、思想相关(参见案例9.7.5)。这种关联会增加我们的感恩心理、浪漫情怀,也拓展和强化了生命的意义感![1]唐代诗人张若虚临坐江畔,仰望星空,发出了"江畔何人初见月,江月何年初照人"的浪漫感慨。同一江畔、江畔同一位置的初见是发生在千年前还是更早?张若虚虽不能得到确切答案,但他确实产生了那般浪漫而真实的关联,作出如此美妙而流传于世的诗篇……北宋文豪苏轼观山水时也感慨"自其不变者而观之,则物与我皆无尽也",这种生命无尽的感觉,何其妙哉!读文学、阅历史、品哲理、赏艺术,品鉴者可以通过阅读鉴赏获得同情同感,仰观俯察游历于历史,从而使自身获得对生命更深层次的理解与把握。美感,是心予物以正向关联、予事以正面意义后而自生。晋陶渊明独爱菊,菊可关联隐逸;李唐人盛爱牡丹,牡丹可关联富贵;宋周敦颐爱莲,莲可关联君子。万物,皆可正向关联;万事,皆有正面意义。关联、意义者,人文之心也。关联越广越正,意义越浓,情绪则越足越美。

人文教育可以令受教育者"大其心",知己、知人、知天,达"天人合一"。孟子有云:"尽其心者,知其性也,知其性则知天矣。"在

---

① 有一次,笔者陪同几位朋友参观大连金石滩滨海国家地质公园。其中一位朋友用双手抚摸着一块有着8亿多年历史(来自震旦纪)的玫瑰石,久久不愿意移开。我问他为什么要摸那么长时间,他一脸虔诚地答道:"与着8亿年历史的东西密切接触,自己的精神生命中也就有了一些8亿年前的要素,整个生命有种大大的拉长感和拓展感。"心理学告诉人们,这是内在关联感使然,有着这种关联感的人,能享得更多超越现实的生命美感。

曾有一篇网红作文,题目是《做人要低调》:"我住在40多亿年的地球,晒着50多亿年的太阳,每天乘坐几千万的地铁,你见我炫耀了吗?我每天和全球最大的通信公司保持着合作关系……你见我炫耀了吗?……对了,每天晚上,我还能欣赏一番130多亿年的宇宙……"

现代心理学研究证实,每天确认几件"小确幸"事件的发生或内心呈现,有利于头脑中积极神经递质的分泌和神经电活动的有序化。这个学生,如果真的能够每天都能确认一下这几件"大确幸"事件的陪伴,他定能享受到很多超越现实的生命美感。

我们观察世界的方式与生命之间的关联感中，孕育着人类对于时间与空间的敬畏，孕育着对"天人之际"和"古今之变"的追问，心灵以它无限的张力实现着个体与世界的对话。敬畏古圣先贤，可以增加生命的"人人合一"感；敬畏宇宙乾坤，可以增加生命的"天人合一"感（参见案例 9.7.6）。每个人的内心都如同浩瀚无垠的大海，储存着不计其数的信息，"细微至发梢，宏大至天地"。然而，若自管中窥之，则所见不过管口大小的一汪水，认知的格局就显得局促了。有人在苦难面前自怨自艾，也有人在成功面前忘乎所以。如果他们愿意用一些时间读读文学、历史或是哲学，便会明白无常乃生命之寻常，那些令我们纠结抑或狂喜的，也许真的不算什么，这就是人文教育所具有的"大其心"的作用。庄子在《齐物论》中写道："不知周之梦为蝴蝶与，蝴蝶之梦为周与？周与蝴蝶则必有分矣。此之谓物化。"当世人已习惯于把内心置于世界坐标系的原点上时，庄子在千百年前便做到了将自己的内心置于这个坐标系的任一坐标之下，唯此方见蝴蝶之"心"，方知个体与蝴蝶都有与原点相连成线、合于"大道"的时候。在这般心境下看到的世界应是何等壮美！人文教育的熏陶是潜移默化的过程，更是人类实现精神上的"自新"所不可或缺的过程。我们的内心将因此处于一种"不以物喜，不以己悲"的稳定状态，水波不兴，静影沉璧，不至于被一颗石子搅得波澜激荡。

我们每个人都生活在现实中而非教科书、实验室里，现实生活的起居日常是离不开人文二字的。若一个人不懂日心说、万有引力定律、质能方程，他的日常生活仍可以正常运行，但如果个体没有最基本的人文素养，没有对仁义礼智信、温良恭俭让最基本的理解和遵守，没有最基本的审美和道德辨别力，他定会到处碰壁，不但自己很难体验到生活的真善美，也易给他人和社会造成困扰。

案例 9.5.4　长期人文缺失会导致"生活能力匮乏"之灾难

世界各国交流、冲突的历史经验告诫我们，重人文、轻科技容易使一个国家和民族蒙受灾难，近代的中国就是一个很好的例证。而当前很多国家应该预防的是另一场严重性不可低估的灾难——忽视人文教育会使一些受教育者丧失过正常生活的能力。林森浩投毒事件发生后，他的父母百思不解的是：孩子在接受了 10 多年学校教育后怎么会变成杀人犯？早知如此，或许他们宁愿让自己的孩子少接受一些这样的教育，宁愿自己的孩子做一个一辈子能过正常生活的低学历者。

家庭教育和学校教育如果过于强调"就业谋职"之术而忽视"安心立命"之道，一个学生所接受的教育如果包含了太多的死记硬背而忽视自主思考精神的培育，教育的结果往往意味着人文精神的匮乏。人文精神匮乏很容易使人丧失沟通能力、生活能力，使人走向极端。人们常言天灾可惧，但"心灾"更是可畏。若一个学生接受了多年教育后，竟然丧失了基本的人文精神，丧失了基本的"沟通能力、担当能力、生活能力"，这种丧失、这种扭曲，对学生个人、家庭、社会的灾难程度都不可低估。据不完全统计，全球每年因心理不健康、沟通能力匮乏、生活能力匮乏而非正常死亡的人数高达几十万。有效提升受教育者的人文素养、心理素质、沟通能力、生活能力已经成为全人类不得不面对的一大挑战。当今，"读书多年但生活能力低下者"在某些发达国家很是多见（如日本的"宅男""宅女"现象①），在我国这种现象虽然也难以避免，但应该力求少一些。

需要再次强调的是，若将"格"自然之理的方法强硬嫁接于"格"人文日用领域，用"自然科学"之真淹没"人文日用"之真，用"自然科学"之专一性、精确性覆盖"人文日用"之丰富性、不确定性、无价性，其对人类生命丰富性、深刻性、意义感的伤害不可低估。无论如何，不能混淆了"自然科学"之真与"人文日用"之真，否

---

① 日本内阁府 2023 年 3 月的一项调查显示，日本社会现在约有 146 万人（占日本 15～64 岁人口的 2%）可能以"宅男""宅女"（即现代隐士）的身份生活在该国。在日本，大量的"宅男""宅女"现象被认为是一个重大的社会问题，引起了政府和企业的关注，尤其是在该国劳动力持续萎缩的情况下。

则其危害将不堪承受（参见案例 1.4.9）。

 案例 9.5.5　"半个人的世界"——梁思成《理工与人文》演讲①②

　　早在 20 世纪 40 年代，就有很多学者呼吁科技与人文或是理工与人文的结合。1947 年秋，梁思成先生自美国归来后，在清华大学做了一场题为《理工与人文》的演讲。他提出，二战后西方很多人，包括部分科学家及学术界人士在内，过分重视技术而忽视人文，从而导致了社会道德的沦丧。梁思成先生将此称为"半个人的世界"，意思是不懂得人文科学的人只能称之为"半个人"。同时，他提倡教育要走出"半个人的世界"，也就是要将"理工"与"人文"结合起来，培养具有完全人格的人。

　　当今社会，我们不能否认学习科技知识对于人们生存、生活的重要性，但更不能忽视人文教育对于塑造一个完整的人的必要性。我们的教育终究要跨过分裂的"半人教育"而走向"全人教育"，在教授科学技术知识的同时，更应注重塑造具有健全人格的人。孔子有言："君子不器。"君子，或者说学识与道德修养并重的人，不应将自己拘泥于一种才用，而是不仅要懂得学识与技艺，更要闻于道，独立思考，涵养情操，德才兼修，不陷入专于术的窠臼之中。

　　科学技术是一种解放人类的力量，但同时也日益成为人类问题的源头之一，科技的建设力量和破坏力量在同时增加。当科技过于遵从商业利益的驱使，当科技被人性中无知或邪恶的一面所利用时，就可能带来各种负面的甚至是灾难性的影响。中国两院院士、著名建筑学家、教育家吴良镛也认为：文化是经济和技术进步的真正量度，即人的尺度；文化是科学和技术发展的方向，即以人为本。无论科技怎样发展，我们都需要用正确的人文观点来帮助判断善与恶；无论经济如何发展，我们都需要以"多少人能从中获得心安"

---

① 引自吴良镛《科技发展与人文精神——人居环境科学的人文思考》，有改动。
② 详见"幸福经济学"视频号——"理工与人文之辩"。

来衡量社会的进步。

一位南开硕士在课堂展示时分享了这样一句话：科技能够让我们"复活"霸王龙，但人文能够告诉我们这样做是不对的。

六、文化、人生价值与不朽性

物质丰盈度有赖于经济发展，精神丰盈度有赖于文化发展与繁荣。物质享乐可能转瞬即逝，幸福多关乎内心的价值感、意义感、一致感。文化与个人的价值观、人生观、意义感密切相关。"没有人能脱离意义，我们是通过赋予现实以意义来感受现实的。"文化影响着人们对外部现实的感受，影响着人们对外部现实的解读，进而影响着个体的价值观和意义感——影响着个体的现世价值观和超现世价值观，也影响着个体的现世意义感和超现世意义感。本节重点介绍中西方哲学史的两位集大成者关于人生价值的思考，中国两位文化名人关于超现世价值（不朽性）的感悟，米哈里在《心流》中给出的关于如何获得持续生命意义感的当代建议，中国传统文化给出的"入世"思考与"出世"思考。

 案例 9.6.1　冯友兰对"超现世价值"的理解

东西文化不同，因为其根本思想不同。它们的根本思想，就是它们的"哲学"。

——冯友兰

冯友兰先生在《中国哲学简史》开篇就谈到了"哲学在中国文化中的地位"："西方人看到儒家思想渗透中国人的生活，就觉得儒家是宗教。可是实事求是地说，儒家并不比柏拉图或亚里士多德的学说更像宗教。'四书'诚然曾经是中国人的'圣经'，但是'四书'

里没有创世纪，也没有讲天堂、地狱。"

冯友兰的好友德克·布德教授（Derk Bodde）在《中国文化形成中的主导观念》里提及："中国人不以宗教观念和宗教活动为生活中最重要、最迷人的部分……中国文化的精神基础是伦理（特别是儒家伦理）不是宗教（至少不是正规的、有组织的那一类宗教）……这一切自然标志出中国文化与其他主要文化的大多数，有根本的重要的不同。"

在这点上，冯友兰并不同意好友的观点，他认为，对超乎现世价值的追求是人类先天的欲望之一，中国人并不是这条规律的例外。他们不大关心宗教，是因为他们极其关心哲学。他们不是宗教的，因为他们都是哲学的。他们在哲学里满足了对超乎现世的追求，也在哲学里表达、欣赏了超道德价值，而按照哲学去生活，也就体验了这些超道德价值。

冯友兰先生还进一步强调："在西方，宗教与科学向来有冲突。科学前进一步，宗教就后退一步；在科学进展的面前，宗教的权威降低了。维护传统的人们为此事悲伤，为变得不信宗教的人们惋惜，认为他们已经堕落。如果除了宗教，别无获得更高价值的途径，的确应当惋惜他们。放弃了宗教的人，若没有代替宗教的东西，也就丧失了更高的价值。他们只好把自己限于尘世事务，而与精神事务绝缘。不过幸好除了宗教还有哲学，为人类提供了获得更高价值的途径：一条比宗教提供的途径更为直接的途径，因为在哲学里，为了熟悉更高的价值，无需采取祈祷、礼拜之类的迂回的道路。通过哲学而熟悉的更高价值，甚至比通过宗教而获得的更高价值，甚至要纯粹得多，因为后者混杂着想象和迷信。在未来的世界，人类将要以哲学代宗教。这是与中国传统相合的。人不一定应当是宗教的，但是他一定应当是哲学的。"

儒家主张个人不仅作为社会的公民，而且应该自觉作为"宇宙的公民"，孟子所说的"天民"，来履行自己的为人职责。他一定要意识到他是宇宙的公民，否则他的行为就不会具有超道德价值和超现世价值。

 案例 9.6.2 罗素对"超现世价值"的理解

有的文化根植于哲学（伦理），有的文化根植于宗教。根植于宗教的文化，都不可避免地遇到一个矛盾，即宗教与科学的冲突。

罗素在《西方哲学史》（卷三，近代哲学）中开篇谈道："通常谓之'近代'的这段历史时期，人的思想见解和中古时期的思想见解有许多不同。其中有两点最重要，即教会的威信衰落下去，科学的威信逐步上升。旁的分歧和这两点全有连带关系。""在黑暗时代，自五世纪末叶至十一世纪中叶，西罗马世界经历了一些非常有趣的变化。基督教所带来的对上帝的责任与对国家的责任两者之间的冲突，采取了教会与国王之间的冲突的形式。"

罗素在《西方哲学史》（上卷）绪论中也谈道："所有的武装力量都在国王这方面，然而教会还是胜利的。教会获得胜利，部分是因为它几乎享有教育的独占权，部分是因为国王们彼此经常互相作战；但是除了极少数的例外，主要却是因为统治者和人民都深深地相信教会掌握着升天堂的钥匙的权力。"

国王由于有了这样一个关乎根本性私利的考量，关乎自身"超现世价值"的考量——将来是永恒地升入天堂还是永久地堕入地狱，大大削弱了其对抗教会的愿望与力量。

人，至少可以说一部分人，的确具有追逐超现世价值的内在驱动，并且这种价值追求极大地影响着他的行为取向。

 案例 9.6.3 苏轼从文人角度理解到的"不朽性"——超现世价值

《赤壁赋》是苏轼因"乌台诗案"被贬黄州，游黄州城外赤壁矶时所作，此时正是苏轼仕途上失意、精神上苦闷的时期。这段经历使他对人生、世事有了更深刻的认识，而《赤壁赋》更通过对世间万物存在的"变"与"不变"的辩证解读，阐释了苏轼的超现世价值观。

《赤壁赋》中，苏轼与友人乘船夜游赤壁，品酒赏月，诵诗放歌，可谓欢乐之至。然而友人忽由美景联想到曹操的诗，不禁悲从中来，这样感慨道："固一世之雄也，而今安在哉？况吾与子渔樵于江渚之上，侣鱼虾而友麋鹿，驾一叶之扁舟，举匏樽以相属。寄蜉蝣于天地，渺沧海之一粟。哀吾生之须臾，羡长江之无穷……"

即便是"一代枭雄"曹操，放诸历史长河依旧是过眼烟云，何况我辈？人生苦短，终究做不到"挟飞仙以遨游""抱明月而长终"，岂不悲乎？于是，一负念现，百正念隐，友人再无"羽化登仙"之情致。景色相同，关联不同，情绪迥然。

苏轼见此情景，便这样宽慰道："客亦知夫水与月乎？逝者如斯，而未尝往也；盈虚者如彼，而卒莫消长也。盖将自其变者而观之，则天地曾不能以一瞬；自其不变者而观之，则物与我皆无尽也，而又何羡乎？"

可以看出，苏轼对万物存在的认识是辩证的：若"自其变者而观之"，万物都在变，人生也如流水，一刻不停留，这容易使人囿于人事易逝的哀叹中，难免神伤；若"自其不变者而观之"，任何时间、地点、人物、思想、情绪、行为缘合成的具体"时空、人物、事件"组合，都是一种真实的、永久的、不朽的存在，世间万物皆具有"无尽、不朽"的一面。这样，你我都自然具有某种"超现世价值"。能够觉知到这种当下之"在"的真实性与不朽性，个人就会享得一种与"时空"的合一感，就会享得一种自"在"与心安。

豁达的宇宙观和人生观、辩证超脱的认知习惯为苏轼带来了乐观通达的精神状态，使其不沉溺于"人生无常"的怅惘。此时苏轼的情绪发生了积极转变，不再肃穆，而是悠然。一正念现，百负念消。

现代积极心理学强调：要勤于养成积极的内心解读体系，不要总是忙于被动地"做"（doing），而应善于体验"在"（well being）之状态。正如《心流》中写道："'好的生存状态'，英文直译为'well being'，就是幸福的意思，'好的生存状态'——好的存'在'之态，要兼括生理满足与精神系统中的秩序。"要想觉知"在"的状态，需要个体在"思"中觉知与宇宙、时空、人物、事件组合的真实性、实"在"性。这或许也是笛卡尔"我思故我在"（I think, therefore I am）的深意。

"自其不变者而观之，则物与我皆无尽也。"当下的时间、地点、人物、事件所构成的"在"具有无尽性、不朽性。友人在苏轼的提醒下，觉悟到这种不朽性，于是情绪转悲为喜，并且转化得很快。一个人如果能够经常体验到这种当下的"合一感"，觉知到这种"在"的无尽性、不朽性，感悟到当下的"在"与过去、未来的广泛关联性，他定能够拓展个体的生命体验，拓展个体的现世价值体验和超现世价值体验。

 案例 9.6.4　《心流》开出的药方

米哈里在《心流》中谈道："尽管我们天天读到股市黑幕、国防工程贪污、政客没有原则的新闻，但与之相反的例子也还是存在的。成功的商人抽时间到医院陪伴垂死的病人，因为他们相信，照顾受苦的人是有意义的人生不可或缺的一环。很多人从祷告中获得力量和宁静，还有很多人根据有意义的信仰体系，建立心流的目标与规则。"

对于中国人来说，通过迷信、教条、宗教信仰找到人生意义的，的确属于少数。铸就不同时代"民族脊梁"的核心要素多源自中国优秀的传统文化。对于文化根植于哲学而不是宗教的人，如何才能建立一种正确的机制，把自己一生的行动、思想都整合成一个心流体验呢？米哈里的建议是：首先要找到一个极具说服力的终生目标，目标给人方向感，决定了一个人必须面对哪些挑战，有了目标才能把生活转变成心流活动；其次是下定决心，在"认识你自己"的前提下，通过"行动式生活"与"反省式生活"相结合，不惧现实的复杂性，迎接人生意义的挑战；最终，目标和决心塑造人生、创造和谐，使自己既有独特的个人特性，又与周围世界、与他人相融合，产生极高的人生秩序感和极低的"精神熵"，"只要个人目标与宇宙心流汇合，意义的问题也就迎刃而解了"。

　　《心流》的序中写道：在传统社会中，外界向你提供目标时，往往以某种奖励吸引你追随它。世上大多数奖励的动机是控制你。不做外部目标的奴隶，就要拒绝它们的奖励。拒绝外部奖励最有效的方法是建立"内奖"，即选定你的目标，在追随目标的努力中，获得内心的秩序和成长的乐趣，这就是"内奖"，就是自我奖励。用他人提供的物质、名望等世俗目标作为激励，很多精神价值便无从提起，建立"内奖"机制，将个人目标与宇宙心流汇合，或许值得一试。

　　信息的嘈杂、比较范围的扩大、竞争的日趋激烈，使得一些"心"被彻底搅乱了。"心"一乱，情绪体验和行动效率就会大打折扣。不能掌控自"心"——"心"境不能经常性地呈现简约、判然，一个人牺牲的也许不止当下，还有可能会毁掉他的整个未来。

　　鉴于此，不同的文化都试图给出自己的应对策略。哲学、艺术及其他能使生活舒适愉快的事物，皆是使人们的内在秩序免于陷入混乱的手段。这些机制使我们相信：万事仍在我们的掌控之中，并且给予我们对现状满足的借口。但它们的作用并不持久，几百年或仅仅几十年后，一种信念就有可能被磨灭殆尽，不能再扮演精神支柱的角色。米哈里由此在《心流》中发问：有没有可能出现一套新的目标与实践体系，帮助我们的儿孙在未来找到生命的意义。

　　越来越多的证据表明：简单地鼓吹宗教、片面的逻辑体系、单一的学科力量都不能从根本上解决问题。"如果有一种新信仰要吸引我们，它必须能理性地解释所有我们知道、感觉、希望和害怕的事，它必须是一个能引导我们的精神能量朝一个有意义的目标迈进的体系，一个为心流生活提供规则和方法的体系。"①

　　这样一个体系，在某种程度上，我们很难想象它不依赖于对人类和宇宙的科学认识。"若没有这样的基础，我们的意识就仍然在信

---

① 多年的"幸福经济学"课堂教学，使笔者愈发坚信：脑科学、心理学等现代科学与古圣先贤智慧的有机融合是为人们内心提供秩序、增加内在"一致性"的良方。

仰与知识之间左右为难。如果科学要提供真正的帮助，也必须重做调整。除了各种描述、控制现实中独立现象的专门学科，还需要对所有知识做一个整体的解释，把它跟全人类和人类的命运结合在一起。"

 案例 9.6.5　胡适《不朽——我的宗教》[①]

胡适在《不朽——我的宗教》中写道，关于"不朽"，大致有"灵魂不灭论"和《左传》"三不朽说"两种观点，并用范缜的《神灭论》批驳了前一种观点，认为后一种或许更为可靠。《左传》云："'太上有立德，其次有立功，其次有立言'，虽久不废，此之谓不朽。"在胡适看来，所谓"立德的不朽"是因个人的人格价值而不朽，如古代圣贤；"立功的不朽"是因事业而不朽，如航海家、政治家等；"立言的不朽"是因语言著作而不朽，如诗人、文学家、科学家等。胡适认为："这种不朽说，不问人死后灵魂能不能存在，只问他的人格、他的事业、他的著作有没有永远存在的价值。"

然而，胡适随即指出了"三不朽说"的缺点："那些真能不朽的人只不过是那极少数有道德、有功业、有著述的人。还有那无量平常人难道就没有不朽的希望吗……这岂不成了一种'寡头'的不朽论吗？"

因此，胡适提出了"社会的不朽论"。他认为："我这个'小我'不是独立存在的，是和无量数'小我'有直接或间接的交互关系的；是和社会的全体和世界的全体都有互为影响的关系的；是和社会世界的过去和未来都有因果关系的……这种种过去的'小我'，和种种现在的'小我'，和种种将来无穷的'小我'，一代传一代，一点加一滴；一线相传，连绵不断；一水奔流，滔滔不绝——这便是一个'大我'。'小我'是会消灭的，'大我'是永远不灭的。'小我'是有死的，'大我'是永远不死、永远不朽的……个人的一切功德罪恶，

---

① 本案例根据胡适《不朽——我的宗教》一文整理和改编。

一切言语行事，无论大小好坏，一一都留下一些影响在那个'大我'之中，一一都与这永远不朽的'大我'一同永远不朽。"

由此来看，即使是再平常不过的人、再平常不过的言行，都有一定的"不朽"性。胡适认为："冠绝古今的道德功业固可以不朽，那极平常的'庸言庸行'，油盐柴米的琐屑，愚夫愚妇的细事，一言一笑的微细，也都永远不朽。那发现美洲的哥伦布固可以不朽，那些和他同行的水手火头、造船的工人、造罗盘器械的工人、供给他粮食衣服银钱的人、他所读的书的著作家、生他的父母、生他父母的父母祖宗，以及生育训练那些工人、商人的父母祖宗，还有他以前和同时的社会……都永远不朽。"

因此，个体对于"不朽"也有着应尽责任："我这个现在的'小我'，对于那永远不朽的'大我'的无穷过去，须负重大的责任；对于那永远不朽的'大我'的无穷未来，也须负重大的责任。我须要时时想着，我应该如何努力利用现在的'小我'，方才可以不辜负了那'大我'的无穷过去，方才可以不遗害那'大我'的无穷未来？"

百余年前，南开大学张伯苓老校长强调"允公允能"。失"公"之"能"，易致精致利己的"小我"；失"能"之"公"，易入空谈误国之歧途。若个人的头脑完全被"小我"的资讯占据，修齐平治、民族复兴等大"公"就很难在其头脑中存养，大格局的认知难以生成。没有大"公"，难有大"行"，难得人生"大乐"，难以成就"大我"。①

 案例 9.6.6　中国传统文化对"人生价值"的思考

"自从人类能够自由思考以来，他们的行动在许多重要方面都有赖于他们对于世界与人生的各种理论，关于什么是善、什么是恶的理论。"有关"善、恶"，多时源自哲学的思考，源自文化的倡导。任何地域、任何民族所具有的共性的价值观、人生观离不开其自身

---

① 倪志良. 把小我融入大我[N]. 人民日报，2019-02-17.

的哲学根基和文化根基。

人们通常认为儒、释、道三家是中国传统文化的主要代表。儒家、道家是完全本土的，他们都各自具有关于"什么是善、什么是恶"的人文主张，有着自己的关于人生观和世界观的哲学主张。释家是外来文化与本土文化融合后的结果。

儒家、道家文化基于哲学（伦理）而不是基于宗教提出自己的主张。他们对天地（未知）也心存敬畏，但他们对自己缺乏确切知识的领域不表达确切。正是因为他们对自己缺乏确切知识的领域不表达确切，他们对新的科学发现没有对抗的必要，他们对外来文化也就具有了超强的融合力。有研究认为：具有超强融合力的中国哲学可能代表着哲学应有的发展方向，具有超强融合力的中国文化可能代表应有的文化发展方向。

人们通常认为儒家代表着"入世"文化，道家代表着"出世"文化。儒家强调"仁义礼智信、温良恭俭让"，强调一以贯之"真、恕"之道。有了这些，一个人在现实生活中就可以实现人际和谐，可达"人人合一"，可在"见贤思齐，见不贤而内自省也"中从他人身上汲取自我成长的精神能量，形成内在奖励机制，他也就可以更充分地实现自己的道德价值和现世价值。

道家认为"天覆万物而不恃，地载万物而不居，水利万物而不争"，人应该从自然大"道"中汲取更多的精神能量，提升精神的"内在一致性"。道家明确主张"人法地，地法天，天法道，道法自然"，主张"失道而后德，失德而后仁，失仁而后义，失义而后礼"，认为天地自然之"道"先于"仁义礼智信"之人际道德。遵从天道，顺其自然，个人可以实现人与自然之和谐，可达"天人合一"。可在"人法地，地法天"中从天地汲取自身成长之精神能量，也就可以更充分实现自己的超道德价值和超现世价值。尚圣贤，可习得"仁义礼智信"；法天地，可习得"覆而不恃，载而不居，利而不害"。

也有研究认为，把儒家完全归入"入世"文化（或者说"入世"哲学）是不准确的，《论语》《中庸》中都有着关于"天命"，甚至是鬼神（未知）的字句。

子曰：“吾十有五而志于学，三十而立，四十而不惑，五十而知‘天命’”。

中庸：“‘天命’之谓性，率性之谓道，修道之谓教。道也者，不可须臾离也；可离，非道也。”

子曰：“鬼神之为德，其盛矣乎！视之而弗见，听之而弗闻，体物而不可遗。使天下之人，齐明盛服，以承祭祀。洋洋乎！如在其上，如在其左右。《诗》曰：‘神之格思，不可度思，矧可射思。’夫微之显，诚之不可掩如此夫！”

司马牛忧曰：“人皆有兄弟，我独亡。”子夏曰：“商闻之矣：死生有命，富贵在天。”子夏安慰司马牛用的就是从孔子那里听闻的“死生有命，富贵在天”。

北宋“五子”之一的张载认为：“鬼神者，二气之良能也。”朱熹认为：“天地之功用，造化之迹也。”孔子的态度是，对不确切的事情不要表达确切，即“不语怪力乱神”。季路问事鬼神，子曰：“未能事人，焉能事鬼？”“敢问死？”曰：“未知生，焉知死？”

孔子“不语怪力乱神”，但他主张对“未知”要保持敬畏。在传统文化的影响下，中国社会在长期的生产、生活实践中（尤其在农业社会期间），对“未知”的敬畏集中体现在对“天地”的敬畏上。过去儿童入私塾，在拜师前首先要拜“天”，拜“地”；成人举办结婚典礼，在拜高堂之前先要拜“天地”；每年冬至，明清两代皇帝带着群臣要到天坛去祭“天”……

儒家少谈超现世价值，重视“事人”超过了“事鬼”，重视“知生”超过了“知死”，更推崇“仁义礼智信”等现世价值标准。一个人充分实现了现世价值，“自其不变者而观之”，也就自然具有了超现世价值，具有了不朽性。现世价值与超现世价值不是割裂的，两者具有一定的连续性与一致性。在“仁义礼智信”等现世价值的倡导下，中国社会在每个时代都不缺少民族“脊梁”。每个时代，都有充分实现现世价值和超现世价值——自然具有了不朽人生——的历史巨人。

七、"中""和""合"

"中也者，天下之大本也；和也者，天下之达道也。致中和，天地位焉，万物育焉。""中""和"，是儒家哲学的根，是中华传统文化的魂。将根扎身，将魂入心，养成中正的认知习惯，养成平和的情绪习惯，养成"智者不惑，仁者不忧，勇者不惧"的担当习惯，个体就能体验到更多的合一感：身心合一、人人合一、天人合一。

 案例 9.7.1　"允执厥中"——"天下之理"岂有以加于此哉？

北宋朱熹在《中庸章句》序中写道：

盖自上古圣神继天立极，而道统之传有自来矣。其见于经，则"允执厥中"者，尧之所以授舜也；"人心惟危，道心惟微，惟精惟一，允执厥中"者，舜之所以授禹也。尧之一言，至矣，尽矣！

夫尧、舜、禹，天下之大圣也。以天下相传，天下之大事也。以天下之大圣，行天下之大事，而其授受之际，叮咛告诫，不过如此；则天下之理，岂有以加于此哉？

尧、舜、禹三位圣人所一脉相承的是"允执厥中"。几千年的中华文脉饱含"中"之要义。

从行为层面看，"中"强调言行不偏不倚地合乎正念。"效用最大化""利润最大化"绝非人生的全部。个体必须在"至利"和"至义"之间找准定位，既注重实现个人价值，又不忘贡献社会价值、天地价值。这也是"善"行的应有之义。唯有"中"，才能使个体避免成为"精致的利己主义者"和"袖手谈心性"的空想家，顺势合赋地将"正念"惟精惟一于行动之中。

从认知层面看，"中"强调对事实保持最大的开放，初心不要被私欲蒙蔽，至简之道不要被现实的喧嚣湮没，不"以名匡实"。认知之"中"从不把单一理念和逻辑强调到极端，而是主张个人在实践中检验理念与逻辑，在内省中优化理念，在确定性和不确定性之间寻求平衡。一方面，要通过实践"常无"，止息消极念虑，降低"精神熵"；另一方面，要学会实现"常有"，明晰善恶，巩固住"至简""至上""至真"原则，做到忠于自己、忠于他人、忠于现实。

从情绪层面看，"中"强调节制、包容、宽恕，强调内心的平和与喜悦，强调快乐与意义感的兼容。"喜怒哀乐之未发，谓之中；发而皆中节，谓之和……"丧失情绪体验的人生是不可想象的，而片面追求情感愉悦的人生是不足为训的。正如一生都在追逐感官享乐的唐·璜，一旦在镜子里发现两鬓飘白，也难免对自己虚浮的一生产生怀疑。真正的"乐"离不开"意义感"的支撑，离开意义感支撑的感官逐乐易致虚无感。快乐与意义感兼容，个人才能体验到更持续、更稳定的积极情绪。

我们强调"中"字，不是要刻意从"中国"的国名中寻找重点，而是考虑到"中"本身就是中国传统文化的核心。认知、实践、体验愉悦且有意义的幸福生活，"中"之强调不可或缺。

案例 9.7.2 "和"也者，天下之达道也

"中也者，天下之大本也；和也者，天下之达道也。"中国传统文化强调"君子和而不同，小人同而不和""家和万事兴""和气生财""万物负阴而抱阳，冲气以为和""夫和实生物，同则不继"。现代社会也将构建"和谐社会"视作国家治理的至善目标。"和"，是中华优秀传统文化的凝练表达，也是贯穿于中国人日用常行的精神内核。

"和"在甲骨文中写作"龢"，后来演变成了"咊"，这两个字形收录于《说文解字》和《康熙字典》中。"和"是一个形声字，从"口"，"禾"声。据《说文解字》记载："口，人所以言食也；禾，嘉谷也。"

口是用来吃饭的，禾代表粮食。"和"的本意由此可以理解为：人人都有饭吃，天下就和平；如果没有饭吃，天下就乱了。"国以民为本，民以食为天"也有着类似的强调。

在中国传统文化中，"和"字承载着古人关于"天人之际"的哲思。《周易·系辞传》曰："天地氤氲，万物化醇；男女构精，万物化生。"阴阳相互融合，才能生成万物。这说明，当时思想认为有冲突才有和谐，有和谐才能生万物。这是当时中国人的一个基本思想。《周易》中的《彖传》亦言："乾道变化，各正性命，保合太和，乃利贞。"在古人看来，"阴"和"阳"互为依存、彼此交融，只有二者长久稳定相"合"，形成一种至上的和谐之境，即"太和"，万物才得以生长。就治国而言，"太和"强调个体和社会应和谐统一，有余与不足相互平衡，注重节制、修养与遵守规范，最终实现个体和社会的协调和贞正①。"保合太和"由此成为《周易》最为重要的哲学思想之一。

回望历史，中华文明对"和"的追求源远流长。《尚书·尧典》曰："克明俊德，以亲九族；九族既睦，平章百姓；百姓昭明，协和万邦，黎民于变时雍。"帝尧能发扬大德，使家族亲密团结；家族亲密和睦了，又明察其他各族的政事；众族的政事辨明了，又协调万邦诸侯，天下民众也随之友善和睦起来。在《尚书》中，周公指出，家族不和，要努力使之和睦；国家之间不和，也应力争使之和谐，这是天的意志。由于当时人们存有"天命论""君权神授"的观念，君王需要"敬德保民""以德配天"，否则将会失去统治资格，而国家之间的和谐由此被升格为天的意志。

时至今日，"和"在当代社会得到进一步传承，成为滋养"大国善治"的文化沃土。春节是中华文化中最为重要的节日，春节联欢晚会自然也肩负着弘扬中华优秀传统文化的使命。纵览历年春晚，

---

① 吴根友."保合太和，乃利贞"新解——《易传》论社会和平与社会功利的关系[J]. 周易研究，2006（2）：53-59.

总是饱含着对"和"文化的倡导。以 2007 年春晚为例，制作组先后用四副对联贯穿整台春晚的主题。

第一副：和睦

上联：二十四时节气，乾坤竞秀

下联：五十六朵奇葩，和睦同春

横批：天人合一

第二副：和美

上联：天和、地和、人和，和融华夏

下联：歌美、舞美、花美，美在今宵

横批：新春大吉

第三副：和顺

上联：和和顺顺千家乐

下联：月月年年百姓福

横批：国泰民安

第四副：和谐

上联：党心、民心、万众一心，科学发展春风起

下联：国运、家运、宏图大运，社会和谐旭日升

横批：万象更新

和睦、和美、和顺、和谐，无不体现着中国人对美好生活的向往，凝聚着华夏民族深沉的文化认同。习近平总书记曾指出："中华文化崇尚和谐，中国'和'文化源远流长，蕴涵着天人合一的宇宙观、协和万邦的国际观、和而不同的社会观、人心和善的道德观。"①个体若能时时以中正平和之心省察自己、善待他人，就必然能够从中体会到更多积极的生命体验，必然能够为公共治理的优化贡献更多正能量。

一个"和"字，铭刻了贯通古今的万千意蕴："心平气和""和

---

① 习近平. 在中国国际友好大会暨中国人民对外友好协会成立 60 周年纪念活动上的讲话 [N]. 人民日报，2014-05-16（002）.

颜悦色"之"和"，强调了人与自我的和谐、与"心"的和谐；"家和万事兴""和气致祥""政通人和""和衷共济"之"和"，强调了人与人之间的和谐；"致中和，天地位焉，万物育焉"之"和"，强调了个体都要敬畏天地，以达人与自然之和谐。在世事纷繁的当下，对"和"的倡导不可或缺。

 案例 9.7.3　"合"的三重体验

冯友兰先生曾提出人生四境界，即自然境界、功利境界、道德境界、天地境界。简而概括之就是：混沌未开，尚无觉性，谓之"自然境界"；功名利禄，为己为私，谓之"功利境界"；自觉从善，为人为公，谓之"道德境界"；万物皆备，合一宇宙，谓之"天地境界"。

冯友兰先生的四重境界层层递进，形成一个自下而上的价值顺序。马斯洛也曾将人类需求按由低到高的层次分为五类：生理需求、安全需求、社交需求、尊重需求和自我实现需求。

对人生的"觉解"程度不同，内在驱动力不同，会形成不同的人生境界。四重境界的内在驱动分别对应着本能驱动、功利驱动、道德价值驱动与超道德价值驱动。另有研究证实，这四种驱动力通常是交叉运行、相互影响的。一些道德价值和超道德价值的倡导者也常常蒙受本能层次需求的搅扰（如一些生活奢靡的教皇），一些在较高层次需求上已经自我实现的人也常常在功利层次需求上出现问题（如贪腐的高官）。

认知日趋中正，情绪日趋平和，行为日趋顺势合赋，个体更多体验到的是一种"合"的境界，而不是自己处于哪个满足层次这种"分"割体验。立足于"合"，我们强调三重"合"之体验：身心合一，人人合一，天人合一。①

---

① 梁漱溟先生有言："人类都要面对三大问题，但顺序错不得。先要解决人和物之间的问题，接下来解决人和人之间的问题，最后一定要解决人和自己内心之间的问题。"笔者很敬佩梁漱溟先生，但却不同意先生这个有关"顺序"的论断。

案例 9.7.4　身心合一：外求与内求彼此真实

苏格拉底曾感悟：在人类所有知识中，最重要、最有用的是认知自我、接受自我、和谐自我。洛克菲勒有言："个人与自己的关系是所有关系的开始。"（参见案例 7.8.1）我们首先要学会将当下的自我包容地、客观地接受下来。"人所不欲，勿施于己"，[①]只有真正接受（善待）自己的人才有可能真正接受（善待）他人。当你相信自己，并与自己和谐一致，你就是自己最忠实的伙伴，也只有如此，你才能宠辱不惊。一个人也只有习得了和谐自我之道（身体与内心彼此真实无欺），才能够更多地体验到"身心合一"之妙。

从认知、行为层面考察，身心合一大多体现为"外求"与"内求"彼此真实。"外求"之我，多是由行动铸成的。"外求"对内心越"真实"，行动一般会越有成效。在过度竞争、诱惑多多的年代，稍不谨慎，个体很容易将自身置于被动的繁重之中，而忽视了对自己内心的"真实"。缺少了对自我"真实"的最大风险在于，若干年后，回首往事，诸多繁华皆是虚。

"内求"，是内心对"外求"之我的综合解读，是"外我"在自己头脑中的一种形象呈现、画面呈现、价值呈现、空间占据。内心对"外我"的反映越真实、客观、包容，人越容易做到无我——与自我有关的那点儿事在头脑中的画面呈现会越来越少，私欲和琐碎对心灵空间的占据会越来越小，与个人利益相关的抱怨、忧虑、恼怒等消极体验会越来越少，内心负担会越来越轻，内心会日渐开阔。内心越开阔、越无我、越不背负负担，头脑越容易产生更为积极

---

① 现代积极心理学证实：源自东方儒家智慧的"己所不欲，勿施于人"可被称为人际"黄金法则"，践行好该法则，可享"黄金"人生；"人所不欲，勿施于己"可被称为人际"白金法则"，践行好该法则，可享"白金"人生。只有接受自我、善待自己的人，才有可能真正接受他人、善待他人。

的神经链接。①

　　"外求"追逐收入、名望（地位）、健康、人际；"内求"追逐一致感、接受感、平和感、喜悦感等积极体验。收入、地位、健康、人际状况这些个体指标与社会指标是相对客观的，是真"实"存在的，是相对稳定的。但这些外在之"实"经过自己内心的综合解读，通过生物电作用和生物化学作用，在头脑中会呈现出一定的画面，并伴随一定的情绪体验。面对相同的"实"况，不同的时间、不同的背景、不同的心境会解读出不同的画面呈现，会解读出不同的情绪体验。解读体系相当于电脑的软件系统，只有得到持续升级和优化，面对本该珍惜的外部"实"况，一个人才能体验到更多的平和、喜悦与感恩。至此，"外求"与内心彼此真实会日益多现，"外求"与"内求"合一感会日益多现，身心合一感会日益多现。

　　身心合一，关乎"外求"和"内求"的相互真实，关乎"外求"和"内求"的相互滋养，关乎行动式人生与反省式人生的交替与融合。

　　唯物主义者认为，一个人追求收入、名望、健康、人际都是合理的。每个人也必须有"外求"之心、外在之行，这样社会才能发展进步。求实之行与求真之心存在着事先、事中、事后的多重交融。行动可能屈从于社会或外部的压力，也可能屈从于自己的本能、天赋、信奉的价值标准（市场价值、道德价值或超道德价值）。屈从于外部压力的被动之行不利于身心合一，事先经过内心拷问的行动更有可能顺势合赋，更有可能好之乐之，也才更有可能持之以恒、卓尔有效。

　　事先经过内心拷问的行动在实践过程中也随时可能出现新情

---

　　① "人心惟危"，人心都有被私欲蒙蔽的危险。人心若被私欲蒙蔽，被琐事占据，担忧、抱怨、患得患失、忧虑等情绪体验就会常现，人的精力就会被无谓消耗，人的潜能就会被遏制，这也正是舜帝向大禹告诫"人心惟危"的主要用心。毛泽东曾这样回忆他在湖南第一师范学校的学习生活：他和同学不屑于讨论日常的琐事，他们经常谈论社会、人生、地球、宇宙。也许正是因为经常谈论这些大事情，他们头脑中经常能呈现大画面，至上的神经回路得以构筑，也就有了那些至善的大行动，也就有了后来的大成就。

况。有些新情况合乎原有的预期，合乎内心的价值标准；有些新情况与原有的内心标准发生了冲突。对于后者，以下哲学提示有助于减少我们的纠结：尽快接受不可改变的，尽力改善可以改变的，使"心"不要长时间处于因不接受外在之"实"而导致的不安状态。心安是精力得以修复、后续行动效率得以提升的最佳良药。

行动之后，需要反省：原有的本能驱动、利益驱动是否具有"知止"机制和制约机制？自己原来所理解的市场价值、道德价值、超道德价值是否还有狭隘的一面？经过反省，提升头脑中原有的认知框架、解读体系和价值标准，可使得后续行动更为卓尔有效。

"外求成我，内求无我。""外求"与"内求"经常这样进行着彼此真实的检验，一个人就会和他的内心成为好朋友，彼此都不会违背对方的意愿。行动对内心保持真实，行动会更有成效；内心对外求之我保持真实，心就会多些接受、一致与心安。

"外求成我，内求无我。"心中无我，内心也就给先贤、他人、天地、宇宙留出了更大的空间，与先贤、天地相关的"至上"之画面在头脑中就会得以更多地呈现。

 案例 9.7.5　人人合一：生命间的广泛关联及其觉知

哲学强调事物的普遍联系性。从生命关联角度讲，一个人和很多人都有着生命联系。有人曾经做过如下简单测算：一个生命，上追一代，直接关联两个人，即爸爸、妈妈；上追两代，直接关联四个人，即爷爷、奶奶、姥爷、姥姥；上追三代，关联 8 个人；上追四代，关联 16 个人……若平均每代间隔按 30 年计算，如此简单追算，上追 60 代（相当于到中国的汉代），关联人数应为 2^{60}，这个结果约为 1.15×10^{18}。10^8 已经是一亿了，因此这个数量肯定是远远大于汉代的人口总数的。这种简单追算当然很不科学，它没有考虑到各种重复计算问题。但追根几十代后，与每个生命相关的人数一定是个超乎自己日常觉知的数量，如果再考虑到每一代的兄弟姐妹，关联人数会更多。一个人清晰地觉知到这一点，他的生命感就会逐

渐由小我扩展为生命链中的大我。^①

　　遗传学上的时间关联可以拓展个人的生命体验，空间关联也能丰富个体的生命体验。学生成年后远到外地求学，偶遇一个来自同一县域的老乡，即使之前两人没有丝毫的交往，仅仅因为老家在同一县域这种空间关联，彼此便增加了不少亲近感。

　　也有人设想，过三十亿年后假设地球消失了。一个曾在地球上生活过的人的灵魂穿越时空来到了另一个星体，他遇到曾在地球上生活过的另一个灵魂，两个灵魂间定会有种特别亲近感，就像远离家乡在外地见到同一个县域的老乡，像远离祖国在外国见到同一个省域的老乡。^②基因科学证实，地球上不同肤色的人种基因相差甚小，地球上任意两人的基因组有 99.9%是完全相同的，甚至人与猩猩的基因差异也仅为 2%～4%。

　　关联感，能够改变头脑中的画面呈现和身心感受（参见案例1.9.3）。

　　除了时间关联，每个人的生存与成长还与其他很多人直接或间接相关，正如约翰·多恩所说："没有人是一座孤岛，每个人是一个世界。"爱因斯坦曾经感慨，他每天都会多次感恩很多活着的和已经死去的人，是他们的综合付出使他过上了现代生活。人心都有"善"的一面，正是这种人性的共善注定了不同文明的善根，善根对恶根

_____

　　① 生命科学的发展，对生命间关联的广泛性给出了更为科学的解释。施一公教授在"未来论坛"年会上曾发表题为《生命科学认知的极限》的演讲。他在演讲中讲到了生命的神奇之处：一个受精卵快速分裂，在短短四个礼拜后，胎儿有了心跳。慢慢地，神经管形成了，脊椎形成了，四肢开始发育。到四五个月的时候，胎儿开始在母亲肚子里踢腾。出生之前，胎儿的大脑发育非常快，各种神经突触迅速形成。然而不要忘了，这样一个鲜活的生命来自一个受精卵。他在演讲中总结道："我们只不过是由一个细胞走过来的，就是受精卵，所有受精卵在 35 亿年以前，都来自同一个细胞，同一团物质，一个处于复杂的量子纠缠的体系，就这么简单。"

　　② 一位南开硕士研究生在课堂上讨论"案例 3.3.5：管控好头脑中的画面呈现"时谈道：假如我们每个人的存在都是独一无二的，"我们为什么存在"这个问题看起来只是纯粹的偶然。小宝宝来到这个世界是经过一连串不可思议的巧合，这个连续不停的巧合链条是如此之长，以至于乍看之下，似乎根本不可能。那颗特定的精子必须与那颗特定的卵子结合，他的父母必须相遇，他的父母的父母也是，他世世代代的祖先都必须相遇。还没结束，这一连串巧合的源头要追溯到更久以前，回到我们的地球和它在宇宙中的位置……

的整体性胜利使人类的生活向更为文明的方向发展。个人若能经常觉悟到人性的这种共善，感恩这种善根力量的强大，自身的向善潜能也会得到更充分地激活。（参见案例7.4.4）

从日常生活和肉体成长看，我们应该感恩很多人，我们和很多人有着联系。如果从精神成长方面看，我们要感恩的人会更多。"见贤思齐，见不贤而内自省"，贤者有榜样作用，不贤者有警示作用，他们在以不同的方式融入个体的精神成长。经常觉知和感恩这种融合性，一个人就逐渐由"小我"扩展到精神链中的"大我"。

生命链上的"大我"与精神链上的"大我"进一步融合，个体就会逐渐体会到人人合一感。这时，他对其他生命自然有了更多的仁爱，对后续生命自然有了更多的社会担当。恭敬一切众生刹，即是降伏自心时。这时个体的心就不会过多地被"小我"的私欲蒙蔽，"大我"的画面在头脑中就会得以更多地呈现和占据。

在康德等哲学家看来，时间、空间、大小、多少、因果等哲学范畴可能不是外部世界的本质特征，而可能是我们内心经验世界的本质特征，人心借助这些范畴将外部世界结构化、组别化、可感知化。任何时间、空间、人物、思想、情绪、行为缘合成的具体"时空、人物、事件组合"，都是一种真实的、永久的、不朽的存在，世间万物皆具有"无尽、不朽"的一面。人心若能觉知到这种不朽与永恒，他的生命也就有了某些恒久意义。（详见案例9.6.3）

经常觉知与体悟这种广泛关联，个体的内心就能够少一些单薄感、孤独感等不良情绪体验；个体的内心就能够多一些融合感、恒久感等积极生命体验；个体的内心就能够多一些回报他人、回报社会的自觉。

 案例 9.7.6　天人合一：对天地精神的觉知、敬畏与回报①

宇宙万象，心映万"相"。内心除了给先贤、他人留足空间，还

---

① 作者同名 b 站文章——《案例 9.7.6 天人合一：对天地精神的觉知、敬畏与回报》。

需要给天地、宇宙多留些空间。"仁义礼智信"这些道德价值对个体精神具有塑造作用，"天覆万物而不恃，地载万物而不居，水利万物而不争"，这些超越道德价值的自然之法对人类精神的塑造作用也不可低估。道家主张"人法地，地法天，天法道，道法自然"；苏轼感悟"清风明月无常主，入心者得之"；康德敬仰人间道德价值，也敬仰天地星空之法的超道德价值。

敬畏古圣先贤，个人便可得道德价值之滋养，可增加生命的"人人合一"感；敬畏宇宙乾坤，个人便可得自然法则、天地大爱之滋养，可增加生命的"天人合一"感。

敬畏宇宙，定要谢天。天覆万物，日月同辉，星宿列张。不管天是如何来的，人类都应该感恩天的存在、陪伴与付出，他给予人类阳光、空气、风霜雨露、四季往复……

名著《炼金术士》中太阳对牧羊少年说过这样一段话："我离地球非常遥远，但从我所在的位置，我学会了爱。我知道，如果向地球再靠近一点，地球上的一切都将死去……所以我们才互相守望，互相爱戴，我给地球生命和温暖，它给了我生存下去的理由。"

天之大爱，需要人心的觉知，需要人心的敬畏，需要人心的回报。

敬畏宇宙，定要敬地。地载万物，山河壮美，生物多样。不管地是怎么来的，人类都应该感恩大地的存在、陪伴与付出，她给予人类衣、食、住、行……①

曾有媒体报道称，由于人类对大自然的严重破坏，河流、海洋、大气污染严重，地球持续升温，很多北极生物生存艰难，很多海洋

---

　　① 若一个人能够觉知到：地球上的一草一木、一花一叶，也和人类一样，都曾得到过大地的养育，都曾享受过阳光的照耀，都曾得到过雨露的滋润，都曾见证过"风月同天"的美妙……他对一草、一木、一花、一叶便有了新的感受。有了这种觉知，30亿年后，案例9.7.5中那个穿越到其他星体上的灵魂若见到曾在地球上生长过的一草一木，就会有种特别的亲近感，因为他们都得到过同样的类母爱和类父爱。现代基因科学证实：人与香蕉的基因重合度高达50%以上……

生物非正常死亡，相关图片触目惊心。人类对"载而不居"的地球太不厚道了！

贪婪之心驱使着人类一刻不停地索取，我们持续地污染河流，污染海洋，污染大气，砍伐森林，甚至还向沙漠排污……很多文字说得倒也足够谦卑，经常将大地比作母亲，但作为子孙的我们对母亲的"回赠"竟如此背善向恶！对于以怨报德的子孙，母亲适当发怒，惩罚一下贪婪的人心，也许是对的……

地之大爱，需要人心的觉知，需要人心的敬畏，需要人心的回报。

假如一个人的身边陪伴着一位"为而不争、利而不害、功而不居"的朋友，他应该时时以敬畏之心觉知这位朋友的存"在"，应该时时以敬畏之心感恩这位朋友的陪伴，应该时时以敬畏之心回报这位朋友的大爱。人若能以真诚与敬畏之心保持如是之觉知与作为，下一步"回馈"将更为丰厚：他头脑中积极神经递质的分泌会增加，他内心的积极情绪体验会增多，他的孤独感和匮乏感会减少，他的丰盈感、幸福感、"天人合一"感会增多……

山川异域，风月同天。不同个人所处"时空"的共同性远大于细分之下的差异性。人类应该以挚友之心，而非迷信之心、宗教之心、功利之心觉知天地、敬畏天地、回报天地、融入天地。

敬畏天地，天人合一，能够更多地激活个人的向善倾向。身心合一、人人合一、天人合一之思想如图9-4所示。

"中""和"是中华优秀传统文化的魂。"合一"，是"中""和"两股文化主脉汇合的必然结果。"中""和"，铸就了中华文化的海纳百川、大气磅礴，也铸就了中华文化的兼收并蓄、生生不息。"中""和"，使得中华文明成为世界四大古文明中唯一一脉没有断流、至今依然具有强大生命力的文明，使得华夏大地避免了很多其他国家曾经发生过的大规模宗教迫害和文化冲突。"中""和"，使得华夏民族在羸弱时坚忍不拔、奋发图强，使得华夏民族在强盛时彬彬有礼、福溢四方。

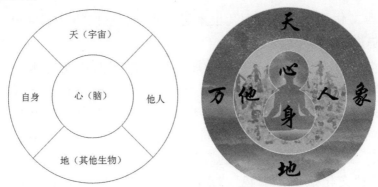

图 9-4　身心合一、人人合一、天人合一

"致中和，天地位焉，万物育焉。"个体应力求从"'外求'与'内求'之间的彼此真实"中体验到更多的"身心合一"感，应力求从"小我与大我在生命链和精神链上的广泛关联"中体验到更多的"人人合一"感，应力求从"对天地精神的觉知、敬畏和回报"中体验到更多的"天人合一"感。多一些"合一"，自其不变者观之，生命也就自然多了些"无尽性""不朽性""恒久性"。

"天长地久。天地所以能长且久者，以其不自生，故能长生。"（老子《道德经·第七章》）

本章小结

"东西文化不同，是因为其根本思想不同。它们的根本思想，就是它们的'哲学'。"（冯友兰）

"没有人能脱离意义，我们是通过赋予现实的意义来感受现实的。"幸福与意义感直接相关，当一个人的时间能够被有意义感的事情填满时，他的情绪体验就不会出现太多问题。在赋予事物意义感方面，文化的力量是强大的。不同的文化可以对于同一事物赋予不同的意义，正如我们赋予"红色"以吉祥之含义，其他文化却未必如此；某种文化赋予"白色"以圣洁之含义，另一种文化却未必如此。

文化赋予事物意义感，这一点很重要，它决定着个人头脑的内在"一致性"能否达成，以及这种"一致性"在何种意义感下达成；它决定着不同文化背景下的个体对于某一事物会产生完全不同的情绪体验和内心感受。

文化关乎民众头脑中的"价值标准、认知惯性、情感惯性"，文化冲突易致价值观、人生观、生命意义感的冲突。正如陈寅恪先生所言，当一种文化必须融入外来要素时，为此文化所化之人，常感痛苦。而一种文化能够在文化激流中长久传承，其自身一定存在着一种自我革新（甚至是局部自我革命）的良好机制，它一定要经受得住不断地"去粗取精，去伪存真"。

"诗词热"，意味着传统文化在回归。诗词，关乎"心"的传递，关乎"心"的交融，关乎精神的传承，关乎灵魂的塑造。作诗者众，入"心"者寡；背诗者众，得"心"者寡。作诗不"无邪"抵"心"，易致辞藻堆砌，难以传世；背诗不得"心"，难得精神传承，难得心灵塑造，难得现实担当。不用心，不入心，作诗、背诗都会成为思辨心灵的额外负担。

人文，即重视人的文化，核心是重视人、尊重人、关心人、爱护人。审美和崇善的培养需要通过人文教育来铸就，而不能指望通过单一的专业教育来完成。人文教育的一大功用就是使人建立更广泛、更深刻、更美妙的关联感，**使人觉知到任何时间、地点、人物、思想、情绪、行为缘合成的具体"时空、人物、事件组合"都是一种真实的、永久的、不朽的存在，世间万物皆具有"无尽、不朽"的一面**。一个人如果能够经常体验到这种"在"的无尽性、不朽性，感悟到当下的"在"与过去、未来的广泛关联性，他就能够拓展个体生命价值体验、现实价值体验和超现世价值体验。

物质丰盈度有赖于经济发展，精神丰盈度有赖于文化发展与繁荣。物质享乐可能转瞬即逝，幸福多关乎内心的价值感、意义感、一致感。文化与个人的价值观、人生观、意义感密切相关。受传统文化熏陶的中华民族，每个时代都不缺少民族的"脊梁"。

"中也者，天下之大本也；和也者，天下之达道也。致中和，天地位焉，万物育焉。""中""和"，是中华传统文化的根；"中""和"，是中华传统文化的魂。"合一"，是"中""和"两股文化主脉汇合的必然结果。

篇尾语

民生幸福：公共治理的至善选择

新时代，我国社会的主要矛盾已经转化为人民日益增长的美好生活需要和不平衡不充分的发展之间的矛盾。化解社会主要矛盾，让人民拥有更多获得感、幸福感，已经成为经济社会发展的根本宗旨和奋斗目标。近年来，我国公共支出规模快速增长，公共支出设计体现了更多的人文引导，公共产品"出资人"正在力争设计出更有效的引导机制，使得更多民众从一元的"物质"关注转向多元的"幸福"关注，使得更多民众享受到"愉悦感""安顿感""个人价值感""社会价值感"兼容的幸福人生。

传统智慧关于"幸福"的思考颇多。在西方，有关幸福的哲学可分为"快乐论"（Hedonic）与"实现论"（Eudemonia）。在中国，儒家与道家、"主情派"与"主理派"关于幸福的个人修为建议差别巨大。现代心理学研究也证实：一方面，类似于实验中的"小白鼠逐乐致死"，人类有超强的"逐乐"驱动；另一方面，又不同于小白鼠，人类有"逐安"的内在驱动，有"充分实现个人潜能（天命）"的内在驱动，有追逐"意义感、价值感、无过失感"的内在驱动，有遵从"仁爱、正义、自律"等理性的内在驱动，有"以道治欲，乐而不乱"的内在自觉。当代积极心理学之父马丁·塞利格曼在其早期著作中强调，幸福就是追逐更多的积极情绪体验。但在《持续的幸福》一书中，他已经将积极情绪拉下了"神坛"，明确了幸福不是无止境地追逐快乐的情绪，还应该重视"潜能的充分实现"。

　　鉴于很多国家在经济发展、公共财政支出增长时并没有同步提升国民的幸福水平，美国经济学家理查德·A. 伊斯特林据此提出了著名的"伊斯特林悖论"（Easterlin Paradox，1974）。此后，"参考点依赖"（由 Kahneman 和 Tversky 于 1991 年提出，认为个体的幸福感在很大程度上取决于个体与他人的比较）、"忽视变量理论"（由 Diener 和 Seligman 于 2004 年提出，认为经济学仅关注收入、财富和消费，而忽略了影响人们幸福的其他许多重要因素）、"愉悦回路理论"（由 Linden 于 2011 年提出，认为当行为人通过某个事件或行为获得愉悦感受时，脑神经中就会形成相关的神经回路，当该情景再次出现时就会加强脑中的回路，增加幸福感受）等反映经济行为心理机制的理论相继被提出，有关幸福、主观满意度的专门调查机构应运而生，如"世界价值观调查""盖洛普世界民意调查"等。关于收入与幸福（Frey 和 Stutzer，1999；Brockmann 等，2009；Easterlin，2012）、就业与幸福（Di Tella 等，2001；Blanchflower 和 Oswald，2004；Yuan 和 Golpelwar，2013）、通货膨胀与幸福（Di Tella 等，2003；Blanchflower，2007；Cheng，2014）、健康与幸福（van Praag 等，2005；Deaton，2007；Mariana Gerstenblüth 和 Máximo Rossi，2013）等实证研究文献迅速增多。在国内，核心期刊中关于公共支出与民生幸福的相关研究也日渐增多。相关研究显示，民生幸福深受教育、文化、科技、医疗、公共安全、环保等社会因素的影响，政府通过增加公共支出规模、优化结构对国民幸福感的影响效果往往大于生产率的提高和经济增长。

　　民生幸福难以随经济增长同步提升，使得人们开始对"幸福经济学"产生了兴趣。诺贝尔奖得主阿马蒂亚·森曾指出："不管经济学如何发展，它最终要回答的是人类如何才会幸福的问题。"但是，将幸福的"软概念"嵌入经济学的"硬体系"，并非易事。

　　单从经济学范式思考，"幸福经济学"当依四个维度展开。一曰"利"。在现阶段，抛开物质条件片面谈主观幸福感是不现实的，收入与财富的积淀依然是获取幸福的重要源泉。二曰"名"。同等收入条件下，个人获得社会认可与尊重的差别，是形成幸福感差距的关键因素。三曰"交往"。"积极心理学"重要创始人之一彼得森曾用"他人很重要"（other people matter）来描述积极心理学的主旨，认为个体每一次的高兴、悲伤、愤怒等情绪体验总是与他人有关。当一个人将更多的"时间""精力"配置到家庭、朋友、社会公益等人际方面，他就会体会到亲情、友情、爱心对幸福感至关重要。四曰"安康"。老子问"名与身孰亲？身与货孰多？"这在当下仍是最需回答也是最难回答的问题。健康与安全的投入可使一个人获得最丰厚的幸福回报。

对个人而言，"找到幸福是一切行为的最后目的"，实现这一目的的关键，在于"修己"二字。将个人有限的时间与精力，恰当而有分寸地配置于"利"与"名"、"交往"与"安康"之中，方能把人生的物质理想融入到国家富强与民族振兴的伟业中，实现主观幸福感的效用最大化。

"修己"固然不可或缺，政府的公共政策与公共治理又该如何"助幸"？英国经济学家理查德明确提出，不仅要把幸福作为个人选择的标准，而且应该作为衡量政府公共政策的唯一标准。近年来，各级政府财政支出日益"民生化"。而从"幸福经济学"的维度来看，"民生倾斜"不完全等同于"幸福倾斜"。[1]幸福，关乎个体"外求"的效用最大化问题——生命资源之最优配置，关乎个体"内求"的"一致性"达成问题——内心能否经常、稳定、最大化达成一致，关乎个体的"外求"与"内求"能否彼此真实——"外求"与内心相互滋养……公共政策设计的至善目标越明确，公共治理的"助幸"效果就越明显。

一方面，实证研究表明，相对收入差距对个人幸福的影响远大于绝对收入。因此，财税政策在刺激总体"利"增的基础上，更应强化转移支付功能，缩小收入差距的鸿沟。另一方面，财税支出必

---

① 倪志良. 把"幸福"当成公共政策标准[N]. 人民日报（评论版），2013-06-25. 有删改。

须加大教育与文化支出，为个人成"名"追梦，创造更加自由、公平的舞台。来自不同阶层、不同背景的孩子们，只有享受基本均衡的受教育权，才会心静无扰，专注于梦想的追逐；来自不同地域、不同行业的青年们，只有在激烈竞争中感悟到和谐的人际与积极的情绪，才会澎湃起更多、更高层次的幸福体验。

14亿人口的大国，人口数量数倍、数十倍于小国，治理之难度也数倍于小国。唯其艰难，方显勇毅；唯其磨砺，始得玉成。只要持续秉承"心正""意诚"等传统智慧，财政敢于担当、敢于作为，民生幸福这一至善目标道虽远，然可期！

附 录 ①

附录一：民生幸福与公共治理

倪志良（南开大学）

目录

一、引言：公共治理的至善目标

财政是国家治理的基础和重要支柱。国家的公共治理涉及教育、科技、文化、环保、医疗、社保、公共安全等多个方面。

2023年全国一般公共预算收入决算表.pdf

2023年全国一般公共预算支出决算表.pdf

注：2023年我国一般公共预算收入为 21.68 万亿元。在一次税务干部培训班上，老师问：在 21.68 万亿元财政收入中，你个人贡献了多少？同学们给出的贡献数额差别巨大。一个同学最初回答自己贡献了可能有一两千元，经过一番讨论后，又认为自己至少贡献了两万多元……前后答案差别如此巨大。

---

① 本附录是根据作者在南开大学授课过程中所使用的部分 PPT 课件整理而成。为了保证教学效果，有些页面略显简略，有些页面有重复强调之意，旨在帮助读者串联全三册主要内容。但是受形式与篇幅所限，PPT 内容不够详细，更详细的内容请读者参阅正文。

公共治理的至善目标是民生幸福

2023年在一次全日制硕士研究生的课堂上，老师问：2023年全国财政教育支出高达4万多亿元，你个人受益了多少？同学们给出的答案也差别巨大……

年份	教育支出	社会保障和就业支出	卫生健康支出
2018	32169.47	27012.09	15623.55
2019	34796.94	29379.08	16665.34
2020	36359.94	32568.51	19216.19
2021	37468.85	33788.26	19142.68
2022	39447.59	36609.15	22536.72
2023	41248.29	39881.65	22396.01

扫码可见2023年
全国一般公共预算
支出决算表

相同的"实"，在不同头脑中生成不同的认知激活

财政经济分析得出的最有价值的见解之一是实际纳税者不一定是被征税者。确定一种税收或公共项目的真实归宿是公共经济学最困难也是最重要的任务之一。

所谓的从"实际"出发，通常不是从外部之"实际"出发，而是从个人的内心之"实际"（认知基础、过往经验关联、认知惯性、行为惯性和情绪惯性）出发。面对一个同样的"实"，不同个体头脑中会生成不同的认知激活，生成不同的判断与行为选择，生成不同的情绪体验……

详见作者b站专栏文章

宇宙万象（社会万象）、心映万"相"

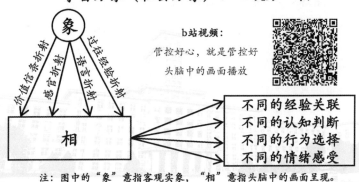

b站视频：

管控好心，就是管控好
头脑中的画面播放

注：图中的"象"意指客观实象，"相"意指头脑中的画面呈现。

幸福，事关个人一切内在努力的至善目标！

民生幸福，事关国家治理的至善选择。让人民生活幸福是"国之大者"！

注：多国经济发展实践表明，人均GDP、人均可支配收入、人均公共支出等经济指标的改善并不必然能提升民众的幸福感！

2023年，我国人均GDP已经达到12681美元，一般预算公共支出达27.46万亿元。物资短缺问题已经在很大程度上、很广范围内得到了缓解。但是"信息污染"的加剧，过度竞争的泛化，成功理念日趋单一化、功利化，就业谋职过于屈从外部力量的裹挟而不能遵从本心与天赋，疫情等诸多"无常"事件的发生……也确实增加了人们的压力感、焦躁感、忧虑感等消极情绪感受。

人际冲突、信任危机、路怒事件、医患纠纷等时有发生，亚健康率、离婚率居高不下……

焦躁、抑郁等情绪问题相对较多，值得关注

在信息爆炸年代，视角的偏差、说法的泛滥、观念的互斥极易被数字技术予以放大，致使更多个体头脑中神经电活动的激活更为琐碎、浅显与无序，致使更多个体头脑中的画面播放更为偏执、低俗与无效，致使更多个体的主认知回路更容易背离清晰、简约与判然，致使更多个体的行为与职业选择更容易背离天赋、本心与专注，致使更多个体的情绪体验更容易背离平和、喜悦与心安。简而言之：头脑中的散乱激活越多，至"真"思考、至"善"担当与至"美"情绪感受越难以生成，优质生命体验越会远离！

参考案例3.3.5 管控好头脑中的画面呈现.doc

焦躁、抑郁等情绪问题相对较多，值得关注

头脑中的散乱激活越多，至"真"思考、至"善"担当与至"美"情绪感受越难以生成，优质生命体验越会远离！

个体的主认知回路 ➤➤➤ 清晰、简约、判然

个体的行为与职业选择 ➤➤➤ 天赋、本心、专注

个体的情绪回路 ➤➤➤ 清晰、简约、判然

b站视频：翟志刚出舱后，最感到震撼和心灵冲击的是什么？

幸福感不足，已经成为世界性的公共治理难题

2012年第66届联合国大会明确告诫：21世纪人类面临的最大生存挑战不是污染、战争，也不是瘟疫，而是我们的幸福感偏低。多而杂乱的信息不但不能提升心力与智慧，反而有可能污染头脑、干扰认知、损伤判断、损伤情绪、损伤担当、破坏个体的幸福感和意义感。

劣质信息越多、散乱激活越多，自主认知框架越难以生成降伏不住"自心"——做不到"静能安、动能专"，个人的生命体验必会遭到严重破坏！

积极情绪占比不足，已经成为世界性难题！

详见"幸福经济学"视频号——想幸福，何其难

公共治理的至善目标：助力更多民众实现"认知自洽""行为自我实现""情绪自如"的相融互济与合一。

助力更多民众实现"好之乐之地工作，心安喜悦地生活"——这一简单且直接的生命诉求，这一本该作为生命"初心"、本该成为生命常态的本真诉求。

"幸福经济学"视频号：管控好心，就是管控好头脑中的画面播放

基于上述社会现实与教育需要，2011年南开大学在研究生招生中增设"民生幸福与公共治理"这一研究方向，2013年"幸福经济学""民生幸福与公共治理"等课程相继开设。秉持"至真思考、至善担当"的育人理念，课程组持续完善课程内容与教材建设，《幸福经济学》（2017年）、《幸福之道——幸福经济学实践版》（2020年）、《幸福之源——优化生命体验的科学》（译著，2021年格致出版社出版，原著由普林斯顿大学出版社出版）等系列著作相继出版。

《人民日报》、新华网、光明网、学习强国、《环球时报》等媒体就系列著作多次发表书评与专访。

《人民日报》："通读此书，能够感受到作者的态度之'诚'，思考之'真'。《幸福经济学》教材是一部创新、用心、可读之作。"

学习强国："该书将东西方诸多先哲关于幸福的智慧思考与现代心理学、脑科学的最新证据有机融合，形成290多个教学案例……内容丰富而且深刻，其社会价值不可低估。"

2021年"幸福经济学"课程在公众号、视频号和 bilibili等在线平台正式运行，截至2024年底，微信视频号播放量超过160万人次，bilibili的播放量超过80万人次。

2022年"幸福经济学"被选作南开大学全校通识课，2022年、2023年、2024年连续三年每年选课人数突破400人，成为南开大学深受学生欢迎、选课人数最多的选修课之一。

b站主页

"幸福经济学"视频号

二、幸福是什么——快乐派与实现派之辩

哲学家的表达：亚里士多德：幸福是一切行为的最后目的。

休谟：一切人类努力的伟大目标在于获得幸福。

亚里士多德（公元前384—公元前322年），古希腊斯塔吉拉人，世界古代史上伟大的哲学家、科学家和教育家之一，堪称希腊哲学的集大成者。他是柏拉图的学生、亚历山大的老师。

大卫·休谟（1711—1776年），苏格兰哲学家、经济学家和历史学家，被视为苏格兰启蒙运动和西方哲学历史中最重要的人物之一。

经济学最核心的问题：研究资源最优配置问题。

经济学家表达：代表性经济学家强调：理性经济人一切行为的目的是优化资源配置，追逐"效用最大化"。

杰里米·边沁（1748—1832年），英国法理学家、经济学家和社会改革者。

威廉姆·斯坦利·杰文斯（1835—1882年），生于利物浦，英国著名经济学家。

阿尔弗雷德·马歇尔（1842—1924年），近代英国最著名的经济学家，新古典学派的创始人。

维弗雷多·帕累托（1848—1923年），意大利经济学家。

至善目标的"碰撞"

 VS

哲学家：幸福的生命体验
——至真、至善、至美的
生命体验

经济学家：实现效用最
大化（收入最大化）

效用论： 无论是基数效用理论，还是序数效用理论，都遵从以下逻辑：民众从事劳动取得收入，收入越多，预算约束越宽松，可以拥有和消费的最优商品组合代表的效用水平就越高，民众可以获得的效用就越大。通过效用（U）与收入（Y）的一元函数可以更直接地显示两者之间的关系：在微观经济学基础效用函数$U=U（Y）$的后面一般都自然标注着$U'（Y）>0$，$U''（Y）<0$。$U'（Y）>0$意味着效用会随着收入的增加而增加，即效用最大化等同于收入最大化。

幸福论： 幸福悖论的提出

萨缪尔逊： 幸福=效用/欲望

伊斯特林悖论——财富与幸福的关系

针对第二次世界大战以来美国居民的幸福感并未随经济快速增长而提高的现象，经济学家伊斯特林（Easterlin）于1974年提出了著名的收入-幸福悖论。

伊斯特林在研究中发现，在一国之内收入与幸福具有正向关系，即高收入者在平均意义上比低收入者更幸福。但是，这种正向关系在富裕国家和贫穷国家之间表现得并不明显；同时，从一国的时间序列数据来看，收入水平的提升并没有带来国民整体幸福水平的提升。

悖论支持者与反对者之间的长期辩论

> 原因：外部客观指标与内心主观感受的背离

有关"美好生活"的客观指标不取决于人们的主观感受，而取决于不同国家共同认可的、有关生活质量的实际数据。例如，人均收入、人均寿命、人均受教育水平、人均住房面积……

内心感受的主观指标，即个体内心真实体验到的获得感、满足感、价值感、意义感、心安喜悦感等。简言之，就是个体内心真实体验到的积极情绪占比。

从古至今，关于幸福的思辨似乎从未停止过，但归结起来，哲学层面的核心观点大致可以划分为两大派别——快乐派与实现派。

快乐派 vs 实现派

快乐派强调的是感官愉悦最大化，实现派强调的则是社会价值最大化。

b站文章：《案例5.3.1 "幸福=快乐+意义感"的遗传基因学依据》

快乐派： **强调感官愉悦最大化，将追逐"快乐"视为一切行为的原动力。**

> 西方代表性人物伊壁鸠鲁甚至将快乐当作道德的前提和标准，认为"快乐是天生的最高的善"。中国历史上新道家中的"主情派"提倡"弃彼任我，风流不羁"，主张生命应该自由自在，追求快乐体验。"竹林七贤"中的嵇康、刘伶等人便是"快乐论"的典型实践者。

实现派： **幸福不仅仅是感官愉悦，幸福之真谛在于天赋（天命）的充分实现，强调的是"意义感与价值感"这一生命体验。**

中国哲学的主理派认为："以道制欲，则乐而不乱；以欲忘道，则惑而不乐"，没有"意义感"支撑的感官之乐转瞬即逝，"过乐"之后是疲惫，是空虚。人还是应该多做些"实现自身天赋（天命）"的事情，多做些有社会价值的事情。只有天赋（天命）得以充分实现，只有有社会价值的事情做得足够多，一个人才能感受到更多的"意义感""价值感""充实感"这类优质生命体验。

人民日报 金句摘抄

欲望

泡夜店、文身、买醉，这些事情看起来很酷，其实一点难度都没有，只要你想办到随时都可以。

真正酷的，应该是那些不容易办到的，比如：读书、赚钱、健身、早睡早起、孝顺父母，用炙热的心爱人爱己，用毕生的精力去战胜一个个专业领域。

低级的欲望放纵即可获得，高级的欲望只有克制才能达成。

——人民日报

这也基本上与文人的浪漫概括相吻合：

这一边，荷尔蒙、物欲、名欲，宛如烈火，至死燃烧；

那一边，自律、正义、节制、修行，永无止境。

参考案例3.6.1 "逐乐致死"的小白鼠.doc
参考案例5.3.1 "幸福=快乐+意义感"的遗传基因学依据.doc

在哈佛大学，有一门年选课人数曾超过800人的"哈佛幸福课"（泰勒主讲），其研究的主线索与核心结论也没有超越快乐派与实现派。课程认为：幸福=快乐+意义感。**越来越多的证据表明，在单纯借助物理手段或药物手段就能达成"感官愉悦"的今天，若一个人幸福感匮乏，他匮乏的很有可能是"意义感""价值感"之类的优质生命体验。**

把握准"快乐论与实现论"这一核心视角，或许能够让你超越90%以上"对幸福的泛泛研究与混乱思辨"。

哈佛"四药方"——**适度运动、充足睡眠、亲情体验和静思训练。**

（上）

（下）

世界上关于"幸福"的定义多达两百多种，关于"什么是幸福"的更多讨论，详见"幸福经济学"视频号，什么是幸福（上、下）。

三、幸福：重在内求，还是外求？

外求，关乎个体对外在竞争性指标的追逐，尤其关乎对收入、地位、成功等可标识的"物质化"指标的追逐；内求，则关乎"内在优质生命体验的经常性达成"，尤其关乎个体内在认知体系、价值体系的构建和认知回路、情绪回路的养成，关乎个体对"可知（可信）"世界的认知拓宽、认知深化与"认知自洽"的经常性达成，关乎个体对"可感"世界的感受认同、感受优化与"情绪自如"的经常性达成。名、利的外求，若与内求——"认知自洽""行为自我实现""情绪自如"等优质生命体验的经常性达成——不能形成良性互动，则容易变成单足跛行，难以致远。

基于内求与外求的划分，本书将前两篇设置为内求篇与外求篇。

2016年4月，德国总理默克尔开启了一场全国大讨论——什么对我们来说最重要？旨在提醒世人探寻生命中最重要的东西。

参考案例3.1.2德国大讨论：生命中什么最为重要？

安格拉·多罗特娅·默克尔（1954年7月17日—　　），德国女政治家，曾任德国总理，在德国政坛素有"铁娘子"之称。

　　讨论主题被抛出后，一些人认为默克尔疯了：在如此发达、现代的社会，人们难道在忙碌中把最为重要的东西搞丢了？人们难道在快跑中忘记了初心，做了舍本逐末的傻事？

> 　　"人心惟危，道心惟微。"人心容易被琐碎和私欲蒙蔽，大道容易被喧嚣淹没。讨论的结论认为：生命中最为重要东西的是"心安与喜悦"这种优质生命体验能否得以经常性达成。真正的社会进步，不仅体现在外在物质财富的丰富上，更应该体现在内在精神财富的富足上，应该让更多民众能够从日常生活中体验到更多的"心安与喜悦"。这种积极情绪感受，能够享受到"心安与喜悦"这种优质生命体验。

　　在电影《无问西东》中，清华大学校长梅贻琦对学生吴岭澜说：你的青春，也不过只有这些日子。时时、事事不要忽略了对自己"内心"的真实。

　　学生问：什么是真实？

　　校长答：无论你看到什么、听到什么、做什么、和谁在一起，有一种从心灵深处满溢出来的不懊悔、也不羞耻的"平和与喜悦"。

> 　　若忽略了对内心的真实，将自身置于被动的忙碌中，你得到的是一种麻木的踏实，但你很难体验到从心灵深处满溢出来的不懊悔、也不羞耻的"平和与喜悦"。

　　专业选择、职业选择等人生重大抉择要对内心保持真实，**检验"真实"的标准是"平和与喜悦"这种情绪感受和生命体验能否达成。**德国大讨论强调的"心安与喜悦"，梅贻琦校长强调的"平和与喜悦"，都属于内心感受，都属于生命体验。**名、利的外求，若与内求——内心的"一致性"体验，不能形成良性互动，则容易变成单足跛行。**

　　在过度竞争、诱惑多多的年代，稍不谨慎，个体很容易将自身置于被动的繁重之中，而忽视了对自己内心的"真实"。缺少了对自我"真实"的最大风险在于，若干年后，回首往事，诸多繁华皆是虚。爱因斯坦也曾告诫：**过度的竞争、被动的繁重必然导致虚假与肤浅，只有持续的"真实"才有可能抵达灵魂深处。**

四、内求："知、行、感"合一

如何让更多民众更经常性地达成"认知自洽、行为自我实现、情绪自如"的相融互济与合一？

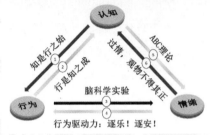

《幸福之道——幸福经济学实践版》的第一篇为"内求篇"。"内求篇"分别研究了认知、行为、情绪与幸福的关系，探讨如何优化个体的认知惯性、行为惯性和情绪惯性，进而优化个人的内在精神秩序和生命体验，**实现"认知自洽""行为自我实现""情绪自如"的相融互济与合一——简称"知、行、感"合一。**

1."认知"：要想优化个体的内在生命体验，首先要不断优化和巩固至简、至上、至真的主认知回路。

宇宙浩瀚、历史悠久、生命深奥、人心丰富，人穷其一生，其所知相对于其所不知犹如茫茫大海中的几座小岛。宇宙万象、心映万相，宇宙万象（包括地球）已经和谐运行了几十亿年，进入心中那点儿"有限"之"相"（信息）实在没有必要被解读得矛盾重重。任何内在"自洽、合意、一致、自如"的达成都是就已知那点儿"相"（信息）的达成，任何内在精神消耗——认知对抗和情绪冲突——都是就已知那点儿"相"（信息）的对抗和冲突。谁得信息"内在达成一致"之法，谁得真实幸福之道！

　　关于如何"静存动磨"至简、至上、至真的主认知回路，如何让内心在较高的价值框架下经常性达成"内在一致、认知自洽"，详见附录二：认知——至简 至上 至真。

　　2."行为"：要想优化个体的内在生命体验，需要多做些有"社会价值""天地价值"的事情。

　　心，不会自欺！有社会价值、天地价值之事做多了，头脑中主管"价值感、意义感"的部位的神经电活动就会得到足够强度的激活，内啡肽等积极神经递质就会得到足够剂量的分泌，一个人就能体验到"价值感""意义感"这类优质生命体验。反之，行为一旦陷入被动、懈怠与盲从，意义感匮乏必然会发生，优质生命体验必然会被错失。

　　关于顺势合赋、惟精惟一、刻意练习等行为有效性的讨论，详见附录三：行为——至利？至义？至善！

　　3."情绪"：要想优化个体的内在生命体验，需要学会管控情绪，管控好头脑中的画面呈现、逻辑呈现、价值呈现。

　　情绪体验的主观性。宇宙万象（社会万象）、心映万"相"。外部之实"象"经过不同"心"的折射——经过不同的感官折射、不同的语言折射、不同的过往经验折射、不同的价值信条折射，会在头脑中生成不同的"相"，激活不同的神经回路，形成喜怒哀乐等不同的情绪体验，汇聚成不同的生命感受。越来越多的证据表明，认知"自洽"与情绪"自如"总是相伴相随的，认知在内心达成的"自洽度"（接受、满足、感恩三个层次）越高，情绪达成"自如"的饱和度也越高。这些说明情绪体验的确具有主观性。

　　情绪体验的客观性。物理学越发展，物质的物质性越弱；心理学越发展，精神的精神性越弱。现代心理学证实：认知、情绪等以往被认为纯属主观的、精神层面的事情，背后是有其物质基础的，其物质基础就是头脑中的神经电活动和神经化学活动。**适度运动、充足睡眠、守静练习、亲情体验、在较高价值框架下经常性地达成"认知自洽"、多做些有"社会价值"的事情，这些都能增加头脑中积极神经递质的分泌，都能改善情绪形成的物质基础，都能优化生命体验。**

　　关于情绪体验的主观性与客观性，关于如何养成"不忧、不怨、不惑、不惧"等优质情绪回路的更多探讨，详见附录四：情绪——至乐 至安 至美。

五、小结

真正明晰了情绪体验的主观性和客观性，90%以上的人能够找到适合自己的化解"精神内耗"的解药。不同人的解药会有所不同，但都不能偏离："认知自洽""行为自我实现""情绪自如"的相融互济与合一。

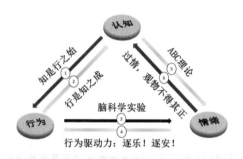

公共治理的至善目标是助力更多民众实现：
"认识自洽""行为自我实现""情绪自如"的相融互济与合一

认知求"真"，行为求"善"，感受求"美"。大脑对外部世界"真、善、美"的感知力、鉴赏力、创造力是可培育的。

> 世界没有通往"真"之路，"真"本身就是路。多经验一次当下之"真"思，感知与为"真"的能力就提升一次。
> 世界没有通往"善"之路，"善"本身就是路。多经验一次当下之"善"行，感知与为"善"的能力就提升一次。
> 世界没有通往"美"之路，"美"本身就是路。多经验一次当下之"美"，感知与为"美"的能力就提升一次。

祝愿每一位读者都能够获得更多的"真"知，担当更多的"善"行，收获更多的至"美"的生命体验。

附录二：认知——至简 至上 至真

倪志良（南开大学）

目录

一、引言

好教育，理当铸就更多的至"真"思考、至"善"担当与至"美"生命体验。

好教育，理当铸就更多的幸福人生——"真、善、美"相滋共生，"知、行、感"互济合一。

教育关乎真（知）、善（行）、美（感），那么，知（真）、行（善）、感（美）哪个更为重要？

王阳明强调："知"是"行"之始。

现代心理学证实：**认知回路的"自洽"＝情绪回路的"自如"，感受回路的"自如"通常源自认知回路的"自洽"。**

"知"与"感"交互影响。

翡翠板

知、行、感哪个更重要？

认知派强调：生命是认知之总和。生命之根本在于提升对宇宙、对社会、对生命本源（"道"与"理"）的认知，拓宽灵魂的深广度。没有了认知能力，一个生命也就失去了根本。

行为派强调：生命是行为之总和。一个人如果对自己行为的社会价值和天地价值有着坚定的确认，他生命的"意义感"就不会匮乏。

感受派强调：生命是感受（体验）之总和。内在体验通常比外部的大道理更为重要，比外部竞争性指标更为重要。生命之根本在于体验。

二、认知之重要——"思"之重要，"心"之重要

"知是行之始"，任何外在行为的突破，事先一定要有内在认知的突破。

《大学》开篇强调："古之欲明明德于天下者，先治其国；欲治其国者，先齐其家；欲齐其家者，先修其身；欲修其身者，先正其心；欲正其心者，先诚其意；欲诚其意者，先致其知。"这等于明确告诫：意诚、心正、身修、家齐、国治、天下平这些善果，源自一个东西——"认知"，要想有好的行动、好的结果，一定要有至上的"认知"。

在联合国教科文组织总部大楼前的石碑上，用多种文字镌刻着《联合国教科文组织组织法》的开篇之言："战争起源于人之思想，故务需于人之思想中筑起保卫和平之屏障。"

"战争起源于人之思想，故务需于人之思想中筑起保卫和平之屏障。"

一个世界性的有关教育、科技、文化的组织机构——联合国教科文组织，其门前石碑上的警示性语言一定是当初经过千挑万选的。该语句关乎"知"与"行"，关乎"行为"的源头到底是什么？**知是行之始**。战争属于行为，**行为源自思想，源自认知，源自"念"，源自"心"**。

现代心理学证实，就可改变的部分而言，行为和情绪的改变往往源自认知的改变、思想的改变、"心"的改变。

现代思维科学研究也证实：我们赋予外界事物的意义，一小部分是基于我们从外部世界看到的，大部分则基于我们头脑的心智模式。个体往往基于对外部的人、事、物中很小的一部分认知而做出整体性判断。因此对同一事物的判断总是因人而异，并经常差异巨大，这多是源自个体内心价值框架与思维惯性的不同。

[美] 杰里·温德，科林·克鲁克，罗伯特·冈瑟. 非凡的思维——用超常的心智模式改变一切[M]. 周晓林，译. 北京：电子工业出版社，2015.

图中黑点的大小代表我们获取的某一事物的一小部分信息，长方形的面积代表我们对事物的整体判断。

　　科学证实，"脑"的潜能——"心"的潜能是无限的，"心"的潜能的浪费是世间最为严重的浪费。

　　人脑认知系统类似于电脑的运行系统。一个硬件没有问题的电脑，若运行效率或运行结果总出问题，那一定是软件系统出了问题。卸载旧系统，装就新系统，优化、升级运行程序，是有效解决问题的关键。同样，个人头脑中的认知系统不得以优化与升级，他的很多情绪问题和行为问题就会重复出现。——认知心理学

　　参考案例1.7.1 人类认识的最后疆域——脑.doc

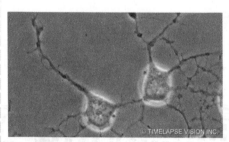

神经细胞内信号传导

　　脑科学研究证实：人通过眼、耳、鼻、舌、身接收各种信息，这些信息在头脑中通过突触在神经细胞间得以链接与传递，伴随链接数量的增多与链接强度的加大，生成各种记忆、概念、观念，生成各种认知。1000多亿个神经细胞、100多万亿个神经突触，每个个体的头脑都有着无限的潜能，每个个体的内心都有着无限的潜能，每个个体的"认知""行为""感受"都有着无限的潜能。

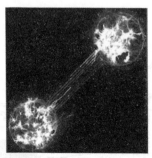

神经细胞间的信号传递

　　无限的潜能，若被私欲蒙蔽，被眼前的杂乱蒙蔽，被错误的链接蒙蔽，心无以致"远"，念无以至"上"，认知无以至"真"，行动无以至"善"，感受无以至"美"。世间最大的浪费莫过于认知潜能、行动潜能和感受潜能的浪费。

　　参考案例1.7.5 认知科学的现代观点.doc

- 儒家：书破万卷，路行万里！

- 《大学》：平天下→治国→齐家→修身→正心→诚意→致知，致知在格物。

- 释家：发上等心，护上等念！一正念起，百负念消！

- 道家：大道至简，人文日用之道具有相似性，太阳底下没有太多新鲜事。应善养"不出户知天下，不窥牖见天道"之功夫！

孝庄　　　　　　　康熙

擒鳌拜、平三藩，一位不到20岁的青年能有如此作为，说明康熙帝的认知力（心力）、行动力（担当力）已经足够强大，但孝庄仍然认为孙儿的心力不够强大、认知不够清晰，认为大清国最大的危难就在她孙儿的心里。

参见案例1.1.4 孝庄如是教育康熙

- 优化受教育者内心的价值框架、思维习惯、心智模式，提升受教育者的认知能力，应该被尊崇为教育的首要目的。

- 良好的认知能力表现为：能更客观、更清晰、更真实地认识自我、认识他人、认识世界，接受自我、接受他人、接受世界，具有更优的分析、推理、鉴赏、判断和决策能力。

"幸福经济学"视频号：认识你自己

如何提升认知？这一问题关乎"学"与"思"，关乎"动"与"静"

孔子用"学而不思则罔"强调了"思"在个体认知系统升级中的重要性，笛卡尔则用"我思故我在"将"沉思"的作用推崇到了极致。一个人沉"思"得越久，其头脑中的"认知回路"就会愈加简约清晰，"情绪回路"会愈加安顿愉悦，对自我、他人、世界的感知也会愈加真切。

参考案例1.1.1 孔子重"思"，"一以贯之"至简之道

参考案例1.1.2 笛卡尔重"思"，数学、哲学"双成"

认知之重要的现代表述

一个人永远不能用制造了问题的认识水平去解决这些问题！

——爱因斯坦

旧程序不可能运行出新结果。

——认知心理学

苟日新，日日新，又日新。

——汤之《盘铭》

过去25年的研究使我确信，办法是有的，这条曲折蜿蜒的路径就从控制意识开始。

——米哈里《心流：最优体验心理学》

要想优化个体的内在生命体验，首先要不断优化和巩固个体的主认知回路。

宇宙浩瀚、历史悠久、生命深奥、人心丰富，人穷其一生，其所知相对于其所不知犹如茫茫大海中的几座小岛。宇宙万象，心映万相。宇宙万象（包括地球）已经和谐运行了几十亿年，进入心中那点儿"有限"之"相"（信息）实在没有必要被解读得矛盾重重。任何内在"自洽、合意、一致、自如"的达成都是就已知那点儿"相"（信息）的达成，任何内在精神消耗——认知对抗和情绪冲突——都是就已知那点儿"相"（信息）的对抗和冲突。谁得信息"内在达成一致"之法，谁得真实幸福之道！

三、至简 至上 至真

"一个人永远不能用制造了问题的认知水平去解决这些问题。"眼前的琐碎和私欲很容易将"心"蒙蔽，过多的术语、逻辑、规则很容易将"心"的潜能禁锢，令心从"名"而背"实"，令"心"不能对外部事实保持最大限度的开放，从而将认知的效率拉低。一个人的认知层次与认知效率，一方面取决于进入头脑的信息有多少属于上乘信息，另一方面取决于解读这些信息的逻辑链条、价值链条是否至简、至上、至真。

 （一）至简

至简——乾以易知，坤以简能；易则易知，简则易从。历史上的思想之大成者，多有化繁至简之表现。夫子之道，简至"忠恕"二字而已矣。老子坚信"为道日损"，人文日用的道理越多，人心越容易无所适从。**听闻成千上万的道理，不如将一条至简之道"静存动磨"为自己的主认知回路。**听闻百种驾车理论，若没有驾校七天的持续集中训练，一个人可能永远不会开车。**开车如是，上乘认知回路和行为习惯的养成亦如是。**

- 乾以易知，坤以简能；易则易知，简则易从。

　　　　　　　　　　　　　　　　　　——《周易·系辞》

- 很多有效判断，既不遵从逻辑，也不遵从概率规律，而是遵从简易规则。

　　　　　　　　　　　　　　　　　　——卡尼曼

- 如果你不能简单地解释一样东西，说明你没真正理解它。

　　　　　　　　　　　　　　　　　　——爱因斯坦

- 专注和简单一直是我的秘诀之一。简单可能比复杂更难做到：你必须努力理清思路，从而使其变得简单。但最终这是值得的，因为一旦你做到了，便可以创造奇迹。

　　　　　　　　　　　　　　　　　　——乔布斯

美国密歇根大学的彼德森等人为了寻找出不同哲学传统都赞同的美德，他们成立课题组，**认真研读了近三千年世界历史中对人类影响最大的几十本书，**包括亚里士多德、柏拉图、阿奎那、奥古斯丁、富兰克林的著作，也包括中国的《论语》《道德经》等经典著作。

在研究了近三千年世界历史中的不同文化后，他们归纳出跨越文化差异的所谓放之四海而皆准的六大至上理念——**智慧与知识、勇气、仁爱、正义、节制、精神卓越。**

参考案例1.2.3 跨越文化差异的六大美德

认知要遵从"至简"

参考案例1.2.1 孔子一以贯之的至简之道：两字而已.docx

参考案例1.2.2 英国威斯敏斯特大教堂无名墓碑的启示.docx

参考案例1.2.3 跨越文化差异的六大美德.docx

在一段时间内，集中精力将某一至简至上理念"静存动磨"为个体的主认知回路。

翡翠板

我们的思想并不是由逻辑推导而是由几个观念的联合联系起来的；我们的行为并不是对外部事实全部了解之后才付诸实施的，而是由几个习惯和习俗指导的。

在一段时间内，集中精力将某一至简至上理念"静存动磨"为个体的主认知回路，让这一至上理念能够经常性地参与到头脑中的各种临时性激活或回忆性激活。

（二）至 上

"书破万卷"是必要的。在信息爆炸的今天，最大的问题是书出版了不止万卷、十万卷、百万卷，书本信息太多，网络信息更是铺天盖地。"吾生也有涯，而知也无涯。"（《庄子·内篇·养生主第三》）。庄子年代"以有涯随无涯，殆已"，当今年代"以有涯随无涯，倍殆已"。

面对信息爆炸、垃圾信息满天飞的现状，"取乎上"尤为必要。信息太多、太杂、太乱，很容易将心搞乱，让心失去效率。

信息爆炸年代，书本信息太多，网络信息更是铺天盖地，但人文日用领域的至上信息、至上原则往往蕴藏在经典中——尤其是那些生命力超过500年甚至超过2000年的经典著作之中。常得经典滋养的主认知回路一般会更有效率。信息太多、太杂、太乱的年代，汲取至上信息、养成至上认知框架尤为重要。没有至上认知框架的统领，多而杂乱的信息就会成为思辨心灵的额外负担，人心就会无所适从。没有至上认知框架的统领，人就不能有效应对复杂的现实世界。

认知要遵从"至上"

取乎其上，得乎其中；取乎其中，得乎其下；取乎其下，则无所得矣。

——《论语》

求其上，得其中；求其中，得其下；求其下，必败。

——《孙子兵法》

取法于上，仅得为中；取法于中，故为其下。

——唐太宗《帝范》卷四

你接触过的人、你读过的书、你走过的路、你的经验、你的过往……构成了现在的你。多接触高人，多阅读经典，多以欢迎之心、英勇之态迎接挑战，直面压力、珍视挫折……这些都会对你产生恒久深远的影响。

参考案例1.9.1洛克的经验论与曾国藩的"见识说"

b站文章：《案例1.3.4至上信息，多在"茧房"之外》

取乎上，得乎中——究竟哪些书为上？

（1）生命力超过两千年的经典著作：儒、释、道、法等中华传统文化中的代表作各选择1~2本，西方文化经典中的代表作也可以精选两本……

（2）从东西方生命力超过500年但小于2000年的经典著作中各选择1~2本，反复阅读……

（3）从东西方生命力小于500年的经典著作中各选择1~2本，反复阅读……

概括出30段最经典的文字（总字数最好不要超过5000字），每周背诵，重复、重复、再重复……康熙背诵《论语》的例子……

内心多呈现"至上"画面

毛泽东在求学期间，经常与萧子升、蔡和森等同学"指点江山，激扬文字"。他们（后来的"湘江三友"）买来《胡文忠公遗集》《曾文正公集》等书籍，围绕书中观点进行辩论。多年后，毛泽东还这样回忆道："那时候，我和我的朋友们常常身无分文，但我们却不屑于谈论身边的琐事，我们要谈只谈大事，国家、社会、人类、地球、宇宙……"

心之力

上海八块头书画院顾本建
院长小楷《心之力》

1917年，24岁的毛泽东读罢王阳明的"心学"后，慨然而生经略四方之志，一挥而就《心之力》。湖南一师杨昌济老师惊叹其"心"之广、"意"之阔、"思"之深、"志"之鸿，料定此青年将来必有大为，作文给了满分并外加5分，后来还将爱女杨开慧许配给这位有志青年。

杨昌济临终前曾致信好友章士钊（时任广州军政府秘书长、南北议和代表），向其推荐毛泽东和蔡和森，信中说："吾郑重语君，二子海内人才，前程远大，君不言救国则已，救国必先重二子。"

三个值得深思的现象

（1）北京大学的32楼现象

参考案例1.3.3 王强——人生最大的捷径是阅读一流的书

（2）南开大学的郭树清现象

（3）复旦大学的郭广昌现象

索罗斯：金融家如果学点哲学，可能会更成功。判断离不开方法论。

（三）至 真

陶行知，原名陶文濬，因敬仰王阳明"心学"里的"知行合一"思想，先后将名字改为陶知行和陶行知。重视"心"而不陷入唯心主义的泥潭，知行合一，是令心卓而有力、行卓而有效的关键。

政治、经济强人，多时胜在"心"。

很多外在的成功，事先都需要无数次内心的预演；

很多外在行为的突破，事先一定有内在认知的突破。

认知力＝心之力＝脑力＝思想的力量

至真——千教万教，教人求真；千学万学，学做真人。笔者在教学过程中发现，一些学生包括部分硕士、博士生，对自己的所思所写不能做到"真"信。自己不"真"信，就不要奢望他人的"真"信，更不要奢望这些所思所写能对政府、对企业、对社会发展产生理论指导作用。自己不"真"信的所思所写，难以生成有效判断，难以生成至善担当，难以生成至"美"的生命体验，这正所谓"心不自欺"！

我们的教育是否践行了大教育家陶行知先生的告诫："千教万教，教人求真；千学万学，学做真人"？教育中是否仍然存在着浮躁、虚假与不"真"？

在案例5.1.2中，皮耶罗·安维萨曾撰写了超过316篇同行评审的出版物，算得上是绝对的行业权威，仅仅关于心脏干细胞的研究，他就发表了数十篇论文。这些论文此前大多发表在诸如《柳叶刀》《循环》等国际顶级刊物上，并被读者广泛阅读和大量引用。2018年10月14日，哈佛大学认定皮耶罗的31篇心肌干细胞相关论文"从一开始就基于欺诈性数据"，一次性将相关论文从各类顶尖期刊上撤稿，其本人也被哈佛大学扫地出门。

至真、至上，有时需要较长的时间，才能给出准确判断。

现在，我国顶层设计层面公开反对"五唯"，明确抵制"限刊、限时出标志性成果"对教育本真、科研本真的搅扰与严重破坏。

认知要遵从"至真"

案例1.4.1　何为"思无邪"？"至真"也！

《传习录》中记载了王阳明和学生的一段对话。

问："'思无邪'一言，如何便盖得三百篇之义？"

先生曰："岂特三百篇？《六经》只此一言便可该贯，以至穷古今天下圣贤的话，'思无邪'一言也可该贯。此外更有何说？此是一百当的功夫。"

诗三百，一言以蔽之，"思无邪"。三百诗篇，之所以能传世，能入人心，是因为它保证了内心与现实实践之间的彼此"真实"，彼此忠诚无邪。六经能够传世，能够入人心，也可以一言该贯：对外部真实，对内心无欺。

参考案例1.4.2　知不知，尚矣——两个"千亿级".docx

何谓真思考？2022年全国一般公共预算支出决算表.pdf

有哲人提示：一个人若不经过哲学的训练，通常只能在自己的信息茧房中实现"逻辑自洽"。

认知要遵从"至真"

人类首先要承认的是：个人，穷其一生，所知甚少；全人类，迄今为止，对宇宙、对自身整体性地知之甚少。

所谓至真，就内在性而言，是指个人只能就进入其头脑的那些信息达成最大限度的一致与自洽。这种一致，有时只需要逻辑自洽即可，有时却需要逻辑和感受的共同支持。就外在性而言，所谓至真，是主观认知向客观道理、客观事实达成最大限度的靠近与吻合。

人脑对这种"一致性"的追求、打破、再次达成的循环往复，人心与现实之间的循环检验，也就是认知的"至真"过程，也是认知由散乱的现象层面向简约的本质层面靠近的过程。

参考案例1.4.2 知不知，尚矣——两个"千亿级"

"知不知，尚矣；不知知，病也。"历史悠久，宇宙浩瀚，生命深奥，任何个体穷其一生所能"知道"（内心有"相"映出）的信息与其"不知道"的信息相比，只不过是"茫茫大海中的几座小岛"而已。头脑中的任何"内在一致"的达成，都是就"已知"的那点儿信息所达成的一致。头脑中的任何冲突与对抗，也都是就"内心所映"的那点儿信息的对抗与冲突，这些内在冲突多数属于庸人自扰，有些甚至纯属"智者"自扰。

扫描观看b站视频：阿基里斯悖论与"智者"自扰

判断力很重要

以投资为例，投资最终较量的是判断力，判断力是认知能力的集中表现。马斯洛研究许多成功人士的人格特质后发现：成功者通常具有16条重要特质，最为重要的一条是他们的判断力超乎常人，头脑多时能够清晰、简约、判然。

参考案例1.5.2 罗杰斯的投资哲学：做大胆、理性的独行侠

要"逻辑完美"还是要"现实判断力"？

- **判断力是认知能力的集中表现。**

- 在信息-知识-理念-判断-行动这一链条中，**判断力居于核心地位。** 现实判断通常比逻辑推演更复杂、更艰难。就我国的学校教育而言，加强后三个环节训练的任务更为艰巨、更为迫切。当下应力求避免的是：学生之所学大部分被滞留在前两个环节，不能生成清晰信念，不能生成有效判断，不能生成至善担当。

万法皆非"定"法，人文日用领域的决策涉及人心的丰富性和可变性，涉及诸多不可估值因素（健康、亲情、尊重、奉献等），涉及更多的不确定性。没有"至简""至上"，难以"至真"，也就难以生成有效判断。

在学习五环节——信息-知识-理念-判断-行动中，若不能生成有效判断，后三个环节不能被打通，缺乏自主思考的机械堆积越多，心灵的负担就会越重。机械堆积容易禁锢人的精神灵性与生命活力，容易弱化至真思考与至善担当。

参考案例1.4.6 古圣先贤的智慧，多数体现在人文日用领域

参考案例1.5.3 马云——成功与否取决于对10年后的判断

概念、逻辑堆积很多，现实判断力和担当力严重不足。

索罗斯认知框架的关键特征：

相比自然科学，人文社会科学涉及"人的不确定性和人心的复杂易变性"，使得"不确定性"问题表现得尤为明显。如果只是一味地模仿自然科学，只会导致社会现象的失真。承认自然科学和社会科学之间的差异，将确保人们正确地对待社会理论的优点，而不会错误地用自然科学的方法乱做判断。

自然科学重在寻找确切性，人文社会科学重在应对不确定性。

参考案例 6.4.3 索罗斯：人的不确定性原则

概念、逻辑堆积很多，现实判断力和担当力严重不足。

20世纪50年代，索罗斯在伦敦政治经济学院学习，他用三年的时间修完经济学课程，在余下的一年里，他选择了哲学家卡尔·波普尔对其学业进行指导。波普尔特别强调，知识永远是不完备的。但在经济学理论中却有完全竞争理论，并假设知识是完备的、信息是充分的。索罗斯被两者的矛盾难住了，他开始怀疑经济理论的假设。也正是基于这一根本性怀疑，他开始构建自己的"认知-行为"框架。后来，这一框架助其在金融领域取得了非凡的成功（参见案例6.4.3）。

参考案例 6.4.3　索罗斯：人的不确定性原则

判断、选择都是在诸多不确定因素的背景下做出的。若想成功，需要在"动静等观"中抓住主信息和关键信息。

诺贝尔经济学奖得主西蒙谈到他当独立董事的体会时说道：信息充分是不可能的，公司的任何决策都是在信息不充分、仍然面临诸多不确定性的情况下做出的，多数情况下是在有限的几个备选方案中择一而已。

参考案例1.5.4真判断——需要"至简""至上""至真"

四、认知"内在一致"的达成——"无"与"有"

宇宙万象、心映万"相"。宇宙万象（含地球）已经和谐运行了几十亿年，进入心中那点儿"有限"之"相"（或信息）实在没有必要被解读得矛盾重重。管控好心，就是能在较高价值框架下将进入心中的那点儿"相"（或信息）解读通顺，达成"内在一致"。

儒家：有一言可以终身行之者乎？其恕乎！"恕"，如心也。内不乱曰"如"，万事"如"意，此心光明，都是"内在一致"的另一种表达。

"内在一致"的三个层次：（1）接受、放下、释然；（2）知足；（3）感恩。

《中国哲学简史》：朱子"道"，陆子"禅"，陆九渊、王阳明的心学……

"无"——如何止息消极念虑

"内在一致"能否得以经常性达成，重点在于解决好两个问题："无"与"有"。

原有的认知惯性力量很大、情绪惯性力量很大、行为惯性力量很大，想提升认知、更新认知系统并非易事，需要先解决"无"的问题——解开很多认知错"结"、情绪错"结"，避免无效画面的重复播放。

参考案例1.8.1 传统智慧关于"无"——《庄子》中"坐忘大通"

"无"——如何止息消极念虑

《道德经》开篇探讨了"无"与"有"。《论语•子罕》中记载了孔子绝"四"：毋意，毋必，毋固，毋我。在这里，四"毋"近乎四"无"。中国化后的禅宗也强调：无相为宗，无住为体，妙有为用。王阳明《传习录》"四主题句"中的前两句为"无善无恶心之体，有善有恶意之动"。管控内心，重在管控"无"与"有"。

"无"——如何止息消极念虑

作为中国古智慧化身的诸葛亮强调"静以修身""非宁静无以致远"；《道德经》强调"致虚极，守静笃"；乔布斯的很多创新性认知都是在静思时获得的……所有这些事例给出的综合性启示如下："厚动薄静""务外遗内，博而寡要"是大弊，"无限外求信息而缺乏了静存动磨"易导致认知混乱、情绪焦躁、行动无效。人须"动静等观"，切不可"过动少静"。

"有"——"至上"理念得固，自我认知框架得立

常"无"是为了常"有"。"无"，止息消极念虑，忘却各种是是非非和无谓的价值评判，身心得到最彻底的放松，内心会更为空旷开阔，积极信号更容易被记起、调出和链接，更好理念"有"现，至上理念得固，自我认知框架得立，"善恶、难易、高下"之间的边界、本质、限度得以清晰，头脑日益清晰、简约、判然，个体能更有效地应对现实社会的复杂性。闲暇时多些贵"无"之妙，工作时多些崇"有"之效。

参考案例1.9.6 将正念融入自我认知框架

翡翠板

"无"：以物我两忘为要，身心得以最彻底的修养。

"有"：须遵从至简、至上、至真，以建立自主认知框架为要。

五、重复、重复、再重复：认知回路（正念）的养成

学过驾照的人都知道，博闻百种驾车理论不如将一种理论反复练到手。学车如是，人生亦如是。一些学生"心力"缺失，很重要一个原因是没有将至简之道"静存动磨"为自主认知框架。

至简之道需要"静存动磨"，相应的"认知回路"与"情绪回路"要被"拓宽"，要被"刻深"，方能有用。

重复、重复、再重复

参考案例1.9.3 关联的广泛性及可引导性.docx

参考案例1.9.4 重复刺激的必要性.docx

提升认知：尽早建立头脑中有效的"正念"链接通道（入口引导很重要）。

心理学家用数字（0~100%）来表示一对词语之间的联系程度，并用连线的粗细表示出来。例如，当提到"大脑"时，4%的人会联想到"心智"，而28%的人会联想到"头部"。在右图中，"大脑"和"虫子/漏洞"之间没有直接的链接，就是说看到"大脑"时，没有人会联想到"虫子/漏洞"这个词，但是这两个词之间被两条迂回的线路所连通。

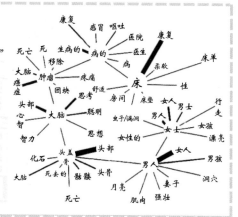

参考案例1.9.3 关联的广泛性及可引导性

研究人员做过实验，让被试者回答如下三个问题：

（1）肯尼亚属于哪个大洲？

（2）国际象棋中对比鲜明的两种颜色分别是什么？

（3）请说出一种动物。

回答完前两个问题后，再回答第三道题，约20%的人的答案是"斑马"，约50%的人回答了生活在非洲的动物。但是当直接让人们说出一种动物时，却只有不到1%的人说出斑马。也就是说，在将你的注意力直接吸引到"非洲"和"黑白色"上时，便有可能预测你的答案。

　　上述例子指出了关于记忆和认知的重要两点：第一，知识是以一种呈组织的形式储存在大脑中的，有关概念（如斑马、非洲，公里、英里）彼此相互联系；第二，想到其中一个概念时，思维会发散至另一概念，使得另一个概念更容易被想起。这两点加在一起，就可以解释为什么人们想到非洲和黑白色之后，最容易进入脑海的动物是斑马。

　　头脑中每时每刻都有某些神经电活动和某些神经递质的组合，都有某些认知回路的激活和情绪回落的激活。激活的这些认知回路，有的是基础性认知回路，有的是临时激活的回路。

　　要想使头脑中多呈现好画面，多达成"内在一致"，多生成优质感受，养成至简、至上的基础回路（认知习惯）至关重要。

　　（1）语言性重复，语言刺激；

　　（2）事上磨；

　　（3）自我以往某些"认知自洽""情绪自如"时刻的重复回放。

　　先生曰："吾与诸公讲'致知''格物'，日日是此，讲一二十年，俱是如此。诸君听吾言，实去用功，见吾讲一番，自觉长进一番。"

　　"师门致知格物之旨……故吾师**终日言是而不惮其烦，学者终日听是而不厌其数**。盖指示专一，则体悟日精，几迎于言前，神发于言外，感遇之诚也。"

重复、重复、再重复：认知回路

"静存动磨"至简至上的基础性"认知回路"。

"认知回路"的重复＝情绪习惯的养成。

床头放两三本"价值传承500年以上"的书，重复、重复、再重复。

首次呈现刺激　　持续呈现刺激　　随后，同样的刺激再次呈现

重复刺激固化关联图示

认知回路？ 情绪回路？

关键1：博闻百种理论不如将一种至上理念反复练到手。学车如是，人生亦如是。孔子一以贯之至简之道。师如是，门人亦如是。"子路有闻，未之能行，唯恐有闻。" **参考案例1.2.1孔子的至简之道：两字而已**

关键2：一些学生对自己的"心灵力量"不满意，很重要一个原因是没有将至简之道"静存动磨"为自主认知框架。**参考案例1.2.7践行至简：要对事实保持开放**

关键3：锻炼肌肉力量，需要一定的方法，需要重复足够的次数，需要时间。训练"心灵力量"，更需要方法，更需要重复足够的次数，更需要时间。

参考案例1.9.4 重复刺激的必要性

六、小结

内心只要不过于被私欲和琐碎蒙蔽，其映"相"能力便会足够强大。如果个体逐渐"大其心"，拓宽自我的心灵边界，清除心灵的自我限制和枷锁，在更高价值框架下经常性达成"心正、意诚"，达成"主信息一致"，其认知惯性和生命体验将会得以优化。谁得"信息内在一致"之法，谁得真实幸福之道。

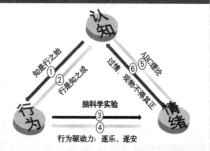

"信息内在一致"强调的就是"认知自洽"

附录三：行为——至利？至义？至善！

倪志良（南开大学）

目录

　一、行为—生命资源之最优配置

经济学的核心议题事关资源最优配置。究其根本，人类个体生命中最珍贵、最需要配置好的资源无疑是"时间"与"精力"。如何将有限的时间和精力均衡配置于收入、名望、人际、健康诸多方面，使个体几十年的生命体验达到最优，这事关个**体一切内在努力的终极目标，也事关公共治理的至善选择。**

多做些有社会价值的事情

认知重要，将认知转化为"判然"与"笃行"更重要！

一步实际行动比一打纲领更重要。

在东方，儒家重入世、重实践、重行动。凡"**天下事，在局外呐喊议论，总是无益，必须躬身入局，挺膺负责，乃有成事之可冀**"。

教育五环节，判断力、行动力很重要！

儒家重行—何谓"习"

在西方，哲学家将幸福分为快乐论和实现论。实现论强调行动，主张通过行动来确立意义感、价值感。在东方，儒家重入世、重实践、重行动。《论语》开篇即强调"学而时习之，不亦说（悦）乎？"**习，即实习、实践也，亦重"行"也。**学之所用，唯行；学之笃实，唯行；学之真切，唯行。朱熹在《四书章句集注》如此解释："习，鸟数飞也。学之不已，如鸟数飞也。说（悦），喜意也。"

儒家重行—何谓"习"

　　现在社会上很多讲者把《论语》开篇中的"习"讲解为"温习""复习"，这是不对的。朱熹在《四书章句集注》中早已明确，"习"就是"实习""实践""练习"。取乎上，得乎中。想得经典之要，还是少听点喧嚣性讲解，多读些经典原著（或经典解读）为上。

电脑键盘上E键的左键字母是什么？

　　美国心理学家迪恩·布诺曼诺（Dean Buonomano）在《大脑在捣鬼——大脑"漏洞"怎样影响了我们的生活》一书中提到这样一个问题："电脑键盘上E键的左键字母是什么？"在不低头查看键盘的前提下，即便是熟练掌握打字技能的人也极有可能瞬间卡壳，难以给出答案。但倘若要求大家打出"文化"一词，大多数人的手指都能够很快地做出反应，从而得到正确的答案——E键的左键字母是W键。

电脑键盘上E键的左键字母是什么？

　　这个简单的例子表明，通过长期的操作、使用与练习，我们的身体能够养成"不由自主""无意识"的行为反应习惯。而这种不必通过高级神经中枢的"程序性记忆"的效果，有时甚至比经过大脑处理再给出控制指令的"描述性记忆"效果更佳。

电脑键盘上E键的左键字母是什么？

"电脑键盘上E键的左键字母是什么"这个案例说明，认知落实于行为，方为真得。种种迹象表明，低级中枢"简单重复"带来的"程序性记忆"反射极有可能促进高级中枢"全新链接"的形成，正所谓"实践出真知"。

"知之真切笃实处即是行，行之明觉精察处即是知。""知是行之始，行是知之成。"王阳明深悟"知行合一"之道。无行，则知之不真，知之不实。

事上磨，立得住

问："静时亦觉意思好，才遇事便不同，如何？"先生曰："是徒知静养而不用克己工夫也。如此，临事便要倾倒。人须在事上磨，方立得住，方能静亦定，动亦定。"　　——《传习录·陆澄录》

理念外化于行.mp4

静存动磨

《传习录》中谈到朱熹的晚年之悔：朱熹一生忙于**"我注六经"**，到晚年却发现自己的问题所在——**"务外遗内，博而寡要"**，内心并没有静存动磨出简约的认知框架和行动框架。因而，其在行动力方面，远远逊色于其前的孔子，更逊色于其后的王阳明、康熙。若不通过守静、重复将正念存养住，若不通过**"静以存之、动以磨之"**将正念转养为认知习惯、情绪习惯和行为习惯，即使书破万卷、六经注遍，亦是枉然。

管理是一门实践

　　管理学大师彼得·德鲁克（Peter Drucker）也深得此法。德鲁克年逾九十后，外出参加活动已十分不便，但他头脑仍然清晰、判然，许多政要和500强企业的CEO仍渴望当面求教于他。

　　德鲁克有时邀请他们到家里过周末。每次聚会似乎都这样开始，对每一位世界级领袖，无论是商界的、非营利机构的，还是政界的，德鲁克都会反复"强调"：下星期一我不想听到你们讲自己这个周末过得多么美好，也不想听到你们讲自己又"闻知"了多少新的道理，我想听你们跟我讲，你们做了哪些"行"之改变。德鲁克曾特别提示：管理是一门实践，其本质在于"行"而不在于"知"，其验证不在于逻辑而在于成效。

　　　　听闻百种倒车入库理论，不如集中三个上午把
　　一种倒车入库技术练熟！

　　　　开车如是，人生亦如是。阅读百篇认知管理、
　　行为管理、情绪管理的文章，不如集中三个月的时
　　间，把一种积极的认知习惯、行为习惯、情绪回路
　　养成！

二、至利？至义？

　　司马迁的"天下熙熙，皆为利来"，斯宾诺莎的"自我保全"优先说，现代经济学的"效用最大化""利润最大化"，都是基于对人性的同一考量。至利，能解释大部分的人类行为，但不能解释全部。

　　人有利他性，有追求正义、利社会、利宇宙的内在驱动。孔子的"君子喻于义"、亚里士多德的"至善说"……都是基于对人性的另一考量。子曰："君子之于天下也，无适也，无莫也，义之与比"，"君子义以为质，礼以行之，逊以出之，信以成之。君子哉！"

至利，可以解释古今中外人类的大部分行为

"天下熙熙，皆为利来；天下攘攘，皆为利往。" ——《史记·货殖列传》

斯宾诺莎的《伦理学》强调："自我保全"是各种炽情的根本动机。

人有利他性，有追求正义、利社会、利宇宙的内在驱动

"君子喻于义，小人喻于利。"

——《论语·里仁篇》

《尼各马可伦理学》是伦理学领域最为经典和重要的著作之一。亚里士多德在其开篇便直接指出："各种技艺、各门学科，并且同样，每个行为和计划，似乎其目的都在于某种善，因此，善已经清楚地表达在一切事物所求的目的中。"

　　在当下市场经济的大背景下，个人利益最大化、企业利润最大化等"至利"思想已被宣扬得足够广泛，也被实践得足够充分，甚至有局部"过之"的现象。"人心惟危"，人心都有被私欲蒙蔽的危险，以至于苏轼也感慨"长恨此身非我有，何时忘却营营"。虽然市场经济承认"效用最大化""利润最大化"之合理性，但物质利益最大化、精致利己绝非人生的全部，若每个人都片面追逐个人效用最大化，最终这个世界将让每个人都没了效用可言。

　　关于"至利"在此不作赘述，本部分内容多涉及"至义"。

　　"义"者，宜也，涉及行为的适宜性。在法治社会的今天，对于行为的适宜性以及对严重不适行为的惩罚已经上升到法律层面。然而，法理和情理在实践中并不总是能够完全吻合。

人民日报 时事评论

山东辱母杀人案

　　对于判决是否合理的检视，也正显示出在法律调节之下的行为和在伦理要求之下的行为或许会存在的冲突，显示出法的道理与人心常情之间可能会出现的罅隙。也正是在这个角度上看，回应好人心的诉求，审视案件中的伦理情境，正视法治中的伦理命题，才能让人民群众在每一个司法案件中都感受到公平正义。

人民日报

三、干中学

　　大学曰："心诚求之，虽不中，不远矣。未有学养子，而后嫁者也。"

　　马克思主义哲学认为：实践是认识的基础，是认识的目的和归宿，是检验认识的真理性的唯一标准。

　　大教育家陶文濬，因敬仰王阳明"心学"里的"知行合一"的思想，先将名字改为陶知行，后体会到"行"更重要，又将名字改为陶行知。

　　一次，毛泽东和蔡和森围绕"对久乱之国应该'振之以猛'还是'予以生路'"的问题争论不休。杨昌济知道后，没有回答这个问题，而是引用了胡林翼的"天下事只在人力作为，到水尽山穷之时自有路走。只要切实去做"，告诉毛泽东，要想真正找到救国救民的办法，就一定要切实去做，实践自可出真知。

若想把知识、思想、理念内化为自己认知惯性和情绪惯性，需要反复实践。

参考案例2.4.1 "事上磨"方能"立得住".docx

参考案例2.4.2 "干中学"效应.docx

参考案例2.4.3 寻乌调查.docx

参考案例2.4.4 哥伦布的航"行"与人类对陆地的新"知".docx

 四、惟精惟一

"人心惟危，道心惟微，惟精惟一，允执厥中。"

朱熹之感慨："夫尧、舜、禹，天下之大圣也。以天下相传，天下之大事也。以天下之大圣，行天下之大事，而其授受之际，丁宁告戒，不过如此。则天下之理，岂有以加于此哉？"

无论是在短时间跨度内做好一件事，还是长时间跨度内（乃至一生时间）去做好一个事业。"惟精惟一"是最好的方法。

参考案例2.5.1 钟表匠对金字塔的判断因何高过历史学家.docx

背后的现代科学依据

人脑极限：我们的大脑只能在一秒钟处理126位的信息，一生若以70年计，每天清醒16小时，人一生可处理1850亿位信息。我们光是听懂别人讲的话，大脑就需要每秒钟处理40位信息，理论上我们最多可以同时理解三个人说的话，但这样我们甚至无法注意他们的表情、说话动机与穿着打扮……

心流触发条件：心流状态下生产力最多可以提升到500%，学习效率能提高230%，许多"上品"都是在心流状态下生产出来的。

河北经贸大学的董岚老师在河北电视台先后5次讲解由南开大学出版社出版的《幸福经济学》，详见视频资料：

https://www.hebtv.com/19/19js/st/ds/jjsh/jrcj393/index.shtml

下图为视频标号和截图：

参考案例2.5.4 斯特鲁普效应.docx

五、顺势

"势"为何物？

《说文解字》："盛力权也。从力，执声。经典通用执。"势的字面意象是圆球处于山墩的斜面即将滚落的情形，后来又引申为人类社会的某种规律性趋向。

与自然界客观的"势能"概念不同，人类社会的"势"与个体的选择密切相关，也就是说个体的行为往往能在无形中变成巨大的合力，这种合力便是我们常说的能够影响社会乃至人类发展进步的力量。从这个意义说，不察势无以立大志，不顺势无以有大为。

准确地认清"势"，实际上是对个人信息处理能力的考验。对"势"的认识一旦形成，我们就能够在这个信息集面前赢得主动权，用对"势"的认识排除无效信息的干扰，依据新信息不断修正对"势"的认识。唯有如此，我们才能维持内心恒常的节奏，动而不乱，动则有时。

顺"势"而为——霍英东的白天鹅宾馆

虽有智慧，不如乘势。在当时"改革开放"风气未开的背景下，白天鹅宾馆的建设多次遭受非议和争论，但霍英东坚信中华民族发展的"势"。

不出所料，白天鹅宾馆为我国的改革开放吸引外资事业做出了巨大贡献，成为一个时代的象征和缩影。

参考案例2.6.3霍英东与广州白天鹅宾馆.docx

六、合赋

天赋既存

"不能止乎本性，而求外无已"——这是中国道家对遵从天赋、遵从本性的强调。

事实上，天赋这个概念具有坚实的科学基础。20世纪70年代末，美国通用电气公司管理发展中心主任奈德·赫曼（Ned Herrmann）根据美国国立卫生研究院（NIH）科学家保罗·麦克莱恩（Paul Mclean）提出的"脑部三分模型"和诺贝尔奖得主罗杰·斯佩里（Roger Sperry）的"半脑理论"，创造了HBDI（Herrmann Brain Dominance Instrument）理论与全脑模型（Whole Brain Thinking），用以测量不同人所具有的不同职业优势。

参考案例2.7.1 天赋——隐藏在大脑中的密码.docx

合赋——现实难题

2008年，英国著名作家、畅销全球的小说《哈利·波特》的作者J. K. 罗琳在美国哈佛大学发表演讲，以下是其演讲的部分内容：

"我人生的前一部分，一直挣扎在自己的雄心和身边的人对我的期望之间。我的父母都坚持认为我过度的想象力是一个令人惊讶的个人怪癖，绝不能用于支付按揭或者取得足够的退休金。他们希望我拿到一个职业学位，可我想学习英国文学。最终我们达成了一个折中的意见，现在想起来仍不令人满意，最终我去学习了现代语言。但是在去学校报到时，我便放弃了德语并逃到古典文学的殿堂。我不记得是否告诉我的父母我是学习古典文学的……"

大学毕业后，罗琳前往葡萄牙，成为英语学院的一名老师，并与当地的一名记者坠入爱河。然而仅仅三年，两人的婚姻便走到了尽头。她带着女儿回到英国，靠微薄的政府救济金生活。

因自家的屋子又小又冷，她时常到附近的咖啡屋里把哈利·波特的故事写在小纸片上。写作完成后，罗琳把《哈利·波特与魔法石》的稿件递送了12个出版商，其中不乏企鹅图书和环球出版社等全球知名的出版公司，却遭到了退稿。据罗琳自己回忆，在人生最拮据的时候她有过沮丧，甚至想过自杀，但对天赋的发现和对目标的坚守最终拯救了她。

参考案例2.7.4 J. K. 罗琳在哈佛大学的演讲.docx

合赋—发掘天赋

发掘天赋，就是自我认知不断深化的过程。

每个人眼中的自己都是自我存在与社会存在的综合体，自我省察有助于我们形成自我认知，同时也能借助外部世界的反馈完善自我认知。

就业选择应该遵从天赋：立乎上+顺势合赋

（1）**为政：考公务员、事业编**

鼓励跨院系选课、听讲座，拓宽学生的认知边界和灵魂深广度，厚植人文情怀。

（2）**为商：银行、证券、企业**

鼓励实习、考证。

（3）**为学：继续深造，从事科研与教学**

不同就业选择的学生，课程选择和时间分配理应不同！

b站文章：《案例5.5.5 清华开学典礼：师生代表在致辞中一同呼唤着什么？》

"幸福经济学"课程在参评天津市教学成果奖申报时，成果鉴定专家组一致认为：课程组以立德树人为己任，培养了一批有情怀、有担当的优秀毕业生。**课程负责人所指导的多名优秀毕业生已经被中共中央办公厅、国家财政部、国家税务总局、地方财税部门、南开大学、金融企业、央企等单位录用，毕业生的综合能力得到用人单位的普遍好评。**

 七、成功源于好习惯

习惯养成与例行公事

"功过格"是自己记录善恶功过的一种簿册，起初是程朱理学家们用以自勉自省的簿格，后来由僧道推行流行于民间。善言善行为"功"，记"功格"；恶言恶行为"过"，记"过格"。《太微仙君功过格·序》称："修真之士，明书日月，自记功过，一月一小比，一年一大比，自知功过多寡。"功多者得福，过多者得咎。道教以此作为道士自我约束言行、积功行善的修养方法。

<u>参考案例2.8.2 中国的"功过格"与富兰克林的"自我修行计划".docx</u>

教育就是习惯的培养。　　　　　　　——叶圣陶

习惯真是一种顽强而巨大的力量，它可以主宰人生。因此，人自幼就应该通过完善的教育去建立一种良好的习惯。　　　　——培根

富兰克林的"自我修行计划"培养13种美德

史蒂芬·柯维（被《时代周刊》誉为"思想巨匠"）

提高能力最有效方法：刻意练习

习惯养成的新思路

参考案例2.9.1　习惯的养成——脑科学的证据.docx

参考案例2.9.2　遗传算法与自我突破.docx

参考案例2.9.3　复利思维与自我提升.docx

参考案例2.9.6　刻意练习——每个人都可以不平凡.docx

翡翠板

　　我们的思想并不是由逻辑推导，而是由几个观念的联想联系起来的，我们的行为并不是对外部事实全部了解之后而付诸实施的，而是由几个习惯和习俗指导的。

翡翠板

　　1. 概念逻辑都要学，但不要陷入逻辑陷阱。每天多存养几遍正念是关键！

　　具体做法：早晨起床、晚间入睡之前不要频繁刷短视频，选择三五段饱含正念的经典文字，重复背上几遍。

　　2. 不要陷入信息饥渴，不要奢望了解所有的信息，不要奢望信息完备，集中三个月的时间养成一个好的情绪习惯和行为习惯是关键！

翡翠板

1. 每天把至真至上理念在内心默念播放几遍（跨越文化差异的六大美德、觉知每个当下的永恒、生命的广泛关联）。

参考案例1.2.3 跨越文化差异的六大美德.docx

参考案例9.6.3 苏轼从文人角度理解到的"不朽性"——超现世价值.docx

参考案例9.7.5 人人合一：生命间的广泛关联及其觉知.docx

2. 每天把至真至上理念在实践中磨练巩固几遍。

3. 每天将至美的情绪体验在相关场景中重复几遍（拓宽情绪回路）。

 八、小结

1. 书破万卷、路行万里，高平台上广获信息。

2. 致虚极守静笃，至简，辨认关键信息与主信息。

3. 删冗举要，强化关键链接，重要信息链接百千万次（康熙、吴清源），生成观念。

4. 念念相合者久，生成判断。

5. 判断笃实、真切，生成行为。

附录四：情绪——至乐 至安 至美

倪志良（南开大学）

目录

一、情绪问题普遍而又严重

第66届联合国大会告诫：人类21世纪面临的最大
生存挑战不是污染、战争，也不是瘟疫，而是我们的
幸福感低下。

幸福感偏低、积极情绪占比不足、情绪问题普遍
而严重，已经成为世界性难题。

参考案例 3.1.2 德国大讨论：生命中什么最为重要.docx

参考案例 3.2.2 相关的统计数据.docx

情绪问题为何普遍而严重？

脑科学研究证实，积极情绪很大程度上取决于大脑中"好东西"——积极神经递质的分泌。当代人运动不足，睡眠不足，"静思"不足，职业选择遵从天赋不够，少怨多恕的心态不够，"静存、动磨正念"的意识不够，成功理念的日益庸俗化……都阻碍了头脑中"好东西"的分泌，阻碍了太多个体的幸福感。

注：血清素，决定我们身心双重健康和愉悦的一种重要的神经递质。

注：多巴胺，和人的情欲、感觉有关，能传递兴奋及开心信息的一种神经递质。

我们理解世界的方式更多地取决于我们的内心世界，而相对较少地依赖于外部世界。由神经元、神经化学和电活动构成的内部世界，有着令人难以置信的复杂结构，且以一种我们难以明示的方式活动，我们称之为"心智模式"。

——《非凡的思维》

《愉悦回路》作者大卫·林登的导师希德是著名大脑生化领域的先驱，他认为神经化学在情绪决定中作用重大。

影响情绪的三大主因：

一是在认知层面，信息过多、比较过多、选项过多、竞争过度，容易将"内心"搞乱，使人的认知难以达成"内在一致"。如何降伏自心？

人心惟危、道心惟微——降伏其心——此心光明——现代心理学的"精神熵"

优化生命体验，一定要从管控好认知、管控好"心"开始！

b站视频：想幸福，何其难

二是在行为层面，过于屈从外部指标而未遵从本心的就业选择和行为模式选择，使得个人行为与社会发展需求脱节，**从而在行为"过程中"难以实现顺势合赋、惟精惟一、好之乐之、卓尔有效，在行为"过程中"难以体验到充足的意义感和价值感。**

三是在情绪体验层面，运动不足、睡眠不足、守静不足，容易导致头脑中积极神经递质分泌数量减少，**从生理基础上削减了人的积极情绪体验。**

"心"难以降伏的三大主因：

（1）对"未知"缺少敬畏。"知不知，尚矣；不知知，病也"（对比罗素、庄子的相似表述）。

（2）对"已知"缺少敬畏与警戒。翟志刚出舱时，看见地球在"飘"，深不见底，心生恐惧。其实地球已经那样"飘"了几十亿年……，站在地球上看"地球"所形成的视觉"幻象"——地球四平八稳的"假象"，对内心感受起到了很好的保护作用。**宇宙万象，心映万相……但通常映出的是已经背离了"真实"的假象、幻象。**

（3）难以平衡"少知的自洽"与"多知的自洽打破"。基因检测的案例、农民工的案例。

参考案例 3.3.5 管控好头脑中的画面呈现

详见"幸福经济学"视频号
——管控好心，就是管控好头脑中的画面播放

认知不能经常性地达成"内在一致"，行为选择不能遵从本心致使行为"过程中"的意义感缺失，积极神经递质的生理性削减，上述三重因素的叠加容易导致内心失序。

内心一旦失序，"外求"之效率和"内在"之生命体验都会大打折扣。内心一旦失序，"好之乐之地工作（学习），心安喜悦地生活"——这一简单且直接的生命诉求，这一本该作为生命"初心"、本该成为生命常态的本真诉求——就会变得越来越奢侈难得。

把握好"快乐论与实现论"这一核心视角，或许能够让你超越90%以上"对幸福的泛泛研究与混乱思辨"。

越来越多的证据表明，在单纯借助物理手段或药物手段就能达成"感官愉悦"的今天，若一个人幸福感匮乏，他匮乏的很有可能是"意义感""价值感"之类的优质生命体验。（参见附录一）

喧嚣之乐与意义感之乐的三点不同：神经电活动与神经化学活动的不同，是否具有利他性，持续的时间不同。

喧嚣之乐与意义感之乐的表情对比视频.mp4

"意义感"匮乏因何普遍而严重？

第一，从认知到实施到出现成果的周期越来越长。

第二，比较的范围日益扩大，人们越来越难以通过收入、汽车、住房、头衔这些外在指标来标示自己的成功。

第三，对健康、社会奉献、亲情这些无价之享，缺少经常性觉知与价值确认。

罗素的《西方哲学史》和冯友兰的《中国哲学简史》不约而同地提示了同一个问题："近代"以来，科技的威信上升了，而人文的威信下降了，在科学技术的激发下产生的各种哲学向来是权能哲学……目的不再考究，只崇尚方法的巧妙。这一社会倾向的直接后果是：人类"外求"物质条件改善的效率大幅度提高了，但人类"内求"精神秩序安顿的难度却愈发加大了——"认知自洽""行为自我实现""情绪自如"等优质生命体验经常性得到达成的难度愈发加大了。

哲人告诫：即使绝大部分科学问题都被解决了，但在面对情绪感受、人生价值等问题时，科技通常依然显得"无能为力"。在此我们换个说法：即便是在科技日新月异，大模型、大数据、AI技术似乎无所不能的今天，人生问题（比如情绪感受、人生价值、人生幸福等问题）可能还未从根本上得以触及，除非脑科学、心理学等学科的发展取得了根本性突破（详见附录六）。为什么这样讲？因为在当今世界，科技快速进步与社会负面情绪增多的问题已经同时出现了。

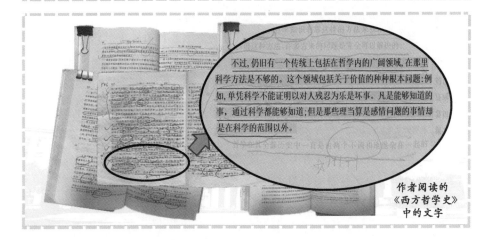

不过，仍旧有一个传统上包括在哲学内的广阔领域，在那里科学方法是不够的。这个领域包括关于价值的种种根本问题：例如，单凭科学不能证明以对人残忍为乐是坏事。凡是能够知道的事，通过科学都能够知道；但是那些理当算是感情问题的事情却是在科学的范围以外。

作者阅读的
《西方哲学史》
中的文字

二、情绪的主观性

认知与情绪

宇宙万象（社会万象），心映万"相"。外部之实"象"，经过不同"心"的折射——不同的感官折射、不同的语言折射、不同的过往经验折射、不同的价值信条折射，会在头脑中生成不同的"相"，激活不同的神经回路，形成喜怒哀乐等不同的情绪体验，汇聚成不同的生命感受。

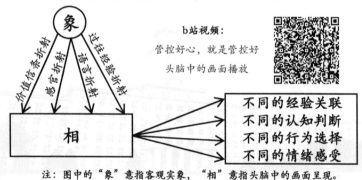

注：图中的"象"意指客观实象，"相"意指头脑中的画面呈现。

情绪体验的主观性。宇宙万象（社会万象），心映万"相"。外部之实"象"，经过不同"心"的折射，生成不同的情绪体验。上述折射中，哪个折射的力度最强？

洛克：不同的过往经验，同一实"象"，会生成不同的画面关联和感受关联。

维特根斯坦：语言即世界，语言的边界即思想的边界。

心学：价值信条的折射。

康德：感官折射。

　　物质富足，靠的是科技之"术"；安心立命，则离不开人文之"道"。美国积极心理学代表性人物彼得森曾明确表达：仔细回想一下，你经历的每一次愉悦、悲伤、痛苦、愤怒等情绪事件，总与他人有关。"不离日用常行内，直到先天未画前"，中国的先贤们也早已意识到，90%以上的人类情绪问题都与人文日常有关，而人文日常又总与主观价值理念有关。头脑中有至简至上价值理念参与的各种认知激活，通常更容易达成"内在一致"。

　　越来越多的证据表明，"认知自洽"与"情绪自如"总是相伴相随的，认知在内心达成的"自洽度"（接受、满足、感恩三个层次）越高，情绪达成"自如"的饱和度也越高。这些说明情绪体验的确具有主观性。

　　"下雨天小孩子不能出去玩，他会不高兴，甚至大哭大闹。大人却不会，因为他对下雨天有了理解，<u>有了正确认知，他就不会对抗，也就不会产生消极情绪。</u>"

"心灵理解到万物的必然性，理解的范围有多大，它就在多大的范围内有更大的力量控制后果，而不为它们受苦。"

用道家的话说，就是"以理化情"。

斯宾诺莎

> 提升认知：理学与心学的不同主张。
> 理学：重在对客观世界之"理"的探寻，偏外求。
> 心学：重在对主观世界之"心"的降伏，偏内求。
> 对待自然科学与人文科学的态度。

　　如果我们能通过积极的认知调整或正向的信念刺激调节，便可避免产生非理性的、负面的情绪，转而获得积极理性的情绪体验与行为反应。

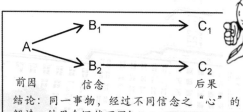

前因　　　信念　　　　后果
结论：同一事物，经过不同信念之"心"的解读，结果会迥然不同！

"ABC"理论

扫码可见"幸福经济学"视频号——班主任一个电话，妈妈立即止息了愤怒

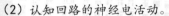

最强大脑-国际评审发言_clip1.mpg

近年来脑科学和神经科学的研究也日益证实：

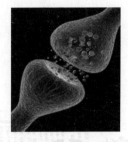

（1）大脑认知区域和情感区域没有实质性的间隔区，**认知和情绪紧密联系**，人可以借由认知朝向客观的调整，使情绪趋向中和、理性。

（2）认知回路的神经电活动。

神经递质传递示意图

> 爱比克泰德说，我们经受的大量苦难都源于两个错误。第一，我们试图向不能控制的领域中的某些东西实行全面的主权。第二，我们没有承担起对另一个可控区域，即我们的思想和信念的责任。

> 某些外部环境、他人、死亡等，都不属于我们控制的领域。我们能控制的领域极其有限，只有一项，就是我们的信念与认知。虽然有限，但这个小窗口却是人类自由、自律和独立的基础。

> 接受我不能改变的，改善我能改变的一切，并且拥有区分二者的智慧，就是通向生命宁静的秘密通道。

新案例：对地球的认知改变与情绪体验（四个视频、三点感想）

认知地球：视觉与情绪（翟志刚视角）.mp4

认知地球：视觉与情绪（月球视角）.mp4

认知：施一公谈视觉.mp4

认知：杨雄里谈视觉的主观性.mp4

（1）情绪到底更依赖于外部之"实"，还是经过感觉折射后的"相"。<u>外部之"实"与折射之"相".docx</u>

（2）外部之"实"与折射之"相"差别巨大（奥勒留、王阳明、罗素）。<u>懂道理与过好人生的区别.docx</u>

（3）<u>静存动磨，三个月养成一种认知惯性或情绪惯性.docx</u>

情绪缺失更麻烦

在耶鲁大学心理学教授保罗·布鲁姆（Paul Bloom）的《心理学导论》课程中，菲尼斯·盖奇和埃利奥特的例子是两个关于没有情感的人的经典案例。

<u>参考案例3.4.2 没有情感的人难以正常生活.docx</u>

人们总认为是情感让其做出错误的判断和决策。事实上，如果没有情感的参与，思考、判断、决策可能更加糟糕。没有情感的人也并非影视作品中那般优秀，让人羡慕。恰恰相反，在现实生活中，一个没有情感的人，更有可能是一个无法工作、无法与人沟通交流、无法享受生活乐趣的人。

情绪过度与缺失

认知影响情绪，**情绪也影响认知。**正所谓"身有所忿懥则不得其正，有所恐惧则不得其正，有所好乐则不得其正，有所忧患则不得其正"。**合理中正的情绪会完善我们的人格，辅助我们做出判断，**使我们生而为"人"，而非机器人。

儒家

认知回路（价值倡导）：仁义礼智信

情绪回路：不忧、不惑、不惧（梁启超认为教育之根本是首先养成此三种情绪回路）

孔子一以贯之：价值回路——真（忠）；情绪回路：恕

道家

认知回路（价值倡导）：人道、地道、天道

情绪回路：知足、感恩

"新道家"的三重幸福境界

➤ 第一重境界是应当意识到并且坦然接受自身的局限性，不以他人的标准去要求自己，不因外界环境的变化而动心。如同宋荣子一样，"举世誉之而不加劝，举世非之而不加沮，定乎内外之分，辩乎荣辱之境"，自身以外的事物无法对其造成影响，达到此境界者可以实现内心的平静，不致终日匆忙地随波逐流。

> 第二重境界，即冯虚御风，自由享受人生之乐的境界，如同"列子御风而行，泠然善也"。这重境界在不被动地受外界消极影响的基础上，又做到了主动地追求幸福体验。

> 第三重境界。突破第二重境界之后，便可"乘天地之正，而御六气之辩，以游无穷"，到达第三重的"无我无待"之境。在这种境界中，无论什么时候、什么地点、什么条件下都可达内心安顿与愉悦之状态，即达真正的"逍遥"之态。万物在其自己的范围内自得其乐，只是相对的幸福；但是在第三层境界中，独立无待的人，再无"偏尚之累"，合于天地大道，觉知人与宇宙之本真而不自恃。"至人无己，神人无功，圣人无名"，心有恒"安"，这才是真正的自由和幸福。

三、情绪的客观性

物理学越发展，物质的物质性越弱；心理学越发展，精神的精神性越弱。脑科学研究证实，积极情绪很大程度上取决于大脑中"好东西"——积极神经递质的分泌。当代人运动不足，睡眠不足，"静思"不足，职业选择遵从天赋不够，少怨多恕的心态不够，"静存、动磨正念"的意识不够，成功理念的日益庸俗化……都阻碍了头脑中"好东西"的分泌，阻碍了太多个体的幸福感。

注：血清素，决定我们身心双重健康和愉悦的一个重要的神经通质。

注：多巴胺，和人的情欲、感觉有关，能传递兴奋及开心信息的一种神经通质。

影响情绪的物理基础

外侧缰核是大脑中海马体下方一个小小的核团，它是大脑的"反奖励中枢"，被认为介导了人的大部分负面情绪，如恐惧、紧张、焦虑。它与中脑"奖励中心"的单胺核团相互"拮抗"，左右着人们的情绪。

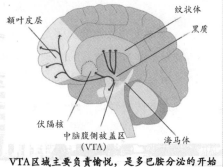

额叶皮层 纹状体 黑质
伏隔核
中脑腹侧被盖区
（VTA）
海马体

VTA区域主要负责愉悦，是多巴胺分泌的开始

长期压力刺激或认识对抗，会导致外侧缰核表现过度兴奋——外侧缰核呈现高频的簇状放电，从而增强了外侧缰核对下游脑区腹侧被盖区（VTA）与中缝背核（DR）的抑制，VTA与DR主管积极情绪的功能受阻，进而导致了快感缺失与行为绝望。正常情况下，外侧缰核神经元会通过单个放电，向下游传递信息。但是如果放电模式变成高频的簇状放电，就会发生抑郁症状。这证实，脑部某些区域的过度放电会消耗精力，抑制积极情绪体验。（参考案例1.8.2）

日本的野口哲典在《谁在控制你？探秘神经递质》一书中提出，喜怒哀乐等情绪主要是由于大脑边缘系的杏仁核和下丘脑、大脑皮层联合区的活动产生的。

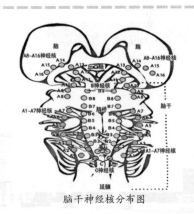

脑干神经核分布图

愉悦回路中产生多巴胺的细胞群属于A类神经核，这是多巴胺分泌和愉悦调节的基础。事实上，心安体验、愉悦体验、欲而不贪的自律体验，其物质运行基础都与神经递质有关，**不同种类与数量的神经递质组合决定着不同的情绪体验。**

静思有助于改善情绪

"致虚极，守静笃"，通过适当沉思、守静，通过与内心、与灵魂的真诚对话，让消极念虑得以止息，让内心多些认知"一致性"的达成，让头脑中呈现更大的闲置空间，让积极观念得以更多地呈现与链接，可以使得后续认知和行为更有效率。

➤ 重为轻根，静为躁君。　　　　　　　　　　——《道德经》

➤ 水静极则形象明，心静极则智慧生。　　　——《昭德新编》

参考案例 3.9.2 曾国藩每逢大事有静气

宁静致远

非淡泊无以明志，非宁静无以致远。

——诸葛亮《诫子书》

"宁静致远"一词选自古智慧的化身——诸葛亮的《诫子书》。在成都武侯祠，供奉诸葛亮的祠堂门匾上镌刻的也是"静远堂"。

智者本身深刻体悟到"静能生慧"。

学而不思则罔。过动少静、厚动薄静是当下教育、工作、生活之大弊！

百家讲坛20110423_郦波评说曾国藩家训-上部

养得胸中一种恬静 - 郦波.mp4

傅斯年：一天只有二十一小时，其余三小时是用来沉思的

泰勒：每天守静一小时

乔布斯：每天守静一小时，创新性认知多产生于此

曾国藩："静"字改变了他的后半生

马云：太极禅、达摩院，达摩是守静高手

王阳明：守静三年，大悟"心学"

笛卡尔：我思故我在，笛卡尔坐标系，近代西方哲学的始祖。

静能生慧——脑科学的证实

　　科学家利用功能性磁共振成像（FMRI）技术进一步研究了冥想状态下的神经机制。长期冥想练习者在冥想过程中的gamma波（gamma波与注意、记忆、学习和感知等心理过程有着紧密联系）活动明显比平时活跃，而即使在休息时，长期冥想练习者gamma波活动也显著多于未尝试过冥想的人。

守静如何改变人类大脑？.flv

老子说-致虚极.avi

b站文章：案例5.6.4 "守静独处"是一种勇气，更是一种智慧

唯有"静"字功夫要紧

　　曾担任过北京大学代理校长、台湾大学前校长的傅斯年先生是深察"概念泛滥、自主性思考匮乏、灌输式教育"之大弊的教育家。他深刻觉察到**"概念泛滥、推演泛滥、灌输式教育"占据学生沉思和整理信息的时间，占据学生与自己灵魂对话的时间。**课业负担过重，学生已经没有时间用于"沉思"，没有时间"刻深"自主的认知回路，因而难以构建自己的认知框架，难以提升自己的认知力、判断力、行动力。

正是由于这一觉察，也就有了台湾大学校钟上镌刻的傅斯年校长的那句警示性名言——"一天只有二十一小时，剩下三小时是用来沉思的"。

参考案例1.8.4 傅斯年的"三小时"和泰勒的"一小时".doc

详见"幸福经济学课程"公众号推送——自主性"静"思匮乏，学将"累"而无用

四、认知自洽与情绪自如的同时达成

认知"自洽"的达成和情绪"自如"的实现具有高度的相关性。

"不离日用常行内，直到先天未画前"，中国的先贤们也早已意识到，90%以上的人类情绪问题都与人文日常有关，而人文日常又总与价值理念有关。头脑中有至简至上价值理念参与的各种认知激活，通常更容易达成"内在一致"——基于至简至上价值理念形成的认知框架，通常更容易达成"认知自洽"；基于至简至上价值理念做出的行为与职业选择，通常更容易达成"行为自我实现"；基于至简至上价值理念生成的情绪体验，通常更容易达成"情绪自如"。

认知"自洽"的达成和情绪"自如"的实现具有高度的相关性

将至上价值理念重复存养为个体的主认知回路，该个体的"认知自洽和情绪自如"通常更容易达到。

与某一理念链接的神经细胞数量是否足够多？神经细胞间链接的强度是否足够大？

基础性激活（前置性激活）+临时性激活

（参考案例1.9.4）

> "认知回路"达成"内在一致"="情绪回路"达成"中正平和"
> "认知回路"的重复=情绪回路的拓宽=情绪习惯的养成
> 神经电活动,同时伴随着神经化学活动。
> 情绪取决于神经递质的组合:种类与数量。

首次呈现刺激　　持续呈现刺激　随后,同样的刺激再次呈现

重复刺激固化关联图示

复习:静存动磨

　　学过驾照的人都知道,博闻百种驾车理论不如将一种理论反复练到手。学车如是,人生亦如是。一些学生"心力"缺失,很重要一个原因是没有将至简之道"静存动磨"为自主认知框架。

　　至简之道需要"静存动磨",相应的"认知回路"与"情绪回路"要被"拓宽"、要被"刻深",方能有用。

复习:静存动磨

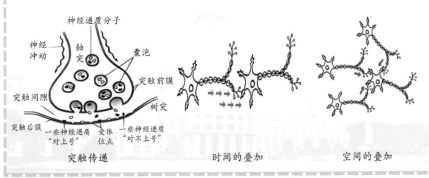

突触传递　　　　　　时间的叠加　　　　　空间的叠加

五、小结

　　<u>情绪的主观性表明</u>：认知"自洽"的达成和情绪"自如"的实现具有高度的相关性。认知在内心达成的"自洽度"（接受、满足、感恩三个层次）越高，情绪达成自如的饱和度也越高。

　　<u>"认知回路"达成"内在一致"＝"情绪回路"达成"中正平和"</u>

　　<u>"认知回路"的重复＝情绪回路的拓宽＝情绪习惯的养成</u>

　　<u>情绪的客观性表明</u>：**适度运动、充足睡眠、守静练习、亲情体验、在较高价值框架下经常性地达成"认知自洽"、多做些有"社会价值"的事情，这些都能增加头脑中积极神经递质的分泌，都能改善情绪形成的物质基础，都能优化生命体验。**

　　真正明晰了情绪体验的主观性和客观性，90%以上的人能够找到适合自己的化解情绪问题的解药。

附录五：外求——生命资源之最优配置

倪志良（南开大学）

目录

一、外求——生命资源之最优配置

经济学的核心议题事关资源最优配置。究其根本，个体生命中最珍贵、最需要配置好的资源无疑是"时间"与"精力"。如何将有限的时间和精力均衡配置于收入、名望、人际、健康诸多方面，使个体几十年的生命体验达到最优，**这事关个体一切内在努力的终极目标，也事关公共治理的至善选择。**

司马迁：一元论，"天下熙熙，皆为利来"

《论语》：二元论，"君子喻于义，小人喻于利"

乾隆皇帝与金山寺住持法磬高僧的对话（参见第五章）

《道德经》：三元论，"名与身孰亲？身与货孰多？"

个体应该把"时间"与"精力"均衡、智慧地配置在以下四方面：

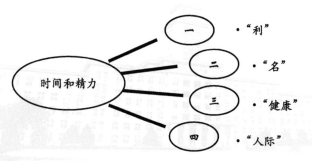

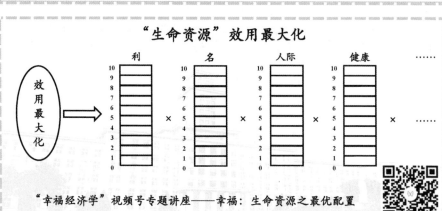

"幸福经济学"视频号专题讲座——幸福：生命资源之最优配置

《列子·杨朱》："生民之不得休息，为四事故：一为寿，二为名，三为位，四为货。有此四者，畏鬼，畏人，畏威，畏刑：此谓之遁人也。可杀可活，制命在外。不逆命，何羡寿？不矜贵，何羡名？不要势，何羡位？不贪富，何羡货？此之谓顺民也。天下无对，制命在内。"

亚当·斯密《道德情操论》第六篇第一章：

注意个人的健康、财富、地位与名望，这些据说是人在今生的舒适与幸福主要依赖的对象，被认为是那个通常被称为"审慎"的美德应尽的职责。

二、外求四要素

（一）外求四要素——利

物质需求是生命的基础性需求，人不可能活在纯粹的精神世界里。物欲要有，但不可过。

参考案例4.3.1 过于物质为何会有副作用？.docx

参考案例4.3.4 留财？留德？.docx

参考案例4.4.3 相对收入与绝对收入.docx

"心被物役"——过于物质的副作用

将全部精力都集中在"利"上的灵魂是长不大的，美好生活离不开物质与精神的共同守护与滋养。对物质奢侈的过度追求使很多人远离了真正的生命奢侈与灵魂奢侈，唯有简朴、真实的生活方能滋养出丰富而深刻的灵魂。

参考案例4.6.5 单凭物质获得幸福的时代已经结束.docx

参考案例4.6.6 遵从本心，喜悦与心安兼得.docx

（二）外求四要素——名

追求价值感、意义感、被认可、名望，是人类的普遍欲望，中国文化中的三不朽——"立德""立功""立言"，其他文化中强调的"永恒价值"，都揭示了人不但有追逐现世价值的内在驱动，还有追逐超现世价值——名垂后世的内在驱动。

虚名易逝，真名不朽！依靠物质包装，越"包"越不透气，本真越被窒息；依靠虚名包装，越"包"越不见光，自我意义感越会远离。自我价值感、意义感缺失对人的摧毁往往是致命的。

"意义感"之求，可得真乐，可成真名

《美国国家科学院院刊》（*Proceedings of the National Academy of Sciences of the United States of America*，PNAS）曾在2013年刊登过一项基于遗传基因学检测的研究。这项研究证明，如果只是纯粹地享乐，而不追求人生的意义，那么这种快乐对你的健康可能并没有什么好处，甚至还可能起到反向的作用。

参考案例5.3.1 "幸福＝快乐＋意义感"的遗传基因学依据.docx

参考案例5.3.2 李光耀：我只做自己认为"有意义"的事情.docx

"立志"与真名

不为虚名所累，不被私欲蒙蔽，实现精神追求与真名得立的相合，需要至上目标的指引。

参考案例5.4.1 目标：三选一.docx

参考案例5.4.2 《传习录》中关于"立志"的几段文字.docx

参考案例5.4.3 泰勒《幸福的方法》中的目标说.docx

（三）外求四要素——健康

伊壁鸠鲁：幸福就是身体的无疾患、精神的无纷扰。

老子："故贵以身为天下，若可寄天下；爱以身为天下，若可托天下。"

睡眠、运动与健康

睡眠是人体最基本的生理需求之一，它大约占据生命长度的1/3。睡眠可以将白天人脑中积聚的毒素清除，大脑在睡眠时才能高效清除代谢废物，从而恢复活力。生命在于运动，运动能够健脑，提高人的认知能力，促进人际和谐。

参考案例6.1.2 睡眠的作用：自我排毒和清洗.docx

参考案例6.2.2 运动能提高认知力.docx

参考案例6.2.4 运动能促进人际和谐.docx

忧、怨与健康

在所有消耗生命能量的负面情绪中，最为严重者莫过于"怨"与"忧"这两种伤害。"怨"关乎对过去、对现状之不满；"忧"关乎对未来、对不确定性之担心。止怨、忘忧，是升华生命体验的前提；止怨、忘忧，是激活更多生命潜能之良方。

参考案例6.3.1 抱怨越多，损失越大.docx

参考案例6.4.1 你永远不知道，明天和意外哪一个先来.docx

参考案例6.4.9 解忧——中国传统文化的方案.docx

（四）外求四要素——人际

艾德·迪纳和马丁·塞利格曼这两位积极心理学界的领袖人物针对一些"非常快乐的人"进行研究，并且将他们和"不快乐的人"做了比较。在外界因素中，能够区分两种人的重要特征是他们是否具有广泛而令人满意的人际关系。与亲人和朋友共享美好时光是幸福的必需品。

一个人只要诚于自己、怨于他人，和谐的人际会随之而来，内心的平和与从容会随之而来。

参考案例7.2.1 《中庸》论"诚".docx

参考案例7.2.5 至私之处见其诚——杨震暮夜却金.docx

参考案例7.2.6 日本国会议员中最有人气的座右铭是"至诚".docx

参考案例7.3.2 松下幸之助的《宽容之乐》.docx

中国传统文化强调敬畏、感恩，《诗经·卫风》中有言："投我以木桃，报之以琼瑶。匪报也，永以为好也！"西方智慧也强调感恩。西塞罗提倡："受惠的人，必须把那恩惠常藏心底，但是施恩的人则不可记住它。"卢梭提倡："没有感恩就没有真正的美德。"

众多的科学实验表明，感恩通过改善我们的身体机能和心理状态，能够让我们更加幸福。

参考案例7.4.1 每天记下值得感恩的事情能为我们带来什么？.docx
参考案例7.4.6 李开复：感恩真是一种奇妙的力量.docx

三、最优配置中的两个障碍——无价、无常

"幸福"之障碍：无价——"非商品"的定价问题

在微观经济学基础效用函数 $U = U(Y)$ 的后面一般都自然标注着 $U'(Y) > 0$，$U''(Y) < 0$。$U'(Y) > 0$ 意味着效用会随着收入的增加而增加，收入最大化、效用最大化与幸福最大化被同一化。

然而，由于健康、人际和谐、社会贡献等要素无法被准确"定价"，加之投资健康、人际、社会奉献的短期效果不如投资"有价之物"明显，涉及"四要素"的生命"效用最大化"问题很容易被直白地实践为追逐单一的"收入最大化"。

人的理性有限，现实生活中非理性配置资源的例子比比皆是！

经典案例：一位深得观众喜爱的艺人……假设肝移植技术已经足够成熟，只要支付足够的货币，就能换回一个健康的肝脏。请推测，当事人愿意支付的货币额是多少？

A. 50万

B. 200万

C. 500万

D. 尽己所能的更高支付

人的理性不足，往往不能有效配置自己的生命资源。最典型的表现是对健康、亲情、友情等"非商品"的估价不足，而恰恰是这些非商品决定着个体的生命质量与价值。诸多事后假设：当初每天少些工作、少些收入、少些应酬、多些锻炼，悲剧能否避免？

在《公正课》中，桑德尔用了很大的篇幅讲"非商品"的定价问题，事实上，这是经济学、哲学诸多领域无法回避且至关重要的问题。

人人都容易短视，不但对别人，多时对自己也如此！

<u>边沁非商品的价值衡量.avi</u>

参考案例6.4.4　掂量不准"无价"，生命资源容易错配.docx

"幸福"之障碍：无常

实现生命资源最优配置，除了"无价"要素难以掂量之外，另一个必须面对的难题是**"无常"**——不确定性。

在存在诸多无常、诸多未知、诸多无价要素的大背景下，任何基于有常、已知、有价要素所达成的"内在一致"，都很容易被打破。一位被众人所羡慕的"非常"之人，因一件"无常"之事，生活就可能变得远远不如常人。

面对未知、无常和无价要素，**敬畏"无常"方能生成有效判断。**

敬畏"无常"

"你永远不知道明天和意外哪一个先来"，这是上海市东方医院重症监护室护士长高彩萍在讲述自己在ICU工作10余年的所见时，发出的最深感触。高彩萍目睹过很多"意外"死亡，也目睹过很多"意外"给家庭带来的灾难性打击。

生活中一部分人总会存在侥幸心理，觉得意外只是新闻上的报道，不会发生在自己身上。但血淋淋的教训告诉我们，人还是多一些健康意识为好，多一些安全意识为好，多一些"无常"意识为好，且行且珍惜。

仅就日常经济生活、日常投资决策而言，个体也不得不面对信息的不完备性、人心的复杂性、人的不确定性等诸多"无常"，日常之忧在所难免。

参考案例6.4.1　你永远不知道明天和意外哪一个先来.docx

不确定性是人类事务的关键性特征

在经济学领域中，经济学家总是希望找到确定的东西，然而，我却说不确定性是人类事务的关键性特征。

——索罗斯

20世纪50年代，索罗斯在伦敦政治经济学院学习，他用三年的时间修完经济学课程，在余下的一年里，他选择了哲学家卡尔·波普尔对其学业进行指导。波普尔特别强调，知识永远是不完备的，但人又必须就进入心中那点儿十分有限的信息达成最大限度的一致！

索罗斯基于这一提示开始构建自己的"认知-行为框架"，后来，这一框架助其在金融领域取得了非凡的成功。

参考案例 6.4.3 索罗斯：人的不确定性原则.docx

索罗斯认知框架的关键特征

相比自然科学，人文社会科学涉及"人的不确定性和人心的复杂易变性"，使得"不确定性"问题表现得尤为明显。如果只是一味地模仿自然科学，只会导致社会现象的失真。承认自然科学和社会科学之间的差异，将确保人们正确地对待社会理论的优点，而不会错误地用自然科学的方法乱做判断。

自然科学可在局部寻找确切性，人文社会科学重在从整体上应对不确定性。

"小确幸"中的付出，可以滋养出"无价"的、确切的生命感受

1969年，邓小平同志被下放到江西进行监管劳动。当时，邓朴方（邓小平的儿子）摔成重残，邓小平夫妇白天到工厂上班，晚上帮助儿子洗澡，拿毛巾给他擦身。除此之外，邓小平还经常推儿子去晒太阳、散步，与儿子一起聊天，帮助他鼓起生活的勇气。正是这些弥足珍贵的"小确幸"，使邓小平在面对诸多"无常"事件时仍保持乐观、通达的精神状态。

邓朴方曾感慨地说："父亲在任何时候都不畏惧，在最艰苦的环境里依然很开朗。和父亲一起，这种潜移默化的影响对我一生都很重要。"

参见电视剧《历史转折中的邓小平》

生命资源之最优配置，不仅需要敬畏"无常"，还需要专注"当下"，觉知、感恩每个"当下"的不朽性。

万事万物，若"自其不变者而观之，则物与我皆无尽也"。任何时间、地点、人物、思想、情绪、行为缘合成的"时空、人物、事件"之具体组合体，都是一种真实的、永久的、不朽的存在，世间万物皆具有"无尽、不朽"的一面。有了这种认知自觉，个人就不会在诸多"无常"面前表现出太多的担忧与无助；有了这种认知自觉，个人更容易专注于当下，更容易提高生命资源配置效率；有了这种认知自觉，个人就容易体验到更多的人人合一感和天人合一感，个人的精神世界会更为丰盈、更为饱满，生命体验会得以优化。

中国传统文化强调敬畏、感恩，《诗经·卫风》中有言："投我以木桃，报之以琼瑶。匪报也，永以为好也！"西方智慧也强调感恩，西塞罗提倡："受惠的人，必须把那恩惠常藏心底，但是施恩的人则不可记住它。"卢梭提倡："没有感恩就没有真正的美德。"

众多的科学实验表明，感恩能够通过改善我们的身体机能和心理状态，从而让我们更加幸福。

参考案例7.4.1 每天记下值得感恩的事情能为我们带来什么？.docx

参考案例7.4.6 李开复：感恩真是一种奇妙的力量.docx

四、就业谋职与安心立命

2008年，在哈佛大学毕业典礼上，时任校长福斯特讲道：很多学生在不同场合都会问她同一个问题——"为什么每年都有如此多哈佛毕业生选择去金融公司、投行和华尔街工作？"

其实要回答这个问题很简单，因为那里有钱，几乎没有人能拒绝高额的薪水。但相比于回答这个问题，福斯特更为关注的是学生们为什么会这样问？

这个看似理性的群体性选择，为什么会让许多人觉得难以理解？难道这种选择是出于外部力量的裹挟，而并非遵从本心吗？

福斯特校长如是解读：哈佛毕业生们不希望自己的生活只是取得传统意义上（或他人眼中）的成功，他们还希望自己的生活有切实的意义感，但他们不知道如何协调这两者的关系。

在我国，高校毕业生追逐热门职业、职业选择与所学专业吻合度偏低的现象也普遍存在。近几年的《中国大学生就业报告》显示，大学毕业生从事专业相关工作的比例不足70%……

大数据还显示：在我国，上下代之间职业相承度偏低——子女自愿从事父辈职业的人数占比不高。这主要是因为子辈没有从父辈身上观察到足够多的"好之乐之"感和足够多的"安心立命"感。

详见"幸福经济学"视频号——就业谋职与安心立命

或许，他们更多观察到的是父辈的忙碌、被动与疲惫；他们更多感受到的是父辈的工作"只不过是谋生手段而已"。子辈没有从父辈身上观察到足够的"好之乐之"感和"安心立命"感，他们自然就不太情愿"子承父业"！

就业时的职业选择与升学时所选择的专业严重背离，上下代之间职业传承度过低，职业生涯中"好之乐之"感和"安心立命"感偏低……所有这些，都可能意味着生命资源的多元浪费。

就整个生命周期考量，一个人的内心若仅有就业谋职，而没有"安心立命"，这颗心就很难获得持续的意义感、价值感、丰盈感、一致感；在激烈竞争和广泛比较的大背景下，这颗心就很容易陷入焦虑、担忧和不安！在"安心立命"面前，就业谋职不应该成为大部分受教育者的终极目标。

青春易逝、光阴荏苒，**在活着的时间里，人还是要多做一些遵从本心和敬畏天赋的选择。**

若一颗生命，有超过一半的时间在从事并非自己真心喜欢的事情，这样的人生何以幸福！若一颗生命，有90%以上的时间被耗费在天赋之外的事情上，这种损耗何其巨大！

遵从本心、敬畏天赋，要避免被社会洪流过度裹挟。如果社会将高薪视为成功的唯一尺度，如果太多学生将名利作为人生的全部追求，那么个人的人生意义有时就由不得自己来定义，生命中的诸多美好体验就会在这种裹挟与屈从中逐渐远离。

上学时，考取前几名成为一些学生和家长的全部追求与价值尺度；就业时，一些毕业生又被动地选择了父母眼中高薪、体面的工作……这些学生在此价值尺度的裹挟下，被动地度过了人生中本该活力四射、最为美好的一段时光。

当然，如果这些选择最初是出于外部因素的驱使，但自己在行动过程中逐渐有了"好之乐之"感，那固然值得祝贺。**但如果这些选择完全由别人包办或完全屈从于外部力量，自己在行动过程中长期处于负面情绪状态，这种被动的选择与行为就极其容易导致意义感的缺乏和幸福感的丧失。**

遵从本心、敬畏天赋，尚需立乎上。立乎上，是激活天赋与潜能的良方。

北宋五子之一的张载推崇"为天地立心，为生民立命……"传统文化如是主张，诸多大成者亦是如此实践。

张载

明王朝，少年王阳明狂言："学如韩柳，不过为文人。辞如李杜，不过为诗人。果有志于心性之学，以颜闵为期，当与共事，非第一等德业乎？"由此立得"唯为圣贤，方是第一"之宏志。立乎上，成就了传世五百载的"心学"。

王阳明

遵从本心，敬畏天赋，尚需立乎上。立乎上，是激活天赋与潜能的良方。

清王朝，曾国藩进士及第后，在痛彻的"功过格"之后立下"不为圣贤，便为禽兽"之宏志。立乎上，成就了19世纪甚至整个清王朝思想最为传世的一位历史人物。

曾国藩

20世纪初，湖南第一师范的杨昌济先生教育毛泽东要"明三千年一遇之大势，立三千年一遇之大志"……立乎上，铸就了一位世纪伟人。

古往今来，凡"立大事者，不惟有超世之才，亦必有坚忍不拔之志"。大成者当立乎上！

青年毛泽东

当今社会，青年学生若能勤于关注天赋，善于遵从本心，立足于家国之所需，顺应时代之大势，客观对待名利，敢于立乎上，这样，广大青年的个人价值必将得以更为充分的实现，国家富强、社会进步与民族复兴的步伐也必将更加快速、更加稳健！

　　天命之谓性，率性之谓道，修道之谓教。无论是求利，还是求名，一个人只有敬畏天赋（天命）、遵从本心，立乎上，才更有可能既享得结果达成时的喜悦，又享得追求过程中的心安、充实与意义感；一个人只有敬畏天赋（天命）、遵从本心，立乎上，才更有可能在职业生涯中实现就业谋职与安心立命的有机融合！

五、小结

　　人生在世，不过百年。三万余天的光阴历程是我们必然面对的"预算约束"。在有限的生命长度中，如何将时间和精力合理配置到收入、名望、健康、人际等诸方面，使个体的积极情绪占比达到较高水平，生成对自我和外界的真认知、真判断，在行动中收获意义感与价值感，安享生命之宽阔，这是值得我们一生探索的课题。

　　物质需求是生命的基础性需求，人不可能活在纯粹的精神世界里。但若物不能为人所用，人必然为物所累，过于追逐物质会对健康、亲情、友情等造成伤害。

　　幸福的真谛在人不在物，在"心"不在外。近百年来，借助数理手段，经济学理论将人与物的关系探讨得可谓淋漓尽致，但这绝非人类生活的全部。在货币的度量衡面前，世界可以被简化，但也可能被扭曲。珍惜"无价之价"，我们对"如何幸福"的回答才能完整。

　　外求是必要的，但不要背离了对"内心"的真实……

附录六：好教育，理当铸就更多的幸福人生

倪志良（南开大学）

目录

一、教育的至善目标

内求篇、外求篇，往往是基于个人可控层面的思考。而幸福的追寻，有时会超出个人的可控层面，受到个人所在国家的公共环境，包括教育、文化、国际政治经济地位、和平状况、社会治安、社保、环保等的影响。在本书的第三册（公共篇），作者重点研究了教育与幸福、文化与幸福两大主题。在"教育与幸福"一章中，书中明确提出：好教育，理当铸就更多的幸福人生。

联合国教科文组织明确倡导："一切教育活动都是为了学生的成长和发展，为了孩子一生的幸福。"好的教育可以铸就心力与灵魂，拓展心灵的广度与深度，提升人的认知力（尤其是判断力）；好的教育可以铸就内心和谐，使人日益中正平和，提升人的情绪管理力；好的教育可以铸就民族脊梁和时代先锋，使人更富有个人担当、家庭担当与民族担当，提升人的行动担当力。"三力"（认知力、情绪管理力、行动担当力）足，受教育者的幸福人生基本铸就。

有评论称，我国改革开放取得的最伟大的成就在于两个"瓶颈"的打破：第一，交通电信等基础设施瓶颈的打破，为经济发展奠定了坚实的物质基础；第二，教育瓶颈的打破，以及国民整体受教育水平的大幅度提高，为经济社会发展奠定了坚实的人力基础。

改革开放之初，我国10亿人口中有8亿农民，成年劳动人口中有大量人口处于文盲或半文盲状态。改革开放40多年来，国家财政性教育投入大幅增长，**国民平均受教育年限大幅度提高，人力资本大幅度改善**。

毋庸置疑，改革开放40多年来中国取得的经济成就举世瞩目。1980年我国GDP总量世界排名第十三，现在世界排名稳居第二。试想在一个有近200人的班级内，某学生经过努力成绩由第十三名稳步上升到第二名，无论何人、从何角度都应该对此成绩给予充分肯定，都应对取得成绩的劳作者的智慧与勤奋给予足够的敬畏。经济成就的取得，很重要一个原因是教育的普及和人力资本的整体性优化。

静心看一看：伴随着我国经济地位、政治地位和国民整体教育水平的提高，我国企业家在参与国际竞争时的信心在增加，我国运动员在参加国际比赛时的信心在增加，我国青年学生在参加国际大型赛事时的信心也在增加……这是整个国家对民族复兴的信心在增加。衣食住行的改善得益于经济发展，精神风貌的改善得益于教育的普及、民众内在修养的提升。

教育成绩虽举世瞩目，但教育中亟待解决的问题也依然凸显。例如，我们的教育是否遵循了教育的"初心"："**一切教育活动都是为了学生的成长和发展，为了孩子一生的幸福。**"

我们的教育中是否存在着过于功利化指标的诱导，使得一些学生过分追求就业谋职之"术"，而丢失了"安心立命"之道？（**详见案例8.8.5**）

我们的教育是否遵循了教育家陶行知先生的告诫："千教万教，教人求真；千学万学，学做真人"？教育中是否仍然存在着浮躁、虚假与不"真"？（**详见案例5.2.3**）

我们的教育是否切实提升了学生的认知力（心力）、情绪管理力、行动担当力？（**详见案例8.2.3**）

做任何事，在头脑应该经常性地辨析一下：至善目标何在？在内心深处应该经常性地确认一下：自己的努力是否偏离了至善目标？背离至善目标的努力等于错了方向的快跑，跑得越快，错得越远！

《论语·为政》有言："君子不器。"

对于教育，万世师表孔子最为担心的是：把人教育成了"器"，把人教育成了一种工具，让人在刻板教育中反倒丧失了生命中最为重要的东西——生命的活力与热情、生命的灵性与光辉。

参考案例 8.8.5　道、术之争——如何避免"人的异化"

亚当·斯密也曾意识到这种风险。他指出："为防止退化起见，政府就有（对教育）加以若干注意的必要。这是因为在现代工业社会，劳动分工的确立，使得一般民众只是获得了特定职业所要求的技巧，而同时牺牲了个人的智能、交际能力、尚武品德等。因此，在一切文明的社会，政府如不费点力量加以防止，一些受教育者，就必然会陷入这种状态。"

遗憾的是，古圣先贤谆谆告诫之事、真心担忧之状况，在世界范围内不同程度地出现了！

例如，日本的"60后宅男"现象。

在我国，一些学生读书多年，但至真思考、至善担当能力不足，生命的活力与热情不足，生命的灵性与光辉不足等问题，值得高度重视，家庭教育、学校教育都有必要做些认真的反思。

参考案例8.2.3 钱学森之问

一切教育活动都是为了学生的成长和发展，为了学生一生的幸福。

——联合国教科文组织

理想的教育是培养真正的人，让每一个从自己手里培养出来的人都能幸福地度过一生。这就是教育应该追求的恒久性、终极性价值。　——苏霍姆林斯基

学校的目标始终应当是，青年人在离开学校时，是作为一个和谐的人，而不是作为一个专家。

——爱因斯坦

千教万教，教人求真；千学万学，学做真人。　——陶行知

二、诸多现实困惑与化解方案的追寻

困惑：概念、逻辑堆积很多？现实判断力和担当力严重不足？

1. 对事实应保持最大限度的开放

何廉（1895—1975年），民国时期我国四大著名经济学家之一。1926年回国任南开大学教授，亲自讲授"财政学"。

他牵头编纂的南开价格指数，成为当时国内外研究中国经济的重要参考指标。

重实地调研，对事实保持最大限度的开放，不以"名"匡"实"，不让概念逻辑成为思辨心灵的监狱。

理论体系有可能会成为思辨心灵的监狱，**使人心陷入文字、逻辑的深渊而不能对事实保持最大限度的开放。** 西方文艺复兴时期之所以产生了各种天才的奔放，恰恰是因为人们打破了原有教条的理论体系的禁锢。

不拘泥于概念教条，结合现实自主思考，可能是真知、善行、真担当的重要条件。

参考案例3.10.1 阿基里斯悖论.docx

扫码可见"幸福经济学"视频号——阿基里斯悖论与"智者"自扰

2. 在更广的范围内寻求至上信息

杨敬年（1908—2016年），1948年获得牛津大学博士学位，《国富论》的翻译者，《大国崛起》（英国篇）中亚当·斯密的解读人。1949年创建南开大学财政学系，并担任首届系主任。先生于2016年9月在天津逝世，享年108岁。先生逝世后，习近平、李克强、胡锦涛、朱镕基、温家宝等十几位在任和往任中央领导同志，通过致电家属、敬送花圈等方式向先生表示哀悼。一位财税人因至真思考、至善担当赢得了至上的尊重。

单一的专业思维难以解决复杂的社会问题

杨敬年先生认为：一个社会的政治、经济、文化是相互关联的，在社会科学领域专业过度细分不是好事，会导致学生很难以全面的眼光来看待复杂的社会和经济问题。眼光不全面，学生就难以选对主信息与关键信息，就难以生成有效判断。

参考案例 1.5.5 杨敬年先生的感悟

在早期的南开大学经济研究所，何廉先生研究的是财政学，方显廷先生是经济史，陈序经先生是社会文化学，而张纯明先生是政治学理论，张金鉴先生则是行政管理，这种多元化的学术气氛给当时在南开读书的杨先生留下了极其深刻的印象。

在"新文科"建设的大背景下，南开学子应该利用好综合性大学的"综合"优势。

困惑：对自己所思所写不能做到"真"信

思考失"真"，行为选择难以至"善"，生命体验难以至"美"！

观察发现，一些学生包括部分硕士、博士生，对自己所思所写不能做到"真"信，自己不"真"信，就不要奢望他人"真"信，更不要奢望这些所思所写能对政府、对企业产生理论指导作用！自己不"真"信的所思所写，难以生成有效判断，难以生成至善担当，难以生成至"美"的生命体验。这正所谓"心不自欺"！

至"真"思考、至"善"担当

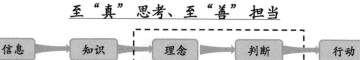

"判断力"是认知力的核心表现！

学习"经济学"相关的概念、逻辑与<u>在经济实践中</u>有判断、有担当是两回事。

<u>学习，应避免在前两个环节的机械堆积，否则概念、逻辑都会成为思辨心灵的额外负担！</u>

困惑：就业选择与课程设置的匹配问题

就业选择不同，学生的课程选择和时间分配理应不同！

（1）为政：考公务员、事业编

鼓励跨院系选课、听讲座，拓宽学生的认知边界和灵魂深广度，厚植人文情怀！

（2）为商：银行、证券、企业

鼓励实习、考证。

（3）为学：继续深造，从事科研与教学

鼓励学生到数学学院、统计学院选修相关课程。

复习

困惑：课业负担过重，功利化、指标化竞争过度　　复习

2024年4月9日，马英九前往北京大学交流，在交流中提到了傅斯年先生。

傅斯年先生是深察"概念泛滥、自主性思考匮乏、灌输式教育"之大弊的教育家。**他深刻觉察到"概念泛滥、办公室逻辑推演泛滥、灌输式教育"容易占据学生沉思和整理信息的时间，容易占据学生与自己灵魂对话的时间。**

课业负担过重，学生已经没有时间用于"沉思"，学生已经没有时间"刻深"自主的认知回路，学生难以构建自主的认知框架，学生难以提升自己的认知力、判断力、行动力。

详见"幸福经济学课程"公众号推送——自主性"静"思匮乏，学将"累"而无用

每天要留出一些"静思"的时间

正是由于这一觉察，才有了台湾大学校钟上镌刻的傅斯年校长的那句警示性名言——"一天只有二十一小时，剩下三小时是用来沉思的"。

岳麓书院的启发。

哈佛的泰勒：每天守静一小时。

乔布斯：每天守静一小时，创新性认知多产生于此。

曾国藩："静"字改变了他的后半生。

王阳明：守静三年，大悟"心学"。

笛卡尔：我思故我在，笛卡尔坐标系，近代西方哲学的始祖。　　复习

"宁静致远"一词选自古智慧的化身——诸葛亮的《诫子书》。在成都武侯祠，供奉诸葛亮的祠堂门匾上镌刻的也是"静远堂"。

智者本身深刻体悟到"静能生慧"。

非淡泊无以明志，非宁静无以致远。

——诸葛亮《诫子书》

学而不思则罔。过动少静，厚动薄静是当下教育、工作、生活之大弊！

没有"静"思，树叶层面的信息堆积越多，人心越无所适从。　　复习

岳麓书院的提示、傅斯年先生的提示、哈佛大学泰勒的提示。

通过自主思考，人心才有可能将树叶层面的散乱信息，整理成"树枝"的清晰，见到"树干"的简约与判然，生成有效的"认知回路"。

困惑：经典阅读的严重缺失

熟读经典

在14亿人口的大国，教育问题的确还有很多。其中特别值得关注的一个问题是被动地泛读、泛滥地浅读，以及经典阅读的严重缺失，使一些学生丢失了生命中最为宝贵的灵性，丢失了生命的活力与热情，丢失了心力、情绪管理力和行动担当力。

参考案例8.2.4　你深度阅读过一部经典吗？——批评者如是说

困惑：经典阅读的严重缺失

在《庭训格言》中，康熙帝多次论及"怎么读书、读什么书"的问题：

"凡人养生之道，无过于圣人所留之经书……看此等书，不胜于习各种杂学乎？"

参考案例8.3.1　朱光潜《谈读书》

参考案例8.3.3　康熙在《庭训格言》中谈读书

参考案例8.3.4　毛泽东读《资治通鉴》

参考案例8.3.5　马云反复诵读《道德经》

困惑：缺乏远大志向的引领

中国传统文化倡导"为天地立心，为生民立命"。但任何一个时代，通过教育，得就业谋职之术者众，得"安心立命"之道者寡。

当下，在面对升学和就业选择时，追逐热门者众，真于内心者寡，诚敬天赋者寡。一些学生惰于关注天赋、羞于谈大志，一些家长也把教育特别是高等教育简化为就业谋职的"敲门砖"。

若想达"安心立命"，个体应该时时对自己的"心"保持真实，对自己的天赋保持诚敬，立乎上等志向，充分发现并激活个人潜能。

困惑：缺乏远大志向的引领

"立乎上，得乎中。"立大志，是激活潜能的良方。

"志不立，天下无可成之事。虽百工技艺，未有不本于志者。"

"古之立大事者，不惟有超世之才，亦必有坚忍不拔之志。"大成者当有"大志"！

参考案例5.4.2 《传习录》中关于"立志"的几段文字

参考案例8.8.1 杨昌济给学生的第一堂课："修身"与"立志"

参考案例8.8.2 曾国藩的立志观、教育观

三、以"文"化"人"，实现"知、行、感"合一

观乎天文，以察时变；观乎人文，以化成天下。　　　　——《周易》

东西文化不同，因为其根本思想不同。它们的根本思想，就是它们的"哲学"。
　　　　　　　　　　　　　　　　　　　　　　　　　——冯友兰

一定的文化（当作观念形态的文化）是一定社会的政治和经济的反映，又给予伟大影响和作用于一定社会的政治和经济。　　　　——毛泽东

我们是五千年悠久历史的古老文明的一部分。这是一股至深且巨的精神力量，能使一个民族产生信心，去面对和克服重大的改变和挑战。　　　——李光耀

没有人能脱离意义，我们是通过赋予现实的意义来感受现实的。　——阿德勒

工业革命以来，人类改造自然的技术突飞猛进，改造自然的信心与日俱增，面对自然已不再显得那么被动，生产效率大幅度提高，物质财富得以快速增长。

但所有这些，似乎都不能必然保证让更多的人获得更多的心灵安顿，让更多的人获得更多的心安与喜悦，获得更多的幸福感。

在农业社会，人们的工作选项、消费选项、娱乐选项相对单一，生产效率普遍不高，个体之间的效率差别不大，当男人、女人用尽全部精力养家糊口时，男耕女织无论从个人层面还是社会层面进行评判，都是有意义的事情，意义感缺失的问题不甚普遍，情绪问题也不如当今世界那么普遍和严重。

当一个人选项偏多而自己又不能清晰、判然地做出选择时，意义感不足的问题就出现了，一些衣食无忧的人切实地感受到心灵时有空虚、焦躁与不安。有的人想通过占有更多的物质财富填平空虚，有的人想通过追求名望、地位填平空虚，有的人想通过参加聚会、混迹酒吧、进行虚拟交流填平空虚……所有这些取得的效果似乎都不持久。

缺少了意义感和目标感支撑的"感官享乐"转瞬即逝，仅靠财富、虚名堆积起来的"一致感、满足感"转瞬即逝。人们不得不在关注外部世界的同时，开始更多地关注内心世界；人们不得不在关注经济发展的同时，开始更多地关注文化建设和精神家园的建设。

幸福＝"快乐＋意义感"。在信息杂乱、选项过多、自主选择定力不足的大背景下，幸福感不足的问题作为世界性难题明确地摆在了人类面前。正如2012年第66届联合国大会所告诫：**人类 21 世纪面临的最大生存挑战，不是污染、战争，也不是瘟疫，而是我们的幸福感低下。**

一个人的"时间与精力"等生命资源的配置，如果缺少了意义感的支撑，那么他不仅会经常性地体验到空虚，面临的其他问题也会越来越多。奥地利心理学家阿德勒曾说过：**"没有人能脱离意义，我们是通过赋予现实的意义来感受现实的。"** 说到意义感，自然就关联到文化，关联到世界观、价值观、人生观。

文化，是一个民族、一个区域的民众在由野蛮向文明进化的过程中所形成的"认知共性、情感共性、行动共性"的物质记载或精神表达，它关乎日常的衣食住行乐，关乎社会进步的显著标识。

一个地区、一个民族赋予某些颜色、图案、仪式、行为的意义感多属长期的习惯和共同认可使然。按照现代脑科学的术语表达，这些意义感的集体性养成，就是头脑中认知回路和情绪回路的集体性培养与传承的自然结果，没有更多辩论的必要，也没有更多的道理可讲。**关注幸福，关注意义感，不能不关注文化。**

文化赋予事物意义感，这一点很重要，它决定着个人头脑的内在"一致性"能否达成、"一致性"在何种意义感下达成；它也决定了不同文化背景下，个体对于同一事物会产生完全不同的情绪体验和内心感受！

社会变革与文化沿革

文化关乎民众头脑中的"价值标准、认知惯性、情感惯性"，文化冲突易引发价值观、人生观、生命意义感的冲突。正如陈寅恪先生所言，当一种文化必须融入外来要素时，为此文化所化之人，常感痛苦。文化变革，毕竟意味着对原有认知回路、情感回路的打破，毕竟意味着被迫走出原有舒适区。因此，文化改革总会面临着诸多的认知抵触、情感抵触和行为抵触。纵观世界历史，在社会快速变革过程中化解文化冲突绝非易事，弄不好要付出惨重的社会代价。

参考案例9.2.1 大久保利通的悲剧

"诗词热"，意味着传统文化在回归。诗词，关乎"心"的传递，关乎"心"的交融，关乎精神的传承，关乎灵魂的塑造。作诗者众，入"心"者寡；背诗者众，得"心"者寡。作诗不"无邪"抵"心"，易致辞藻堆砌，难以传世；背诗不得"心"，难得精神传承，难得心灵塑造，难得现实担当。

不入心、不得"心"，作诗、背诗都会成为额外的负担。唯有持续用心，唯有一以贯之，持续将诗词所饱含的智慧与哲理融入自己的认知回路和情绪回路，持续养成与诗词精神相匹配的认知框架和行为框架，诗词才会释放出强大的生命力，释放出无尽的光辉与精神能量。

参考案例9.4.1 白茹云：诗词伴我走出无助，走向欢乐

　　米哈里的研究指出：内在的象征体系、心灵的自有法则在复杂现实面前极具优势。在极度困窘下，诗人、数学家、音乐家、历史学家，都能在汹涌波涛中找到清醒的小岛。倘若缺少内化的象征体系，个人则很容易被外在的杂乱宰割。自身没有可以仗恃的东西，内心便无力抗拒那些自称握有答案者的谎言。不能为自己提供资讯的心灵，只能在混乱中随波逐流。

　　作为"情"与"理"的凝练表达，诗词饱含着作者对天地、人文的"真"思考。这些"真"思考的注入与存养能够优化读者内心对外在的解读体系，修正读者原本的认知惯性和情感惯性。

　　安顿内心，弘扬正行，需要诗词；安顿内心，弘扬正行，需要优秀传统文化的回归！

　　参考案例9.4.5　冰岛诗人的救赎

人文精神匮乏之危害

　　人文精神过于匮乏很容易使人丧失沟通能力、生活能力，容易使人走向极端。人们常言天灾可惧，但"心灾"更是可畏。若一个学生接受了多年教育后，竟然丧失了基本的人文精神，丧失了基本的"沟通能力、担当能力、生活能力"，这种丧失、这种扭曲，对学生个人、对家庭、对社会的灾难性都不可低估。

　　扫码可见"幸福经济学"视频号——理工与人文之辩

若将"格"自然之理的方法强硬嫁接于"格"人文日用领域，用"自然科学"之真淹没"人文日用"之真，用"自然科学"之专一性、精确性覆盖"人文日用"之丰富性、不确定性、无价性，其对人类生命丰富性、深刻性、意义感的伤害不可低估。无论如何，不能混淆了"自然科学"之真与"人文日用"之真，否则，其危害将让人不堪承受。

参考案例9.5.4 长期人文缺失会导致"生活能力匮乏"之灾难

参考案例1.4.9 尚"真"，还是"真""美"兼顾？

理工与人文

早在20世纪40年代，就有很多学者呼吁科技与人文或理工与人文的结合。1947年秋，梁思成先生自美国归来，在清华大学举办了一场题为《理工与人文》的演讲。他提出，第二次世界大战后西方一些国家的教育过分重视科技却忽视了人文，从而导致人情冷漠、利己主义盛行、离婚率居高不下、恶性事件频发等诸多社会不良现象的出现。梁思成先生将这种教育称为"半人教育"，意思是缺乏人文情怀的人只能称为"半个人"。他强调，教育要避免出现"半个人的世界"，应该将"理工"与"人文"结合起来，培养具有完整人格的人。

当今社会，我们不能否认学习科技知识对于人们生存、生活的重要性，但更不能忽视人文教育对于塑造一个完整的人的必要性。我们的教育终究要跨过分裂的"半人教育"而走向"全人教育"，在教授科学技术知识的同时，塑造具有健全人格的人。孔子有言："君子不器。"君子，或者说学识与道德修养并重的人，不应将自己拘泥于一种才用，不仅要懂得学识与技艺，更要闻于道、独立思考、涵养情操、德才兼修，不陷入专于术的窠臼之中。

参考案例9.5.5 "半个人的世界"——梁思成《理工与人文》演讲

扫码观看b站视频《理工与人文之辩》

　　我们脑子里被灌输的信息已经足够多了，如果将来我们不能"好之乐之、卓尔有效"地工作，不能"心安喜悦、静动有序"地生活，有可能不是因为我们少背了几个概念、少被灌输了几条信息，而是因为我们在以下几方面缺少了自我觉知与有效训练：

　　第一，在信息-知识-理念-判断-行动这一链条中，后三个环节的训练不足，难以生成有效判断和行动。**（详见附录二、附录三）**

　　第二，在生命资源配置过程中，对"无常"和"无价"两个要素衡量得不足，没有衡量好"被动的忙碌"与"遵从本心的真行"哪个更有价值。**（详见附录五）**

　　第三，对生命关联广泛性的觉知与感恩不足，对天地精神的敬畏与汲取不足。

人文教育之作用

　　人文教育的一大功效就是使人建立更广泛、更深刻、更美妙的关联感，使人觉知到任何时间、地点、人物、思想、情绪、行为缘合成的具体"时空、人物、事件组合"，都是一种真实的、永久的、不朽的存在，世间万物皆具有"无尽、不朽"的一面。一个人如果能够经常体验到这种"在"的无尽性、不朽性，感悟到当下的"在"与过去、未来的广泛关联性，他就能够**拓展个体生命价值体验、现世价值体验和超现世价值体验。**

　　"中也者，天下之大本也；和也者，天下之达道也。致中和，天地位焉，万物育焉。""中""和"，是中国哲学的根，是中华传统文化的魂。将根扎身，将魂入心，养成中正的认知习惯，养成平和的情绪习惯，养成"智者不惑、仁者不忧、勇者不惧"的担当习惯，**个体就能体验到更多的合一感——身心合一、人人合一、天人合一。**

身心合一：外求与内求彼此真实

知人者智，自知者明。

——老子

认识你自己。

——苏格拉底

个人与自己的关系是所有关系的开始。

——洛克菲勒

扫码观看b站视频：
认识你自己

一个人也只有习得了和谐自我之道（身体与内心彼此真实无欺），才能够更多地体验到"身心合一"之妙。

参考案例7.8.1 我是谁——认识你自己

参考案例9.7.4 身心合一：外求与内求彼此真实

人人合一：生命间的广泛关联及其觉知

爱因斯坦曾经感慨：他每天都会多次感恩很多活着的和已经死去的人，是他们的综合付出使他过上了现代生活。

从日常生活和肉体成长来看，我们应该感恩很多人。如果从精神成长方面看，我们要感恩的人会更多。"见贤思齐焉，见不贤而内自省也"，贤者有榜样作用，不贤者有警示作用，他们在以不同的方式融入个体的精神成长。

生命链上的"大我"与精神链上的"大我"进一步融合，个体就会逐渐体会到人人合一感。

参考案例9.6.3 苏轼从文人角度理解到的"不朽性"——超现世价值

参考案例9.7.5 人人合一：生命间的广泛关联及其觉知

天人合一：对天地精神的觉知、敬畏与回报

人法地，地法天，天法道，道法自然。

——老子

　　宇宙万象，心映万象。人心在善养"人人合一"的觉知能力的同时，还需要善养"天人合一"的觉知能力。"仁义礼智信"这些道德价值对个体精神具有塑造作用，"天覆万物而不恃，地载万物而不居，水利万物而不争"，这些超越道德价值的自然之法对人类精神的塑造作用也不可低估。道家主张"人法地，地法天，天法道，道法自然"，苏轼感悟"清风明月无常主，入心者得之"。

　　敬畏古圣先贤、敬畏他人，个人可得道德价值之滋养，可增加生命的"人人合一"感；敬畏天地、敬畏"天覆万物而不恃，地载万物而不居，水利万物而不争"之天地精神，个人可得自然法则、天地大爱之滋养，可增加生命的"天人合一"感。

b站文章：《案例9.7.6 天人合一：对天地精神的觉知、敬畏与回报》

　　天地之大爱，需要人心的觉知，需要人心的敬畏，需要人心的回报。个体生命资源之最优配置，需要"个人价值、社会价值（道德价值）、天地价值（超道德价值）"的融合实现。

参考案例9.7.6 天人合一：对天地精神的觉知、敬畏与回报

四、小结

　　好的教育可以铸就心力与灵魂，拓展心灵的广度与深度，提升人的认知层次——使人在更高价值框架下达成"心正、意诚"，达成"主信息一致"，**达成更多的"认知自洽"**；好的教育可以铸就民族脊梁和时代先锋，提升人的行动担当能力——使人更富有个人担当、家庭担当与民族担当，**达成更多的"行为自我实现"**；好的教育可以铸就内心和谐，提升人的情绪管理力——使人日益中正平和，**达成更多的"情绪自如"**。

　　实现**"认知自洽""行为自我实现""情绪自如"**的相融互济与合一，受教育者的幸福人生基本铸就。

"幸福经济学"课程建设纪要

1. 2011 年，"幸福经济学"课程开始筹备。

2. 2013 年 6 月 25 日，《人民日报》评论版发表署名文章《把"幸福"当成公共政策的标准》（扫描二维码可了解详情，下同）；2013 年 12 月 4 日，《人民日报》评论版发表署名文章《透明预算是最好的防腐剂》。

3. 2013 年，在南开大学经济学院本科生中开设"幸福经济学"课程。

4. 2014 年 12 月 10 日，《人民日报》评论版发表署名文章《教育要重视情绪管理》，2019 年《中国德育》第 14 期将该文作为卷首语进行转载。

5. 2014 年，在南开大学经济学院税务专业硕士中开设"幸福经济学"课程。

6. 2014 年 10 月 23 日，在天津市人大常委会举办的人大代表履职学

习会议中做专题讲座，围绕"民生幸福与公共治理"展开论述，市

人大常委会组成人员、市人大代表和部分区县人大代表共 800 余人

参加会议。

7. 2015 年 5 月 19 日，《人民日报》评论版发表署名文章《守得安

静，才有精进》，20 余家报刊转载了该文。

8. 2015 年 7 月 23 日，《人民日报》评论版发表署名文章《教育旨在

教会寻找幸福》。

9. 2015 年，在南开大学经济学院学术型硕士中开设"幸福经济学"

课程。

10. 2016 年 6 月 3 日，《人民日报》评论版发表署名文章《掂量好

"无价"的社会价值》。

11. 2016 年 11 月 3 日，《人民日报》教育版发表署名文章《用教育

破解幸福人生"密码"》。

12. 2017 年 11 月，《幸福经济学》一书由南开大学出版社出版。

13. 2018 年 2 月 20 日，《人民日报》就《幸福经济学》一书发表书评，刊登了逄锦聚教授的署名文章《什么是幸福经济学》，新华网、光明网等几十家媒体转载了该书评。

14."知中国，服务中国"是南开大学创始人张伯苓校长倡导的办学理念。近几年，我们坚持以"幸福经济学"课程服务社会，在政府、企业、银行、高校举办相关讲座 30 余次。

15. 在 2018 年 5 月举办的书香天津·春季书展中，南开大学出版社推荐《幸福经济学》一书参加阅读分享，在 15 万种图书参展的全国性书展中，《幸福经济学》荣获"十佳"阅读推广奖。

16. 2018 年 6 月 15 日，《环球时报》就"幸福经济学"对作者发表专访。

17. 2019 年 2 月 17 日，《人民日报》教育版发表署名文章《把小我融入大我》。

18.《幸福经济学》一书自 2018 年出版后两年，30 余次进入京东、

当当单日销售排行榜。2019 年《幸福经济学》销量突破一万册。

19. 2020 年 4 月 11 日，为响应教育部财政学类专业教学指导委员会和南开大学积极应对疫情的指示，结合"幸福经济学"这一话题开展线上讲座——"独处"考验着人的三种能力。

20. 2020 年 12 月 19 日，《幸福之道——幸福经济学实践版》正式出版。

21. 2021 年 5 月 12 日，《人民日报》就《幸福之道——幸福经济学实践版》一书发表书评，刊登文章《如何才能幸福？看这本书给出的解答》，新华社、光明网等媒体对该文章进行了转载。

22. 2021 年 7 月 18 日，《幸福之道——幸福经济学实践版》参加第 30 届全国图书交易博览会主题推广活动。

23. 2021 年 8 月 20 日，光明网就《幸福之道——幸福经济学实践版》一书发表书评，刊登了逄锦聚教授的署名文章《幸福之道——两位教育工作者的驻心探寻》。

24. 2021 年"幸福经济学"课程在公众号、视频号和 bilibili 等在线平台正式运行。截至 2024 年年底，微信视频号播放量超过 160 万人次，

bilibili 的播放量超过 80 万人次。

微信视频号　　　　　　bilibili 在线平台

25. 2022 年"'幸福经济学'课程与教材建设"获得南开大学研究生

教学成果一等奖。

26. 2022 年"'幸福经济学'课程与教材建设"获得高等教育省部级

教学成果特等奖。

27. 2022 年"幸福经济学"被选作南开大学全校通识课，2022 年、

2023 年、2024 年连续三年每年选课人数超过 400 人，成为南开大学

深受学生欢迎、选课人数最多的选修课之一。

后 记

　　"幸福经济学"涉及经济学、哲学、心理学等多学科的交叉。罗素的《西方哲学史》和冯友兰的《中国哲学简史》不约而同地提示了同一个问题：近代以来，科技的威信上升了，而人文的威信下降了，在科学技术的激发下产生的各种哲学向来是权能哲学……目的不再考究，只崇尚方法的巧妙。①这一社会倾向的直接后果是：人类"外求"物质条件改善的效率大幅度提高了，但人类"内求"精神秩序安顿的难度却愈发加大了——"认知自洽""行为自我实现""情绪自如"等优质生命体验得到经常性达成的难度愈发加大了。

　　哲人告诫：即使绝大部分科学问题都解决了，但在面对情绪感受、人生价值等问题时，科技通常依然显得"无能为力"。②在此我们换个说法：**即便是在科技日新月异，大模型、大数据、AI 技术似乎无所不能的今天，人生问题（比如情绪感受、人生价值、人生幸福等）可能还未从根本上得以触及，除非脑科学、心理学等学科的发展取得了根本性突破**（详见附录六）。为什么这样讲？因为在当今

---

　　① 罗素在《西方哲学史》（下）中写道："……在科学技术的激发下产生的各种哲学向来是权能哲学，往往把人类以外的一切事物看成仅仅是有待加工的原材料。目的不再考究，只崇尚方法的巧妙。这又是一种病狂。在今天讲，这是最危险的一种病狂。"当今世界，人类改造自然的科技可谓日新月异，但民众内在的优质生命体验难以达成，意义感、幸福感偏低，情绪问题普遍而严重等也已然成了一个世界性难题，这一难题明确地摆在了那里。

　　② 比如，仁爱是东西方文化都倡导的一种"价值"信条，甚至被信奉为儒家五条价值倡导"仁义礼智信"中的第一价值倡导。但是谁都无法在实验室证得：仁者比不仁者一定会得到更好的社会回报。康熙在《庭训格言》中教育皇子：凡是在战场上仁心缺失、弑杀无度的战将后代都不怎么兴旺。这种具有盖然性的仅凭经验观察所得的规律，对皇子的行为引导作用到底有多大，可能会因人而异。

世界，科技飞速发展与社会负面情绪增多的问题已经同时出现了。

物质富足，靠的是科技之"术"；安心立命，则离不开人文之"道"。美国积极心理学代表人物彼得森曾明确表达：仔细回想一下，你经历的每一次愉悦、悲伤、痛苦、愤怒等情绪事件，总是与他人有关。"不离日用常行内，直到先天未画时"，中国的先贤们也早已意识到 90%以上的人类情绪问题都与人文日常有关，而人文日常又总与价值理念有关。**头脑中有至简至上价值理念参与的各种认知激活，通常更容易达成"内在一致"——基于至简、至上价值理念形成的认知框架，通常更容易达成"认知自洽"；基于至简、至上价值理念做出的行为与职业选择，通常更容易达成"行为自我实现"；基于至简、至上价值理念生成的情绪体验，通常更容易达成"情绪自如"**（详见附录二）。

人类应该以真诚与敬畏之心，时时感恩近几百年来的科技进步给人类物质生活带来的丰富、便捷与满足；同时，人类更应该以真诚与敬畏之心，时时感恩千百年来诸多东西方先哲至简、至上、至真的人文价值倡导给人们精神世界带来的丰盈、中和与安顿！

科技与人文唯有相融互济，人类文明之路才能越走越宽，人类文明之路才能走得长远！

在信息爆炸年代，视角的偏差、说法的泛滥、观念的互斥极易被数字技术予以放大，致使更多个体头脑中神经电活动的激活更为琐碎、浅显与无序，致使更多个体头脑中的画面播放更为偏执、低俗与无效，致使更多个体的主认知回路更容易背离清晰、简约与判然，致使更多个体的行为与职业选择更容易背离天赋、本心与专注，致使更多个体的情绪体验更容易背离平和、喜悦与心安。**简而言之：头脑中的散乱激活越多，至"真"思考、至"善"担当与至"美"情绪感受越难以生成，优质生命体验越会远离！**

现实明确地摆在那里，以至于第 66 届联合国大会也明确告诫：人类 21 世纪面临的最大生存挑战不是污染、战争，也不是瘟疫，而是我们的幸福感偏低。优质生命体验难以达成，积极情绪占比不足，情绪问题普遍而严重，已经成了一个世界性难题。

基于上述社会现实与教育需要，2011 年南开大学在研究生招生中增设"民生幸福与公共治理"这一研究方向。2013 年"幸福经济学""民生幸福与公共治理"等课程相继开设。秉持"至真思考、至善担当"的育人理念，课程组持续完善课程内容与教材建设，《幸福经济学》（2017 年）、《幸福之道——幸福经济学实践版》（2020 年）、《幸福之源——优化生命体验的科学》（译著，2021 年格致出版社出版，原著由普林斯顿大学出版社出版）等系列著作相继出版，《人民日报》、新华网、光明网、学习强国、《环球时报》等媒体就系列著作多次发表书评进行专访。

2022 年"幸福经济学课程与教材建设"获得省部级教学成果特等奖，并获推参评国家级教学成果奖。成果鉴定专家组在鉴定结论中写道：该课程构建并完善了适合我国国情的"幸福经济学"理论框架和内容体系，"内求篇""外求篇"和"公共篇"三大篇均贴近我国"民生幸福与公共治理"的时代需求。课程将东西方诸多先哲关于幸福的智慧思考与现代心理学、脑科学的最新证据有机融合，生成 290 多个跨学科教学案例。笔者围绕课程建设在《人民日报》发表了系列署名文章，举办了 30 余场主题讲座，微信视频号和bilibili 等在线教学资源运行良好，实现了理论与实践的相互促进。①

2022 年"幸福经济学"被选作南开大学全校通识课，2022 年、2023 年、2024 年连续三年每年选课人数超过 400 人，成为南开大学深得学生欢迎、选课人数最多的选修课之一。

本书是在《幸福之道——幸福经济学实践版》（2020 年 12 月版）的基础上修改完善而成。相比 2020 年版，**本书明确提出了"幸福关乎'认知自治、行为自我实现、情绪自如'等优质生命体验能否得以经常性达成"这一主线**，并围绕这一主线对 2020 年版教材中 70%

---

① 2021 年"幸福经济学"课程在公众号、视频号和 bilibili 等在线平台正式运行，截至 2024 年年底，微信视频号播放量超过 160 万人次，bilibili 的播放量超过 80 万人次。

以上的案例进行了删减、增补、改写与优化，将教学过程中使用的部分 PPT 讲稿以附录的形式呈现在"公共篇"篇尾，以便读者更好地理解这一主线索。

在书稿交付之际，我们要诚挚表达一些感谢。感谢南开大学对《幸福之道——幸福经济学实践版》的立项支持；感谢中国特色社会主义经济建设协同创新中心（CICCE）、南开大学经济学院对尝试型新课的包容、鼓励与支持；感谢逄锦聚教授百忙中为《幸福经济学》（2017 年版）在《人民日报》所作的书评——《什么是幸福经济学》，为《幸福之道——幸福经济学实践版》（2020 年版）所作的书评——《幸福之道：两位教育工作者的驻心探寻》；感谢张志超教授、经济学院诸多教师对"幸福经济学"课程与教材建设的一贯支持；感谢南开大学 2013—2024 年选修"幸福经济学"相关课程的本科生和研究生，他们在课堂上反馈了大量的、有益的信息，每个案例都经过了他们的用"心"审视、检验与确认，每个案例都得到了他们"心血"的滋养。

感谢课程组教师成前副教授、李冬妍副教授、郭玲副教授、丁宏副教授、刘俸奇副教授、陈永立博士、郭俊汝博士持续参与"幸福经济学"课程与教材建设。感谢在校博士研究生覃梓文、陈滔、刘辰、赵勇冠、钱峰、王晓东、朱坤、王宏瑞、申洲尧、刘晨旭、魏征、马少杰、张家栋等，已经毕业的南开校友殷金朋、贾占标、陈博、朱亚茹、宗亚辉、陈宇辉、高正斌、张开志、张莉娜、侯省亮、李琦、郝志景、普洁、韩伟民、焦晓娇、何敏、张博、孟九儿、曲韵、周辰辰、田甜、刘朋伟、张帅、董凤磊、王宇亭、徐千军、赵珏、祁东方、杨刚毅、胡亚文、王子芃、任会扬、王茂森、李佳栋、王鸿儒、周庆、于杨、孙婉然、楼恒、倪润哲、宋航、崔国煜、滕添磊、蔡诗涵、曲桂媛、杨一川、万梦珺、赵晓烨、薛瑶、郝人、王笑辰、詹发元、刘雨诺、华成航、王皓如、焦妍、曾亚楠、夏上、贾泽明、李佼、刘桂超、赖艺文、王鸿蕾、李晨瑶、宋齐丰、王东一、庞淑雅、董乐彬、刘洋、龚浩澜、杨诗博、胡成志、杨柳青、常显昊、赵光鑫、陆怀瑾、周文豪、夏思宇、廖殿辉、李佶冬、郭经纬、苏瑞峰、夏宇锋、张晨阳、何滋宇、郭在翔、杨赵安、许艺璇、吴婷、周昀锋、周宇涵、张晋伟、冯运莹、刘嘉川、郅皓然、于森等，经济学院在校研究生沈黎珂、吴宇轩、杨志爽、王皓巍、吴亦清、高菲苑、孙冬炎、庄雨锦、张泽均、刘佳慧、王天佑、李英伦、于濠硕、司俊飞、段祎洵等，在校本科生张译丹、李庚骏、徐远凯、张熙祥、苟耀辉、刘冬瑞、邓亦程、于志炜、肖天任、刘善源、邱添阳等，他们倾注宝贵的时间参与了案例讨论、案例完善、书稿校对等工作，为本书的完成贡献了积极力量。感谢诸多社会贤达人士对"幸福经济学"的信任与推广。感谢南开大学出版社对本书的倾力支持。

"幸福经济学"课程与教材建设仍尚待完善。在今后的时间里，我们仍然会本着真诚与敬畏之心思考、讨论与写作，本着真诚与敬畏之心力求说好每句话。**我们衷心希望，本书能够引发更多关于幸福的"真"思考，能够为更多个体经常性达成"认知自洽""行为自我实现""情绪自如"贡献一些现实路径，能够为人类追求幸福——好之乐之地工作、心安喜悦地生活——贡献一点儿"真"智慧。**"路漫漫其修远兮，吾将上下而求索"，我们将一如既往地为了这个目标驻心用力。

为了保证图书质量，该书由指定的销售商和销售渠道进行销售，其他销售一律视为盗版，如有购书需求，请拨打联系电话：13109844901。授权销售商名单和销售渠道，可见"幸福经济学"视频号或作者同名 bilibili 在线平台的适时更新（可扫描文末二维码）。

若读者在阅读本书的过程中发现问题，或有意就教材与课程建设提出合理化建议，均可通过"幸福经济学"视频号或作者同名 bilibili 在线平台留言反馈。我们将及时整理大家的意见和建议，并在今后的书稿修订中最大限度地予以吸纳。

bilibili 在线平台　　　　　　　　　　　微信视频号

2024 年 12 月 28 日于南开大学